北京顺义年鉴

BEIJING SHUNYI NIANJIAN

2014

北京市顺义区党史区志办公室　编

中　华　书　局

图书在版编目（CIP）数据

北京顺义年鉴. 2014/北京市顺义区党史区志办公室编 .
—北京：中华书局，2015.2
ISBN 978—7—101—10728—9

Ⅰ. 北… Ⅱ. 北… Ⅲ. 顺义区—2014—年鉴
Ⅳ. Z521.3

中国版本图书馆 CIP 数据核字（2015）第 025593 号

责任编辑：李晓燕

北京顺义年鉴 2014
北京市顺义区党史区志办公室编
*
中 华 书 局 出 版
（北京市丰台区太平桥西里 38 号 100073）
http://www.zhbc.com.cn
E-mail: zhbc@zhbc.com.cn
廊坊市金虹宇印务有限公司
*
787×1092 1/16 27.25 印张 84 插页 633 千字
2015 年 1 月第 1 版 2015 年 1 月第 1 次印刷
印数：2500 册 定价：140.00 元

ISBN 978—7—101—10728—9

北京市顺义区地方志编纂委员会

顾　问

王　刚

主　任

卢映川

副主任

周颖博　车克欣　林向阳　肖承继
冯庆森　燕　瑛　田建国

委　员

（按姓氏笔划排列）

丁文强　王金广　王　颖　王　颀
王　奎　刘克祥　刘振河　刘　峰
李国新　杨卫东　张尚强　张守旺
吴耀新　单成刚　赵殿江　郭振江
秦拥军　梁　军　黄海鹏　董建华
解长春

《顺义年鉴》编纂委员会

《顺义年鉴》编辑部

编 辑 说 明

一、《顺义年鉴》（以下简称“年鉴”）是一部综合性、资料性工具书和文史资料。在中共顺义区委和区人民政府领导下，由区地方志编纂委员会主持编纂，区党史区志办公室负责实施编纂。

二、本年鉴以马列主义、毛泽东思想、邓小平理论、“三个代表”重要思想为指导，以“与时俱进、内容客观、资料翔实、服务大众”为宗旨，坚持科学发展观及实事求是的原则，提供最新的数字、情况和信息。

三、本年鉴全面记述上一年顺义经济和社会发展各方面的基本情况和重大事件，对区域内中央、市属等其它单位亦进行记述，以反映顺义的全貌。2014 年年鉴记述时限为 2013 年 1 月 1 日至 2013 年 12 月 31 日。凡在本书中直书月、日的，均指 2013 年的日期，文中“本年”、“年内”一律指 2013 年。

四、本年鉴采用分类编纂体例，用文章和条目两种形式，以条目为主，用规范的语体文、记述体直陈其事，文字力求言简意赅。全书设类目、分目、子目、条目四个层次。条目的标题统一用黑体外加【】标明。类目、分目、子目的标题分别用不同字号的字体加以区别。

五、本年鉴的文字内容，设有特载、专记、大事记、中国共产党北京市顺义区委员会、顺义区人民代表大会及其常务委员会、顺义区人民政府、顺义区政协、北京天竺综合保税区、纪检·监察、民主党派、群众团体、政法·军事、综合经济管理、经济开发区、大型国有企业和上市公司、商业·物流·旅游、农业、地方企业、金融·保险、城乡建设及管理、科技·教育、文化·卫生·体育、社会生活、街道·镇、人物、统计表、附录共 27 个类目，19 个分目，184 个子目，1328 个条目。全书除文字外，还配以地图、照片、表格，力求具体、形象、生动地反映顺义区的面貌。

六、本年鉴设有彩页。彩页设置有政治经济社会发展等方面的内容。

七、本年鉴收录顺义区党、政、军、团体、街道、镇和部分企业负责人及顺义区域内有关单位负责人名录，以 2013 年任职为限，其中有任免情况的分别予以注明。收录 2013 年市级以上（含市级）各类先进人物、先进集体名单。

八、选入本年鉴的文章和条目，除部分资料由年鉴编辑人员直接收集外，其它均由各部门、各单位确定的专人撰写或提供，并经部门、单位主管领导审核。区属组织机构等部门、区域内有关单位负责人名单由区委组织部、区人事局提供。统计资料由区统计局提供。。

九、本年鉴的编辑工作得到各撰稿单位及各方面的热情关怀和大力支持，在此深表谢意。由于水平有限，对本书的疏漏之处及不足，恳请各界批评指正。

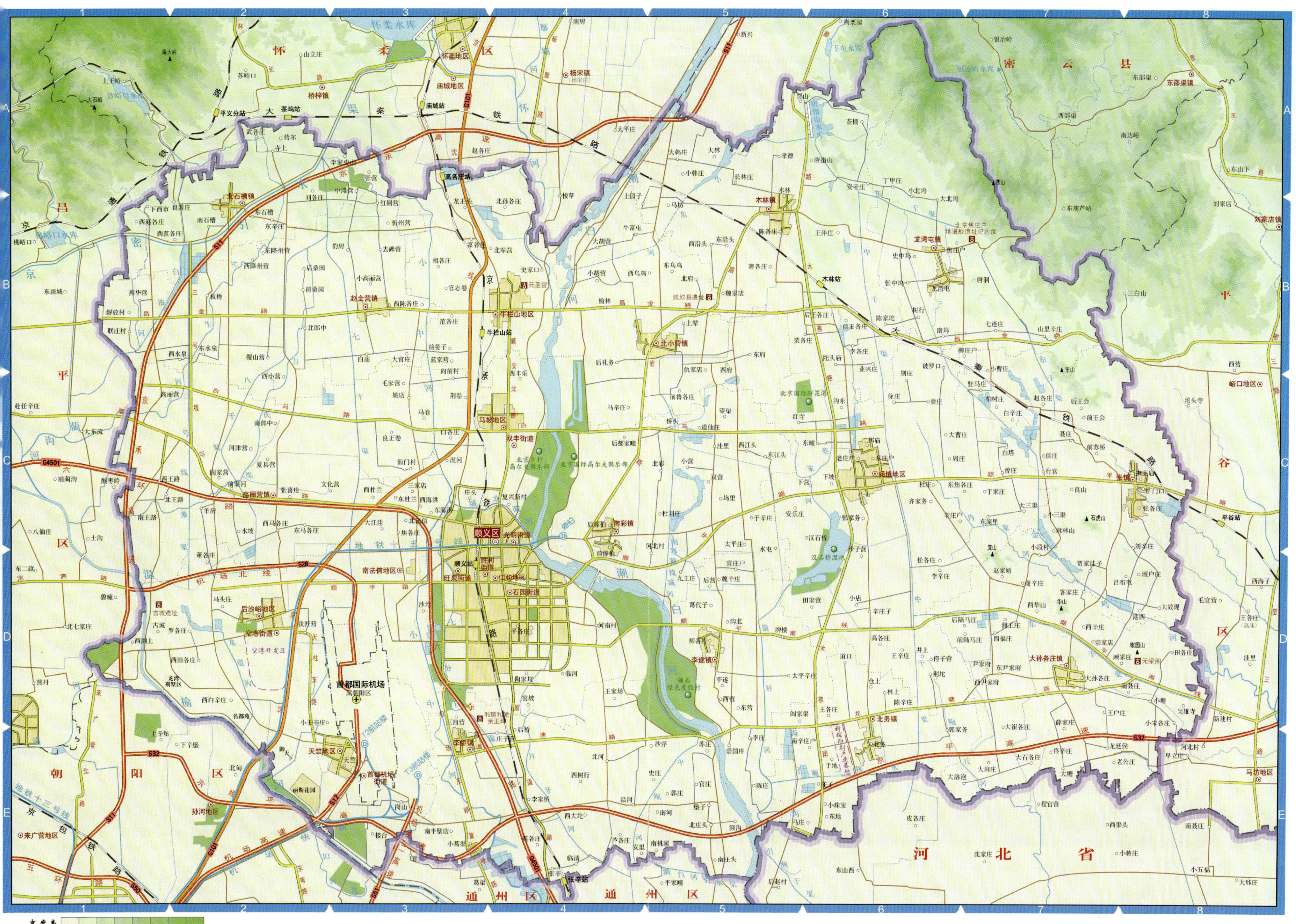
怀柔区
密云县
平谷区
河北省
通州区
朝阳区
昌平区
顺义区
首都国际机场
高度表

目 录

特 载

专 记

大 事 记

中国共产党北京市顺义区委员会

外事工作

信访工作

信息工作

应急工作

人口与计划生育

总部企业高管人员服务

安全生产监督

食品药品监管

市场经营管理

对外联络工作投资促进局

档案工作

政协北京市顺义区委员会

北京天竺综合保税区

纪检·监察

民主党派

群众团体

大型国有企业和上市公司

商业·物流·旅游

顺义区工业企业

金融・保险

金　　融

保　　险

城乡建设及管理

文化·卫生·体育

社会生活

街道·镇

北　务　镇

人　　物

组织机构负责人名单

全国先进集体及先进个人

北京市先进集体及个人

统 计 表

附　　录

顺 义 概 况

顺义区是北京市区县之一，位于北京东北郊，城区距市区30公里。北邻北京市怀柔区、密云县；东界北京市平谷区，南与河北省三河市、北京市通州区接壤，西南、西与北京市朝阳区、昌平区隔温榆河为界。地理位置北纬 40° 00′ ～40° 18′ ，东经 116° 28′ ～116° 58′ ，镇域东西长45公里，南北宽30公里，总面积1020平方公里。地势北高南低，东北边界屏障燕山，境内平原为河流洪水携带沉积物质造成，表面堆积物主要是砂、亚砂土，面积占95.7%。北部山地最高点海拔为637米，境内最低点海拔为24米，平均海拔35米。潮白河等河流分流其间，均呈南北走向，地下水源丰富，年均可开采量4亿立方米，部分地区蕴藏有地热资源。全境属温带大陆性半湿润季风气候，四季分明。年平均气温11.5℃，年日照时数2746小时，年相对湿度58%，无霜期195天左右，年均降雨量610毫米。境内建有首都机场，大秦电气化铁路穿越北境，京承铁路、京承高速公路穿越西境，国道、市道、区道公路纵横交错，形成便捷交通网络。

顺义历史悠久，新石器时代，潮白河沿岸已有人类活动，秦以前属冀、属幽、属燕。汉高祖十二年（公元前195年）在今顺义区后沙峪镇古城村北置安乐县，顺义区北小营镇北府村南狐奴山下置狐奴县。唐乾元元年（758年）在今顺义境设顺州。明洪武元年（1368年）改顺州为顺义县。新中国建立后，成立顺义县，归河北省通州专区所辖。1958年4月顺义县划归北京市设为顺义区，1960年1月设为北京市顺义县，1998年3月改为北京市顺义区。2013年，顺义区辖19个镇、6个街道办事处、426个行政村。2013年度户籍人口600734万人，其中男性297739万人，女性302995万人。农业人口261354万人，居民人口339380万人。

特　　载

顺义区委工作报告

——2013年12月21日在区委四届六次全会上

顺义区委书记　王　刚

受区委常委会委托，我向全会报告工作，请予审议。

一、关于2013年工作

2013年，在市委市政府的坚强领导下，区委常委会全面贯彻落实党的十八大、习近平总书记系列重要讲话和十八届三中全会精神，全面贯彻落实市委十一届二次全会精神，立足区域功能定位，牢牢把握“三个阶段性特征”，加快推动“四个转型升级”，保持了区域经济社会持续健康发展的良好态势，实现了贯彻落实党的十八大精神的良好开局。

一年来，区委常委会重点抓了以下几方面工作。

一是深入学习宣传贯彻党的十八大、习近平总书记系列重要讲话和十八届三中全会精神以及市委决策部署、重要指示精神。

党的十八大就新时期推进中国特色社会主义事业作出了全面部署。习近平总书记围绕改革、发展、稳定等发表的一系列重要讲话，提出了治国理政的许多新思想、新观点、新论断、新要求。党的十八届三中全会对全面深化改革作出了总部署、总动员。市委就学习宣传贯彻中央精神和加快推动首都各项事业发展作出了统一部署，制定了一系列具体、详细的实施意见。区委把学习宣传贯彻中央和市委精神作为首要的政治任务，通过召开区委常委会、中心组学习、专题会议以及干部培训等形式，利用宣讲团、电视、广播、网络等途径，加强宣传部署和舆论引导。全区广大党员干部群众围绕习近平总书记系列重要讲话中贯穿的坚定信仰追求、历史担当意识、真挚为民情怀、务实思想作风和科学思想方法，深入学习，深刻领会，切实增强了为实现中华民族伟大复兴“中国梦”贡献力量的责任感和使命感，增强了全面深化改革的决心和信心。

市委十一届二次全会指出做好首都的工作，必须科学审视所处的历史方位，把握首都在经济、城市、文化、社会以及生态文明建设方面的阶段性特征。6月20日，郭金龙书记来顺义调研时作出了重要指示，指出顺义作为北京东部发展带的重要节点和三个重点发展的新城之一，在首都发展中具有重要的战略地位。在当前转型发展的关键期，希望我们立足区域功能定位，充分发挥比较优势，把握发展的阶段性特征，进一步增强责任感、紧迫感，抓住机遇，乘势而上，加快推动产业转型升级，努力在首都工作中创造更多的经验，做出更大的贡献。郭金龙书记对顺义的重要指示精神，充分体现了市委对顺义工作的高度重视和殷切希望。

我们认真学习贯彻中央和市委的一系列重要决策部署和指示精神，针对当前制约我区发展的一系列问题，明确了“把握三个阶段性特征、推动四个转型升级”的工作总要求，凝练出“建设绿色国际港、打造航空中心核心区”的区域发展主题。“三个阶段性特征”是：经济发展进入稳中求进、提质增效的新阶段，城市发展进入完善功能、提升品质的新阶段，社会建设进入深化服务、创新治理的新阶段。“四个转型升级”是：加快推动临空经济区向首都国际航空中心核心区转型升级，加快推动产业发展向创新创造转型升级，加快推动经济发展向投资、消费协调拉动转型升级，加快推动城乡发展向城乡一体化转型升级。为了更好的学习、宣传、贯彻这一工作总要求，我们制定并实施了《关于“把握三个阶段性特征、推动四个转型升级”宣传工作的意见》，在全区范围内掀起了学习宣传贯彻的热潮，全区各级、各部门结合自身实际，认真开展自我评估、找准定位、明确目标、深入落实，在全区范围内统一了思想、形成了共识，为深入推进我区下一步改革创新、转型升级奠定了坚实的思想基础。

二是坚决贯彻落实中央八项规定和市委实施意见精神。

党的十八大后，中央政治局制定了八项规定，市委也制定下发了 15 条实施意见，中央和市委领导率先垂范，为我们做出了表率。区委高度重视，研究制定下发了《关于贯彻落实中央市委文件精神进一步改进工作作风密切联系群众的实施意见》，对调查研究、会议活动、文件简报、考察交流等 7 个方面提出了具体要求，制定了 15 个实施细则，建立起“1+X”制度体系，并狠抓督促检查。通过严格落实有关要求和组织全区党员干部开展“党群 1+1”、“在职党员干部回社区”、“过政治生日、争做十表率”等活动，从区委常委会到各部门各单位各方面，在改进工作作风方面都取得了显著成效，表现在调查研究更加注重实效、会议活动更加简化高效、文件简报更加精炼务实、新闻报道更加贴近群众、外出考察更加严格规范、财政支出更加厉行节约。

三是推动经济持续健康发展。

区委常委会立足宏观形势和区域发展的阶段性特征，紧紧围绕科学发展这个主题和加快转变经济发展方式这条主线，切实加强对经济工作的领导、统筹和协调，坚持稳中求进、稳中提质，在不断扩大总量的同时更加注重经济增长质量和效益的提高，强化科技创新和文化创新双轮驱动，强化投资和消费协调拉动，有效应对经济下行压力较大和“营改增”政策性减税等影响，圆满完成了年初确定的各项任务。预计全年实现地区生产总值 1235 亿元，按可比价格计算比上年增长 11%。公共财政预算收入预计完成 97 亿元，增长 12.5%。规模以上工业总产值预计完成 2640 亿元，增长 15%，增速居全市第一。为了给转方式、调结构创造更加宽松的环境，区委区政府经过慎重研究，把“十二五”规划确定的 12%的经济增长目标，调整为 10%左右。深入落实区域功能定位，扎实推进首都国际航空中心核心区建设。充分发挥天竺综保区的政策功能平台优势，形成了医药、航空、文化三大特色产业，汽车整车进口口岸通过国家验收，成为全国首家、目前唯一一家空港型整车进口口岸。着力推动创新驱动发展，中关村顺义园正式获得授牌，成立“北京新能源新材料新技术研究院”，初步建立起支持文化创新、科技创新的政策体系，科技成果、文化产品的研发、承接、转化、产业化的能力切实增强。坚持把加大经济结构战略性调整力度作为今年工作的重点，国家地理信息科技产业园一期等重大项目竣工、运营，环球华影激光电视、北汽越野车基地等重大项目正式落户，远大住工、上海万帝等绿色投资项目签约入驻，产业结构持续优化，区域经济可持续发展的基础进一步夯实。

四是加快构建城乡一体化发展新格局。

按照顺义新城要有“新产业、新功能、新贡献、新形象”的总体要求，高标准推进重点公共服务设施建设，职教中心、劳动力实训基地、体育中心等 6 项工程实现主体封顶，城市功能和承载能力不断增强。继续加大对重点镇和农村地区发展的支持力度，强化政策、资金、资源集成，四个重点镇的产业集聚程度、辐射带动能力持续提升。在农村地区加大基础设施、公共服务设施建设投入力度，新型农村社区建设取得阶段性成果，进一步改善了农村地区群众的生产生活条件。以打造首都慢生活区为目标，进一步加快推进浅山区综合开发进程，五彩浅山滨水国家登山步道一期 125 公里工程顺利完成，“五彩浅山”纳入北京市沟域经济政策支持范围，品牌形象初步确立。

五是以解决群众关心的民生问题为重点扎实推进社会建设。

坚持把保障和改善民生作为一切工作的出发点和落脚点，持续保持对社会事业的投入水平，不断完善基本公共服务体系，着力健全社会救助、住房保障等社会保障体系，切实保障困难群众基本生活。坚持就业是民生之本，扎实推进北京市充分就业示范区创建工作，城乡劳动力二三产业就业率继续保持在 95%以上，城镇居民人均可支配收入和农村居民人均纯收入预计分别增长 9%和 10%。积极推动区属医院与三甲医院合作共建项目，全区首家三甲医院——地坛医院顺义院区即将投入使用，北京中医医院顺义医院挂牌成立，顺义区医院升级核定为三级医院，医疗服务水平显著提升。进一步加强和创新社会管理，网格化社会服务管理指挥中心平台城市管理模块启动运行，城区 39 平方公里市政市容设施信息化实现全覆盖。深入推进“平安顺义”建设，积极推进重大决策社会稳定风险评估制度化建设，切实加强信访工作和社会矛盾调解体系建设，努力从源头有效预防风险。大力完善社会治安防控体系建设，严打各类犯罪，群众安全感和满意度保持在较高水平，党的十八届三中全会安保维稳工作圆满完成，再次荣获“全国平安建设先进区”称号。稳步推进安全生产标准化建设和隐患排查治理，成为全国首批创建安全发展示范城市试点单位。

六是全面打响生态环境建设攻坚战。

面对当前大气污染防治这一全市重点任务，区委常委会牢固树立全市一盘棋的意识，准确把握我区在首都大气污染防治工作中的定位，以最大的精力、最大的财力、最大的努力、最大的能力，扎实做好大气污染、水污染、垃圾、扬尘等环境问题的治理工作。在全市各区县中率先召开防治大气污染工作动员大会，制定实施《顺义区清洁空气行动计划 2013—2017 年实施方案》和《顺义区清洁空气行动计划 2013 年实施方案》，打响“压煤减煤，控车换油，治污减排，清洁降尘”四大战役，在农村地区大力推进优质燃煤替代、农村取暖煤改电、液化石油气下乡和天然气入户 4 项工程。圆满完成 4.8 万亩平原造林工程任务，林木绿化率达到 30.85%。与此同时，集中力量解决违法建设、垃圾、污水等环境问题。今年，累计拆除违法建设1045宗、126万平方米。积极推进污水处理和再生水利用设施建设，水资源的可持续利用水平进一步提高。深化垃圾分类、收集、运输、处理的全程化治理，全区生活垃圾无害化处理率达到97%。

七是切实加强对关键领域的改革。

区委常委会认为，要从根本上解决经济社会发展中出现的问题，就必须始终坚持把深化改革作为促进区域发展的根本动力和活力源泉。今年以来，我们围绕突出产业优势、推动园区做大做强，积极推进经济功能区资源整合和功能调整，研究决定要打造临空服务板块、高端制造板块和绿色生态板块，目前已率先启动临空服务板块建设，成立了北京临空经济核心区管委会。围绕推动国有经济可持续发展，增强市场竞争力，稳步推进顺义燃气公司及所属企业等4家国有企业公司制改造工作，顺利完成北京双峰建材集团由大龙公司托管经营工作。围绕处理好政府与市场的关系，加快推进政务服务、外事服务和机关后勤服务三大平台建设。围绕推进行政管理体制改革，成立食品药品监督管理局。围绕积极适应城市化发展和管理要求，统筹推进街道体制改革，全面启动了空港街道管理体制改革试点工作。按照十八届三中全会和市委的统一部署，区委常委会决定成立顺义区全面深化改革领导小组，统筹抓好未来我区重大改革措施的组织实施。

八是党的建设切实加强。

区委常委会坚持以改革创新精神全面加强党的建设，为区域发展提供了坚强的政治保证和组织保证。

深入贯彻落实中央组织工作会议和市委组织工作会议精神，统筹全区干部人才资源，完善干部选拔方式，着眼事业发展需要选干部、配班子，相继出台了《关于处级领导职务干部的调配办法》、《关于进一步加强区属国有企业领导干部管理的工作意见》、《关于进一步做好驻区双管单位有关工作的意见》等系列文件，使干部管理工作更加科学。今年，共对二级班子的283名干部进行了职务调整，全区处级干部队伍的年龄结构、学历结构、专业结构得到进一步优化。注重改进和完善干部交流培养机制，选派21名优秀干部到内蒙古、新疆、中央金融单位、首都国际机场、北汽集团等单位进行挂职锻炼或援建。围绕加强基层服务型党组织建设，建立健全了基层党组织工作经费保障投入机制、党建工作责任制双向述职制度、试行镇党代会年会制，调整党组织设置、理顺党工委关系，农村、社区、机关、国企和非公组织等基层党组织建设全面加强。圆满完成村“两委”换届选举，村党组织书记和村委会主任“一肩挑”比例达到87.7%、“两委”干部交叉任职率达到76.1%，连续三届没有“白点村”，各项指标均位居全市前列。

区委常委会认真履行党风廉政建设责任制，始终坚持标本兼治、综合治理、惩防并举、注重预防的方针，明确提出党风廉政建设要从区级班子抓起、从区级领导做起，以自身行为带动责任制的贯彻落实。今年，我们制定出台了《顺义区深化廉政风险防控管理工作实施方案》、《区级大额专项资金管理办法》、《加强镇财政财务管理暂行规定》等系列文件，注重加大对土地、招投标、政府采购等敏感要害岗位干部的交流力度，对新提拔和新调整岗位的处级干部进行“一对一”廉政谈话，对76家单位7175项行政职权进行清理确认，逐一编制职权目录和运行流程图，进一步完善了廉政风险防控管理机制。成立区委巡视机构，建立和推行巡视制度，已完成对李桥镇、市政市容委、供销社三个单位的巡视工作。坚持有案必查、有腐必惩，始终保持惩治腐败的高压态势。

一年来，区委常委会高度重视自身建

设，始终坚持不懈的加强思想政治建设，带头发扬接力精神，不断强化政治意识、责任意识和历史担当意识，坚定不移的与中央和市委保持高度一致，坚决把中央和市委的决策部署不折不扣的落到实处。始终注重发挥区委“总揽全局、协调各方”的领导核心作用，着眼推动全局整体工作，统筹协调好与人大、政府、政协的关系，统筹安排好纪检、组织、宣传、统战、政法、武装以及群众团体等方面的工作，使各方面都能各司其职、各负其责、相互配合、形成合力。始终坚持民主集中制原则，坚持重大事项集体领导，坚持涉及全区大局“三重一大”事项上常委会制度，坚持人大常委会、政协主要领导列席区委常委会制度，坚持会前沟通和会上讨论相结合，确保区委重大决策的科学性、民主性。今年以来，共召开区委常委会 24 次，审议通过了 91 个议题。始终坚持“定性、定量、定时、定责”的原则，科学确定决策落实的时间表、路线图，切实提高工作效能，确保决策落到实处、产生实效。

以上报告的是区委常委会一年来的主要工作，这些工作的开展和成绩的取得，是市委正确领导的结果，是全区广大人民和广大党员干部共同奋斗的结果。

在肯定工作成绩的同时，我们也清醒地看到了当前全区发展中存在的差距和不足：经济发展方面，土地和环境资源约束日益突出，产业结构有待进一步优化，科技创新和转化能力有待进一步提高，航空中心核心区的核心优势有待进一步发挥，经济发展的质量和效益还有提升空间。新城建设方面，城市交通、市政管网等基础设施仍需完善，公共服务设施与重点新城定位还不相适应，生态环境与群众追求更高品质宜居生活的需求还有差距，城市综合功能、承载能力和管理水平仍需提高。社会建设方面，提高城乡居民收入需要进一步拓展渠道、加快速度，保障和改善民生还有很多工作需要加强，推动教育、文化、卫生、体育等社会事业均衡化、优质化发展还需付出更大努力，社会管理精细化水平有待进一步提高，城乡社会治理结构需要进一步完善。党的建设方面，干部人才队伍结构有待进一步优化，基层党建创新需要深入推进，基层一线、窗口单位党员干部的宗旨意识、责任意识、服务意识、形象意识还需进一步增强，反腐倡廉建设仍需深入。对于存在的问题和不足，我们必须高度重视，增强忧患意识、责任意识，采取切实有效措施着力克服和解决。

二、关于2014年工作

2014 年是全面贯彻落实党的十八届三中全会精神、全面深化改革的开局之年，是我区深入开展党的群众路线教育实践活动之年，也是全面实现“十二五”规划目标任务的关键之年。党的十八届三中全会明确了全面深化改革的指导思想、重要方针、目标任务、政策举措，描绘了全面深化改革的新蓝图。中央经济工作会议确立了明年经济发展稳中求进的总基调，并提出要把改革创新贯穿于发展各环节，切实提高经济发展的质量和效益。中央城镇化工作会议作出了推进以人为核心的城镇化的战略部署。市委市政府把实施创新驱动战略、生态环境建设摆在了重中之重的位置。这些都对推进我区改革发展提出了新的更高要求。

面对当前的宏观形势、面对发展的阶段性特征，区委常委会认为，做好明年的工作，必须以邓小平理论、“三个代表”重要思想、科学发展观为指导，全面贯彻落实党的十八大、十八届三中全会、习近平总书记系列重要讲话精神以及将要召开的市委全会精神，助推实现中华民族伟大复兴的“中国梦”。必须坚持稳中求进工作总基调，把改革创新贯穿于经济社会发展各个领域各个环节，着力加强顶层设计，着力破解制约发展的一系列体制机制障碍，让一切劳动、知识、技术、管理、资本的活力竞相迸发，让一切创造社会财富的源泉竞相涌流，让发展成果更多更公平惠及全体人民。必须大力发扬接力精神，坚持“把握三个阶段性特征、推动四个转型升级”的工作总要求，树立问题导向、目标导向，坚持底线思维，切实提高发展的质量和效益，切实加强生态文明建设，切实保障和改善民生，切实推动新型城镇化发展，切实加强和改进党的领导，着力“建设绿色国际港、打造航空中心核心区”。

统筹考虑各方面因素，经区委常委会研究，建议2014年经济社会发展的主要目标确定为：地区生产总值按可比价格增长9%左右；公共财政预算收入增长8%；万元地区生产总值能耗、水耗分别下降4.13%和5.8%，PM2.5年均浓度下降5%左右；城乡劳动力二三产业就业率保持在95%以上；城镇居民人均可支配收入增长9%；农村居民人均纯收入增长10%。经济增长目标比2013年有所下调，主要是体现把经济发展引导到更加注重增长的质量和效益上来，为进一步调结构、转方式留出空间。明确环境指标是为了进一步强化对生态环境建设的引导和约束作用。城乡居民收入增长计划与2013年保持一致，目的是促进城乡居民收入平稳增长，并与经济增长同步。这些指标是比较适宜的，关键是更加明确了发展的重点和导向。

关于明年的重点工作，将在下周召开的区“两会”和下一次区委全会进行具体安排和部署。下面，就明年重点工作的考虑我谈几点意见。

关于深入学习宣传贯彻中央和市委精神。学习、领会、贯彻、落实党的十八大、十八届三中全会、习近平总书记系列重要讲话、中央经济工作会议、中央城镇化工作会议以及将要召开的市委全会精神，是全区明年首要的政治任务。要认真学习，真正领会好、把握好中央、市委精神的真谛要义、精神实质，做到学以致用、学用结合、学用相长。要加强宣传，通过有效、新颖的宣传方式，生动、丰富的宣传内容，营造锐意改革、奋发进取的良好氛围。要勇于实践，把贯彻落实中央、市委精神与“把握三个阶段性特征、推动四个转型升级”的工作总要求结合起来，转化成推动区域科学发展的强大思想武器、理论武器。

关于扎实开展党的群众路线教育实践活动。按照中央、市委统一部署，明年上半年我区将深入开展以“为民务实清廉”为主要内容的党的群众路线教育实践活动。要精心组织谋划，坚持围绕中心、服务大局，坚持实事求是、立行立改，真正以整风肃纪的精神、动真碰硬的勇气、深挖根源的态度，着力解决形式主义、官僚主义、享乐主义和奢靡之风方面的突出问题，着力解决人民群众反映强烈的突出问题，着力解决制约发展、亟待破解的突出问题，实现转作风、强组织、促发展。

关于全面深化改革。面对制约发展一系列躲不开、绕不过的难题，必须增强全面深化改革的自觉，拿出更大的政治勇气和智慧推进改革。要围绕充分发挥市场在资源配置中的决定性作用，围绕全面正确履行政府职能，围绕更好保障和改善民生，围绕维护最广大人民根本利益，深入谋划、准确把握改革内容、改革路径、改革措施、改革保障等一系列重大问题，加快推进我区的行政管理体制改革、投融资体制改革、国有企业改革、经济功能区改革、社会治理体制改革、城市管理体制改革等方面的改革。

关于全力推进生态环境建设。中央和市

委把生态环境建设摆在了重中之重的位置。必须牢固树立尊重自然、顺应自然、保护自然的理念，着力完善生态环境建设的体制机制。扎实推进五彩浅山慢生活区建设，在做好环境建设的同时，切实将生态优势转化成产业优势，转化成农民增收致富的实际效果。在项目立项、财政支出等安排上加大向生态环境领域的倾斜力度，举全区之力，坚决打好大气污染治理攻坚战、持久战，真正把人口、资源、环境作为区域转型发展、永续发展的重大问题来认真研究。

关于保持经济平稳可持续发展。稳中求进、提质增效、转型升级是当前我区经济工作的主要方向。关键是要切实转变发展理念，不能仅仅把地区生产总值及增长率作为政绩评价的主要指标，要切实把经济工作重心转移到提高发展质量和效益上，使发展更符合我区的功能定位，实现人口、资源、环境协调发展。要坚持以航空中心核心区建设为统领，进一步构建科技创新、文化创新双轮驱动和投资、消费协调拉动的经济发展格局。

关于推进新型城镇化。中央城镇化工作会议进一步明确了推进城镇化的指导思想、目标、任务。我们要坚持以人的城镇化为核心，统筹推进城镇化发展。要切实加快重点新城建设，高标准建设城市基础设施，高标准推进浅山区综合开发，高标准推进重点镇和新型农村社区建设，不断提高城市运行保障信息化、智能化水平，不断提升城市建设、管理、服务能力，加快打造城乡一体化升级版。

关于保障和改善民生。不断提高人民的生活水平，使改革发展成果更多更公平地惠及全体人民，是我们开展一切工作的出发点和落脚点。要围绕实现人的全面发展、构建和谐社会，着力完善公共服务体系和社会保障体系，着力推动教育、文化、卫生、体育等社会事业均衡化、优质化发展，切实提高城乡居民收入水平，切实解决好广大群众在住房、就业等方面反映强烈的突出问题。要更加注重激发群众的首创精神，大力倡导自我创业、自我奋斗、自我实现的价值观，引导群众主动作为、实现梦想、创造幸福。

关于加强党对改革发展的领导。全面推进区域改革发展的各项事业，关键在于加强党的领导。要注重发挥党委总揽全局、协调各方的作用，支持各方围绕全区发展大局，独立负责、协调一致地开展工作。要注重抓大事谋大事，注重工作统筹，深入研究事关全区改革发展全局的重大战略性、前瞻性问题，正确处理好各方面的关系。要坚持党要管党、从严治党，全面加强党的思想、组织、作风、反腐倡廉和制度建设，不断改进党的领导方式和执政方式，提高推动区域改革发展的领导力和执行力。

同志们，做好 2014 年各项工作，任务艰巨、责任重大。让我们在党的十八大、十八届三中全会和习近平总书记系列重要讲话精神指引下，全面贯彻落实市委市政府各项决策部署，大力弘扬接力精神，准确把握三个阶段性特征，加快推动四个转型升级，为实现“建设绿色国际港、打造航空中心核心区”的目标而努力奋斗！

顺义区人大常委会工作报告

——2013 年 12 月 26 日在顺义区第四届人民代表大会第三次会议上

顺义区人大常委会主任　胡尚云

各位代表、同志们：

我受第四届区人大常委会委托，向大会报告工作，请各位代表审议，并请列席会议的同志提出意见。

2013 年工作回顾

2013 年，区人大常委会在区委的领导下，认真贯彻党的十八大和十八届三中全会精神，紧紧围绕全区科学发展大局，议大事、抓重点、求实效，依法履职、创新工作，共召开常委会 6 次、主任会议 18 次；开展视察、执法检查 10 次，提出建议 37 条；听取和审议“一府两院”专项工作报告 10 项，提出审议意见 34 条，任免国家机关工作人员 111 人次，圆满完成了四届人大二次会议确定的各项工作任务。

一、协同奋进，体制运行更加顺畅

过去的一年里，常委会通过学习、实践，对十八大报告中“支持和保证人民通过人民代表大会行使国家权力”的认识更加深刻；对坚持党的领导、人民当家作主、依法治国有机统一的理解更加透彻；对充分发挥人大职能、推进社会主义民主法制进程、做好人大工作的信心更加坚定。

人民代表大会制度是以制度化方式实现人民民主的根本政治制度，是党依法执政的制度载体。人大工作是党的事业重要组成部分，一年来，区委对人大工作更加重视和支持，指导意见更加务实、有效。区人大及其常委会自觉接受和服从区委的领导，自觉维护区委的领导核心地位，凡有重大事项及时向区委请示报告，确保区委的主张依法通过人大得以实现。

人大与“一府两院”是产生与被产生、监督与被监督的关系，只是分工不同，为人民服务的目标是一致的。一年来，区政府及其组成部门对人大及其常委会更加尊重，对人大代表的意见、建议更加重视；政府主要领导到人大调研，并召开专题会议，研究代表建议办理工作；这次起草政府工作报告之前，又特别邀请部分人大代表听取意见，充分体现了政府对人大及人大代表的重视程度。法、检两院自觉接受人大监督，主动向人大及其常委会汇报工作，积极落实人大代表的批评、建议。

在区委的正确领导和“一府两院”的支持配合下，初步形成了“党委决策、人大决定、政府落实”，共同推进科学发展的政治局面，为坚持和完善人民代表大会制度营造了良好氛围，人大开展工作的环境正处于历史上最好的时期之一。

二、服务发展，监督工作更加有力

一年来，常委会通过专题审议、代表视察、执法检查、听取汇报、规范性文件备案审查等方式，加强对“一府两院”的监督，不断提高监督实效，有力推动了全区科学发展。

关注权力运行，加强行政工作监督。常委会通过专题审议政府推进依法行政工作情况报告，听取农村基层政权建设和司法工作情况汇报，听取“六五”普法规划中期实施情况等汇报，督促政府加强法制建设，落实执法责任，不断提高依法行政水平，努力形成严格依法行政、依法办事的工作氛围，确保权力运行的法制化。常委会还设立了规范性文件备案审查机构，制定了备案审查工作实施办法，通过对政府规范性文件的备案审查，督促政府及时清理和修订与现行法律不符的文件和政策，提高了政府部门办事效率和服务水平。

维护公平正义，加强司法工作监督。一年来，常委会听取和审议了法院关于人民法庭工作，检察院关于发挥检察职能、化解社会矛盾工作及“两院”半年工作报告。采取专题座谈和个别访谈相结合的方式，就法院基层法庭建设、检察院执法办案、公安分局破获重大刑事案件以及司法队伍建设情况深入调研。对司法机关加强规范化建设、强化内部监督、全面提升队伍素质以及发挥优势、化解矛盾、促进和谐等提出意见和建议。

紧扣发展主题，加强经济工作监督。一年来，常委会专题审议了政府财政预决算、国民经济和社会发展计划年度执行情况、“十二五”规划中期评估报告，视察了重大产业项目、重点工程建设、金融产业发展、五彩浅山开发情况，通过加强对经济工作的监督，督促政府建章立制，规范经济行为。政府认真采纳常委会意见，先后制定和完善了进一步加强政府投资项目管理的意见、区级大额专项资金管理办法、预算绩效管理办法等，有力推进了全区经济建设健康发展。

关注新城建设，加强重点工程监督。常委会先后视察了国家地理信息产业园、民生银行总部、潮白河森林公园、文化中心、体育中心、平原造林、新农村建设等重点工程建设情况，就项目建设质量、工程进度、安全监管、超概算等问题提出可行建议，为加快顺义新城建设发挥了应有作用。

聚焦民生改善，加强民生工作监督。常委会心系群众，关注民生，对事关群众切身利益的工作进行跟踪监督。顺应民意，督促政府加强公共卫生体系建设；关注布局，力促义务教育均衡发展；高度重视保障房回迁房建设、全民健身、药品安全、公交出行、水土保持等民生问题，通过专题审议、执法检查、现场视察、专题座谈等方式进行监督，有效促进了问题的解决。今年，代表提出的88条建议，涉及民生的23件，在常委会的督办下，基本得到落实。

三、创新方式，人大工作更加有效

创新监督方式，专题询问政府债务。今年，常委会就群众关注的政府债务问题，首次尝试了专题询问这一监督方式。常委会就政府债务主体、逾期债务处置、超时效担保处理、债务年度使用及偿还计划、风险监控主管部门的应对措施等进行了专题询问。政府结合专题询问提出的意见，健全监管体系，化解债务风险，落实偿还责任，促进了政府债务良性运行。

创新督办方式，推动代表建议落实。一是完善办理制度。制定了《关于进一步加强人大代表建议、批评和意见办理工作的意见》，进一步规范了建议办理工作，初步形成了“主任会议集体督办、常委会领导重点督办、工作委员会分类督办、人大代表参与督办、代表联络室统筹督办”的工作机制。二是创新办理机制。建立了人大代表、承办单位、常委会专业委室参加的建议办理“三方见面”机制，举行了两次“三方见面会”，对13件重点建议进行了现场督办。三是改进办理方式。确立了督办现场会、办理协调会、工作交流会、总结表彰会等新形式，开辟了建议办理新途经，有效促进了建议的落实。

创新指导方式，规范镇街人大工作。在坚持镇人大主席联席会制度的基础上，为推动镇人大工作的规范化，常委会组织相关委室和镇人大主席到外区县观摩、学习，请兄弟区县的乡镇人大主席介绍经验，经过深入调研，广泛征求意见，制定了《关于加强镇人大工作的指导性意见》，就镇人大工作的定位、职责、工作程序以及镇人大主席团自身建设等方面提出了明确要求。同时，加强对人大街工委的领导，有力推动了人民代表大会制度在基层的坚持和完善。

创新信访方式，着力化解社会矛盾。依据《信访工作条例》，加强对“一府两院”信访工作监督，促进依法接访、重心前移，推动了信访工作部门由“接访”向“走访”转变，由“事后处理”向“事前预防”转变；建立信访联席会制度，初步形成了与“一府两院”信访部门定期沟通协调机制，实现了信息对接、研判准确、督办有力、处置有效的信访工作格局；深入基层、深入群众，倾听百姓呼声，汇集社情民意，为常委会依法履职提供有价值信息，发挥了信访机构应有作用。

创新工作机制，提高人大工作效率。常委会通过完善工作机制，规范工作程序，加强工作协调，提高了工作效率。一是在确定年度工作计划前加强沟通，邀请“一府两院”相关领导共同研究、协商确定，实现了监督与被监督之间的有效对接，增强了工作的针对性，为计划的落实奠定了基础。二是坚持月工作计划向区委办、政府办通报制度，便于“两办”安排工作、协调领导活动，增强了工作的主动性和协调性。三是建立工作协调会制度，开展活动前先召开协调会，由主管副主任牵头，相关委室参加，对各个环节进行细化、分解，协调需要解决的问题，提高了工作精细化水平。

四、突出主体，代表履职更加充分

人大代表是人民代表大会的主体。为了充分发挥代表的主体作用，常委会积极为代表履职提供服务。

加强培训，提高履职能力。今年，常委会在坚持为人大代表订阅有关刊物和法律书籍、寄送人大工作信息和学习资料的同时，先后组织代表集中学习了《中华人民共和国宪法》、《中华人民共和国预算法》、《中华人民共和国水土保持法》、《全民健身条例》、《北京市道路运输条例》等法律法规，提高了代表的专业素养和履职能力。

贴近服务，拓宽履职渠道。常委会今年在4镇1街道成立了“人大代表之家”，组织了46名区人大代表向所在选区选民述职，密切了代表与群众的联系；同时，通过“人大代表之声”信息服务平台发布信息，通报全区经济社会发展情况，保证代表知情知政，为代表履职创造了条件；认真做好市人大代表顺义团服务工作，精心组织代表就顺义区经济社会发展的重大问题提出议案、建议，为顺义区争取市里的政策和资金支持作出了贡献。

宣传典型，激发履职热情。常委会通过在顺义电视台开设“代表风采”、“建议回声”栏目，在《顺义时讯》开设专版，在人大刊物上开辟专栏，宣传代表典型事迹，展示代表风采，激发了代表履职热情。

通过多措并举，代表的代表意识、责任意识、履职意识明显增强。在市人大和区政府征求人大代表意见座谈会上，代表们卓有见地的建议得到了市、区领导的肯定；在《人民代表报》采访我区人大工作时，基层代表的真知灼见赢得了《人民代表报》领导和记者的赞誉，充分展现了我区代表的理论素养和履职水平。

五、改进作风，自身建设更加扎实

常委会把自身建设摆在突出位置，切实

加强思想、制度和作风建设，不断提高履职水平，为完成各项任务提供了有力保障。

加强队伍建设，服务能力显著提高。常委会以建设“学习型、服务型、和谐型、创新型”机关为载体，围绕人大及其常委会的职能和任务，加强对人大制度、人大理论和市委、区委战略部署的学习，提高了常委会组成人员、机关干部业务素质和履职能力，增强了做好人大工作的责任感和使命感。在此基础上，常委会以调结构、提素质、促流动、稳队伍为目标，充实年轻干部，对有关委室主任进行内部交流，进一步增强了机关干部队伍的活力，为发挥常委会机关的服务保障作用，全面提升人大工作水平奠定了基础。

深入调查研究，工作作风明显改进。常委会以增强监督工作的实效性为核心，把调查研究放在突出位置，一是坚持审前调研，深入基层摸实情，全面掌握第一手材料，为提高审议质量打好基础。二是开展专题调研，通过实地考察、座谈交流，就议题研究、工作进展、建议办理等情况进行调研，为推进重点难点问题的解决出谋划策。三是开展社情民意调查，围绕经济社会发展重点、民生热点、工作难点和法律法规实施的薄弱环节开展调查研究，掌握多方信息，科学分析问题，赢得话语权。

做好宣传工作，人大形象不断提升。2013年，常委会继续加大宣传工作力度，召开人大宣传工作会，专题研究部署宣传工作，充分利用各种媒体，及时报道常委会主要工作和人大代表重要活动。全年共完成《人大工作通讯》3期、在《顺义时讯》宣传“人大知识”20期，专版3期，通过电台、电视台、网站等媒体发布信息100多条，为坚持和完善人民代表大会制度，提升人大形象起到了非常重要的作用。

各位代表、同志们：

一年来，常委会依法履职、务实创新，人大工作取得了新进展。成绩的取得是区委坚强领导、“一府两院”密切配合、人大代表辛勤工作和社会各界大力支持的结果。在此，我代表区人大常委会，向各位人大代表，向所有关心、支持人大工作的同志们、朋友们，表示崇高的敬意和衷心的感谢！

在肯定成绩的同时，我们也清醒地看到：把人民代表大会制度坚持好、完善好、运用好，仍然任重道远。就区人大工作而言，常委会履行职能的方式还需进一步改进，对权力运行的监督还需进一步探索，代表主体作用的潜能还需进一步挖掘，依法监督的实效还需进一步增强，常委会组成人员和机关干部的专业素质还需进一步提升。这些问题，我们要高度重视、认真研究、切实解决，也诚恳希望各位人大代表和同志们提出宝贵意见和建议。

2014年的主要工作

2014年，是全面贯彻党的十八届三中全会精神、推进我区四个转型升级、落实“十二五”规划的关键一年。区人大常委会将在区委领导下，深入贯彻落实区委四届六次全会精神，紧紧围绕“建设绿色国际港、打造航空中心核心区”的目标，坚持依法履职，突出工作重点，创新工作方式，为推动全区经济社会发展、国计民生改善、民主法制建设作出新贡献。

一、深入贯彻党的十八届三中全会精神，推动人大工作再上新水平

党的十八届三中全会，是一次具有里程碑意义的重要会议。会议提出的破除体制机制弊端，全面深化改革，加强社会主义民主政治制度建设，推进民主法制、建设法治中国、强化权力运行制约和监督体系建设等新思想、新举措，为坚持和完善人民代表大会制度，做好人大工作提供了强大动力。2014年，区人大常委会将根据区委四届六次全会的统一部署，认真领会、全面落实十八届三中全会精神，坚持党的领导、人民当家作主、依法治国有机统一。要紧密联系人大工作实际，深刻把握全会关于全面深化改革的新要求，进一步提高对人民代表大会制度的认识，更加自觉地把这一制度坚持好、完善好、发展好。要坚持从全区发展大局出发，着力提高运用法治思维和法治方式深化改革、推进四个转型升级的能力。一要精选议题。通过“议大事、理思路、选议题、定任务”来提高监督的针对性；二要创新方式。通过“勤学习、多调研、讲真话、树正气”来加大监督力度；三要注重实效。着力改进视察、执法检查方式方法。本着精简高效的原则，压缩视察、检查队伍规模，增加代表评议分量，提高常委会及主任会议质量和水平。

二、加强对权力运行的监督，推动依法履职再显新成效

宪法规定“中华人民共和国的一切权力属于人民”。十八届三中全会提出，“发展社会主义民主政治，必须以保证人民当家作主为根本”。2014年，常委会将按照十八届三中全会要求，进一步加强对“一府两院”权力运行的监督，促使“一府两院”按照法定权限和程序行使权力。一是围绕促进经济社会转型升级开展监督。积极探索行使重大事项决定权的实现形式，强化对国民经济和社会发展计划、财政预算执行情况的审查监督，支持和督促审计部门依法开展工作；对区“十二五”规划调整方案的落实加强监督，确保经济社会发展目标如期实现；着力对重点工程、重大产业项目、土地储备及利用等开展监督，促进经济社会科学发展。二是围绕保障和改善民生开展监督。针对人民群众关心关注的新农村建设、农村产权制度改革、医疗资源布局、社区菜市场建设、职教中心建设和使用、全区科技创新等社会民生问题开展监督，推进城乡一体化、民生改善和社会事业全面进步；继续加强和改进人大信访工作，不断完善人大信访工作机制。三是围绕营造良好法制环境开展监督。把推进法治政府建设，督促政府依法行政作为重点关注内容，听取和审议区政府关于2013年依法行政工作情况报告，对道路交通安全法、《北京市大气污染防治条例》等法律法规在我区的贯彻实施进行检查，促进政府及其组成部门依法行政；加强对法院执行工作、检察院未成年人刑事检察工作的监督，促进严格执法，公正司法；依法行使好人事任免权，加强对人大任命的干部日常监督，促其廉洁奉公、勤政为民。在做好以上监督工作的同时，常委会将重点加强对政府财政预决算的监督，推动建立规范透明的预决算制度。借鉴市人大做法，充实财政经济工作委员会力量，聘请精通财经业务和顺义区情的同志担任顾问，为更好地行使财政预决算监督权当好参谋；探索建立财经委初审、工作委员会联审、人大常委会集体会审、人民代表大会审查批准的预算监督机制，提高财政资金使用效益，保障经济社会健康发展。总之，要通过依法履行监督职能，逐步实现“让人民监督权力，让权力在阳光下运行”。

三、突出代表主体地位，推动代表工作再上新台阶

切实尊重和体现代表的主体地位，认真落实市人大即将修订的《北京市实施<中华人民共和国全国人民代表大会和地方各级人民代表大会代表法>办法》和《北京市人民代表大会代表建议、批评和意见办理条例》。加强学习培训，深化代表对人大制度的认识和理解，不断提高代表的政治素质、法律素养和履职能力；密切常委会同代表的联系，拓宽代表知情参政渠道，为他们提供更多参政机会；加强代表同选民的联系，深化代表向选民述职活动；推广和完善“人大代表之家”，不断开辟代表活动新领域；加强代表议案、建议督办工作，认真贯彻落实市、区两级人大关于加强人大代表建议、批评和意见办理工作的法规和意见，进一步完善代表建议办理“三方见面会”机制，切实提高督办质量和建议落实率，继续表彰优秀代表建议，调动代表履职积极性；继续做好市人大代表顺义团的履职服务工作，充分发挥市人大代表的作用，为推动顺义经济社会发展在市人代会上建言献策。

四、加强自身建设，推动人大工作质量再有新提升

加强自身建设，是常委会依法有效履职的重要保证。2014年，常委会将按照区委的统一部署，认真开展党的群众路线教育实践活动，通过深入基层、联系群众、查找问题、落实整改，为不断提高人大工作水平不懈努力。切实加强政治理论、法律法规和人大业务知识学习，牢固树立大局观念、法制观念和群众观念，提高依法履职、促进发展、服务群众的水平；充分发挥常委会组成人员及人大代表同人民群众联系密切的优势，摸实情、听呼声、解民意，务求为人民代言理直气壮、为群众办事千方百计；加强调查研究，牢牢把握人大工作话语权；进一步深化对人大制度、人大工作和人大代表的宣传，在全区营造更加良好的工作氛围；加强对人大街工委的领导，促进街道人大工作的制度化、规范化；切实抓好《关于加强镇人大工作的指导性意见》的落实，促进镇人大依法履职、发挥作用。

各位代表、同志们：

新形势、新任务、新征程赋予了我们新使命，推进人民代表大会制度与时俱进对我们提出了新要求，全面深化改革对人大工作寄予了新期待。我们要在区委的坚强领导下，紧紧依靠全区人民，以积极进取的工作态度、求真务实的工作作风、奋发有为的精神面貌，认真行使宪法和法律赋予的各项职权，共同谱写顺义区人大工作新篇章！

政府工作报告

——2013年12月25日在顺义区第四届人民代表大会第三次会议

顺义区人民政府区长　卢映川

各位代表：

现在，我代表顺义区人民政府，向大会报告工作，请予审议，并请各位政协委员提出意见。

一、2013年工作回顾

今年以来，在市委、市政府和区委的坚强领导下，在区人大和区政协的监督支持下，我们紧紧团结和依靠全区人民，深入贯彻落实科学发展观，牢牢把握顺义发展的三大阶段性变化特征，立足区域功能定位，充分发挥比较优势，积极“调结构、促改革、惠民生”，加快推进“四个转型升级”，区域经济社会保持了平稳健康发展的良好态势，区四届人大二次会议审议批准的主要年度目标任务可望如期完成。初步预计，全区地区生产总值按可比价格计算比上年增长11%；公共财政预算收入完成97亿元，增长12.5%；城镇居民人均可支配收入33176元，农村居民人均纯收入17556元，分别增长9%和10%；城镇登记失业率控制在1.5%以内，大气污染物浓度平均下降1.5%。

（一）结构调整积极推进，发展质量和效益不断提高。

产业转型升级加快。战略性新兴产业发展态势良好，环球华影激光电视、中航信数据中心启动建设，远大住工项目正式签约，一批高新项目落户，为后续发展积蓄了新力量。工业保持快速增长，预计完成总产值2640亿元，增长15%。汽车产业增势强劲，预计完成产值1490亿元，增长21%，其中北京现代年销量首次突破百万辆。新兴金融发展迅速，中加基金、中青基金等30家金融机构相继入区发展。文化创意产业加快发展，新国展一期配套主体工程完工，展会服务保障能力进一步提高。商业业态不断丰富，金街悦港城、国门一号即将开业。第十一届中国菊花展、“舞彩浅山”国际登山大会等重大活动成功举办，预计全年接待游客462万人次，增长5%。

功能区建设迈出新步伐。天竺综保区服务功能进一步拓展，汽车整车进口口岸验收运营，保税拍卖业务成功开展，歌华文化贸易企业集聚中心等重大项目建设进展顺利，新引进企业50家，投资总额50亿元。保税功能区全年预计实现进出口总值30亿美元，增长26%。中关村顺义园规划编制全面启动，中晟国计等6个高端项目入园落户，开始成为高新技术成果转化的重要基地。临空经济区功能整合积极展开，核心区管委会组建初步完成，为推进转型升级、释放空间活力奠定了基础。14个经济功能区全年预计实现公共财政预算收入47.5亿元，支撑起区域经济的“半壁江山”。

发展活力继续提升。消费拉动作用进一步增强，全年社会消费品零售额预计完成296亿元，增长16.5%。投资总体平稳，全社会固定资产投资预计完成418亿元，与上年基本持平。年初确定的90个投资亿元以上的重大产业项目中，数码视讯数字电视产业园等24个项目建成投产，北汽越野车基地等57个项目加快建设。顺鑫农业定向增发股票进展顺利，区国资中心10亿元企业债发行工作稳步推进，15亿元中期票据具备发行条件。上市企业培育力度加大，新引进上市公司和拟上市公司4家，15家企业进入上市程序。创新驱动发展取得新成效，制定出台加强科技创新系列政策措施，新认定国家级高新技术企业44家，市级企业技术中心5家。品牌培育取得新成果，成功争创1件中国驰名商标、5件北京市著名商标。

（二）城市化发展步伐加快，综合服务能力进一步增强。

新城建设加快推进。总体规划实施情况评估和潮白河生态发展带规划、首都机场周边地区规划编制初步完成。重点工程加快建设。新殡仪馆正式投入使用，职教中心、劳动力实训基地、体育中心等6项工程实现主体封顶。畅通工程加快实施，12座公交首末站建成使用，2座公交中心站结构封顶，顺安路、高白路等6条道路完工，白马路东延、站前北街延长线等23条道路工程加快建设。全年新建、改建道路23公里，完成乡村公路大修121公里，新建各类市政管网80公里。电力设施不断完善，西马220千伏变电站投入使用，西府和董各庄110千伏变电站即将竣工。

城市管理服务不断延伸。网格化管理指挥平台初步建成，为实施精细高效管理打下了坚实基础。水电气热等基础设施运行平稳，企业生产、市民生活得到有效保障。社会服务管理创新指标信息系统投入运行，基础服务管理能力进一步增强。“智慧顺义”建设深入开展，首批37家智慧社区通过验收。“六型社区”创建进展顺利，“枢纽型”社会组织工作体系不断完善，近千家社区社会组织纳入服务管理范围。完成7个老旧小区、63万平方米的建筑节能综合改造，8769户居民从中受益。妥善解决村庄拆迁遗留问题，腾净土地85宗、6335亩。

浅山开发实现良好开局。国家登山步道一期125公里全线贯通，产生了良好社会反响。各项配套公共服务设施加紧完善，郊野公园规划初步完成，富民效果开始显现。

新农村建设继续深入。重点镇建设扎实推进。都市型现代农业加快发展，万亩示范区农田建设进展良好，新建和改造老旧设施农业3000亩，“菜篮子”工程取得新的实效。完成2.2万户农宅抗震节能改造及新建翻建工程，农村房屋质量和保温效果显著提升。南陈路新型农村社区建设稳步推进，天然气入户试点工程启动实施。

（三）环境整治深入开展，生态文明建设取得新成效。

大气污染治理扎实推进。实行更为严格的环评审批制度，否决191个不符合环保要求的项目。淘汰“三高”企业深入展开，关停金隅顺发水泥、古城砖厂等污染企业34家。启动农村地区“减煤换煤、清洁空气”行动，1.9万户优质燃煤替代稳步实施，南彩镇整体液化石油气下乡、西马各庄村“煤改电”取暖试点如期完成。大力推进机动车污染治理，全年累计淘汰老旧机动车1.29万辆，组建绿色车队223家、运输车辆3884辆。更新新能源公交车222辆，200辆电动出租车即将投入运营。深入开展施工现场扬尘、建筑垃圾消纳、道路遗撒专项治理行动，扬尘污染得到有效控制。

生态环境水平显著提升。高标准完成4.8万亩平原造林任务，苗木成活率达到95%以上。新城滨河森林公园建成开放，37公里健康绿道投入使用。积极推进污水处理和再生水利用设施建设，全区污水日处理能力达到42.4万立方米。在全市率先引入BOT模式，启动8座镇级再生水厂新建工程，3座已经具备开工条件。深入开展中小河道生态治理，蔡家河、方氏渠18公里疏浚工程基本完成，行洪保障能力有效提升。

环境综合整治初见成效。完成671项市、区两级环境建设台账任务，城乡环境治理状况进一步改善。加强非正规垃圾填埋场整治，着力推动垃圾减量化，推广生活垃圾分类，不断规范餐厨废弃油脂和建筑垃圾管理，全区生活垃圾无害化处理率达到97%。积极开展“三大秩序”整治行动，集中整治违法违规行为，重点区域秩序逐步好转。加大打非治违力度，累计拆除违法建设1045宗、126万平方米，腾退土地6027亩。认真开展群众环境满意度调查，群众反映的热点问题得到及时有效整改。

（四）各项惠民政策措施扎实落实，民生服务继续改善。

就业保持在高水平。积极实施就业优先战略，多渠道开发就业岗位，城乡劳动力二三产业就业率稳定在95%以上，实现全市首家充分就业区“两连冠”，区域劳动力充分就业与质量就业实现双提升。积极开发养山护水、生态涵养等绿色岗位，实现2900人绿色就业。转非工作平稳推进，完成征地转非3236人，就业转非1547人。

社会保障不断扩展。全年开复工回迁安置房和保障性住房515万平方米、5.1万套，竣工199万平方米、1.8万套。大营、于庄等12个村、1.6万人完成回迁，5260户限价房、经济适用房轮候家庭公开摇号配售工作完成，实现1：1配售。公租房申请正式启动，住房保障人群范围进一步扩大。各项社会保险政策覆盖面继续扩展，五项保险基金累计达到59.2亿元。城乡低保标准统筹提高到每人每月580元。大病救助最高标准由12万元提高到14万元，累计救助365人次、发放救助金214万元。投入1168万元，为325户低收入家庭、优抚对象翻修房屋，实现城乡无危房户。在全市率先扩大享受老年人高龄津贴和医疗补助的人员覆盖面，老年人福利待遇进一步提高。慈善事业蓬勃发展，救助贫困对象1万余人次。

公共服务继续改善。新建、扩建8所公办幼儿园和15所村办园，新增学位5570个，学前教育服务能力进一步增强。7所“校安工程”竣工交用。成功创建全国数字化学习先行区。第33届北京青少年科技创新大赛圆满举办。卫生事业加快发展，全区首家三甲医院—地坛医院顺义院区即将投入使用，北京中医医院顺义医院挂牌成立。在全市率先实现疫苗全程冷链运输与监控，建立起可靠的公共卫生免疫屏障。基层文化生活丰富多彩，完成850场农村“星火工程”专项演出，放映电影1.7万余场。加强群众体育设施建设，完成60个市级体育生活化社区和健身俱乐部设备设施配建。

社会保持和谐稳定。全国安全发展示范城市创建工作深入推进，全区安全生产形势保持平稳。食品药品抽检抽验合格率保持在98%以上。加强突发事件应急处置，人感染H7N9禽流感防控迅速有效，城市运行安全平稳。社会稳定风险评估机制不断健全，重大活动安保任务圆满完成。深化治安防控体系建设，加强矛盾调处和信访积案化解，全区治安形势良好，群众安全感位居全市前列。深入推进双拥工作，大力支持部队建设，军政军民关系更加密切。

（五）体制机制不断创新，政府自身建设进一步加强。

食品药品监督管理机构组建顺利完成，空港街道管理体制改革试点积极展开。国有企业改革不断深化，燃气、大龙、自来水、恒锋市政等国有企业公司化改造陆续启动。基础设施投融资改革取得重要突破，政府投资管理机制进一步健全。深入落实党风廉政建设责任制，对重大工程项目、大额专项资金实施全过程监管，严格执行重大事项集体决策和政府重大合同审核备案制度。审计监督进一步强化。始终坚持用制度管人、管事、管权，政府部门廉洁自律意识切实增强。

民主法制建设进一步加强。坚持依法行政，认真落实区人大及其常委会决议决定，自觉接受人大工作监督、法律监督和人民政协民主监督，办理人大代表建议88件、政协委员提案161件，满意率不断提高。基层民主政治建设不断加强。圆满完成第九届村委会换届选举，书记主任“一肩挑”比例、“两委”交叉任职率全市第一。人事人才、广播电视、民族宗教侨务、气象、档案工作切实加强，国防后备力量建设和工会、共青团、妇女、儿童、残疾人等各项社会事业取得了新成绩。

各位代表：过去一年，全区各项事业发展迈出了新的步伐，这些成绩的取得，是市委、市政府和区委正确领导、全区人民团结奋斗的结果，是区人大、区政协监督支持、社会各界共同努力的结果。在此，我代表区政府，向全区人民，向各位人大代表、政协委员，向各民主党派、工商联和社会各界人士，向驻区中央、市属单位、部队和企业，表示衷心的感谢并致以崇高的敬意！

在看到成绩的同时，我们也清醒地认识到，处在转型发展过程中，全区仍然面临一些突出的矛盾和问题，特别是人口资源环境压力持续增加带来多方面挑战，主要表现在：产业转型升级任务依然艰巨，新兴产业规模还比较小，闲置土地资源有效利用不足，产业统筹布局和发展需要进一步加强；大气治理、垃圾处理、水环境治理和城乡环境整治面临极大考验，长效机制尚需建立；城乡交通管理、停车秩序、小区物业管理等还存在许多不令人满意的地方，城市精细化管理水平亟需提高；公共服务供给与需求还不适应，尤其是优质医疗资源短缺，基层服务设施不完善，群众生活还有许多不便；安全生产、食品药品等各项市场监管仍需进一步加强。在各项矛盾的背后，有很多体制机制因素困扰，迫切需要深化改革，强化管理。与此同时，政府自身工作还有很多不足，职能转变还不到位，治理理念、施政方式仍不适应发展阶段和社会环境变化要求，行政效能和治理能力需要不断提升。对这些问题，我们将高度重视，在新的一年认真采取措施，切实加以解决。

二、2014 年工作重点安排

2014 年是全面贯彻落实党的十八届三中全会精神的开局之年，是顺义步入新阶段、向“十二五”规划目标迈进的关键一年。党的十八届三中全会描绘了全面深化改革的路线图，对以改革促发展做出了战略部署；全市深入推进创新驱动发展和生态文明建设，客观要求进一步把发展方式转变引向深入；迎接 APEC 峰会举办和建国 65 周年，对提升管理水平、改善城市环境提出了更高的要求。我们必须进一步增强忧患意识、机遇意识、改革意识，大力弘扬接力精神，切实把握好全区发展的三大阶段性变化特征，在加快推动临空经济区向首都国际航空中心核心区转型升级，产业发展向创新创造转型升级，经济发展向消费、投资协调拉动转型升级，城乡发展向城乡一体化转型升级上迈出坚实步伐。

根据区委四届六次全会部署，2014 年政府工作的总体要求是：全面贯彻落实党的十八大和十八届三中全会精神，以邓小平理论、“三个代表”重要思想、科学发展观为指导，坚持稳中求进、改革创新、提质增效，紧紧围绕“建设绿色国际港，打造航空中心核心区”的奋斗目标，更加注重战略谋划的有序实施，更加注重发展方式的深入转变，更加注重城市建设管理的精细规范，更加注重体制机制的改革创新，更加注重施政方式的调整适应，努力在推进“四个转型升级”上取得新的重要实效，在新的起点上实现经济社会又好又快发展。

全区经济社会发展的主要预期目标是：地区生产总值按可比价计算增长 9%左右；公共财政预算收入 104.76 亿元，增长 8%，区本级公共财政预算支出 133.14 亿元，增长 3.9%；万元地区生产总值能耗、水耗分别下降 4.13%和 5.8%；PM2.5 年均浓度下降 5%左右；城乡劳动力二三产业就业率保持在 95%以上；城镇居民人均可支配收入和农村居民人均纯收入分别增长 9%和 10%。

围绕上述目标，我们将重点做好以下六个方面工作：

（一）全面展开环境攻坚行动，实现城乡环境明显改善。

环境是社会关注的重大民生问题。2014 年要把改善环境摆在更加突出的位置，着力抓常态规范，治重点难点，建长效机制，基本构建与新阶段发展要求相适应的环境治理体系，全面提升城乡环境质量。

全面落实大气治理行动。切实抓好《顺义区 2013—2017 年清洁空气行动计划》年度安排落实，努力在改善全区空气质量上取得新的进展。加强源头减排控制，实施更为严格的“环评”、“能评”审查。加大资金投入，安排政府投入 32.5 亿元，开展燃煤、扬尘、交通和企业污染治理等 6 方面、46 项防治工程。完成城东、城西、城南供热中心

“煤改气”工程，实现居民清洁能源供热997万平方米。扩大农村地区“减煤换煤、清洁空气”行动实施范围，力争农村地区优质燃煤替代率达到50%以上。全年削减煤炭使用量25万吨。加强工业污染防治，实施汽车制造维修、印刷包装等重点企业挥发性有机物排放治理，全年削减挥发性有机物排放600吨。强化机动车污染治理，增加新能源公交车255辆，绿色运输车辆达到4300辆，淘汰老旧机动车8800辆。加大扬尘污染防治，城区和重点区域5000平方米以上的建筑工地全部安装在线监控设备。强化重污染天气应急管理，动员全区力量共同参与。

积极抓好垃圾综合治理。形成全覆盖的城乡保洁和垃圾清运处理格局。全面落实“门前三包”责任，强化社会单位主体责任落实，完善保洁养护、垃圾分类机制，实现属地保洁无死角。改革垃圾清运管理体制，将企业和社会单位生活垃圾纳入属地服务清运范围，确保日产日清，做到垃圾清运全覆盖。加强建筑垃圾规范管理，强化源头约束，科学布局消纳场所，全面推行清运合同管理，努力做到建筑垃圾全消纳。加大垃圾坑和垃圾堆放点整治力度，完成18处非正规垃圾填埋场治理，消灭全区所有垃圾乱倒点，努力实现陈腐垃圾全治理、新生堆放不出现。完成杨镇垃圾处理厂消隐工程，增强现有处理能力。加快推进生活垃圾焚烧二期工程、餐厨垃圾处理厂、河西地区垃圾转运站建设，抓好循环经济园规划，促进垃圾处理园区化、产业化发展。

大力推进水环境水生态治理。加强污水处理和再生水利用设施建设，全面实施牛栏山再生水厂建设和区污水处理厂升级改造工程，完成马坡、北小营、李遂、北石槽再生水厂建设，全年新增污水处理能力10万立方米。积极推进配套管网建设，做到与再生水厂“同步建设、同时竣工”。集中抓好河道排污口治理，力争202处河道排污口治理全部完成，确保市级河流断面考核全部达标。强化污水源头治理，通过安装在线监测设备等措施，监督企业进行污水处理。深入开展中小河道生态治理，完成蔡家河、方氏渠治理，启动金鸡河、小中河治理，确保入汛前完成河道疏浚。实施潮白河水源地水源回补工程，增加全区水资源总量，有效回补地下水。实施汉石桥湿地基础设施提升和引水工程，增加水面3000亩。

高标准实施平原造林工程。围绕五彩浅山、首都机场航空走廊、京承高速、京密引水渠等重点区域，完成7万亩造林任务，使区域生态环境质量得到新的提升。加强新增森林资源养护管理，建立形成长效养护机制。继续实施荒山彩色造林、三北防护林建设等绿化造林项目，完成顺安路绿化改造、温榆河绿道建设和1万亩播草盖沙工程，营造良好生态景观效果。

深入开展环境专项整治。大力实施APEC峰会环境整治方案，集中力量搞好重点区域环境综合整治，高标准完成机场北线回民营桥周边、古城村北等重要节点和高速路沿线主要出入口、京密路沿线、首都机场周边环境整治。认真落实市区两级环境建设任务，坚决打击和控制违法建设，对新生违法建设坚持“第一时间发现、第一时间拆除”。深入开展三大秩序专项整治，对主要街道户外广告、牌匾标识、工地围挡进行专项治理。加大城区铁路沿线整治力度，规范农村再生资源回收和废弃猪场管理，积极做好国家卫生区第二次复审迎检工作，创造良好的环境秩序。

环境治理是硬任务，必须采取坚决措施。在管理上，要推进管理重心下沉，加强综合执法，完善考核评价，强化环境监管责任追究；在机制上，要积极探索创新，完善环境标准体系，强化社会单位主体责任约束，推动社会共治；在投入上，要坚持增量投入倾斜，确保环境建设取得扎实成效。

（二）系统推进产业转型升级，进一步增强经济发展后劲。

突出高端引领，强化创新驱动，着力推动产业发展向创新创造转型升级，加快现代服务业发展，打造临空经济的升级版。

加强航空中心核心区战略落实。全面深化与首都机场的战略合作，巩固和拓展核心功能，积极完善基础设施和公共服务配套，促进航空及关联产业集聚发展。加快天竺综保区向空港型自由贸易园区转型升级。积极发展保税拍卖、高端商品交易、跨境电子商务等业务功能，打造服务贸易创新示范区；依托歌华国际文化贸易企业集聚中心等重大功能性项目建设，打造文化贸易创新示范区。充分发挥整车进口口岸政策优势，拓展高端汽车保税展示和转口贸易。积极推进二期规划实施，完善区域配套，促进医药、航空、文化三大特色产业加快发展。推动临空经济创新发展，加快核心区建设实施，促进资源整合与功能布局优化，深化与天竺综保区配套协作，推进临空服务业再造。加强对中关村创新成果转化承接，推进临空制造业升级。深化功能区与镇级二三产业基地合作共建，进一步增强临空经济辐射能力。

推动产业高端化发展。坚持把培育发展战略性新兴产业作为主攻方向，促进产业发展整体提升。全力抓好国家地理信息科技产业园一期招商和二期建设，着力吸引一批行业领军企业和龙头项目。加紧北京航空产业园建设，促进发动机、复合材料等项目如期投产。加快产业金融新区建设，积极推进首发银行、安鹏财产保险公司筹建，着力吸引投资基金、互联网金融、融资租赁、保理业务等新兴金融机构和企业总部入区发展。推进资本市场顺义板块扩张，力争新培育上市企业5家。多种方式支持文化创意产业发展。加快新国展二、三期建设，完善会展功能和基础设施配套，尽快形成产业集聚效应。积极促进现有支柱产业创新发展和都市型工业升级。着重完善产业基础配套和引进产业链上下游高端要素，支持企业加强技术创新，促进汽车、航空、电子信息等重点产业发展。发挥燕京啤酒、顺鑫农业等龙头企业的带动作用，引导企业加大技术改造力度，优化产品结构，增强品牌竞争优势和市场扩张能力。

打造产业转型发展高地。制定出台经济功能区转型升级指导意见，强化区域统筹，健全开发实施机制，促进功能区创新发展。加强产业统筹招商和项目筛选，根据产业的不同类型，改进支持方式，进一步增强政策实效。积极推进闲置土地资源的盘活，探索腾笼换鸟有效实现路径，提升发展活力。强化重大产业项目投资落地协调推进机制，着力抓好90个投资5000万元以上的重点产业项目建设，确保项目尽快开工、建设和投产。探索采取股权合作等方式，参与重大产业项目建设发展，形成长期资本收益。加快中关村顺义园规划建设步伐，建立重大创新成果和项目快速发现、跟踪引入机制，更多承接中关村创新资源辐射，积极吸引成熟科技项目和团队，促进“研发创新在中关村，转化和产业化在顺义”。

增强消费、投资协调拉动作用。适应城市服务功能完善、消费结构升级变化，大力营造良好的消费环境，促进消费加快增长。统筹规划新城商业布局，加快大型现代商业服务设施建设实施，培育新的消费带动点。完善社区商业服务设施，方便市民生活。加强机场、新国展周边和浅山区域休闲服务设施配套，用好过境免签政策，促进高端商务消费。认真做好第十三届北京国际汽车展服务保障，积极办好首届国际手工艺术博览会、国际商品交易博览会等大型展会活动。提升旅游服务设施，更好地满足都市人群周末和节假日休闲消费需要。大力发展电子商务，加快向现代商业转型升级。

在着力强化消费拉动的同时，继续促进投资增长和结构优化。积极引导社会投资投向高端制造、现代服务、商务楼宇和城市基础设施等领域，进一步优化投资结构，增强发展后劲。政府投资要按照“保竣工、保续建、控新开”原则，坚持集中力量分阶段解决问题，重点支持城乡环境、民生改善、公共服务和基础设施建设。加强重点工程年度计划落实，强化跟踪服务和协调调度，促使在建项目加快实施，确保新开项目按计划开工。抓好重大项目储备和前期工作，完善滚动实施机制。围绕新城、重点镇和功能区建设，统筹推进土地一级开发，加快土地入市步伐，更好地服务于重大项目落地。

（三）深入实施城市精细化管理，使城市更好地服务于居民。

坚持以人为本，进一步改进和加强城市管理，从解决群众关心的突出矛盾和问题入手，更加注重细节，让生活更舒适方便。

大力推进交通治理。制定实施交通治理行动计划，远近结合、系统推进城乡交通规划、建设和管理，加强网络、流量、节点管理，打造安全便捷出行城市。开展东大桥环岛等城区5个主要交通拥堵点综合治理，完善微循环系统，改善早晚高峰和周末出行状况。完善重点大街和学校、医院、居民区周边红绿灯、斑马线设置，营造安全出行环境。研究制定区域客货运分流方案，设立货运通道和专用对外出入口，在保障物流通畅的同时，减少货运车辆对城区交通的影响。继续优化公交线网布局和设施配置，完成天竺综保区、国门商务区、汽车基地公交中心站和首末站建设，加强重点区域间公交联络。大力发展公共自行车租赁，规范区域电动出租车运营，积极解决“最后一公里”出行不便问题。实施停车规范管理和停车秩序整治，积极倡导绿色出行，推进重点区域公共停车场规划建设。加紧实施站前北街及延长线、白马路东延等 20 条道路改扩建工程，完成 75 公里乡村道路建设改造，进一步完善城乡道路交通网络。

提升城乡网格化管理服务水平。完善城市网格化管理平台和社会服务管理创新指标信息系统，逐步扩大覆盖范围，健全问题发现、处置、反馈、监督、评估的长效机制，努力实现管理广覆盖、服务“零距离”。深入推进“七型”社区建设，大力培育社会组织，加强社区服务用房配置，提升社区服务能力，完善社区治理体制。加强回迁小区物业管理和配套服务，健全管理机制，推进向成熟社区转化。坚持“以产引人、以业控人、以房管人”的管理模式，对小商品、小建材等低端市场和低端产业，坚决控制新增，逐步清理已有，积极调控人口规模。完善人口管理信息系统，不断提高人口动态管理和服务水平。

增强城市运行保障能力。加大建设统筹力度，提升城乡基础设施承载和服务保障能力。完成西府、梁庄 110 千伏变电站和城西架空线迁改工程，启动新城、军营、庄子营 3 座 110 千伏变电站和马坡 220 千伏变电站建设，提高电力保障水平。有序推进智慧城市建设，加强第四代移动通信技术应用，提高网络覆盖水平。完成城南供水厂建设工程，保障自来水供应安全。实施老旧供热、燃气管网改造消隐工程，对全区 183 万平方米居住建筑和 130 万平方米公共建筑实施节能改造。完善生活必需品、交通客运、公共安全等城市运行指标监测机制。加强市政设施综合监管、巡查养护，提高路灯、垃圾箱等城市家具的维护水平，搞好气象灾害防御体系建设和公共气象服务。

有效维护社会和谐稳定。深入推进安全发展示范城市创建，建立健全企业安全生产责任告知、承诺和公示制度，强化企业主体责任和政府监管责任落实，严防重大安全生产事故发生。加强食品药品监管，切实保障群众饮食、用药安全。强化城市防灾减灾和安全应急管理，确保突发事件得到及时有效处置。健全重大决策社会稳定风险评估机制，积极有效预防和化解社会矛盾。改进信访管理，逐步把涉法涉诉信访纳入法治轨道解决。深入推进“平安顺义”建设，加强社会治安综合治理，完善立体化防控体系，依法严密防范和惩治各类违法犯罪活动，不断提高人民群众的安全感和满意度。

（四）加强城市科学建设发展，提升城乡一体化水平。

坚持走新型城镇化道路，有序推进区域空间开发和城镇建设，推动城乡发展向城乡一体化转型升级。

扎实抓好新城建设。着眼于完善功能、提升品质，积极推进重点区域城市风貌设计和重大项目实施，努力多出精品，留下更多经得起历史和实践检验的城市遗产。加快重大功能性项目建设，年内实现区域医疗中心、职教中心、体育中心、文化中心影剧院、劳动力实训基地竣工投入使用，文化中心文化馆、图书馆、博物馆主体结构封顶。启动顺平辅线俸伯桥、减河北路东延潮白河大桥建设，改善新城对外交通。推进马坡组团核心区开发，提升商业商务服务功能。积极扎实搞好老城区改造和有机更新，完成滨河小区等5个老旧小区、70万平方米的房屋节能和外墙保温综合改造，稳步推进棚户区改造，切实改善居民居住环境。

积极推进新型城镇化。充分发挥规划引领作用，深化重点城镇、乡村设计，加强建设和开发控制，努力塑造区域特色品质。着力推进重点镇建设，加快李遂镇、赵全营镇中心区土地一级开发进度。完成重点镇供水一体化工程，实现46个村集中供水。加强基础设施配套，提升承载能力。积极争取地铁15号线顺义段东延列入全市投资计划并尽快启动，以地铁沿线综合开发引导现代高端服务业集聚，带动地铁沿线各镇城镇化进程。

促进新农村健康发展。加强整体规划和土地用途管制，强化违法建设和违法用地管控，保障新农村建设健康有序进行。积极抓好南陈路新型农村社区建设试点，探索多种途径推进新民居建设和村庄有机更新。继续实施农宅抗震节能改造工程，完成2.2万户农宅抗震节能改造及新建翻建任务。增加村级公共事务经费投入，促进农村环境整治、安全管理和社会服务不断提升。进一步深化农村集体经济产权制度改革，以整建制拆迁村为重点，规范整合农村土地收益、资产性收益和福利分配，建立健全村民股权分红模式，让农民真正享受产权制度改革成果。加快都市型现代农业转型升级步伐，大力发展籽种、花卉、农产品精深加工等主导产业，加大老旧设施农业改造力度，进一步提高现代农业的生产效率和综合效益。

科学推进浅山区开发。加强统筹规划、分步实施、系统推进，重点围绕龙湾屯、木林抓好核心区建设，着力在服务设施提升、运营管理跟进、配套服务完善和富民模式探索上下功夫，努力将浅山区打造成为首都慢生活区和展示顺义之美的地方。推进国家登山健身步道沿线景观提升和配套服务设施改造，更好的满足市民休闲需要。加快五彩大道建设，完善重要节点停车场、公交港湾等公共设施及市政配套，研究开通浅山旅游专线，不断优化浅山交通环境。积极争取上级政策和资金支持，加快实施引水上山工程，启动浅山郊野公园规划建设。加强浅山城镇整体设计和保留村自然风貌设计，积极引入有实力的大企业进行开发建设或改造，培育特色村镇。

（五）继续加强民生改善，让广大群众更多受益。

坚持从实际出发，进一步改进社会基本公共服务，加强各项惠民政策措施落实，促进发展成果共享。2014年公共财政支出中用于民生保障的支出要达到80%以上。

切实加快医疗卫生发展。着重围绕加强优质医疗资源引进、优化基层服务网络，进一步加大医疗卫生投入，健全管理机制，力争通过几年持续努力，使医疗卫生短板得到明显改观。加紧区医院急诊病房综合楼建设，确保年内投入使用。积极推进地坛医院顺义院区不断扩展诊疗范围，为居民提供三甲综合医疗服务。启动北京中医医院顺义医院建设，力争再引进一家新的三甲医院。开展区医院与基层卫生院合作共建医疗联合体试点，搞好慢病综合示范区创建，提高基层医疗服务水平。完善社区卫生服务设施配置，年内完成旺泉街道社区卫生服务中心建设。加强医疗信息共享，提高就诊效率，减轻患者负担。建立医务人员到基层轮岗服务机制，充实基层服务力量，着力解决偏远地区群众就医不便问题。

提升教育和文化体育公共服务。高标准实施学前教育和中小学建设三年行动计划，进一步提高基础教育服务能力。积极引进城区名校开办分校，深化教育联盟合作，推进城乡教育优质均衡发展。推进现代职业技术学院重组，加快职业教育资源整合，促进职业教育与航空、汽车等主导产业及新兴现代服务业发展紧密对接。加快完善基层公共文体设施，推进达标建设，确保设施全覆盖，达标率达到70%以上。继续为群众办好重要实事，确保各项承诺兑现。

加强住房保障和回迁安置。全年开复工回迁安置房和保障性住房400万平方米、4.3万套，竣工103万平方米、1万套。切实加快回迁安置房建设，强化公开承诺约束，促进拆迁村民早日安置。抓紧国家地理信息科技产业园、北京现代三工厂等产业基地配套公租房建设，确保年内投入使用。完善公租房管理机制，构建公租房保障体系，更好地满足低收入家庭、人才引进和重点产业发展需要。加强公租房整体规划与合理布局，高标准做好公共服务配套，方便居民生活。适时启动公租房摇号配租工作，加快解决低收入家庭住房困难和引进人才的住房问题。加快推进自住型商品房建设，满足刚性需求和改善性需求，促进区域房地产市场平稳健康发展。

积极提升就业质量。完善公共就业服务网络，加强就业扶持政策落实，保障城乡居民的就业需求。完善创业扶持政策，形成政府激励、社会支持、劳动者勇于创业新格局。健全劳动关系协调机制，畅通职工表达合理诉求渠道。适应产业转型升级和劳动力就业需求变化，积极抓好劳动力培训，全年培训城乡劳动力1.2万人，实现城镇新增就业1.3万人，城镇登记失业率控制在1.5%以内，完成征地转非3500人、就业转非1500人。加强行业工资指导线引导，推进集体工资协商谈判，通过多种措施促进城乡居民收入增长。

继续完善社会保障和社会救助服务。积极推进社会保障人群全覆盖，稳步提高待遇水平。着力构建区、镇、社区三级养老体系，加快区老年公寓改扩建工程建设，推进镇级敬老院软硬件设施改造，引入社会专业力量，满足多样化的养老服务需求。优化救助服务体系，开展社会救助“一区一品”建设。完善慈善义工服务体系，争创全国志愿服务记录试点区。以创建全国社会组织建设创新示范区为契机，全面推进社会组织服务和管理改革，建立政社分开、权责明确、依法自治的现代社会组织体制。积极推进服务部队办实事工程，为再创“全国双拥模范城”打下坚实基础。

（六）全面深化改革，激发增强全区发展活力。

深化改革是推进科学发展的必由之路。2014 年要全面贯彻落实十八届三中全会部署，立足区域发展实际，切实加大重点领域和关键环节的改革力度，向改革要活力、要效益。

积极推进政府机构改革和职能转变。按照市委、市政府统一部署和要求，完成政府机构改革，加强职能转变，理顺权责关系，形成精干高效的政府组织体系。深化行政审批制度改革，进一步减少审批事项，缩短审批时限，优化投资环境。推进政务中心筹建，优化和规范办事流程，更好地为企业、为居民服务。严格机构编制管理，积极优化编制配置，推动编制资源向基层和一线倾斜。加快事业单位分类改革，积极扩大政府购买服务。

完善区、镇（街）财税体制。着眼于不同区域功能定位，健全区镇两级财力分配机制，加强一般性转移支付，逐步增强基层公共事务管理的财政保障能力。规范产业奖励扶持，建立区内异地生产经营企业属地留成财力分享机制，促进公平竞争。

深化投融资体制改革。加快燃气、热力、水务和园区开发等专业化投融资平台构造，完善基础设施综合投融资平台功能，构建分类管理、规范运作的投融资机制。继续采取企业债、BT、BOT、融资租赁、特许经营等多种方式融资，着力加强股权融资，鼓励和支持社会资本参与城市基础设施投资和运营。

推进经济功能区管理机制创新。按照“整体设计、分步实施、积极推进”的原则，扎实抓好临空经济核心区运行体制机制完善，进一步释放发展活力。完善功能区和镇级二三产业基地开发建设机制，不断增强自我造血、滚动发展的能力。

抓好国有企业改革。以增强国有经济活力、控制力、影响力为目标，支持国有资本、集体资本、非公有资本等交叉持股、相互融合。推动国有优质资产和资源有效整合，构造产业相对集中、充满竞争活力的区属国有经济产业板块。健全国有资本有进有退、合理流动机制，加快区属小微亏企业的退出步伐。规范国有资本经营预算制度，提高国有资本收益。

加强城市管理体制改革。积极抓好空港街道管理体制改革试点，为统筹推进全区街道体制改革积累经验、做出示范。探索推进城市管理、市场监管综合执法、联合执法，提升城市管理执法效果。推进执法力量下沉、管理重心下沉、职能权力下沉，进一步强化基层基础管理。

三、加强政府自身建设

发展阶段和社会环境的深刻变化，客观要求必须进一步加强政府自身建设、转变施政方式、提升治理能力。新的一年，我们将密切结合党的群众路线教育实践活动，进一步强化自身制度建设、能力建设、素质建设和作风建设，更加有效地依法履行好政府职责，争取更大的工作实效。

提升政府调控管理水平。全面正确履行职责，增强调控管理的前瞻性、针对性和协同性。完善绩效考评机制，针对不同功能区域，探索实行差别化考核，并把安全生产、环境责任作为重要内容纳入考核评价。健全重大项目、重大任务的协调推进机制，强化部门协调联动，促进有效落实。探索实行产业项目全要素综合评价，进一步提高发展成效。加强工程实施管理，推行重点工程工期承诺制。建立财政年度预算稳定调节基金，加强公共预算精细化管理，切实提高预算绩效。加强政府性债务动态管理，合理调控债务规模，努力做到稳中有减。改进土地宏观调控，提高土地开发成效，建立土地收益调节基金。强化政府投资年度计划管理，提高投资效益。

深入推进依法行政。自觉接受区人大、区政协的监督，充分发挥舆论监督和群众监督作用。积极推进政务信息公开，加强信息发布，充分利用网络、微博、电视、电台等多种形式，搞好政策措施宣讲解读，增进社会理解和认同。建立政府法律顾问团制度，完善重大决策合法性审查机制。健全法律援助制度，推动律师、公证、基层法律服务进乡村、进社区。

规范健全决策机制。坚持依法决策、民主决策、科学决策，完善重大事项集体研究决策制度。实行政府投资项目先评估、后决策制度，促进投资决策规范高效。健全政府决策咨询顾问制度和重大行政决策事项听取人大、政协意见制度。积极采取听证会、网上征询等方式，推动公众参与决策，问政于民、问需于民、问计于民。完善决策反馈和后评估机制，保障决策更加科学合理、切合实际。

加强能力素质建设。适应新形势、新要求，进一步加强政府工作人员理论和业务知识的培训，推进理念更新，增强忧患意识和改革精神，切实提高业务素养和依法行政能力。加强公务员队伍建设，根据岗位实际和专业需求，有计划、有步骤做好人才遴选，强化人才资源储备。

强化行政效能和纪律作风建设。认真执行中央八项规定和市委、区委相关规定，严格控制“三公”经费增长，降低行政成本。深入开展调查研究，改进文风会风，精简会议文件，提高行政效率。改进行政作风，加强绩效管理、效能监察，强化行政问责，坚决治庸、治懒、治散，促进真抓实干。深入推进惩治和预防腐败体系建设，严格落实党风廉政建设责任制，进一步强化审计监督，严厉查处违纪违法案件，坚决纠正各种不正之风。

各位代表：顺义发展已经站在新的历史起点上，面临着新的形势和要求。群众的目光注视着我们，肩上的责任鞭策着我们。让我们在市委、市政府和区委的坚强领导下，高举中国特色社会主义伟大旗帜，认真贯彻落实区委四届六次全会部署，大力弘扬接力精神，积极把握三个阶段性特征，深入推进四个转型升级，为实现“建设绿色国际港、打造航空中心核心区”的目标而努力奋斗！

中国人民政治协商会议北京市顺义区第四届委员会常务委员会工作报告

——2013年12月23日在政协北京市顺义区第四届委员会第三次会议上

顺义区政协副主席　田建国

各位委员：

我受政协北京市顺义区第四届委员会常务委员会委托，向大会报告工作，请审议。

一、2013年度工作回顾

一年来，区政协在中共顺义区委的正确领导下，认真贯彻落实十八大精神、市委重大决策和区委重要部署，坚持“四主”工作理念，围绕中心、服务大局，积极履行职能、力促科学发展，自区政协四届二次会议以来，共召开常委会议、主席会议、协商议政座谈会21次；向党政部门提出各类意见建议90余条，其中书面协商意见59条；提交提案169件；开展调查研究、视察考察、座谈研讨、特约监督等各类履职活动100多项次。各界委员以高度的政治责任感和历史使命感，同心同德谋发展，群策群力建和谐，为促进区域经济社会发展做出了新贡献。

（一）认真学习贯彻党的十八大精神，不断巩固共同团结奋斗的思想基础

以党的十八大精神武装委员思想指导政协工作。十八大闭幕后，举办了有全体委员和区工商联部分成员参加的“学习十八大精神报告会”，请国务院发展研究中心专家，以“贯彻十八大和经济工作会议精神，深化金融改革，促进经济转型”为主题作了辅导报告。通过《政协时讯》和政协有关会议，对十八大报告关于“健全社会主义协商民主制度”的新论述、新要求作了宣传和解读。以十八大精神为指导研究制定了常委会年度工作要点，把学习贯彻十八大精神作为首要政治任务来抓，坚持了政协工作的正确政治方向，夯实了各界委员共同团结奋斗的思想基础。

以贯彻“两会”精神为契机着力推动作风建设。全国及北京市“两会”闭幕后，区政协召开四届六次常委会，围绕贯彻落实“两会”精神进行学习研讨，结合全国政协主席俞正声讲话精神，从依规履职、科学履职、廉洁履职三个方面对委员转变履职作风提出明确要求。同时，制定了《政协北京市顺义区第四届委员会常务委员会关于加强自身建设的意见》，从转变作风角度规范了常委会履职行为。

以区委四届五次全会精神统一委员的思想和行动。区委四届五次全会立足顺义“三个阶段性特征”，提出加快推动“四个转型升级”的发展战略，进一步明确了“建设绿色国际港、打造航空中心核心区”的奋斗目标。区委全会闭幕后，区政协党组迅速召开四届八次常委扩大会议，传达学习区委

书记王刚同志在全会上的重要讲话和区委副书记、代区长卢映川同志《关于上半年经济社会发展情况和下半年工作重点安排的报告》，把政协委员的思想统一到区委的决策部署上来，收到了凝心聚力、共谋发展的积极成效。

（二）精心组织多层次多形式的协商议政活动，积极促进全区经济社会科学发展

以全体委员会议为平台开展全面协商。高度重视政协全会这一履行职能的最高形式，全力开好区政协四届二次会议。认真组织委员听取和讨论《政府工作报告》，精心安排有区委、区政府领导和主要部门领导参加的协商议政座谈会。各界委员紧紧围绕促进全区经济社会科学发展建言献策，形成了“促进临空经济发展”、“推进现代制造业发展”、“加快金融业发展”、“促进文化产业发展”、“提高教育和卫生事业水平”五个方面的 19 条意见建议，为党政部门提供了决策参考。

以常委会会议为依托进行重点协商。充分发挥政协常委会在履职工作中的引领示范作用，选择关系区域经济社会发展全局的重点工作、重大问题，组织常委协商议政、建言献策。区政协四届七次常委会聚焦区域经济主要支柱的汽车产业，组织常委视察了北汽集团研发基地、北京现代第二工厂和北汽自主品牌汽车生产基地，与区政府有关领导及相关部门和企业负责人，就促进我区汽车产业健康发展进行座谈交流，在充分认识汽车产业在区域经济社会发展中的重要地位和作用；创造良好环境，服务汽车产业发展；注重发展新能源汽车；培育和发展自主品牌乘用车等方面形成了共识。区政协四届九次常委会以教育事业发展为主题，组织常委听取了区教委关于全区教育事业发展现状和校安工程建设的情况通报，视察了第十三中学和牛栏山一中，围绕促进全区教育事业健康发展进行座谈交流，提出了“继续加大支持教育力度”、“高度重视教学科研工作”、“切实加强德育教育”三个方面的15条意见建议。区教委对这些意见建议进行深入研究并予以充分吸纳，形成加强和改进工作的七项19条具体措施，并向区政协做出书面回复。

以专委会活动为抓手开展专题协商。注重发挥专委会组织优势和专业特长，组织相关界别委员进行视察调研，与区政府职能部门进行对口协商、专题协商。一年来，各专委会组织相关界别委员视察了我区药品安全工作、饮用水保障工作、残疾人事业发展情况、《城乡规划法》执行情况、创新型企业发展情况和天然气管网建设情况，相继听取了区食品药品监督管理局、区水务局、区残联、市规划委顺义规划分局、区经信委、区市政市容委有关领导的情况通报，先后到北京康仁堂制药有限公司等 16 个基层单位实地视察，就进一步加强和改进相关工作提出了意见建议。

以区政府征求意见为契机建言献策。2013 年 10 月底，区政府拓展民主协商渠道，主动召开座谈会听取政协委员对2014年政府工作的意见建议，区政协党组积极配合，事先召开部分委员参加的预备会进行动员安排，向委员征集书面发言材料，并印发了参考议题，全力保证委员议政建言的质量和效果。在座谈会上，12 名与会委员积极发言，提出了关于产业发展，文化、教育、卫生、体育，人才引进与培养，城乡建设，住房保障，临空经济发展，政府自身建设七个方面的25条意见建议。卢映川代区长参加座谈会并高度重视委员意见建议，责成区政府办公室及其他18个有关部门认真研究办理，要求在研究政府2014年工作中充分吸纳委员合理的意见建议，并专门发函向区政协反馈了有关情况。这充分体现了区政府领导高度重视发挥区政协作为协商民主重要渠道的作用。

（三）切实履行政协民主监督职能，着力促进全区党风廉政建设

以多种履职活动为载体发挥民主监督作用。坚持寓民主监督于履职活动之中，通过视察调研、座谈研讨、提案办理、专题协商等多种形式，认真负责地提出意见建议，对政府部门转变作风、改进工作起到了积极的促进作用。

以特约监督工作为抓手履行民主监督职能。与党政部门密切配合，优先推荐来自各民主党派和无党派、履职热情高、议政能力强的委员担任特约监督员。引导特约监督员积极参加全区党风廉政建设检查工作和区纪委、区法院、区检察院等聘任单位组织的各种特约监督活动，认真完成所承担的工作任务。26名特约监督员全年共参加有关活动17次95人次，有效发挥了民主监督作用，促进了全区党风政风行风建设。

（四）始终坚持把提案工作放在突出位置来抓，有效发挥提案在促进区域经济社会发展中的作用

以提高提案质量为目标加强对委员的培训和引导。在区政协四届二次会议召开前，编发了提案征集目录，内容涉及区域经济社会发展各个方面，为委员确定提案选题提供了参考。在全会预备会上，安排提案知识讲座，对委员进行了专题培训；专题召开提案工作总结会，评选出35件优秀提案，部分优秀提案委员作了典型发言，起到了引领示范作用。在全会闭幕后，相继编发了《区政协四届二次会议委员提案汇总》、《履职尽责展风采---提案知识、优秀提案选编》两套工作手册，为委员提供了学习借鉴的参考资料。通过学习和培训，委员提案质量明显提高，立意高、选题准、调研深、建议实的优质提案逐步增多。

以创新工作机制为手段提升提案办理工作水平。年初专门召开了有区委、区政府、区政协有关领导及相关部门参加的提案工作座谈会，围绕加强和改进提案办理工作开展专题研讨，在创新督办机制、简化办理程序、提高办理效率方面达成了新的共识。区政府将各部门、各单位的提案办复情况列入绩效考核，加大了工作监管力度；区委督查室、区政府督查室和区政协提案委员会建立联合提案分办机制，确保委员提案分办合理、办理高效；区委督查室、区政府督查室加大提案督办力度，首次召开了提案办理中期工作督办会，有效推动了办理工作；在区人力社保局召开了提案办理工作现场会，交流了工作经验。通过各方共同努力，提案办理工作水平明显提升。市政协主办的《北京观察》杂志，宣传推广了我区提案办理工作的经验。

以高质量的提案发挥参政议政职能作用。区政协四届二次会议以来，委员共提交提案171件，经审查正式立案的169件。提案内容涉及区域经济社会发展的各个方面，其中经济类30件，占18%；城乡建设管理类62件，占36%；科教文卫体类34件，占20%；民主与法制类8件，占5%；人民生活类20件，占12%；其它类15件，占9%。经各方共同努力，提案办复率为100%，委员满意率达98%。委员提案在促进我区经济运行平稳化、社会管理精细化、城市建设人文化、教育卫生资源配置均等化、生态文明建设可持续化中起到了重要推动作用。

（五）注重发挥政协界别优势，不断释放界别工作潜能

支持鼓励界别小组拓展履职平台。年初专门召开界别活动小组工作会议，就落实界别活动小组工作制度进行再动员、再部署。各界别活动小组认真落实会议精神，开展了一系列内容丰富、形式多样、界别特点突出、具有社会价值的界别实践活动。如：与区工商联共同组织30多名企业家到牛栏山镇参加“品牌之路”宣讲活动；组织部分委员视

察农村文化产业，参观赵全营镇影视基地；组织部分民营企业家围绕非公企业如何构建和谐劳动关系进行座谈研讨等。一年来，11 个界别活动小组共开展活动 37 次。

支持鼓励界别小组开展交流活动。组织全体女委员到北京金路易速冻食品有限公司、北京养元兽药有限公司参观女委员创业成果，引导大家自立自强、敬业奉献。组织教育界委员到我区木林中心小学、第十三中学、牛栏山一中参观，在区教委进行座谈交流，对辛勤工作的教师进行慰问，推动形成关注教育的社会氛围，促进全区教育事业发展。

支持鼓励委员参与公益活动。组织来自区医院、区中医院、区妇幼保健医院、区结核病防治所、北京六六同明医学研究所 5 家医疗单位 11 个科室的 15 位医务界委员和民主党派医疗专家，到正在实施五彩浅山战略的木林镇义诊，为 400 余名患者免费检查和诊断，给当地百姓送去党和政府以及社会的关爱，受到群众欢迎和好评。支持来自北京京顺医院的政协委员，热心公益事业，在今年国庆节期间，主办了以“感恩顺义、回报百姓”为主题的第五届京顺健康节公益活动，请来北京协和医院等 19 所三级甲等医院的 31 名专家，为 7818 人次的患者进行诊治，并赠送了价值 15 万余元的健康礼品，产生了良好的社会效益。

（六）扎实开展各项经常性基础性工作，充分发挥政协机关的职能作用

提升委员的履职能力。加强政治思想引领，举办了有全体委员参加的学习贯彻十八大精神报告会；采取以会代训的方式，对委员如何履职尽责、发挥作用进行经常性的具体指导；坚持向委员赠阅《人民政协报》、《北京观察》、《顺义时讯》等报刊供委员学习。抓好区情通报，结合常委会、专委会的履职活动，邀请有关部门向委员通报了全区各方面情况；通过《政协时讯》“情况通报”栏目，摘要编发了区委、区政府主要领导有关讲话、全区经济社会发展形势、区委四届五次全会主要精神、全区教育发展情况等内容。着力提升提案工作知识技能，举办了全体委员参加的提案知识讲座；编印了提案工作手册供委员学习；大力推广使用基于现代信息处理技术的提案提交系统，委员使用面提高到 90%。

提升理论指导实际工作的能力。区政协领导紧密结合区域经济社会发展和本职工作实际，认真调查研究，形成了《发挥委员主体作用的实践与思考》、《关于推进首都国际航空中心核心区建设的几点思考》、《加强和改进政协提案工作的实践与思考》、《关于进一步完善政策措施，促进我区民营经济发展的思考与建议》多篇调研报告，为进一步做好工作提供了参考依据。按照市政协部署，就有效发挥政协民主监督作用问题进行研究探讨，撰写了题为《关于新形势下推进民主监督的思考》的理论文章，提出了一系列新的对策思考。

提升机关服务保障能力。坚持以“四主”工作理念为引领，以提升服务保障水平为目标加强政协机关建设。坚持理论学习制度，积极派人参加各种培训，有效提高了机关人员政治和业务素质。认真落实界别活动小组工作制度，进一步密切了机关人员与委员的联系。扎实做好宣传工作，充分发挥区电视台、广播电台、《顺义时讯》、顺义网城等区内主要媒体的作用，有效利用自办的顺义政协网、《政协时讯》、《政协简讯》、宣传橱窗，认真做好区政协各种会议、活动和委员先进事迹的宣传报道工作；在委员中开展了以“美梦顺义”为主题的艺术作品征集展示活动，宣传了顺义形象，展示了委员风采，为政协履职营造了良好的社会舆论环境。

各位委员，区政协一年来取得的工作成

绩，与区委的正确领导和市政协的有力指导，与区人大、区政府及各职能部门的大力支持，与全体委员和各民主党派、工商联、各人民团体、各族各界人士的共同努力密不可分。值此机会，我代表区政协常委会，对关心、支持政协工作的各级领导、各界人士和全体委员，表示衷心的感谢！

回顾区政协一年来的工作，虽然取得了一定成绩，但相比形势和任务的要求、相比社会各方面的期待仍有差距，在如何更好地发挥政协政治协商、民主监督、参政议政的职能作用；如何充分调动委员履职的积极性；如何不断提高委员提案的质量；如何进一步发挥界别活动小组的履职平台作用等方面，还需要我们在今后的工作中认真加以研究和不断改进提高。

二、2014年度工作思路

各位委员：

2014年区政协工作的总体要求是：深入贯彻落实党的十八届三中全会精神，在中共顺义区委的正确领导下，坚持“四主”工作理念，紧紧围绕区委提出的加快推动“四个转型升级”的发展战略和区域全面深化改革的工作部署，充分发挥政协自身优势，认真履行政治协商、民主监督、参政议政职能，为实现“建设绿色国际港，打造航空中心核心区”的全区奋斗目标做出新贡献。

（一）深入学习贯彻三中全会精神，坚定支持区域全面深化改革。区政协党组要紧密结合实际，认真抓好三中全会精神的学习贯彻落实，引导政协委员把思想和行动统一到三中全会精神上来、统一到区委关于全面深化改革的重要决策部署上来，为推动区域全面深化改革创造良好的政治氛围。

把握三中全会精神实质，凝聚全面深化改革共识。区政协党组要把深入学习贯彻三中全会精神当作首要政治任务，通过举办报告会、研讨会、座谈会等多种形式，引导委员全面、准确、深刻地理解和把握三中全会的精神实质，进一步增强贯彻落实三中全会精神的自觉性和坚定性；进一步增强支持、参与、推进全面深化改革的自觉性和坚定性；进一步增强全面推进各领域改革，注重改革的系统性、整体性、协同性的自觉性和坚定性；进一步增强坚持中国共产党领导的多党合作和政治协商制度、推进协商民主广泛多层制度化发展的自觉性和坚定性。

把握三中全会精神实质，凝聚区域科学发展共识。当前，顺义经济发展进入提水平、上档次的新阶段，城市发展进入完善功能、提升品质的新阶段，社会建设进入深化服务、创新管理的新阶段。立足这一阶段性特征，区委提出了“四个转型升级”的发展战略。这是当前和今后一个时期顺义区经济社会发展的重要指导思想。深入学习贯彻三中全会精神，必须紧密结合区域经济社会发展实际，充分认识顺义发展战略与三中全会精神之间的内在关联性和高度契合性，切实增强加快推动“四个转型升级”的责任感和紧迫感，围绕中心、服务大局，认真履职、多做贡献。

把握三中全会精神实质，凝聚协商民主发展共识。要按照三中全会精神，发挥人民政协作为协商民主重要渠道的作用，推进协商民主广泛多层制度化发展，着力推进政治协商、民主监督、参政议政制度化、规范化、程序化。要与区委、区政府密切配合，认真制定并组织实施协商年度工作计划。要加强实践探索，积极拓展协商民主形式，更加活跃有序地组织专题协商、对口协商、界别协商、提案办理协商，增加协商密度，提高协商实效，更好地发挥政协作为协商民主重要渠道的作用。

（二）充分发挥政协职能作用，全力服

务区域改革发展稳定大局。我们要自觉坚持围绕中心、服务大局，把促进发展、深化改革作为履职第一要务。

精心组织协商议政。要充分发挥政协作为协商民主重要渠道的作用，认真组织不同层面的协商议政座谈会，积极引导各界委员围绕“四个转型升级”的发展战略，推动区域全面深化各项改革等重大问题参政议政。把调查研究与协商议政紧密结合，本着选题求准、调研求深、建言求实的原则，重点选择党政部门重视、人民群众关注、关系发展全局的若干重要课题，分别作为常委会重点协商、专委会对口协商的议题。常委会协商议政重点关注：“贯彻三中全会精神，全面深化改革”；“加快推进航空中心核心区建设，进一步完善核心区功能”；“加强环境保护工作，提高生态文明建设水平”；“加强社会建设，深入推进社会服务管理创新”；“大力发展公共交通系统，不断改善城乡居民出行条件”等问题。各专委会对口协商重点关注：“进一步加强大气治理、垃圾处理、水环境治理和城乡环境整治工作，创造城乡居民美好生活环境”；“进一步完善和落实扶持中小企业发展的政策措施，积极推进非公经济发展”；“进一步推进全区文化事业发展，不断满足人民群众日益增长的文化生活需求”等问题。要切实加强各层次协商议政会议所形成的协商意见的整理、报送工作，进一步办好《协商意见》。要将全年委员提出的协商意见汇编成册，报送政府相关部门作为决策参考，印发全体委员促进交流互鉴，使协商议政成果得到更充分有效的转化利用。

切实强化民主监督。要继续坚持寓民主监督于履行政治协商、参政议政职能的各项工作之中，重点围绕十八届三中全会、区委四届五次全会和全区“两会”精神的贯彻落实情况，顺义区“十二五”规划实施情况、重要法律法规和重大方针政策的执行情况、政府部门及其工作人员履职情况、党风廉政建设责任制落实情况等内容，通过视察、调研、提案等形式履行民主监督职能，促进科学执政、民主执政、依法执政。组织委员视察我区“六五”普法工作，发挥政协民主监督作用。要认真开展特约监督工作，加强与有关部门的协调配合和沟通联系，强化特约监督人员的工作责任，增强监督工作的实效。

着力加强提案工作。要坚持把提案工作摆在政协工作重中之重的地位，把提案工作作为委员履行职责的第一责任。要切实加大提案征集工作力度。加强宣传引导，完善制度措施，强化相关服务，充分调动委员撰写提案的积极性，增强委员主动撰写提案的政治责任感，力求每位委员每年至少提交一份高质量的提案，切实提高委员撰写提案、意见建议的参与率；创新提案形式，通过培训引导，增加党派提案、界别提案、专委会提案等，扩大委员参与率。要着力提升提案质量。加强委员学习培训，从根本上提高委员运用提案履职的能力和水平；强化提案选题引导，指导委员提案更加紧贴中心、更加关注民生、更加切合实际；严格把握提案审查，提高立案标准，探讨引入区委督查室、区政府督查室及政协各专委会参与提案审查工作，提升审查效率和质量。要认真做好提案办理工作。坚持和完善长期形成的提案办理工作有效制度机制和具体措施，着力强化提案办理协商，积极为提办双方搭建协商平台，通过提案办理座谈会、专题研讨会、电话约谈、调研视察活动等，促进提办双方互相尊重、相互理解，齐心协力促进区域经济社会科学发展。要积极探索提案、意见建议、调研报告等履职成果更好地转化为政府决策的有效方式和途径。要认真做好提案工作总结，积极开展提案工作宣传。

积极倡导双职奉献。做好本职工作是委

员履行职责的政治基础和社会基础。要引导各界委员妥善处理做好本职工作与履行委员职责的关系，提倡二者兼顾、有机结合、发挥优势、双职奉献。一方面争做爱岗敬业的模范，立足本职，多做贡献；一方面认真履行委员的政治职责，积极参加各种履职活动，有效发挥委员主体作用。要通过多种形式，加大对委员双职奉献先进事迹的宣传力度。

（三）大力加强自身建设，不断夯实履职基础。我们要切实把握深入开展党的群众路线教育实践活动的有利时机，坚持以“四主”工作理念为引领，大力加强区政协自身建设，认真做好各项基础性、经常性工作，进一步夯实履职基础。重点抓好以下三项工作：

深入开展党的群众路线教育实践活动。要按照区委的统一部署，深入开展以为民务实清廉为主要内容的党的群众路线教育实践活动，着力推动机关党员干部队伍思想作风和工作作风的进一步转变，为不断推进顺义区人民政协事业发展提供更加坚强有力的政治保障、组织保障、制度保障。要认真落实“照镜子、正衣冠、洗洗澡、治治病”的活动总要求，通过开展活动，完善工作措施，进一步强化机关服务委员工作，密切机关人员与委员的联系，增强政协组织的凝聚力、感召力。重点探讨健全委员联络机制，完善委员联络制度，为委员履职提供更好的服务和保障。同时，引导委员密切与各界群众的联系，更好地反映社情民意，更好地发挥政协作为党和政府与人民群众相互联系的桥梁和纽带作用。

充分发挥政协界别作用。要注重发挥政协界别特色和优势，持之以恒抓好界别活动小组工作制度的落实，逐步推进小组活动制度化、规范化、正规化，突出活动的联谊性、交流性、研讨性、调研性，力求使小组活动成为常委会领导作用、专委会基础作用、机关服务保障作用的重要补充。继续引导和支持各界别活动小组开展内容丰富、形式多样的委员交流活动，更加注重提升活动的履职功能和社会效益。加强督促指导，推动界别活动小组工作更加全面平衡发展，进一步扩大工作覆盖面、提高委员参与率。深入挖掘界别活动小组工作潜能，围绕发挥界别活动小组在调查研究方面的作用开展创新实践，组织和引导各界别活动小组根据界别专长，长期、持续、重点关注区域经济社会发展中某个领域、某项工作、某个问题，通过多种方式进行专题调研、联合调研，并力争每年形成若干高质量的调研报告或提案，把界别活动小组工作进一步做深、做实，创设委员履职有效平台。要办好利民实事，开展“一助一”、走访慰问、义诊服务等多种形式的连民心、办实事、送温暖活动，以实际行动为构建和谐顺义做出新贡献。

认真做好文史工作。要按照市政协的工作部署，与有关部门密切配合，切实做好关于顺义区绿色航空港建设 20 万字史料的征集和编辑出版工作，力求发挥存史、资政、育人的作用。要继续在各界委员中开展艺术作品征集展示活动，不断提高作品质量和活动效果。

各位委员，面对新时期、新阶段的新形势、新任务，让我们更加紧密地团结在中共顺义区委的周围，围绕中心、服务大局，积极履职、不辱使命，为“建设绿色国际港、打造航空中心核心区”做出新的更大贡献！

聚焦党风廉政建设和反腐败中心任务 为全面深化改革推动转型升级提供有力保证

——2014年2月21日在中共北京市顺义区第四届纪律检查委员会第四次全体会议暨全区党风廉政建设和反腐败工作会议上的报告

顺义区纪检书记　肖韵竹

同志们：

今天会议的主要任务是：全面总结2013年我区党风廉政建设和反腐败工作，研究部署2014年任务。

一、2013年党风廉政建设和反腐败工作回顾

2013年是贯彻落实党的十八大精神的开局之年。在市委、市纪委和区委的坚强领导下，全区各级党委政府和纪检监察组织把贯彻落实十八大精神作为首要任务，认真学习贯彻中央纪委、市纪委二次全会精神，不断提高对党风廉政建设和反腐败工作重要性的认识，坚决维护党的纪律，着力改进作风，严厉惩治腐败，全区党风廉政建设和反腐败工作取得新进展。

（一）*加强和改进作风建设*。认真落实中央八项规定精神和北京市15条规定，按照区委加强作风建设制度规定的总要求，制定下发了《关于厉行勤俭节约严格廉洁自律的实施细则》，在公务用车配备管理、公款消费管理、干部选拔任用等方面，提出“两个严格、三个禁止、两个严禁”的纪律要求。建立落实中央八项规定精神情况月报告制度，及时掌握全区各单位情况，利用两个月时间，深入开展专项监督检查。认真受理群众举报，严肃纠正和查处作风类案件，及时通报全市6起违反中央八项规定精神的典型案件，切实发挥教育警示作用。

（二）*严肃查办违纪违法案件*。2013年，区纪委监察局共接收群众信访举报818件次，对属于受理范围内的重要信访举报件进行集体评估，初核违纪线索39件，新立案24件，党政纪处分31人。坚持依法依纪、安全文明办案，及时为党员干部澄清反映失实的举报问题。坚持查办腐败案件联席会议、协调联动、信息通报、材料移送等制度，形成办案工作合力。建立案件监督管理“5+2”工作模式，提高办案能力和水平。注重发挥案件治本功能，坚持惩治腐败与教育干部相结合，对查处的典型案件进行通报曝光，努力做到查处一起案件、教育一批干部、完善一套制度。

（三）*加强权力运行制约监督*。深入推进廉政风险防控管理“三个体系”建设，推动完成76家单位7175项行政职权的清理确认工作；全面推行“一把手”四个不直接分管和末位表态制度；围绕权力过于集中的重点岗位和关键环节，实行流程内合理分权，推动决策权、执行权、监督权相对分离和相互制约。围绕八个重点领域，建立电子监察模块，源头防控廉政风险。采取统一立项、联合立项、指定立项模式，重点对老旧小区

综合整治、造林工程、第十一届中国菊花展等11项工作进行监督检查。试点推进“两规范一提高”工作，着力提升执法能力和服务水平。启动巡视工作，组建区委巡视办和三个巡视组，完成对区市政市容委、区供销社、李桥镇三家单位的巡视监督工作。

（四）强化党员干部教育管理。充分发挥“大宣教”格局作用，以理想信念、宗旨意识、党纪政纪法纪为主要内容，深入开展“专题辅导、交流互动、风险跟进、案件警示”四类教育活动，累计安排廉政专题课程30余次，教育党员干部2万多人次。对143名新提拔和新调整岗位的处级干部，集中进行廉政谈话，并对其中30名党政正职进行“一对一”廉政谈话；紧密围绕重要节日、升学嫁娶等关键时节和敏感时期，积极开展提醒教育。深入开展廉政电脑桌面、廉政微小说评选等“清风”系列主题活动，推进廉政文化“四化”、“七进”，积极培育“克己奉公、绿港清风”的廉政文化，营造风清气正的社会氛围。

（五）着力维护群众切身利益。认真受理行政投诉和政风行风热线，不断健全完善长效联络机制、问题回访机制、直查快办机制和督查评议制度，确保“事事有答复，件件有回音”，全年累计受理行政投诉88件次，受理政风行风热线1107件次，群众反映的问题得到有效解决，满意度不断提升。深入推进农村党风廉政建设，全面启动“勤廉双优村”创建活动，不断加强对村务监督工作的培训指导，深化落实《顺义区村级干部廉洁履行职责行为规范和问责办法（试行）》，切实维护农村群众合法利益。

（六）加强纪检队伍自身建设。坚持正人先正己，带头改进作风，完善调查研究制度，精简和规范会议公文管理，厉行勤俭节约，深入开展纪检监察系统会员卡清退工作，全区513名专兼职纪检监察干部做出“零持有”承诺。进一步明确职能定位，对区纪委监察局内设机构进行优化调整，加强办案队伍力量；进一步扩大派驻范围，在新调整的区直机关工委、农村工委、社会工委、区委政法委实施派驻，不断规范派驻机构统一管理。

过去的一年，区委对推进党风廉政建设和反腐败斗争旗帜鲜明、态度坚决、领导有力。全区各级纪检监察组织在区委的坚强领导下，在各有关部门的大力支持与配合下，狠抓党风廉政建设，坚决惩治腐败，成绩来之不易。我们也清醒地看到，当前我区党风廉政建设和反腐败工作还存在一些问题与不足：有的党组织党风廉政建设主体责任担当不够；个别单位超标配车、借占车辆、公款吃喝等作风类问题仍然存在；一些重点领域和部门违纪违法案件时有发生；纪检监察组织执纪问责和惩治腐败力度还有待进一步加强。我们要高度重视这些问题，认真加以改进。

二、2014年党风廉政建设和反腐败工作主要任务

全区各级党组织和纪检监察组织要深刻领会中央、市、区对党风廉政建设和反腐败斗争形势的判断，认真落实责任，努力推进工作。今年工作总的要求是：深入学习贯彻党的十八大、十八届三中全会精神和习近平总书记一系列重要讲话精神，全面落实中央纪委和市纪委全会部署，聚焦党风廉政建设和反腐败工作，认真落实加强反腐败体制机制创新和制度保障各项措施；进一步加强党的纪律建设和作风建设；加大对违纪违法党员干部审查力度，保持惩治腐败高压态势；不断强化对党员干部的监督、管理和教育；加快推进纪检监察组织转职能、转方式、转作风，为全面深化改革、推动转型升级提供坚强保障。

（一）深入贯彻党的十八大和十八届三中

全会精神，加强反腐败体制创新和制度保障

全区各级党组织和纪检监察组织要深刻领会中央、市、区关于党风廉政建设的新要求，牢固树立进取意识、机遇意识、责任意识，按照“把握三个阶段性特征、推动四个转型升级”的工作总要求，积极探索实践、循序渐进，认真落实加强反腐败体制机制创新和制度保障的各项措施。

严格执行党风廉政建设责任制。各级党委（党组）要切实担负起主体责任，加强对党风廉政建设和反腐败工作的统一领导，把主体责任落实到党风廉政建设决策和执行的全过程，定期向上级纪委报告党风廉政建设责任制落实情况。要牢固树立不抓党风廉政建设就是严重失职的意识，党委（党组）主要领导要承担第一责任，班子成员要认真履行“一岗双责”。各级纪委（纪检组）要切实担负起监督责任，严格监督执纪问责，履行协助党委加强党风建设和组织协调反腐败工作的职责。党的组织、宣传、政法、统战等部门要把党风廉政建设的要求融入各自工作，人大、政府、政协和法院、检察院的党组织要履行党风廉政建设主体责任。严格责任追究，分清党委（党组）、有关部门和纪委（纪检组）责任，实行“一案双查”，对发生重大腐败案件和不正之风长期滋生蔓延的，既要追究当事人责任，又要追究相关领导责任。

认真落实关于党的纪律检查工作双重领导体制具体化、程序化、制度化意见。强化区纪委对下级纪委的领导，建立健全下级纪委向区纪委报告工作、定期述职、约谈汇报等制度；查办腐败案件以区纪委领导为主，线索处置和案件查办在向同级党委报告的同时必须向区纪委报告，加大案件线索下管一级力度；加强纪检监察组织建设，二级班子纪委书记的提名和考察以区纪委会同组织部门为主。

改革和完善纪检监察派驻机构。加强派驻机构统一管理，明确派驻机构职责任务、机构设置、人员配备和工作保障；进一步扩大派驻范围，逐步实施对重点部门的派驻管理；健全完善个别约谈、述职述廉、签字背书、考核评价等管理制度，督促派驻干部强化派驻意识。派驻机构要全面履行监督职责，加强对驻在部门领导班子及其成员的监督，纪委书记（纪工委书记、纪检组长）在领导班子中不分管其他业务工作。驻在部门要自觉接受监督，支持派驻机构开展工作。

加强和改进巡视工作。坚持问题导向，加大巡视力度，扩大巡视范围，重点围绕党风廉政建设和反腐败工作情况，党的群众路线教育实践活动开展情况，落实深化改革、转型升级任务完成情况，班子执政能力情况开展巡视监督，着力发现区域发展思路和部署是否在二级班子得到正确的、不折不扣的落实，着力发现领导干部是否存在贪污腐败、违反中央八项规定精神、违反政治纪律、违反组织人事工作纪律等问题。加强成果运用，细化分类处置措施，确保整改落实，发挥巡视监督职能作用。

（二）加强党的纪律建设和作风建设，持之以恒纠正“四风”

结合党的群众路线教育实践活动，按照“照镜子、正衣冠、洗洗澡、治治病”的总要求，切实加强纪律建设和作风建设，维护党员干部为民务实清廉的良好形象。

进一步严明党的纪律。加强党的纪律建设，严格执行党的政治纪律、组织纪律、工作纪律、财经纪律和生活纪律等各项纪律，切实把党的纪律内化于心、外化于行。要把维护政治纪律放在首位，严肃处理违反政治纪律的行为，决不允许上有政策、下有对策，决不允许有令不行、有禁不止，决不允许在贯彻执行上打折扣、做选择、搞变通，确保广大党员干部在思想上政治上行动上同党中央保持高度一致，确保我区深化改革和转型升级的各项措施得到全面落实。要切实增强组织观念和纪律意识，坚决克服组织涣散、纪律松弛现象，坚决纠正无组织无纪律、自由主义、好人主义等现象。要切实增强党性，正确处理个人与组织的关系，严格执行请示报告制度，敢于同违反党纪的行为作斗争。各级纪委要切实加强对党的纪律执行情况的监督检查，严肃查处违反党纪的行为，确保纪律刚性约束。

进一步深化作风建设。深入落实中央八项规定、北京市 15 条和我区加强作风建设系列文件精神，按照由浅入深，由易到难，循序渐进的原则，进一步加强作风建设，在坚持中深化，在深化中坚持。要加强对正风肃纪专项整治的组织领导，认真落实市委“7 个严禁”和我区“8 个严禁”，建立日常监督检查机制，防止问题反弹。结合党的群众路线教育实践活动，着力查找和解决党员干部“四风”方面存在的突出问题。健全改进作风常态化制度，加强财务管理，严肃财经纪律，坚决落实《党政机关厉行节约反对浪费条例》等纪律规定。严肃查处违规建设楼堂馆所、公款吃喝、公款旅游、违规使用公车、以各种名义滥发钱物等问题，严肃查处领导干部利用职权收受下属、有利害关系单位和个人礼金行为，以及党员干部到私人会所活动等问题。纪检监察组织要扭住狠刹“四风”，加强对改进作风有关规定执行情况的监督检查，加大执纪问责力度，对典型问题及时予以通报曝光。

（三）严肃查办违纪违法案件，保持惩治腐败的高压态势

坚持惩治腐败“零容忍”。加强对反腐败工作的领导，加大惩治腐败力度。进一步健全完善查办案件组织协调机制，充分发挥反腐败协调小组工作职责，形成反腐败工作合力。

坚持严格审查和处理。加大对党员干部违反党纪政纪、涉嫌违法行为的审查和处置力度，严肃查办领导干部贪污贿赂、买官卖官、徇私枉法、腐化堕落、失职渎职案件，严肃查办发生在重点领域、关键环节和群众身边的腐败案件。对查实的违纪违法行为，严格党纪政纪处理，涉嫌犯罪的及时移送司法机关处理。坚持有案必查、有腐必惩，充分发挥纪委查办案件核心职能，加强对信访举报线索的受理工作，建立健全问题线索管理机制，加强初核力度，发挥查办案件的震慑作用。深入剖析典型案件，强化查办案件的治本功能。

坚持抓早抓小、治病救人。落实党组织对党员干部的监督、管理和教育责任，进一步完善约谈、诫勉谈话、信访监督等制度，全面掌握党员干部的思想、工作、生活情况，对苗头性、倾向性问题，做到早发现、早提醒、早纠正、早查处，防止小问题变成大问题。对经查属于反映失实的问题及时予以澄清，保护党员干部干事创业的积极性。

坚持依纪依法、安全文明办案。以法治思维和法治方式惩治腐败，加强办案队伍建设，提高办案质量和效率。严格执行审查程序，加强案件审理和申诉复查复议工作，发挥审核把关作用，强化纪律检查职能部门间的相互制约和监督。严格执行办案纪律，坚决杜绝跑风漏气、违纪违规办案行为。严格落实办案安全工作责任制，全面排查安全隐患，防止出现办案安全事故。

（四）加大预防腐败工作力度，强化权力运行制约和监督

着力深化廉政风险防控管理工作。坚持用制度管权管事管人，推动建立科学有效的权力制约和协调机制。继续深化廉政风险防控管理“三个体系”建设，进一步健全、完善、落实“三重一大”集体决策制度，积极推动区级班子、处级班子权力公开透明运行工作，继续推进纪检监察信息化平台二期规

划建设，强化对权力运行的制约和监督。

着力增强监督的有效性。认真落实党内监督各项制度，严格党内政治生活，进一步发挥民主监督、法律监督、舆论监督和群众监督作用，积极构建多领域、多层次、多角度的立体监督网络。加强和改进对主要领导干部行使权力的监督，继续深化落实“一把手”四不直接分管制度，对领导干部报告个人有关事项情况开展有针对性的抽查核实。围绕安全生产、环境整治和环境保护、保障性住房建设与供应等重点工作和重大项目，加大行政监察力度；督促相关部门加强对政府中小投资项目招投标工作的规范管理和监督检查；严格审计监督，推动审计成果运用落实；加强党务、政务和各领域办事公开工作，推进决策公开、管理公开、服务公开、结果公开，促进行政权力依法行使和公开透明运行；不断优化政务服务环境，严肃整治行政不作为、乱作为行为，进一步提高政务服务质量和效率。

着力推进反腐倡廉制度建设。制定实施《顺义区建立健全惩治和预防腐败体系五年规划实施方案》，分解落实工作任务。研究制定防控廉政风险、防止利益冲突、领导干部报告个人有关事项、任职回避等方面法律法规的具体落实办法，进一步健全完善反腐倡廉建设方面的制度规范，切实把权力关进制度的笼子里。坚决维护党内法规制度的严肃性，加大对执行情况的执纪监督，切实提高制度的执行力。

着力加强反腐倡廉宣传教育。健全反腐倡廉宣传教育协调机制，深入开展理想信念和宗旨教育、党风党纪和廉洁自律教育，切实做好领导干部任职前廉政法规知识测试工作。继续推进思想理论教育、革命传统教育、警示教育、实景教育、纪律教育五大基地建设，着力构建反腐倡廉教育立体网络。积极开展舆论引导，加强网络舆情信息收集研判处置和新媒体宣传。深入推进廉政文化建设，着力打造廉政文化精品工程，引导群众有序参与和支持反腐倡廉建设。

（五）加强自身建设，提高纪检监察组织反腐败治理能力

各级纪检监察组织和广大纪检监察干部要适应新形势、新任务，认真履行党章和行政监察法赋予的职责，聚焦党风廉政建设和反腐败工作中心任务，切实担负起监督执纪问责的重大责任，提高反腐败治理能力，树立忠诚可靠、服务人民、刚正不阿、秉公执纪的良好形象。

加快转职能、转方式、转作风。清理调整牵头和参加的议事协调机构，进一步明确纪检监察组织职责定位，聚焦主责主业，加大监督监察、执纪问责力度，坚决惩治腐败，做到不越位、不缺位、不错位。改进监督执纪方式，认真开展监督的再监督、检查的再检查，加强对职能部门履行行政监管职责情况的监督检查。结合党的群众路线教育实践活动，带头改进工作作风，认真查摆自身存在的“四风”问题，抓好整改落实并长期坚持。

始终严格要求、严格监督、严格管理。坚持打铁还需自身硬，强化基础工作，规范工作流程和标准，探索实施基层监察科长到区纪委机关交流锻炼制度，不断提高纪检监察干部队伍履职的专业化和规范化水平。牢固树立执纪者更要带头遵守纪律、监督者更要自觉接受监督意识，从组织和制度上，切实加强纪检监察干部的教育、管理和监督，对违纪违法的，坚决予以处理，用铁的纪律打造过硬队伍。

同志们，做好党风廉政建设和反腐败工作任务艰巨、责任重大。我们要按照中央、北京市和我区的各项部署要求，坚定信心、扎实工作，不断开创党风廉政建设和反腐败工作新局面，为贯彻落实全面深化改革各项部署、推动我区转型升级提供有力保证。

关于顺义区2013年国民经济和社会发展计划执行情况与2014年计划草案的报告（书面）

——2013年12月24日在顺义区第四届人民代表大会第三次会议上

顺义区发展和改革委员会主任 董建华

各位代表：

我受顺义区人民政府委托，向大会提交顺义区2013年国民经济和社会发展计划执行情况与2014年计划草案的报告，请予审议，并请政协委员提出意见。

一、2013年国民经济和社会发展计划执行情况

今年以来，在市委、市政府和区委的坚强领导下，在区人大和区政协的监督支持下，我区紧密围绕“建设绿色国际港，打造航空中心核心区”的奋斗目标，立足发展的阶段性特征，充分发挥比较优势，加快推动“四个转型升级”，统筹“调结构、促改革、惠民生”各项工作，年度重点任务执行有力，主要计划指标完成较好，区域发展呈现出“稳中有进、稳中有为”的良好态势。

（一）经济平稳协调健康发展

经济运行总体平稳。全年预计完成地区生产总值1235亿元，按可比价格计算同比增长11%，仍处于平稳较快增长区间。其中，临空经济区增加值预计实现990亿元，可比价增长11%，经济增长的稳定器作用更为突出。二、三产业协同拉动能力进一步增强，预计全年实现增加值分别为550亿元和660亿元，可比价分别增长11.7%和10.7%。

质量效益稳步提升。预计公共财政预算收入完成97亿元，增长12.5%。城镇居民人均可支配收入、农村居民人均纯收入预计分别完成33176元和17556元，分别增长9%和10%。城镇登记失业率控制在1.5%以内。绿色经济特征明显，万元地区生产总值能耗、水耗预计分别下降4.13%和13.2%。

（二）结构调整转型取得新成效

产业高端化态势显著。制造业高端引领能力不断增强，“顺义经济”特征更加彰显。预计全年实现工业总产值2640亿元，占全市总量的1/6，同比增长15%。两大千亿元级产业集群加速形成，预计全年汽车产业实现产值1490亿元，同比增长21%；航空产业加快发展，北京航空产业园发动机产业基地一期主体工程建设完成，中航信产业园开工建设。生产性服务业支撑更加稳固，交通运输仓储邮政业增加值占地区生产总值的比重逐季提高，预计全年可达28.8%；特色金融产业快速集聚，新引进金融机构30家，首都产业金融中心的影响力进一步提升。农业产业化、规模化水平不断提高，万亩示范区建设稳步实施，引领全市都市型现代农业发展的带动作用进一步增强。战略性新兴产业加快发展，国家地理信息科技产业园一期建设完成，环球华影激光电视项目全面启动，磁谷新能源汽车物理电池产品具备

试装车辆条件。

产业平台功能不断提升。航空中心核心区建设深入推进，临空服务板块整合顺利开展。天竺综保区进出口总值预计增长3.5%，航空、医药、文化主导产业快速发展，汽车整车进口口岸验收运营，保税拍卖业务成功开展，实现了从出口加工向服务贸易为主导的转型升级。空港经济开发区、国门商务区获得北京市“总部经济集聚区”认定。以破解发展瓶颈、整合发展资源、创新发展模式为出发点，启动实施了临空经济区功能整合转型升级工作，组建北京临空经济核心区管委会，初步构建起政企分开、精简高效的临空经济区管理体制和运行机制。

创新驱动势能加速积累。深入落实首都科技创新和文化创新“双轮驱动”发展战略，自主创新政策和服务体系建设逐步完善。召开了全区科技创新大会，出台了推动自主创新“1+3”科技政策体系。大力实施“百家创新型科技企业培育计划”，新认定国家级高新技术企业44家。申报市级研发机构1家，重点实验室、工程技术研究中心2家，企业研发项目25家。新增博士后工作站3家。知识产权保护不断加强，发展专利示范企业6家，授权专利800项。实现技术合同成交额3.25亿元。中关村顺义园建设进展顺利，落桩定界、标识规范等工作积极推进，航天技术应用产业园等6个项目入园发展。文化创新快速成长，统筹市区两级专项资金集中支持了32个文化创意产业项目。广告会展、设计创意、艺术品交易等行业集聚效应逐步显现，歌华文化企业集聚中心建设进展顺利，首场艺术品保税拍卖在天竺综保区举行；新国展一期配套主体完工，举办展会22场。文化惠民力度进一步加大，文化艺术精品创作积极推动，群众文化活动广泛开展，成功举办首届惠民文化消费月活动。品牌培育成效喜人，争创中国驰名商标1件、北京市著名商标5件。

需求支撑更趋协调。消费拉动作用更加突出，全年预计实现社会消费品零售额296亿元，同比增长16.5%。节能家电推广、家具以旧换新等促消费政策陆续实施，多元化消费需求加快释放。一批特色消费区域和消费热点加快形成，金街悦港城主体竣工，国门一号即将运营，电子商务、信用消费等新型消费发展迅猛，批发零售企业网上零售额增长61.3%。旅游消费份额不断扩大，积极开发“商务会展、运动健身、休闲度假”等旅游产品，五彩浅山、国际鲜花港、汉石桥湿地生态消费圈加快构建，全年预计接待游客462万人次，旅游收入达到53.2亿元。投资保持平稳态势，预计全年完成全社会固定资产投资418亿元，与去年基本持平。投资结构不断优化，投资管理日益完善，制定《进一步改进和加强政府投资项目管理意见》，实施了镇级污水处理厂等基础设施领域引入社会资本试点项目。外经外贸加快发展，预计全区实际利用外资3.6亿美元，实现进出口总额182亿美元，同比增长7%。

（三）城乡区域协调发展步伐加快

统筹建设力度加大。新城、重点镇、新农村和浅山区开发建设不断深入。开展了新城总体规划评估，编制了潮白河生态发展带规划和首都机场周边地区规划。职教中心、劳动力实训基地、体育中心等完善新城功能的6项工程实现主体封顶，区医院急诊病房综合楼正式复工。新城马坡组团建设稳步实施，金融总部集聚效应凸显。积极稳妥推进老城区升级改造，金街商业中心区初步形成。85宗拆迁土地遗留问题妥善解决，新增城市发展空间6335亩。重点镇中心区基础设施和公共服务设施建设加快，李遂镇中心区土地一级开发方案编制进展顺利，赵全营镇板桥村拆迁地块挂牌出让，杨镇产业辐射带动能力不断增强。新农村建设不断深入，南陈路新型农村社区6种户型样板房建设完成。五彩浅山纳入全市沟域经济政策扶持范围，国家登山步道一期125公里全线贯通。

运行保障能力增强。基础设施供给和运行效率不断提高，畅通工程建设力度加大，新建和改建道路23公里，顺安路等6条道路完工，白马路东延等23条道路加快建设。12座公交首末站建成使用，2座公交中心站结构封顶。新开和调整公交线路9条，公交运营信息手机查询平台在本市率先使用。交通拥堵治理积极推进，一批道路微循环改造工程顺利实施。水电气热实现安全稳定运行，新建各类市政管网80公里。城南水厂、大孙各庄水厂、龙湾屯水厂及木林水源地启动建设。西马220千伏变电站竣工使用，西府和董各庄110千伏变电站土建完工。加强燃气、供热安全运行管理，老旧管网消隐改造工程顺利实施。启动了燃气、自来水等国有企业公司化改制。“菜篮子”工程扎实推进，粮油肉蛋菜等生活必需品供应充足、价格总体平稳。

（四）生态建设与环境治理取得明显成效

多措并举改善大气质量。积极实施新的大气污染治理措施，发布清洁空气行动计划和大气污染治理措施实施方案。试行新增大气污染物两倍削减环评审批制度，否决不符合要求项目66个、禁止“两高一资”项目125个。优化调整能源结构，强化“三级双控”机制，实施全民节能行动计划，能源消费总量控制在1018万吨标准煤。深入开展燃煤、机动车、扬尘和工业污染专项治理，压减燃煤9.9万吨，完成了2台20蒸吨燃煤锅炉烟气脱硝治理和86蒸吨燃气锅炉建设，淘汰老旧机动车1.29万辆，更新新能源公交车222辆，200辆电动出租车即将投入运营；组建绿色车队223家、车辆达到3884辆。关停金隅顺发水泥、古城砖厂等污染企业34家。农村地区“减煤换煤、清洁空气”行动计划启动实施，优质燃煤替代、液化石油气下乡、农村取暖“煤改电”和天然气入户试点工程全面展开。全年二氧化硫、氮氧化物、化学需氧量和氨氮排放量预计分别下降2.6%、2.2%、6.9%和4.2%。

城市环境体系加快构建。大力推进平原造林工程，高标准完成了4.8万亩造林任务，新城滨河森林公园建成开放，新增绿化面积1.3万亩，37公里健康绿道投入使用。全区林木绿化率、城区人均公共绿地面积分别达到30.85%和31.25平方米。城市水环境得到改善，顺利完成了七分干渠生态治理和蔡家河、方氏渠18公里年度疏浚工程任务，行洪保障能力有效提升。积极推进污水处理和再生水利用设施建设，污水日处理能力达到42.4万立方米，城市污水处理率为97.9%。在全市率先引入BOT模式启动8座镇级再生水厂建设，再生水利用率为70%。市、区两级671项环境建设任务基本完成，九大类36项重点违法违规整治行动深入开展，拆除违法建设1045宗，乱倒、乱贴、乱停、乱建等行为得到了遏制。深入推进垃圾分类管理，积极推进生活垃圾焚烧厂二期、餐厨垃圾处理厂、河西地区生活垃圾转运中心建设，全区生活垃圾无害化处理率达到97%。

（五）社会建设与民生保障持续增强

就业和社保工作不断加强。动态保持“充分就业区”创建成果，实现充分就业区“两连冠”。积极开发高端和绿色就业岗位，加强订单式培训，完善就业服务体系，推动了区域劳动力充分就业与质量就业的双提升。实现城镇新增就业3.6万人，城乡劳动力二三产业就业率达到95%。深入推进社会保险人群全覆盖，城乡居民养老、城镇居民医疗、城镇职工五项保险参保率分别达到96%、91%和96.5%。新型农村合作医疗参合率达到99.9%。低保标准由月人均520

元提高到 580 元，大病救助标准由最高 12 万元提高到 14 万元，助学、救灾等标准进一步提高。福利保障水平全面提升，在全市率先扩大享受老年人高龄津贴和医疗补助人员覆盖面。慈善事业蓬勃发展，救助贫困对象 1 万余人次。

基本公共服务水平进一步提升。“三名”教育工程深入推进，教育教学质量持续提高，高考升学率稳居北京郊区首位。7 所续建校安工程实现竣工，8 所公办幼儿园和 15 所村办园投入使用，新增学位 5570 个，入园难、入学难问题逐步缓解。职业教育水平切实提高，学习型顺义建设深入开展，成功创建全国数字化学习社区先行区。公立医院改革启动实施，北京中医医院顺义医院挂牌成立，地坛医院顺义院区即将投入运营。疫苗冷链全程实时监控管理系统在全市率先使用，甲乙类传染病发病率控制在 150 /10 万，院前急救体系建设全面推进，成功创建国家卫生应急综合示范区。启动了体育生活化社区提档升级工程，完成了 60 个市级体育生活化社区和健身俱乐部设备设施配建，15 分钟文体活动圈设施数量有效增加。环京自行车公路赛、“舞彩浅山”国际登山比赛等重大活动成功举办。

惠民举措取得实效。坚持把回迁安置房和保障性住房建设作为重点民生工程，全年预计建设回迁安置房和保障性住房 5.1 万套，竣工 1.8 万套，实现了 12 个村 1.6 万人回迁和 5260 户轮候家庭 1∶1 配售。望泉寺 5 万平方米公租房主体封顶，国家地理信息产业园、北京现代三工厂、北汽自主品牌乘用车基地配套公租房建设加快。2.2 万户农宅抗震节能改造及新建翻建工程顺利完成，7 个老旧小区 8769 户居民房屋实施了节能和外墙保温改造。在全市率先建立起了危旧房修建监理机制，325 户低收入家庭、优抚对象从中受益。

社会治理创新加快推进。网格化社会服务管理指挥中心平台和城市管理模块启动运行，城区 39 平方公里市政市容设施实现信息化覆盖。启动了智慧顺义顶层设计，工程建设领域诚信体系建设有序推进，社会服务管理创新指标信息系统试运行。社区建设取得新成绩，19 个社区通过全市“六型社区”评估，37 个社区成为“智慧社区”建设首批试点，194 个农村社区达到六型农村社区创建标准。人口服务管理成效显著，户籍人口自然增长率为 5.5‰，常住流动人口控制在 37 万人，户籍人口城镇化率达到 65.8%。食品药品监管体制改革顺利进行，组建了食品药品监督管理局，加强了生产和流通领域监管，食品安全监测合格率为 98.5%，药品抽检合格率达到 99%。深入推进安全生产标准化建设和隐患排查治理，安全生产形势平稳。

当前，我区正处于调结构、转方式的关键时期，成效已有所显现，经济社会发展计划执行正常，符合“稳中求进”的总基调。但也要看到，计划执行过程中存在的一些问题还需我们高度关注并认真解决。一是调结构、转方式任务依然繁重，转型发展进程中新的增长点亟待培育，现代服务业高端化、规模化发展还需加快，制造业结构仍需不断优化，消费拉动和创新能力还需继续增强，改革发展和对外开放水平有待进一步提高。二是城乡区域协调发展难度依然较大，城市功能与产业发展、人口布局融合程度还需切实提高。中心区功能聚集和提升处于起步发展阶段，重点镇公共服务和产业支撑尚显不足。公共服务供给与需求还不适应，尤其是优质医疗资源短缺，基层服务设施不完善，群众生活还有许多不便。三是人口资源环境压力加大，城市安全运行保障能力需不断增强，统筹做好城市规划、建设、管理、运营和服务工作难度较大，交通运行、小区物业等精细化管理水平需切实提升，大气治理、垃圾处理等城乡环境整治还需付出持久的努力。

二、2014 年国民经济和社会发展计划初步安排

2014 年是全面贯彻落实党的十八届三中全会精神的开局之年，是顺义步入新阶段、向“十二五”规划目标迈进的关键一年。这一年，我们还将迎来建国 65 周年和 APEC 峰会的举办，责任重大，任务艰巨，安排好全区经济社会发展计划至关重要。

（一）发展环境总体判断

一方面，实现经济持续健康发展具备一系列有利条件。（1）党的十八届三中全会胜利召开，对全面深化改革做出了总体部署，不仅提振了信心，激发了活力，更调动了各方面加快科学发展的积极性。（2）国家、北京市实施的稳增长、促转型政策措施，累积效应将继续显现，工业化、信息化、城镇化和农业现代化深入推进，有利于激发经济发展的活力和动力，提升增长的质量和效益，为我区发展营造了更好的外部环境。（3）北京大力实施“双轮驱动”战略，有利于科技、文化资源在服务首都发展中，加速释放市场优势、总部优势、服务优势。航空中心核心区、中关村顺义园推进和建设加快，为我区创新驱动势能集聚、产业结构调整优化提供了新的重大机遇。（4）我区进入优化提升期，“三个阶段性特征”明确，新城、重点镇以及经济功能区发展积累的效能将持续释放；“四个转型升级”不仅统一了思想、形成了合力，更为我区发展指明了方向、明确了任务。

另一方面，发展中存在一些问题和挑战需要积极应对。（1）外部经济形势仍然复杂，世界经济仍处于深度调整期，国内经济面临周期性调整和转型升级双重压力，本市正处于经济转型的关键时期，当期稳增长与长期调结构的任务依然艰巨。（2）我区经济结构调整和有效的多点支撑格局还没有很好解决，提升产业发展质量和效益的任务还比较艰巨。上海自贸区设立、北京新机场启动建设，将对临空经济发展带来新的挑战。（3）发展中不平衡、不协调、不可持续的问题依然存在，人口资源环境压力持续增加带来了多方面的挑战。在新的阶段，人民群众对优质公共服务、居住环境、文化生活和社会管理等方面提出了新的更高要求。（4）转型发展的体制机制困扰依然较多，改革创新任务更加重大、时间更加紧迫，需要付之更大的勇气、更多的精力。

总体判断，当前国内外经济环境正发生着深刻变化，我区面临的发展环境虽错综复杂，但机遇与挑战并存，有利条件和积极因素依然较多。我们既要坚定发展信心，又要增强忧患意识、机遇意识、改革意识，奋力开拓顺义经济社会发展的新局面。

（二）发展计划安排总体思路

2014 年计划安排的总体思路是：全面贯彻落实党的十八届三中全会精神，紧紧围绕主题主线，根据区委四届六次全会部署，准确把握“三个阶段性特征”，以体制机制改革创新为动力，坚持经济发展与城市功能相协调，坚持发展方式与区域人口资源环境相适应，坚持城市发展与满足人民群众对美好生活的新期待相统一，着力加强生态文明建设，着力提高经济增长质量和效益，着力提升城市建管水平，着力保障和改善民生，着力深化改革开放，加快推动“四个转型升级”，实现经济持续健康发展和社会和谐稳定。

在计划安排上重点把握五个注重：一是注重年度计划和五年规划的衔接。统筹考虑当年和五年发展规划的关系，结合“十二五”规划《纲要》指标体系和中期评估指标调整情况，安排好年度指标计划，确保五年规划目标逐年得到落实。二是注重生态文明建设和发展环境提升。走资源节约、绿色发展道路，以治污建绿为重点，让森林走进城市，让空气和水更加清洁，为生产生活创造更加宜居、美好的环境。三是注重发展成果共享和民生改善。处理好促发展和惠民生的关系，突出解决好市民最关心、最直接、最现实的利益问题，使经济发展、城市功能与市民需求更加契合，让人民群众生活得更幸福。四是注重改革开放和科学发展。深入贯彻落实十八届三中全会精神，推进体制机制创新，处理好政府与市场的关系、投资与消费的关系、城市建设与管理的关系、当前与长远发展的关系，统筹国内、国外两个市场，在更高水平上推动顺义科学发展。五是注重积极稳妥的导向作用。计划指标设定既要符合当前发展实际，又要体现经过努力能够达到；既要体现自身发展，又要服务北京、走在城市发展新区的前列。

（三）发展主要目标初步安排

——地区生产总值可比价增长9%左右；

——公共财政预算收入增长 8%；

——城镇居民人均可支配收入、农村居民人均纯收入分别增长 9%和 10%；

——城镇登记失业率控制在 1.5%以内；

——万元地区生产总值能耗和水耗分别下降 4.13%和 5.8%；

——二氧化硫、二氧化氮、PM10 年均浓度下降 2%；

——PM2.5 年均浓度下降 5%左右。

三、实现 2014 年国民经济和社会发展计划的主要措施

（一）下更大力气改善环境质量，进一步提升生态文明水平

持续改善大气质量。以控制 PM2.5 污染为重点，全面落实大气治理行动，实施源头分类治理。（1）打好压减燃煤攻坚战。全年削减煤炭使用量 25 万吨。完成城东、城西、城南供热中心煤改气工程，改造燃煤锅炉房清洁能源 670 蒸吨；全面推进农村地区“减煤换煤、清洁空气”工程，扩大实施和覆盖范围，力争农村地区优质燃煤替代率达到 50%以上。（2）有效控制机动车污染。淘汰老旧机动车 8800 辆，增加新能源公交车 255 辆。加强对大型运输车辆的监管，组建绿色车队 251 家、车辆达到 4300 辆。（3）深化工业污染治理。加快淘汰落后产能和工艺，完成燕京啤酒燃煤锅炉烟气脱硝。开展汽车制造维修、印刷包装等行业挥发性有机物治理，削减挥发性有机物 600 吨。（4）遏制扬尘及农业面源污染。强化执法监管，提高绿色施工和道路保洁水平，控制扬尘污染，确保施工工地达标率不低于 92%。推动秸秆还田，加强农村畜禽养殖场粪污治理。（5）深入推进节能减排。提高准入标准，建立严格的“环评”、“能评”制度，对污染耗能问题突出的属地实施限批。继续落实能源“三级双控”机制，全年能耗总量控制在 1095 万吨标准煤。

提高垃圾处置利用水平。坚持垃圾源头分类、规范收运与处理能力提升并重，综合施策，不断提高垃圾的减量化、无害化、资源化水平。（1）加快垃圾处理设施建设。完成杨镇垃圾处理厂消隐工程，推进生活垃圾焚烧二期、餐厨垃圾处理厂、河西生活垃圾转运中心建设，治理非正规垃圾填埋场 18 处。（2）推进生活垃圾运行管理体制改革，实行生活垃圾属地负责制，探索企业、流动人口生活垃圾收运管理新模式，确保生活垃圾日产日清。推进垃圾处理园区化、产业化发展，鼓励社会资本参与垃圾处理设施建设。（3）加大建筑垃圾管理，完善源头、消纳和运输“两点一线”长效管理机制。严格行政许可审批，科学布局消纳场所，全面推行清运合同管理，做好消纳终端管理。（4）强化公众监督，严厉打击非法排放、收运和

处置行为。对全区现存垃圾堆放点进行认真排查，建立台账，逐一制定整治方案，消灭所有垃圾乱倒点。

改善城市水环境品质。统筹实施污染治理、生态治河，逐步恢复河道生态功能，打造滨水休闲空间。（1）提高污水处理能力。加强污水处理和再生水利用设施建设，建成马坡、北小营、李遂、北石槽4座再生水厂，全面实施牛栏山再生水厂建设和区污水处理厂升级改造，启动21.8公里污水收集和再生水回用管线铺设。实施污水处理设施在线监测，安装在线监测设备70套，确保企业污水处理设施正常运行。（2）生态治理中小河道。坚持防汛和蓄水并重，完成蔡家河、方氏渠治理，启动金鸡河、小中河治理，确保汛前完成48.3公里河道疏浚任务。深入开展河道排污口治理，进一步提高河流水质标准，力争完成排污口治理202处，确保4个市级河流断面考核全部达标。（3）增加河湖生态水源。加快城市水系建设，加快实施引南水北调水入潮白河水源地工程，补充潮白河生态水源，有效回补地下水。实施汉石桥湿地基础设施提升和引水工程，加强龙湾屯水库和唐指山水库治理。

提速森林绿地建设。以平原造林为抓手，进一步提升全区林木绿化水平。高标准完成7万亩平原造林任务，优先增加五彩浅山、首都机场航空走廊、京承高速路、京密引水渠等区域林地布局。实施顺安路、白马路东延等重点路段和节点4290亩绿化美化，建成16.8公里温榆河绿道，增加绿色休闲空间的可及性。继续推进荒山彩色造林、三北防护林建设和播草盖沙工程，持续改善区域生态环境。坚持“建管并重”，建立健全平原造林工程长效养护机制，加强新增森林资源养护管理，确保苗木成活成林成景。

深入开展环境专项整治。以落实市区两级环境建设任务为重点，大力实施重点地区、重点问题整治行动。（1）加快推进APEC峰会途径路线环境整治，完成机场北线回民营桥周边、古城村北等重要节点和机场高速、机场北线、京承高速、京密路沿线以及12个高速路出入口的环境整治。（2）集中开展交通秩序专项整治，以13条街路29处秩序乱点为重点，不断规范停车秩序，打击非法营运，倡导文明交通行为。（3）全面实施街面秩序专项整治，开展流动商贩、非法小广告、倚门售货、商户门前乱堆放等治理。（4）针对新国展、鲜花港、水上公园等区域，结合重大活动举办时间，开展环境综合整治，消灭卫生死角、完善绿化美化、规范环境秩序、提升环境景观。

（二）加快调整转型速度，切实提高经济增长质量和效益

推动航空中心核心区建设。（1）突出抓好临空经济区建设，推动临空经济区向首都国际航空中心核心区转型升级。围绕航空中心核心区定位，积极谋划整体发展战略，研究制定核心区发展规划和建设实施方案。进一步完善首都机场、天竺综保区、临空服务板块之间的协调联动机制。坚持服务机场、发展顺义，加强与首都国际机场及航空企业沟通协作，推动首都国际航空中心早日上升为国家级发展战略。（2）充分发挥天竺综保区政策、功能平台优势，着力提升开放型经济发展水平。加强贸易模式创新，打造服务贸易创新示范区，争取实现跨境贸易、电子商务、飞机租赁维修等政策突破。做大做强医药、航空、文化三大特色产业，加快歌华国际文化贸易企业集聚区、国药采购分拨中心、航港非保税库等重大项目施工进度，力争建成使用，打造文化贸易创新示范区。借鉴上海自由贸易区的成功经验，积极推动天竺综合保税区向空港型自由贸易区转型升级。（3）创新经济功能区运作模式，切实破解小而散、小而全、政企不分等问题。制定

出台经济功能区转型发展指导意见，建立健全产业功能区发展统筹协调机制和监测考核评价体系，促进优质要素按产业园区定位分类集聚。着力完善功能区土地开发储备机制，深入分析研究土地一级开发成本管理、储备结构、空间布局、实施节奏等问题。

加强科技与文化创新双轮驱动。（1）强化企业创新主体地位，继续建设和申报一批工程（技术）研究中心、工程实验室和企业技术中心。创新科技专项资金支持方式，注重发挥引导放大作用，重点支持关键核心技术突破、重大科技成果转化和市场前景好、创新能力强的中小企业。抓好中关村顺义园建设发展，加强与首都创新资源和发展需求的对接，加快形成“研发创新在中关村、转化和产业化在顺义”的跨区域产业链。（2）加速提升文化创新带动作用，切实提高文化专项资金使用效益，健全统筹安排、公开公示和效益评价机制，支持文化集聚区和优质文化项目建设。提升文化集聚区承载力，依托歌华国际文化贸易企业集聚区、新国展二三期等特色文化功能区建设，大力发展文化贸易、广告会展等文化创意产业。加强公共文化服务体系建设，积极开展群众文化活动，推动文化艺术作品创作，满足市民多层次、多样化文化需求。

打造多元化现代产业体系。（1）加快推动现代制造业向创新创造转型升级，注重汽车、航空两大产业集群产业链延伸和完善，积极发展研发设计、汽车金融、汽车贸易等高端环节。加快北京航空产业园建设，积极引进涉及航空发动机等国家重大科技专项研发项目。（2）加快战略性新兴产业培育和发展，大力支持环球华影激光电视项目建设发展，抢占下一代激光显示核心技术的主导权；抓好国家地理信息科技产业园建设，着力引进上下游企业，加快地理信息服务产业发展。积极发展新材料产业，促进科研成果在北京航空产业园和非晶科技产业园转化和产业化。（3）把生产性服务业作为城市服务功能提升的重要支撑，进一步扩大交通运输、仓储邮政业比重。加快新城马坡组团金融业集聚和发展，打造金融机构集聚区；全力推动国门商务区产业金融发展，建设首都产业金融中心。（4）把非基本公共服务业作为拓展区域服务业的新增长点，满足人民群众对优质公共服务日益增长的多样化需求，推进非基本公共服务市场化和产业化。

加速形成投资、消费协调拉动发展格局。（1）坚持供给与需求同向升级，提升功能与优化布局并举，增强消费拉动作用。扩大新兴消费供给，做好第 13 届北京国际汽车展服务保障，办好首届国际手工艺术博览会、国际商品交易博览会等大型展会活动。整合“吃住行游购娱”等要素，进一步完善新国展、五彩浅山、国际鲜花港、汉石桥湿地等旅游设施周边商业环境，促进旅游消费。优化消费功能布局，推进金街悦港城尽快开业，加快隆华北扩、顺鑫二期建设步伐，加大万达广场等大型商业企业的引进力度。培育壮大“便民消费圈、城市消费圈、商务消费圈、生态消费圈”。积极释放潜在消费需求，加快保障性住房建设和配租配售步伐，带动居家消费和便民消费。深入研究和释放 72 小时过境免签政策效果，培育订制服务供给环节，吸引境外消费。支持电子商务发展，筹建电子商务企业协会，进一步完善配送体系，提高支付本地化程度，积极扩大网上消费。（2）保持投资合理增长，大力优化投资结构。建立投资指导目录，把扩大社会投资作为首要任务，鼓励社会资本参与污水处理、垃圾处置、养老等领域投资和管理。提高政府投资的引导放大作用，集中力量抓好 110 项重点工程建设，重点支持提升生态文明、完善城市功能、增加基本公共服务供给项目建设。认真落实重点工程融资计划，增强项目融资能力，积极争取中央、北京市各类支持资金，扩大金融机构信贷规模，有效增加间接融资。高度重视债务风险防范和精细管理，建立科学有效、分类管理的政府债务管理机制。全方位为投资落地做好服务，以项目建设为核心，加强投资调度，把握时序，坚持“保竣工、保续建、控新开”，推动重大项目建设。加快土地一级开发步伐，确保土地尽快入市。紧紧抓住中央和全市下放审批权力等机遇，充分调动各类投资积极性，加快项目手续办理，确保项目尽快落地开工。

（三）加强精细化管理力度，保障城市高效安全有序运行

加快推进畅通工程。系统谋划和研究治理交通拥堵点，建立“动态交通组织合理、静态停车规范有序、交通组织监管到位、交通设施适度超前”的交通综合管建体系，努力为市民提供安全便捷舒适的出行环境。大力发展公共交通，进一步规范电动出租车运营，升级公交智能指挥中心，不断优化公交线网布局，完成天竺综保区、国门商务区、汽车基地等3个公交中心站和3座公交首末站建设；大力发展公共自行车租赁，努力解决“最后一公里”交通问题。加快城乡路网建设，加快推进白马路东延、站前北街延长线等 20 条道路建设。加大交通治堵力度，进一步提高路网通行能力，开展东大桥环岛、区医院路口等5个城区交通拥堵点综合治理。完善重点路段和学校、医院、居民区周边红绿灯、斑马线设置，研究制定区域客货运分流方案。

增强城市运行保障能力。逐步健全涉及生活必需品、交通客运、公共安全等方面的城市运行指标监测机制，加强水电油气热等供应保障。建立可靠的供水系统，建成城南水厂，加快推进大孙各庄、龙湾屯水厂建设，铺设集中供水管线 70 公里。坚持“量水发展”理念，率先实现饮水、二三产业用水计量收费全覆盖，全年用水总量控制在3亿立方米以内。增强用电能力保障，建成西府、梁庄2座110千伏变电站，启动新城、军营、庄子营3座110千伏变电站和马坡220千伏变电站建设。推进牛栏山、高丽营、空港等供热中心建设。全面实施老旧供热管网、燃气管网等改造消隐工程，提高城市防灾减灾能力。

提升网格化管理水平。扎实推进社会服务管理创新指标信息系统试运行。做好第二批“智慧社区”试点工作，强化信息化、科技化手段应用，建立社区服务管理核心指标体系。加强人口调控管理，深入实施“以产引人、以业控人、以房管人”模式，承接核心区高素质人口转移，控制无序流动人口进入。明细产业准入标准，严控低端市场和低端产业，探索建立重大项目人口评估制度，切实优化人口结构和布局。完善利益导向机制，加快户籍人口就地城镇化步伐，全年实现征地、就业转非 5000 人。加强市政设施综合监管，加大巡查养护力度，确保路灯、垃圾箱等城市家具正常使用。严格落实属地责任，坚决打击违法用地、违法建设。加快国家药品安全示范区建设，提高辖区食品药品安全水平。

（四）强化统筹发展能力，促进城乡区域一体化

全面推进新城建设。加强城市空间布局设计，编制京沈客专站点一体化方案，深化潮白河生态发展带规划，明确建设重点和时序。积极完善与现代化综合新城相适应的城市功能，紧抓全市统筹公共服务资源的机遇，争取优质公共服务资源向我区转移，有效提升城市功能与产业发展融合度。年内实现区域医疗中心、职教中心、体育中心、文化中心影剧院、劳动力实训基地竣工投入使用，文化中心文化馆、图书馆、博物馆实现

主体结构封顶。积极稳妥地推进老城区拆迁改造，启动幸福西街、维尼纶厂家属院棚户区改造，引导小、低、散商品批发市场有序外迁或就地整合。加快新型城镇化步伐，提升重点镇中心区基础设施承载力和公共服务水平，夯实产业发展基础，不断增强产业承接、人口吸附和辐射带动能力。加快李遂镇、赵全营镇中心区土地一级开发。积极争取地铁15号线顺义段东延列入全市投资计划并尽快启动，综合开发沿线区域，引导现代高端服务业集聚发展，带动沿线各镇城镇化进程。

增强浅山区自主发展能力。大力推进浅山区规划建设，将其打造成为首都慢生活区和展示顺义之美的地方。实施浅山区总体规划修编，编制环境、基础设施、公共服务、产业发展等专项规划。发挥生态资源良好、文化遗存丰富的优势，实施一批服务配套、完善提升性工程，强化步道一期运营维护，启动浅山郊野公园规划建设，加快五彩大道建设和引水上山工程实施，统筹水电气热以及垃圾、污水处理等市政设施配置，提升旅游服务接待能力。抓好核心区村庄环境整治和村容村貌提升，努力将柳庄户、焦庄户村打造成精品生态示范旅游村。建立项目储备和滚动实施机制，确保浅山区开发有步骤、分阶段推进。

提升农村地区城镇化水平。加强城镇整体设计和保留村自然风貌设计，进一步深化新农村建设，探索产业升级、农民增收、人口调控与环境改善相统一的新路径。深入实施南陈路新型农村社区试点建设，完成石家营村和庙卷村天然气入户工程。深化农业结构调整，更加注重农业的生态景观功能和休闲服务功能，大力发展籽种、花卉、农产品精深加工，提高现代农业综合效益和农产品附加值。把深化农村改革作为推动农村城镇化的根本动力，启动农村土地承包经营权确权登记工作试点，加强农村土地流转市场管理，规范整合农村土地收益、资产性收益和福利分配，建立健全村民股权分红模式。加快农民向二三产业转移就业步伐，推动“一产员工化”就业模式，促进农民绿色就业、转移就业、稳定就业。

（五）创新社会治理，着力保障和改善民生福祉

加强就业和社保工作。积极创建充分就业示范区，进一步促进劳动者充分就业和高端就业。深入推进“绿岗就业工程”和“221”金蓝领培训工程，加强定向式、订单式培训，促进劳动力向高端岗位置换，全年培训城乡劳动力1.2万人，实现城镇新增就业1.3万人。大力推行劳动合同制度，加强监察执法和调解仲裁，促进劳动关系和谐稳定。积极探索促进城乡居民就业增收的有效途径，建立汽车行业工资价位指导线，引导企业建立正常的职工工资增长机制。落实职工带薪年休假制度、高温劳动保护政策和女职工劳动保护特别规定。进一步加强社会保险、社会救助等社保体系建设。依法加大社会保险扩面征缴力度，加快社会保障“人群全覆盖”，提高参保率。完善城乡最低生活保障和医疗救助制度，稳步提高保障标准和救助水平。大力发展居家和社区养老服务，推进养老服务社会化、产业化改革。

增加基本公共服务供给。高标准实施学前教育、中小学建设三年行动计划，积极引进北京小学、北师大实验中学开办分校，增加幼儿园学位3300个，完成13所校安改造工程。坚持职业教育市场化办学方向，重组现代职业技术学院，加快职业教育资源整合，促进职业教育与航空、汽车和物流等产业发展紧密对接。把解决群众享有优质医疗服务的需求摆在首要位置，确保区医院急诊病房综合楼投入使用，加快推进区中医院迁建，启动城区2所社区卫生服务中心及站点

建设，支持地坛医院顺义院区扩展诊疗服务，力争再引进一家新的三甲医院。加大优质医疗资源和人才引进，健全医务人员基层轮转服务机制，开展全科医生规范化培养，深化家庭医生服务，启动国家慢病示范区创建，确保通过国家卫生区第二次复审，不断提升和改善区域医疗服务水平。不断完善基层文体设施建设和丰富惠民工程内涵，确保公共文体设施实现全覆盖。

增强民生工程惠民效果。健全住房保障和供应体系，建设回迁安置房和保障性住房4.3 万套，建成 1 万套。加强公租房规划与布局，完善公租房管理机制和政策办法，启动引进人才公租房需求和准入标准研究，年内地理信息产业园、现代三厂等配套公租房投入使用。加快推进自住型商品房建设，严格执行商品房调控政策。完成滨河等 5 个老旧小区 70 万平方米房屋节能和外墙保温改造。继续实施 2.2 万户农宅抗震节能改造及新建翻建工程和 253 户危旧房翻建。统筹解决好城乡居民增收、就业和保障的关系，深入落实各项惠农政策，切实提高农民转移性收入和财产性收入。健全企事业单位人员工资正常增长机制，有效增加城镇职工工资性收入。保障低收入群体收入，努力使城乡居民收入与经济发展水平和价格变动相适应。做好人民群众关心的重点领域价格监测，进一步推进菜篮子工程建设，保障生活必需品市场供应，保持价格总水平稳定。

（六）大力推进改革创新，激发区域发展活力

贯彻执行十八届三中全会部署，制定全区推进改革的具体实施方案，全面落实各项改革创新任务，为转型发展增添持续动力。积极推进政府机构改革和职能转变。按照全市统一部署和要求，完成政府机构改革，加强职能转变，理顺权责关系，形成精干高效的政府组织体系。深化行政审批制度改革，进一步减少审批事项，缩短审批时限，优化投资环境。推进政务中心筹建，优化和规范办事流程，更好地为企业、居民服务。严格机构编制管理，积极优化编制配置，推动编制资源向基层和一线倾斜。加快事业单位分类改革，积极扩大政府购买服务。完善区、镇（街）财税体制。健全区镇两级财力分配机制，加强一般性转移支付，逐步增强基层公共实物管理的财政保障能力。规范产业奖励扶持，建立区内异地生产经营企业留成财力分享机制，促进公平竞争。深化投融资体制改革。加快燃气、热力、水务和园区开发等专业化投融资平台构建，完善基础设施投融资平台功能，构建分类管理、规范运作的投融资机制。继续采取企业债、BT、BOT、融资租赁、特许经营等方式，加强股权融资，鼓励和支持社会资本参与城市基础设施投资和运营。推进经济功能区管理机制创新。按照“整体设计、分步实施、积极推进”的原则，扎实抓好临空经济核心区运行体制机制完善，进一步释放发展活力，完善功能区和镇级二三产业基地开发建设机制，不断增强自我造血、滚动发展的能力。推进国有企业改革。以增强国有企业经济活力、控制力、影响力为目标，支持国有资本、集体资本、非公有资本等交叉持股、相互融合。推动国有优质资产和资源有效整合，构造产业相对集中、充满竞争活力的区属国有企业产业板块。健全国有资本有进有退、合理流动机制，加快区属小微亏企业退出步伐。规范国有资本经营预算制度，提高国有资本收益。加强城市管理机制改革。积极抓好空港街道管理体制改革试点，为统筹推进全区街道体制改革积累经验、做出示范。探索推进城市管理、市场监管综合执法、联合执法，提升城市管理执法效果。推进执法力量下沉、管理重心下沉、职能权力下沉，进一步强化基层基础管理。

（七）加强经济运行综合调度，促进全年计划顺利完成

紧密围绕《顺义区 2014 年国民经济和社会发展计划主要指标》提出的 9 项经济发展指标、14 项社会发展指标和 13 项绿色发展指标，建立健全及时、准确、全面的监测预警体系，实施经济监测预警联席会议，做好季度分析工作。密切关注国内外发展环境变化，了解和把握国家、北京市宏观政策走向，尤其是为落实十八届三中全会精神而出台的各项政策细则。认真研究各领域出现的新情况、新问题，对经济走势和重要经济指标变化及时做出预警，提出应对的政策措施建议。

加强经济运行综合调度，继续对固定资产投资、财政收入等主要指标任务进行量化分解，落实责任，明确进度。继续加强对批发零售行业的监测、分析和调度。加强土地一级开发项目遗留问题解决、土地储备、土地上市等工作的安排调度，确保项目用地需求和资金及时回笼。加强对重点工程、重大项目建设的全过程监管，对于续建项目，倒排工期，确保早竣工、早投产、早见效；对于新建项目，加紧完善规划、土地、规模、市政、环保、资金、主责等要素，指定专人完善各种手续，解决各种难题，确保尽快开工建设。

各位代表，2014 年任务艰巨而繁重，让我们在市委、市政府和区委的正确领导下，在区人大和区政协的监督支持下，紧紧依靠和团结全区人民，以党的十八届三中全会精神为指引，认真贯彻落实区委四届六次全会部署，进一步增强责任感和使命感，转变作风、扎实工作，圆满完成各项目标任务，为“建设绿色国际港、打造航空中心核心区”做出更大的贡献。

附件：顺义区 2014 年国民经济和社会发展计划主要指标

顺义区 2014 年国民经济和社会发展计划主要指标

指标名称	计量单位	2013 年		2014 年计划
		计划	预计完成	
一、经济发展				
地区生产总值增速（可比价）	%	8	11	9 左右
临空经济区增加值增速（可比价）	%	8	11	9 左右
＊公共财政预算收入增速	%	8	12.5	8
区本级公共财政预算支出	亿元	-	128.17	133.14
全社会固定资产投资增速	%	7	持平	6
社会消费品零售额增速	%	17	16.5	12
全区进出口总额增速	%	7	7	7
天竺综合保税区进出口总值增速	%	3	3.5	5
限额以上工业总产值增速	%	12	15	10
二、社会发展				
＊城镇登记失业率	%	1.5 以内	1.5 以内	1.5 以内
＊城乡劳动力二三产业就业率	%	95	95	95 以上

指标名称	计量单位	2013 年		2014 年计划
		计划	预计完成	
＊城乡居民养老保险参保率	%	96	96	96
＊城镇居民医疗保险参保率	%	91	91	92
＊城镇职工五项保险参保率	%	96.5	96.5	97
＊食品安全监测合格率	%	98.01	98.5	98 以上
＊药品抽检合格率	%	99	99	99
户籍人口自然增长率	‰	6	5.5	6.5
常住流动人口	万人	-	37	40
户籍人口城镇化率	%	-	65.8	66.5
甲乙类传染病发病率	1/10 万	350 以内	150	300
新型农村合作医疗参合率	%	99.8	99.9	99.9
城镇居民人均可支配收入增速	%	9	9	9
农村居民人均纯收入增速	%	10	10	10
三、绿色发展				
＊万元地区生产总值能耗下降率	%	4.13	4.13	4.13
＊万元地区生产总值水耗下降率	%	2	13.2	5.8
＊二氧化硫排放总量降幅	%	2.4	2.6	1
＊氮氧化物排放总量降幅	%	1.2	2.2	1
＊化学需氧量排放总量降幅	%	2.8	6.9	3
＊氨氮排放总量降幅	%	2.6	4.2	2
＊全区林木绿化率	%	29.6	30.85	34.48
＊城区人均公共绿地面积	平方米	30.73	31.25	31.57
＊再生水利用率	%	70	70	75
＊城市污水处理率	%	97.9	97.9	98.2
＊全区生活垃圾无害化处理率	%	97	97	99
二氧化硫、二氧化氮、PM10 年均浓度下降	%	-	-	2
PM2.5 年均浓度下降	%	-	-	5 左右

注：1. 表中带＊的指标为“十二五”规划纲要指标体系中的约束性指标；

2. 常住流动人口、户籍人口城镇化率两项指标统计口径调整。其中，常住流动人口采用离开户籍所在地半年及以上的外来人口；户籍人口城镇化率采用“居住在城镇的户籍人口占户籍总人口的比重”来计算；

3. 二氧化硫、二氧化氮、PM10 年均浓度为新列入指标，代替全市停止使用的“空气质量二级和好于二级天数比例”指标。PM10 是指大气中直径等于或小于 10 微米可以进入人的呼吸系统的颗粒物，也称为可吸入颗粒物；

4. PM2.5 为新列入指标，是指大气中直径小于或等于 2.5 微米的颗粒物，也称为可入肺颗粒物或细颗粒物。

顺义区2013年财政预算执行情况和2014年财政预算（草案）报告（书面）

——2013年12月24日在顺义区第四届人民代表大会第三次会议上

顺义区财政局局长　赵殿江

各位代表：

受顺义区人民政府委托，现将顺义区2013年财政预算执行情况和2014年财政预算（草案）的报告提请区四届人大三次会议审议，并请各位政协委员提出意见。

一、2013年财政预算执行情况

2013年，在市委、市政府和区委的正确领导下，在区人大和区政协的监督支持下，全区认真学习贯彻党的十八大精神，深刻领会十八届三中全会的改革目标，坚决执行区四届人大二次会议的各项决议，全力以赴“稳增长、促发展”，坚持以科学发展为主题，以转变经济发展方式为主线，大力组织财政收入，充分发挥公共财政职能作用，稳步推进财政改革，不断优化支出结构，确保实现财政收支平衡。

（一）全区财政预算执行情况

1-11月份，全区公共财政预算收入完成93.34亿元，完成预算的100.3%，同比增长13.5%。受一次性大额入库因素、“营改增”政策性减税及房地产业宏观调控等多重因素叠加影响，公共财政预算收入呈现“高开低走、稳中趋缓”的态势。公共财政预算支出完成104.27亿元，完成预算的83.8%，增长12.9%。财政支出结构不断优化，民生需求得到有力保障，各项社会事业稳步发展。全区政府性基金预算收入完成43.91亿元，完成预算的2.2倍；政府性基金预算支出完成23.68亿元，完成预算的1.2倍。

全年公共财政预算收入预计完成97亿元，完成预算的104%，增长12.5%；公共财政预算支出预计完成156亿元，完成预算的125.3%，增长19.7%。

政府性基金预算收入预计完成63.5亿元，完成预算的3.2倍，增长45%。主要是国有土地使用权出让收入入库较多；政府性基金预算支出预计完成84亿元，完成预算的4.2倍，增长26.2%。

国有资本经营预算收入预计完成0.37亿元，完成预算的123%；国有资本经营预算支出预计完成0.02亿元。

根据《预算法》和《北京市预算监督条例》的规定，重点向大会报告区本级预算执行情况。

（二）区本级公共财政预算执行情况

2013年区本级公共财政预算收入预计完成64.05亿元，完成预算的104%，增长10.5%；加中央和市级的返还及补助49.92亿元，镇级上解12.69亿元，上年专项结转23.09亿元，收入总计149.75亿元；区本级公共财政预算支出预计完成128.17亿元，完成预算的133%，增长19.9%。加上解市级支出0.2亿元，区对镇转移支付7.83亿元，支出总计136.2亿元，预计区级专项结转13.55亿元。

1.收入预算主要科目执行情况

（1）增值税预计完成14.95亿元，增长56%，与年度预算基本持平。增收的主要原因：一是“营改增”试点改革工作自2012年四季度开始实施，今年1-9月份为同比净增；二是现代制造业快速发展，对全区增值税增收起到了拉动作用。

（2）营业税预计完成8.93亿元，下降33%，与年度预算基本持平。下降的主要原因是受“营改增”试点改革影响，营业税收入大幅减收。

（3）企业所得税预计完成15.42亿元，增长13%，与年度预算基本持平。增收的主要原因是汽车制造产业蓬勃发展，对企业所得税收入增长起到了助推作用。

2.支出预算主要科目执行情况

（1）教育支出预计20亿元，增长8%，完成预算的111%。支持学前教育、义务教育及高中教育特色发展，积极解决入园难、入学难的问题，落实各项减免政策及助学补助，统筹城乡教育资源均衡配置；支持职教中心建设，推动成人教育、特殊教育改革，鼓励各类教育全面发展；强化教师队伍建设，开展教师培训，提高教师业务水平。

（2）科学技术支出预计0.62亿元，增长2.1倍，完成预算的181%，主要是市级专项资金到位较多。完善科技创新服务体系，支持车用新能源物理电池技术研发等项目开发，加快科技成果和产业项目成果转化；支持我区青少年参加北京青少年科技创新大赛，继续开展科普益民和科普惠民工程，使群众享受到科技成果带来的便利。

（3）文化体育和传媒支出预计1.88亿元，增长15.8%，完成预算的153%，主要是市级专项资金到位较多。设立文化创意产业专项资金，鼓励文化创新发展；完善基层文化公共体系，实施文化惠民工程，举办郁金香文化节、农民艺术节乡村大舞台等特色活动，统筹资金支持农村文化事业；推进文化中心项目建设，保障图书馆、文化馆及焦庄户地道战遗址正常运转，并向社会免费开放，加大对区域文物古迹和非物质文化遗产的保护力度，积极推进文化大发展大繁荣；加快城南体育中心项目和社区体育设施建设，开展全民健身体育节、2013年春季北京顺义国际长走大会、群众体育龙舟赛等体育活动。

（4）社会保障和就业支出预计16.5亿元，增长9.2%，完成预算的116%。落实各项社会保障政策，确保城乡居民养老保险基础养老金和城乡无保障老年人生活补贴及时拨付，两项政策标准均高于全市政策60元；支持社会救助工作，加强对困难群众的补助，发放城乡最低生活保障金、无固定收入残疾人员生活补助、孤儿生活费以及困难群众临时性生活补贴和慰问金等；加大就业扶持力度，完善就业和再就业奖励机制，多渠道增加就业岗位，促进劳动力充分就业；推进顺义区社会、城市服务管理网格化，加快六型社区建设，创新购买社会组织服务，完善城乡社区服务功能。

（5）医疗卫生支出预计10.37亿元，增长22.5%，与年度预算持平。支持卫生事业发展，保障公立医院正常运转，加快中医药事业发展；整合医疗卫生资源，完善医疗卫生体系；落实基本医疗保障补助政策，及时拨付妇女两癌筛查、免费接种疫苗、儿童保健、传染病控制等项目资金；加大对水资源监控力度，推进农村改水工程，建立食品药品风险监测系统，提高公共卫生保障能力。

（6）节能环保支出预计3.5亿元，增长32%，完成预算的3.5倍，主要是平原造林工程资金投入较多。不断改善生态环境，修复唐指山水库、减河、潮白河水生态环境；落实污染减排政策，安排农村环保专项资金，保障既有节能居住建筑供热计量改造项目和燃煤锅炉改造项目。

（7）城乡社区事务支出预计12.3亿元，增长27%，完成预算的129%。启动老旧小区综合整治工程、支持老城区供电改造，改善城市环境；加强城市管理，拆除违法建筑，提高城市现代化管理水平；完善城乡社区公共设施，加强整体规划与管理，提升城市品质与承载力；加大城乡环境整治力度，积极鼓励推行垃圾分类，保障农村地区环境卫生日常运行管理。

（8）农林水事务支出预计19.5亿元，增长39.5%，完成预算的149%。推进城乡一体化进程，加快农村道路建设，改善饮用水卫生，提高农民生产生活品质；继续对政策性农业保险进行补贴，提高农民应对农业灾害的能力，加大对农民的技能培训，增加农民收入；加强森林消防建设，完善森林管护长效机制；支持五彩浅山、汉石桥湿地、鲜花港等特色农业项目，推动重点镇和欠发达地区快速发展。

（9）交通运输支出预计3.65亿元，增长2.4%，完成预算的159%。重点保障了区内主干道新建或大修；继续执行公交票价二四折补贴政策，及时拨付公交票价折扣补贴和老年人免费乘车补贴；对农村道路客运进行补贴，方便百姓出行；完善道路公共设施，着力改善道路拥堵问题。

（10）资源勘探电力信息等事务支出预计15亿元，增长15.5%，完成预算的112%。加大重点功能区产业发展支持力度，完善基础设施建设，整合优势资源，促进区域经济快速发展；按照北京市的政策要求，对“营改增”试点改革中税负增加的企业进行财政扶持，保障改革工作顺利有序开展；支持重点企业发展壮大，扶持新兴产业和中小企业，统筹优化产业结构，为企业发展创造良好的环境。

（11）公共安全支出预计5亿元，增长0.8%，完成预算的130%。支出主要用于支持政法部门更新执法设备，提升执法能力和应急处理能力，营造安全祥和的区域环境。

（12）一般公共服务支出预计5亿元，下降2.7%，与年度预算基本持平。保障党政机关正常履职，加强对食品安全的监管，加大对妇女儿童合法权益的宣传与保护力度，落实独生子女奖励政策，提高公共管理和服务水平。

（三）区本级政府性基金预算执行情况

1.收入预算执行情况

2013年区本级政府性基金预算收入预计完成63.5亿元，完成预算的3.2倍，增长45%。其中，国有土地使用权出让收入预计完成61.88亿元，完成预算的3.3倍，增长46.6%。

2.支出预算执行情况

2013年区本级政府性基金预算支出预计完成83.5亿元，完成预算的4.2倍，增长34.4%。

主要项目是：国有土地使用权出让收入安排的支出预计64.5亿元。主要用于重点工程建设、偿还政府债务以及农村基础设施建设等方面。其他基金预算支出预计19亿元。主要用于城市基础设施配套费支出、城市公用事业附加支出、残疾人就业保障金支出、福利彩票公益金支出、新型墙体材料专项基金支出等。

（四）区本级国有资本经营预算执行情况

1.收入预算执行情况

2013年我区共有12家国资委系统企业上缴国有资本收益，国有资本经营预算收入预计完成3700万元，完成预算的123%。

2.支出预算执行情况

2013年区本级国有资本经营预算支出预计完成200万元，完成预算的7%，主要是由于2013年国有资本经营预算收入于12

月入库，影响了支出进度。

需要说明的是，以上数据根据预算执行情况初步汇总，待财政决算完成后，还将有一些变化。

（五）落实区人大预算决议情况及 2013 年预算执行效果

按照顺义区第四届人大第二次会议的有关决议，以及人大财经委员会审查结果报告的要求，财政及有关部门积极采取措施助推经济发展，不断优化支出结构保障民生需求，努力提高财政资金使用效益，保障全区各项事业顺利推进。

1.坚持“调结构、稳增长”，促进经济平稳较快发展

一是增强财税政策和资金的综合引导作用，支持重点功能区发展，积极推进天竺综合保税区拓展服务功能，加快中关村顺义园建设。扶持重点产业发展，支持总部企业，发展特色金融产业，壮大支柱财源，培植新的增长点。二是认真落实税制改革相关工作，全力做好“营改增”试点改革工作，对税负增加的企业给予财政扶持，1-10 月份共有 20 家企业申请资金 1.1 亿元，目前已审核拨付财政扶持资金 0.68 亿元。三是支持实施科技、文化创新“双轮驱动”发展战略，统筹用好科技创新、文化创新发展资金，不断提升全区科技服务能力和文化创新水平，推动区域经济转型升级。

2.坚持“惠民生、促发展”，推动社会事业和谐发展

一是优先保障教育、农业、卫生等法定支出需求，优化财政支出结构。加大对教育资金的投入力度，科学合理配置教育资源。落实各项惠农政策，加快推进五彩浅山建设，推动优质资源向农村地区倾斜。建立健全全民医保体系，推进医药卫生体制改革，提高重点疾病防控和突发公共卫生事件应急处置能力。二是推动城乡一体化进程，增强城乡发展活力。进一步完善城乡统筹的社会保障体系，完善基本养老制度，努力保障群众基本生活。积极统筹资金，重点加大对老旧小区综合整治、平原造林等项目的资金投入。加强环境整治力度，支持非正规垃圾填埋场整治、生活垃圾分类、餐厨垃圾收运、建筑垃圾规范化管理等工作，在全市率先引入 BOT 模式启动镇级再生水厂建设，积极开展中小河道综合治理。及时拨付交通、采暖等惠民补贴，加大政府为民办实事资金投入力度，全面提升公共服务水平。三是深入推进社会服务管理创新，提升社会管理水平。支持网格化社会服务管理指挥中心平台和城市管理模块启动运行，加快推进六型社区建设，加大政府购买服务力度，构建多层次、多样化的服务管理体系。深化治安防控体系建设，加强社会治安综合治理，全区治安形势良好，获得“全国平安建设先进区”荣誉称号。

3.坚持“重管理、促改革”，发挥财政体制创新作用

一是深化部门预算改革。为进一步提高预算编制的准确性，减少预算追加，从 2014 年起，改变现有项目预算的编制方式，即由预算单位上报下一年度部门预算数，财政部门结合当年财力情况和全区重点支持和保障方向，下达部门预算控制数，预算单位在部门预算控制数额度内，按照“轻重缓急”的原则上报部门预算，充分发挥预算单位的自主性和能动性。

二是加强大额专项资金管理。根据区人大的工作要求，出台了顺义区《区级大额专项资金管理办法》，设立了科技创新、文化创意产业发展等八项大额专项资金，共计 2.8 亿元。同时引入了绩效评价和资金监管机制，进一步发挥公共财政的职能作用，提升财政资金使用的科学化、规范化。

三是完善预算绩效管理。认真贯彻落实

北京市及顺义区推进预算绩效管理的实施意见和制度办法，今年我区共选取了30个项目进行财政绩效评价，涉及财政资金7.42亿元，占2012年项目支出的20%，截至11月底，30个项目的专家评价会均全部完成。

四是推进财政预决算信息公开。出台了《顺义区关于行政事业单位“三公”经费管理的实施细则》、《顺义区关于行政事业单位会议费管理的实施细则》，为预算公开提供了制度保障。

五是加大对政府性债务监管力度。认真接受区人大常委会对政府性债务问题进行专题询问，高度重视政府性债务问题，加强对政府性债务问题的精细化管理水平。建立健全政府间歇资金的管理使用制度，出台了《顺义区财政局暂付款管理暂行办法》，标志着我区财政间歇资金的管理走上了科学化、制度化、规范化的轨道。

六是规范对镇级财政财务工作的管理。出台了《顺义区人民政府关于加强镇财政财务管理的暂行规定》、《顺义区人民政府关于镇财政财务管理考核管理办法》，按照“强化财政管理、硬化预算约束、细化财务管理、加强内部制约、提高资金效益”的原则，加强对镇级财政财务工作的指导及考核。

4.坚持“抓统筹、提效能”，提升财政管理水平

一是加强财政收入管理。强化财源培植，努力探索符合我区实际情况的助推经济发展模式，加快培育新的经济增长点，大力挖掘存量税源，强化增收的稳定性；密切关注宏观政策动向和经济运行趋势，科学研判财政收入形势，确保圆满完成全年收入预算任务。

二是加强财政基础工作。按照科学化、精细化的要求，细化财政财务管理，完善部门预算、投资评审、集中收付、政府采购、绩效评价“五位一体”机制，增强公共财政的整体效能。深入挖掘存量资金潜力，根据预算单位结余结转资金管理相关规定，对结转两年及以上的国库集中支付结余结转资金予以收回。截至目前，区财政先后三次对预算单位2009年、2010年、2011年结余结转资金予以收回，累计收回财政资金3.02亿元，有效地盘活了存量资金。完善财政投资评审工作，完成324个项目评审，涉及资金73.64亿元，审减资金10.08亿元。

三是加强预算执行管理。全面深化国库管理改革，将国库集中支付改革单位全部纳入动态监控范围，强化对财政资金收付全过程的监管；进一步加强财政总预算会计管理，建立了定期核查和定期清理机制，提高财政资金管理的安全性和规范性。开展重点领域专项资金检查，加强镇级财政财务管理工作的审查，充分利用内外部监督资源，形成监督合力。

各位代表，2013年我区财政收入稳中有升，预算执行情况良好。但是我们也清醒的认识到，目前财政运行和预算执行中仍存在一些需要着力研究解决的问题：一是伴随我区经济发展进入结构调整的重要转型期，宏观经济调控政策的影响逐步显现，对财政收入的影响进一步加大。二是资金供给与需求矛盾突出，重点领域保障难度较高，支出结构需进一步优化。三是资金统筹机制有待健全，财政监督机制仍需完善，资金使用效益不高等问题仍然存在，各部门还需密切沟通配合。四是预算编制和执行的科学性和规范性有待进一步提高，财政精细化管理水平有待加强。对这些问题，区政府高度重视，专题进行研究，明确要通过转变政府职能、深化财政改革、创新工作机制、严格预算管理等措施逐步加以解决。

二、2014年预算草案

（一）财政收支面临的形势

综合分析影响我区经济社会发展和财

政收入的各种因素，2014年财政收入增长仍存在较多不确定性、不稳定性，机遇与挑战并存。财政支出压力加大，财政收支矛盾更为突出。

1.财政收入面临形势更严峻

从宏观政策看，房地产调控政策、“营改增”结构性减税政策，对财政收入减收的影响进一步凸显。且随着“营改增”试点改革工作的不断深入和扩围，减收规模还将进一步加大。从产业结构看，我区经济还处于结构转型期，产业结构支撑点较为集中、相对单一，新兴产业的成熟发展仍需时日，对经济增长和财政增收的支撑力有待增强。从收入运行情况看，一次性大额入库因素在2014年将不复存在，减弱了对收入的拉动作用；且现代三工厂投产运营已超一年，收入进入可比期，增幅将逐步回落。

2.财政支出统筹安排难度加大

从经济领域看，为促进经济结构优化升级，扶持重点园区规划建设，推动重点产业发展壮大，需要财政资金和政策的强劲支撑。从社会领域看，教育、卫生、交通、环境等重点领域的投入力度还需进一步加大，各项重点改革工作的推进也需要财政资金予以保障。2014年，全区增加支出主要用于保障民生、加快环境建设和为各项改革提供资金支持等三方面。优化结构、统筹安排资金的难度明显加大。

（二）预算安排的指导思想及总体安排

2014年预算编制的指导思想是：全面贯彻落实十八届三中全会精神，根据区委四届六次全会部署，牢牢把握顺义发展的阶段性特征，立足区域功能定位，充分发挥比较优势，按照“四个转型升级”的战略要求，坚持“调结构、促改革、惠民生”，积极发挥财政资金的导向作用，科学规范安排财政资金，优化财政支出结构，加大环境保护投入力度，保障实事工程和固定资产投资项目建设，突出民生优先，推动经济发展方式转变，支持各项改革工作，加快建设基本公共服务体系；坚持依法理财、增收节支、严格控制行政成本，努力构建节约型政府，以绩效为导向，深入推进财政预算管理改革，加强财政科学化精细化管理，提高资金使用效益和公共服务均等化水平，促进经济建设和各项社会事业健康发展。

1.深入改善城乡环境，促进和谐宜居新城建设

将财政资金向环境保护和生态文明建设倾斜，支持节能减排和资源综合利用，促进生态文明建设。2014年，全区投入生态环境建设资金33.1亿元，支持节能减排和资源综合利用，促进生态文明建设。贯彻落实北京市“清洁空气行动计划”，以降低PM2.5浓度为重点，全面实施大气污染治理，加大对环境的监测及保护，改善环境质量。加强城乡环境综合整治，支持非正规垃圾填埋场治理工作，大力倡导垃圾分类机制，提高农村地区环境质量，创建和谐宜居新顺义。

2.完善民生保障制度，提高社会事业发展水平

财政资金重点投向民生领域，保障教育、卫生、农业、文化、交通、社保等方面的资金需求，切实解决群众关心的重大利益问题。2014年，全区投入民生资金97.8亿元，致力于提高教育水平，促进教育公平、均衡、优质发展。加大卫生投入力度，积极解决群众看病难、看病贵的问题。落实各项惠农政策，多渠道促进农民增收，改善农村生活水平。完善公共交通体系建设，方便百姓出行。建立健全就业和社会保障体系，支持各项保障制度的贯彻实施，提升社会保障水平。

3.统筹安排财政资金，推进各项事业改革发展

为落实十八届三中全会的各项改革任

务，2014 年，全区投入改革资金 37.8 亿元，推进改革工作开展。探索政府机构改革和职能转变，加快事业单位分类改革，以网格化管理、社会化服务为方向，加大政府购买公共服务力度，不断提高行政效率和服务水平。推进投融资体制改革，创新投入方式，充分发挥市场在资源配置中的决定性作用，释放市场主体活力。深化经济功能区改革和街道试点改革，建立事权和支出责任相适应的财政体制。促进综合执法改革，加强食品药品、安全生产、环境保护、劳动保障等重点领域基层执法能力，提高执法和服务水平。

综合考虑我区经济发展的内外因素，坚持量入为出、收支平衡、精打细算、严控“三公”、优化结构、保障重点，按照财政收入增长与经济增长相适应的原则，结合“十二五”规划确定的财政收支增长目标，2014 年顺义区财政收支指标拟安排如下：公共财政预算收入 104.76 亿元，增长 8%，加市级返还及补助 29.71 亿元，上年专项结转 15 亿元，市级提前告知 2014 年专项转移支付 15.32 亿元，减上解市级支出 0.2 亿元，公共财政预算财力 164.59 亿元；公共财政预算支出 164.59 亿元，公共财政预算收支平衡。政府性基金预算收入 121.6 亿元，加上年专项结转 8 亿元，市级提前告知 2014 年专项转移支付 2.33 亿元，政府性基金预算支出 131.93 亿元。国有资本经营预算收入 0.43 亿元，加上年结转 0.35 亿元，国有资本经营预算支出 0.78 亿元。

根据《预算法》和《北京市预算监督条例》的规定，下面重点报告区级财政预算草案编制情况。

（三）区本级公共财政预算安排情况

2014 年区本级公共财政预算收入预计完成 68.86 亿元，增长 7.5%；加中央和市级的返还及补助 29.71 亿元，市级提前告知 2014 年专项转移支付 15.32 亿元，镇级上解 13.14 亿元，上年专项结转 13.55 亿元，收入总计 140.58 亿元；区本级公共财政预算支出 133.14 亿元，增长 3.9%。加上解市级支出 0.2 亿元，区对镇转移支付 7.24 亿元，支出总计 140.58 亿元，区本级公共财政预算收支平衡。

1.收入预算主要科目安排情况

（1）增值税 17.5 亿元，增长 14%。主要考虑“营改增”试点改革工作的推广和扩围及现代制造业的平稳发展，带动增值税较快增长。

（2）营业税 10.45 亿元，增长 7%。增长较慢的原因主要是考虑到“营改增”试点改革的推广和扩围将继续对营业税收入产生影响。

（3）企业所得税 16.35 亿元，增长 8%。主要考虑全球经济有所回暖但还不稳定，十八届三中全会释放的改革信息为企业发展提供了活力，但是人民币升值和人工成本的增加仍给企业所得税增收带来诸多不确定性因素。

2.支出预算主要科目安排情况

（1）教育支出 21.5 亿元，增长 7.5%，实现了依法增长目标。全面贯彻党的教育方针，大力促进教育公平，统筹城乡义务教育资源均衡配置，逐步缩小区域教育差距；推动义务教育和高中教育特色发展，推进学前教育、特殊教育、继续教育改革，加快现代职业教育建设，争创特色一流教育体系；加大师资培训力度，支持引进高水平教师人才，提高教育质量。

（2）科学技术支出 0.66 亿元，增长 7.3%。安排科技创新资金 0.5 亿元，支持科技创新项目，加快培育重大科技成果转化落地，鼓励企业科技创新，提高科技对我区经济的驱动作用；支持开展科普工作，落实各项科技政策，继续推进科普惠农、科普益民工程。

（3）文化体育与传媒支出 1.9 亿元，增长 1.1%。安排文化创意产业专项资金 2000 万元，扶持文化产业发展；安排 1800 万元，继续实施重点文化惠民工程，保障文化馆、图书馆、焦庄户地道战遗址免费开放；安排文化保护与创作资金 1830 万元，重点用于市区两级非物质文化遗产名录保护和文物古迹抢险修缮，保障全国第一次可移动文物普查工作，保护区域文化遗产，奖励文艺精品创作，繁荣文化事业发展；安排体育活动资金 3200 万元，支持参加北京市第十四届青少年运动会比赛和北京市第九届民族体育运动会。完善体育健身器材配备，创建体育生活化社区，促进群众性体育健身活动开展。

（4）社会保障和就业支出 17.73 亿元，增长 7.5%。安排城乡居民养老保险基础养老金和无保障老年居民福利养老金 4.77 亿元，两项政策标准分别由每人每月 450 元和 370 元提高到 490 元和 410 元，进一步提升我区养老保障水平；安排城镇居民医疗保险资金 5847 万元，继续落实“一老一小”政策，加快推进城乡社会保障体系建设；安排 1500 万元，增加 90-94 岁老年人医疗补助，保障困难患病人员医疗救助、安排优抚对象体检和发放取暖补贴等为民办实事项目；安排就业资金 1.06 亿元，落实各项就业和再就业政策，保障公益性就业组织岗位补贴资金，支持职业技能培训，促进劳动力充分就业。

（5）医疗卫生支出 10.8 亿元，增长 4.1%。安排新型农村合作医疗资金 2.2 亿元，进一步加大补助力度，补助标准由每人每年 680 元调整到 900 元；安排 3800 万元，继续落实社区药品零差率销售补助、加强药品检验，完善药品监督管理。支持医疗机构改革，加快优质医疗资源引入、保障医疗设备的购置及修缮，提高公共卫生保障能力；安排 3200 万元，用于慢性病防治、预防接种、妇幼保健及脑卒中高危人群管理等公共卫生服务项目的经费支出；安排 1800 万元，加强社区卫生服务中心中医科建设，加大对社区及乡镇医生的业务培训力度，完善基层卫生服务体系；安排 1770 万元，确保“国家卫生区”复审工作顺利通过，保障农村改水工程，加大对公共场所的卫生整治和生活饮用水的监督，重点监测食品卫生和环境卫生，提升基本公共卫生服务水平。

（6）节能环保支出 4.3 亿元，增长 22.9%。贯彻落实北京市“清洁空气行动计划”，安排各类补贴资金 2.07 亿元，确保三大供热中心煤改气，减煤换煤、天然气下乡、煤改电，清洁能源自采暖等项目顺利推进，切实降低 PM2.5 浓度；安排 1850 万元，用于清洁能源出租车运行维护、更新清洁能源公交车等项目，综合利用新能源，推动节能降耗；安排 1500 万元，用于节能专项资金、农村生态创建等项目，支持创建国家环境保护模范城区，加大对环境的监测及保护，着力改善环境质量。

（7）城乡社区支出 13.23 亿元，增长 7.6%。安排 6.5 亿元，用于实事工程和固定资产投资项目建设，继续为民办实事，完善城市功能、提升城市品质；安排 3.29 亿元，用于非正规垃圾填埋场治理、农村地区环境卫生日常运行管理、城镇垃圾分类运行维护等项目，支持农村地区垃圾分类达标村创建、开展环境建设以奖代补，加强城乡环境综合整治；安排 4200 万元，用于街道办社区公益事业专项补助、综合服务应急经费等项目，提高基层管理水平；安排 3300 万元，用于区镇污水处理厂运行维护，保障污水处理设施运行。

（8）农林水支出 20.5 亿元，增长 5.1%。安排 2.56 亿元，继续推进新农村建设；安排 1.44 亿元，用于顺义新城温榆河水资源利用和农田水利等工程设施运行维护及潮白河、减河水环境保护等项目，加大水环境的治理和保护；安排1亿元，用于乡村公路大修、养护，城乡公厕运行维护、村级公益事业一事一议等项目，保障农村道路和基础设施建设，提升农村事务管理水平；安排8500万元，用于京密路、顺平路两侧及潮白河森林公园生态林管护、病虫害防治等项目，健全林木长效管护机制；安排7500万元，落实政策性农业保险区级财政补贴资金、扶持绿色农产品加工，增加农民收入，促进农业发展；安排2100万元，用于五彩浅山、汉石桥湿地和花卉产业开发和建设，发展特色农业，打造郊区休闲旅游新地标。

（9）交通运输支出3.65亿元，与去年持平。安排1.51亿元，用于公交客运票价折扣补贴、手续费、老年人免费乘车补贴，公交线路运营补贴等，保障公共交通平稳运行；安排1800万元，用于公交场站及候车亭建设，完善交通基础设施建设。

（10）资源勘探电力信息等支出15.18亿元，增长1.2%。安排企业扶持奖励资金2.8亿元，大力支持总部经济聚集，推进现代服务、高新技术等产业优化升级；安排上市企业和金融企业发展资金7150万元，促进金融业快速发展，构筑战略新兴产业群；安排中小企业发展资金5000万元，继续扶持小微企业发展，激发中小企业创新活力；安排功能区发展资金2.9亿元，重点用于天竺综保区、临空经济核心区、印刷产业基地等经济功能区基础设施建设和整体环境优化，促进优势产业快速聚集；安排"营改增"扶持资金1亿元，落实北京市"营改增"财政扶持政策，对税负增加的企业给予财政扶持，推进改革工作平稳过渡；安排1150万元，支持安全生产标准化示范城市创建和安全社区创建工作，加大安全生产宣传力度，提升全区安全生产管理水平。

（11）公共安全支出4.85亿元，下降3%，主要是2013年中央政法转移支付下达较多。重点用于公安、检察院、法院、司法等部门正常运转与办案经费，提高突发公共事件应急处理能力，建设平安顺义；深入开展普法教育，提高司法人员执法水平和人民群众法治意识，建设法治顺义。

（12）一般公共服务支出4.83亿元，下降3.4%。落实厉行节约、降低行政成本。保障党政机关及事业单位正常运转、依法履职；支持精神文明建设创建活动，开展纪检监察反腐倡廉宣传教育等工作，加大食品安全监察力度；继续落实人口计生的各项政策，提高流动人口服务与管理水平。

（13）援助其他地区支出6500万元，用于援藏援疆援青援内蒙等对口地区支援建设。

（14）安排预备费3.07亿元，用于防范财政风险。

（四）区本级政府性基金预算安排情况

1.收入预算安排情况

2014年区本级政府性基金预算收入121.6亿元，增长91.5%。其中，国有土地使用权出让收入120亿元（包括土地储备前期成本80亿元，土地出让收入40亿元），增长93.9%；残疾人就业保障金收入7200万元，增长10.8%；墙体材料收入2000万元，下降13.4%；城市公用事业附加收入6800万元，下降8.4%。

2.支出预算安排情况

2014年区本级政府性基金预算支出131.93亿元。其中，国有土地使用权出让收入安排的支出125.4亿元。主要用于固定资产投资项目建设、土地一级开发成本返还、廉租住房保障和教育等支出。其他基金预算支出6.53亿元。主要用于城市基础设施配套费支出、城市公用事业附加支出、残疾人就业保障金支出、新型墙体材料专项基金支出等。

（五）区本级国有资本经营预算安排情况

1.收入预算安排情况

区本级国有资本经营预算收入 0.43 亿元，增长 16.2%。上缴收益的企业数量由 13 年的 12 家扩大到 14 年的 15 家。

2.支出预算安排情况

区本级国有资本经营预算支出 0.78 亿元。主要用于企业节能环保及产业升级与发展项目。

三、2014 年财政主要工作及措施

2014 年，财政及相关部门将全面贯彻党的十八届三中全会精神，深化财税体制改革，加快经济转型升级，优化支出结构，努力完成 2014 年财政各项工作任务。

（一）稳固税源建设，确保财政收入稳定增长

全面加强财政收入管理，进一步完善财政、税务等部门“横向联动”的组收机制，构建财税库银横向联网系统，加强税源监管，加大分析力度，确保完成全年预算收入任务。密切关注财税改革动态，认真领会税制改革工作的精神及重点，采取积极措施，努力克服宏观经济政策的影响。加强对重点行业和企业的关注和分析，科学研判发展走势，确保财政收入稳定增长。

（二）发挥财政资金的引导作用，深化公共财政体系建设

实行全口径的预算管理，将公共财政预算、政府性基金预算、国有资本经营预算全部纳入预算范围，完善政府预算管理体系。充分利用好各类预算的特点，建立健全公共财政资金体系建设。

统筹财政资金配置方式，尊重市场规律，厘清市场与政府的关系，立足自身财力，严把项目资金审批，确保财政资金“有保有压、有扶有控、有缓有急”，优先保民生、保重点。

进一步深化经营财政理念，充分发挥财政资金的引导作用，积极探索多种融资方式，推行项目融资，积极引导社会资金投入重点项目建设，设置合理的投融资运行机制，对社会资金进行合理引导，优化资本结构，利用好社会资源推进项目建设和产业升级，促进区域经济健康发展。

（三）强化预算刚性约束机制，保障财政资金效益最大化

进一步强化预算的严肃性和约束性，在预算执行过程中，牢固树立“分配与管理并重”的理念，凡是年度中可以预见的必要支出，必须纳入年初部门预算，预算一经批复，各预算单位必须严格遵照执行。年度预算执行中，除新出台的重大事项、重点工作外，各部门提出的新增事项，均通过调整部门预算支出结构、动用结余资金等方式，在各部门既定的盘子中统筹解决，原则上不办理预算追加。出台我区财政性结余资金管理办法，规范资金使用，保障财政资金效益最大化。

（四）推进各项财政改革工作，提高财政精细化管理水平

1.规范大额专项资金的使用和管理，严格执行《区级大额专项资金管理办法》的规定。细化项目预算编制，加强相关部门沟通协作，完善部门项目库，科学合理地分配财政资金。对大额专项资金实行全过程预算绩效管理，加大对项目的监督力度，落实向区人大报告制度，确保大额专项资金的规范化管理。

2.积极推进预决算信息公开工作，选取试点单位公开“三公经费”预算，进一步扩大公开范围，细化公开内容。2014 年，全区“三公经费”计划安排 13490 万元，其中，因公出国（境）费 590 万元，公务接待费 2300 万元，公务用车购置及运行维护费 10600 万

元。

3.深化国库集中支付改革，将改革向纵深推进。启动镇级集中支付改革试点工作。完善动态监控管理工作，扩大监控资金范围。扩大非税收入收缴改革范围，将所有未纳入非税收入收缴系统或未实现就地缴库的执收单位和收费项目均纳入非税改革。建立健全内部监督机制，创新检查方式，加强与相关部门的配合，继续做好“小金库”长效治理工作，探索联合监管机制，建立健全长效监管体系。

4.加强政府性债务动态管理，建立月报制度，努力做到债务规模稳中有减。在涉及政府性债务项目立项时从全区债务水平角度把握该项目融资的可行性，在项目实施投融资活动过程中进行动态监管，发现问题立即纠正，确保融资资金规范使用；健全我区政府性债务预警机制，严格控制政府性债务的逾期风险；同时对使用政府性债务资金的项目进行绩效考评，并将考评结果纳入相关部门及领导的年度考核评价工作中。

5.梳理功能区、街道和镇的财政政策，评估和总结各项政策的财政资金投入实施效果，科学分析各项资金的支出结构和最终效益。推动功能区财政改革，增强发展活力，积极谋划新措施促进功能区更好发展。以空港街道办事处试点改革为契机，加大对街道办事处财政体制的调研，厘清街道与相邻镇、功能区的交叉关系，建立事权和支出责任相适应的财政体制，有针对性地提出改革方案，增强基层事权的保障能力，提高资金使用效益，为领导决策提供有价值的参考建议。

6.提升财政工作人员素质管理，牢固树立“为人民服务”的意识，将服务贯穿于管理全过程，深入开展“群众路线教育实践活动”，进一步改进服务方式、转变工作作风，打造一支业务精湛、素质过硬的财政队伍，自觉接受社会监督。

各位代表，2014年是贯彻落实党的十八届三中全会精神的开局之年，也是实施我区“十二五”规划总体目标的攻坚之年，全区财政工作将在区人大、政协的监督指导下，认真贯彻落实市委、市政府及区委四届六次全会部署，紧扣经济社会发展实际，坚持“解放思想、锐意进取、深化改革、不断创新”，为“建设绿色国际港、打造航空中心核心区”做出应有的贡献！

顺义区人民法院工作报告

——2013年12月26日在顺义区第四届人民代表大会第三次会议上

顺义区人民法院院长　郭铁相

各位代表：

现在，我代表顺义区人民法院向大会报告工作，请予审议。

2013年的主要工作

2013年，我院在区委的正确领导、区人

大及其常委会的有效监督和市高级法院的悉心指导下，在区政府、区政协和全区人民的大力支持下，认真贯彻落实党的十八大精神，紧紧围绕提高司法公信力的目标，切实加强和改进各项工作，为我区经济社会科学发展作出了不懈努力。1-11月，受理各类案件22996件，办结17480件，同比分别上升6.2%和2.7%。

一、充分发挥审判职能，在服务中心工作上作出新贡献

着力抓好执法办案第一要务，通过依法办理各类案件，保证法律统一实施，保护群众合法权益，维护社会和谐稳定。

依法落实新刑事诉讼法，严厉打击刑事犯罪。受理刑事案件1122件，审结1025件，判处罪犯 1301 人。一是依法严惩危害公共安全、侵害公民人身权财产权等犯罪，判处五年以上有期徒刑 31 人，依法审理了冯某入室抢劫强奸、朱某等七人组织领导传销活动等重大案件，增强了人民群众的安全感。二是充分保护被告人和辩护人的合法权利。设立刑事案件阅卷室，方便辩护人查阅、复印卷宗材料，庭审时充分听取辩护意见，严格证据标准，排除非法证据，坚决防止冤假错案。对符合申请法律援助条件的被告人，第一时间通知法律援助机构指派律师提供辩护。一年来，共为 97 名被告人指定了辩护律师。三是扎实开展刑事和解工作。在147件轻微刑事案件中，经法院协调，74.6%的案件当事人达成和解，大大减少了社会对抗，维护了社会和谐稳定。四是深入推进量刑规范化改革。对涉及定罪量刑的证据和事实，当庭进行调查、辩论，公开量刑过程，依法计算刑期，确保量刑公正。1-11月，对符合条件的603起案件实施了量刑说明，被告人服判息诉率达90.6%，无一引发上访。

严格落实新民事诉讼法，有效化解矛盾纠纷。受理民商事案件16602件，办结12845件，同比分别上升8%和8.2%。一是深入推进立案前纠纷化解。建立立案法官引导调解、人民调解员负责调解、全程督促当事人履行调解协议的工作机制，成功化解纠纷515 件，所有调解协议当事人均自动履行。市高级法院在我院召开现场会，向全市法院推广工作经验，《人民法院报》、《新京报》、顺义电视台等媒体进行了深入报道。二是注重维护和谐的家庭关系。与区妇联建立妇女维权工作机制，设立5个妇女维权合议庭，依法保护妇女合法权益。根据家庭暴力受害人申请，发出全市法院首例“人身安全保护令”，及时保护了家暴受害人的合法权益，引发社会高度关注。三是积极推动当事人诚信诉讼。针对部分当事人假借司法调解拖延履行的失信行为，在调解书中约定自行履行方式和担保履行条款，促使当事人主动履行调解协议。1-11月，调解案件申请执行率为6.4%，与去年同期相比大幅下降。针对部分当事人无视生效判决拒不履行的行为，强化执行措施运用，对 71 名被执行人实施司法拘留，对7人实施边境控制，依法公开144名失信被执行人信息，完成涉及五镇九村34户的司法强制腾退工作，有力制裁并约束了被执行人的不诚信行为。截至11月，受理执行案件5131件，执结3495件，其中执行完毕、和解并履行完毕的案件占执结案件总数的87.9%，执行标的到位率为92.9%，同比分别提高13.2和5.7个百分点。

坚持正确裁判导向，积极参与社会综合治理。在准确把握法律精神的基础上，充分发挥司法裁判维护公共秩序、引领社会风尚、彰显法治精神的作用。一是成立生态文明和城乡环境建设司法保障工作领导小组，统筹立案、审判、执行等环节，形成司法保障工作合力，妥善审理了涉及生态文明和城乡环境建设的行政案件 62 件、刑事案件 6件，执行相关案件 69 件。二是成立未成年人案件综合审判庭，推行未成年人犯罪案件“温馨化审理”，开展“流动法庭进校园”法治实践活动，着力抓好违法犯罪预防和权益保护工作，切实提升了未成年人的法制观念和自我保护意识。三是坚持维护行政相对人合法权益与支持行政机关依法行政并重，力争以协调方式促进行政纠纷的实质性化解，对不适宜协调或协调不成的案件及时判决，通过定期通报行政审判情况，促进行政机关提高依法行政水平。1-11 月，新收行政案件 120 件，同比下降 7.7%，在审结案件中，维持行政机关决定、驳回原告起诉的占 89.5%，同比提高 6.3 个百分点。

二、切实加强审判管理，在提升司法质效上实现新作为

通过理顺办案工作流程、厘清审判工作责任，推动良性审判运行态势的形成，不断提升审判质量、审判效率和审判效果。

健全审判质量控制体系。一是完善审判委员会监督评议审判执行工作机制。规范审委会议事程序，对民事和商事审判工作进行评议，不断强化审委会在统一裁判尺度、规范法律适用等方面的作用。二是充分发挥院、庭长监督指导审判的作用。围绕院、庭长审判管理和监督指导办案，出台制度规范，明确案件审批的范围、权限、程序和效力，加强对审判管理权的约束和监督。每月编发审判质量分析简报，公开通报审判指标运行情况，为改进审判管理提供依据。三是落实主审法官、合议庭的办案责任。统筹案件质量评查、信访案件倒查、司法行为监察，对发现的问题进行汇总归类，同步反馈给庭长和法官个人，杜绝类似问题再次发生。发挥人民陪审员监督庭审的作用，保证陪审员与法官平等行使审判权。一年来，邀请陪审员参审案件 1881 件，陪审率同比提高 16 个百分点。

提高审判执行工作效率。一是狠抓均衡结案工作。制定《均衡结案管理办法》，在考虑节假日因素的基础上，统筹安排全年办案计划，科学合理确定月度、季度办案任务，避免因突击结案影响审判质量。通过加强均衡结案，今年全院各月之间结案量更为均衡，初步实现了全年收结案的平稳发展和良性循环。二是加快诉讼进程。坚持简案快审，通过适用简易程序，88.4%的民商事案件在立案后三个月内审结，通过健全轻微刑事案件速裁机制，28.2%的刑事案件在立案后十日内审结，案件平均办理时间较去年同期大大缩短。坚持繁简分流，对证据材料较多、案情重大复杂的刑事和民商事案件，通过召开庭前会议、加强庭前准备工作，提高庭审效率。三是严格控制案件审理期限。制定《加强审限管理工作规定》，规范案件延长审限的审批程序，严格控制延审数量，避免因随意延长审限损害当事人合法权益。截至 11 月，全院 98.6%的案件在法定审限内审结，其余案件延审均符合法律规定。

完善审判效果管理机制。一是推进诉讼调解。在充分尊重当事人调解意愿的前提下，优先以调解方式彻底化解纠纷。今年以来，全院民商事案件调解率为 41.4%，位于全市法院前列。在审理涉及 1136 户业主的“两限”房延期交付违约案件中，针对已经进入诉讼的 791 起案件，我院没有简单判决了事，而是与被告多次进行协调，与原告逐一反复沟通，最终成功调解 628 件，同时一并协调解决了尚未起诉的 345 户业主的赔偿事宜，实现了案结事了。二是完善诉讼便民举措。从影响人民群众诉讼便利的细节入手，打造全院统一规范的诉讼服务平台，设置人民法庭指示路牌，印发诉讼便民工作手册，努力为当事人提供诉讼引导、案件查询、材料收转等“一站式”服务。三是强化司法建议工作。针对审判实践中发现的突出问题，向有关单位发送司法建议 29 件，推动被建议单位完善管理、改进工作。在成功调解一起某小区物业纠纷案件后，我院发出司法建议，并协调相关单位及时解决了该小区长达三年之久、影响上百户居民的排污管道问题，类似纠纷没有再次发生。

三、着力抓好审判队伍，在增强能力素质上收到新成效

将队伍建设作为法院长远发展的关键，切实抓好理想信念教育、法院人才培养和审判工作保障，不断夯实基层基础。

加强理想信念教育。一是强化主题教育。组织学习党的十八大精神和习近平总书记关于法治建设的重要论述，开展“公正司法”主题学习研讨和“中国梦”学习宣传教育活动，举办“我的梦•中国梦”主题宣讲和青年干警座谈会，进一步坚定了全院干警的法治信仰。二是狠抓廉政教育。先后开展了以司法廉洁和遵纪守法为主题的专项教育活动，通过举行廉政党课、邀请专家授课、召开民主生活会等形式，认真查控廉政风险，进一步提高了全院干警拒腐防变、廉洁司法的能力。三是规范司法作风。针对人民群众反映的接待用语不规范、服务标准不统一、工作流程不完善等问题，开展形象作风整顿，组织特邀监督员、廉政监察员、审务督察员进行明查暗访，进一步强化了全院干警的群众意识、规范意识。今年以来，全院受理来信来访举报同比下降 15.6%，当事人寄送锦旗 79 面、感谢信表扬信 23 封。

加强法院人才培养。一是提供“订单式”业务培训。以贯彻实施新民事诉讼法和刑事诉讼法为重点，根据干警的个性化培训需求，购置新法释义丛书，举办典型案例研讨，组织参加专业培训，开设相关网络课程，实现了新法实施与审判工作的有效衔接。二是创建“双基地”培养模式。依托“百名干警下基层”和“在职党员进社区”活动平台，建立群众工作“实践基地”，组织法官深入基层，排查化解矛盾，提升工作能力。依托青年法官普法宣讲团，建立法律知识“宣传基地”，通过巡回审判、送法进村等形式，熟悉群众语言，把握社情民意。在全市法院教育培训工作会议上，“双基地”培养模式得到市高级法院充分肯定。三是开展“实训制”岗位比武。积极参加北京法院第二届司法业务技能比赛，院、庭两级领导发挥表率作用，通过庭审观摩、党组点评、交叉互评等形式，提高了法官的庭审驾驭能力，规范了司法行为。

加强审判工作保障。一是深化领导班子建设。以市高级法院开展司法巡查工作为契机，优化党组班子结构，制定《关于加强班子自身建设的若干意见》，完善党组议事及决议事项督办制度，确保党组决策民主、高效、有序、务实。将中层领导干部纳入党组理论学习中心组，开展“每月一课”学习活动，通过专家讲座、参观考察等形式，提高了班子的领导和决策水平。二是优化审判资源配置。根据审判工作需要，增设审判管理办公室，进一步增强办案力量，一线法官数占法官总数的 85.4%，实现了审判力量下沉。加强一线干部的培养选拔，开展中层领导干部竞争上岗工作，强化业绩考核，注重群众评价，5 名青年干警走上中层领导岗位。三是健全干警职业保障。加强法院文化建设，精心组织各类文体活动，缓解干警审判压力。开展“关爱干警办实事”活动，解决了 26 名单身青年干警住宿问题，协助 3 名干警办理了配偶进京落户手续，年初确定的 10 件实事全部办结。

四、不断推进审判公开，在接受监督形式上取得新进展

推进公正司法，公开是基础，监督是保障。一年来，我院创新审判公开形式，完善外部监督体系，努力让司法在阳光下运行，增进人民群众对司法的信任。一是着力加强司法公开。对社会关注案件，通过组织旁听庭审、进行庭审直播，让人民群众近距离感受审判工作，不断拓展司法公开的广度和深度。今年以来，开展庭审网络直播142期，直播总数位列全市法院首位。开设法官实名认证职务微博，借助微博平台，开展法官讲法，在线答疑解惑，及时回应社会关切。二是主动接受各界监督。向区人大常委会、主任会议专题报告法院工作，邀请区检察院领导列席审委会，健全院级领导定向联络人大代表工作机制，切实将外部监督的压力转化为改进内部工作的动力。今年9月，区人大常委会和区委政法委领导到我院牛栏山法庭实地调研，提出明确要求，推动了人民法庭规范化建设。一年来，全院共邀请人大代表、政协委员旁听案件 18 次，邀请视察 2 次，走访座谈36次。

各位代表，一年来，我院能够完成繁重的审判任务，离不开区委、区人大、区政府、区政协以及有关方面的领导、监督和支持，各位代表为改进法院工作提出了许多建设性的意见和建议。在此，我代表区法院，向长期以来关心和支持法院工作的有关部门和人大代表表示衷心的感谢！

在法院工作不断发展进步的同时，我们也看到，工作中还存在一些问题和困难。一是案件数量逐年攀升、办理难度日益加大、审判队伍不够稳定等突出问题，在短时间内难以有效解决，队伍建设中出现的年龄结构不合理、法官与书记员比例失衡等新问题，在一定程度上制约了审判工作开展。二是个别案件执法标准不统一、程序不严谨，制约“执行难”问题有效解决的客观因素仍然存在，影响了人民群众对司法工作的信任度和满意度。三是个别法官工作不深入、作风不扎实，法官队伍的素质能力与人民群众的要求和期待相比还存在一定差距，司法能力有待进一步提升。上述问题，我院将认真研究并逐步加以解决。

2014年的工作建议

2014 年是全面贯彻党的十八届三中全会精神的开局之年，是实现“十二五”规划的重要一年。党的十八届三中全会对全面深化改革作出重大部署，就推进法治中国建设提出具体要求。我院将认真学习贯彻会议相关精神和习近平总书记关于法治建设的重要论述，按照中央统一部署，深化司法体制机制改革，严格依法履行审判职责，为我区全面深化改革提供坚强有力的司法保障。

一、立足审判实际，全力破解影响审判质效的深层次问题。抓住立案入口，扩大立案前化解纠纷的范围，建立化解调处矛盾纠纷综合机制，减轻审判环节的工作压力，为法官集中精力提高审判质量、效率和效果创造条件。畅通执行案件出口，摸清能够执结和执行不能的案件底数，根据执行不能的原因，分类进行统计，分类予以执结。强化审判与执行的程序衔接，避免案件进入执行后增加工作难度。按照中央关于建立涉诉信访依法终结制度的要求，强化程序内化解纠纷，维护司法裁判的终局性和稳定性。

二、坚持服务大局，努力实现法律效果和社会效果的有机统一。建立健全防范刑事冤假错案工作机制，严格落实疑罪从无原则，依法打击刑事犯罪。审慎妥善处理各类民商事纠纷，全面考量案件涉及的各种因素和裁判对社会各方面的影响，防止因个案处理不当激化社会矛盾，为全面深化改革提供安定有序的社会环境。完善行政纠纷实质性解决机制，支持行政机关依法行政。

三、落实改革部署，着力构建科学合理的审判权力运行机制。明确划定审判委员会和院、庭长的审判管理权限，落实主审法官、合议庭的审判责任，实现让审理者裁判、由裁判者负责。增强法律文书说理性，依法公开一审生效裁判文书，着力推进审判流程公开、执行信息公开，建立法院官方微博，通过公开切实规范司法行为。自觉主动接受人大监督、政协民主监督和检察机关的诉讼监督，做好人大代表、政协委员联络工作，完善意见收集、工作整改、情况反馈工作机制。

四、加强队伍建设，切实提升新形势下依法履职的能力。以分类管理改革为基础，优化审判资源配置，完善法官绩效考评机制，不断加强正规化建设。以提升司法能力为核心，整合教育培训资源，注重提高法官的裁判能力，不断加强专业化建设。以完善职业保障为重点，建立“关爱干警办实事”长效机制，不断加强职业化建设。按照部署，认真组织开展党的群众路线教育实践活动，着力查找“四风”问题和廉政风险，着力规范司法作风，着力健全廉政风险防控机制，培育公正廉洁司法的职业精神。

各位代表，在新的一年里，我院将以党的十八大和十八届三中全会精神为指引，在区委的坚强领导、区人大及其常委会的有效监督下，锐意进取，扎实工作，努力让人民群众在每一个司法案件中都感受到公平正义，为加快“四个转型升级”、“建设绿色国际港、打造航空中心核心区”作出新的贡献！

顺义区人民检察院工作报告

——2013年12月26日在顺义区第四届人民代表大会第三次会议上

顺义区人民检察院检察长　张守良

各位代表：

现在，我代表区人民检察院向大会报告工作，请予审议。

2013年，我院在区委和市检察院的正确领导下，在区人大及其常委会的监督、区政府的支持和区政协的民主监督下，认真贯彻党的十八大和十八届三中全会精神，紧紧围绕我区经济社会发展大局，忠实履行法律监督职能，积极维护社会公平正义和人民群众幸福平安，各项检察工作取得新进展。

一、围绕中心、服务大局，履行检察职能取得新成效

始终把服务大局作为检察工作的出发点，通过依法办案服务发展、促进和谐、保障民生。

依法打击严重刑事犯罪，维护社会和谐稳定。今年以来，受理提请逮捕案件808件1078人，依法批准逮捕490件631人，不予逮捕316件440人；受理审查起诉案件1193件1484人，提起公诉1019件1256人，决定不起诉96件119人。加大对严重危害社会秩序和人民群众安全感犯罪的打击力度，进一步健全提前介入侦查、引导取证等机制，对严重刑事犯罪依法从快批准逮捕、提起公诉，共批准逮捕抢劫、抢夺、盗窃“两抢一盗”犯罪嫌疑人176人，提起公诉231人。坚决惩治损害民生的违法犯罪，协同公安机关和行政执法机关深入开展食品药品安全专项整治，共办理危害食品药品安全类犯罪30件35人。着眼保障经济转型升级，积极参加整顿和规范市场经济秩序等专项行动，起诉侵犯著作权、信用卡诈骗等破坏社会主义市场经济秩序犯罪嫌疑人 119 人，依法办理了涉案金额 4000 余万元、被害人达 68 人的侯某某等五人非法吸收公众存款案。

依法查办和预防职务犯罪，促进反腐倡廉建设。初查各类职务犯罪案件线索 33 件，立案侦查贪污贿赂犯罪案件 5 件 7 人；立案侦查渎职侵权犯罪 1 件 3 人，介入安全事故调查 6 起。加强对举报线索的分析研判，健全侦查一体化工作机制，加强对查办重大复杂案件的统一组织、指挥和协调，集中力量查办大要案，立案侦查了本区张镇党委委员贾春良涉嫌贪污案和司法人员张某等三人涉嫌刑讯逼供案。强化侦、捕、诉协作配合和监督制约，严格执行讯问职务犯罪嫌疑人全程同步录音录像、逮捕职务犯罪嫌疑人报上一级检察院审查决定等制度，努力做到办案数量、质量、效率、效果、规范和安全的有机统一。坚持惩防并举，更加注重预防，积极开展预防职务犯罪工作，开展警示教育 224 次，廉政法制课 26 次，我院报送的《职务犯罪预防年度分析报告》得到区领导批示肯定。强化对重点行业和领域的预防，开展国企和涉农惠民领域专项预防，与首钢冷轧薄板有限公司达成《检企共建打造阳光冷轧实施意见》；配合区委组织部、区委党校对新任农村两委干部开展预防职务犯罪知识培训。强化个案预防，深入涉案单位开展预防，努力实现“办一案，防一片”的效果。积极开展行贿犯罪档案查询，为工程建设项目招投标、政府采购等活动提供查询 511 次，在服务我区经济建设中发挥了积极作用。

依法强化诉讼活动监督，促进公正廉洁执法。坚持依法监督、规范监督，用足用好现有法律监督手段，努力让人民群众在每一个司法案件中都能感受到公平正义。强化对刑事诉讼活动的监督。加强对有案不立、有罪不究，应当逮捕、起诉而未移送审查批捕、审查起诉的监督，共依法监督侦查机关立案 7 件，纠正漏捕 19 人，纠正漏诉 19 人；加强对侦查行为的监督，对侦查活动中存在的违法情形，发出纠正违法通知书 10 件（次）；加强对刑事审判的监督，共向法院提出刑事抗诉 4 件 16 人，均获得上级院支持。强化对刑罚执行和监管活动的监督。开展驻看守所检察 1465 次，提出纠正意见 5 份。组织开展看守所罪犯交付执行专项检察，集中清理不符合规定的留所服刑；积极开展社区矫正检察，对 631 名社区矫正人员，指导基层组织加强教育感化。强化民事诉讼活动监督。办结民事申诉案件 44 件，对认为确有错误的民事判决建议提出抗诉 2 件，已获上级院支持；提出再审检察建议 1 件，获法院采纳并改判。

依法排查化解涉检信访，保障群众合法诉求。坚持把执法为民贯穿于履行检察职能的各个环节，将执法过程变为化解纠纷、调和矛盾的过程。依法落实从宽政策，对 91 名犯罪情节轻微、不需要判处刑罚或免除刑罚的犯罪嫌疑人决定不起诉，同比增加 82%。依法促进当事人和解，对轻微刑事案件、民事申诉案件，依法引导当事人达成和解 63 件，努力减少社会对立面。妥善处理涉检信访，认真执行“三首办”责任制和检察长接访、下访等制度，办理群众来信来访、举报申诉 445 次，其中院领导接待来访群众 17 批 22 人次。深入开展分级分类排查预警，依托检察长联系镇村和带案下访制度，与镇政府、派出所共同做好稳控工作。今年以来未出现越级访和进京访。

二、围绕检察工作主题，落实“两法”取得新成果

认真贯彻实施“两法”（即修改后刑诉法和民诉法），创新办案机制，依法延伸检察触角，努力提升法律监督水平。

落实“两法”，提高执法办案水平。依法开展羁押必要性审查工作，对 28 名符合条件的犯罪嫌疑人变更强制措施，保障了犯罪嫌疑人合法权益。加大非法证据排查力度，通过调取出入看守所体检证明等方式核实是否存在非法取证情况，对5件案件排除了非法证据，避免了“带病”批捕起诉。强化简易程序出庭公诉工作，设立轻刑快审办案组和简易办案组，实行“轮值公诉人”模式，适用简易程序审理的715件案件全部出庭公诉。受市检察院委派开展强制医疗执行监督，在强制医疗场所设立派驻检察室，对临时保护性约束中心收治和强制医疗场所的收治、解除、监管等活动进行监督101次。注重协作加强民事检察监督，依托《职务犯罪民事申诉案件线索移送制度》和《民事申诉案件管理工作细则》，拓展监督渠道；与区司法局、区律协会签《民事检察监督线索移送办法》，增强监督实效。注重理论与实践相结合，针对办案中遇到的问题，逐级报送的《关于持有经鉴定为枪支的“玩具枪”、“仿真枪”能否认定为非法持有枪支罪的请示》得到最高人民检察院批复。

建立健全法律监督机制，强化法律监督效果。在区政府的主导下，完善“两法衔接”平台建设，新增“行政执法人员信息管理”模块，实现了以案件审查监督执法人员依法行政的效果；新增29个成员单位，将我区具有行政执法权的单位全部纳为“两法衔接”联席会议成员，扩大了监督范围。今年以来，运用“两法衔接”平台受理并审查涉嫌刑事犯罪案件8件22人，监督立案了涉案金额达420万元的娃哈哈京城桶装水公司盗窃地下水资源案和张某某非法行医案。在全市创新建立“公检案件信息共享平台”，将区公安分局对违法人员的行政拘留、刑事拘留、取保候审以及强制措施变更纳入监督范畴，为立案监督提供了新视角。创新制作《顺检案件质量动态月报》和《顺检刑侦快报》，将案件质量瑕疵和侦查活动不规范等问题及时向侦查机关通报，督促整改，取得较好效果。

依法延伸检察触角，积极参与社会管理创新。注重涉罪未成年人教育、感化与挽救工作，与区内多家单位会签配套制度，构建了内容完备的涉罪未成年人司法保护体系，在讯问涉罪未成年人时安排法定代理人、合适成年人到场68人次；对31名涉罪未成年人封存犯罪记录，保障其在升学、就业等方面免受歧视和不利待遇，帮助其更好地回归社会。强化派驻后沙峪检察室和杨镇检察室建设，积极参与辖区禽流感防控检查和辖区治理非法盗采、运输、经营砂石专项行动，深入镇、村介绍检察职能，收集群众意见建议，联系和服务群众的成效不断增强。针对执法办案中发现的社会管理漏洞，发出检察建议66份，帮助发案单位或相关部门加强管理、堵塞漏洞。

创新开展“精确司法”，积极提升严格执法水平。加强“精确司法”理念引导，以工作精良、精细、精准为目标，明确办案工作职责、工作流程与案件质量标准，规范了案件质量考核办法和执法责任追究办法，强化了执法办案各环节间的有机衔接，实现了用制度管人、管事。严把案件质量关，实行严格的流程管理和动态监督，严防冤假错案。以季度为周期开展案件质量评查，发现问题及时整改。开展扣押冻结款物、警车警械管理使用、规范文明执法等专项检查，未出现办案事故。

三、围绕依法接受监督，检务公开水平得到新提高

牢固树立监督者更要自觉接受监督的意识，完善主动接受人大监督、政协民主监督和社会各界监督的机制，进一步加大检务公开力度，确保检察权依法正确行使。

主动接受人大及其常委会监督。认真贯彻区人大常委会各项决议，就立足检察职能化解社会矛盾的工作情况作专题汇报。加强代表联络工作，对代表提出的意见建议认真落实、及时反馈，充分保障代表对检察工作的知情权和监督权。

主动接受政协和社会监督。积极向政协委员及人民监督员通报检察工作，认真听取意见建议，虚心接受评议。积极为特约监督员订阅《检察日报》等期刊，并及时汇报检察工作重要事项，拓宽特约监督员了解检察工作的渠道。

进一步加大检务公开力度。召开“涉罪未成年人帮教一体化工作”新闻发布会，举办以“恪守廉洁底线、远离职务犯罪”和“看得见的正义”为主题的检察开放日活动，25名检察官开通实名微博，正面引导舆论走向。开展检察长联系镇村活动，积极征求意见，提升群众对检察工作的认可度。

四、围绕过硬队伍建设，检察人员素质得到新提升

坚持从严治检，把检察队伍建设作为战略任务常抓不懈，加强教育、管理和监督，为检察工作科学发展提供坚实保障。

加强思想政治建设，夯实检察队伍思想政治根基。认真学习贯彻党的十八大和十八届三中全会精神，积极组织“中国梦·检察梦·我的梦”征文及主题演讲比赛，引导检察干警端正执法思想、改进工作作风、提升政治素养。扎实开展党群建设活动，探索推广“党群 1+1”工作模式，促成以“党员和群众”、“老同志带新同志”等结对组合 28 对。深入推进检察文化建设，加强工青妇等群团组织建设，营造健康向上、团结奋进的良好氛围，增强检察队伍的凝聚力。

加强教育培训和人才培养工作，提高队伍专业化水平。加强对干警的培训，举办了中层领导干部素能研修班。组织“我爱记法条”、公文处理、书记员实训等专项业务培训，累计受训人数达 1370 人次。组织“博约论坛”，聘请法学专家学者就典型案件的法律适用问题进行研讨，充分调动干警理论研究的积极性。坚持开展公诉之星、学习之星等“五星”评选和学习型检察院建设，全面提高检察人员综合素质。

狠抓党风廉政建设，确保队伍严格公正清廉执法。严格落实党风廉政建设责任制，通过推进廉政风险防控机制建设、逐级签订党风廉政建设责任书和承诺书、向干警家属发出廉政倡议书等方式，细化落实廉洁从检意识。深入贯彻落实中央“八项规定”要求，制定《改进工作作风、密切联系群众实施细则》，开展治理“慵、懒、散”的专项活动，自上而下全面查摆问题并拟定治理方案，把求真务实、清廉文明的作风落实到工作的各个环节，确保检察机关的良好社会形象。

今年，我院获得了“全国五一劳动奖状”、“全国检察宣传先进单位”，我院控申处连续八届荣获“全国文明接待室”称号。这些成绩的取得，是区委和市检察院正确领导的结果，是区人大及其常委会有力监督的结果，是区政府、区政协和社会各界关心、支持、帮助的结果。在此，我代表区检察院表示衷心的感谢，并致以崇高的敬意！

肯定成绩的同时，我们也清醒地认识到，检察工作中仍然存在一些问题和不足，主要表现在：法律监督职能的发挥与经济社会发展的要求和人民群众的期待仍有差距；业务骨干人才流失情况比较突出，年轻干警做群众工作的能力还不强；检察宣传工作的辐射面还不够广，社会影响力还不够大；检察机关办案用房和技术用房还十分紧张。对于这些问题，我们将高度重视，采取有力措施，认真加以解决。

2014 年是全面落实党的十八届三中全会改革思路的开局之年，也是推进我区“四个转型升级”战略发展的关键一年。我院将深入学习贯彻党的十八届三中全会精神和区委四届六次全会精神，始终坚持党的领导，依法履行法律监督职责，自觉接受监督，以公正执法树立法律权威，为我区经济社会发展提供强有力的司法保障。

第一，深入学习贯彻党的十八届三中全会精神。党的十八届三中全会对建设法治中国、深化司法体制改革作出了整体部署，对检察机关依法独立公正行使检察权提出了更高要求。我院将深入学习贯彻习近平总书记的重要讲话和三中全会精神，深刻领会深化司法体制改革的部署，积极落实全面深化检察改革各项任务，努力为服务我区改革发展稳定、建设高效权威的社会主义司法制度、实现社会公平正义贡献力量。

第二，依法打击犯罪保障社会和谐稳定。发挥检察职能，严厉打击“两抢一盗”、暴力犯罪，重点打击危害安全生产、食品药品安全等公共安全领域的违法犯罪，增强人民群众安全感。积极参与全区打击非法建设、非法经营等犯罪的专项活动，突出打击非法盗采、运输、经营砂石破坏生态环境的违法犯罪活动。加大查办职务犯罪力度，突出查办发生在重点领域和关键环节的大要案，深入查办发生在群众身边的贪腐犯罪及渎职侵权案件。加大预防职务犯罪力度，完善侦防一体化、预防调查、警示教育等工作机制，积极推动行贿犯罪档案查询纳入重大工程建设和政府采购廉政准入，从源头预防职务犯罪。

第三，强化对诉讼活动的法律监督。准确把握司法权与监督权之间的关系，以监督执法人员违法和程序违法等问题为重点，以完善“两法衔接”机制和健全法律监督载体为依托，切实做到敢于监督、善于监督、依法监督、规范监督，自觉融入社会治理体制创新。延伸派驻检察室对派出法庭和派出所的法律监督触角，将其建成推行检力下沉、密切联系群众的平台，提高检察机关开展法律监督的社会认知度。

第四，加强自身监督确保正确行使检察权。按照“精确司法”工作要求，进一步探索机制创新，规范执法行为，强化内部监督。完善案件集中管理模式，以适用全国检察机关统一业务应用系统为契机，制定权责明确的检务管理流程，实现案件办理动态监控、岗位职责全程督察，推进检察工作高效有序开展。

第五，围绕司法公正大力推行检务公开。深化检务公开，深入研究检务公开的事项、范围、方式等具体内容，除法律规定需要保密的以外，探索建立不立案、不逮捕、不起诉等执法依据、执法程序、办案过程和检察机关终结性法律文书公开制度，围绕人民群众关注的问题，健全公开审查、公开答复制度，让人民群众切实感受到司法的公平正义。探索运用多元化检察宣传载体，积极开展“代表联络”和“检察开放日”等活动，主动打破检察工作神秘感，提升执法亲和力和公信力。

第六，实施人才强检战略强化队伍建设。扎实开展以为民务实清廉为主要内容的党的群众路线教育实践活动，认真倾听群众呼声、全面了解群众诉求、有效解决群众问题。狠抓纪律作风和党风廉政建设，着重解决“四风”问题，做到品行正、业务硬、两袖净。大力实施人才强检战略，优化人才结构，扩大骨干规模，提升专业素能，建设一支信念坚定、为民服务、勤政务实、敢于担当、业务过硬、清正廉洁的检察队伍。

各位代表，新的一年，我院将在区委和市检察院的领导、区人大及其常委会的监督下，忠实履行法律监督职责，进一步解放思想，开拓创新，扎实工作，为我区“建设绿色国际港、打造航空中心核心区”作出应有的贡献！

专　　记

2013 年新年致辞

顺义区长　王　刚

新年的钟声即将敲响。值此 2013 年元旦佳节来临之际，我谨代表顺义区委、区政府，向全区人民，向关心、支持和参与顺义经济社会发展的各界朋友，致以节日的问候和新年的祝福!

即将过去的 2012 年，我们共同奋斗，收获了丰硕成果。面对复杂严峻的国际国内宏观形势，全区人民在市委、市政府和区委的正确领导下，深入贯彻落实科学发展观，牢牢把握“稳中求进”的工作总基调，攻坚克难，奋力拼搏，全年预计完成地区生产总值 1120 亿元，完成公共财政预算收入 90 亿元，实现了新一届政府的良好开局。在这里，我代表区委、区政府，向长期以来为顺义现代化建设做出贡献的全区人民和社会各界朋友，表示衷心的感谢!

即将到来的 2013 年，我们满怀豪情，充满新的期待。新的一年，我们将深入贯彻落实党的十八大和市十一次党代会精神，紧紧围绕“打造临空经济区、建设世界空港城”的奋斗目标，以科学发展为主题，以加快转变经济发展方式为主线，全面落实经济建设、政治建设、文化建设、社会建设、生态文明建设五位一体总体布局，全力推进首都国际航空中心核心区建设，努力在新的起点上推动经济社会又好又快发展，努力让全区人民的生活更加幸福!

同志们、朋友们，顺义今天取得的成就，凝聚着大家无尽的智慧和汗水；顺义明天美好的未来，更需要大家不懈的努力与拼搏。让我们携起手来，奋勇争先，继往开来，共同开创更加幸福美好的明天!

最后，衷心祝愿大家在新的一年里身体健康，家庭幸福，万事如意!

大 事 记

1 月

1 日 府前街公益性无线网络开通试运行，免费向公众提供无线上网服务，用户每天可免费上网上限为 3 个小时，速度约为 2 兆/秒，此项目是北京市联通无线城市公益试点项目，联通公司利用光纤网络，以府前街上新更换的 12 个公用电话亭作为无线局域网的信号发射源，构建起从东大桥环岛至西环路的府前街无线局域网网络。每个信号源的辐射半径约为 150 米，街道两侧的公交车站、公园、广场都可以覆盖在内。

5 日 天竺综保区快件中心启用，快件监管中心于 2006 年 11 月开始建设，总建筑面积 53773 平方米。投入运营后，首都机场快件口岸业务全部切换至快件中心内，DHL、FEDEX、UPS、顺丰、中外运等 14 家快件公司进驻国际快件监管中心；X 光机、自动分拣线、查验主传输线等大批先进设施设备平稳启动运行；14 家公司的快件货物全部上线操作，航空快件的通关时间由 4 个小时缩短到 40 分钟。

7 日 区第四届委员会召开第四次全体会议。会议审议并批准了《深入贯彻党的十八大精神，为率先建成高水平的全面小康社会而奋斗》的报告和《中共北京市顺义区委北京市顺义区人民政府关于贯彻落实中央市委文件精神，进一步改进工作作风密切联系群众的实施意见》，对区级领导班子、领导干部进行了年度考核测评，专题报告了年度干部选拔任用工作情况，对干部选拔任用工作和当年新提拔的党政主要领导干部进行了民主评议。

10 日 中国第十七个“110”宣传日。区公安分局开展“亲民、爱民、为民，‘110’在您身边”主题宣传活动，社区居民应邀走进 110 勤务调度大厅实地感受警务工作。2012 年，110 报警服务台共接报警电话 111305 次，发出处警通知 72713 件，直接接受群众咨询、求助 26958 次。全年接处警实现了“零投诉”。

15 日 开始在全区开展为期四个月的影响社会治安稳定、城市交通畅通、城乡环境秩序的整治行动，包括路面非机动车闯灯越线、骑车带人、逆行以及行人违反交通信号、翻越护栏、不走人行横道或过街设施等违法行为；机动车违法停车、加塞并线、违法驶入公交车道、非机动车道、应急车道以及前方拥堵违法进入路口等易致堵违法行为等 18 个方面内容。确定了府前街、顺平路等共 13 条街路的 29 个点位作为重点整治区域。

15 日 顺义区第十四届春联征集大赛活动截止投稿，评委会共收到 2000 余副作品。大赛自去年 12 月启动以来，得到了全国楹联爱好者的积极响应。近一个月时间，评委会收到了来自新疆、青海、甘肃等21个省、市、自治区的作品。其中，年龄最大的参赛者82岁。

17日　16日至17日，“三大”秩序管理四大行动组开展联合执法，参加执法单位由区城管大队牵头，公安分局、工商分局、交通局等家单位参加。联合执法队以说服教育方式进行疏导，行动组共查处机动车违章42起、机动车涉牌违章106起、违法货车289辆、违规停车264起、黑车非法营运3起、无照游商占道售货52起、无证照经营20起、散发小广告35起、规范静态车辆77起，规范绿化清洁4起。

19日　一氧化碳报警器安装率达到100%。今年区共有煤火取暖户104397户，这些家庭和企业或直接使用炉具，或使用土暖气，或使用土炕取暖。区防煤办对预防煤气中毒工作人员进行培训，每周组织一次专项行动，动员全社会力量，对全区煤火取暖户进行拉网式检查和宣传教育，督促每一个取暖户开展清理积炭积灰工作，畅通烟道，严防堵塞；督促无取暖设备可能临时取暖的居室安装风斗；加强对出租房房主的教育管理，消除各类隐患。

22日　1月10日至1月22日，顺义区保障住房开始选房，此次配售的限价商品房涉及11个项目、4330套，经济适用房涉及1个项目、413套，主要分布在马坡镇、后沙峪镇、牛栏山镇等地区。2012年底，区对申请保障房符合条件的家庭进行了公开摇号，参加摇号的限价商品房申请家庭5024户，经济适用房申请家庭351户，合计5375户，全部排出了选房顺序。经济适用房可实现1∶1配售，限价商品房中签率为86%。

23日　位于南法信镇南京银行第7家分行顺义支行开业，南京银行成立于1996年，是一家由国有股份、中资法人股份、外资股份及众多个人股份共同组成的新型股份制商业银行，是全国首家在上交所上市的城市商业银行。该行将充分发挥自身优势，重点扶持当地中小企业发基础上展、服务“三农经济”，开业当天，南京银行北京支行与南法信镇人民政府、顺鑫农业发展集团有限公司分别签署了政银、银企合作协议。

月内　区2013年新型农村合作医疗参合工作启动，新农合人均筹资标准提高到了680元，比2012年增加40元，增加部分由市、区、镇三级财政分担，参合个人出资仍为100元。新农合自2003年实施以来，参合率由56.7%提高到了99.8%，筹资水平从人均75元增加到了680元，累计筹集资金9.3亿元，受益患者达248万人次，其中领取报销资金万元以上的有15300余人，区新型农村合作医疗住院实报封顶金额为18万元。

月内　区开展在职党员干部进社区活动，全区各级党政和群团机关、国有企业、事业单位在职党员、科级以上6800余人到所在社区亮明了身份，并根据自己的实际情况填报了服务项目和服务内容，为社区居民开展多项服务，这些党员干部将利用8小时以外的时间了解情况、参加活动、发挥作用，参与社区各项服务活动。

2　月

2日　区举行2013年新春团拜会。区领导代表区委、区人大、区政府、区政协和天竺综保区管委会，向全区人民以及关心、支持和参与顺义现代化建设的社会各界朋友，致以节日问候和新春的祝福。顺义区大型企业、金融单位代表，首都机场周边单位代表，驻顺部队代表以及各界人士、专家代表，区内各地区及相关委办局负责人出席团拜会。

16日　区政府全体会议召开。会议要求把握区发展的阶段性特征，突出重点，稳中求进，狠抓落实，确保区经济社会平稳较快发展。区长王刚强调，实现各项目标，任务艰巨、责任重大、使命光荣，要在市委、市政府和区委的坚强领导下，振奋精神、坚定信心、强化责任、开拓创新，高标准完成全年经济社会发展各项目标任务，在新的起点上开创顺义工作的新局面。会上通报了2013年春节期间全区商业旅游及安全稳定情况。

20日　2月1日至20日，第十届水仙花展在减河公园开幕，500余件风格各异的水仙盆景作品在展会上亮相，去年12月初开始水仙花展的筹备工作，水仙花呈现出各种造型，再加上水仙花淡淡的香味，给人一种别样的感受。花展还设有猜灯谜环节，游客如果猜对了灯谜，可以免费领取一盆水仙花。花展现场设置了展板，介绍水仙花的历史和养护技巧等知识，开展后每天都能接待百余人次的游客前来赏花，还有摄影爱好者拍摄。

23日　区召开区级领导干部会议，市委常委、组织部部长吕锡文，北京市副市长张延昆出席。会上，由市委组织部宣布了市委关于张延昆、王刚同志职务变动的通知。市委决定：王刚同志任中共北京市顺义区委员会书记，张延昆同志不再担任中共北京市顺义区委员会书记、常委、委员职务。

同日　区招聘会在区人才服务中心举行，应聘的求职者有3000余人。北京现代汽车、康仁堂药业有限公司等57家企业共为求职者提供岗位1956个，达成就业意向1225人次。当天招聘会信息已发布在《才赢天下网》首页，应聘者可以查询到全部岗位信息。实现了有形市场信息和网络招聘平台信息资源的共享，人才服务中心将在每个季度举办一场网络专场招聘会，利用网络发布岗位信息，求职者在家就能够掌握所有的岗位信息。

24日　2月24日24时，区完成春节烟花爆竹燃放秩序维护工作，未发生因燃放烟花爆竹引发的火灾和人员伤亡事故。至次日1时，全区共组织控制力量56400余人。其中，民警1400余人、消防官兵300人、消防车34辆、治保积极分子25000余人，镇、街道干部2000余人、保安等其他力量28000余人，共出动车辆700余辆。区园林绿化部门对辖区内绿地、草坪进行了浇湿阻燃。

25日　区理论学习中心组集中学习2013年中央一号文件《中共中央国务院关于加快发展现代农业进一步增强农村发展活力的若干意见》。此文件于1月31日发布，连续第十年聚焦“三农”。今年的中央一号文件以14个字概括了2013年农业农村的工作目标：“保供增收惠民生、改革创新添活力”，文件内容涵盖农产品供给保障机制、农业支持保护制度、农业生产经营体制、农业社会化服务新机制、农村集体产权制度、农村公共服务等方面。

26日　北京市委常委陈刚调研中关村科技园顺义园建设情况，并为顺义园授牌。中关村科技园顺义园占地12.08平方公里，包括中航工业北京航空产业园、临空国际高新技术产业基地等6个经济功能区。陈刚表示，中关村科技园的扩园是北京进一步加快高新技术产业发展的信号，顺义园要抓住这一历史机遇，通过产业结构优化调整，提升区域自主创新能力和核心竞争力。

28日　2月19日至2月28日，区组织开展预防煤气中毒“温暖三号”集中统一行动。2月26日至2月28日，组织开展第三次“二级检查”，以新来京或者返京的取暖户和掏炉灰、清烟道、防火盆等简易设施取暖为检查重点。2月27日，组成预防煤气中毒工作督导检查队，到杨镇、南彩镇，入户检查炉具、风斗和一氧化碳报警器的安装、使用等情况，对如何预防煤气中毒的知识进行宣传讲解。

同日 2013 年烟花爆竹临时销售许可期限截止 2 月 24 日 24 时，所有烟花爆竹销售网点停止销售。区 62 个销售点共销售烟花 7978 箱，同比减少 22%。从 2 月 5 日（腊月二十五）至 2 月 24 日（正月十五），全区烟花爆竹燃放较去年同期下降。销售网点同比减少 9 个，全区 62 个烟花爆竹销售网点总配货量为 9387 箱，较去年减少 20%；总销售 7978 箱，较去年下降 22%28 日完成回收工作。

月内 区建立法律援助半小时服务圈，步行半小时内就能找到法律援助联络员。法律援助半小时服务圈由三个层次组成：区法律援助中心，设在各乡镇、街道以及工会、共青团、妇联、残联、老龄委、企业、高校等系统的 34 个法律援助工作站，由工作站设在各村、居委会的法律援助联络员。需要法律援助的案件，一天之内反馈至区法律援助中心。中心接到案件后，5 个工作日内进行审查，审查合格后，3 个工作日内指派律师进行法律援助。

月内 1 月 31 日至 2 月 24 日，府前街、光明街、新顺街等 5 条街道，光明广场、东大桥环岛、顺义人民公园等 11 处将“点亮”所有夜景照明设施，欢庆蛇年春节。2013 年夜景照明工作结合府前街、光明街、新顺街的改造，选用了灯笼、花篮、网灯分别装饰 3 条主街道。使用了节能和使用寿命长的 LED 光源照明灯，数量占总灯具量的 95%，红、黄、白为景观照明主色调，搭配流星、五角星、雪花等特型灯具，使区节日夜景照明独具特色。

3 月

1 日 张镇新殡仪馆城市公益性骨灰楼投入使用，可安置亡人骨灰 1 万份，为区 6 个街道及仁和镇、天竺镇等共 10 个镇街的非农业户籍居民提供亡人骨灰安置，使用期限为 20 年。按人员不同分为三类。第一类是城市低保对象、优抚对象（优抚三属、老复员军人、残疾军人、带病退伍军人、参战参试军人）实行免费；第二类是城市低收入家庭按每双穴格位 1500 元标准收取；第三类是其他非农业户籍居民按每双穴格位 6000 元标准收取。

3 日 3 月 3 日是第 14 个全国“爱耳日”。本次爱耳日的活动主题是“健康听力，幸福人生——关注老年人听力健康”，第二次全国残疾人抽样调查显示，60 岁以上老年人患听力残疾的比例 11%，总数超过 2000 万人，顺义为 826 人。老年性耳聋是指随着年龄增长逐渐发生的进行性听力减弱，重者可致全聋的一种老年性疾病，是人体老化过程在听觉器官中的表现。65-75 岁的老年人中，发病率可高达 60%左右。

5 日 区第四届纪律检查委员会第三次全体会议暨全区党风廉政建设工作会召开。区委常委、区纪委书记肖韵竹作了《全面贯彻党的十八大精神，深入推进党风廉政建设和反腐败工作》的报告，回顾了 2012 年全区党风廉政建设和反腐败工作情况，部署了 2013 年反腐倡廉建设主要任务。会议传达学习了中纪委十八届二次全会、市纪委十一届二次全会精神。

12 日 区政府与中国贸促会签订了新国展二、三期《战略合作备忘录》。新国展二期主要建设 8 个室内展馆、15 万平方米室外展场及配套公共建筑等项目，三期主要建设会展配套服务设施。新国展二期全部建成后，老国展的全部展览业务将移至新国展。新国展项目是北京建设中国特色世界城市、打造亚洲会展之都的重要设施。随着新国展二、三期开发建设，新国展及周边区域一定会建设成首都会展特色区域和功能完善的国际会展新城。

13 日 区政府与北大方正集团有限公司签订李遂镇中心区整体开发项目合作协

议。李遂镇是区“一港、两河、三区、四镇”区域空间布局结构的重要组成部分，是国家发改委第三批全国发展改革试点城镇，是北京市 42 个重点小城镇之一。李遂镇中心区项目定位为“智慧新城镇”，开发建设用地约 3.43 平方公里。方正集团将建设北大科技园、北大国际会议中心，发展园区经济、总部经济，将李遂建成可持续发展的智慧新城镇。

18 日　区委理论中心组组织第四次集体学习，邀请中国人民大学产业政策与企业创新研究中心主任马光远，为大家解读全国“两会”精神并展望 2013 年宏观经济形势。作为全国经济学领域的专家，马光远用生动的语言、详实的数据，讲解了全国“两会”主要精神，重点阐述了 2013 年全国宏观经济形势，内容丰富，切合实际。

20 日　3 月 1 日至 20 日，区将开展学龄前流动儿童强化查漏补种工作，此次查漏补种工作不收取任何费用，接种对象为在本市行政区域内无北京市户籍的学龄前中国籍儿童。接种疫苗为脊灰疫苗、麻风疫苗或麻风腮疫苗、A 或 A 十 C 群流脑疫苗、百白破疫苗、乙脑疫苗和乙肝疫苗等北京市免疫规划内的疫苗。适龄流动儿童家长需携带“预防接种通知单”、儿童的预防接种证按指定日期到本辖区卫生院预防接种门诊进行查验和疫苗接种。

24 日　第 33 届北京青少年科技创新大赛于 3 月 21 日至 24 日在牛栏山一中举行，来自全市 16 个区县的代表队、北京市青少年科技馆代表队、教学植物园代表队，以及来自 11 个国家和香港地区的 14 个代表队参加，顺义区代表队有 10 个项目参赛，进入决赛的项目，5 个项目获得市级一等奖、5 个项目获得市级二等奖；另外还有没进入决赛的项目获 6 个二等奖、22 个三等奖。本次大赛全市共有 2000 多名学生观摩。

29 日　区第四届人大常委会第八次会议举行，会议表决通过了王刚同志向区人大常委会提出辞去顺义区人民政府区长职务的请求。会议经投票表决，决定任命卢映川同志为顺义区人民政府副区长、代理区长。

30 日　区 2013 年平原造林工程在南彩镇于辛庄北侧造林地块正式启动。区干部、职工代表以及驻顺官兵 2000 余人参加。区今年平原造林工程总任务为 48385.2 亩，涉及 17 个镇、4 个经济功能区，共 29 个项目、74 个标段，包括京密引水渠周边、东郊森林公园、航空走廊及周边地区、顺义新城等重要区域。于辛庄北侧的南彩镇景观林总面积 2014 亩，设计栽植乔灌木 8 万余株，全部造林要在今年 4 月底前完成。

月内　区加强监管，确保全国两会期间农产品质量安全。一是加强宣传和培训，提高生产者和消费者的安全意识。二是坚持日常检查和重点控制相结合，对农产品供应单位进行监督检查。三是加强对进京路口的检查。四是严格执行市场准入制度，强化产地检测证明、产区证明和入市记录检查。五是开展安全隐患排查整改活动，做好突发事件应急准备及处理。六是对上市农产品进行抽样检测，共抽取样本 126 个，合格率达到 99% 以上。

月内　首都综治办公布《2012 年全市群众安全感调查情况分析》，顺义区市民认为社会安全和比较安全的为 93.9%，高出全市平均 2.12 个百分点，排名全市第三位。2012 年全市群众安全感调查于 3 月、6 月、9 月和 12 月下旬在 16 个区县开展，以电话问卷的形式进行。调查内容涉及群众对社会治安、自身安全的感受和评价，影响安全感的主要因素，社会治安在众多群众关注的社会问题中的位次等。

4　月

3 日　区召开生态文明和城乡环境建设

大会，规定 2013 年环境建设目标和任务。具体目标是城市地区、主要区域、公共场所、重要节点可视范围内要实现“十无”，社区、居民小区要实现“六无，村庄要“无四乱”。主要任务一是全面营造美丽整洁的市容环境。二是努力打造清新宜人的生态环境。三是全面建设安全便捷的设施环境。四是着力营造文明和谐的秩序环境。实行网格化管理。开展街面秩序整治。继续强化流动人口管理。

4 日　潮白陵园出现祭扫高峰。三五成群的祭扫乘客手捧鲜花、祭品入园，陵园内秩序井然，交通、消防等工作运转正常。8 辆电瓶车往返于地铁俸伯站和陵园之间。为了保障祭扫高峰客流畅通，4 月 4 日 9 时至 11 时，有 24 名引导员分别在地铁俸伯站，公交潮白陵园站东行站、西行站的三个站台上岗，引导客流 3 万人次；帮助寻人 10 次；照顾老幼病残孕 150 人次；咨询指路 1488 人次。至 4 月 4 日 16 时，共接待祭扫市民 31236 人。

8 日　区委理论中心组举行学习活动，检查今年全区重点工程建设情况。与会领导先后来到新城 9 号地限价房项目以及顺安路改造和绿化工程现场，查看项目建设进展。今年区实施的市政重点建设项目包括道路及桥梁、市政配套、环境建设与整治、电力设施、智能交通及交通安全设施改造、燃气供热改造工程等。已开复工 13 项，包括光明街改造、站前北街延长线、顺安路改建及绿化工程、地铁 15 号线周边环境整治、站点交通接驳等工程。

9日　顺义学习网 2012 年 3 月 9 日上线一年，注册会员达到 3 万多人，系统点击量已经超过 140 万次，平均日点击量接近 4000 次，为全区 170 家处级学习型组织提供学习平台。进入顺义学习网，可以看到八个板块，视频教室、电子书、电子期刊、知识图文、学习型组织、社区教育、学习俱乐部、教育考试。其中视频资源 7000 多集，包括区广电中心制作的 200 集“师说日”、“国学动漫城”和共享的北京市学习型城市网近 500 集视频资源。

12 日　居住在区后沙峪镇古城村的外来暂住女童确诊感染 H7N9 病毒，区动监局 8 时 30 分赶至现场，该户家中已无活禽，对该户的鸡笼、圈舍、用具进行了彻底消毒。在采样化验合格的情况下，对古城村存栏的家禽进行收购、全部捕杀，并予以无害化处理；信鸽实施封闭管理，严禁放飞，场所全面消毒。对古城村 3 公里之内的村以及该户家庭曾暂留过的高丽营四村采取强制措施加强防控。

18 日　加拿大利氏兄弟拍卖行在位于天竺综合保税区内的拍卖场举行了其在华的第一场无底价公开拍卖会，也是中国第一场全球性工程机械设备拍卖会。利氏兄弟拍卖行成立于 1958 年，是世界上最大的工业拍卖行，每年举办数百场无底价公开拍卖会，出售各种新旧设备。拍卖行在全球超过 25 个国家拥有 110 多个办事处，包括 44 个永久拍卖场。2012 年正式入驻北京天竺综合保税区，是全国综保区内第一家获准成立的外资拍卖公司。

19 日　区召开 2013 年金融工作会议，2013 年区拥有金融机构 140 家，从业人员突破万人。2012 年末，全区金融机构存款余额 1318 亿元，贷款余额 683 亿元，金融机构实现属地财税收入 15.94 亿元，成为全区重要支柱产业之一。区多层次资本市场建设全面推进，先后共有 14 家企业在主板、中小板、创业板、新三板、海外市场上市，累计融资 753.8 亿元。

20 日　2013 春季北京顺义国际长走大会在北京顺义国际鲜花港举行，长走是一项非竞技性的体育活动，是中国“第一健身运动”。北京顺义国际长走大会有着多年的历史，近万名健身者徒步 15 公里。北京国际鲜花港是国内最大的花卉主题公园，每年举办两次大型市级花事盛会。目前正值郁金香文化节期间，园内 400 万株郁金香将竞相开放，景观如画。鲜花港还是天然城市氧吧，每立方厘米负氧离子含量最高达 3300 个。

26 日　3 月 15 日至 4 月 26 日，区举行 2013 年北京地区“毕业生就业服务月暨进校园送服务”活动。“就业服务月”期间，人才中心集中举办了多场招聘会，包括在本区举办的两场毕业生专场和在北京林业大学举办的校园招聘会。2013 年北京地区应届毕业生及往届离校未就业北京生源高校毕业生、零就业家庭和困难家庭毕业生都踊跃参加。还在才赢天下网网站上同步发布招聘单位岗位信息，供求职毕业生查询。

30 日　3 月 11 日至 4 月 30 日，区对 40 岁以下的外来务工人员进行麻疹、流脑疫苗的免费接种工作，接种麻疹、流脑疫苗后可预防麻疹和流行性脑脊髓膜炎（简称流脑）两种疾病。麻疹是由麻疹病毒引起的急性传染病，流行性脑脊髓膜炎是由脑膜炎奈瑟氏球菌引起的一种化脓性脑膜炎，发病率居化脓性脑膜炎的首位，病死率高。麻疹和流脑都以急性起病、发热为特点，多发于冬春季节，严重危害人类健康，是我国法定管理的乙类传染病。

月内　4 月 13 日，北京市确诊首例人感染 H7N9 禽流感病例后，区召开会议，专项部署 H7N9 禽流感防控工作。迅速启动应急机制，成立“顺义区 H7N9 禽流感防控指挥部”，下设办公室、突发公共卫生事件分指挥部、重大动植物疫情分指挥部。建立集中办公、每日例会、信息专报等多项机制，办公地点设在区应急指挥大厅，指挥部每日 17 时区领导及指挥部全体成员单位在区应急指挥中心进行会商，听取当天防控工作情况、及时协调解决存在问题。

月内　4 月 20 日 8 时 02 分，四川雅安发生 7.0 级地震。区民政局、慈善协会在全区范围内发放了开展“4·20”捐赠工作的《倡议书》，倡议全区各行政企事业单位开展捐赠工作。国门商务区国家地理信息科技产业园多家入驻企业发挥测绘地理信息行业的技术、人才、数据等优势，为抗震救灾提供服务保障。航空运输企业 130 余吨物资送往成都。邮政速运企业“包邮”救灾物资。韩美药品百万元儿科用药援助灾区。

5　月

3 日　区召开 2013 年“一助一”工作会。年内，全区“一助一”工作将调动社会各方面的积极性，构建全方位、多层次的帮扶体系，按照城乡统筹发展的要求，准确把握推动“三农”可持续发展的关键环节，重点做到向浅山区倾斜，向重点镇倾斜，向改善民生倾斜。

9 日　北京“怡生园杯”顺义五彩浅山国际休闲度假产业发展带文化资源大型图片展举行。展览包括浅山区五镇的名山河流、历史文物、民间花会、当代群众文化风采、现有旅游景点、远景规划、顺义区老八景油画展示等，全面展示了五镇文化资源、干部群众的良好精神风貌。现场还发放了《顺义区五彩浅山民间故事选》。此书从浅山区五个镇汇集了 80 余个民间故事，共 26 万余字。

10 日　区召开争创学习型城市工作示范区动员大会，顺义学习网注册人数已达 3.2 万，累计点击量超过 170 万次，评选出以“市民七天乐”为代表的十个顺义区市民学习品牌以及“兴农讲堂”、“学助‘三农’两个北京市市民学习品牌。区被评为全国社区教育实验区、北京市创建学习型区县先进区和全国社区教育示范区。将把学习型顺义建设纳入域经济社会发展规划以及中长期教育改革和发展规划，保障常住人口每人每年5元的学习型社会经费。

11 日　2013 年索道滑水精英赛在顺义奥林匹克水上公园举行，水上公园索道牵引滑水项目正式运营。来自国内以及西班牙、美国、英国、法国的顶级滑水爱好者约 60 人参与了索道滑水精英赛的角逐，水上公园索道滑水项目是场馆赛后利用的重要项目，2010 年开始公开招标，2011 年 5 月完成采购招标，2012 年底完成设备现场组装，并完成了项目配套用房建设，填补了国内新型水上运动项目的空白。

14 日　区第八届全民健身体育节“赵全营杯”拔河比赛举行。区领导与赵全营镇西水泉村代表队、镇机关和北汽集团北京分公司连队进行友谊赛。本次比赛共设镇街道和局公司两个组别，区 25 家单位 300 余名选手参加。经过激烈角逐，赵全营、北小营、马坡镇获得镇街道组冠亚季军；招待所、北汽和通达公司获得局公司组冠亚季军。

18 日　区“五月的鲜花”群众文化活动在北京汽车股份有限公司北京分公司启动，“五月的鲜花”作为顺义区品牌群众文化活动之一，5 年来共组织演唱会和文艺演出 1500 多场，演出文艺节目 4 万多个，参与活动人员达 9 万多人次，观众 45 万人次。此次“五月的鲜花”主题为“贯彻十八大、唱响中国梦”，将到 6 月底。期间全区将举办 40 场专项文艺演出，包括基层专场汇报演出、个人曲艺戏曲演唱会、“天竺杯”合唱邀请赛及颁奖典礼等歌咏会。

19 日　第 23 个全国助残日，区残联向区内贫困残疾儿童、贫困重度残疾人发放矫形器、电动轮椅、儿童站立架等十余类共计 139 件辅助器具。向全区持证残疾人工作者、社区居委会发放“口袋书”2.4 余万册，口袋书全名《北京市残疾人政策服务手册》，手掌般大小，便于携带。分为肢体残疾人卷、视力残疾人卷、听力/言语残疾人卷、精神残疾人卷、智力残疾人卷。每卷中分残疾人证、生活保障、医疗康复等 11 项法规政策。

24 日　大孙各庄镇顾家庄养猪户曹学义代表区 21 家生猪养殖户与安华农业保险北京分公司签下了“全国生猪价格指数保险”第一单。我国生猪生产盈亏平衡点“猪粮比”为 6∶1（“猪粮比”是指生猪价格和玉米价格比值），低于 6∶1 时养殖户亏损。在保险期内，如果平均“猪粮比”低于 6∶1 时，保险公司按照合同约定给予养殖户赔偿。以盈亏点比值 6 为标准，“猪粮比”平均值每下降一个百分点，单头猪的赔偿金额就增加 2 元，1200 元封顶。

25 日　5 月 16 日到 5 月 25 日，“永远的雷锋”主题展览在区档案馆展出。展览为期 10 天，由区文明办主办，以图片展板的形式，主要展出雷锋同志生平事迹和首都评选出的 660 个“身边雷锋最美北京人”先进事迹。区第四届道德模范张向辉和孙爱兵位列其中。现场设有北京市志愿者报名处，观众朋友参观之余还可以现场申请成为北京市志愿者。

29 日　顺义区第八届全民健身体育节开幕。两年一届的体育节是区规模最大、覆盖面最广、参与人数最多的综合性群众体育品牌赛事，2013 年体育节以“全民健身强体魄、和谐奋进惠民生”为活动主题，设计了四大板块，一是“健身启动月、有你更精彩”。二是“美丽中国梦、多彩体育节”在 5 月 29 日举行体育节开幕式。三是“传递正能量、和谐奔小康”，各单位组织本地区、本部门的体育活动。四是“体育惠民生、健康伴我行”。

月内　区焦庄户地道战遗址被国务院批准为全国重点文物保护单位，为全区首个国家级重点文物保护单位。焦庄户地道战遗址是市 1979 年 8 月公布的第二批市级文物保护单位。作为全国红色旅游景区、全国爱国主义教育示范基地，2009 年 5 月，焦庄户地道战遗址开始申报第七批全国重点文物保护单位。今年 5 月，在全国 5572 处申报项目中，焦庄户地道战遗址跻身第七批全国重点文物保护单位行列。区目前有市级文物保护单位 3 家。

月内　区总工会第二届职工才艺比赛在文化宫剧场开赛。区人力社保局、水务局、广电中心等单位选送的《最炫民族风》、《中国美》、《国家》等 16 个节目上演。活动以“当好主力军、建功新顺义”为主题，有各委、办、局近 200 人报名参加。节目内容涉及舞蹈、相声、小品、歌曲等多个方面，展示了全区职工积极向上的精神面貌。区总工会组织开展职工才艺大赛以来，各单位积极响应，广泛参与，职工也纷纷秀技艺、展专长。

6　月

1 日　5 月 28 日至 6 月 1 日 第二届中国（北京）国际服务贸易交易会在国家会议中心举行，顺义主办金融服务板块，体现产业金融和新兴金融两大特点，组织华夏基金、展恒理财、国付宝、正德人寿 4 家企业参展。本届京交会顺义与 30 余家机构进行了初步洽谈，其中 5 个项目已经达成合作意向，多家基金机构、财富管理机构、小额贷款公司、互联网金融类公司有意到顺义选址、落户。截至 6 月 1 日，顺义共完成交易额 110 亿元，取得授信 500 亿元。

5 日　区投资服务中心成立 12 周年，通过“一张审批流程图、一套表格样本、一条龙代办服务”，实现所有受理事项时限内办结率和群众满意率两个 100%。提供立项、审核、批复、工商注册、税务登记等“一站式”综合服务，负责“一站式”办公大楼入驻部门的综合协调工作以及后勤保障管理工作。中心成立至今，累计完成项目咨询 55.4 万件，受理 22.2 万件，核发各种证书和批复 15.6 万件，备案 6.2 万件；核发营业执照 1.6 万件，注册资本总额 88.5 亿元。

8 日　6 月 6 日至 6 月 8 日，顺义举办第 22 届啤酒节，6 月 7 日举办招商推介会上，512 家参会，与区政府对接洽谈项目超过 200 个。推介会重点推介的五彩浅山国际休闲度假产业发展带和地铁 15 号沿线综合开发项目，五彩浅山国际休闲度假产业发展带总面积 308 平方公里，占全区总面积的 30%。地铁 15 号线一期工程已于 2010 年底通车，全长 31.25 公里，共设 13 站。顺义段全长约 18 公里，设有 7 个站点，可开发土地面积约 350 公顷（不含南彩组团）。

12 日　6 月 10 日至 12 日，第五届北京端午文化节将在顺义奥林匹克水上公园举行。本届端午文化节，除赛龙舟、包粽子、非遗展示等传统项目外，还增设了群众文化汇演、北京汽车展示、大型娱乐嘉年华等项目。还请市区各大医院专家现场为游客开展义诊，并在现场设置宣传展板，就高血压、高血脂等常见疾病的预防和治疗进行宣传。义诊现场设置体质监测设备，免费对游客体质进行检测，并提供健身指导。

18 日　6 月 17 日 区委理论学习中心组举行第九次集体学习，拉练检查安全生产工作。6 月 18 日，2013 年顺义区“安全生产月”宣传咨询日活动举行。2013 年区“安全生产月”活动的主题是“打造顺义安全文化品牌，创建安全发展示范城市”，通过宣传安全生产法律法规，传播安全知识，营造“关爱生命、关注安全”的舆论氛围，提高全体社会成员安全知识，加强安全生产工作。

20 日　中央政治局委员、北京市委书记郭金龙围绕“转方式、调结构，促进产业优化升级”深入顺义调查研究。查看了国门商务区的天地图公司，牛栏山镇工业区的康仁堂药业公司等企业，听取了顺义区立足首都发展的阶段性特征和区域功能定位，加快推动“四个转型升级”的汇报，即推动临空经济区向首都国际航空中心核心区转型升级，推动现代制造业向创新创造转型升级，推动经济发展向投资、消费协调拉动转型升级，推动城乡发展向城乡一体化转型升级。

24日　区首次召开就党建工作述职会，仁和镇、李桥镇、胜利街道、市政市容委、人力社保局、汽车城投资有限公司、大龙城乡建设开发总公司7家单位负责人就履行党建工作责任制情况进行了述职，出席会议的区领导分别结合职责分工进行了点评。

27日　市委常委、统战部部长牛有成来到龙湾屯镇，听取五彩浅山开发建设情况，实地调研国家登山健身步道建设。区按照浅山区建设“一带五区”的空间布局，结合“九大引擎”的特点支撑，综合考虑基础设施、环境建设、公共服务、文化创意、休闲旅游度假、农业及田园体验等各类项目，已征集浅山区重点建设项目134个，逐一明确了实施主体和完成期限，统筹推进项目建设。

28日　区政府与北京市法学会签署合作共建协议，北京市法学会法学法律专家顺义公益行活动正式启动。公益行活动以“服务区域发展，共建法制顺义”为主题，通过合作项目带动和整合北京市法学会的高端法律人才，深入基层一线开展法制宣传、法律培训、法律援助等法律服务公益活动；同时将着重就区经济社会发展中的热点、难点问题开展研究，明确“法治顺义”创建目标、标准和任务，形成一套具有顺义特点、行之有效的建设方案。

29日　市委常委、常务副市长李士祥到区调研，在顺义召开部分区县投资调度座谈会，查看了位于顺义国门商务区的国家地理信息产业园天地图有限公司，听取了企业基本情况的介绍和利用自主知识产权打造地理信息公共服务平台情况，观看了手机客户端、三维城市等应用实例的展示。在随后召开的部分区县投资调度座谈会上，听取了市发改委和顺义区、朝阳区、昌平区、通州区关于1至5月投资运行情况及下一步工作建议的汇报。

月内　区召开2013年品牌经济年会，2005年至今顺义开展了8年的品牌建设，全区中国驰名商标从2件发展到16件，北京市著名商标从15件现在拥有39件。2010年，顺义区被国家工商总局确定为国家商标战略实施示范城市（区），成为全国首批获此殊荣的53个城市之一。顺义区将品牌建设工作向纵深推进，2012年开始评定顺义区品牌战略实施示范镇（园区）、示范企业以及顺义知名商标，这一新的品牌培育模式推动了品牌梯队建设和品牌发展。

月内　区新农合2012年15类重大疾病二次补偿工作完成。新农合15类重大疾病二次补偿范围为：因患恶性肿瘤、终末期肾病（肾透析）、重性精神病、I型糖尿病、先天性心脏病等15类重大疾病住院，住院费用已报销且政策范围内费用补偿比例低于75%的病人。据统计，本次补偿人数为3093人，支付二次补偿资金近470万元。获得二次补偿金达万元以上的18人。通过二次补偿，区新农合15类重大疾病政策范围内住院补偿比例达到了75%以上。

7　月

1日　区正式启动2013年度用人单位申报安排残疾人就业情况和缴纳残疾人就业保障金工作。7月1日至9月30日，区内的企事业单位、民办非企业等各类用人单，应当按照不少于本单位在职职工总数1.7%的比例申报2012年度安排残疾人就业情况。达到规定比例的单位，不用缴纳残疾人就业保障金；未安排残疾人就业或安排残疾人就业未达到规定比例的单位，应按实际差额人数和 33636 元/人的标准缴纳残疾人就业保障金。

3 日 位于天竺综合保税区内的北京首都国际机场汽车整车进口口岸通过海关总署、国家发展和改革委员会、工业和信息化部等国家部委联合验收，成为全国首家也是唯一一家空港型整车进口口岸。北京首都国际机场汽车整车进口口岸于 2012 年 12 月获得国务院批复，投入运营后，初期目标实现年整车进口 1000 辆，约占全国各口岸年进口整车的六分之一。经过半年多的紧张筹备，口岸基础设施和监管设施建设完毕，符合验收标准，本月正式启动运营。

9 日 区首批援藏的 3 名医务人员飞往西藏，开启为期一年的医疗卫生援助工作。区援藏的 3 名医务人员分别是：区医院骨外科主治医师高志学、综合科主治医师王云祥和区妇幼保健院妇产科副主任医师卓贞顺。3 名同志均有多年临床经验和较强的理论知识，是各科室的业务骨干。作为北京市第七批援藏干部第一期专业技术干部，3 名医务人员将对口支援拉萨市当雄县医院，开展为期一年的医疗卫生技术援助。

12 日 区建成首个电动车充电项目。由国家电网顺义供电公司负责建设的环卫中心充电站位于南彩镇北彩村环卫中心车队院内，面积 1410 平方米，建有遮雨棚，工程共安装 14 千瓦充电桩 16 个，可同时为 32 辆 2 吨级的环卫电动车整车充电。配套工程包括新建 10 千伏架空线路 117 米、10 千伏电缆线路 85 米，直通井 1 座、转角井 1 座，电缆管 60 米和 400 千伏安箱式变压器 1 座。

15 日 国人大常委会副委员长、民盟中央主席张宝文到区调研促进城乡发展一体化情况。现场察看了于庄村回迁楼项目建设现场，该回迁项目 2013 年 6 月 3 日启动，两周左右就完成了回迁工作。张宝文还实地查看了高丽营镇规划馆、顺鑫农业股份有限公司创新食品分公司，详细了解了镇域城镇化发展规划情况、农产品标准化生产情况。

23 日 区召开 2013 年夏秋季征兵工作动员部署大会，社会青年的征集时间从 8 月 1 日开始。今年全国征兵时间首次由冬季调整为夏秋季。征兵工作分两批进行，在校生和应届高校毕业生的征集工作已结束；社会青年的征集时间为 8 月 1 日至 9 月 30 日。女兵征集工作由市征兵办统一组织。社会青年征集的男青年应具备高中以上文化程度，原则上不再征集初中生；女青年为普通高中应届毕业生和全日制普通高等学校应届毕业生及在校生。

25 日 7 月 24 日至 25 日，顺义区第四届委员会第五次全体会议召开。会议号召学习贯彻党的十八大和习近平总书记一系列重要讲话精神，学习贯彻北京市上半年经济形势分析会和郭金龙书记、王安顺市长重要讲话精神，进一步统一思想，振奋精神，确保完成全年各项目标任务，全会审议通过了卢映川向大会作的《关于上半年经济社会发展情况和下半年工作重点安排的报告》。王刚在会上作重要讲话，对做好下半年工作提出了明确要求。

29 日 区委理论学习中心组开展“军事日”活动。“军事日”活动在特警学院进行，区领导实地观看了特警队员反恐演练、搏击训练，参观了装备陈列馆，了解了学院的建设情况。区领导向驻顺部队指战员、武警部队官兵致以节日的祝贺，慰问了 66055 部队和 93682 部队空军某训练基地官兵。

30 日 区第四届人大常委会举行第十次会议召开。听取了区政府关于区人大代表视察全区金融产业发展、公共卫生体系建设、平原造林建设所提建议、意见办理情况的报告，以及区人大常委会第九次会议审议区政府 2012 年财政决算报告所提意见办理情况的报告、区政府 2013 年上半年国民经济和社会发展计划执行情况报告和财政预算执行情况报告。会议还决定了人事任免事项。

31 日　区召开科技创新大会，区政府设立 5000 万元科技创新资金，出台了四项区级科技政策。区连续两次荣获“全国科技进步先进区县”称号。至 2013 年 6 月，全区拥有国家级高新技术企业 100 家；组织申报国家级、市级科技项目 268 项；全区创建科技企业孵化基地 2 个，孵化器 4 个，辐射带动技术企业和 65%以上的骨干民营科技企业建立了研发机构。重点科技企业中拥有科技人员 1.65 万人。全区各企事业单位授权专利 2447 项。培育各类科技中介服务机构 94 家。

月内　区质监局开始对全区老旧电梯进行隐患排查。此次检查以使用 10 至 15 年间的电梯为主，检验人员重点对电梯制动器等安全保护装置及门锁等重点部件的安全状况和功能情况进行检查、检验。执法人员还对人员持证上岗情况、合格标志和警示标志的张挂、电梯安全管理制度及电梯安全技术档案的建立等进行了详细检查和对照核实，并要求电梯使用单位制定应急预案，保证出现问题后及时处理。检查涉及电梯 300 余台，已完成排查 56 台。

月内　区对村庄社区化实行分类管理，区分两步完成了 96 个村全封闭、282 个村人防全覆盖管理，群众安全感稳居全市前列。结合 96 个村庄经济状况、人口结构、治安防范重点、地理交通等实际情况，研究确定全面规范型、一般常态型、重点加强型三类管理模式。对 282 个实行人防全覆盖的村，区严格按照网格化管理要求，织密网格，加强人防建设；用三年时间完成全区 114 个无技防设施村的技防建设，实现全区农村地区村庄技防覆盖率 100%。

8　月

1 日　区政协召开四届八次常委扩大会。会议传达了区委四届五次全会精神，通报了全区上半年经济社会发展情况和下半年工作重点。要求各政协常委、委员要突出重点、狠抓落实，积极促进下半年全区经济社会持续健康发展；要清楚了解和准确把握区域经济社会发展中存在的困难、问题和挑战，切实增强大局意识、责任意识，切实增强危机感、紧迫感，紧密结合本职工作的实际、紧密结合履行委员职责的实际，为促进顺义区经济发展共同努力。

2 日　区召开经济功能区发展研讨会，区 1992 年成立第一家经济功能区——北京林河经济开发区，现在共有 15 家经济功能区。2012 年，15 家经济功能区完成属地财税收入 221 亿元，地方财政收入 46 亿元；全区规模工业企业完成工业总产值 2295 亿元；出口交货值完成 307 亿元。

3 日　北京市委副书记、市长王安顺到北京天竺综合保税区调研，作为全国唯一与空港口岸实现区港一体化的综合保税区，经过五年发展形成医药、航空、文化三大特色为主的产业格局，区内运营企业达 400 余家，同时具备保税和口岸功能，去年进出口总值达 695.5 亿美元。王安顺查看了监管中心报关大厅、中外运敦豪国际航空快递公司快件库和科园信海医疗用品贸易有限公司药品仓库，听取了综保区工作汇报和市有关部门的意见和建议。

8 日　区第八届全民健身体育节“北小营杯”游泳比赛在区体育局落幕。区直机关、各委、办、局、公司、镇、街道等 21 支队伍、100 余人参加了比赛。比赛分为男（女）子 50 米自由泳、男（女）子 50 米蛙泳四个项目。采用中国游泳协会审定的《2013 年游泳竞赛规则》及国家体育总局游泳运动管理中心下发的有关规则的规定。

9 日 区领导调研区外办、政务中心筹备办、浅山办三家新成立单位工作开展情况。区外办和外联办合署办公，对外统称区外办，独立运作。区政务中心筹备办于今年7月15日正式组建完成，工作人员全部到岗，正式投入工作。目前已完成草拟政府政务中心初步建设方案和52家单位事项梳理工作。今年5月以来，区浅山办顺利完成了前期筹备工作，五彩浅山建设工作正在有序开展。五彩浅山滨水国家登山健身步道一期工程初步完成。80公里主线已全线贯通。

14 日 中国空间技术研究院向燕京啤酒集团交接搭载神舟十号的燕京啤酒酵母菌种，这是中国首次将啤酒酵母菌种送入太空。2010年，燕京啤酒集团所属企业广东燕京公司赞助中国探月工程，2011年4月10日，燕京啤酒集团正式成为中国探月工程官方合作伙伴，燕京啤酒等产品成为"中国探月工程指定产品"，燕京啤酒集团的酵母菌种随神舟十号载人飞船完成了15天的太空之旅，在轨飞行约350小时，绕地球233圈，将筛选出适宜啤酒生产的菌株。

20 日 区政府与北京市政路桥集团有限公司、北京市国有资产经营有限责任公司签订政府投资项目 BT（建设—移交）合作框架协议，BT 模式是政府利用非政府资金进行基础非经营性设施建设的一种融资模式。区将在城市建设中的更多领域引入 BT 模式。根据 BT 合作框架协议，三方将在基础设施、生态环境、公共服务、土地综合整理开发项目上开展合作。其中，拟于2013年实施的有安宁大街市政道路、减河北路大桥、循环经济产业园区的规划设计和垃圾处理项目。

23 日 卢映川调研住建委工作，视察全区重点工程，到城南体育中心、城南文化中心、劳动力实训基地、党校新址，查看了项目进展情况。区8项重点工程、23000套保障性住房建设任务已全部落实，行政中心、劳动力实训基地、文化中心、体育中心、职教中心、劳动大厦、党校迁建7项重点工程已开工建设，63万平方米老旧小区综合整治全面启动。

28 日 座落顺义的北京运通嘉宝汽车销售服务有限公司成为北京第11家宝马授权经销商。北京运通嘉宝延续了宝马一贯简约而高贵的设计风格，新车型一应俱全。店内划分为产品展示区、宝马生活精品陈列区、接待区、VIP 休息区、维修区，二楼设有立体影音室、网上冲浪区、室内 3D 高尔夫和雪茄红酒品鉴区，并附设了儿童乐园。

29 日 区委、区政府发布《2014年重要实事》意见与建议的征集通知。为充分体现人民群众的愿望和要求，使实事项目更加贴近群众的切身利益，区委、区政府决定在起草《顺义区2014年重要实事》前，广泛征集群众衣食住行等基本生活需求和提升生活品质方面；就业、低保、养老、助残等提高社会保障水平方面；教育、卫生、文化、体育和科技等社会事业发展方面；加强公共基础设施建设和环境改善方面；城乡统筹协调发展方面的意见与建议。

月内 顺义工作站开展首都百家重点实验室对接千家企业活动，9家首都科技机构与区近50家企业开展了对接交流。首都科技条件平台顺义工作站成立于2011年，由市科委和顺义区科委共建，已发展成员单位54家，招揽科技人才55名，汇集企业科技需求139项，与成员单位达成5789.21万元的科技服务合同，实现合同金额3750万元。全区发展国家级高新技术企业100家，市级研发机构25家，市级重点实验室2家，市级工程技术研究中心5家。

月内 在空港物流基地召开全国物流园区工作年会，空港物流基地荣获2013年度"全国优秀物流园区"称号。自2002年7

月组建以来，物流基地已进驻中外企业400余家，包括世界500强14家和中国500强4家，四大产业群聚集发展。2012年，基地实现营业收入513.8亿元，占全市四大物流基地总量的70.6%；实现税收24.05亿元，占比达到63.3%。基地税收从2003年到2012年年均增速79.5%，为顺义区净增财政收入12亿元，地方经济贡献位居顺义区第三位。

9　月

4日　8月28日到9月4日为区全民健康生活方式宣传周。宣传周期间，发放了宣传手册、文化衫、限量油壶、腰围尺等健康支持工具10余种1.3万份，接受义诊居民1.5万余人次，引导更多居民践行健康的生活方式。作为全市首批六个开展“全国健康生活方式行动”的区县之一，区分别开展了示范食堂、示范单位和示范社区的创建工作。

5日　区文化创意产业法律服务团成立，21名律师、公证员成为该法律服务团首批成员，在顺义区律师协会直接领导下开展法律服务工作。该团将根据区文化创意企业发展的具体情况开展系列活动：组织法制宣传活动，提供法律援助，调解劳动争议，办理公证事项，为全区文化创意产业营造良好的法制环境；深入研究文化创意产业法律需求，在企业融资、并购与重组、企业上市、知识产权保护等方面提供全方位法律服务。

6日　区教师节庆祝大会在怡园公园捐资助学碑前举行，表彰区首届十大师德楷模。分别是区教育研究考试中心董晨、区特殊教育学校王颖、牛栏山第一中学王春晶、裕达隆小学茹娜、石园小学马文征、区教育研究考试中心张秋爽、东风小学刘秀清、第九中学冯辉、第二中学刘学毅、天竺中心幼儿园冯东芳。授予牛栏山一中等61家单位为教育工作先进集体，授予郭建华等10人师德楷模提名奖，授予刘克祥等622人为顺义区优秀教育工作者。

9日　区召开2013年第16次区委常委（扩大）会议，专题研究环境建设工作。区今年启动的621项环境建设任务已完成70%。今年区全面启动621项市、区两级环境建设任务，重点推进新国展周边、高速路出入口、915路公交总站周边环境整治等市级重点项目；着重开展重点道路达标、城区背街小巷以及校园周边环境整治等市级折子及实事工程。截至目前，各项工程稳步实施，已完成全年任务的70%。区还通过专项整治，探索精细化管理措施。

10日　区食品药品监督管理局举行揭牌仪式。区食品药品监督管理局将整合区食品办、药监、质监、工商、卫生等部门的食品药品监管职责，以保障辖区人民群众食品药品安全为目标，以转变政府职能为核心，减少监管环节，强化统筹协调，落实属地责任，创新管理方式，优化资源配置，实现对食品药品的统一监督管理，建立上下联动、关系顺畅、运转高效的食品药品监督管理体制。

11日　9月10日至11日，第五届全国清香类型白酒高峰论坛在牛栏山酒厂召开。论坛以“大力弘扬清香文化、稳中求进共同发展”为主题，全国数十家白酒企业代表，12个省市酿酒协会、高等院校的专家等130余人参加论坛。牛栏山酒厂加大科研投入，制造了52度经典二锅头、53度珍品三十年、53度大师酒等受到市场欢迎的产品；实现了微生物实验室分离、保藏各类菌种230余株；在《酿酒科技》等专业杂志发表科研论文30余篇。

18日　区原创历史评剧《大汉名臣》首场公演。《大汉名臣》讲述了顺义历史上有文字记载的第一位历史人物张堪的事迹。张堪是东汉初期的渔阳太守，一心为民，廉洁勤政，除奸恶，抗匈奴，带领军民开荒种稻，被称为“北方种稻第一人”。《大汉名臣》由区文委副调研员胡广星编剧，著名评剧导演刚立民执导，著名戏曲作曲家张春景谱曲，国家一级演员孙路阳领衔主演。

22 日 区城市管理综合行政执法监察局揭牌成立。区县城市管理监察大队更名为城市管理综合行政执法监察局。城管执法监察局能够发挥城管综合执法、综合监管、综合协调的职能，解决城市管理中的错位、越位、缺位等不到位问题，提高城市管理效能。区城管部门成立 13 年来，紧紧围绕区委、区政府的中心工作，科学履职、主动作为、创新服务，在维护顺义环境秩序、改善城市面貌等方面发挥了重要作用。

26 日 第十一届中国菊花展览会在北京国际鲜花港开幕，中国菊花展览会创办于 1982 年，每 3 年举办一次。本届菊展是中国菊展首次在黄河以北地区举行，总体规划分为展览、评比、论坛三大部分。主会场设在北京国际鲜花港，设北京植物园、北海公园、花卉大观园 3 个分会场。本届菊展邀请到全国 80 个单位参展，其中城市 40 个，本市区县 16 个，菊花专业研究机构和企业近 30 个。主会场展期为 9 月 26 日至 11 月 16 日，共计 52 天。

30 日 区第四届人大常委会召开第 11 次会议，听取区政府关于代表视察、常委会会议审议所提建议办理情况的报告；听取审议了区政府关于四届人大二次会议代表建议办理情况报告、区法院关于人民法庭工作情况报告、区检察院关于化解社会矛盾工作情况报告。会议还进行了人事任免。祝卫东副区长因挂职期满，向常委会提出辞职，常委会作出了接受辞职的决定，同意任命史小红同志为政府副区长；会议还任命了人大、政府及法院部分同志。

月内 怡园人行地下通道投入使用，怡园公园人行地下通道位于怡馨家园与怡园公园之间，两侧各设置单向出入口，西侧出入口在苏宁电器门前，东侧出入口上来便是怡园公园西小门。主通道深 1.8 米，长 40 米，结构净宽 5.2 米。地下通道楼梯栏杆采用不锈钢扶手；台阶分为三段，每段中间连接处有一米左右的平台，通道地面及两侧都是浅色瓷砖，红白相间的顶棚上安装有照明设备。墙两侧共安装了 8 块 LED 大屏幕，还铺设了黄色的盲道。

月内 区公安分局因公牺牲的民警朱铁军被北京市政府授予革命烈士称号。9 月 26 日，区领导到朱铁军家中慰问他的父母、妻子和孩子。朱铁军烈士生前是顺义公安分局交通支队的民警，从警 23 年来恪尽职守，甘于奉献，曾 8 次荣获个人嘉奖。8 月 21 日，他在京承高速对过往车辆例行执勤检查过程中，一辆大货车突然闯卡，为避免发生严重的勤务事故，他奋不顾身地用身体挡住闯卡货车，壮烈牺牲在勤务一线，终年 43 岁。

10 月

1 日 9 月 30 日滨河森林公园公园开园，10 月 1 日迎来了第一批“正式客人”。该公园是北京面积最大、水域面积最广、历史最悠久、功能最完善的公园，位于区潮白河沿岸，度假园有 6 个园区，总面积 18683 亩，水面面积 6105 亩，森林游憩园杨柳成荫，占地 2211 亩的趣味运动园，建有体育运动区、儿童活动区、天然运动场等场所；占地约 3833 亩的滨河度假园，公园内的滨河文化园、森林游憩园、趣味运动园 3 个相邻园区建成了 37 公里的健康绿道。

11 日 2013 年第三届环北京国际职业公路自行车赛在区拉开帷幕。本届环京赛共有全球的 20 支顶级自行车队参加，途经区 5 镇 19 村。2013 年环法自行车赛第十九赛段冠军鲁伊·科斯塔本次代表西班牙移动之星车队出征，代表卓比奥斯队参赛的是中国选手焦鹏达，由 200 余名业余车手组成的“荣誉骑行”方阵在水上公园沿静水赛道骑行。除了精彩的赛事，区满园春艺术团150余名演员表演的扇子舞、街舞、印度舞、大鼓、健身双球等10余个节目轮番上演。

12日 2013届“空港杯”英才教育基金颁奖暨“成人成才、成就理想”状元报告会举行。32名考入北大、清华的学生被授予英才奖，54名品学兼优、家境贫寒的学子受到了教育救助。空港经济开发区进行资助已经持续了5年，2008年设立“空港杯”英才教育奖励基金，初期每年出资50万元奖励高考成绩优异的学生和相关教师；2010年起，资助金额提高至60万元，已累计提供330万元赞助资金。

13日 9月13日至10月13日，区举办首届文化消费月，此次活动是北京市文化惠民消费季的一部分，区文化委、文化创意办精选出26家优质文化企业作为本次文化消费月的参与单位，服务项目包含旅游休闲、图书零售、电影放映、艺术培训、茶艺花艺、体育健身、艺术摄影、艺术品交易等。各单位将在文化消费月期间开展门票优惠、特色赠品、折扣促销等多种形式的优惠活动。还将编制《顺义文化消费指南》2万份，内附20元文化消费代金券，免费向市民发放。

同日 中国第一个法定“老年节”。节日前夕，区领导分别前往养老机构和部分百岁老人家中走访探望，为老人们送去节日祝福。区从1996年步入老龄化社会，至2012年底，全区老年人口10.5万人，其中百岁以上老人14人。区对11家镇办敬老院实施了重点改扩建工程，鼓励和支持社会力量参与养老机构建设，增加了床位总数和提升了服务质量，至2013年10月，全区共有养老服务机构16家，床位总数3398张。

14日 区总工会举行2013年金秋助学金发放启动仪式，2013年有106名困难职工子女和困难单亲女职工子女获得资助。资助对象包括困难职工子女72名，困难单亲女职工子女34名，助学金总计21.9万元。区总工会连续9年开展助学活动，共发放助学款131.69万元，为650名困难职工和困难单亲女职工子女圆了入学梦。

17日 北京市第二十四届农民艺术节乡村大舞台顺义专场演出在北小营镇文化中心举行。参与演出的节目是通过基层33个单位组织的“五月的鲜花”文艺汇演中筛选出来，由区基层群众创作编排，300余名演员也来自基层。本场文艺大戏汇聚了大型舞蹈、戏剧小品、杂技魔术等。全场演出以“寻梦”为序幕，分为“美丽乡村之梦”“绿色顺义之梦”“腾飞空港之梦”“伟大复兴之梦”四个乐章。

18日 区发改委、农委、市政市容委、财政局、环保局、燃气公司等10家单位就农村地区优质煤使用、煤改气及相关工作进行了座谈，对各单位工作的进展情况和遇到的问题进行了深入分析。2013年，顺义区能源结构调整和“减煤换煤、清洁空气”工程，计划在全区11个镇先进行试点建设，主要通过优质燃煤替代、农村取暖煤改电、液化石油气下乡和天然气入户四项工程进行。其中优质燃煤替代计划在8个镇试点实施，涉及44个村、1.9万户。

27日 10月24日至27日，2013北京国际商品交易博览会在中国国际展览中心（新馆）举行。本届商博会由顺义区人民政府、北京天竺房地产开发区管理委员会联合中国国际经济技术合作促进会、中国信息化推进联盟、中国国际名牌协会共同主办，国内外千余家企业、百家专业采购团队和地方政府参展，展会设置品牌·健康、城市·金融、精品·生活3个展区，展出面积4万平方米。5万人参观展览。城市·金融展区现场意向性签约总额200亿元。

29 日　区社会服务管理创新指标信息系统开始试运行。指标信息系统主要由文件汇编、领导批示、指标体系、工作平台、绩效排名、分析报告六大部分组成，明确了“推进社会服务”“深化社会管理”“扩大社会动员”“构建社会和谐”“促进社会文明”五个领域和结果、过程、保障三个层面的指标，形成了从指标征集、确认、发布、实施、考评到结果运用的工作流程。

月内　新改版的顺义网城上线。新版网站以“展示政府形象、提供便民服务，加强政府与公众互动交流”为宗旨，重新设计顺义网城首页及 4 个频道页。新版顺义网城设有 7 个频道 1220 个栏目，突出“服务、便民”原则，突出服务民众需求和政府网站特点及顺义特色。自 1999 年上线以来，顺义网城累计发布信息 9.2 万余条、图片近 3 万张、视频 1000 余段，总访问量达 3000 万次，页面总浏览量达 3.3 亿次。

月内　区第一家公办民营养老服务机构——赵全营镇敬老院正式投入使用，该敬老院由中慈西安汉城老年服务中心负责养老机构的经营管理，镇政府做好日常监督。中慈对原有设施设备进行了更新改造，购置了电动养护床、热水器、空调等设备，为老人提供更加舒适的入住环境。工作人员由 5 人增加到 20 人，他们将持证上岗，为老人提供护理、医疗保健、饮食等专业服务。改造工程共投入 100 余万元，改造面积 3000 平方米，改造房屋 60 间，为 25 个房间配备了齐全的设备设施，可同时容纳 200 位老人入住。

11　月

1 日　区公租房开始申请审核。公租房是其租金按照同类地段类似房屋市场租金一定比例下调，并结合承租家庭负担能力确定的出租住房。区在建的公租房项目 18000 套，分布在仁和镇、后沙峪镇、马坡镇、牛栏山镇、张镇和国门商务区。本区户籍的申请人须具有区城镇户籍，申请家庭现有住房人均使用面积不超过 15 平方米，3 口人（含）以下家庭年收入不超过 10 万元；4 口人（含）以上家庭年收入不超过 13 万元。区公租房的房源信息将通过区政府网站公布。

4 日　区委理论中心组听取北京儿童医院超声科主任贾立群同志先进事迹报告。贾立群是我国超声领域的著名专家，从医 36 年始终坚守在门诊第一线，接诊患儿 30 多万人次，无一漏诊误诊，确诊疑难病症 7 万例。他谢绝患儿家长各种形式的馈赠，以精湛医术、高尚医德、亲民医风在患儿家长和业内同行心中树立起了“贾立群 B 超”品牌。报告团分别以品牌、追求、担当、亲人为主题，通过不同视角讲述了贾立群脚踏实地、爱岗敬业、服务群众的先进事迹。

6 日　区治砂办联合城管、公安、工商、国土、电力、属地政府等部门，对木林镇域内 10 家非法加工砂石企业关停。盗采砂石是盗窃国家矿产资源的行为，发现一起，关停一起，对涉嫌犯罪的将移交司法机关，追究刑事责任。此次行动共出动执法车 20 辆，拆除工程车 3 辆，执法人员 80 人，拆除砂石加工机组 10 台，关停非法加工砂石企业 10 家。

同日　区广电中心举办庆祝第 14 个记者节大会，大会以“服务社会传播精彩，创新奉献收获幸福”为主题。顺义电视台、顺义人民广播电台、顺义时讯报社的 9 名代表发言，围绕“付出与收获”“创新与服务”“发展与转型”等内容，交流了从事新闻宣传工作的体会。记者们表示要增强责任感和使命感，勇于担当、主动作为，以求真务实的作风、清新朴实的文风，开创新闻宣传工作的新局面。

9 日　区学校操场首次免费对外开放，有光明、胜利、石园、旺泉四个街道、马坡、牛栏山、天竺三个镇的18所学校的室外运动场地，开放时间为双休日和节假日的6时至11时、14时至20时。开放操场学校是东风小学本部、东风小学裕龙校区、光明小学、双兴小学、顺义八中、东风小学仓上校区、顺义五中、石园小学、港馨小学、西辛小学本部、社教中心、东风小学西校区、顺义第十五中学、马坡二小、马坡中小、天竺中心小学、天竺中学、牛山第二中学。

10日　11月7日至11月10日，第八届北京国际文化创意产业博览会在中国国际展览中心（旧馆）举行，区雅昌艺品、宝泉钱币、华江东方、吉祥八宝葫芦等16家文化创意单位展示了各自的文化创意产品。顺义区展位位于3号馆，面积216平方米，主题为“创意顺义·精彩未来”，由区域整体情况、现场活动等五大板块组成。区在北京国际文化创意产业博览会上组织了专场推介会。

11日　北京中医医院顺义医院揭牌。7月26日，北京市医院管理局与顺义区政府签约，区中医医院被北京中医医院托管，“北京中医医院顺义医院”开始运行。原区中医医院为二甲医院，两院合作后，将坚持管办分开、资源共享，北京中医医院顺义医院通过共享北京中医医院的医疗、教学、科研、管理等优质资源。区将加快实施区中医院迁建工程，在顺义新城马坡组团规划了占地100亩，建筑面积10.6万平方米，800张床位的新院区。

15日　第十一届中国菊花展览会闭幕，共接待游客310万人次，引进14个高端项目，协议投资100亿元。本届菊展设有1个主会场、3个分会场和9个市属公园集中布展，共有39个城市参加室内景观展览。菊展期间，鲜花港举办了室外景点、室内展台、百菊赛等13项专业评比活动，产生了559个奖项，区成立了区菊展执行委员会及16个工作组，负责菊展的综合协调和服务保障。组委会授予顺义区“杰出贡献奖”，授予北京国际鲜花港管委会“突出贡献奖”。

26日　区领导调研全区政务信息化建设，到区政务数据中心、胜利街道怡馨家园第二社区，查看现阶段信息化建设情况。区铺设光缆2700多芯公里，接入单位用户826家；电子政务外网互联网出口带宽达到1400兆。全区已发展北京市800兆无线政务网单位用户7家，拥有无线手持终端1735台，加强了网络与信息安全保障工作。

28日　区第四届人大常委会召开第12次会议，听取代表视察义务教育均衡发展情况所提建议办理情况报告；审议了区政府关于顺义区“十二五”规划实施的中期评估情况报告，作出了批准规划纲要关于地区生产总值增速指标、关于全社会固定资产投资累计完成指标、关于户籍人口城镇化率指标、关于大气环境质量指标调整方案的决议；通过了《关于加强镇人大工作的指导性意见》；讨论修改了区人大常委会工作报告。决定了人事任免。

月内　在全区开展“把握三个阶段性特征，推进四个转型升级”系列宣传活动，此活动将至2014年6月，区委理论中心组对宣传工作提出意见。要求要抓好两个方面的工作，一是抓党委（党组）中心组学习，加强思想理论建设。二是发挥顺义电视台、电台、顺义时讯、顺义网城“四大媒体平台”的作用，开设《转型升级科学发展》专题专栏，利用市级及以上媒体，宣传谋发展的举措、改善环境的实招、惠民的成果、群众路线教育实践活动等内容。

月内　2013顺义全民终身学习活动拉开序幕。以“人文顺义·魅力绿港”为主题的随手拍正面向全市征集作品。参与者用手机、相机、iPad等设备拍摄具有顺义特色的自然或人文景观图片后，注册登录顺义学习网“学习俱乐部”栏目中的“随手拍”，将图片作品上传至圈子，由相关专家对投稿作品进行评审。作品征集时间截至12月31日。顺义学习网推出“网络学习百星”评选活动，根据网络学习排名评选出学习之星。为全区170家处级学习型组织提供学习平台。

12 月

1日 苏富比北京艺术周现当代中国艺术拍卖落槌。此次拍卖会的总成交额为2亿2700多万元，成交率为79.4%。苏富比（北京）拍卖有限公司在北京国贸中心启动北京艺术周活动，是该公司落户天竺综保区内“歌华文化保税区”以来举行的规模最大的一次拍卖活动。借助保税这个平台，本次拍卖会在报关、通关、交易等环节都可以享受到优惠政策。苏富比北京艺术周活动将每年举办一届，并计划最快在2015年，将拍卖会移师到天竺保税区内举办。

3日 区2013年度经济适用房和限价商品房公开摇号，5260户家庭参加，两类房源均实现1：1配售。参加本次摇号的经济适用房申请家庭127户，可供本次摇号配售的房源1项，为新城9号地经济适用房项目，共182套房源。限价商品房申请家庭5133户，可供本次摇号配售的房源9项，包括西马坡、林河工业区2个新开盘项目和已配售7个项目的剩余房源，共5190套。

6日 2013年度全区职工“美丽顺义、炫舞金秋”舞蹈大赛落下帷幕。比赛中有印度舞、拉丁舞、现代舞等。本次舞蹈大赛由区总工会主办，工人文化宫具体承办。大赛分初赛和决赛，全区各镇、街道、委办局、公司等单位的69支参赛队，共有623名在职职工参加。历时三个多月，经过层层选拔，最终32支队伍进入决赛。仁和镇选送的《街舞》、卫生局选送的《同喜同喜》、天竺镇选送的《送你一支玫瑰花》荣获金奖。

8日 区人民法院依法对马坡镇大营村1户滞留民宅进行司法强制腾退。2009年，对马坡镇大营村实施整建制拆迁，区住建委依法作出房屋拆迁纠纷裁决，对该户进行依法补偿。裁决作出后，该户拒不执行裁决书内容并向顺义区人民法院提起行政诉讼。经审理，顺义区人民法院作出行政判决，驳回原告的诉讼请求。该户向北京市第二中级人民法院提起上诉，北京市第二中级人民法院依法作出终审判决，维持一审判决。顺义人民法院据此对该户依法强制腾退。

10日 区召开2014年工作务虚会。王刚主持会议并作重要讲话。卢映川，胡尚云，杨宝华等区委、区人大、区政府、区政协及综保区领导出席会议。会上，区领导闫立刚、周颖博、肖韵竹、车克欣、李国营、林向阳、于庆丰、于凤春、朱家亮、肖承继、史小红、赵贵恒、燕瑛、张晓峰、盛德利分别结合各自分管工作，围绕全区经济发展、加快科技创新、改善生态环境、完善城市功能、统筹城乡发展、促进社会稳定等方面畅谈发展新思路。

21日 中共顺义区第四届委员会第六次全体会议召开。王刚代表区委常委会向大会作工作报告，《报告》对2013年工作进行了总结，分析了当前面临的总体形势，阐述了2014年主要目标和工作重点。全会认为，《报告》体现了党的十八大、习近平总书记系列重要讲话、十八届三中全会、中央经济工作会议和中央城镇化工作会议精神，体现了市委决策部署、重要指示精神，符合顺义改革发展实际，符合全区广大人民群众的根本利益和共同愿望。

25日 12月23日至12月25日，政协顺义区第四届委员会第三次会议举行。应到委员226人，实到208人。到规定的提案截止时间，本次会议共收到涉及8个方面的提案184件，经逐一审查，171件提案予以立案。会议听取并审议通过了《政协北京市顺义区第四届委员会第三次会议政治决议》，赞同《政府工作报告》。区政协四届二次会议以来，各界委员提交各类意见、建议、提案260余件，其中，提案171件，经审查立案169件，立案率98.8%。

27日　12月24日至27日 顺义区第四届人民代表大会第三次会议举行，此次会议应到代表226人，实到216人。参加顺义区政协四届三次会议的政协委员、区委特邀企业界代表，驻本区的市人大代表，各镇、街道、办事处和区直属各委办局、公司以及中央市属单位的主要负责同志列席了会议。会议审议批准了《政府工作报告》和其他报告，表决并通过了大会《选举办法》，采取无记名投票方式选举卢映川为顺义区人民政府区长。

28日　12月28日，位于高丽营四村的北京立新顺超机械施工有限公司建设的砖混、钢架结构房屋和养殖场（逍遥骑士农庄）共计4022.2平方米被依法强制拆除。本次行动由高丽营镇政府、区违法建设查处工作领导小组办公室、安监、信访、建委、公安、城管等部门联合开展。经区规划行政主管部门确认，上述所有建筑物未取得土地使用证、规划工程许可证、开工建设证等相关许可手续，属违法建设。此前，高丽营镇政府向当事人送达了《限期拆除决定书》。

30日　经北京市卫生局考核，顺义区医院核定升级为北京市三级综合医院。顺义区医院1947年建院至今已66年，现有开放床位800张，职工1860人，具有正高、副高职称的155人，博士15人，硕士177人。年门急诊量180多万人次，年出院病人2.6万人次。救急、危、重症患者近4000人次，抢救成功率97.7%。

医院将建设4000平方米的教学科研基地，开展疑难复杂手术，提高手术级别和手术质量，与上级医院建立疑难疾病会诊中心，提高医院整体医疗水平。

月内　区登山协会成立，区社会组织已发展至1446家，民办教育机构每年培训学生2.8万人，占全区在校生总数的29%，职业技能类毕业生就业率达到80%以上；民办医疗机构每年提供门诊19万人次，为困难群众义诊3万余人次，减、免医疗费用达60余万元；民办养老机构可为社会提供养老床位850张，占全区供给总数的24%；全区志愿服务组织每年提供义务服务60万人次，服务社会公众600万人次；慈善公益组织年筹集善款1500万元，援助困难群众2万余人次。

月内　区启动全国第一次可移动文物普查，按照国务院部署，普查计划分工作准备、普查实施和验收汇总三个阶段，2016年完成，范围是区行政区域内各级国家机关、事业单位、国有企业和国有控股企业等各类国有单位所收藏保管的可移动文物，包括普查前已经认定和在普查中新认定的国有可移动文物。此次普查不改变文物权属现状，按照属地调查与行业调查相结合，单位自查申报与集中调查相结合，传统调查方法和新技术应用相结合的原则，确定普查技术路线。

中国共产党北京市顺义区委员会

综 述

2013年，区委全面贯彻落实党的十八大、十八届三中全会和习近平总书记系列重要讲话精神，全面贯彻落实市委十一届二次、三次、四次全会精神，立足区域功能定位，按照“把握三个阶段性特征、推动四个转型升级”的工作总要求，务实进取，真抓实干，为全区各项事业转型发展、创新发展提供了坚强的思想、政治和组织保障。

一是围绕中心谋发展，强化思想引领的功能进一步增强。区域发展思路进一步明晰。按照中央、市委的新精神和新要求，认真分析、研判全区发展面临的宏观形势和阶段性特征，提出要大力弘扬接力精神，明确了“把握三个阶段性特征、推动四个转型升级”的工作总要求，凝练出“建设绿色国际港、打造航空中心核心区”的区域发展主题，进一步坚定了发展方向，进一步增强了全区干部群众的凝聚力和向心力。**狠抓理论建设，凝聚科学发展共识。**坚持统一思想与前瞻思考并重，拓宽视野和推动工作互补，组织开展区委理论中心组学习 24 次，深入系统学习了中央、市委重要会议精神和重大决策部署，专题研讨了首都国际航空中心核心区建设、产业升级、经济转型、城乡一体化发展、环境建设等重点工作，切实把学习成果转化为推进工作的动力和解决实际问题的能力。各处级单位紧密结合本单位实际，坚持开展理论中心组学习，精心策划选题，精心组织学习，促进了处级中心组学习制度化、规范化。**理论调研的基础性作用得到进一步强化。**加强对涉及区域发展的战略性、前瞻性问题的研究，全年共完成 28 个区级重点调研课题，高质量完成《推进北京国际航空中心核心区建设路径研究》和《顺义区推进新型城镇化的实践与思考》两大区级重点课题，为科学指导实践提供理论支撑和决策依据。

二是深化改革强动力，总揽改革全局的功能进一步增强。坚持把改革作为促进区域发展的根本动力和活力源泉，一些关键领域改革取得实质性进展。按照十八届三中全会和市委的统一部署，区委常委会决定成立顺义区全面深化改革领导小组，统筹抓好未来我区重大改革措施的组织实施。围绕突出产业优势、推动园区做大做强，积极推进经济功能区资源整合和功能调整，研究决定要打造临空服务板块、科技创新板块和绿色生态功能板块，率先启动临空服务板块建设，成立了北京临空经济核心区管委会。**围绕**推动国有经济可持续发展，增强市场竞争力，全面深化国有资产管理体制改革和国有企业改革，燃气公司、大龙公司、自来水公司、恒锋市政等国有企业公司制改造陆续启动，启动实施国有资本收益收取工作。顺利完成北京双峰建材集团由大龙公司托管经营工作。**围绕**处理好政府与市场的关系，加快推进政务服务、外事服务和机关后勤服务三大平台建设。**围绕**推进行政管理体制改革，成立食品药品监督管理局。**围绕**积极适应城市化发展和管理要求，统筹推进街道体制改革，全面启动了空港街道管理体制改革试点工作。

三是营造环境树形象，弘扬文明风尚的功能进一步增强。新闻宣传工作亮点纷呈。围绕转型升级、首都国际航空中心核心区建设、生态环境建设等重大主题，全年共在市级以上媒体刊播新闻1.5万余篇，头版头条刊发新闻30余篇。推出《把脉北京顺义的转型升级路》、《顺义建设首都国际航空中心核心区》、《研发中关村 转化在顺义》、《五彩浅山串起顺义旅游“黄金线”》、《转型升级看顺义》等深度专题报道，深入诠释“四个转型升级”战略思想，展现了我区推动转型升级的生动实践。**精神文明建设深入开展。**将中国梦内化为顺义梦，围绕弘扬践行“顺义精神”，围绕“建设绿色国际港、打造航空中心核心区”的奋斗目标，开展多层次宣传教育活动。成立百姓宣传团56支，宣讲员520名，开展宣讲206场，同时邀请市级宣讲团前往基层单位开展宣讲30余场。继续开展“我推荐我评议身边好人”活动，累计向首都文明办推荐“身边好人”候选人25名，1人荣登“中国好人榜”。积极参与首批市级文明示范村创建，共有10个村被评为首都文明示范村，在全市领先。**群众文化活动丰富多彩。**连续第20年举办二月新春、五月鲜花、十月金秋系列品牌文化活动，全区各单位共举办文化活动470余场，国航、北汽、现代等23家入区企业纷纷参与，吸引近40余万名干部群众参与。成功举办第五届端午文化节顺义主会场活动，为市民奉献了一场精彩的端午文化盛宴。

四是凝心聚力促和谐，维护社会稳定的功能进一步增强。民主政治环境安定和谐。支持人大政协依法履行职能，支持人大代表和政协委员参政议政、调查研究、反映情况、献计献策。2013年人大代表建议83件、政协委员提案173件，办复率均为100%，解决了一大批群众关心的热点难点问题，为区域发展做出了新贡献。鼓励民主党派、工商联和无党派人士为区域发展出谋划策、贡献力量。**狠抓源头治理维护社会稳定。**深入推进“平安顺义”建设，积极推进重大决策社会稳定风险评估制度化建设，切实加强信访工作和社会矛盾调解体系建设，努力从源头有效预防风险。大力完善社会治安防控体系建设，严打各类犯罪，群众安全感和满意度保持在较高水平，党的十八届三中全会安保维稳工作圆满完成，再次荣获“全国平安建设先进区”称号。**社会治理水平显著提升。**进一步加强和创新社会管理，网格化社会服务管理指挥中心平台城市管理模块启动运行，城区39平方公里市政市容设施信息化实现全覆盖。大力完善社会治安防控体系建设，严打各类犯罪，群众安全感和满意度保持在较高水平，稳步推进安全生产标准化建设和隐患排查治理，成为全国首批创建安全发展示范城市试点单位。

五是夯实基础强党建，保障区域发展的功能进一步增强。坚持以改革创新精神全面加强党的建设，加快学习型、服务型、创新型党组织建设，各级党组织的凝聚力、战斗力显著增强，为区域发展提供了坚强的政治保证和组织保证。**充分发挥区委领导班子的核心作用。**着眼推动全局整体工作，统筹协调好与区人大常委会、区政府、区政协和天竺综保区管委会的关系，统筹安排好纪检、组织、宣传、统战、政法、武装以及群众团体等方面的工作，使各方面都能各司其职、各负其责、相互配合、形成合力。**创新推进基层党组织建设。**围绕加强基层服务型党组织建设，建立健全了基层党组织工作经费保障投入机制、党建工作责任制双向述职制度、试行镇党代会年会制，调整党组织设置、理顺党工委关系，农村、社区、机关、国企和非公组织等基层党组织建设全面加强。圆满完成村“两委”换届选举，村党组织书记和村委会主任“一肩挑”比例达到 87.7%、“两委”干部交叉任职率达到 76.1%，连续三届没有“白点村”，各项指标均位居全市前列。**切实加强干部队伍建设。**深入贯彻落实中央组织工作会议和市委组织工作会议精神，统筹全区干部人才资源，完善干部选拔方式，着眼事业发展需要选干部、配班子，相继出台了《关于处级领导职务干部的调配办法》、《关于进一步加强区属国有企业领导干部管理的工作意见》、《关于进一步做好驻区双管单位有关工作的意见》等系列文件，使干部管理工作更加科学。全年共对二级班子的 283 名干部进行了职务调整，全区处级干部队伍的年龄结构、学历结构、专业结构得到进一步优化。**作风建设进一步加强。**研究制定《关于贯彻落实中央市委文件精神进一步改进工作作风密切联系群众的实施意见》，对调查研究、会议活动、文件简报、考察交流等 7 个方面提出了具体要求，制定了 15 个实施细则，建立起“1+X”制度体系，并狠抓督促检查。全面推行党群“1+1”工作模式、在职党员回社区和党员“过政治生日、争做十表率”活动，党群干群关系更加密切。**深入推进惩治和预防腐败体系建设。**认真履行党风廉政建设责任制，始终坚持标本兼治、综合治理、惩防并举、注重预防的方针，明确提出党风廉政建设要从区级班子抓起、从区级领导做起，以自身行为带动责任制的贯彻落实。制定出台《顺义区深化廉政风险防控管理工作实施方案》、《区级大额专项资金管理办法》、《加强镇财政财务管理暂行规定》等一系列文件，注重加大对土地、招投标、政府采购等敏感要害岗位干部的交流力度，对 76 家单位 7175 项行政职权进行清理确认，逐一编制职权目录和运行流程图，进一步完善了廉政风险防控管理机制。成立区委巡视机构，建立和推行巡视制度，完成对李桥镇、市政市容委、供销社三个单位的巡视工作。坚持有案必查、有腐必惩，始终保持惩治腐败的高压态势。

单位名称：中国共产党北京市顺义区委员会
地址：顺义区府前中街 1 号
电话：（010）69443113
邮编：101300
网址：http：//www.bjshy.gov.cn

重要会议和活动

【召开区委四届四次全会】 1 月 7 日，中共北京市顺义区第四届委员会第四次全体会议召开，全体区委委员参加。会议听取并审议通过了区委书记张延昆同志所作的《深入贯彻党的十八大精神 为率先建成高水平的全面小康社会而奋斗》的报告，审议通过了《中共北京市顺义区委北京市顺义区人民政府关于贯彻落实中央市委文件精神进一步改进工作作风密切联系群众的实施意见》。会议对区级领导班子、领导干部进行了年度考核测评，对干部选拔任用工作和当年新提拔的党政主要领导干部进行了民主评议。

（区委办）

【王刚同志任顺义区委书记】 2月23日，市委组织部到顺义区宣布班子。市委组织部副部长刘宇辉同志宣读了《中共北京市委关于王刚、张延昆同志职务变动的通知》，市委常委、组织部长吕锡文同志出席会议并做了重要讲话。区委、区人大、区政府、区政协及天竺综保区领导参加会议。

（区委办）

【陈刚到国家地理信息产业园调研】 2月26日，市委常委陈刚同志到国家地理信息产业园、临空国际高新技术产业基地和北汽自主品牌乘用车基地进行调研。区委书记、区长王刚同志汇报了中关村顺义园情况，陈刚同志为中关村顺义园授牌匾。区领导朱家亮、盛德利参加。

（区委办）

【召开全区党风廉政建设工作会议】 3月5日，中共北京市顺义区第四届纪律检查委员会第三次全体会议暨全区党风廉政建设工作会议召开。会议传达了中纪委十八届二次全会、市纪委十一届二次全会精神，区委常委、区纪委书记肖韵竹同志作《全面贯彻党的十八大精神，深入推进党风廉政建设和反腐败工作》的报告，市纪委副书记王荣军同志出席并讲话。区委、区人大、区政府、区政协及天竺综保区领导参加会议。

（区委办）

【陈训秋到顺义区调研流动人口相关工作】 3月12日，中央政法委副秘书长、中央综治办主任陈训秋同志到燕京啤酒集团公司、国家地理信息科技产业园、天馨公寓和二十里堡村调研流动人口和出租房屋的管理服务工作。区领导王刚、朱家亮参加。

（区委办）

【郭金龙参加北汽集团产品鉴赏会】 5月11日，北汽集团举办北汽绅宝工厂及产品鉴赏会，市领导郭金龙、赵凤桐、苟仲文、张工出席，区领导王刚、卢映川、林向阳、朱家亮、盛德利参加。

（区委办）

【张宝文到顺义区调研城乡一体化发展情况】 7月15日，全国人大常委会副委员长、民盟中央主席张宝文围绕促进城乡发展一体化情况到顺义区高丽营镇规划馆、顺鑫农业股份有限公司创新食品分公司、高丽营镇于庄村回迁楼建设现场调研。北京市委常委、统战部部长牛有成，市政协副主席葛剑平，市委副秘书长赵玉金，顺义区领导王刚、胡尚云、朱家亮参加。

（区委办）

【召开区委四届五次全会】 7月24日，中共北京市顺义区第四届委员会第五次全体会议召开，全体区委委员参加。会议听取了副区长赵贵恒所作的《提升城乡精细化管理水平，打造优美、有序的城乡环境》的重点发言；听取了副区长盛德利所作的《以提高质量效益为中心，加快产业结构优化升级》的重点发言。听取并审议通过了区委副书记、代区长卢映川所作的《关于上半年经济社会发展情况和下半年工作重点安排的报告》。

（区委办）

【姜志刚到顺义区调研】 8月12日，市委常委、组织部部长姜志刚到北京天竺综合保税区、国家地理信息科技产业园、北京现代第二工厂调研。区领导王刚、车克欣、朱家亮参加。

（区委办）

【李伟到顺义区调研】 8月15日，市委常委，宣传部部长李伟同志到北京雅昌彩色印刷有限公司、中国国际展览中心新馆、歌华天竺文化保税区调研。区领导王刚、朱家亮、肖承继参加。

（区委办）

【杜德印到顺义区调研】 10月29日，市人大常委会主任杜德印到国家地理信息科技产业园、天地图有限公司、顺义新城滨河森林公园调研。区领导王刚、卢映川、胡尚云、朱家亮参加。

（区委办）

【召开2014年工作务虚会】 12月10日，顺义区2014年工作务虚会议召开。区委、区人大、区政府、区政协及天竺综保区领导参加会议。

（区委办）

【召开民主生活会】 12月18日，区委召开民主生活会。区委常委、区人大常委会主任、区政协主席参会。

（区委办）

【召开区委四届六次全会】 12月21日，中共北京市顺义区委四届六次全体会议召开，全体区委委员参加。会议审议并通过了区委书记王刚所作的《中共北京市顺义区委四届六次全体会议工作报告》。

（区委办）

组织工作

【概　况】 2013年组织工作紧密围绕区域经济社会发展的中心和大局，以服务推动保障全区“四个转型升级”为根本目标，注重加强顶层设计，注重夯实基础工作，注重统筹，注重规范，以开拓进取的胆识和创新务实的思维全面推进领导干部队伍建设、基层党组织建设、党员队伍建设、人才队伍建设和组织部门自身建设，圆满完成各项工作任务，为全区经济社会发展提供了有力的组织保证和人才支撑。

单位名称：顺义区委组织部

地址：顺义区府前中街1号

电话：010-81493590

邮编：101300

（区委组织部）

【领导班子和干部队伍建设】 全年共分9批次，对90家单位的345名干部进行职务调整。选派21名优秀干部进行挂职锻炼或援建，为区域发展长远培养储备干部。探索精细化小班培训模式，全年共举办培训班23期，培训4000余人次，实现培训内容与岗位的密切匹配。研究出台《关于进一步加强区属国有企业领导干部管理的工作意见》等系列文件，进一步规范和理顺干部管理权限及工作机制。制定出台《关于对区属二级班子主要领导干部做好离任交接工作有关要求的通知》，组织51名离任“一把手”完成离任交接工作。建立科级干部报告个人有关事项制度，全区4314名科级干部全部进行了报告。加强选人用人监督，对2012年有提拔任用科级干部的91家单位开展“一报告两评议”和科级干部选任工作检查工作，对31名离任“一把手”进行履行干部选任工作职责情况的检查。

（区委组织部）

【基层组织建设】 优化调整区直党工委设置，强化区直党工委的职能作用，形成区委——区直党工委——区直单位党组织的三级党建工作体系。大力推动党建工作责任制专项述职，扩大述职范围，规范述职内容，严格述职要求，创新述职方式，强化述职督查，实施“既向上级党组织述职，也向下级党组织述职”的双向述职。圆满完成农村“两委”换届选举，村党组织书记和村委会主任“一肩挑”比例达到87.7%、“两委”

干部交叉任职率达到 76.1%，党员参与选举率达到 91.2%，“两委”班子中女性比例明显，同时连续三届保持没有“白点村”，各项指标均位居全市前列。制定《正常离任村党组织书记生活补贴机制的实施办法》，将市级五个补贴标准档次细分为六个档次，最高每月补贴标准提高到每月 1100 元。下发《关于加强基层党组织工作经费保障与使用管理的实施意见》，加强经费保障，为党组织开展活动创造条件。组织开展“在职党员回社区”、“党群 1+1”、党员“过政治生日，争做十表率”三大主题活动，搭建联系群众的平台，强化党员干部联系、服务群众的宗旨意识。全区有 26066 名在职党员回社区报到，参与各类活动 30501 次，建立“党群 1+1”工作组 15864 个，入户走访群众 28274 人次。下发《加强发展党员工作的通知》，规范发展党员程序，提高发展党员质量，严格把好党员入口关。

（区委组织部）

【人才队伍建设】　2013 年共引进各类应届毕业生 225 人，硕士及以上 188 人。新增北广科技、世侨生物、顺鑫农业 3 家博士后科研工作站和林河工业区 1 家博士创新实践基地，为吸引高层次人才奠定良好基础。做好 2013 年第五批“人才京郊行”工作，共有来自积水潭医院、北京胸科医院等单位 6 位人才分别到区医院、区中医院等单位挂职服务，担任行政“一把手”助理职务。召开全区人才政策推介会，宣传推介中央“千人计划”、北京“海聚工程”、外埠高级人才引进等人才政策。召开全区农村实用人才工作会，做好“一帮一、签协议”工作，协议培养农村实用人才 948 人，做好农村实用人才等级评定工作，累计下拨帮扶奖励资金 58.25 万元，进一步激发农村实用人才创新创业的热情。积极做好 2013 年度北京市优秀人才培养资助的申报工作，共有 5 个项目获得市委组织部资助资金 16.5 万元。认真开展政工职评工作，2 人获评高级政工师。

（区委组织部）

【基层党内民主制度建设】　制定并下发《顺义区关于试行镇党代会年会制的实施意见》，指导各镇有序召开镇党代会年会，对保障党员主体地位和民主权利、扩大党内基层民主发挥了重要作用。按照“有场所、有标识、有设施、有制度、有管理人员”的标准，在 19 个镇党委、6 个街道工委和 8 个区直党（工）委建立了党代表工作室，保障了各级党代表正常开展活动。以区委党校为依托，对 109 名区四次党代会基层一线代表进行专题培训，进一步提高党代表履职能力。下发《关于进一步规范党的基层委员会委员调整和增补工作的指导意见（试行）》，对基层委员会委员的名额、调整、增补、工作流程和管理权限等进行具体规定，进一步规范全区党的基层委员会委员调整和增补工作，充分发扬基层党内民主。

（区委组织部）

【自身建设】　研究制定《顺义区委组织部目标量化双百考核办法》。深入推进“组工干部下基层”活动，部领导走访基层单位 60 余家，各科室建立基层联系点 22 个。开展“一助一”帮扶工作，组织机关干部参加民主日活动，走访慰问困难党员和困难户。坚持从严治部、从严律己、从严带队伍，不断增强机关干部廉洁自律和风险防范意识。开展庆“七一”主题演讲比赛、组工干部“军事日”等活动。在市区两级报刊、电台、电视台、网络等媒体上宣传我区组织工作的经验和典型，有效发挥信息、简报服务决策、交流经验、促进工作的作用。加强组织部门网宣员队伍建设，丰富网络舆情监控手段，进一步提高舆情处置应对能力，努力营造良好的舆论氛围。

（区委组织部）

宣传工作

【概　况】　2013年顺义区宣传思想文化工作在区委区政府的正确领导下，立足区“三个阶段性特征”，围绕“四个转型升级”的发展战略，弘扬主旋律，传播正能量，为区域科学发展提供坚强思想政治保障。

单位名称：顺义区委宣传部
地址：顺义区府前中街1号
电话：(010) 69443479
邮编：101300

（宣传部）

【中国梦宣传教育工作】　围绕弘扬践行“顺义精神”，围绕“建设绿色国际港、打造航空中心核心区”的奋斗目标。整合市区专家资源，通过讲座、座谈等形式开展理论宣讲。邀请市级宣讲团前往基层单位开展宣讲30余场。积极组织“我的梦·中国梦”百姓宣讲活动，全区共成立百姓宣传团56支，宣讲员520名，开展宣讲206场。

（宣传部）

【理论工作】　围绕首都国际航空中心核心区建设、产业升级、经济转型、城乡一体化发展、环境建设等内容开展区委理论中心组学习24次。搜集整理并印制下发了2200份“把握三个阶段性特征、推动四个转型升级”学习材料汇编，帮助各单位进一步深入学习，深刻领会。区处两级中心组成员围绕区委区政府重大战略部署深入开展理论调研，刊发调研文章86篇。

（宣传部）

【文化工作】　制定出台《进一步加快文化体育事业发展丰富群众文体活动意见》。一是文化活动向领导干部、基层群众、入区企业、部队官兵、中小学生延伸。全区各单位共举办系列品牌文化活动470余场，吸引近40余万名干部群众参与。成功举办第五届端午文化节顺义主会场活动。二是文化软硬件水平逐步提升。区文化中心建设进展顺利，影剧院工程完成封顶，文化馆、图书馆、博物馆加紧建设。张镇、石园街道文化活动中心全面建成。开展“走群众路线，促城乡共建”活动，协调市文化局所属文化艺术单位与乡镇合作共建。三是精品创作力度不断加大。推出新编历史评剧《大汉名臣》、杂技魔术剧《爱的永恒》等精品力作，参加北京市优秀剧目展演。《大汉名臣》在中国评剧院连续演出，并登陆央视戏曲频道。四是文化市场管理高效有序。深入开展“扫黄打非”专项行动，出动执法人员2302人次、执法车辆692台次，取缔“黑开”场所18家、无证照摊点12个，收缴盗版光盘（图书）1367张（册），消除各类安全隐患处145处。

（宣传部）

【新闻宣传】　一是全年共在市级以上媒体刊播新闻1.5万余篇，头版头条刊发新闻30余篇。围绕重点工作、重大活动，组织集中采访20余次。央视体育频道拍摄播出十集五彩浅山登山步道系列专题片，北京交通广播制作播出最美乡村路专题报道。围绕“把握三个阶段性特征、推动四个转型升级”的工作总要求，协调中央、市级媒体开展深度宣传，经济日报刊发《把脉北京顺义的转型升级路》上下两篇连续报道，北京日报头版刊发《顺义建设首都国际航空中心核心区》、《研发中关村 转化在顺义》、《五彩浅山串起顺义旅游“黄金线”》三篇深度报道，北京电视台《北京新闻》栏目播出《转型升级看顺义》三集系列报道。二是舆论引导水平不断提升。配合各相关单位围绕打非拆违、环境整治等重点工作，全力做好舆论引导工作，有效促进并保障各项工作的顺利开展。完善重大突发事件新闻发布、协调联动等工作机制，妥善应对 H7N9 禽流感、大气污染等重大突发事件舆情。

（宣传部）

【新媒体建设工作】 一是网络阵地进一步拓展。绿港顺义官方微博累计发布政务、服务信息 3000 余条，粉丝达 52 万余人。在“绿港顺义”官方微博基础上，杨镇、李遂镇、城管监察局等 44 家单位开通政务微博，形成顺义政务微博群，截至目前共发布微博 2 万余条，粉丝达 30 万余人，协调解决网友反映问题百余件。二是网络舆情监控处置及时有效。加强机制建设，与公安分局网安大队、区信息中心建立资源共享机制，增加重大事件重点活动网络舆情监控频次、关键检索，完成各项舆情监控任务，区委宣传部荣获 2013 年度全国网络舆情监测创新管理奖；完善舆情报送机制，及时编辑整理各类舆情，编发《即时舆情》50 余期，《舆情专报》30 余期。加强网络队伍建设，建立 200 余人的网评员队伍，集中开展网评活动 40 余次。

（宣传部）

统战对台工作

【概　况】 顺义区委统战在顺义区委的正确领导下，在市委统战部的指导下，以改革创新的精神，不断提高统战工作科学化水平，围绕发展，凝聚力量；围绕稳定，促进和谐；围绕改革，创新工作，全面推进统一战线各个方面的工作，为建设文明、和谐新顺义做出了积极贡献。

单位名称：顺义区委统战部
地址：顺义区府前东街11号
电话：（010）69443996
邮编：101300

（区委统战部）

【2013 年工作重点】 一是深入学习党的“十八大”精神，夯实统一战线思想政治基础。二是开展凝心聚力工程为全区发展贡献力量：1、发挥统战成员的智力优势，开展建言献策活动；2、发挥统战成员联系广泛和实力雄厚的优势，引导其积极参与经济建设；3、发挥统战成员社会资源优势，积极开展社会共建同心实践活动。三是进一步推进党外代表人士队伍建设：1、抓好发现建立信息库；2、抓机制促管理。

（区委统战部）

【台胞红色教育活动】 4 月 20 日，顺义区台办组织台胞台属一行 50 人到龙湾屯镇焦庄户地道战遗址纪念馆参观。

（区委统战部）

【台胞欢度佳节】 在 2013 年端午节即将到来之际，6 月 9 日顺义区台办组织台胞端午节联谊活动。百余位在顺义的台胞、台商、台生欢聚一堂，吃粽子，话家常。

（区委统战部）

【慰问清真寺】 10月15日，伊斯兰教古尔邦节，区委统战部、民宗侨办、公安分局等单位代表赴我区四所清真寺（回民营、高丽营、牛栏山、杨镇）进行慰问。

（区委统战部）

政策研究工作

【概　况】 2013 年区委研究室严格执行中

央关于改进工作作风、密切联系群众的八项规定，按照“把握三个阶段性特征，推进四个转型升级”的工作总要求，紧紧围绕“建设绿色国际港，打造航空中心核心区”的奋斗目标，不断深化调查研究工作，深入思考、研究、解决重点难点问题，提高成果转化率，调查研究工作取得丰硕成果，有力促进全区经济社会各项事业发展。被市委、市政府评为 2012-2013 年度全市调查研究工作先进单位。

单位名称：顺义区委研究室
地址：顺义区府前中街 1 号
电话：(010) 69444462
邮编：101300

（区委研究室）

【转变全区调查研究工作作风】 为贯彻落实中央八项规定精神，制定出台《顺义区关于进一步改进调查研究工作的实施细则》，明确七个方面共 20 条实施细则，规范了调研的内容、方式，强化了调研的基础性地位。

（区委研究室）

【区级重点调研课题】 按照区委下发的《关于做好 2013 年调查研究工作的意见》，区委研究室承担《推进北京国际航空中心核心区建设路径研究》和《顺义区推进新型城镇化的战略思考》两大区级重点课题。关于《推进北京国际航空中心核心区建设的路径》重点课题，区委研究室联合中国民航大学成立课题组，在召开功能区、相关部门和镇街座谈会并赴上海国际航运中心实地考察的基础上，对顺义核心区航空资源配置能力进行评估，提出顺义核心区建设的特色化路径和关键点。关于《顺义区推进新型城镇化的战略思考》重点课题，区委研究室联合北京市农村研究中心成立课题组，在召开部门座谈会、对镇村实地走访、开展村民问卷调查的基础上，分析得出推进顺义区新型城镇化的对策建议。

（区委研究室）

【提高调研工作整体水平】 确定北京国际航空中心核心区建设及临空经济区发展、重点新城建设、产业结构优化、社会建设管理创新、文化强区、生态建设、改进工作作风七大重点调研方向和 44 个具体研究项目，以此为依据对全区各单位的调研工作进行统筹。2013 年全区各单位共完成有价值的调研报告 169 篇。

（区委研究室）

【构建大调研工作格局】 制定《关于进一步加强调查研究工作的意见》，经区委常委会审议通过后以区委文件形式印发（京顺发〔2013〕19 号），提出搭建课题管理、信息共享、成果转化三大平台。

（区委研究室）

机构编制工作

【概　况】 2013 年，在区委、区政府和区编委的领导下，区编办围绕“建设绿色国际港、打造航空中心核心区”的战略部署，按照区委区政府把握“三个阶段性特征”、推动“四个转型升级”的新要求，着力做好事业单位分类和行政审批制度改革工作，积极推进体制机制创新，不断提高机构编制管理水平，各项工作均取得新进步。

单位名称：顺义区机构编制委员会办公室
单位地址：顺义区新顺南大街 17 号
电话：(010) 69441686
邮编：101300

（区编办）

【事业单位分类改革】 一是筹备召开分类推进事业单位改革工作领导小组工作会议，

研究制定顺义区事业单位分类工作实施方案，召开全区事业单位分类工作动员部署会，组织开展相关培训。二是在模拟分类的基础上，对全区事业单位进行预分类，并对行政类、经营类、调整整合以及分类后经费形式变更的单位进行系统研究。三是指导全区事业单位研究拟订分类方案。四是按照分类标准，初步确定了全区事业单位类别，并就分类结果征求区财政局、区人力社保局的意见。

（区编办）

【行政审批制度改革】 一是与区监察局进行相关工作交接，行政审批制度改革的牵头单位由区监察局变为区编办；二是对区监察局前期掌握的区级行政审批事项进行初步分类、梳理、核实。

（区编办）

【体制机制创新】 一是参与部分经济功能区管理体制改革。研究提出空港经济开发区、物流基地、国门商务区管理机构整合并更名的意见，完成以临空经济核心区为依托的“临空服务功能板块”的机构编制资源整合调整。二是协调推进空港街道管理体制改革试点。三是完成食品药品监督管理体制改革。四是推进城市管理综合行政执法体制改革。将区城管大队更名为区城市管理综合行政执法监察局，为区政府直属行政执法机构。五是完成外事旅游管理体制调整。组建区政府外事外联管理机构；将区外事旅游局更名为区旅游发展委员会。六是完成中关村顺义园管理机构组建工作，在区经信委加挂中关村科技园区顺义园管理委员会牌子，核定人员编制，设置内设机构。七是完成医药卫生体制改革相关任务。区卫生局调整设立卫生应急办公室。配合相关部门推进医药卫生体制改革，参与研究区中医院与首都医科大学附属北京中医医院合作事宜。

（区编办）

【重点领域机构编制保障】 一是公共服务领域。成立裕达隆小学等四所小学和顺和花园幼儿园等七所幼儿园，重新核定各校、园的人员编制；完成社区卫生服务中心编制总额的核定；撤销区住房保障服务中心，组建区住房保障事务中心，并将区住建委所属区房屋登记事务中心的经费形式由自收自支变更为全额拨款，重新核定人员编制。二是经济服务领域。区国资委增设企业领导人员管理科，增加行政编制；成立区推进浅山区建设发展领导小组（区委、区政府议事协调机构）和浅山区建设发展服务中心。三是社会管理服务领域。成立区政务服务中心筹备办公室（区政府所属临时机构）和区机关事务管理服务中心；区政府督查室加挂区政府绩效办公室的牌子。四是民主法制建设领域。区纪委（监察局、预防腐败局）调整内设机构，重点加强预防腐败、电子监察等机构建设；区检察院案件督导室更名为案件管理办公室，并由挂牌机构调整为独立设置；区法院成立未成年人案件综合审判庭。

（区编办）

【“实名制”管理】 一是落实行政事业单位年度补充人员计划制度，结合本区财政供养规模现状，完成2014年度本区行政事业单位补充人员计划。二是落实“三方联审制度”，依托“实名制”管理信息平台，进一步加强与区人力社保局、区财政局的沟通与联系，加强区直行政、事业单位工资统发人员的审核工作。三是开展控制财政供养人员规模的有关调研，研究提出《顺义区机构编制实有人员现状及部分区县对比分析》和《区财政供养编外人员的现状及对策》。四是为相关单位提供服务保障。配合区人力社保局、区民政局完成2012年度军转干部和退役士兵的安置工作；协助区人力社保局完成全区2012年度行政、事业单位督查考核奖的核发工作；协助区财政局做好全区行政、事业单位预算工作；为区政府做好顺义区行政中心建设提供数据支持等。

（区编办）

【监督检查】 一是完成市政府绩效考核工作。总结撰写了《顺义区依托现有行政资源创新网格化社会服务管理体系》材料，测算财政供养人员规模绩效，两项考核综合成绩在全市 16 个区县中排名第三。二是完成区政府主要职责落实情况专项考核。采取单位自查、实地考核、问卷调查相结合的方式，与区监察局一起对全区 74 家行政、事业单位主要职责落实情况进行专项考核。三是开展专项整治活动。以全区 112 家处级以上单位为专项整治责任主体，开展“吃空饷”、在编不在岗、编外大量聘用人员情况专项整治工作。

（区编办）

【事业单位登记管理】 一是实现事业单位法人登记网上办公。依托“事业单位网上登记管理系统”，事业单位在线申报设立、变更、注销、年检等登记事项，登记管理机关在线受理、审核、核准事业单位的申报事项，反馈相关信息，促进事业单位登记管理信息化建设。二是完成 2012 年度全区事业单位法人年检工作，并对逾期未参加年检事业单位的法人证书予以公告废止。

（区编办）

保密工作

【概　况】 2013 年，区国家保密局深入贯彻落实精细化管理理念，紧紧围绕顺义区中心工作，深入学习贯彻《保密法》及相关保密法规，构建以教育培训为先导、技术防范为支撑、制度建设为基础、保密检查为保障的保密管理和服务体系，区域保密工作科学化水平得到提高，为区域经济社会发展奠定良好的保密工作基础。

单位名称：顺义区国家保密局

地址：顺义区府前中街 1 号

电话：69444839

邮编：101300

（韩鹤亭）

【涉密计算机管理】 3 月 26 日，召开顺义区涉密计算机管理工作会议，全区相关单位的保密干部、涉密计算机责任人参加会议。会议进一步明确涉密计算机管理要求，并以会代训对与会人员进行涉密计算综合管控系统终端使用培训和窃密、泄密技术现场演示，规范涉密计算机操作行为，提升使用人员防范意识。会议印发《涉密计算机管理手册》、《涉密计算机使用手册》，明确各涉密计算机单位的保密干部、责任人、操作员等人员的责任，规范了使用行为。

（韩鹤亭）

【全国保密普查】 9 月至 10 月，根据中央保密委员会的统一部署，顺义区开展全国保密普查工作。成立顺义区保密普查工作领导小组，于 9 月 10 日召开全区保密普查动员培训会。

（韩鹤亭）

【保密组织和保密干部队伍建设】 10 月 17 日，根据保密委全会精神，进一步下发区委保密委员会《关于进一步加强保密组织和保密干部队伍建设的通知》，重新调整全区各单位保密领导小组、保密干部，完善保密干部管理培训制度。

（韩鹤亭）

【保密干部全员培训】 10 月 30 日至 31 日，按照市委保密办、市国家保密局《关于开展全市保密干部全员培训的通知》要求，顺义区国家保密局举办全区保密干部全员培训班。全区 325 名保密干部参训，其中包括 161 家党政机关、企事业单位的办公室主任和保密干部，驻区军工企业的保密办主任和保密干部。培训班采用国家保密局统一教材《保密工作概论》，组织统一的结业考试。

（韩鹤亭）

【保密法制宣传教育】 年内，开展保密法制宣传教育活动。会同区委组织部、区人力社保局，将保密知识课程纳入处级干部、处级后备、科级干部和公务员初任培训等培训班。积极为区政府外事办等新建单位、保密工作重点单位上门授课，有针对性的答疑解惑。打破传统说教方式，通过木马远程控制、U 盘摆渡、手机窃听等多项窃密、泄密技术演示，使保密干部、涉密人员直观认识到涉密计算机的不规范操作所带来的隐患。全年，顺义区共组织基层单位、军工企业观看保密教育宣传片 7 场，550 名保密干部和工作人员通过观看案例，提高保密意识和防范意识；组织保密法制宣传教育讲座 10 余场，全区受保密宣传培训人员累计达 960 人次。

（韩鹤亭）

【信息公开保密审查】 年内，开展政府信息公开保密审查工作专项检查工作，重点检查政府信息公开保密审查制度建设、政府信息公开发布各环节保密制度落实、单位网站计算机管理等 3 个方面共 16 项内容。区国家保密局全年共计抽查党政机关网站 52 个，社会网站 5 个，巡查信息 5 千余条；完成全区政府信息公开信息责任单位的信息公开保密审查考核工作，实地检查 18 家信息公开保密审查责任单位。

（韩鹤亭）

【国家考试保密管理】 年内，区国家保密局制定具体保密工作方案，制定国家考试保密工作应急预案。考前，分别对区社区教育中心的保密室、考点保密室的人员保密教育、硬件环境和制度建设进行检查，考试期间，对保密员在岗情况、试卷分发、保管和运输等环节进行了监督检查。全年，共现场监督检查考试中心保密室、高考、中考和高中会场考点及成人高考、高等教育自学考试保密室 25 场次。

（韩鹤亭）

精神文明建设

【概　况】 2013 年，持续推进市民思想道德建设、扎实开展群众性精神文明创建活动、不断加强公共领域文明行为引导、加强和改进未成年人思想道德建设，显著提升市民思想道德素质和区域文明程度。

单位名称：顺义区精神文明建设委员会办公室

地址：顺义区府前中街 1 号

电话：（010）69441604

邮编：101300

网址：www.bjsyam.gov.cn

（文明办）

【学习和宣传道德模范事迹】 组织开展全国第四届、首都第四届道德模范评选表彰活动，力荐 12 名区级道德模范参与评选，区市政市容管理委员会生活垃圾综合处理厂安全员刘东文同志荣获首都见义勇为模范提名奖。利用顺义文明网、@文明顺义官方微博等阵地，集中展示道德模范的优秀事迹，累计组织和发动 60 万人次干部群众参与投票。认真学习习近平总书记、郭金龙书记等领导同志接见全国道德模范时的重要讲话，以“向道德模范学习·争当时代楷模”为主题，组织全区各单位开展 110 余场集中学习和道德实践活动。结合全区“中国梦”

宣传实践活动，成立道德模范特色宣讲团，走进多家机关企事业单位进行宣讲，受教育群众达万人以上。继续开展“我推荐我评议身边好人”活动，累计向首都文明办推荐“身边好人”候选人25名，1人荣登“中国好人榜”。坚持对道德模范和身边好人进行帮扶和礼遇，树立“好人有好报”的价值导向。结合文明村镇、文明社区、文明家庭等创建工作，重点组织19个镇和6个街道制定奖励政策。

（文明办）

【精神文明建设具体化、生活化】 组织召开19个镇、6个街道、8大工委主管领导参加的精神文明建设座谈会，深入学习首都精神文明建设系列文件精神，结合全区工作重点具体指导区级创建。以建设乡情村史陈列室为重点，持续推动农村“十个一”文明创建工程，连续组织3次协调会、1次经验交流和观摩会，讲政策、给奖励，勤指导，初步完成8个村的建设任务；以社区新居民教育和道德讲堂建设为重点，持续推动文明社区创建工程。推出宣传发动、创建带动、就业推动和文化引领“三动一领”工作方法，为拆迁居民上楼适应城市文明生活提供了极大帮助。组织基层干部赴江苏常州，学习道德讲堂建设经验。以石园街道为试点，建设具有显著特点的高标准道德讲堂；以学雷锋志愿服务活动为重点，持续推动文明单位创建工程，3个集体和17名个人获得“身边雷锋”先进集体和先进个人荣誉称号。有序组织广大干部群众参观“永远的雷锋主题展览”和“永远的雷锋基层巡展”，共有1.4万人次的干部和群众赴中华世纪坛和区档案馆进行参观。与区水务局联合开展“保护山川河流·共建美丽北京”志愿服务活动，相继举办2场以爱护母亲河为主题的大型宣传活动、10场爱水护水大讲堂，发放倡议书11.5万份等。

（文明办）

【四位一体教育平台】 按照“立德树人”的根本任务，加强和改进未成年人思想道德建设。4个区直单位、4名基层工作人员获首都第二届未成年人思想道德建设先进单位和先进个人荣誉称号；杨镇沙岭学校、马坡第二小学获得45万元国家彩票公益金支持，建设乡村少年宫。切实加强社会大课堂建设，9万未成年人每人至少2次走进中国科技馆、北京植物园、故宫、国际鲜花港等市、区级资源单位。通过组织师生参与社区文明小使者、市民高雅艺术殿堂行、创新案例征集推广和爱党爱国新童谣征集等一系列道德实践活动，提升思想道德素质。协调区妇联、团区委等单位主动承担指导家庭教育的责任，通过不断拓展“师说日精品课堂”、“国学动漫城”教育内容，引导家长树立正确的育人观念，掌握科学的家庭教育方法，重视培养孩子的健全人格和良好品德；联合区文化委继续深化“建三网、考三项、创六无”长效管理机制，显著净化社会文化环境。制作《文明漫谈》动画片，正在小范围进行试播，为全区未成年人提供优秀的文化产品和文化服务。

（文明办）

【加强对子建设、拓展共建载体】 全区14支驻顺部队与76个村、41个社区、50所学校、31家国有企业、15家“两新组织”建立帮扶关系，部队领导与134个困难户、困难学生结成对子，军地双方发挥各自优势，做到“重大活动同参与、资金短缺有资助、逢年过节互慰问”。2013年初，区文明办在实地调研的基础上，协调有关部门解决部队道路修缮问题，减免资金800余万元；“城乡统筹·文明先行”主题社会实践活动重点在扩大帮扶队伍和帮扶方式上狠下功夫，实现共建活动与农村精神文明建设工作相互融合。全区46家首都文明单位、16家首都文明单位标兵与 90 个镇村结成共建对子，结对率百分之百。

（文明办）

党校工作

【概　况】 2013 年，党校在区委、区政府正确领导下，以邓小平理论、“三个代表”重要思想和科学发展观为指导，认真贯彻落实《党校工作条例》和区委《关于加强党校工作的意见》，以打造“一流党校”为目标，全方位加强自身建设，积极探索发展道路，紧紧围绕区委、区政府中心工作，服务大局，工作水平和工作成效不断提升，形成干部教职工精神状态好、中心工作效果好、社会评价好的局面。

单位名称：中共北京市顺义区委党校
地址：北京市顺义区中山西街 1 号
电话：（010）69444915
邮编：101300

（王培霖）

【培训教育】 按照中央、区委大规模培训干部的要求，2013 年党校以“内容系统化、方式多样化、学员差别化、学制短期化”的培训工作思路，举办主体班、拓展班，共 45 期，培训学员 6583 人次。

（王培霖）

【教学改革】 党校在处级班首次采用《领导干部如何应对媒体》情景模拟教学法。模拟“政府新闻发布会”，模拟“记者专栏采访”。在农村优秀人才班首次采用结构化研讨教学法，开展“顺义区农村经济与社会管理问题”结构化研讨，让村干部自己发现问题、梳理问题、分析问题，专家教授与村干部一起商讨研究解决问题的方案。

（王培霖）

【科研咨政】 年内，党校出台《顺义区委党校科研工作管理办法（试行）》，引导教师走“学术更加精深，熟悉把握区情”的专家型、学者型道路。党校教师主持课题研究 15 项，其中，省部级 2 项，市级项目北京市党建研究会课题 1 项、市委党校课题 1 项。紧密围绕区域需要，设立课题 9 项。

（王培霖）

【开放办学】 党校坚持“立足本市、面向全国”的开放办学理念，以市委党校为依托，广泛开展与本市其他区县党校、外省市党校的交流与合作，多次邀请中央党校、市委党校专家，对本校教师进行教学、科研业务指导，组织开展教学岗位练兵活动；组织干部教师赴深圳市龙岗参加第三届环渤海、长三角、珠三角九区（市）党校（行政学院）合作论坛，研讨地市级党校科研工作如何发挥思想库作用。组织干部、骨干教师赴海淀、东城、朝阳等区县党校交流学习；与天津滨海新区党校开展工作交流活动，开阔教师视野。组织教师分批次到北大、人大、中央党校、国家行政学院、市委党校等高校培训。7 名教师参加区党的十八大和党的十八届三中全会精神专家宣讲团活动，全年宣讲党的重要会议精神、国家法律、法规及区四届五次全会精神共 120 场次，听众约 2 万人。

（王培霖）

【新校建设】 用 3 至 5 年时间，建设一所具有“现代化、国际化、信息化”办学条件的一流地市级党校是区委、区政府对全区党校工作的具体要求。2012 年 9 月 5 日新党校建设奠基开工以来，党校高度重视对新党校建设施工安全、施工质量监管工作。截至目前，新党校 4 个单体结构建筑基本完工。

（王培霖）

党史工作

【概　况】 2013年，顺义区党史办在市委党史研究室的正确指导下，在区委的正确领导下，认真落实党的十八大精神和市委党史工作会议精神，以市委党史研究室2013年工作要点为主线，以办好第二届党史宣传周各项活动为载体，认真做好《顺义党史简史》、《中国共产党北京市顺义区历史大事记》（1924—2012）编写工作，全区党史工作呈现良好的发展态势。

单位名称：北京市顺义区当时区志办公室
地址：顺义区光明北街4号顺义区档案馆院内
电话：（010）69460055
邮编：101300

（沈西宁）

【获北京党史研究信息工作先进】 在2013年初召开的全市党史工作会上，顺义区党史办荣获2012年度北京党史研究信息工作先进单位光荣称号。过去一年，区党史办认真落实市委党史研究室2012年度工作要点，加大党史宣传工作力度，以北京市首届党史宣传周为切入点，积极开展各项党史宣传教育活动，在全市党史系统年度党史宣传教育信息评比工作中，获得总评第二名好成绩，荣获“全市党史系统信息工作先进单位”荣誉称号。

（沈西宁）

【举办第二届“党史宣传周”活动】 2013年“七一”期间，顺义区党史办按照市委党史研究室统一部署，紧密配合区委中心工作，多角度、全方位开展第二届“党史宣传周”活动，有力推动党史宣传教育常态化。一是与区东兴街道委员会全体党员一起开展党史宣传教育活动，会上，区党史办原副主任王恩桥为党员讲述建国前顺义革命史，东兴街道委员会党员代表谈如何立足本职发挥党员模范作用体会，活动取得良好效果。二是召开史志工作座谈会，原史志办退休老同志与史志办工作人员就党史资料收集、利用，特别是党史口述史资料的收集工作进行了交流。三是进行革命传统教育，赴尹家府抗战纪念馆、庞山惨案革命遗址追寻烈士足迹，缅怀先烈遗志，听老同志讲述解放前夕顺义革命历史。四是发挥国主义教育平台作用，与区档案馆共同举办顺义第五届“档案馆日”，活动，组织社会各界群众参观大型展览“旗帜·足迹”，取得较好社会宣传效果。

（沈西宁）

【顺义党史编研工作取得新成绩】 顺义区党史办认真落实党的十大大、十八届三中全会精神，充分利用馆藏资源，加强了对顺义区党史资料的收集、编研工作。一是启动了《中国共产党顺义简史》、《中国共产党北京市顺义区历史大事记》（1924—2012）编写工作，制定了编写方案、实施方案，收集了有关材料，编写工作进展顺利。截止到年底，《中国共产党顺义简史》、《中国共产党北京市顺义区历史大事记》（1924—2012）初稿基本完成，为广大党员、干部、群众学习、了解党在顺义的发展历程及党领导全区人民所取得的骄人成绩提供了权威读本；二是基本完成了《中国共产党顺义区（县）历次党代会资料汇编》初稿编写。主要包括：图说党代会、历次党代会召开基本资料，历次党代会工作报告全文和历任区（县）委书记名录四部分。

（沈西宁）

老干部工作

【概　况】 2013年，顺义区委老干部局按期完成活动中心改扩建工程的收尾工作，确保老干部活动中心及老干部大学在改扩建工程竣工后的优质高效运行。以服务区域经济社会发展、促进区域文化繁荣、引领区域老年教育为办学理念，老干部大学实现快速发展。以精细化为标准，创新服务方式和内容，确实把离休干部关心照顾好，提高离休干部的养老品质。坚持重点突破、整体推进的工作思路，实现我区老干部工作水平的全面提升。

单位名称：顺义区委老干部局
地址：顺义区石园北区东
电话：（010）89440522
网址：http：//www.laogb.bjshy.gov.cn

（高霏霏）

【每月一课】 以“学习贯彻十八大，共建小康乐晚年”为活动主题，先后组织区情通报会、理论学习辅导报告会、健康知识讲座，以及“宣传十八大，唱响中国梦”、老干部迎新春等文艺演出活动，开展老干部春秋系列活动，举办“光影顺义”、“庆七一”老干部书画展，承办北京市老年大学书画展、农林系统门球、台球比赛，参与的老同志达5100多人次。

（高霏霏）

【教学条件跨越式发展】 老干部大学现已开设16个专业，58个教学班，在校学员1450人。扩建后的老干部大学硬件建设焕然一新，教学保障水平全面提高，拥有25个适合不同专业学科教学要求的标准化教室，建筑面积达5000平方米。多媒体等现代化教学手段全面更新升级，视频展台、电子白板等教学设施安装齐备；艺术类、技术类和文教类等10个专业所需的专业化教学设备配套齐全；拥有藏书量7200册的老干部局图书馆，面向老干部大学开放使用。

（高霏霏）

【教师队伍初步建立】 老干部大学现有教师23人，其中副教授1人，大学助教1人，中学高级5人，太极拳技术6段和4段各1人，国家非遗传承人1人。

（高霏霏）

【教学质量稳步提升】 精心打造特色课程，开设老年快乐心理、火绘葫芦、老年中医保健等充分满足老年人精神文化生活所需课程。把计算机、书法、绘画和太极拳等专业确定为主干课程，增加教学班次，突出教学重点。2013年，太极拳班代表北京市在全国老年大学文艺汇演中，获得第三名。

（高霏霏）

【社区离退休干部党支部建设】 我区已在52个社区单独组建离退休干部党组织，实现离退休干部党组织建设的全覆盖。

（高霏霏）

【开展“三个一活动”】 一是“一个支部一队”，每个社区离退休干部党支部根据社区建设和群众需要至少组建一支老党员志愿者服务队。全区有780名离退休干部党员主动加入志愿服务队，广泛开展志愿者服务活动。二是“一个支部一岗”，每个社区离退休干部党支部至少设立一个老党员先锋岗。三是“一个支部一员”，建立离退休干部党支部领导下的党建工作指导员负责制。

（高霏霏）

【提高离休干部养老品质】 一是坚持给全区所有离休干部上门祝寿；严格落实离休干部护理费发放标准，始终坚持离休干部生病住院看望制度；妥善做好离休干部去世抚恤工作；关心照顾好离休干部遗属，提高无工作无子女遗属生活困难补助费标准，为 96 名遗属办理新农合个人缴费免缴手续，为 84 名遗属办理城镇居民医疗保险金免缴手续。二是不断创新服务内容和方式，有效动员卫生系统、党团青年组织和退休干部志愿者队伍等社区资源，精心组织和实施“4 个 300 工程”。动员和组织 300 名退休干部志愿者、300 个党团志愿组织、300 名医生志愿者共同为 300 名离休干部提供更加具体化、精心化、个性化服务，提高离休干部养老服务品质。

（高霏霏）

区直属机关工委工作

【概　况】　区直属机关工委是区委的派出机构。主要职责是领导所属机关党的工作，保证党的路线、方针、政策及区委的指示、决定和部署在区直机关的贯彻落实。负责制定所属机关党的基层组织建设规划，领导基层党组织搞好思想建设、组织建设、作风建设。负责宣传党的路线、方针、政策，对党员干部进行形势、任务教育及社会主义精神文明教育。负责所属机关党员干部理论学习与培训，做好所属机关干部队伍建设工作。负责所属基层党组织的建立、换届、任免等组织工作。领导所属机关纪检监察工作。组织机关干部开展文化、体育活动，丰富机关的文化生活。完成区委、区政府交办的其他工作。

单位名称：顺义区委区直属机关工作委员会

地址：顺义区府前中街 1 号

电话：（010）694443920

邮编：101300

（区直机关工委）

【规范机关党的工作】　一是摸清底数。系统 77 家单位设置 15 个机关党委、10 个事业党委 、7 个党总支、306 个支部、2 个临时支部，党员 5910 名。二是建立台账。分别建立入党积极分子基本信息台账、流动党员基本信息台账、生活困难党员基本信息台账和先进基层党组织典型台账。三是组建队伍。组建 82 人的机关党建工作信息员队伍。四是补充新鲜血液。坚持标准、保证质量，认真做好系统内发展新党员工作。2013 年，全系统各单位共组织 100 多名入党积极分子参加入党培训，共发展新党员 180 名。五是完善党组织设置。组织指导财政局等 3 家单位的机关党委换届工作，调整审批人力社保局等 7 家单位的机关党委和党支部设置。

（区直机关工委）

【基层党务工作指导和服务】　坚持下基层制度和定期例会制度，及时了解所属单位情况，为推动工作奠定基础。全年共深入基层与新党员发展谈话 83 人次，履行转正手续 76 人。加强对区外事办、政务服务中心筹备办等新成立党组织的服务工作，主动提供咨询服务，上门赠送《新编党员发展工作手册》、组织关系介绍信等党务管理所需物品。同时，对新调整到机关工委系统的 34 家单位，结合实际调整组织设置，同步理顺党组织关系，做到党建工作不断档，组织生活不受影响。

（区直机关工委）

【在职党员进社区】　据统计，77 家单位 5910 名党员全部到社区（村）报到，5826 名党员参加社区活动。77 家单位 395 名副处级以上领导干部和 426 名科级干部利用 1.18、7.18 民主日，走访联系村 77 个、慰问困难家庭 821 户，与他们交朋友，结亲戚，提供帮扶资金 1672 万元，收集听取群众意见213条，规范各项规章制度172条，化解各种矛盾89个，安排劳动力就业26人。走访慰问困难党员和老干部。走访慰问5名老干部，送去米面油等生活用品，折合资金0.4万元；为13名生活困难党员申请帮扶资金6.5万元。

（区直机关工委）

【党组织主题活动】 认真开展纪念建党92周年活动。各党组织紧密结合实际，通过评选表彰先进基层党组织和优秀共产党员、组织党员参观园博会主场馆和焦庄户地道战纪念馆、慰问生活困难党员、组织《共产党员献爱心》捐款，观看《为你而歌》专题片等多种形式，隆重纪念党的生日，共贺建党92周年。

（区直机关工委）

【一助一工作】 “一助一”工作已连续开展18年，获得帮扶资金达6.5亿元，其中2013年全年帮扶资金合计7056万元。全区帮扶队伍不断壮大，总数达612家，比去年新增14家，其中区派工作队162家、社会工作队450家。

（区直机关工委）

区委社会工作

【概　况】 2013年，顺义区社会建设工作按照中央、市委的有关精神，按照区委四届五次全会精神，深刻把握本区社会建设的阶段性特征，在深化服务和创新管理中加强社会建设，努力开创社会建设新局面。

单位名称：中国共产党北京市顺义区委员会社会工作委员会

地址：顺义区府前东街2号

电话：（010）89442437

邮编：101300

网址：www.shgw.bjshy.gov.cn

（社工委）

【社会服务管理】 开发完成顺义区社会服务管理创新指标信息系统并上线运行，从职能部门、镇、街道、社区、村等五个层面选取试点单位进行试点，以实现指标征集、确认、发布、实施、监督、考核等各项工作的信息化。

（社工委）

【社会组织服务】 认定6个街道的社区社会组织联合会为“枢纽型”社会组织，大力培育社区社会组织，数量由2012年的684家增长为1182家。扎实开展政府购买服务工作，争取市、区资金1274万元，扶持社会组织参与社会服务管理。社会组织公益行活动有序推进，80多项活动贯穿全年。

（社工委）

【社区规范化建设基础】 启动“万名社工”培训和社工师考前辅导，全区累计获得社工师资格410人，职业化、专业化水平不断提升。为35个老旧小区解决居委会办公和活动用房9241平方米，统一街道所辖61个社区的服务标识，制作“一刻钟服务圈”图表手册，社区居民生活更加便捷。

（社工委）

【“万人社区工作者”培训班】 5月6日至5月10日，区社工委与北京青年政治学院合作聘请多位市社会建设领域专家前来授课。针对社会领域党建、社区建设、社会组织建设、社工队伍发展等方面进行系统的讲解，并针对我区社区工作者的实际情况，开设顺义区新时期的功能定位、发展阶段性特征和发展思路等课程。

（社工委）

【社会工作师培训】 5月13日，为期6天的社会工作师考前培训班正式开班，此次培训由社会工委主办，聘请来自北京民政干部管理学院从事多年社会工作专业教学的专家教授前来讲课。培训对象为全区113名报考社会工作师职业水平考试的人员。培训内容为社会工作综合能力，社会工作实务，社会工作政策与法规三门课程。

（社工委）

【社区工作者持证上岗】 在2013年国家社会工作者职业水平考试中，我区110名社区工作者通过社会工作师和助理社会工作师考试，全区社区工作者持证上岗人数从300名提高到410名，持证比率达到37.27%，与2012年相比提高了10个百分点。

（社工委）

顺义区人民代表大会常务委员会

【概　况】 2013年召开了1次人民代表大会会议、6次常委会会议和18次主任会议，听取和审议"一府两院"专项工作报告10项，提出审议意见34条；组织代表开展视察、执法检查10次，提出建议37条；任免国家机关工作人员111人次，圆满完成了四届人大二次会议确定的各项工作任务。常委会紧紧围绕全区科学发展大局，议大事、抓重点、求实效，依法履职。不断创新工作方式，增强人大工作的实效性。一是创新监督方式。今年，常委会就群众关注的政府债务问题，首次尝试了专题询问这一监督方式，促进了政府债务良性运行。二是创新督办方式。制定了《关于进一步加强人大代表建议、批评和意见办理工作的意见》，进一步规范了建议办理工作，初步形成了"主任会议集体督办、常委会领导重点督办、工作委员会分类督办、人大代表参与督办、代表联络室统筹督办"的工作机制。三是创新指导方式。在坚持镇人大主席联席会制度的基础上，为推动镇人大工作的规范化，常委会制定了《关于加强镇人大工作的指导性意见》，就镇人大工作的定位、职责、工作程序以及镇人大主席团自身建设等方面提出了明确要求。四是创新信访方式。建立信访联席会制度，初步形成了与"一府两院"信访部门定期沟通协调机制，实现了信息对接、研判准确、督办有力、处置有效的信访工作格局。为常委会依法履职提供有价值信息，发挥了信访机构应有作用。五是创新工作机制。通过完善工作制度，规范工作程序，加强工作协调，大大提高了人大工作效率。

单位名称：顺义区人民代表大会常务委员会
地址：府前东街13号
电话：81491826、69445374
邮编：101300
网址：http：//www.shyrd.bjshy.gov.

（王守明）

【区第四届人大常委会第七次会议】 1月16日在顺义宾馆会议中心二会议室举行。会议听取并审议了区法制办公室主任沈凤江受区政府委托所作的《关于2012年依法行政工作情况的报告》；讨论通过了区人大常委会2013年工作要点和任务分解表；决定了人事任免，决定：任命刘峰为顺义区卫生局局长，免去单德智顺义区卫生局局长职务；李存海为顺义区人民检察院副检察长、检察委员会委员、检察员，免去其顺义区人民法院审判委员会委员、审判员职务；单晓云为顺义区人民法院副院长、审判委员会委员、审判员，免去其顺义区人民检察院副检察长、检察委员会委员、检察员职务；免去吕海燕顺义区人民法院审判委员会委员、审判员职务。会议还决定了其他人事任免事项。

（叶志建）

【区第四届人大常委会第八次会议】 3月29日在顺义宾馆会议中心第二会议室举行。会议分别听取了区政府《关于区人大代表视察看守所、拘留所工作情况所提建议办理情况的报告》和《关于区四届人大常委会第7次会议审议<区政府2012年依法行政工作情况报告>委员所提意见办理情况的报告》。听取并审议了区卫生局局长刘峰受区政府委托所作的《顺义区关于加强公共卫生体系建设的报告》。审议通过了《顺义区人大常委会关于进一步加强人大代表建议、批评和意见办理工作的意见》和《顺义区人大常委会规范性文件备案审查工作实施办法》。决定了人事任免，决定：接受王刚辞去北京市顺义区人民政府区长职务的请求，并报北京市顺义区第四届人民代表大会第三次会议备案。决定任命卢映川为北京市顺义区人民政府副区长、代理区长。

（郭宇明）

【区第四届人大常委会第九次会议】 5月30日在顺义宾馆会议中心第二会议室举行。会议分别听取了区政府《关于区人大代表视察全区垃圾分类和处理情况所提建议办理情况报告》、《关于区人大代表检查<农民专业合作社法>贯彻执行情况所提建议办理情况报告》、《关于区人大常委会第6次会议审议重点镇建设情况所提建议办理情况报告》、《关于区人大常委会第6次会议审议区属国有经营性资产经营管理情况所提建议办理情况报告》和《关于区人大代表检查<就业促进法>贯彻执行情况所提建议办理情况报告》。听取并审议了区财政局局长赵殿江受区政府委托所作的《关于2012年财政决算情况报告》，并作出了《北京市顺义区第四届人大常委会关于批准北京市顺义区2012年财政决算的决议》。听取审议了区审计局局长刘福海受区政府委托所作的《关于2012年财政预算执行和其它财政收支审计情况报告》。决定了人事任免，决定：任命王守明为顺义区人大常委会研究室主任，免去其顺义区人大常委会教科文卫工作委员会主任职务；罗振文为顺义区人大常委会城乡建设环保工作委员会主任，免去其顺义区人大常委会研究室主任职务；高学通为顺义区人大常委会教科文卫工作委员会主任，免去其顺义区人大常委会城乡建设环保工作委员会主任职务；免去潘起北京市顺义区人民检察院检察员职务。

（王　辉）

【区第四届人大常委会第十次会议】 7月30日在顺义宾馆会议中心第二会议室举行。会议分别听取了区政府《关于区人大常委会第8次会议审议全区公共卫生体系建设情况所提意见办理情况报告》、《关于区人大代表视察全区金融产业发展情况所提建议办理情况报告》、《关于区人大代表视察全区平原造林建设情况所提建议办理情况报告》和《关于区人大常委会第9次会议审议区政府2012年财政决算报告所提意见办理情况报告》。听取并审议了区发改委主任董建华代表区政府所作的关于2013年上半年国民经济和社会发展计划执行情况的报告；区财政局局长赵殿江代表区政府所作的关于2013年上半年财政预算执行情况的报告。决定了人事任免，决定：免去孟庆平、邢文生、崔杰顺义区人民检察院检察委员会委员职务；马春青、崔杰顺义区人民检察院检察员职务。任命孙宏伟、李莲红、高劲松、郭富选为顺义区人民检察院检察委员会委员；李润华、雷云峰、王楠、韩菲、张文影、刘芳、王景亮、刘静为顺义区人民检察院检察员。决定免去高士虎顺义区安全生产监督管理局局长职务；刘庆顺顺义区民政局局长职务；沈凤江顺义区人民政府法制办公室主任职务；巩维国顺义区社会建设工作办公室主任职务；陈红宇顺义区信访办公室主任职务；徐泽民顺义区人民法院副院长职务；孟庆平顺义区人民检察院副检察长职务。任命孙书林为顺义区安全生产监督管理局局长；单成刚为顺义区民政局局长；吕海燕为顺义区人民政府法制办公室主任；张友生为顺义区社会建设工作办公室主任；陈汉松为顺义区信访办公室主任；胡国东为顺义区人民法院副院长。区政府林向阳常务副区长分析了今年的形势及上半年全区主要经济指标完成情况。会议还传达了区委四届五次全会精神。

（洪志伟）

【区第四届人大常委会第十一次会议】 9月30日在顺义宾馆会议中心二会议室举行。会议分别听取了区政府《关于区人大代表视察全区重大产业项目建设情况所提建议办理情况的报告》、《关于区四届人大常委会第10次会议审议区政府2013年上半年国民经济和社会发展计划执行情况所提意见办理情况的报告》和《关于区四届人大常委会第10次会议审议区政府2013年上半年财政预算执行情况所提意见办理情况的报告》。听取并审议了区政府办公室主任秦拥军代表区政府所作的《关于区四届人大二次会议代表建议批评和意见办理情况的报告》；区人民法院院长郭铁相所作的《关于人民法庭工作情况的报告》；区人民检察院检察长张守良所作的《关于发挥检察职能化解社会矛盾工作情况的报告》。决定了人事任免，决定：接受祝卫东辞去北京市顺义区人民政府副区长职务的请求，并报北京市顺义区第四届人民代表大会第三次会议备案。根据区人民政府代理区长卢映川的提请，会议决定任命史小红为北京市顺义区人民政府副区长（挂职一年）。会议还进行了其他人事任免，决定：任命商广清为顺义区旅游发展委员会主任，免去其顺义区外事旅游局局长职务；田法德为顺义区人大常委会办公室副主任；李建为顺义区人民法院民事审判第二庭副庭长，免去其顺义区人民法院民事审判第一庭副庭长职务；罗旭华为顺义区人民法院执行一庭副庭长；白玉龙为顺义区人民法院刑事审判庭副庭长，免去其顺义区牛栏山人民法庭副庭长职务；赵仁洋为顺义区人民法院民事审判第一庭副庭长，免去其顺义区人民法院执行一庭副庭长职务；陈英为顺义区牛栏山人民法庭副庭长，免去其顺义区人民法院刑事审判庭副庭长职务；张丹芳为顺义区杨镇人民法庭副庭长；免去杜瑞华、薛国、孙学旺、周市顺义区人民法院审判员职务。

（王守明）

【区第四届人大常委会第十二次会议】 11月28日在顺义宾馆会议中心二会议室举行。会议听取了区政府关于区人大代表视察义务教育均衡发展情况所提建议办理情况报告；区发改委主任董建华代表区政府所作的关于顺义区“十二五”规划实施的中期评估情况报告，作出了关于批准北京市顺义区国民经济和社会发展第十二个五年规划纲要部分指标调整方案的决议。讨论通过了顺义区人大常委会关于加强镇人大工作的指导性意见，并决定提交区委常委会讨论。会议决定了人事任免。决定：免去赵永林、赵和平、李润华顺义区人民检察院检察员职务；免去吕志旺顺义区体育局局长职务；王福印顺义区商务委主任职务；冯义国顺义区教委主任职务；闫连恒顺义区监察局局长职务；臧小华顺义区民宗侨办主任职务。决定：任命李成为顺义区体育局局长；秦拥军为顺义区商务委主任；刘克祥为顺义区教委主任；闫连恒为顺义区民宗侨办主任；胡小兵为顺义区监察局局长。会议讨论通过了关于召开区四届人大三次会议的有关事项。通过了区人大常委会关于召开四届人大三次会议的决定，决定于2013年12月23日至27日举行顺义区第四届人民代表大会第三次会议；通过了四届人大三次会议的议程草案、主席团及秘书长名单草案、财政预算审查委员会名单草案、议案审查委员会名单草案。上述议程和名单草案经各代表团酝酿后，将提请顺义区四届人大三次会议预备会议通过。会议讨论修改了区人大常委会工作报告。

（叶志建）

【顺义区第四届人民代表大会第三次会议】 12月23日至27日在顺义宾馆举行。出席会议的代表226名，227人列席了会议。会议听取并审议了区人大常委会工作报告、区政府工作报告、区人民法院和检察院工作报告；审议了顺义区2013年国民经济和社会发展计划执行情况及2014年国民经济、社会发展计划草案的报告（书面）；顺义区2013年财政预算执行情况和2014年财政预算草案的报告（书面）；审议了区四届人大二次会议代表建议办理情况报告（书面）；通过了大会有关工作报告的决议，选举卢映川为顺义区人民政府区长。本次大会共收到代表提出的议案、建议83件。

（郭宇明）

【听取并审议决定重大事项】 顺义区第四届人大常委会本年度围绕全区重点工程、财政预决算执行、人事任免等，作出决议、决定6项，任免国家机关工作人员111人次，接受了王刚区长、祝卫东副区长的辞职申请，任命卢映川为顺义区人民政府副区长、代理区长；史小红为顺义区人民政府副区长（挂职一年）。

（王　辉）

【监督工作】 一年来，常委会通过专题审议、代表视察、执法检查、听取汇报、规范性文件备案审查等方式，加强对“一府两院”的监督，不断提高监督实效，有力推动了全区科学发展。一是加强工作监督。常委会通过专题审议政府推进依法行政工作情况报告，听取农村基层政权建设和司法工作情况汇报，听取“六五”普法规划中期实施情况等汇报，督促政府加强法制建设，落实执法责任，不断提高依法行政水平，努力形成严格依法行政、依法办事的工作氛围，确保权力运行的法制化。常委会还设立了规范性文件备案审查机构，制定了备案审查工作实施办法，通过对政府规范性文件的备案审查，督促政府及时清理和修订与现行法律不符的文件和政策，提高了政府部门办事效率和服务水平。二是加强司法工作监督。常委会听取和审议了法院关于人民法庭工作，检察院关于发挥检察职能、化解社会矛盾工作及“两院”半年工作报告。采取专题座谈和个别访谈相结合的方式，就法院基层法庭建设、检察院执法办案、公安分局破获重大刑事案件以及司法队伍建设情况深入调研。对司法机关加强规范化建设、强化内部监督、全面提升队伍素质以及发挥优势、化解矛盾、促进和谐等提出意见和建议。三是加强经济工作监督。常委会专题审议了政府财政预决算、国民经济和社会发展计划年度执行情况、“十二五”规划中期评估报告，视察了重大产业项目、重点工程建设、金融产业发展、五彩浅山开发情况，通过加强对经济工作的监督，督促政府建章立制，规范经济行为。四是加强对重点工程的监督。常委会先后视察了区内7个重点工程建设情况，就项目建设质量、工程进度、安全监管、超概算等问题提出可行建议，为加快顺义新城建设发挥了应有作用。五是加强民生工作监督。常委会对事关群众切身利益的工作进行跟踪监督，有效促进了问题的解决。

（洪志伟）

【代表工作】 一年来，常委会进一步完善工作机制，努力提高服务水平，积极为代表履职提供服务，代表工作取得新进展。一是加强培训，提高履职能力。二是贴近服务，拓宽履职渠道。三是宣传典型，激发履职热情。通过多措并举，代表的代表意识、责任意识、履职意识明显增强。常委会还创新代表建议办理机制，建立了人大代表、承办单位、常委会相关委室参加的建议办理“三方见面”机制。全年共举行了两次“三方见面会”，对 13 件重点建议进行了现场督办。同时改进建议办理方式，确立了督办现场会、办理协调会、工作交流会、总结表彰会等新形式，开辟了建议办理新途经，有效促进了建议的落实。

（王守明）

【自身建设】 常委会把自身建设摆在突出位置，切实加强思想、制度和作风建设，不断提高履职水平，为完成各项任务提供了有力保障。一是加强队伍建设，服务能力显著提高。常委会以建设“学习型、服务型、和谐型、创新型”机关为载体，围绕人大及其常委会的职能和任务，加强对人大制度、人大理论和市委、区委战略部署的学习，提高了常委会组成人员、机关干部业务素质和履职能力，增强了做好人大工作的责任感和使命感。二是深入调查研究，工作作风明显改进。常委会以增强监督工作的实效性为核心，把调查研究放在突出位置，坚持审前调研，深入基层摸实情，全面掌握第一手材料，为提高审议质量打好基础。三是做好宣传工作，人大形象不断提升。2013 年，常委会继续加大宣传工作力度，召开人大宣传工作会，专题研究部署宣传工作，充分利用各种媒体，及时报道常委会主要工作和人大代表重要活动。全年共完成《人大工作通讯》3 期、在《顺义时讯》宣传“人大知识”20 期，专版 3 期，通过电台、电视台、网站等媒体发布信息 100 多条，为坚持和完善人民代表大会制度，提升人大形象起到了非常重要的作用。

（叶志建）

顺义区人民政府

综　　述

一、结构调整积极推进，发展质量和效益不断提高

产业转型升级加快。战略性新兴产业发展态势良好，环球华影激光电视、中航信数据中心启动建设，远大住工项目正式签约，一批高新项目落户，为后续发展积蓄了新力量。工业保持快速增长，预计完成总产值2640亿元，增长15%。汽车产业增势强劲，预计完成产值1490亿元，增长21%，其中北京现代年销量首次突破百万辆。新兴金融发展迅速，中加基金、中青基金等30家金融机构相继入区发展。文化创意产业加快发展，新国展一期配套主体工程完工，展会服务保障能力进一步提高。商业业态不断丰富，金街悦港城、国门一号即将开业。第十一届中国菊花展、“舞彩浅山”国际登山大会等重大活动成功举办，预计全年接待游客462万人次，增长5%。

功能区建设迈出新步伐。天竺综保区服务功能进一步拓展，汽车整车进口口岸验收运营，保税拍卖业务成功开展，歌华文化贸易企业集聚中心等重大项目建设进展顺利，新引进企业50家，投资总额50亿元。保税功能区全年预计实现进出口总值30亿美元，增长26%。中关村顺义园规划编制全面启动，中晟国计等6个高端项目入园落户，开始成为高新技术成果转化的重要基地。临空经济区功能整合积极展开，核心区管委会组建初步完成，为推进转型升级、释放空间活力奠定了基础。14个经济功能区全年预计实现公共财政预算收入47.5亿元，支撑起区域经济的“半壁江山”。

发展活力继续提升。消费拉动作用进一步增强，全年社会消费品零售额预计完成296亿元，增长16.5%。投资总体平稳，全社会固定资产投资预计完成418亿元，与上年基本持平。年初确定的90个投资亿元以上的重大产业项目中，数码视讯数字电视产业园等24个项目建成投产，北汽越野车基地等57个项目加快建设。顺鑫农业定向增发股票进展顺利，区国资中心10亿元企业债发行工作稳步推进，15亿元中期票据具备发行条件。上市企业培育力度加大，新引进上市公司和拟上市公司4家，15家企业进入上市程序。创新驱动发展取得新成效，制定出台加强科技创新系列政策措施，新认定国家级高新技术企业44家，市级企业技术中心5家。品牌培育取得新成果，成功争创1件中国驰名商标、5件北京市著名商标。

二、城市化发展步伐加快，综合服务能力进一步增强

新城建设加快推进。总体规划实施情况评估和潮白河生态发展带规划、首都机场周边地区规划编制初步完成。重点工程加快建设。新殡仪馆正式投入使用，职教中心、劳动力实训基地、体育中心等6项工程实现主体封顶。畅通工程加快实施，12座公交首末站建成使用，2座公交中心站结构封顶，顺安路、高白路等6条道路完工，白马路东延、站前北街延长线等23条道路工程加快建设。全年新建、改建道路23公里，完成乡村公路大修121公里，新建各类市政管网80公里。电力设施不断完善，西马220千伏变电站投入使用，西府和董各庄110千伏变电站即将竣工。

城市管理服务不断延伸。网格化管理指挥平台初步建成，为实施精细高效管理打下了坚实基础。水电气热等基础设施运行平稳，企业生产、市民生活得到有效保障。社会服务管理创新指标信息系统投入运行，基础服务管理能力进一步增强。“智慧顺义”建设深入开展，首批37家智慧社区通过验收。“六型社区”创建进展顺利，“枢纽型”社会组织工作体系不断完善，近千家社区社会组织纳入服务管理范围。完成7个老旧小区、63万平方米的建筑节能综合改造，8769户居民从中受益。妥善解决村庄拆迁遗留问题，腾净土地85宗、6335亩。

浅山开发实现良好开局。国家登山步道一期125公里全线贯通，产生了良好社会反响。各项配套公共服务设施加紧完善，郊野公园规划初步完成，富民效果开始显现。

新农村建设继续深入。重点镇建设扎实推进。都市型现代农业加快发展，万亩示范区农田建设进展良好，新建和改造老旧设施农业3000亩，“菜篮子”工程取得新的实效。完成2.2万户农宅抗震节能改造及新建翻建工程，农村房屋质量和保温效果显著提升。南陈路新型农村社区建设稳步推进，天然气入户试点工程启动实施。

三、环境整治深入开展，生态文明建设取得新成效

大气污染治理扎实推进。实行更为严格的环评审批制度，否决191个不符合环保要求的项目。淘汰“三高”企业深入展开，关停金隅顺发水泥、古城砖厂等污染企业34家。启动农村地区“减煤换煤、清洁空气”行动，1.9万户优质燃煤替代稳步实施，南彩镇整体液化石油气下乡、西马各庄村“煤改电”取暖试点如期完成。大力推进机动车污染治理，全年累计淘汰老旧机动车1.29万辆，组建绿色车队223家、运输车辆3884辆。更新新能源公交车222辆，200辆电动出租车即将投入运营。深入开展施工现场扬尘、建筑垃圾消纳、道路遗撒专项治理行动，扬尘污染得到有效控制。

生态环境水平显著提升。高标准完成4.8万亩平原造林任务，苗木成活率达到95%以上。新城滨河森林公园建成开放，37公里健康绿道投入使用。积极推进污水处理和再生水利用设施建设，全区污水日处理能力达到42.4万立方米。在全市率先引入BOT模式，启动8座镇级再生水厂新建工程，3座已经具备开工条件。深入开展中小河道生态治理，蔡家河、方氏渠18公里疏浚工程基本完成，行洪保障能力有效提升。

环境综合整治初见成效。完成671项市、区两级环境建设台账任务，城乡环境治理状况进一步改善。加强非正规垃圾填埋场整治，着力推动垃圾减量化，推广生活垃圾分类，不断规范餐厨废弃油脂和建筑垃圾管理，全区生活垃圾无害化处理率达到97%。积极开展“三大秩序”整治行动，集中整治违法违规行为，重点区域秩序逐步好转。加大打非治违力度，累计拆除违法建设1045宗、126万平方米，腾退土地6027亩。认真开展群众环境满意度调查，群众反映的热点

问题得到及时有效整改。

四、各项惠民政策措施扎实落实，民生服务继续改善

就业保持在高水平。积极实施就业优先战略，多渠道开发就业岗位，城乡劳动力二三产业就业率稳定在95%以上，实现全市首家充分就业区“两连冠”，区域劳动力充分就业与质量就业实现双提升。积极开发养山护水、生态涵养等绿色岗位，实现2900人绿色就业。转非工作平稳推进，完成征地转非3236人，就业转非1547人。

社会保障不断扩展。全年开复工回迁安置房和保障性住房515万平方米、5.1万套，竣工199万平方米、1.8万套。大营、于庄等12个村、1.6万人完成回迁，5260户限价房、经济适用房轮候家庭公开摇号配售工作完成，实现1:1配售。公租房申请正式启动，住房保障人群范围进一步扩大。各项社会保险政策覆盖面继续扩展，五项保险基金累计达到59.2亿元。城乡低保标准统筹提高到每人每月580元。大病救助最高标准由12万元提高到14万元，累计救助365人次、发放救助金214万元。投入1168万元，为325户低收入家庭、优抚对象翻修房屋，实现城乡无危房户。在全市率先扩大享受老年人高龄津贴和医疗补助的人员覆盖面，老年人福利待遇进一步提高。慈善事业蓬勃发展，救助贫困对象1万余人次。

公共服务继续改善。新建、扩建8所公办幼儿园和15所村办园，新增学位5570个，学前教育服务能力进一步增强。7所“校安工程”竣工交用。成功创建全国数字化学习先行区。第33届北京青少年科技创新大赛圆满举办。卫生事业加快发展，全区首家三甲医院—地坛医院顺义院区即将投入使用，北京中医医院顺义医院挂牌成立。在全市率先实现疫苗全程冷链运输与监控，建立起可靠的公共卫生免疫屏障。基层文化生活丰富多彩，完成850场农村“星火工程”专项演出，放映电影1.7万余场。加强群众体育设施建设，完成60个市级体育生活化社区和健身俱乐部设备设施配建。

社会保持和谐稳定。全国安全发展示范城市创建工作深入推进，全区安全生产形势保持平稳。食品药品抽检抽验合格率保持在98%以上。加强突发事件应急处置，人感染H7N9禽流感防控迅速有效，城市运行安全平稳。社会稳定风险评估机制不断健全，重大活动安保任务圆满完成。深化治安防控体系建设，加强矛盾调处和信访积案化解，全区治安形势良好，群众安全感位居全市前列。深入推进双拥工作，大力支持部队建设，军政军民关系更加密切。

五、体制机制不断创新，政府自身建设进一步加强

食品药品监督管理机构组建顺利完成，空港街道管理体制改革试点积极展开。国有企业改革不断深化，燃气、大龙、自来水、恒锋市政等国有企业公司化改造陆续启动。基础设施投融资改革取得重要突破，政府投资管理机制进一步健全。深入落实党风廉政建设责任制，对重大工程项目、大额专项资金实施全过程监管，严格执行重大事项集体决策和政府重大合同审核备案制度。审计监督进一步强化。始终坚持用制度管人、管事、管权，政府部门廉洁自律意识切实增强。

民主法制建设进一步加强。坚持依法行政，认真落实区人大及其常委会决议决定，自觉接受人大工作监督、法律监督和人民政协民主监督，办理人大代表建议88件、政协委员提案161件，满意率不断提高。基层民主政治建设不断加强。圆满完成第九届村委会换届选举，书记主任“一肩挑”比例、“两委”交叉任职率全市第一。人事人才、广播电视、民族宗教侨务、气象、档案工作切实加强，国防后备力量建设和工会、共青

团、妇女、儿童、残疾人等各项社会事业取得了新成绩。

单位名称：北京市顺义区人民政府
地址：顺义区府前中街5号
电话：（010）69443080
邮编：101300
网址：www.bjshy.gov.cn

（区政府）

法制工作

【概　况】 2013年，区政府法制工作紧密围绕区委、区政府中心工作，以“建设法治政府，推进依法行政”为目标，以开展深入学习实践科学发展观和“创先争优”活动为动力，创造性地开展各项政府法制工作，不断加强依法行政工作的组织领导，健全科学民主依法决策机制，完善规范性文件监督管理，规范行政执法行为，强化行政执法监督，依法化解行政争议，努力提高行政机关工作人员依法行政能力，依法行政工作取得了显著成效，有力促进全区经济又好又快发展和社会和谐稳定。

单位名称：顺义区人民政府法制办公室
地址：顺义区府前东街9号
电话：（010）61400015
邮编：101300
网址：http://www.fazhi.bjshy.gov.cn

（王建宇）

【行政规范性文件审查备案】 年内，依照法律法规规章和上级行政机关规范性文件的要求，对《顺义区清洁空气行动计划2013年实施方案》、《顺义区关于进一步加强车辆超限超载治理工作的实施方案》等143个文件进行合法性审核（查），共提出意见255条。

（王建宇）

【重大合同审核备案工作】 年内，共审核区政府或经区领导批示的重大合同47件，提出修改意见86条。对本区36家单位787件合同进行备案登记审查。通过开展培训、定期通报、专项检查等方式，增强全区各单位合同备案审核工作的意识。指导各单位建立完善本单位合同管理制度，规范合同管理流程，从源头减少合同的法律风险。

（王建宇）

【行政规范性文件清理】 8月，区法制办按照《北京市人民政府办公厅关于开展本市行政规范性文件清理工作的通知》（京政办函〔2013〕46）号要求，对区2012年12月31日前制定的现行有效的154个规范性文件进行清理，经过清理，保留129件行政规范性文件，废止25件行政规范性文件。

（王建宇）

【依法行政】 一是制定学法计划和推进依法行政工作要点。2月份，按照市、区政府的总体工作部署及要求，结合全区阶段发展特征，制定《顺义区2013年学法计划》，区政府常务会议学法计划新增《国有土地上房屋征收与补偿条例》和《中华人民共和国刑法修正案（八）》法律法规等学习内容。6月份，结合全市推进依法行政工作要点，制定《顺义区 2013 年推进依法行政工作要点》（顺政发[2013]24号），明确各牵头单位工作职责，为各部门有针对性地落实依法行政重点工作提供依据。二是做好区推进依法行政绩效考核工作。3月底，按照《顺义区区级国家行政机关绩效管理考核暂行办法》（顺政发[2010]13号）和年度对各镇主要经济指标与社会调控目标考核体系的要求，结合2013年推进依法行政的各项重点工作，制定《顺义区 2013 年区级国家行政机关依法行政专项考核办法》(顺依法行政发[2013]1号)和《顺义区2013年镇级人民政府推进依法行政专项考核办法》(顺依法行政发[2013]2号),为全区各部门依法行政工作及区推进依法行政工作领导小组办公室年底考核工作提供依据。

(法制办)

【法制培训】 一是开展镇级政府行政执法程序专题培训。5月份,组织镇级政府行政执法程序专题培训,相关执法部门主管副职领导及相关科室负责人共170余人参加。培训重点讲解《行政强制法》、《北京市禁止违法建设若干规定》的操作及适用程序。二是组织法制专题讲座。9月份,举办以《法治思维、法治方式与法治政府建设——转型发展期的观念更新、制度创新课题》为主题的专题讲座。区政府所属部门、市属单位、各镇政府行政正职和主管法制工作的副职共130余人参加聆听了专家讲座。

(法制办)

【行政复议和行政诉讼情况】 一是依法办理复议案件,深化接待咨询工作。年内,区政府共受理行政复议案件82件。已经审结82件,其中维持45件,终止23件,不予受理6件,驳回申请6件,撤销1件。承办市政府受理的以区政府作为被申请人的行政复议案件21件,审结14件,其中13件结果为维持,1件结果为责令限期答复。除在行政复议接待室接待当事人以外,还增设接待渠道,于每月15日、30日区领导信访接待日开展接待咨询工作,年内共参加接待20余次,接待量为120件,129人次。二是将行政复议关口前移,参与行政机关重大执法行为,及时提出法律意见,确保执法行为的合法性,防止在复议及诉讼过程中出现违法和败诉的后果。年内,本区共发生行政诉讼案件131件,其中判决维持126件,裁定驳回起诉40件,判决驳回诉讼请求41件,裁定撤诉19件,判决撤销的6件,判决履行法定职责3件,判决确认违法的5件。

(王建宇)

外事工作

【概　况】 区政府外事办自2013年7月成立以来,在实现各项工作平稳过渡、有序推进的基础上,结合工作职能和地区实际,提出新的工作思路:坚持外事工作服务国家总体外交、服务地区发展的基本原则,坚持“展示一个形象、拓展两个局面、做好三类服务、贯彻‘四化’思维”,即:充分营造和展示“北京·顺义 国际航空中心核心区”国际化形象;积极拓展国际、国内对外交往两个局面;努力做好党政、商务、社会三类外事服务;坚持贯彻规范化、标准化、个性化、国际化“四化”思维。以开放促转型,持续推进顺义区域国际化。

单位名称:北京市顺义区人民政府外事办公室

地址:顺义区府前中街5号

电话:(010)81481980

邮编:101300

(外事办)

【顺义区人民政府外事办公室成立】 根据北京市顺义区机构编制委员会《关于区政府外事办区政府外联办机构设置有关事宜的通知》(顺编委〔2013〕4号)文件精神,区政府外事办与区政府外联办合署办公,对外统称北京市顺义区人民政府外事办公室。2013年7月23日,顺义区人民政府外事办公室正式挂牌办公,下设外联科和外事服务中心。目前共有在编人员9名,其中行政编制6人（公务员编制5人、机关工勤编制1人），全额事业编制3人。

（外事办）

【外事工作体系和制度建设】　一是推进区外事工作领导小组调整工作，进一步充实和完善领导小组工作职责，加大领导力度；二是加快制定和完善各项工作制度，起草《顺义区因公临时出国（境）申报流程及说明》、《关于推进顺义区国际语言环境建设的实施意见》、《顺义区涉外突发事件应急预案》、《顺义区企业人员申办APEC商务旅行卡管理办法实施细则》等多个文件。

（外事办）

【区域国际语言环境建设】　一是通过在顺义网城、顺义学习网等官方网站设立下载专区，免费提供外语译文规范和标准资源。二是以新设置公共场所双语标识为重点，开展检查规范活动。邀请市外办国际语言环境建设处领导和专家来我区五彩浅山登山步道现场指导。三是积极参与北京市民讲外语游园会活动，以“培养国际视野·使用规范英语”为主题，在顺义一中举办主题班会，开展双语标识纠错随手拍、英文情景剧等丰富多彩的活动，深受老师和学生的欢迎。四是起草制定了《关于推进顺义区国际语言环境建设的实施意见》，建立涉及全区多部门的公共场所双语标识、外文宣传口号联动审核机制，明确各窗口部门和服务行业在国际语言环境建设工作中的具体要求，对外事人才队伍建设进行了整体规划，为今后推进我区国际语言环境建设提供制度保障。

（外事办）

【规范因公临时出国（境）管理】　外办按照中央和北京市有关文件精神，规范区因公临时出国（境）管理工作，严格审批程序，为确保出访活动符合相关规定，要求各申报单位一把手对出访行程予以把关。经统计，2013年计划出访团组66个，总人数265人，实际出访团组49个，总人数110人，全年未出现违规违纪现象，因公临时出国（境）人数大幅下降。

（外事办）

【国际友好城市项目】　一是加强与现有国际友城的联系，通过电话、邮件、新年贺年信等方式与韩国友城首尔市城北区加强沟通，为及早实现两地高层互访活动奠定基础。二是积极拓展新的国际友城项目，通过客观分析区域经济社会发展需求，初步拟定6个城市作为友城开发计划，正有序推进各项相关工作。

（外事办）

【APEC商务旅行卡】　为进一步推广APEC商务旅行卡，方便区内企业“走出去”，顺义区外办制定“三步走”的工作方案。第一步摸清底数，以外向型企业、跨国公司为重点，深入企业了解在申办APEC商务旅行卡过程中存在的实际问题和困难；第二步制定措施，结合调研结果，制定出台《顺义区企业人员申办APEC商务旅行卡管理办法实施细则》；第三步具体指导，先后组织召开3场大型推介会，现场指导申办工作，把服务送到企业门口。目前共收到申报材料35份。

（外事办）

【外联服务工作】　一是坚持主动服务。定期走访驻区企业和部队，及时了解企业及部队的实际需求，并给予协调解决。二是建立长效机制。结合服务驻区中央单位和部队的实际情况，就如何更好地为中央单位和部队做好个性化服务，及时修订完善服务机制，为服务提供制度保障。三是积极对接市级服务平台。加强与市外联服务办的沟通与联系，及时了解和掌握北京市服务中央单位和驻京部队的新要求，并积极承办市外联服务办交办的重点事项。

（外事办）

信访工作

【概　况】 中共北京市顺义区委、顺义区人民政府信访办公室，隶属于顺义区人民政府的工作部门，下设接待科、办信科和综合科以及城区、农村两个矛盾调处组。2013 年，顺义区信访办公室在市信访办的指导帮助下，在区委区政府的正确领导下，紧紧围绕年初“顺义区 2013 年政法综治信访工作会议”总体部署，坚持以解决合理诉求为导向，以责任传导为核心，以进一步加强“领导干部接访下访、信访积案化解、体制机制创新”为工作重点，着力畅通和规范群众诉求表达、利益协调、权益保障渠道，深入推进全区信访工作制度化、规范化建设。区信访总量为 2769 批件次，同比下降 3.0%。其中来访 1467 批次，同比下降 2.1%，集体访为 200 批次，同比上升 5.8%；来信 1302 件次，同比下降 4.0%，联名信为 20 件次，同比下降 33.3%。全年无重大重复上访户，未发生信访群体性事件和越级集体访，敏感时期无非正常上访，总体形势平稳可控，信访秩序良好。圆满完成“两节”、“市两会”、“全国两会”、“园博会”、“国际长走大会”、“十八届三中全会”等重要敏感时期信访维稳工作任务，实现了全区信访总量稳中有降、信访秩序正常、信访形势平稳可控的良好局面。

单位名称：中共北京市顺义区委 顺义区人民政府信访办公室

单位地址：顺义区府前中街 2 号

邮编：101300

电话：（010）69444198

电子邮箱地址：xinfb@bjshy.gov.cn

（信访办）

【矛盾纠纷排查调处】 1-12 月份，共开展了 4 次全区范围的社会矛盾纠纷全面排查和 7 次专项排查活动。区信访办将排查出的 43 件各类信访矛盾进行全面梳理，逐案逐人逐项登记，建立起区级矛盾纠纷项目库和相应工作台帐，全部实行责任单位主管领导包案制度，明确解决标准和完成时限。目前已成功化解 38 件，化解率达到 88.4%。

（信访办）

【会商联动化解信访问题】 针对拖欠农民工工资、社区物业管理、涉地串访、雨季渗水等高发性、阶段性信访问题，区信访办召开责任部门会商会议，梳理案情、明晰责任、商讨方案、联动解决，确保息诉罢访。截止 12 月底，区信访办共负责组织召开案件协调会议 88 次，督促、协调各基层单位、部门化解社会矛盾纠纷。

（信访办）

信息工作

【概　况】 2013 年，顺义区的政务信息化建设以《智慧北京行动纲要》为统领， 紧紧围绕“三个阶段性特征”和“四个转型升级”的目标定位，突出抓好政府门户网站建设，不断深化政务公开和政务服务，重点推进信息系统应用，有效促进信息资源共享和服务创新，着力提升信息基础设施服务能力，切实保障重点领域信息安全，取得阶段性成果。

单位名称：北京市顺义区信息中心

地址：顺义区府前中街 5 号

电话：（010）69461764

邮编：101300

（信息中心）

【政务数据中心工程】 政务数据中心总建筑面积 6380 平方米，加快推进供电系统以及室外工程手续办理和施工进度，待政务数据中心正式投入使用后，将为区内各单位提供设备托管、网站托管、主机服务、存储备份、互联网接入、数据交换等服务。

（信息中心）

【全国“政务公开和政务服务”试点建设】 2013 年，信息中心积极推进顺义区全程办事代理网上办公服务系统改造工作，增设服务公告、绿色通道、办件公示等新栏目，重新设计医疗卫生、租房住房、行业准营、年审年检等 48 类服务专题，形成横向覆盖 44 家委办局、纵向延伸所有镇（街道）和社区（村）、共计 2300 余项网上办事服务事项的三级业务应用支撑体系。相关单位通过该系统办理事项 12.8 万件，群众满意率达 100%。

（信息中心）

【电子政务办公服务平台建设与应用】 从满足党政机关办公需求的角度出发，初步实现日常业务与信息系统的融合；妥善解决办公服务平台与邮件等应用系统的程序对接问题。2013 年，相关单位通过办公服务平台办理政府公文 2897 件；接转、办理便民电话 7967 件；传输政务信息 6301 条；收发电子邮件 190000 封。全区基本实现了政务信息数字化、公文流转网络化、办公过程无纸化。

（信息中心）

【电子政务邮件系统】 制定《顺义区电子政务邮件系统管理办法》，明确变更、注销工作流程；定期开展邮件系统漏洞扫描与安全加固工作，切实增强邮件系统主动防御能力。全年累计为 2105 个公务邮箱用户解决邮件发送不成功等问题 20 余个。

（信息中心）

【智能社区管理信息系统应用试点】 2013 年，信息中心结合胜利街道办应用需求，对智能社区管理信息系统进行了修改和完善。胜利街道办的 18 个居委会已完成辖区 301 栋楼房、17941 个房屋、43593 个居民、18706 个家庭的数据采集录入工作，形成社区管理事务的电子台账；在全区率先实现社区“部件、事件”网上全流程处置。

（信息中心）

【政务信息资源共享】 2013 年，充分利用市、区两级资源，建成人口、法人、政务地理信息等 6 个基础数据库。目前归集人口数据 523282 条，法人数据 17765 条，流动人口数据 214714 条，出租房屋数据 30633 条，健康证数据 221762 条。，整合区财政局、统计局等 47 家单位的涉及经济调节、市场监管、社会管理等方面的信息，建成领导决策信息系统，为领导决策提供准确、规范、综合的数据和业务服务；根据环保局业务应用需求，向市经信委申报地理信息图层共享应用审批手续。

（信息中心）

【提升信息基础设施服务能力】 2013 年，全年共铺设政务网络 100 余芯公里，接入社区居委会 18 个。电子政务外网用户单位累计达 826 家，承载各部门业务系统 180 个。政务外网互联网出口带宽由 1000M 增加至 1800M。

（信息中心）

应急工作

【概　况】 2013 年，区应急办在区委、区政府的正确领导下，牢固树立以人为本、生命至上的应急理念，坚持“预防与应急并重，常态与非常态相结合”原则，进一步健全工作机制、夯实基层基础，应急管理工作扎实推进。

单位名称：北京市顺义区突发公共事件应急委员会办公室

单位地址：顺义区府前中街5号

单位电话：69434500

单位邮编：101300

（石　晶）

【突发事件处置】　2013年，区应急指挥中心共接报、处置、办理各类突发情况、预警、通知、咨询等648件，较去年同期491件上升32%。其中，处理各类预警67起，较去年同期47起上升42.6%；协调处置各类事件208起，较去年同期244起下降14.8%。

（石　晶）

【H7N9禽流感】　4月12日，顺义区出现1例人感染H7N9禽流感病例，区应急办承担区防控H7N9禽流感指挥部办公室职能，建立区级指挥部“集中办公、每日例会、信息专报、舆情应对、督导检查”工作机制，共组织召开由区领导参加的防控指挥部工作例会13次，编辑信息专刊31期，通过高效的指挥运转与各单位及时有效的防控工作，全区未出现H7N9后续病例。

（石　晶）

【完善预案体系】　区总体应急预案修订后，区应急办开展全区预案修订工作，2013年完成25个属地（19个镇、6个街道）总体应急预案修订及备案工作及13项专项预案修订工作。创新开展应急预案档案化、信息化管理工作，制定应急预案基本信息表（信息内容包括：预案名称、修订单位、经办人、修订备案时间等），应用于修订的每份应急预案上，为快速查找应急预案，详细掌握预案信息提供便利，进一步提高工作效率。

（石　晶）

【区级应急综合演练】　7月，区应急办与国家行政学院联合组织实施一次区级多科目综合应急演练，演练模拟夏季极端天气导致严重内涝、供电、交通事故，城市运行受到严重影响，有效检验各部门独立处理突发事件的能力，以及区总体预案与相关专项预案的可操作性，磨合各单位组织协调、指挥调度、应急处置等工作机制，锻炼了应急队伍、物资、技术保障能力。

（石　晶）

【宣教培训】　以全国第五个“防灾减灾日”为契机，在全区组织开展“识别灾害风险，掌握应急技能”的主题宣传周活动，发放科普宣传材料5万余份。联合区委组织部组织开展全区领导干部应急管理专题讲座，邀请北京大学信息科学技术学院高层培训中心公共管理专家以“应急与防御管理”为题作专题讲座，全区各单位行政正职和主管应急工作的副职共300余名干部参加培训。

（石　晶）

【技术保障】　完善区应急管理软件应用系统建设工程，填充预案子系统、队伍物资子系统数据。应急物资数据库现收录全区突发事件处置装备类物资151类，168725件，应急处置装备类117类，82601件，能源类物资2类，35000吨，生活必需品4类，19950吨，救灾类物资13类，11537件，卫生医药物资15类，19637件；收录应急队伍159支，其中专业队伍42支，兼职队伍117支，专兼职人员14856人，应急志愿者队伍2300人。

（石　晶）

人口与计划生育

【概　述】 年内，顺义区人口计生委求真务实，扎实工作，全区低生育水平保持稳定，人口规模适度，常住人口98.3万人。1-12月，全年户籍人口出生6910人，政策符合率97.3%，自然增长率5‰。

单位名称：顺义区人口和计划生育委员会
地址：顺通路AMB大厦4层
电话：（010）89445425
邮编：101300
网址：www.fc.bjshy.gov.cn

（张红蕊）

【获奖情况】 顺义区人口信息共享系统荣获中国信息化成果评选三等奖，是北京市唯一获奖项目。顺义区dv短片《因为爱情》在北京市首届《幸福家庭》DV大赛中获一等奖。

（张红蕊）

【计生证件全程办事代理试点】 在牛栏山镇、李遂镇和胜利街道试点实施《生育服务证》、《独生子女父母光荣证》等全程办事代理制度。申请人将申请材料交给计生专干，计生专干帮助群众逐级递交材料，完成各种手续，并将证件送到申请人手中。

（张红蕊）

【计生家庭劳动力全员就业培训】 5月20日，顺义区计划生育家庭劳动力全员就业培训班正式开班，258人参加了为期3个月的培训。年内，区人口计生委与大方职业技能培训学校合作解决计生家庭劳动力就近就业问题。通过培训合格的学员可在基地就业或进入社区服务点从事母婴护理、家居保洁等社区服务。首次招生招工150人。

（张红蕊）

【慰问特殊计生家庭】 5-6月，区计划生育协会投入7.5万元为全区168个特别扶助家庭和132个困难计生家庭购买了慰问品。

（张红蕊）

【人口计生工作汇报】 5月22日，顺义区召开政府专题会议，区长卢映川听取区人口计生委的全面工作汇报。他充分肯定了全区人口计生工作取得的成绩，并对下一阶段的工作方向强调三点意见：一是要把人口调控继续作为政府各项工作发展的重要立足点，坚持成功经验，开展创新研究，使产业发展和人口规模紧密结合，协调发展。二是探索对重大项目的引入进行人口评估，对项目引进伴随而来的人口流动可能对全区经济、社会、资源、环境等产生的影响做出综合分析，提出合理化建议。三是要加强对“失独”家庭帮扶政策的研究，建立长效机制，帮助“失独”家庭解决实际困难。

（张红蕊）

【管理权限明确】 针对区内部分楼区计划生育管理权限不清、群众办理相关事项不畅等问题，区人口计生委出台《关于部分楼区计划生育管理归属的意见》。根据户籍地管理和属地管理相结合的原则，对涉及管辖权限不清的4个镇、街，9个小区（包括3个别墅区）进行了明确的计划生育工作权限划分。

（张红蕊）

【计生药具发放服务管理信息平台】 实现“计划生育药具发放服务管理信息平台”区、镇（街）、村（居）三级药具服务管理信息化后，对药具管理、发放进行实时管理和监控，真实地反映药具使用、发放与管理全过程。

（张红蕊）

【兑现奖励扶助、特别扶助政策】 年内，

全区有奖励扶助对象4055人，每人每年900元，共发放364.95万元；伤残、死亡扶助对象479人，每人每年1500元，共发放71.85万元。区财政合计投入资金436.8万元。

（张红蕊）

【村级养老稳步推进】 年内，全区各村共发放村级养老金3010.69万元，受益人数16807人，比2012年增加1971人。115个村增加发放额度，最高的后沙峪镇枯柳树村，计生家庭老人每人每月可从村里领取养老补助金1100元。

（张红蕊）

总部企业高管人员服务

【概　况】 2013年，顺义区总部企业高管人员服务中心坚持“用心服务至高、共谋发展至上”的服务理念，积极探索服务形式，努力提升服务企业及高管人员的质量，全力以赴为顺义总部经济发展提供服务保障。

单位名称：北京市顺义区总部企业高管人员服务中心

地址：顺义区建新西街3号

电话：（010）89498007

邮编：101300

（黄　华）

【完善服务工作体制机制】 一是完善领导体系建设，建立职能部门联动机制。二是动态完善驻区企业数据库。三是健全“绿色通道”服务，强化办理驻区企业有关事项的保障机制。四是推进长效机制建设，实现服务工作制度化、规范化。

（黄　华）

【服务工作规范化】 一是沟通走访常态化。建立电话沟通制度以及企业走访慰问制度。二是联谊会议经常化。三是节日慰问制度化。

（黄　华）

【协调解决实际困难】 一是子女入学、家属工作调动支持。凡是企业高管子女有在区内学校就学需求的，尽量予以协调解决。年内解决企业高管子女入学10例，协调解决高管子女就业1例。二是协助高管人员参政议政。三是提供体检服务。

（黄　华）

【个性化服务】 一是加强对高管人员的人文关怀，开展“高管人员生日贺岁活动”。二是开展多种形式联谊活动，促进企业交流。三是搭建企业与政府交流平台。四是积极开展重点企业系列宣传活动。

（黄　华）

【认真开展企业奖励兑现工作】 2013年11月—2014年1月，在空港经济开发区、空港物流基地、林河开发区、国门商务区、综合保税区的大力配合下，服务中心对区内的59家企业进行扶持奖励资金兑现工作。将以前年度由空港物流基地、国门商务区自行兑现的所辖企业统一纳入到服务中心的兑现范畴，确保兑现工作有序开展。2012年度共兑现企业59家，涉及兑现资金2.08亿元。

（黄　华）

安全生产监督

【概　况】 2013年，安全监管局持续推进隐患自查自报和标准化创建工作，全年累计消除上报隐患75611件，企业自查自报率达到95.29%；重新修订7708条、47类三级标准化评定标准，并将设备设施考评表增至503套；现场评审844家三级创建企业，累计评审排查各类隐患8915项；截至2013年底，全区累计完成创建一级企业21家，二级企业160家，三级达标企业1613家，小微岗位达标企业8126家，完成三年创建任务的80%。检查生产经营单位2859家次，下达执法文书1005份。累计培训25期共7226名企业负责人和安全管理人员。编辑安全生产工作简报、“两会”安全保障行动专报共29期。全年共发生一般交通事故380起，死亡106人；火灾249起；生产安全事故5起，死亡5人。各类事故死亡总人数111人，安全生产事故控制在市安委会下达的年度控制指标之内。

单位名称：顺义区安全监管局
地址：顺义区石门街6号
电话：（010）69443437
邮编：101300
网址：http://www.ajj.bjshy.gov.cn

（王　雪）

【“两会”代表驻地周边单位执法检查】 2月25日至26日，安全监管局成立“两会”保障安全生产领导小组和专项检查组，逐一检查代表驻地周边地区生产经营单位，检查覆盖率达到100%。经查，200米范围内共有生产经营单位5家，500米范围内共有生产经营单位21家，大部分企业目前尚未开展生产经营活动。检查中发现隐患24项，下达责令限期整改指令书7份。

（王艳林）

【危险化学品企业执法夜查】 3月11日，安全监管局对经营和储存危险化学品的企业开展专项执法检查。检查以加油站和油气库为主，共出动执法车辆2部，执法人员5人，检查6家加油站和1家油气库。检查中发现隐患13项，下达责令限期整改指令书6份，现场检查记录7份。

（王　雪）

【非煤矿山整顿工作会】 4月22日，安全监管局组织5家非煤矿山企业召开整顿工作会。会议发放相关文件，并强调：一要保证采矿许可证、工商营业执照、安全生产许可证等资质证件合法有效；二要保证9月底前年开采量达到50万吨以上；三要保证年底前安全生产标准化等级达到三级以上；四要保证建设项目符合三同时规定；五要保证相邻矿山间安全开采、安全爆破。会后5家企业均按照上述五点要求进行整改。

（李建坡）

【标准化三级培训】 5月9日至17日，安全监管局组织开展标准化三级企业培训，18批次共计3000人参加本次培训。培训会聘请北京市安全监管局职安处副处长李东明讲解职业卫生安全知识，北汽工程研究总院有限公司工程师虞亚平讲解设备设施使用知识。

（王　雪）

【消防应急演练工作】 5月23日，安全监管局联合天竺镇政府、区消防支队、空港中队等部门开展消防应急演练活动，天竺镇安全科全体工作人员共55人参加此次演练。演练有效检验消防池的实际供水能力和自动补水速度，并对村域内杨柳絮进行湿化。

（王　雪）

【零点夜查行动】 7月24日，安全监管局对三家危险化学品重点单位进行突击夜间检查。检查人员对企业的监控、配电及油罐区等重点部位进行全面隐患排查，详细查阅监控、交接班及24小时巡检等记录资料，有效检查企业应急值守能力和对设备设施的安全保障能力。

（王　雪）

【基层安全生产检查人员大培训】 8月26日至29日，安全监管局分批次对910名村、居委会的安全生产检查人员开展基层安全生产检查人员大培训活动。培训内容主要围绕文书填写、检查程序、行为规范等方面进行讲解，强化村、居委会安全生产监管工作，使基层安全生产监管工作规范化、标准化。

（徐　慧）

【市安全监管局调研标准化工作】 9月11日，北京市安全监管局局长张家明带队调研顺义区安全生产标准化工作。调研组走访顺鑫农业股份有限公司创新食品分公司，听取顺义区等东部9区县汇报近期标准化工作开展情况，了解存在的问题和建议。会议最后，张家明局长对各区县工作给予肯定，并给出进一步的工作建议。

（王　雪）

【标准化现场评审】 9月2日至10月17日，安全监管局组织标准化三级评审工作。期间评审企业658家，涉及五大类、35个属地、15个行业。评审企业中达标企业650家，未达标8家，评审达标率为98.78%，其中初评通过553家，初评通过率达到85.08%，复评通过97家。评审企业中最高分992分；最低分0分，平均得分为775分。从总体情况看，达标率较高，达到预期创建效果。

（李　义）

【机动车维修行业职业危害治理成果】 截至11月30日，安全监管局在全区范围内开展为期6个月的机动车维修行业职业危害治理专项行动。专项治理期间，共督促63家不符合安全生产条件的企业改善场所职业卫生条件；帮助80%以上机动车维修企业建立健全职业卫生管理制度；检测28家涉及职业危害因素的企业，体检455位涉及职业危害的职工，并督促检测评价结果不符合国家职业卫生标准要求的企业及时整改。

（赵建平）

食品药品监管

【概　况】 2013年，食品药品监督管理体制全面改革，区政府按照国务院机构改革要求和市、区工作部署，专门制定《顺义区食品药品监督管理体制改革实施意见》（顺政办发[2013]32号），将组建机构、完善机制与加强监管同步推进。各项监管工作均实现了有序衔接和平稳过度，全年未出现食品药品大案要案、未发生食品药品安全责任事故，食品药品安全总体形式平稳有序。区食品药品监管局和镇街食品药品监管所分别与9月10日和30日挂牌成立，并于11月1日起正式履职。区局内设12个科室和食品药品稽查大队，稽查大队下设两个分队；在镇街设立22个监管所。共有人员195名，其中划转132名，镇街属地政府配备63名。截至2013年底，辖区共有食品药品监管对象13258个，其中食品类11675个，药械类1560个，化妆品类11个。

单位名称：北京市顺义区食品药品监督管理局

地址：顺义区仓上街3号

电话：81494106

邮编：101300

网址：http://shunyi.bjda.gov.cn

（韩艳杰）

【基础建设】 北京市食品药品监管体制将垂直管理和属地管理有机结合，镇街食品药品监管所既是区局派出机构也是镇街属地政府内设机构。在区委、区政府高度重视和正确领导下，各镇街属地政府将构建完善统一权威的食品药品监管体系作为转变政府职能、提升政府公共服务的重要抓手，克服重重困难，在最短时间内为监管所配备了相应工作人员、办公用房、车辆以及必要的执法设备，为11月1日全面正式履职奠定扎实基础。

（韩艳杰）

【完善机制规范履职】 一是加强培训提升队伍综合监管能力。本着急用先学、服务工作的原则，通过集中培训、边干边学等多种方式，提升行政执法能力。二是强化规范管理，建章立制到位。按照市、区部署，结合工作实际，研究制定了《食品药品监管所规范化建设标准》、《受理违法信息举报实施细则》、《案件合议制度》、《一般程序案件集体审核制度》等多项制度标准，明确了岗位职责，强化了工作规范。三是努力攻坚克难，履职尽责到位。2013年，共接受咨询4322件，受理许可申请971件，受理投诉举报187起（其中食品类167起，药品类20起），监督检查各类食品药品主体3182户次，立案查处违法经营行为3件，通过行政指导纠正违规行为为132件。食品药品抽验合格率分别达到98.35%和99%。较好地维护了辖区食品药品市场秩序。

（韩艳杰）

市场经营管理

【概　况】 2013年完成市场经营收入2920万元，比年初计划增收360万元，比2012年增收470万元，同比增长19%。其中，超额完成任务170余万元。2013年市场规模不断扩大，截至2013年4月，顺义区市场中心共接管市场29个，合作办市场14个，收购市场3个，参与建设、管理的市场共达47个，占全区市场总数的74%。同时市场产业结构日趋优化，产业体系更加完善，从社区菜市场到产地批发，从经营农产品到经营汽车、花卉等，市场业态不断丰富，以农产品市场为基础，多产业支撑的市场发展格局进一步形成。多年来，市场中心围绕“市容与繁荣”、“便民与扰民”、“流通与交通”三大问题，通过参与“一乡一镇一市场”、“万村千乡工程”、新一轮菜篮子工程、区政府为民办实事工程、折子工程、重点工程、环境整治工程等多个项目，先后完成46个市场的升级改造任务，方便了市民生活，并与23个新建、在建小区开发商共同设计了菜市场的建设方案，探索出了一条“政府主导、专业管理、突出公益”的符合顺义区情的农贸市场发展模式。

单位名称：顺义区市场经营管理中心
地址：顺义区石门街10号
电话：（010）69442855
网址：http://www.shysczx.bjshy.gov.cn/

（市场经营管理中心）

【重点实事工程】 2013年底完成了所属顺潮机动车二手车交易市场场地的地面硬化及新车交易大厅的升级改造工程。重点工程“前期手续办理项目”便民新市场的建设工作，目前正积极与区领导及相关部门沟通、协调，正在稳步推进中。同时，西辛南区菜市场的升级改造，于9月15日全面完成并正式开业。中心对樱花园、牛山、高丽营、建北、裕龙、古玩、赵各庄等市场进行了升级改造。

（市场经营管理中心）

【市场管理】 通过每季一次对市场环境卫生、经营秩序的录像曝光，各市场加大对市场及周边卫生环境的综合整治。在食品安全上，中心各市场重点加大了索证索票、市场准入、质量追溯、食品检测等方面监督管理力度，有效杜绝了伪劣商品的进入，保障食品安全质量。在消防安全上，按照区有关会议精神，积极开展隐患排查。在落实包摊、包房、包场责任制的同时，通过加强电子设备监控、配足灭火器材、加强夜间值班、实行专人看守等措施，构建人防、技防为一体的安全防线，网格化立体防控体系不断完善。按照北京市工商局市场管理分级分类、星级商户评比和市场管理“七化”标准，中心积极协同城管、工商、卫生等相关部门，加强了对市场经营秩序、安全设施、流动人口的监督检查，下发告知书 2618 份，签订责任书 1985 份，拆除私搭乱建 102 处，更新不规范及破旧广告牌 136 块，引导市场周边游商 185 家入市经营。

（市场经营管理中心）

【公益性经营】 市场中心北务产地批发市场继续实施全程不收费，无偿为上市人员义务服务。在蔬菜价格波动期间，中心组织多个市场启动了惠民菜、低保菜活动，对大白菜、土豆等 8 种“当地农家菜”施行限价销售。对自产菜农、60 岁以上、老弱病残、下岗再就业、复转军人商户减免摊位费。

（市场经营管理中心）

对外联络工作
投资促进局

【概　况】 2013 年共引进项目 418 个，协议引进投资额 796.7 亿元，注册 161.39 亿元。引进实体项目 138 个，协议引进投资额 653.79 亿元，平均投资额达到了 4.74 亿元。楼宇、总部经济类项目 280 个，注册资本 142.91 亿元。其中，共引进亿元以上项目 78 个，协议投资额 731.62 亿元，占投资总额的 92%。

单位名称：北京市顺义区投资促进局
地址：顺义区顺通路 28 号汽车大楼 c 座
电话：（010）89498830
邮编：101300
网址：http://www.investshunyi.bjshy.gov.cn

（投资促进局）

【驻京中外知名企业投资顺义行】 6 月 7 日，由市投资促进局和顺义区人民政府共同举办的驻京中外知名企业投资顺义行暨第 22 届燕京啤酒节招商推介会隆重举行。会上共吸引美国摩天三五集团、中国国际金融、福特汽车等 512 家驻京中外知名企业参会，共 200 余个项目进行对接和洽谈。

（崔立梅）

【北京投资发展洽谈会】 7 月 2 日，由北京市投资促进局与中国民主建国会北京市委员会、北京产权交易所共同举办的“2013 中外投资机构暨民营企业北京投资发展洽谈会”隆重召开。会上，天竺镇与中国智能交通系统（控股）有限公司成功签约。公司拟投资 4 亿元、占地 32.09 亩建设总部办公大楼，其中包括总部办公、模拟展示厅、技术研发中心等。

（崔立梅）

【第五届投资北京洽谈】 7 月 31 日，“以“聚社会资本 促民间投资 稳经济增长”为主题的第五届投资北京洽谈会成功举办。会上，马坡镇与菜鸟网络科技有限公司（简称“菜鸟网络”）成功签约。菜鸟网络将投资 8 亿元建设 CSN 区域核心节点项目。

（崔立梅）

【第十七届中国国际投资贸易洽谈会】 第十七届中国国际投资贸易洽谈会于 9 月 8 日至 11 日在厦门举行。顺义代表团一行先后参加了洽谈会开幕式、北京代表团安排的产业说明会、项目对接会等活动。本届投洽会，区投促局通过大会官网填报项目 27 个，包括地铁 15 号线沿线招商资源、五彩浅山旅游资源、中关村顺义园以及功能区招商资源等。网上成功对接 70 余家企业，现场对接有效项目线索与信息 20 个，意向在谈项目 4 个。

（崔立梅）

【第十一届中国菊花展览会投资顺义项目签约仪式】 9 月 25 日，顺义以第十一届菊花展为平台，举办了“投资顺义项目签约仪式”。市区相关委办局、经济功能区、入区金融机构、签约企业负责人两百余人参加活动。此次活动共签订 14 个高端项目，协议投资总额突破百亿元。

（崔立梅）

【投资北京推介会】 9 月 28 日，区投促局参加了由市政府侨办举办的“投资北京”项目推介会，向与会海内外侨商、侨团重点推介了五彩浅山、地铁 15 号线沿线、中关村顺义园等投资区域。

（崔立梅）

【远大住工投资项目签约仪式】 11 月 21 日，远大住宅工业有限公司（简称“远大住工”）投资项目签约仪式成功举行。此次活动，是继 9 月 25 日与顺义区签署战略合作框架协议后的深化合作。远大住工在林河经济开发区投资 20 亿元建设研发、数据中心。项目建成后，将有效整合全国建筑行业数据信息和最顶尖研发技术。

（崔立梅）

【驻京外省市商会投资顺义行活动】 11 月 27 日，由市投资促进局、顺义区人民政府共同举办的“驻京外省市商会投资顺义行”成功举行。本次活动共邀请到四川企业商会、北京福建企业总商会、北京广西企业商会 125 家会员企业参加。会上，区投促局就全区投资环境、产业发展规划和重点投资领域进行推介。在政企对话环节，8 位企业家介绍了投资计划，主要集中在生物医药、高新技术、休闲旅游等产业。

（崔立梅）

【北京福建企业总商会投资顺义行】 12 月 19 日，北京福建企业总商会投资顺义行活动成功举行。区委书记王刚向北京福建企业总商会会长陈春玖颁发了顺义区招商顾问聘书，陈春玖会长向区委书记王刚颁发了党建工作指导员聘书；区委常委、常务副区长林向阳，北京福建企业总商会会长陈春玖代表双方签订《战略合作框架协议》。区投促局就全区投资环境、产业发展规划和重点投资领域进行推介。

（崔立梅）

档案工作

【概　况】 2013 年，顺义区档案局加强日常监督指导的力度，按照 120 余家立档单位的实际情况，采取兼顾全体、分类指导，重点先行的方法在指导工作方面进一步作深、作细；依照顺义区《2013 年区级国家行政机关依法行政考核指标及评分标准》强化我局依法行政工作；年内完成数字化扫描共计 27 个全宗约 4 万多卷档案、扫描约 350 万页，挂接知青卡片 36375 条，文书档案 55 万页；区档案馆共接待顺义区档案局查档大厅共接待查档人数 3213 人次，查阅各类民生档案 3336 卷；共接收全区 103 家责任单位纸质文本 363 份文件，其中政府职能部门 154 份文件，中心基地管委会 107 份文件，街道办事处、镇政府 74 份文件；根据《档案法》的有关规定，完成馆藏 1983 年档案 73 个全宗 2315 卷档案的鉴定工作。

单位名称：北京市顺义区档案局（馆）

地址：顺义区光明北街4号
电话：(010) 69441542
邮编：101300
网址：dangan.bjshy.gov.cn

（档案局）

【争创市级机关档案工作优秀单位】 在摸底调研的基础上，确定法院、地税局、高丽营镇、龙湾屯镇4家单位参加争创市级优秀活动，3月，组织召开争创市级优秀单位工作会议，就今年开展的争创活动进了总体部署和安排，对各单位提出具体工作要求。截止目前，四家单位全部通过验收工作。

（李秀芹）

【新农村建设档案测评工作会】 7月23日，顺义区新农村建设档案测评工作会在顺义区档案局召开，全区19个镇、9个相关委办局的主管领导参加会议。顺义区副区长燕瑛对新农村建设档案测评工作提出了三点意见：一是进一步提高对新农村建设档案测评工作重要性的认识，加强对档案工作重要性的宣传，积极争取党委、政府和涉农部门对此项工作的配合，实现工作常态化、机制化。二是坚持新农村建设档案测评工作与各项事业同步发展，将档案工作与其他工作同部署、同要求、同检查；坚持三级联动，建立良好的协作机制，形成工作合力，促进此项工作呈现出齐抓共管的局面。三是加大投入，加强培训，提升软硬件水平。通过配齐档案员、加强涉农档案收集、完善和落实档案管理制度、加强村级档案的安全管理、积极探索新农村建设档案工作的新领域和新方式，确保此项工作持续深入开展，推动农村档案工作与时俱进、科学发展。

（张　琳）

【天津市宝坻档案局考察组参观学习】 10月16日上午，天津市宝坻区档案局杨宏起局长、刘艳玉副局长及相关科室负责人等一行八人参观考察。区档案局梁军局长、霍保贵书记热情接待来访人员，双方就条件保障、基础业务、档案信息化建设等方面的工作举行座谈。

（乔砚潮）

【村级档案数量统计工作完成】 年内，顺义区档案局对全区426个行政村各门类档案归档情况进行了统计。2013年全区村级档案归档数量总计13844卷（件）。其中：文书档案7511卷（件）、会计档案3924卷、科技档案18卷、声像档案573件、实物档案791件、选举档案1027卷（件）。

（李爱军）

【“雷锋精神，你我诠释”志愿服务活动】 3月4日，在学雷锋日到来之前，区档案馆联手区第三中学，开展“雷锋精神，你我诠释”主题志愿服务活动。师生们首先观看展览“故事爷爷孙敬修”。参观结束后，全体同学义务打扫展区，擦拭展板、展柜，通过自己的实际行动弘扬雷锋精神，做雷锋传人。

（张　琳）

【“永远的雷锋”主题展览基层巡展】 5月16日，“永远的雷锋”大型主题展览基层巡展在区档案馆举行。基层巡展对“永远的雷锋”大型主题展览进行精缩，共设展板100块，展线136延米。本次巡展由区委宣传部、区文明办和档案局联合举办，展览从5月16日至5月24日，参观人数共计11491人，参观者现场留言共计464条。

（张　琳）

【“国际档案日”活动】 6月9日，区档案馆举办主题为“档案在你身边”的“国际档案日”暨北京市第五届“档案馆日”活动。内容主要包括：1.馆室开放。开放档案查阅利用大厅、档案库房、档案裱糊室。2.互动体验，介绍查档流程和检索方法。3.文化展示。举办《旗帜、足迹》展览，展示顺义人民在中国共产党的领导下克服了种种困难，最终取得革命胜利的足迹；举办丹青圆梦牛成选书画艺术展，展出书画作品 120 余幅；开放馆藏陈列室，展示馆内珍藏的实物档案。4. 开展宣传。现场发放《档案馆简介》宣传折页、《家庭档案知识手册》、《顺义区志》等宣传材料，播放档案视频资料，解答档案利用、家庭建档等相关档案知识。

（张　琳）

地方志工作

【概　况】　年内，地方志主要做了三项工作。一是二轮志书编写培训和资料收集工作；二是参与部门修志的编写和指导工作；三是编纂年鉴工作。

单位名称：顺义区党史区志办公室
地址：顺义区光明北街 4 号
电话：（010）69460011
邮编：101300

（刘秀娟）

【志书编写培训会和资料收集】　1 月 15 日至 18 日，按照政治、经济、城乡建设、社会四个系统，组织参编单位分别召开二轮修志材料收集与编写培训会。培训会主要讲解资料的收集原则、收集方法、收集渠道、收集要求以及资料的编写原则、编写方法；在资料的选取、运用等方面提出了具体要求。全区参会资料员近 200 人。指导全区几十家单位进行资料长篇的试写，五十多家单位已经上报材料，史志办对这些电子版文稿进行了认真审阅和修改，完成审阅几百万字。

（刘秀娟）

【部门修志编写指导】　参加区规划委组织召开的《人文•地理•顺义卷》大型画册的材料收集与编写工作，完成历史、人文篇十万字。收集图片十余张；参加区水务普查办《水文化遗产调查》材料的收集与编写工作，近五万多字；完成区社区教育中心社区教材历史篇的编审工作，五万多字；参与编写和指导《榆林村志》的撰写工作，完成初稿 20 多万字。

（刘秀娟）

【年鉴编纂】　编纂完成《2012 北京顺义年鉴》：收录全区 175 家单位稿件。全书设有 26 个类目，25 个分目，212 个子目，1457 个条目。配以照片、彩页、表格，形象生动地反映顺义区的全貌。全书共计 79 万多字。同时，编写上报《北京年鉴》、《北京农村年鉴》等材料，按时完成了市地方志办公室、市农研中心年鉴编写任务。

（刘秀娟）

政协北京市顺义区委员会

【概　况】 2013年共召开1次政协全体委员会议、5次常委会会议，组织常委、委员共进行了6次工作视察，听取和讨论了“一府两院”的工作报告及区委、区政府有关部门的情况通报，并通过座谈协商、提交提案、反映社情民意、进行专题调研、特约监督工作等多种形式就全区重点工作和人民群众关心关注的问题积极建言献策，全年共协调有关部门办理委员提案169件；向区委、区政府有关部门报送《协商意见》3期，有效履行了政治协商、民主监督、参政议政的职能；向区委有关部门报送了《发挥委员主体作用的实践与思考》、《关于推进首都国际航空中心核心区建设的几点思考》、《加强和改进政协提案工作的实践与思考》、《关于进一步完善政策措施，促进区民营经济发展的思考与建议》等专题调研报告，深入开展了人民政协理论和推动区域经济社会发展的研究。充分发挥了人民政协包容各界、联系广泛、人才聚集的独特优势，坚持围绕中心，服务大局，组织委员针对全区热点重点难点问题开展视察活动，形成多项富有建设性的意见建议；深入基层，体察民情，反映民意，积极开展义诊、慰问等多种形式的连民心、办实事、送温暖活动，为构建和谐顺义增添助力。召开会议传达贯彻区纪委四届三次全会暨全区党风廉政建设工作会议精神。

单位名称：政协北京市顺义区委员会
地址：顺义区府前东街11号
电话：(010)69443831
邮编：101300
网址：http：//www.zhengxie.bjshy.gov.cn

（杨　晨）

【区政协四届三次会议】 12月22日至25日在顺义宾馆举行。会议听取并审议通过了副主席田建国作的常务委员会工作报告，书面审议通过了常务委员会提案工作报告。全体委员列席顺义区第四届人民代表大会第三次会议，听取并讨论政府工作报告，讨论顺义区2013年国民经济和社会发展计划执行情况与2014年国民经济和社会发展计划草案的报告、2013年财政预算执行情况和2014年财政预算草案的报告、区法院和区检察院工作报告。召开区领导与部分政协委员座谈会，形成18项协商意见。副主席刘静向大会作提案审查报告。会议期间共收到委员提案184件，经提案委员会审查予以立案171件。市政协副主席唐晓青及区委、区人大、区政府、天竺综保区领导出席大会开幕式。区委书记王刚在开幕式上讲话。主席杨宝华主持开幕式。区委副书记周颖博出席闭幕式并讲话。

（杨　晨）

【第四届常务委员会第6次会议】 4月3日召开。学习市政协十二届一次会议精神；审议通过《政协北京市顺义区第四届委员会常务委员会关于加强自身建设的意见（草案）》；协商决定人事事项，同意周波同志不再担任政协北京市顺义区第四届委员会委员。综合部分常委的会议发言，形成了 16 条协商意见。杨宝华讲话。田建国主持。

（杨　晨）

【第四届常务委员会第 7 次会议】 6 月 14 日召开。听取了北京汽车集团关于国内外及北京汽车产业现状及发展趋势的情况介绍。视察了北汽集团研发基地、北京现代第二工厂和北汽自主品牌汽车生产基地。区政府副区长盛德利陪同视察。杨宝华讲话。田建国主持。

（杨　晨）

【第四届常务委员会第 8 次会议（扩大）】 8 月 1 日召开。副主席孙桂祥介绍区委四届五次全会基本情况，传达区委书记王刚在区委全会上的讲话精神。区委常委、区政府副区长祝卫东通报全区上半年经济社会发展情况和下半年工作重点安排。部分经济界委员和工商联界代表列席会议。杨宝华讲话。田建国主持。

（杨　晨）

【第四届常务委员会第 9 次会议】 10 月 10 日召开。听取了区教委关于全区教育事业发展现状和校安工程建设的情况通报。视察了第十三中学和牛栏山一中。区教委主任冯义国、区教育督导室主任姜华阳陪同视察。综合部分常委的会议发言，形成了 15 条协商意见。杨宝华讲话。田建国主持。

（杨　晨）

【第四届常务委员会第 10 次会议】 12 月 11 日召开。听取了区纪委党风廉政建设情况通报。审议通过了《关于召开政协北京市顺义区第四届委员会第三次全体会议的决定（草案）》、《政协北京市顺义区第四届委员会第三次会议议程（草案）》、《政协北京市顺义区第四届委员会第三次会议建议日程（草案）》，原则通过了《区政协常务委员会工作报告（讨论稿）》、《区政协常务委员会关于提案工作情况的报告（讨论稿）》和《区政协常委会 2014 年工作要点（草案）》。杨宝华主持并讲话。

（杨　晨）

【区政府征求意见座谈会】 配合区政府召开征求意见座谈会，听取政协委员对 2014 年政府工作的意见建议。会上，12 名与会委员积极发言，提出了关于产业发展，文化、教育、卫生、体育，人才引进与培养，城乡建设，住房保障，临空经济发展、政府自身建设等七个方面的 25 条意见建议。

（杨　晨）

【“两办”提案督办会】 2 月 28 日，区委办公室、区政府办公室召开提案督办会，“两办”督查室、区政协提案委员会及承办单位负责人参加。

（杨　晨）

【全体机关工作人员会议】 3 月 7 日召开。传达贯彻区纪委四届三次全会暨全区党风廉政建设工作会议精神。办公室主任张存忠宣读了区纪委书记肖韵竹题为《全面贯彻党的十八大精神，深入推进党风廉政建设和反腐败工作》的报告，秘书长李景林对新制定的《关于进一步改进工作作风密切联系群众的实施细则》作了说明。杨宝华主持并讲话。

（杨　晨）

【提案办理工作现场会】 3 月 21 日召开政协委员提案办理工作现场会，副主席闫志广出席会议，区政协提案委成员，部分政协委员，区委督查室、区政府督查室和人力社保局有关领导及各科室负责人参加会议。

（杨　晨）

【界别活动小组活动】 4 月 3 日在顺义财培中心大会议室召开界别活动小组工作会议。杨宝华主持会议并讲话，副主席田建国、闫志广、田家玉、李向英、刘静出席会议。各界别活动小组组长、副组长参加会议。会议就落实界别活动小组工作制度进行再动员、再部署。各界别活动小组落实会议精神，开展了一系列界别实践活动：与区工商联共同组织企业家参加“品牌之路”宣讲活动；组织部分委员视察农村文化产业，参观赵全营镇影视基地；组织部分民营企业家围绕非公企业如何构建和谐劳动关系进行座谈研讨；组织全体女委员参观女委员创业成果；组织教育界委员参观区木林中心小学、第十三中学、牛栏山一中；支持来自北京京顺医院的政协委员，热心公益事业，主办以“感恩顺义、回报百姓”为主题的第五届京顺健康节公益活动等。一年来，11 个界别活动小组共开展活动 37 次。

（杨　晨）

【视察药品安全工作】　4 月 26 日，顺义区政协组织部分委员视察了区药品安全工作。闫志广参加视察。区委常委、区政府副区长于庆丰及市药监局顺义分局局长李长荣陪同视察。委员们视察了北京康仁堂制药有限公司、顺义医药药材公司两个医药企业和石园街道药品安全工作。李长荣向委员们通报了全区药品安全工作的整体情况。

（杨　晨）

【视察全区饮用水保障工作】　5 月 8 日组织部分委员视察全区饮用水保障工作，孙桂祥参加视察，区水务局及自来水公司相关领导陪同视察。委员们视察了杨镇水厂和顺义一水厂，听取了自来水公司相关领导关于水厂基本情况的介绍，了解了水厂的运行模式、供水范围及日供水量等具体事项。

（杨　晨）

【视察全区残疾人事业发展情况】　9 月 27 号组织民族宗教及社会福利界委员视察全区残疾人事业发展情况，闫志广参加视察，于庆丰应邀参加视察，区残联理事长王振军陪同视察。委员视察了区残联扶贫基地及温馨家园。王振军向委员们通报了区残联工作整体情况。

（杨　晨）

【视察《城乡规划法》执行情况】　10 月 16 日组织部分政协委员视察全区《城乡规划法》执行落实情况，孙桂祥参加视察，区规划分局局长杨卫东、副局长侯振强陪同视察。委员先后视察了位于新城马坡组团的金蝶软件有限公司和爱慕内衣集团顺义分公司，了解了企业建设情况以及功能定位。

（杨　晨）

【义诊活动】　10 月 18 日组织部分政协委员、民主党派医疗界专家到木林镇开展义诊活动，闫志广出席活动。

（杨　晨）

【视察全区创新型企业发展情况】　11 月 1 日组织部分委员视察全区创新型企业发展情况，孙桂祥参加视察，区经信委副主任古艳山陪同视察并就全区 1-3 季度经济形势作了情况通报。

（杨　晨）

【视察全区天然气管网建设情况】　11 月 13 日组织部分委员视察全区天然气管网建设情况，孙桂祥参加视察，区市政市容委主任李国新、区燃气公司总经理杨文科陪同视察。委员们视察了文化营调压站、石园北一社区调压站和城区高压 B 调压站，还参观了本区的汽车加气站和燃气监控中心。

（杨　晨）

北京天竺综合保税区

【概　况】 2013年，北京天竺综合保税区年内实现进出口总值720亿美元，完成关税及代征税375亿元，基本与上年同期持平；其中，保税功能区实现进出口总值31亿美元，同比增长30%，完成关税及代征税70亿元，同比增长14%。实现属地税收8亿元，同比增长70%；企业营业收入150亿元，同比增长57%。企业总数达到149家，企业资产总计达到204.6亿元，同比增长28.2%；从业人员达到2.4万人，同比增长58.6%。

单位名称：北京天竺综合保税区管理委员会
地址：北京市顺义区金航中路1号院2号楼
电话：（010）69478686
邮编：101300
网址：http：//www.bjftz.gov.cn/

（卢　翠）

【招商引资】 2013年新引入企业47家，注册资本总额约18.4亿元，计划投资总额约60亿元，注册资本1000万以上项目23个。代表性知名企业有：东航北分、联邦快递、京城大都、安富利、恩和融资、中富东能、欧文风范、斐瑞康通信、博克睿思等。特色产业格局形成。形成航空、医药、文化三大特色为主的产业格局。三类企业的营业额占到总数的60%。医药进口量已占全国的17%，航材进出口量占到全国的25.6%。跨境电子商务、拍卖、信息等新兴产业发展良好，实现从出口加工向服务贸易为主导的转型升级，贸易、物流等服务业所占比例从10%上升到90%。

（卢　翠）

【规划建设】 2013年复工（竣工）项目5个，总建筑面积54.5万平方米，总投资约27.56亿元；新开工项目4个，总建筑面积11.8万平方米，总投资约6.17亿元。全部完成年初计划的7宗土地入市交易，成功实现蓝汛、中外运、万科、绿地等项目落地。涉及土地311亩，收回土地款项9.9亿元，实现政府收益5.7亿元。在规划范围审批方面，已完成二期规划用地调整范围的局部优化，得到海关总署、北京海关的基本认可。在二期用地调整涉及土地一级开发资金方面，已完成三种资金平衡方案的初步报告。

（卢　翠）

【开展保税拍卖新业务】 利氏兄弟举办两场全球工程机械无底价拍卖会，是在中国举行的第一次全球性工程机械设备拍卖，也是第一家境外拍卖公司在中国综保区内举行的拍卖，两场拍卖261件工程机械拍品全部成交，成交金额2577万元人民币。中鼎国际举行首届法国艺术珍品拍卖会，34件西方艺术珍品参与竞拍，成交金额达1090万元人民币。歌华和苏富比联合举办“苏富比北京艺术周”拍卖，共有112件中国当代艺术精品成功拍出，总成交额达2.2亿元。保税拍卖对于天竺综保区探索创新海关特殊监管区业务类型，推动现代服务业发展，促进产业结构转型升级等具有重要意义。

（卢 翠）

【跨境电子商务业务发展】 4月1日，市商务委和天竺综保区管委会加紧推进北京市跨境电子商务业务发展。第一，充分利用天竺综保区政策功能平台及我市电子商务发展资源，天竺综保区管委会积极配合市商务委向国家申请将北京市列入跨境电子商务试点城市；第二，由市商务委牵头，北京海关、北京出入境检验检疫局和天竺综保区管委会等相关单位组成的推进北京市跨境电子商务工作小组；第三，市商务委全力支持天竺综保区作为北京市开展电子商务试点，结合北京市实际情况，积极支持与指导天竺综保区确定跨境电子商务运营模式和建立电子商务综合信息服务系统；第四，天竺综保区管委会加大电子商务类型企业的招商引资力度，加紧建设完成电子商务大厦和仓储、配送及结算中心，构建北京市发展电子商务产业的完整链条。

（卢 翠）

【汽车整车进口口岸验收运营】 7月3日，首都国际机场汽车整车进口口岸顺利通过国家5部委联合验收并开始运营。作为全国首个依托空港型综保区设立的汽车口岸，一期目标年周转进口汽车 1000 辆，二期目标年周转进口汽车1万辆。年内，该口岸共进口一般贸易整车87辆，货值达2.79亿元，实现进口环节税收 3.63 亿元。汽车整车进口口岸的投入运营有助于促进北京经济总量的提升，将带动豪华汽车研发、贸易、加工等全产业链发展，有助于加速北京现代服务业的转型升级。7月31日，北京首都国际机场汽车整车进口口岸招商推介会成功举行。

（卢 翠）

【王安顺、李士祥同志到天竺综保区调研】 8月3日，王安顺、李士祥同志带队到天竺综保区调研，实地察看天竺综保区国际快件监管中心、中外运敦豪国际航空快递有限公司北方区口岸部、科园信海（北京）医疗用品贸易有限公司药品仓库，了解口岸运行情况和企业经营状况，并听取天竺综保区建设和发展情况汇报。

（卢 翠）

【孙毅彪同志到天竺综保区调研】 9月11日，海关总署副署长孙毅彪同志、北京市副市长程红同志到天竺综保区调研。孙毅彪、程红同志视察天竺海关报关大厅，听取天竺综保区、天竺海关工作情况汇报，并与企业代表进行座谈。

（卢 翠）

【一站式服务大厅正式启用】 10月28日，天竺综保区一站式服务大厅正式启用。大厅内设综合服务、运行保障和投资服务三类窗口，可为企业提供入区流程及要求、入区批复及注册、建设前期审批、优惠政策兑现等咨询服务，同时办理固定卡申领、读卡器申领、IC卡备案、危险废物出区、施工备案、企业申请出区、非涉税物品进出区，园区运营投诉受理等业务。大厅启用后，所有来访企业，从洽谈入区到入区运营涉及的所有业务，均可在大厅内受理。

（卢 翠）

【驻京中外知名企业投资天竺综保区】 11月1日，驻京中外知名企业投资天竺综保区行活动顺利举行。市投促局局长周卫民、天竺综保区管委会副主任李燕凌、霍光峰等同志出席活动，来自航空、医药、文化等各领域的100余家中外知名企业参加活动。

（卢 翠）

纪检·监察

【概　况】 2013年，区纪委监察局认真贯彻落实中央纪委、市纪委二次全会精神，着力改进作风，严厉惩治腐败，全区党风廉政建设和反腐败工作取得新进展。深入开展“专题辅导、交流互动、风险跟进、案件警示”四类教育活动，对新提拔和新调整岗位的处级干部，集中进行廉政谈话和“一对一”廉政谈话，不断强化党员干部教育管理；深入开展廉政电脑桌面、廉政微小说评选等“清风”系列主题活动，推进廉政文化“四化”、“七进”，积极培育“克己奉公、绿港清风”的廉政文化；深入开展行政职权的清理确认工作，全面推行“一把手”四个不直接分管和末位表态制度，积极推进廉政风险防控管理“三个体系”建设；不断加强和改进作风建设，严肃纠正和查处作风类案件；建立案件监督管理“5+2”工作模式，提高办案能力和水平，严肃查办违纪违法案件；带头改进作风，进一步优化调整内设机构，扩大派驻范围，切实加强纪检队伍自身建设。

单位名称：中共北京市顺义区纪律检查委员会

北京市顺义区监察局

地址：顺义区府前中街1号

电话：（010）69444719

邮编：101300

网址：www.jiancha.bjsh.gov.cn

（纪检·监察）

【绩效管理考核】 1月21日至24日，区监察局从政务服务、政务公开、政府效能建设3个方面，对全区19个镇、6个街道开展2012年度绩效管理考核。

（纪检·监察）

【区纪委四届三次全会暨全区党风廉政建设工作会】 3月5日，中共北京市顺义区第四届纪律检查委员会第三次全体会议暨全区党风廉政建设工作会议召开。会议由区委副书记周颖博主持，市纪委副书记王荣军，市纪委常委钱华杰及区五套班子主要领导出席会议。会上，区纪委副书记、监察局长闫连恒传达了中纪委十八届二次全会、市纪委十一届二次全会精神，区委常委、纪委书记肖韵竹作了题为《全面贯彻党的十八大精神 深入推进党风廉政建设和反腐败工作》的工作报告。

（纪检·监察）

【反腐倡廉宣教工作联席会】 3月14日，区纪委组织召开2013年度顺义区反腐倡廉宣传教育工作联席会议，区委组织部、区委宣传部、区政法委等21家成员单位主管纪检监察工作副职领导出席会议。会上下发了《大宣教成员单位2013年反腐倡廉宣教工作任务分解》。

（纪检·监察）

【检查评估】 3月27日，由市预防腐败局、市经济和信息化委员会、市政务服务中心筹备办组成的北京市检查评估组对我区“依托电子政务平台加强区级政府政务公开与政务服务试点工作”进行评估检查。

（纪检·监察）

【王海平调研】 5月10日，市纪委副书记、市监察局长王海平同志到本区调研，听取区行政监察工作汇报以及市政市容委在推进区属重点工程建设过程中开展廉政风险防控的工作汇报，观看顺义区纪检监察信息化工作平台和顺义区网格化城市管理指挥平台的功能演示。

（纪检·监察）

【成立电子监察室】 8月15日，依据顺编委〔2013〕3号文件，区纪委监察局电子监察室正式挂牌成立。

（纪检·监察）

【肖韵竹部署党风廉政建设和反腐败工作】 10月21日，区委理论学习中心组专题学习部署党风廉政建设和反腐败工作。会上，区委常委、纪委书记肖韵竹传达了市纪委、市委组织部《关于在各区县开展领导干部任职前廉政法规知识测试工作的通知》和市纪委《关于建立落实中央八项规定精神情况月报制度的通知》并通报典型案件。

（纪检·监察）

【贯彻落实中央“八项规定”】 10月21日，区委常委、区纪委书记肖韵竹在区委理论学习中心组第十五次学习上，就贯彻落实中央“八项规定”精神相关工作进行部署。一是要在全区开展领导干部任职前廉政法规知识测试工作；二是要建立落实八项规定精神情况月报制度工作，要求各单位要将其作为长期性、日常性工作抓紧抓好。三是传达市纪委印发的《关于查处违反中央八项规定精神的违纪案件的通报》，并就我区相关案件进行通报曝光，对全区“一把手”开展一次集中的案例警示教育。

（纪检·监察）

【赵贵恒参加“走进直播间”栏目】 11月14日，副区长赵贵恒带队参加走进首都之窗“走进直播间”节目，以“实施精细化城市管理 打造绿色国际港”为主题与网民进行了长达70分钟的交流互动，据统计当日网民提问数量创下了“走进直播间”栏目近半年来的最高纪录。

（纪检·监察）

【创建“勤廉双优村”部署大会】 11月20日，召开村“两委”换届选举工作总结暨创建“勤廉双优村”部署大会。会议由区委常委、组织部部长车克欣主持，区领导周颖博、肖韵竹、于庆丰出席会议。

（纪检·监察）

【各单位主要职责落实情况考核】 11月—12月，区监察局、区编办组成专项考核组，对74家区政府行政部门、事业单位和市属单位的主要职责落实情况进行考核。

（纪检·监察）

【党风廉政建设责任制专项检查】 2013年12月3日—2014年1月2日，由区委书记王刚等区领导带队，分15个检查组对全区147家单位进行党风廉政建设责任制专项检查。

（纪检·监察）

【陈刚听取本区党风廉政建设责任制汇报】 12月27日，市委常委、副市长陈刚专题听取我区落实党风廉政建设责任制情况专题汇报，区领导王刚、卢映川、胡尚云、杨宝华等领导参加。

（纪检·监察）

民主党派

【概　况】　民主党派在国家政权中是参政党，在中国共产的领导下，参加国家政权，参与国家大政方针和国家领导人选的协商，参与国家事务的管理，参与国家方针、政策、法律、法规的制定执行。他们是接受中国共产党领导的，同中共通力合作、共同致力于社会主义事业的亲密友党。顺义区共有民主党派七个，人数216人。全区民主党派成员团结一致，积极为区域发展建言献策。

单位名称：顺义区委统战部
地址：顺义区府前东街11号
电话：（010）69443996
邮编：101300

（区委统战部）

【民主党派中秋座谈会】　2013年9月16日，区委统战部在顺义区财政局培训中心第一会议室举办了民主党派庆中秋座谈会，区委副书记、区委统战部部长周颖博、区委统战部常务副部长王振林、区民主党派各主委出席座谈。会上听取了民主党派对统一战线工作的意见和建议，为明年年初即将开始的党的群众路线教育实践活动做准备。

（区委统战部）

群众团体

顺义区总工会

【概　况】 2013年在区委、区政府和市总工会的正确领导下，全区各级工会组织紧紧围绕区委四届五次全会精神和市总“1+6”、“1+9”文件精神，在工会组建和工资集体协商工作上下功夫，通过强化职工文化建设和工会自身建设，倾情打造工会服务品牌，全面提升各项工作，在参与协调劳动关系，维护职工合法权益，促进经济社会平稳较快发展方面发挥了工会组织的积极作用。

单位名称：北京市顺义区总工会

地址：顺义区光明南街4号

电话：(010)69444520

邮编：101300

网址：http：//www.gonghui.bjshy.gov.cn

（总工会）

【工资集体协商】 区总工会结合自身实际，提高标准，在百人以上企业已经完成工资协商90%的基础上，将25人以上企业100%签订工资协商作为推进重点。2013年，全区国有企业工资协商签订率和续签率分别达到100%，625家25人以上非公企业开展工资协商，签订率96%，全区25人以上开展协商企业职工工资平均增长8.2%，切实推动了企业建立正常工资增长机制。

（总工会）

【劳动争议调解】 一是充分发挥联动机制作用，与区公安分局、人保局、住建委等部门密切配合，成功化解16起700多人围堵企业大门、打横幅上马路等群体性突发事件；同时加大对利用企业管理漏洞进行恶意讨薪人员的打击力度，维护企业正常生产经营秩序。二是加强建筑施工企业劳动用工管理，与区人保局、区住建委、区公安分局联合制定出台了《顺义区建筑施工企业劳动用工实名制管理规定》，采取定期与不定期的方式，检查本区域内建筑施工企业“劳动用工实名制”管理工作，对违反规定的单位依法做出处理，确保从源头上杜绝违法行为发生。2013年，区劳动争议调解中心共接待职工来电、来访咨询661人次；受理并成功调解劳动争议案件40件，涉及职工780人，调解成功率100%，涉及工资、社会保险、经济补偿金、工伤补偿金等348.1万元；提供法律援助案件93件，代写诉状78件。顺义区法律援助中心总工会工作站被北京市司法局评为“北京市法律援助先进集体”。

（总工会）

【民主管理和“厂务公开”】 全区国有、集体及控股企业、事业单位100%建立了职代会制度；非公有制企业建制率达80%，有力推进了基层民主政治建设进程。组织实施了“1.28”、“7.28”厂务公开日活动。

（总工会）

【工会组建工作】 对辖区内企业底数认真调查，逐一核对，切实掌握企业工会组建现状；针对员工少、建独立工会条件不成熟的企业建立村（社区）联合工会，全区已有330个村和59个社区建立了工会联合会和联合工会，形成了村（社区）工会组织网络。2013年，全区新建工会155家，新发展会员6950人；累计建会达1752家，涵盖法人单位3314家，企业建会率97%；覆盖职工165679人，发展会员总数156907人，职工入会率95%。

（总工会）

【工会经费（筹备金）税务代收】 全区共进行费源信息采集工会组织1112个，涵盖企业1817家。截至目前，新增工会经费（筹备金）缴费单位登记单位49家，工会组织信息项目变更单位86家。工会经费税务代收已完成九个征缴期，2013年第四征期工会经费申报率达95%。

（总工会）

【困难职工帮扶救助】 一是建立健全困难职工档案，为664名特困、困难职工发放慰问金、慰问品共计66.4万元；二是开展“迎新春关爱劳模”活动，为19名全国劳动模范和290名省部级劳动模范送去春节慰问金及困难补助金共计59.7万元。三是“金秋助学”活动共为106名困难职工子女和困难单亲女职工子女发放助学金共计21.9万元；四是加大对因病致困职工家庭的帮扶救助，为区教委、南彩镇等20家单位45名因病致困职工家庭送去帮扶救助金13.5万元。

（总工会）

【转移就业】 依托三级服务体系，建立健全工会系统三级就业援助网络，推动就业与再就业工作上新台阶。截至目前，共进行不同形式和内容的技能培训911人次；与区域内236家企业、开发区、劳务中介机构签订安置协作意向书，建立企业空缺岗位所需人员信息通报制度，推荐就业岗位1008个，实现转移就业780人。

（总工会）

共青团顺义区委员会

【概　况】 2013年，顺义团区委在团市委和区委、区政府的正确领导下，以“团干部队伍建设年”为工作主题，认真履行团的基本职能，紧密围绕党政工作大局，结合习近平总书记在同团中央新一届领导班子成员集体谈话时重要讲话精神，深入贯彻落实顺义区委四届五次全会精神，进一步深化团的各项重点工作，积极构建青少年思想引导、参与社会服务管理创新、服务青少年、青少年维权和团组织建设五大工作体系。

单位名称：共青团顺义区委员会
地址：顺义区光明南街4号
电话：（010）69444398
邮编：101300
网址：http：//www.youth.bjshy.gov.cn

（团区委）

【团市委领导调研“大团委”建设】 2013年1月10日，团市委副书记杨立宪来到顺义区调研乡镇实体化“大团委”建设工作。团市委领导一行首先来到顺义区赵全营镇北郎中村，参观了解非公企业团建工作以及农村合作社团建工作，并与村企业团支部负责人、团员青年面对面交流，对乡镇实体化“大团委”推进过程中建立基层团支部的规范化建设、团员青年活动等情况进行了细致地了解。

（团区委）

【“中国志愿者日”主题活动】 3月1日至5日期间，全区121家会员单位、千余支志愿者队伍、万余名志愿者参与到集中活动中。文明办100名公共文明引导员在10个主要路口和街道宣传雷锋精神，引导行人遵守信号灯过马路、劝阻市民不要随地吐痰、乱丢废弃物，并为行为表现良好的市民发放小纪念品。综治办治安维稳志愿者以保障市民人身、财产安全为己任，开展治安巡逻志愿服务，认真排查各类安全隐患，维护社会安全。团区委与北京现代汽车有限公司联合启动“文明交通伴我行”服务项目，来自现代学院、燕京医学院和北京现代汽车有限公司的青年志愿者们将从3月份开始，利用每周末休息时间，在城区重要交通路段开展文明引导、道路指引、应急协助等志愿服务活动。老干部局老干部志愿服务队、红十字会志愿者和团区委“青春伴夕阳”志愿者深入社区，围绕社区老人的身心健康、权益保护、日常生活等方面开展义诊、心理咨询、法律援助、环保和应急知识宣讲等志愿服务。义工联合会的社区义工围绕“让义工服务走进生活”主题，为社区居民提供免费家政电器维修、义务理发和社区保洁绿化等志愿服务。

（团区委）

【香港青联代表团】 5月16日，香港青联——北京大学国学企业管理领袖班一行30人到顺义区参观访问。香港青联代表团先后到汉石桥湿地公园和燕京啤酒集团参观考察。

（团区委）

【舞彩浅山国际登山大会筹备保障工作】 一是与市徒步运动协会、团市委沟通联络，组织300余名区外徒步运动爱好者参加此次登山大会，分别参与到强身健体组和亲水健步组的登山比赛当中；二是利用微博、微信等新媒体和基层团组织、社区青年汇等组织阵地进行大力宣传，倡导青少年参与户外健身，唱响“绿色、低碳、健康、和谐”的全民健身主旋律；三是招募近200名志愿者服务此次活动，对其进行岗前培训，包括登山大会相关知识简介、路线、应急处置、服务礼仪等内容，并为志愿者统一配备装备，落实人员分工，做好大会服务保障工作。

（团区委）

【五项措施助力转型升级】 一是思想引导工作向创新引导青年方式方法转型升级。二是参与社会服务管理创新工作向探索新的工作载体转型升级。三是服务青少年工作向青年互动与团组织有机统一转型升级。四是青少年维权工作向制度化、全程化、精细化、网格化转型升级。五是团组织建设工作向学习型、服务型、创新型转型升级。

（团区委）

顺义区妇女联合会

【概　况】 妇联是社会群众团体，是党和政府联系妇女群众的桥梁和纽带，是国家政权的重要社会支柱。其基本职能是：代表和维护妇女权益，促进男女平等。北京市顺义区妇女联合会（简称区妇联）是在区委领导下的社会群众团体，内设机构为办公室、宣传部、权益部三个职能部门，区妇女儿童工作委员会办公室设在区妇联，承担妇儿工委日常工作。全区共有各镇、街道妇联25个，委、办、局、公司、中心妇委会87个，村妇代会426个，社区妇代会78个。年内全区各级妇联组织紧紧围绕市妇联的工作重点，结合我区“三个阶段性特征”，按照“四个转型升级”的战略要求，围绕打造

“国际航空中心核心区”的目标，有的放矢的开展了各项工作，做到了“服务大局有执行力、服务基层有影响力、服务妇女有吸引力”，实现了全区妇女儿童工作的健康发展。

单位名称：北京市顺义区妇女联合会
地址：北京市顺义区光明南街4号
电话：（010）69444576
邮编：101300
网址：http：//www.fulian.bjshy.gov.cn/

（妇　联）

【“三八”节活动】 在“三八”节期间，举办建“坚强阵地” 筑“温暖之家”——顺义区2013年“三八”节庆祝活动，以丰富多彩的表现形式，展现妇联的特色工作及品牌活动。在“六一”期间，与区教委联合举办“七彩童年 七彩梦”2013年顺义区庆祝“六一”国际儿童节游园活动和“2013，父爱如山”主题讲座活动。

（妇　联）

【妇女参政议政工作】 抓住村级“两委”换届的契机，提前一年着手准备，对农村妇女参政议政工作进行了重点推进。经过组织部、民政局、各镇党委的共同努力，换届后我区“女性进村委”比例达到了30.6%，比“十一五”末期提高了12.6个百分点，圆满完成“十二五”规划的指标任务。

（妇　联）

【选树活动新突破】 创新开展“巾帼建功双百评选”活动和“妇女之家”区级示范点创评活动。“巾帼建功双百评选”活动共选树了100名区级“巾帼建功标兵”和100个区级“巾帼文明岗”，并通过座谈会、传统媒体、网络等对典型的先进事迹进行全方位立体化的宣传。出台《顺义区妇女联合会关于开展“妇女之家”区级示范点创评活动的实施意见》，按照“提前调研摸底、量化创评标准、实地参观评审”的程序，选树“区级示范妇女之家”10家、镇街级“示范妇女之家”25家。

（妇　联）

【推进家庭创建】 在巩固“和谐家庭标兵户”、“和谐家庭”、“特色家庭”的三层创建模式的基础上，完善“家庭创建”活动的实施方案，调整评价指标体系，细化评选标准，为继续深入推进创评活动奠定基础，共选树1000户和谐家庭标兵户、和谐家庭、特色家庭。同时，1户家庭获得“首都和谐家庭标兵”称号，11户家庭获得“首都和谐家庭”称号，顺义区和谐家庭创建活动协调小组还被评为“北京市和谐家庭创建活动先进协调组织”。

（妇　联）

【提升妇女就业能力】 大力开展就业技能培训，前9个月，全区各级妇联共组织开展烹饪、家政等各类技能培训160期，累计培训2万余人次。同时，在8月30日召开了“八余载亲情帮扶 千余名农家女真正受益”——顺义区“双学双比”帮扶成果座谈会，对以往的帮扶成果进行总结，进一步推动帮扶活动的长效化开展。

（妇　联）

【帮扶救助】 维护弱势女性权益，发放“贫困母亲两癌救助”专项基金5万元，帮助困难患病妇女5名，为60名乳腺癌患者制作义乳120件；依托“绿港阳光行”项目，共为全区212名贫困女性送去慰问款16.8万元。

（妇　联）

【普法及维权】 利用在检察院建立的“巾帼普法讲师团”和在区法院建立的“巾帼普法教育基地”进行普法教育。开展普法讲座6场、旁听代培训活动38次，受益群众达2000人次，有力地提高广大妇女“知法、懂法、用法”的意识。联合区司法局、法院开展8场“巾帼亲情服务队”队员培训，共有6000余名队员参加，全面提升队员们的维权能力。并通过各镇、街道的广泛推荐选树了模范队员156名，力争通过典型的带动全面提高队员们的服务热情。同时，与法院、检察院合作建立“妇女维权合议庭”和“妇女儿童维权通道”，重点审理婚姻、家庭、人身损害等涉及妇女权益的案件，为建立妇女儿童维权机制增添浓墨重彩的一笔。3月，区妇联还被全国妇联授予“全国维护妇女儿童权益先进集体”荣誉称号。

（妇　联）

顺义区工商业联合会

【概　况】　顺义区工商业联合会成立于1994年8月，是中国共产党领导的以非公有制企业和非公有制经济人士为主体的人民团体和商会组织，是党和政府联系非公有制经济人士的桥梁纽带，是政府管理和服务非公有制经济的助手。本会以团结、服务、引导、教育广大会员爱国、敬业、诚信、守法，积极投身社会主义经济建设、政治建设、文化建设、社会建设和生态文明建设。在促进非公有制经济健康发展、引导非公有制经济人士健康成长中具有不可替代的作用。本会承担着顺义区非公企业的入会、组织调研工作，开展经济、技术、经贸交流，提供了法律、法规、政策信息咨询等服务。截至到2014年4月底，本会拥有750家企业、团体、个人会员，覆盖全区19个镇。

单位名称：北京市顺义区工商业联合会

联系电话：010-69441974

传真：010-69441974

地址：顺义区石门街6号（国泰宏城对面供销大楼六层）

邮编：101300

电子邮箱：gongshanglian158@sina.com

（张阿妮）

【非公经济人士理想信念教育活动】　5月6日，组织30名区工商联执常委代表收看全国理想信念教育实践活动电视电话会，进一步明确教育实践活动的重要性和意义。按照要求制定《顺义区非公经济人士理想信念教育实践活动实施方案》。分别于7月和9月举办了两场“传递正能量 共建空港城”主题宣讲会，两百余名非公企业家参加了两次活动。区工商联将两场宣讲会制作光盘，发放到会员企业中。并开展以“圆梦企业 我给力”为主题的宣传活动。要求会员企业编辑一期开展理想信念教育实践活动专刊。

（张阿妮）

【非公经济新典型】　区工商联从创新驱动发展、产业转型升级、关系百姓民生等十个方面入手，向北京市工商联推荐了北京嘉和一品企业管理有限公司、北京金诚立信会计师事务所等15家企业为非公经济新典型。12月，北京金诚立信会计师事务所有限责任公司董事长董丽清、绿友园林机械有限公司董事长李敏两名优秀非公企业家当选第四届北京市优秀中国特色社会主义事业建设者。

（张阿妮）

【品牌展示平台】　4月15日，组织25家会员企业参加与牛山镇基层商会共同组织的展品牌、树形象参观交流活动。先后参观北京嘉寓门窗幕墙股份有限公司和“牛山镇品牌之路展览”。5月11日，举办以“强体魄、树品牌、展风采、促发展”为主题的第二届非公企业健身运动会。共有50家非公企业的1157名队员参加比赛。7家荣获中国驰名商标、17家荣获北京市著名商标的会员企业集中展示各自的发展成果。

（张阿妮）

【交流平台】 4月9日，组织北京晓东顺安防工程有限公司、北京旗舰消防工程有限公司等5家会员企业赴革命老区贵州毕节开展帮扶和项目洽谈活动。与中共百里杜鹃工委统战部签订《北京市顺义区工商联与百里杜鹃友好合作框架协议》。4月28日，区工商联与中国民营文化产业商会、北京文化产业商会等部门共同举办首届“中国创意经济论坛”。100余家会员企业参加此次论坛。5月24日，北京大众在线网络技术有限公司、北京路星沥青制品有限公司等10家会员企业赴辽宁营口北海新区进行考察交流。8月21日，组织曲美家具有限公司、全富木制品有限公司等10家企业赴赤峰参加赤峰市承接产业转移经贸洽谈活动。10月份，组织北京金诚立信会计师事务所有限责任公司；北京康贝尔食品有限公司；北京琪舰消防工程有限公司等六家企业与统战部、各党派一起赴杭州考察钱江弹簧集团，并与杭州市工商联签订了友好合作协议。

（张阿妮）

【融资服务平台】 3月，区工商联组织部分非公企业参加在天竺镇举办的银企交流会。顺义村镇银行、工行、农商行等6家金融机构介绍近期出台的支持中小企业发展的相关扶持政策，和特色的金融产品，帮助中小企业了解更多的融资渠道。

（张阿妮）

【人才服务平台】 5月21日—6月17日区工商联与区人力社保局、区总工会共同举办顺义区“民营企业招聘月”活动。首安工业消防有限公司、北京大众在线网络技术有限公司等25家会员企业向求职者分别提供管理类、技术类普工类等760个岗位。期间，共有280名应聘者与企业达成初步就业意向。7月13日，区工商联与区委组织部、区人力社保局联合举办顺义区非公企业人才政策推介会，使非公企业进一步了解顺义区的人才政策。

（张阿妮）

顺义区科学技术协会

【概　况】 2013年，顺义区科协围绕区委区政府的中心工作，全面贯彻党的“十八大”精神，认真落实市科协“八大”提出的各项要求，围绕《全民科学素质纲要》这一主线，着力提升五大重点人群的科学素质，深入基层开展贴近生活、贴近公众、贴近实际的科普活动。全年利用科普之春、科技周、科普日、青少年科技创新大赛等重点活动，在各镇、街道、中小学校、各科普基地及相关单位的大力支持下，共组织开展大型科普活动40余次，发放科普材料5万余份，宣传群众100000人次。

单位名称：顺义区科学技术协会
地址：顺义区光明南街24号
电话：（010）69443483
邮编：101300

（田立娟）

【“第33届北京市青少年科技创新大赛”活动承办工作】 3月21——24日，以“星光·未来”为主题的第33届北京汽车北京青少年科技创新大赛在北京市顺义区牛栏山第一中学圆满落幕。北京市委常委陈刚、市委副秘书长王翔，陈佳洱、陈香美、黎乐民、吴岳良四位院士及北京市科协、北京市科委、北京市教委、顺义区政府、房山区委等多家领导参与了此次活动。参加本届大赛现场活动的学生达3000余人。

（田立娟）

【科普活动】 科技周期间，各镇、街道、科普基地围绕科技周主题，开展内容丰富、形式多样的科普活动30余项，宣传人次20000余人。组织各镇、街道、社区400余人参加在全国农业展览馆新馆举办的2013年全国科技活动周暨北京科技周主场活动。“2013年北京市科委电子科普行——走进顺义区活动启动仪式”在顺义区空港街道万科城市花园社区启动，来自顺义区科委和空港街道的领导及100余名居民参加启动仪式。全年共组织“电子科普行”活动10场，来自中国中医科学院主任医师吴幼卿教授、中国科学院老科学家演讲团成员陈钰、北京口腔医院的口腔车分别走进空港街道万科花园、光明街道裕龙花园、裕龙三、裕龙六、石园街道石园北三等社区，为居民生动讲解医学知识，现场为居民开处方。

（田立娟）

【科普服务】 年内完成2012年度顺义地区全国科普统计工作，统计范围涉及我区80余家单位。完成2012年科普能力建设审计工作，并申报2013年科普能力建设项目。完成“顺义区数字科普展示馆”项目建设。与已建成的“科学生活体验馆”相互融合，形成一个集科普体验、求知、培训、展示于一体的“多功能科普体验展示求知基地”，有效提升顺义区域科普能力。积极实施“社区科普益民计划”和“惠农兴村计划”，顺义区共有4个集体和3个个人在“科普惠农兴村计划”中获得奖补资金支持，6个优秀社区、1个优秀基层科普场馆、3个优秀社区科普宣传员获得北京市“社区科普益民计划”奖励，胜利街道怡馨二社区被评为全国科普示范社区。

（田立娟）

【专业科普人才队伍建设】 为全区各镇、街道、学会和科普基地的专兼职科普宣传员订阅全年的《北京科技报》，并积极组织科普宣传员参加各级培训、参观，了解科普工作新政策，新方法。

（田立娟）

【“枢纽型”组织】 作为枢纽型社会组织，科协充分发挥业务指导职能，引导社会组织加强自身建设，增强服务社会的能力。2013年，积极帮助和指导科技类社会组织申报政府购买社会服务项目，其中顺义区三农研究会申报的“城乡垃圾分类”和“拆迁上楼农民如何提升素质”两个项目获得市级资金38万元。

（田立娟）

顺义区残疾人联合会

【概　况】 2013年，在市残疾人事业“十二五”发展的新形势、新挑战下，顺义区残联结合基层残疾人工作实际，坚持与时俱进的工作思路，求新求变的工作方法，开展大量卓有成效的工作。一年来，残疾人康复、就业、教育、扶贫等重点工作取得新成绩，残疾人的学习、生活、工作条件得到新改善，残疾人参与社会生活的能力有了新提高。

单位名称：顺义区残疾人联合会

地址：顺义区石园北区乙56号

电话：（010）69442473

邮编：101300

网址：http：//www.canl.bjshy.gov.cn/

（残　联）

【残保金征缴破亿】 2013年6至12月，顺义区残联对区内19555家用人单位进行残疾人社会保障金征缴工作。用人单位共计19555家，已审核15933家单位，审核率为81.48%，在职残疾人职工3122人，目前核定残保金1.09亿元。

（残　联）

【扶贫与助残】 2013年，区内共有7939名残疾人参加城乡居民养老保险，参保率96%。16102名残疾人参加城乡居民医疗保险，参保率达99%。为7980人发放生活补助2800多万元，为8082人发放助残券969.8万元。“两节”期间，为全区6148名残疾人送去米面油及慰问金。积极开展学雷锋志愿助残活动，为100余名残疾人及老年人进行义务理发，并为有需要的残疾人进行了法律咨询、电脑维修、医疗健康及家政服务。全区8家扶贫基地，扶持了287名残疾人增产增收。

（残　联）

【康复工作】 全年开展白内障扶贫手术390例，为93名截肢残疾人安装假肢、矫形器共97件，为成年残疾人免费配发小型辅助器具517件，补助32名残疾儿童进行机构康复，为80名残疾人家属及社区工作者进行家庭康复培训，为507名康复协调员进行专业康复知识培训。开展居家康复需求调查，探索将家庭康复与职业康复结合，为残疾人提供更加专业、人性化的康复服务。为全区1300名残疾人提供免费体检服务，体检项目为残疾人量身打造，有助于残疾人了解自己的身体状况，合理安排生活和康复活动。

（残　联）

【教育与就业】 全年共为64名残疾人进行求职登记，举办残疾人专场招聘会3场，提供130余个岗位。通过全区28个残疾人职业康复劳动站，组织477名残疾人参加职业康复劳动。新安置200名残疾人就业，其中福利企业68人，按比例就业128人，个体开业4人。组织670人参加职业技能培训，180人参加农村技术培训。为10名重度残疾儿童“送教上门，为8名经济困难家庭残疾儿童每人发放3000元的助学补助。

（残　联）

【无障碍改造】 年内，改造完成3849户。为残疾人发放坐便椅2702个，浴椅2796个。同时，2014年残疾人家庭无障碍改造需求已调查完毕，2436户有改造需求。

（残　联）

【新增评残鉴定机构】 区空港医院、顺义第三医院新增为肢体、视力残疾评定机构。年内，共组织鉴定69次，参与鉴定3200余人，办理发放残疾证2448个。

（残　联）

【信访维权工作】 助残日期间，为残疾人发放政策口袋书24157册，法律援助救助卡30000余张。8月29、30日，组织400余名残疾人参加法律大讲堂活动，提高残疾人法律维权意识。全年共接待来访人员70余人次，电话咨询350余次，未出现残疾人群体上访或越级上访事件。

（残　联）

顺义区红十字会

【概　况】 2013年是深入学习贯彻党的十八大精神开局之年，是全面落实国务院颁发的《关于促进红十字事业发展的意见》（以下简称为25号文件）的关键之年，也是红十字组织深化改革和发展的提高之年。根据北京市红十字会和顺义区委、区政府的总体要求，顺义红十字会深入开展各项工作，继续发挥政府人道救助领域的助手作用。

单位名称：北京市顺义区红十字会

地址：北京市顺义区光明南街4号总工会大楼8层

电话：（010）81494903
邮编：101300

（何 伟）

【募捐救助】 2013年，区红十字会共募集“博爱在京城”项目善款126.25万元。截止到5月底，共接收我区各界爱心人士与爱心企业为四川雅安捐助的善款1192979.81元，其中单笔最高募捐壹佰万元。现雅安地震专项募捐款已全部上缴北京市红十字会。与区司法局共同推动社区矫正和刑释解教困难人员帮扶工作，共救助困难两类人员21人，发放救助款13100元。全区成人大病共救助25人，发放救助款14300元；救助火灾家庭一户，发放救助款5000元。

（何 伟）

【防灾应急】 区红十字会继续普及防灾减灾和自救互救常识，充分发挥红十字会在应急救护培训中的主体作用。全年共开展5次普及培训，采取社区健康大课堂、急救知识进乡村、一线工人应急救护讲座等多种形式面向多种人群分类施教。初级急救员取证培训方面，培训在校学生3305人，家政服务员650人，文明引导员145人，其他行业209人，共计4917人。

（何 伟）

【宣传红十字精神】 区红十字会继续加大红十字文化的传播力度，将“戮力同心、立公惠民、积善累德、自信一流”的首都红十字核心价值观构筑为红十字工作者的价值追求和精神家园。借助“5·8”世界红十字日、“5·12”防灾减灾日等重大节日，利用区内电视媒体和户外电子屏幕播出红十字宣传短片，同时与户外传媒公司签订长期合作协议，今后每周末在户外电视墙上播出急救知识短片，大力传播红十字文化，普及防灾应急知识。5月10日，在文化广场组织开展应急救护知识问答大型互动活动。

（何 伟）

【志愿者队伍建设】 充分发挥红十字志愿者的宣传和推动作用，加强义务献血、造血干细胞捐献工作的宣传。继续推进红十字青少年的发展培养，将红十字文化纳入学校德育教育内容，分层次开展有针对性的红十字文化传播。3月联合顺义区关心下一代委员会、区团委共同举办“续写雷锋日记”主题活动，发动全区中小学生踊跃参加，并于10月对优秀征文进行表彰，增强青少年的社会责任感和参与社会公益行动的热情。

（何 伟）

顺义区文学艺术界联合会

【概 况】 2013年，区文联按照区委、区政府和市文联的整体工作要求，全面贯彻落实党的十八大精神，按照区委办、区政府办联合下发的《关于进一步加快文化体育事业发展，丰富群众文体活动的意见》的要求，团结全区广大文艺工作者，圆满完成了全年确定的各项任务，为促进全区文艺事业蓬勃发展做出了积极的贡献。

单位名称：顺义区文学艺术界联合会
地址：顺义区拥军路3号
电话：（010）69423793
邮编：101300
网址：www.wenhw.bjshy.gov.cn

（关东明）

【群众文化活动】 一是与文化委联合举办了“二月新春”“五月的鲜花”“十月金秋”群众文化活动；二是12月3日以“做讲法制守秩序的顺义好市民 共筑伟大中国梦”为主题，在区档案馆举办了顺义区2013年“12•4”法治书画作品展。

（关东明）

【名家名人系列活动】 先后举办翰墨春香--青年美术家李向军书画艺术展暨书画扶困助残捐赠活动、庆“七一”葛维达（曲艺）陈雅丽（戏曲）演唱会、张广平京胡演奏会、王玉玺从艺50周年研讨会等活动。

（关东明）

【市文联重点文化活动】 区文联组织在2013年第三届北京市区县、局、产（行）业文联优秀文艺节目展演活动中，曲协葛维达（京东大鼓）、戏协张广平（京胡）、音协少儿声乐组合“彩色的梦”，分别荣获市文联调演三等奖和优秀奖。

（关东明）

【作协和影协】 一是区作协全体会员在《诗刊》、《民族文学》等报刊发表各类文学作品300余篇。二是高国镜创立专门写菊花的诗集《中国菊》和小小说集《摇落红枣的少女》。三是编辑出版《顺文学》刊物；举办《左邻右舍》征文活动并出版获奖作品集；举办第三届潮白河文学奖颁奖仪式暨“中国梦与中国菊”诗歌朗诵会。四是李宗印组织区影协15名会员在7月至11月，开展“舞彩浅山大型摄影提名展”拍摄活动。会员们共进行“五镇”拍摄活动500余人次，共拍摄照片60000余张。

（关东明）

【音协和舞协】 一是区音协创作歌曲10余首，创作歌词15篇，其中歌曲《中国梦，永远的歌唱》独唱歌曲，深受好评。二是区舞协王玉玺编导的民间舞蹈《龙狮舞动中国梦》在“全国青少年民族民间艺术展演”中荣获金奖和最佳表演奖；杨华编导的少儿舞蹈《快乐的小狮子》在今年6月俄罗斯举办的“炫舞辉煌——2013年中国、俄罗斯舞蹈及才艺展演”中荣获特等奖。

（关东明）

【戏协和区协】 一是春节期间，《铁弓缘》剧组深入全区16家乡镇敬老院开展慰问演出活动；“敬老梨园”项目获政府资金补贴6.4万元。二是区曲协副主席吴晓义的学生在全国优秀特长生选拔测试大赛上获得特金奖2名，金奖6名。三是12月27日，举办顺义、廊坊“迎新年”曲艺家联谊会，进一步加强顺义区文联与河北省廊坊两地艺术家曲艺文化交流。

（关东明）

【书协和美协】 一是区书协推荐30名书法爱好者参加北京电视台举办的书法大奖赛。其中5名会员获国家级书法奖、7名获市级书法奖、18名书法爱好者获区书法奖。二是组织30人参加北京市“双年展”、北京市文联举办的“美丽乡村书画展”都取得了好成绩。三是区美协万宝江的国画“山水”在5月举办的“雪豹杯”雅颂徐霞客全国书画邀请赛中获三等奖。四是9月25日，在北京美术家协会主办的中国北京国际鲜花港第十一届菊花展暨书画展中，顺义区美协名誉主席刘振河荣获山水组金奖，顺义区美协副主席李向军荣获花鸟组金奖。五是10月，在北京市总工会举办的“第九届首都职工文化艺术节书画展”中，魏宗安获二等奖，万宝江“山水”获优秀奖。

（关东明）

政法·军事

政　法

概　述

2013年，全区政法系统忠实履职尽责，锐意改革创新，扎实推进各项工作，有力地维护了社会和谐稳定，促进了区域经济社会发展。中央政法委副秘书长、中央综治办主任陈训秋，市委政法委副书记、首都综治办主任滕盛萍，首都综治办副主任、市流管办常务副主任苗林等领导多次到顺义考察调研，对政法综治工作给予充分肯定。

一、认真维护社会政治稳定，服务经济社会发展大局。一是社会政治大局持续稳定。紧紧围绕全国“两会”、十八届三中全会以及“六四”、“七五”等敏感时期安保工作，专群结合，及时启动社会面等级防控，对重点区域、重点部位实施定点静态监控和动态巡逻防控，加强重点人员教育稳控工作，落实“1+X”管控模式，逐一确定责任人并落实管控责任，社会面平稳可控。深入开展“无邪教创建活动”和警示教育活动，从源头上铲除滋生邪教的土壤，最大限度地挤压“法轮功”等邪教组织的生存空间。积极开展国家安全人民防线建设，严密防范和严厉打击各种敌对势力的渗透破坏活动。二是执法司法能力不断提升。区公安分局严厉打击整治违法犯罪和治安突出问题，全年破获刑事案件5817起，查处治安案件7864起。区人民检察院强化法律监督职能，全年受理提请逮捕刑事犯罪嫌疑人1159人，受理审查起诉1633人。区人民法院充分发挥审判职能，全年受理各类案件23795件，办结20701件，服判息诉率达到了91.4%。区司法局加强刑罚执行能力，全年监管社区服刑人员592人，重新犯罪率为零。三是服务经济社会发展不断增强。区人民检察院着眼保障经济转型升级，快速批捕起诉影响较大的侵犯著作权、信用卡诈骗等破坏社会主义市场经济秩序的犯罪案件；积极提供行贿犯罪档案查询服务，为工程建设项目招投标、政府采购等活动提供了前提条件。区人民法院成立未成年人案件综合审判庭，推行未成年人犯罪案件“温馨化审理”，开展“流动法庭进校园”法治实践活动，着力抓好未成年人违法犯罪预防和权益保护工作。区公安分局妥善处置樱花园小区百名居民机场维权、光明辖区原大东庄村民等群体性不稳定事件。区司法局健全法律援助服务体系，受援人合法权益得到了更充分的保障。

二、源头预防化解矛盾，促进社会和谐稳定。以“三重境界”深化信访工作，一是从保障和改善民生入手，积极做好教育、医疗、劳动就业、居家养老、保障房建设等项工作，最大限度地从源头预防和减少各种不稳定因素；二是健全完善重大决策事项社会稳定风险评估机制，2013 年完成 13 个重大项目和 2 个重大政策的社会稳定风险评估审查意见，保证了全区重大项目的顺利进行；三是按照“早小了好”的工作方法，坚持“首接首办责任制”，启动信访工作“一轴两翼”工作模式，聘请专业心理咨询师，深入参与重点缠访个体的教育、疏导、稳控、化解工作。积极探索领导干部接访下访机制、完善领导包案制度。2013 年，区级领导共接待群众来访 398 批次 1366 人次，按期办结率达 100%；多部门联动协调解决群众关心的信访问题 88 件。全区信访总量同比下降 3%，无重大重复上访户、无信访群体性事件、无越级集体访、敏感时期无非正常访，信访形势平稳可控，信访秩序持续良好。四是建立矛盾纠纷多元化解机制，依托区镇村组四级调解网络体系，发挥消费行业性人民调解委员会的作用，深入推进“诉前调解实践基地”、“律师协会重大民间纠纷人民调解委员会”、“民调进所”、“检调对接”等工作机制，共调解纠纷 14428 件，调解成功 14052 件，成功率达 97%。

三、深化社会管理创新，夯实基层平安建设根基。一是坚持挂帐督办，扎实推进重点地区排查整治。发挥综治委 9 个专项组作用，推动解决社会管理中的突出问题。确定 2 个区级挂账整治名单和 25 个镇街级重点地区挂账整治名单，实行动态挂销账制度，持续开展清理整治行动。推进“三大秩序”管理整治，2013 年共组织开展 48 波次集中整治行动，累计出动执法力量 7320 人，查处九大类 36 项突出违法行为 47894 起，发动社会志愿者 1920 人次，提供便民服务 640 起。二是坚持推进村庄社区化，提升农村地区治安防范能力。6 月 9 日，区委常委会专题研究全区村庄社区化平安建设工作时，王刚书记提出“聚焦平安，拓展领域；尊重差异，分类推进；跟踪评估，动态调整；源头治理，疏堵结合”的 32 字工作方针，有力推动村庄社区化平安建设的深入开展。根据《关于加强和改进村庄社区化平安建设工作的意见》，对实行封闭式管理的 96 个村庄，结合村庄实际情况，实施分级分类管理。对 6 个重点加强型管理的村庄实行一村一策，强化管理。加强督导考核，整体推进村庄社区化平安建设工作。三是坚持科学调控，继续深化流动人口服务管理工作。加大对全区 63 个流动人口倒挂村（社区）管理力度，对可能存在群租隐患的社区建立专门台账重点管理。定期开展流动人口重点地区清理整治和打非拆违行动。对 38 个区域内大型市场流动人口情况进行摸底调查。规范出租房屋管理，进一步明确出租大院管理制度。开展出租房屋安全大检查行动，及时发现并整改各类安全隐患 290 处。四是坚持典型引路，创新完善社会管理水平。总结推广马坡镇的“七无”网格创建，木林镇的“众字巡控法”，高丽营镇探索实施“大整合、大巡控、大整治”工作机制，后沙峪镇城市管理运营中心的“五化”机制等一批具有鲜明特色的成熟经验和制度措施。

四、加强政法队伍建设，打造一流过硬队伍。一是突出政治建警，队伍理想信念更加坚定。将组织生活和政治学习常态化，先后组织开展了学习十八大、十八届三中全会精神和习近平总书记关于法治建设的重要论述，开展“中国梦•我的梦”征文和主题演讲比赛，进一步坚定政法干警的政治信仰，筑牢了立警为公、执法为民的思想基础，涌现出了因公牺牲的交警朱铁军烈士、人民满意的优秀检察官刘芳、优秀青年法官涂长江、全国模范人民调解员朱明乔等一批先进典型。二是突出路线教育，为民服务氛围更加浓厚。围绕“为民务实清廉”这一主题，区公安分局率先开展党的群众路线实践教育活动，先后解决群众反映的热点问题 48 个，累计出台便民利民措施 51 项，受到了群众的广泛好评。政法各单位积极开展“五百干警下基层”活动，并与区委提出的“在职党员过多重组织生活”相结合，组织 507 名党员干部深入到社区、村庄，深入查摆存在问题，帮扶困难群众，着力解决实际困难。三是突出过程监督，执法办案环节更加规范。以全面落实《刑事诉讼法》新要求为契机，严格依照法定权限和程序履行职责、行使权力，坚持疑难敏感案件集体研究、错案责任追究等制度，推进“阳光执法”，确保依法准确办案。强化执法管理和监督，全面推行网上执法监督机制，在办案流程中实时发现、录入、反馈、解决问题，提高执法办案质量。创新警务、检务、审判公开形式，利用政法微博，及时发布相关信息，及时回应网民及社会的关注，正面引导舆论走向，努力让人民群众在每一起司法案件中都能感受到公平正义。四是突出教育管理，公正廉洁执法更加显著。严格落实党风廉政建设责任制，通过推进廉政风险防控机制建设、逐级签订党风廉政建设责任书和承诺书、向干警家属发出廉政倡议书等方式，细化落实廉洁从检意识。深入贯彻落实中央“八项规定”要求，制定《改进工作作风、密切联系群众实施细则》，开展治理“慵、懒、散”的专项活动，自上而下全面查摆问题并拟定治理方案，把求真务实、清廉文明的作风落实到工作的各个环节，树立了政法队伍的良好形象。

单位名称：顺义区委政法委员会
地址：顺义区新顺南大街 27 号
电话：(010) 69460080
邮编：101300

（政法委）

综合治理

【概　况】 2013 年，顺义区紧紧围绕平安建设这一主题，以深入开展基层平安创建活动为载体，以加强和改进村庄社区化平安建设为抓手，以加强重点地区排查整治、矛盾排查化解、社会面防控为手段，不断夯实基层基础，完善服务保障机制，提升社会管理精细化水平，打造顺义特色社会管理模式，为建设更高起点、更高层次、更高水平的平安顺义创造了稳定和谐的社会环境。一是以综治队伍建设为龙头，着力提升队伍素质；二是以基层基础建设为重心，全面深化平安顺义建设；三是以强化村庄社区化管理为突破，着力提升农村地区治安防范能力；四是以重点时期安保为契机，扎实推进社会面防控体系建设。

单位名称：顺义区社会管理综合治理委员会
地址：顺义区新顺南大街 27 号
电话：(010) 69460080
邮编：101300

（综治办）

【专职巡防队伍规范化】 进一步明确专职巡防队伍的职能定位、职责任务和考核办法等。镇级巡防队以派出所民警人数比例，组建不少于 25 人专职巡防队伍，村级巡防队按照村庄大小配备 12-30 人的村级巡防队伍队伍。全区共有镇级专职巡防队员 826 人，60 部巡逻车，378 个村共配备专职巡防队员

7296人。定期开展岗位培训，建立经常性督查考核制度，切实提高专职巡防队伍的业务素质和工作效能。

（综治办）

【基层平安创建】 研究制定《顺义区基层平安创建工作实施方案》。确定完善社会面治安防控体系建设、推进社会矛盾排查化解、安全社区（村）和行业平安创建、流动人口及特殊人群服务管理、强化应急处置等工作。

（综治办）

【居民小区安全防范】 进一步完善老旧小区和经济欠发达地区物防、技防建设，年内全区社区（村）技防覆盖率达到90%以上。召开居民小区安全防范工作会议，对入室盗窃案件发案情况、特点及规律、发案原因及防范对策进行研讨分析，提出加强防范工作的意见，切实发挥专职巡防队、社区保安作用，增强社区治安防范能力。

（综治办）

【村庄社区化分级分类管理】 制定《关于加强和改进村庄社区化平安建设工作的意见》，对实行封闭式管理的96个村庄，根据实际情况，确定三类管理模式：即全面规范型、一般常态型、重点加强型。

（综治办）

【重点村庄平安建设】 对6个重点加强型管理的村庄实行一村一策，由区综治办、区公安分局派专人进行跟踪指导和督促检查，通过增加专职巡防队员、增加监控设施等措施，强化管理。2013年，6个村庄追加投入资金2032万元，增加保安110名、巡防队员53名，监控探头373个，安装道闸一体机12台。

（综治办）

【敏感时期社会面防控】 年内，围绕重点敏感时期安保工作，全区共7次启动社会面等级防控方案，适时召开安保专题会议，共动员组织各类群防群治力量4万余人，配合专业力量对重点人员、重点区域、重点部位实施定点静态监控和动态巡防。

（综治办）

公安工作

【概　况】 全年共物建各类信息员1.3万余人，搜集情报信息22万余条，循线破获案件635起，刑事、行政拘留处理违法人员971人，并确定重点稳控群体访37批、涉访重点人124人、重点精神病人175人，逐一制定针对性管控措施，全年依法处理扰乱社会秩序组织者、挑头分子71人，教育谈话500余人。组织开展“114”专项调研，确定6个村、2个市场和樱花园小区为重点地区。

单位名称：北京市公安局顺义分局
地址：北京市顺义区顺平西路8号
电话：（010）69440212
邮编：101300

（陈介堂　秦　颖）

【净化社会面治安环境】 全年共破各类刑事案件5817起，同比上升10.4%。其中，破现案2901起，同比上升5.2%，现案破案率53.5%，侵财现案破案率42.6%。全年累计出动执法力量5868人，查处九大类36项突出违法行为12.2万余起，涉黄、涉赌警情同比下降50%。

【推进各类建设】 推进村庄社区化建设，全年共立街头刑事案件268起，同比下降12.7%，三类可防性案件立案784起，同比下降29%，重大安保期间，出动警车895辆次，警力1928人次，指导重点单位每日落实实名制安保力量3594名。推进立体化巡控体系建设，强化街头阵控、外围查控、24小时勤务、交巡联勤联动，一道防线盘查检查进京车辆9.4万余辆、人员11万余人，抓获各类违法犯罪人员 58 人加大安全监管力度，全区 31 家危险物品从业单位，全年实现“无丢失、无被盗、无被抢”目标；坚持“谁承办，谁负责”原则，全年共出动安保警力1.3万人次，完成50项326场次大型活动安全监管，保证了240万余旅客安全。推进执法规范化建设，推行网上执法监督机制，全年会商各类命案、重大和敏感案件24起，涉案122人。

（陈介堂　秦　颖）

【清权确权】 绘制权力运行流程图172份，对40项行政许可、5项非行政许可的行政审批、26项行政确认、3项其他项目重新梳理规范，全部公开。开展警示教育，组织观看《畸情的代价》、《重筑高墙》等警示教育片，坚决贯彻中央八项规定，公安部党委禁令规定等，全面提升民警廉洁自律意识。开辟网上专栏、悬挂标语横幅和制作宣传台卡，并邀请区党校讲师、分局老领导、优秀基层民警授课，组织政工干部参观《复兴》之路，组织 1426 名党员民警深入社区、村庄，解决群众反映热点问题 48 个，累计出台便民利民措施51项。

（陈介堂　秦　颖）

【“三大秩序”整治工作】 组织交通、治安、巡警、城管、交通局等执法力量，按照“3+4”模式，采取定点值守与弹性打击相结合、规模行动与日常管控相结合、集中整治与区域自主相结合等，对主要路口、重点大街和秩序乱点开展不间断、针对性管理整治。全年累计出动执法力量 5868 人，查处九大类36项突出违法行为122042起。

（曹瑛莹）

【立体化巡控体系建设】 构建以专职警力巡线、巡防力量控点、治安志愿者控片、天网地网相融合的立体化巡控体系，突出街头震慑、维稳处突和打击拳头作用，强化街头防控、外围查控、24小时勤务和交巡联勤联动。全年共立街头刑事案件268起，同比下降12.7%，街头治安秩序持续平稳；重大安保期间一道防线设卡共盘查检查进京车辆9.4万余辆、人员11万余人，抓获各类违法犯罪人员 58 人，并查扣非法烟花爆竹 651箱、12100公斤。

（王新凯）

【消防宣传活动】 年内，消防支队拓宽消防宣传渠道，制作2万套消防知识DVD光盘，印制4万份《消防安全温馨提示》向全区免费发放、张贴，与辖区各大影院沟通，在电影开始前播放消防宣传短片。将支队所属8个中队生活车统一进行喷漆改装成消防宣传车，走街串巷开展消防宣传消防知识。

（高　森）

【一体化警务】 依托地上地下一体化警务，牵动治安、消防、交通、巡警、特警及8个属地派出所开展，累计投入警力9947人次，盘查核录19345人次。组织各部门开展公交地铁应急先期处置工作，3月20日早7时，地铁 15 号线出现辅助系统停机故障，沿线站点瞬时出现大人流情况。分局立即启动应急方案，及时疏导滞留乘客7500余人。

（杨凤跃）

【车辆管理】 共查扣非法运营车辆396辆（机动车 288 辆，黑摩的 108 辆），处理无照游商240起，处罚黑车扰序、违章停车100余人。

（李海东）

【除夕烟花爆竹燃放秩序维护】 除夕当晚（2月9日），顺义分局启动一级防控方案，成立烟花爆竹燃放秩序维护工作前沿指挥部。全区共部署安保力量50000余人，其中公安民警1400余人，机关干部1000人，治保力量26000余人，保安及其他力量21600

余人。

（秦　颖）

检察工作

【概　况】　年内，共受理提请审查逮捕案件839件1122人，依法批准逮捕524件673人，不批准逮捕310件442人；受理移送审查起诉案件1306件1633人，提起公诉1142件1406人，决定不起诉119件149人。初查各类职务犯罪案件线索26件，立案侦查贪污贿赂犯罪案件5件7人、渎职侵权犯罪案件1件3人。强化诉讼活动监督，依法监督侦查机关立案7件，纠正漏捕28人，纠正漏诉21人，向法院提出刑事抗诉4件，对认为确有错误的民事判决提出抗诉3件、再审检察建议1件。积极开展预防职务犯罪工作，开展廉政法制课32次，为工程建设项目招投标、政府采购等活动提供查询563次。注重涉罪未成年人教育、感化与挽救工作，在讯问涉罪未成年人时安排法定代理人、合适成年人到场72人次，对36名涉罪未成年人封存犯罪记录。依法开展羁押必要性审查工作，对28名符合条件的犯罪嫌疑人变更强制措施。针对执法办案中发现的社会管理漏洞，发出检察建议66份，帮助发案单位或相关部门加强管理、堵塞漏洞。

单位名称：北京市顺义区检察院
地址：顺义区新顺南大街19号
电话：（010）59556600
邮编：101300

（李连华）

【村委会换届选举】　3月28日至6月30日，成立服务“顺义区第九届村民委员会选举”专项工作领导小组，依法快速办理涉及村委会选举的来信来访、案件，开展预防巡展、廉政法制课等宣传教育，对新任“两委”班子成员进行专项预防职务犯罪教育培训，做好换届选举前后的法律宣传和警示教育工作。

（李连华）

【获研发软件著作权】　年内，区检察院参与研发的公检案件信息共享平台软件成功运行。本院作为著作权人之一进行著作权登记。依托该平台检察机关可以对公安机关办理涉及违法人员的刑事拘留、取保候审等措施变更，全部纳入监督范畴。

（李连华）

【“蒲公英”青少年法制宣讲团】　7月，成立“蒲公英”青少年法制宣讲团，进一步加强预防青少年违法犯罪工作。年内“蒲公英”青少年法制宣讲团13名“兼职法制教师”到学校、社区讲授法制课12次，听课人数达5000余人。

（李连华）

【“妇女儿童维权通道”】　8月30日，区检察院与区妇联签订《关于落实在顺义区检察院建立妇女儿童维权通道》合作协议，开通“妇女儿童维权通道”。

（李连华）

【“两法衔接”】　年内，区检察院共审查报备行政处罚案件3719件，通知公安机关立案7件12人，其中3人已被提起公诉，2人获法院判决。顺义区司法局等29家单位成为“两法衔接”工作联席会议成员，“两法衔接”联席会议单位增加到49家。

（李连华）

【预防职务犯罪宣传教育】　年内，区检察院采取专题讲座、组织预防巡展等形式，配合区内单位开展廉政法制课32次。

（李连华）

审判工作

【概　况】 全年共受理各类案件23795件，办结20701件，结案数与2012年基本持平。其中，审结刑事案件1176件，判处罪犯1497人，审结民事案件14812件，审结行政案件189件，办结执行类案件3875件。一年来，区法院创新审判公开形式，完善外部监督体系，努力让司法在阳光下运行，增进人民群众对司法的信任。2013年，区法院以全面提升司法公信力为目标，认真履行审判职责，积极回应人民群众对司法工作的要求和期待，统筹推进审判职能、审判管理、审判队伍、审判公开四项建设，司法公信力稳步提升，为区域经济社会科学发展作出不懈努力。

单位名称：北京市顺义区人民法院

地址：北京市顺义区府前东街

电话：（010）69444921

邮编：101300

（胡小静）

【女性维权法制宣传活动】 妇女节前夕，区法院联合南彩镇妇联及司法所共同开展女性维权法制宣传活动，活动现场为群众发放近十种、上千份宣传单及宣传册等材料，解答法律疑问，充分发挥人民法院普法宣传的社会职责，为保障辖区妇女更好地维护自身权益提供专业咨询和法律帮助。

（胡小静）

【司法公开工作领导小组】 为更好地推进司法公开工作，根据市高院要求，经区法院党组研究决定，成立顺义区法院司法公开工作领导小组。领导小组的职能和任务在于组织领导区法院的司法公开工作，统一制定司法公开工作整体规划和重大工作举措，统筹解决司法公开工作中的重大问题。

（胡小静）

【12•4进村开庭】 12•4全国法制宣传日当天，区法院法官来到李桥镇北河村村委会，开庭审理案件。为实现庭审圆满完成，区法院合理安排审判力量，拟定开庭准备方案，制定应急救助方案。此次庭审工作不仅方便被告人，还将审理置于社会和当地群众的监督之下，实现了审判公开、透明。

（胡小静）

【创设微信群，探索青年“法官汇”培训新模式】 区法院依托青年“法官汇”这一培训平台，针对青年法官接受新事物能力强、思维活跃的特点，设立微信群，积极探索青年法官教育培训新方式：一、第一时间转发新出台法律及司法解释；二、随时分享国家大政方针，政法新闻，司法时评；三、发起话题讨论，促进深入思考。

（胡小静）

【法官实名职务微博】 为更好地畅通民意沟通渠道，推进区法院自媒体平台建设，经院党组决定，陈英、白玉龙两名法官开设法官实名职务认证微博。法官个人职务微博的开设是区法院在新媒体环境下，深入推进司法公开、民意沟通和舆论引导工作的有益尝试。下一步，区法院将不断总结经验、积极探索，确保职务微博工作取得实效。

（胡小静）

【区法院官方微博正式上线运行】 12月，区法院举行官方微博开通仪式，官方微博“北京市顺义区人民法院”在新浪微博平台正式开通上线。结合法院司法宣传实际及网民的阅读倾向性，官方微博运行初期设置顺法快讯、法官讲法、案件播报、法苑新光、普法你我他等栏目。

（胡小静）

司法工作

【概　况】 2013年，开展了法制宣传、社区矫正和帮教安置、人民调解、公证工作、法律援助等工作。《顺义区“以案说法”普法系列丛书》编印完成，该丛书分六册，内容涉及家庭关系、商业经营、劳动保障、农村经济纠纷、青少年与法、反职务犯罪等多个领域，有300个生动案例，已免费发放到全区25个镇、街道领导干部和村（居）农村两委手中。

单位名称：顺义区司法局

地址：顺义区光明南街18号

电话：（010）69443840

邮编：101300

网址：www.sifj.bjshy.gov.cn

（司法局）

【法制宣传】 完成“六五”普法中期督察迎检工作，会同区委宣传部、组织部等8家单位，成立4个督查组，对全区15个部委、25个镇街和517个村居的“六五”普法规划落实情况进行督察，顺利通过北京市“六五”普法中期验收。年内，共开展领导干部和公务员“学法用法 依法行政”主题宣传教育系列活动70场，全区公务员法律培训率达到100%；在15所小学开展“校园移动法庭”活动15场次，中学生“庭审旁听”活动班级参与率达65%；开展“讲法制守秩序的好市民”主题宣传教育活动41场次，在6个街道推广“司法行政电子期刊”；与北京市法学会合作开展“北京市法学会法制讲座顺义行”活动14场，为2000余名新任农村“两委”干部提供法制培训。开展“北京市司法大讲堂”活动。分别以“美丽北京”、“法治北京”、“平安北京”为主题，开展《法律援助条例》实施十周年、社区矫正十周年等专项宣传活动150余场，播出“司法大讲堂”系列专题片5期，在《顺义时讯》报等刊发稿件36篇，受教育人数达8万余人次。

（司法局）

【社区矫正和帮教安置】 完成重点时期的安全保卫工作。共组织“两节”、“两会”等节点社区矫正人员“大排查”活动16场，累计走访9539人次，排查重点人396人次，签订重点时期安全保证书200件次。与公检法部门成立脱管、收监联合行动组，制定《顺义区人户分离社区矫正人员管理制度》，逐一落实社区矫正监管工作的主体责任和基础责任。25家司法所全部建成社区矫正“网络E管理”模式，建立阳光中途之家心理咨询师人才库和心理测试题库，目前已有心理咨询师8名，心理医生1名，心理测试试题16套，为25名特困“两类”人员申请救助金共计15400元，实现符合条件服刑人员“应救尽救”。2013年我区共管理社区矫正人员314人，其中A类118人，B类110人，C类86人；刑释解教人员1890人，其中一类70人，二类550人，三类1270人。

（司法局）

【人民调解】 成立全市首个“律师协会重大民间纠纷人民调解委员会”，并组建“私个协人民调解委员会”。创建50个“人民调解委员会规范化建设示范点”，组织“全区司法助理员岗位大练兵”活动，50名专职人民调解员参加诉前调解基地轮训，培训周期达24周。认真落实“以奖代补”方案，人民调解员薪酬水平比2012年提高了80%，达到2500元。截至12月底，全区各类人民调解组织共调解纠纷14428件，调解成功 14052 件，成功率达 97%；其中，诉前调解、执行收案、劳动争议等案件共 5309 件，占总案件数的 39%，防止群体性上访 51 件。

（司法局）

【公证工作】 年内，共办理公证 2957 件，同比增加 24.5%，其中国内民事 1579 件，国内经济 239 件，涉外公证 1139 件，无假证、错证现象发生。公证业务领域不断拓展，先后为大龙地产等多家企业财产清点、企业转制改制等提供服务，为天竺镇等 30 个拆迁村转非劳动力自谋职业协议公证 2024 人次。

（司法局）

【法律援助】 健全法律援助服务体系。成立全市首家看守所“法律援助工作站”，制定《法律援助复查制度》，开通“未成年人绿色服务通道”，受援人合法权益得到更充分的保障。2013 年共受理法律援助案件共计 1487 件，接待来电来访 7873 人次，群众满意率达 99.5%。

（司法局）

【《以案说法》编印完成】 8 月 27 日，《顺义区“以案说法”普法系列丛书》编印完成，该丛书分六册，内容涉及家庭关系、商业经营、劳动保障、农村经济纠纷、青少年与法、反职务犯罪等多个领域，精心搜集 300 个生动案例，配备律师分析与法条链接，简明通俗的为读者普及法律知识。已免费发放到全区 25 个镇、街道领导干部和村（居）农村两委手中，共计 3 万册。

（司法局）

军　　事

人民武装

【概　况】 2013 年，着眼建设特别忠诚特别过硬特别稳定的国防后备力量队伍，下大力抓好党委班子建设和各项工作落实。党委班子凝聚力、战斗力、创造力显著增强，民兵应急能力显著提升，双拥共建工作取得新的成果，国防后备力量建设呈现了协调发展、科学进步、与时俱进的良好态势。区人武部被评为全国国防后备力量建设刊授教育先进单位，第九次被北京市、北京卫戍区表彰为“先进人武部”，有多名同志受到军区、卫戍区通报表彰。

单位名称：北京市顺义区人民武装部

地址：顺义区光明南街 16 号

电话：（010）69444421

邮编：101300

（徐长华　张玉伟）

【民兵应急分队训练】 采取集中组织和单位分训相结合的方式，先后组织民兵应急分队、高炮分队、导弹分队和专武干部集训。按照“建在身边、抓在手中、用在关键”的建设原则，重点抓民兵应急分队建设，配齐应急分队装备器材，对民兵应急分队管理做到定人、定位、定物、定车。5 月份参加卫戍区组织的应急分队比武考核，取得炊事第 1 名、队列第 5 名，总评优秀的好成绩。7 月份协调驻区空军高炮三团对 40 名民兵通信保障分队进行专业训练。

（徐长华　张玉伟）

【学生军训】 进一步完善学生宿舍、食堂、教室、澡堂等附属设施。先后承训中央美术学院、青年政治学院等4所高校及部分中学生1.1万名学生的训练任务。

（徐长华　张玉伟）

【保卫“两会”“护城河行动”】 2月27日8时至3月18日18时，组织北务镇、大孙各庄、李遂等单位，190多名民兵参加“护城河”行动，担负25个进京卡口的治安查堵任务。执勤以来，单独和协助民警盘查检查进京车辆63000余台次，人员84600多人次，查获一级临控人员3人，管制刀具1把，烟花爆竹4000头。

（徐长华　张玉伟）

【民兵武器装备仓库安全管理】 在“三防四治”隐患排查治理活动中，全面排查弹药库存在的安全隐患，投资30多万元对民兵武器装备仓库进行全面检修维护。坚持结合炮兵团战士换防，对离库战士进行点验，对新到战士进行了政治思想审查。利用卫戍区在我部装备仓库进行法纪巡回演展的时机，组织所有人员深入剖析了友邻单位哨兵携枪外逃案例的原因及危害。坚持部领导与仓库干部，仓库干部与职工、骨干、战士普遍谈心制度，及时掌握每人的思想情况，摸清思想底数，保证重点目标看管人员政治纯洁、思想稳定。

（徐长华　张玉伟）

【退役士兵安置工作】 全面落实各项优抚，2012年度288名退役士兵全部安置完毕，其中政府安置25人，全部安置到区属企事业单位，自主就业213人，发放自主就业金等各项补助共计1112.8万元。

（徐长华　张玉伟）

【随军家属专场招聘会】 9月27日，在武警顺义支队召开随军家属专场招聘会。招聘会共有20余家单位提供医生、会计、销售经理、工程师等200余个职位，吸引了130多名随军家属参加。

（徐长华　张玉伟）

【征兵宣传】 在全区广播开展征兵宣传进校园、进社区、进机关活动。副区长赵贵恒同志亲自参加在光明文化广场举行的征兵宣传活动。在电台、电视台、政府网、校园网和城区主街道、公园、社区LED电子屏滚动播发了征兵宣传口号；政委于凤春在电视台发表了电视讲话。全区共悬挂标语980条，发放宣传单4.68万多张，群发短信12万多条。为发挥典型激励作用，在全区评选表彰50名优秀现役军人。为每名现役军人家属发放了3000元奖励。为激励大学生参军入伍，顺义区在耿丹学院、现代学院分别举办征兵宣传进校园活动。将北京市、顺义区制定的针对大学生的优抚安置政策制作成卡片，发放到每名大学生手中。

（徐长华　张玉伟）

【送知识进军营活动】 5月16日，在93708部队组织开展“送知识进军营活动”启动仪式。活动本着“入伍即入学，退伍即毕业”的宗旨，联合北京市农业广播学校顺义分校，以官兵实际需求为出发点，为驻顺部队官兵开设计算机中专班，300余名驻顺官兵报名参加了计算机中专班学习。

（徐长华　张玉伟）

人民防空

【概　况】 2013年，顺义区民防局按照年初制定《顺义区民防局2013年工作要点》目标任务，紧紧围绕我区的中心工作，全面加强应急组织指挥、人防工程建设与管理、宣传教育培训等方面建设，各项工作稳步推进。

单位名称：顺义区民防局

地址：顺义区府前中街3号（顺义宾馆院内西侧）

电话：（010）69443202

邮编：101300

网址：http：//www.renfang.bjshy.gov.cn/

（民防局）

【人防工程建设审批规划】 加强使用及审批管理，全面体现人防工程社会公益性。坚决杜绝散居住人的使用审批，使用方向着重体现服务建设单位和社会公益性。2013年，批准的人防工程为社区解决了3830个地下停车位。

（民防局）

【创建政务服务品牌】 依照顺义区重点建设项目计划表，编制《顺义区重点建设工程进度表》，每周电话联系，了解项目进展情况，并及时更新。安排专人积极与区重点建设工程项目联系人联系沟通，讲解相关政策及办理程序。对市局审批的项目，带领、协助建设单位到市局办理标准审查、施工图审查及备案手续。2013年，为全区150多个建设、设计单位提供咨询服务，继续对未完成人防审批区重点工程项目提供全过程服务。

（民防局）

【人防工程安全管理】 结合区内地下空间实际情况，与住建委共同研究制定《安全生产“护航”联合行动实施方案》，并下发给各属地管理部门。按照实施方案要求，组织开展安全生产“护航”联合行动联合检查，发现安全隐患18处，下达限期整改通知书9份，现已全部整改完成。为进一步落实管理使用单位企业主体责任，三月初组织签订“四位一体”的《顺义区人防工程安全使用维护管理领导责任书》，进一步明确属地、人防工程管理单位、人防工程使用单位的责任，全面落实了人防工程目标管理责任制。

（民防局）

【人防工程防汛度汛】 一是对早期人防工程的结构情况及封堵情况进行排查，防止出现结构坍塌等风险，进入汛期此类工程将作为重点防控部位，随时掌握雨前、雨后工程状态，有效降低风险系数；二是落实车库工程防倒灌各项措施，对车库工程进行排查，重点检查管理使用单位防倒灌措施落实情况及物资储备情况；三是加强应急抢险队的物资准备，更换老旧设备物资，为提高队伍应急处置能力，提供物资保障。进入汛期后，启动汛期抢险工作预案，各人防工程管理、使用单位派专人24小时值守，局办公室随时检查。遇中雨以上天气，全局科以上领导及工程科全体同志全部到岗，进行防汛值守，人防工程防汛抢险队全员就位。

（民防局）

【应急保障】 完成计划内防空袭警报器新装及更换工作，今年新增警报器1台，更换警报器1台。完成警报器巡检工作，确保全区所有警报器终端运转正常，统控率100%；顺利完成市局部署的防空警报器终端加电测试工作。完成胜利街道宣教中心指挥平台的调试与验收工作，目前，该指挥平台与区指挥平台音、视频已可以互联互通。加强815D应急移动指挥车的演练，节假日、区内重大活动及H7N9的备勤工作。维护、维修了指挥室内照明线路，对指挥所内中央空调系统进行了整体维护。

（民防局）

【宣传教育】 组织开展3月1日“国际民防日”、“5.12防灾减灾日活动”等社会宣传活动。利用后沙峪公共安全宣教中心、焦庄户地道战遗址“民防宣传教育基地”以及3个街心公园和10个社区宣传栏开展对广大市民的防空防灾知识的宣教培训工作，提升应急处置能力，今年共展出5期。

（民防局）

【民防应急志愿者】 一是年内选取杨镇、赵全营、牛栏山3个地区、街道办事处成立志愿者队伍，使我区民防应急志愿者队伍达到了17支，500多人。二是组织志愿者队伍负责人和骨干民防知识的培训班。三是为南法信镇、旺泉街道和双丰街道三支志愿者队伍建立小型应急物资储备室。

（民防局）

双拥工作

【概　况】 2013年，在区委、区政府的正确领导下，在市双拥办的大力支持下，顺义区双拥办认真贯彻党的十八大精神，全面落实科学发展观，以促进驻军现代化建设为目标，加强领导，开拓创新，加大调研力度，积极落实政策，各项工作进展顺利，并取得一定突破，进一步巩固“同呼吸、共命运、心连心”的军政军民关系。

单位名称：顺义区双拥办公室

地址：顺义区石园北区东侧

电话：（010）69433708

邮编：101300

（王立标）

【两节慰问工作】 春节和“八一”期间，区委书记王刚等区相关领导、双拥办把总价值80万元的食品和洗衣机等用品送进了军营。

（梁新岳）

【军事日】 7月29日，区委书记王刚，区委副书记、区长卢映川，区人大常委会主任胡尚云，区政协主席杨宝华及区委、人大、政府、政协38位区领导、区国防动员委员会32名成员、14支驻区部队领导参加“军事日”活动。

（王立标）

【士兵学历培训】 根据《关于在驻顺部队战士中开办文化学习班的通知》（顺拥〔2008〕2号）精神，双拥办协调北京农业广播电视学校顺义分校开办军地两用人才中专班。2013年，共有346名现役士兵参加学习，涉及专业包括企业管理、法律、会计等。

（梁新岳）

【随军家属安置调研工作】 2013年召开协调会，商定我区采取统一考试择优录用、自谋职业和推荐就业相结合等方式安置随军家属，并将随军家属自谋职业补助费由原来的3.5万元提高到5万元，成为全市最高水平。9月份组织20余家招聘单位召开随军家属就业洽谈会，提供包括医生、会计、销售经理、工程师等职位的200余个工作岗位，吸引我区100余名随军家属参加。

（王立标）

【退役士兵安置工作】 2013年顺义区共接收安置复退军人238人，其中退役士兵221人，转业士官16人，复员士官1人：25人安置到区属企事业单位，213人自主就业，发放退役士兵自主就业经济补助等共计1112.79万元。安置率保持100%。

（梁新岳）

综合经济管理

发展与改革

综　述

2013年，顺义区紧密围绕“建设绿色国际港，打造航空中心核心区”的奋斗目标，立足发展的阶段性特征，充分发挥比较优势，加快推动“四个转型升级”，统筹“调结构、促改革、惠民生”各项工作，年度重点任务执行有力，主要计划指标完成较好，区域发展呈现出“稳中有进、稳中有为”的良好态势。

一、经济平稳协调健康发展

经济运行总体平稳。全年完成地区生产总值1232.2亿元，按可比价格计算同比增长11%。二、三产业协同拉动能力进一步增强，全年实现增加值分别为565亿元和641.7亿元，现价同比分别增长15.8%和8.8%。

质量效益稳步提升。公共财政预算收入完成98亿元，增长13.7%。城镇居民人均可支配收入、农村居民人均纯收入分别完成33329元和17703元，分别增长9.5%和10.9%。

二、结构调整转型取得新成效

产业高端化态势显著。制造业高端引领能力不断增强，实现工业总产值2810亿元，同比增长21.3%。其中，汽车产业实现产值1643.8亿元，同比增长21.3%。北京航空产业园发动机产业基地一期主体工程建设完成，中航信产业园开工建设。交通运输仓储邮政业增加值比重逐季提高，特色金融产业快速集聚，首都产业金融中心的影响力进一步提升。农业引领全市都市型现代农业发展的带动作用进一步增强。战略性新兴产业加快发展，国家地理信息科技产业园一期建设完成，环球华影激光电视项目全面启动，磁谷新能源汽车物理电池产品具备试装车辆条件。

产业平台功能不断提升。航空中心核心区建设深入推进，临空服务板块整合顺利开展。天竺综保区汽车整车进口口岸验收运营，保税拍卖业务成功开展，实现了从出口加工向服务贸易为主导的转型升级。空港经济开发区、国门商务区获得北京市“总部经济集聚区”认定。启动实施了临空经济区功能整合转型升级工作，组建北京临空经济核心区管委会，初步构建起政企分开、精简高效的临空经济区管理体制和运行机制。

创新驱动势能加速积累。自主创新政策和服务体系建设逐步完善。出台了推动自主创新“1+3”科技政策体系。大力实施“百家创新型科技企业培育计划”，新认定国家级高新技术企业44家。中关村顺义园建设进展顺利，落桩定界、标识规范等工作积极推进，航天技术应用产业园等6个项目入园发展。广告会展、设计创意、艺术品交易等行业集聚效应逐步显现，歌华文化企业集聚中心建设进展顺利，首场艺术品保税拍卖在天竺综保区举行。品牌培育成效喜人，争创中国驰名商标1件、北京市著名商标5件。

需求支撑更趋协调。实现社会消费品零售额297.4亿元，同比增长17%。一批特色消费区域和消费热点加快形成，金街悦港城主体竣工，国门一号即将运营，电子商务、信用消费等新型消费发展迅猛。旅游消费份额不断扩大，五彩浅山、国际鲜花港、汉石桥湿地生态消费圈加快构建。投资保持平稳态势，结构不断优化，全社会固定资产投资完成429.7亿元，同比增长2.6%。制定《进一步改进和加强政府投资项目管理意见》，实施了镇级污水处理厂等基础设施领域引入社会资本试点项目。

三、城乡区域协调发展步伐加快

统筹建设力度加大。开展了新城总体规划评估，编制了潮白河生态发展带规划和首都机场周边地区规划。职教中心、劳动力实训基地、体育中心等完善新城功能的6项工程实现主体封顶。马坡组团金融总部集聚效应凸显，金街商业中心区初步形成。李遂镇中心区土地一级开发方案编制进展顺利，赵全营镇板桥村拆迁地块挂牌出让，杨镇产业辐射带动能力不断增强。南陈路新型农村社区6种户型样板房建设完成。五彩浅山纳入全市沟域经济政策扶持范围，国家登山步道一期125公里全线贯通。

运行保障能力增强。基础设施供给和运行效率不断提高，畅通工程建设力度加大。公交运营信息手机查询平台在本市率先使用。交通拥堵治理积极推进，一批道路微循环改造工程顺利实施。城南水厂、大孙各庄水厂、龙湾屯水厂及木林水源地启动建设。西马220千伏变电站竣工使用，西府和董各庄110千伏变电站土建完工。加强燃气、供热安全运行管理，老旧管网消隐改造工程顺利实施。启动了燃气、自来水等国有企业公司化改制。粮油肉蛋菜等生活必需品供应充足、价格总体平稳。

四、生态建设与环境治理取得明显成效

多措并举改善大气质量。发布了清洁空气行动计划和大气污染治理措施实施方案。试行新增大气污染物两倍削减环评审批制度，优化调整能源结构，强化“三级双控”机制。深入开展了燃煤、机动车、扬尘和工业污染专项治理，启动实施了农村地区“减煤换煤、清洁空气”行动计划，优质燃煤替代、液化石油气下乡、农村取暖“煤改电”和天然气入户试点工程全面展开。

城市环境体系加快构建。高标准完成了4.8万亩平原造林任务，新城滨河森林公园建成开放，新增绿化面积1.3万亩，37公里健康绿道投入使用。顺利完成了七分干渠生态治理和蔡家河、方氏渠18公里年度疏浚工程任务，行洪保障能力有效提升。市、区两级671项环境建设任务基本完成，九大类36项重点违法违规整治行动深入开展。深入推进垃圾分类管理，积极推进生活垃圾焚烧厂二期、餐厨垃圾处理厂、河西地区生活垃圾转运中心建设。

五、社会建设与民生保障持续增强

就业和社保工作不断加强。动态保持“充分就业区”创建成果，实现充分就业区“两连冠”。积极开发高端和绿色就业岗位，加强订单式培训，完善就业服务体系，推动了区域劳动力充分就业与质量就业的双提升。福利保障水平全面提升，在全市率先扩大享受老年人高龄津贴和医疗补助人员覆盖面。慈善事业蓬勃发展，救助贫困对象1万余人次。

基本公共服务水平进一步提升。教育教学质量持续提高，高考升学率稳居北京郊区首位。7 所续建校安工程实现竣工，8 所公办幼儿园和 15 所村办园投入使用。成功创建全国数字化学习社区先行区。北京中医医院顺义医院挂牌成立，地坛医院顺义院区即将投入运营。疫苗冷链全程实时监控管理系统在全市率先使用，成功创建国家卫生应急综合示范区。完成了 60 个市级体育生活化社区和健身俱乐部设备设施配建，15 分钟文体活动圈设施有效增加。环京自行车公路赛、“舞彩浅山”国际登山比赛等重大活动成功举办。

社会治理创新加快推进。城区 39 平方公里市政市容设施实现信息化覆盖。启动了智慧顺义顶层设计，工程建设领域诚信体系建设有序推进，社会服务管理创新指标信息系统试运行。19 个社区通过全市“六型社区”评估，37 个社区成为“智慧社区”建设首批试点，194 个农村社区达到六型农村社区创建标准。食品药品监管体制改革顺利进行，组建了食品药品监督管理局。食品安全监测合格率为 98.5%，药品抽检合格率达到 99%。深入推进安全生产标准化建设和隐患排查治理，安全生产形势平稳。

单位名称：顺义区发展和改革委员会
地址：顺义区府前中街3号
电话：(010) 69441363
邮编：101300
网址：www.shyjw.gov.cn

（发改委）

国有资产监督管理

综　　述

2013 年，顺义区国资委围绕全区发展大局，按照“有责任、有信心、有条件、有举措”的工作要求，认真履行出资人职责，以“抓规范、促改革、保发展、创和谐”为工作主线，积极推进国有企业改革调整，加强国有资产管理，创新国有企业党建，国有经济运行质量和效益不断提高，较好地完成了国有资产保值增值任务，为区域经济社会发展做出了积极贡献。

一、监管企业主要经济指标完成情况

2013 年，顺义区国资委系统企业资产总额 764.3 亿元，同比增长 14%；净资产总额 303.3 亿元，同比增长 13.2%；完成销售收入 412.9 亿元，同比增长 8.3%；实现利润 22 亿元，同比增长 24.1%；上缴税金 53.1 亿元，同比增长 9.4%。2013 年，在全市区县国资系统排名中：顺义区资产总额第五，净资产排名第二，销售收入与利润分别排在第二、第三。

按行业分布：工业企业 7 家，资产总额 362.8 亿元；建筑业企业 4 家，资产总额 24.1 亿元；商业企业 4 家，资产总额 43.1 亿元；房地产业企业 2 家，资产总额 104.1 亿元；投融资平台企业 3 家，资产总额 230.3 亿元。

按所有制结构分布：全民所有制企业 14 家，资产总额 721.8 亿元；集体所有制企业

6家，资产总额42.5亿元。

按企业规模分布：大型企业5家，资产总额379亿元；中型企业12家，资产总额240.3亿元；小型企业3家，资产总额145亿元。

二、国有资产监管概况

（一）深化国有资产处置管理。加强产权动态监管，对国有资产总体情况和变动状况进行实时监控。依据相关制度规范，研究批复产权转让、资产划转事项6项，涉及金额13.85亿元。加强国有资产评估管理，完成7项资产评估项目核准（备案）工作，评估净资产比账面资产增加1.45亿元。

（二）严格审核企业投资收购。加强重大投资行为审核，引导企业扩大经营规模，推进国有资产的合理流动和优化配置。为促进企业发展和融资，解决了供热中心建设主体与运营主体分离及资金问题。加强国有资本金投资管理，批准新设企业10家、审核增资事项4项，共计增加国有资本金投入1.97亿元。

（三）提升上市公司资产质量。加强上市公司治理，完成上市公司内幕信息梳理与自查工作。在市国资委的指导和区委、区政府的领导下，研究同意大龙公司将义盛设计所股权协议转让给大龙伟业；顺鑫集团将持有顺鑫佳宇公司的股权转让给顺鑫股份；审核批准顺鑫农业非公开定向增发17亿元，促进了顺鑫集团产业转型升级。

（四）完善企业负责人激励约束机制。研究制定了《顺义区国资委监管企业负责人基薪管理暂行办法》，规范企业负责人基薪的发放。完善业绩考核体系，研究制定《顺义区国资委投融资平台企业负责人年度业绩考核暂行办法》；并将政府项目融资情况考核纳入投融资平台企业负责人年度业绩考核。

（五）探索企业干部管理工作。根据顺义区委《关于进一步加强区属国有企业领导干部管理的工作意见》，出台了《顺义区国资委党委管理的国有企业领导人员选拔任用办法（试行）》，下发了《关于进一步加强区属国有企业因公出国人员备案管理工作的通知》。成立企业领导人员管理科，对企业中层干部情况进行摸底调查。在不断学习和摸索中稳步推进企业干部管理工作。

（六）企业合同管理严格落实。落实《顺义区重大合同审核备案办法》等文件规定，按照“分类分级、自查自报”的合同管理模式，对企业合同进行分类分级管理，指导企业健全完善合同管理制度，实现合同管理全面覆盖。2013年系统企业审核、备案下属企业合同4320项，合同标的额110亿元，有效保障了国有资产运行安全。

三、国有企业改革发展情况

（一）积极推进公司制改造，增强企业核心竞争力。按照“重点突破，分类实施，逐步推进”的总体思路，对监管企业进行公司制改造。燃气公司改制方案经区委、区政府批准，企业资产清理、审计评估等改制前期工作基本结束，顺义燃气控股公司已注册成立。自来水公司、大龙公司、恒锋市政工程公司的改制方案已通过区政府审核。2014年顺义区国有企业公司制改造工作将全面启动。

（二）深化国有企业改革，加大重组整合力度。按照“有进有退、退而有序”的改革思路，对经营困难、缺乏竞争力的企业，通过重组、合并、托管等途径实现有序退出。永进物资总公司、双峰建材集团由大龙公司接收工作圆满完成，企业经营正常运行，最大限度保全了国有资产，减少了改革改制成本。同时采取协议解除劳动合同给予经济补偿及由企业安排工作岗位接收等方式妥善安置职工，维护了企业和社会的安全稳定。

（三）加快产业结构调整，优化国有经

济布局结构。发挥区属融资平台作用，借助现有上市公司平台的优势，拓展融资渠道，增强市场化融资能力，盘活优质资产。审核批准国资中心发行第二期企业债 10 亿元；审核批准天房以股权质押方式融资 7000 万事项。稳步推进相关企业资源整合，把资源优势转化为产业优势和经济优势，增强企业发展动力。积极落实市委市政府精神，淘汰落后产能，双峰集团配合金隅集团依法依规做好参股企业北京金隅顺发水泥有限公司的关闭工作。

（四）坚持思想引领，国企党建科学化水平不断提高。将国有企业政治优势转化为核心竞争力，为企业发展提供坚实的政治、思想及组织保障。将思想政治优势转化为凝聚力和影响力，凝练企业核心文化理念，鼓励职工创先争优、在岗奉献，营造健康和谐、拼搏进取的企业文化氛围。2013 年，系统 238 名处级干部、4217 名党员参与党员干部进社区活动。“十月金秋”活动以“改革与发展、创新与继承、人文与和谐”为主题，与顺义学习网合作进行展示，作品数量 76 件，近 9000 人次点击观看和参与投票。

（五）落实风险防控，党风廉政建设和反腐倡廉工作不断加强。以扎实推进惩防腐败体系建设和完善廉政风险防控机制为重点，切实加强国有企业反腐倡廉建设。制定了《2013 年党风廉政建设和反腐败工作实施意见》，加强反腐倡廉教育培训力度，加强廉政风险防控，建立权责明确、流程清晰、程序严密、运行公开、制约有效的行政权力公开透明运行机制。对国资监管工作职权和内部管理权进行全面梳理排查廉政风险点。积极开展效能监察，形成国企治标与治本相结合的反腐倡廉长效机制。通过参观“明镜昭廉”主题展览、开展廉政桌面设计、“读书思廉”等活动，营造文明、清廉的企业廉政文化氛围。

（六）立足区域实际，构建和谐企业，服务发展大局。区国资委深入贯彻落实十八大精神，坚持“见物见人”工作理念，着力扩大就业岗位、提高职工收入水平、保障职工合法权益。认真开展工资集体协商工作，2013 年集体合同、工资专项合同签订数均达到指标数的 100%，惠及全部在岗职工；确保全员足额及时缴纳各项社会保险，稳步提高职工社会保障水平；深化厂务公开、党务公开，拓展职工参与决策的深度和广度，提高企业管理的公开度、透明度。引导国有企业积极参与重点产业、重大项目、重点工程建设，加大对民生企业的扶持力度，不断增强城市公用企业承载能力。2013 年底，大龙公司三座供热中心供热面积达 1080 万平方米，肩负城区 85%的供暖任务；自来水公司供水能力由 10 万吨/日增加到 19 万吨/日，供水范围扩大到 32 个村；燃气公司居民用户达 14.3 万余户，公服用户 612 家；供销社、国泰中百、鑫海韵通等大型商业流通企业在保障市场供应、维护物价稳定方面发挥了不可替代的作用。

单位名称：顺义区人民政府国有资产监督管理委员会
地址：顺义区仓上街 AMB 大厦 A 座 7 层
电话：（010）89440556
邮编：101300
网址：www.gzw.bjshy.gov.cn

（国资委）

工商行政管理

【概　况】 顺义工商分局认真贯彻落实区委、区政府以及北京市工商局的决策部署，结合自身实际，坚持在改革中认清使命，在继承中创新发展，立足本职、服务大局，努力夯实基础工作、全面提升监管效能、继续加快科技创新，各项工作取得了较好成效，为服务区域经济社会发展做出了积极贡献。

单位名称：北京市工商行政管理局顺义分局
地址：北京市顺义区仓上街 8 号
电话：（010）89448080
邮编：101300

（孟庆永）

【市场主体发展情况】 截至 2013 年底，顺义区实有各类市场主体 66760 户，注册资本（金）总额 2338.81 亿元。新增各类市场主体4999户，与去年同期相比下降了3.10%。其中，内资企业 2620 户，同比上涨 11.92%；外资企业 75 户，同比下降了 1.32%；个体工商户 2304 户，同比下降 15.94%。

（孟庆永）

【股权质押工作】 通过设置专门窗口，专人负责，全程指导股权出质企业准备登记注册手续。年内通过股权质押方式为区内 57 家企业融资 57.58 亿元。

（孟庆永）

【农资监管】 进一步加强农资市场的管理和规范，督促指导农资经营者落实“两证、两票和一书一卡”制度。加大对农资产品的抽检力度，依法对销售不合格农资进行查处，确保辖区农资质量。开展对全区农资经营户的日常抽查,年内抽查 26 户 48 个样品，对 1 户不合格样品进行了立案查处，罚没款 0.7 万元。

（孟庆永）

【成品油市场监管】 对辖区成品油经营企业在计划抽检；特殊情况和重大节假日将适时组织抽检；根据季节和成品销售使用特点，加强对个别油品的抽样检测。年内共抽检 93 个成品油经营主体的 208 个样品，立案 1 起，罚没款 11.9 万元。

（孟庆永）

【禽流感防控】 多次召开专题会议，传达贯彻上级有关禽流感防精神，分析辖区禽流感的疫情，制订和下发分局预防禽流感工作实施方案和紧急预案；加强对禽类市场监管。对市场内的活禽交易、禽类现场宰杀等行为进行制止、劝离和取缔。期间共出动 4304 人次、1974 车次、检查主体 15106 户次。

（孟庆永）

【消费者权益保护】 年内共接收消费者申诉 539 件，已办结 528 件，受理 353 件，调解成功 280 件，调解成功率为 79.3%，为消费者挽回经济损失 17.4 万元。接收群众举报 683 件，办结 633 件，属实 201 件，行政处罚 14 件；行政指导 124 件，采取其他行政行为 63 件。顺义区消协共受理消费者投诉 356 件，解决 350 件。调解成功率达到 99%。接待咨询电话 3389 次，为消费者挽回经济损失 53.7 万元。

（孟庆永）

【商品质量监管】 围绕服装、儿童用品、建材等重点商品开展质量监测工作，依法委托法定检验机构开展商品抽样检测 40 组；配合市局完成抽样送检商品 166 组。反馈监测结果 151 组，其中合格 77 组，不合格 74 组。依据监测结果，及时对经营企业开展行政指导；对于不合格商品责令停止销售，对经营不合格商品的经营者进行立案处理。

（孟庆永）

【主体年检】 通过各种媒体告知企业、代表机构、个体工商户参加年检、年报、验照。自行设计、打印《年检、年报网上年检操作流程须知》，发放年检资料 2000 余份。通过多种措施，使辖区主体年检顺利完成。全区应参加 2012 年度的企业共计 20927 户，实际参加年检 19903 户，年检率为 95.11% 。较去年增长 0.41 个百分点。高于全市平均年检率 0.46 个百分点。

（孟庆永）

【遏制无照经营】 年内加大执法力度，取缔无证无照经营黑窝点，消除重大安全隐患。年内无照经营上账共计 2328 户，较去年上账总数 4743 户明显下降。

（孟庆永）

【房地产经纪人执法】 结合国家工商总局 51 号令的贯彻实施工作，加强行业不公平格式条款的检查，指导企业正确使用合同示范文本，对以不公平格式条款侵害消费者合法权益行为的，依法处理。加强对房地产经纪行业的监管，进一步规范经营。年内对违反规定的房地产经纪人立案 6 起，罚款 2.7 万元。

（孟庆永）

【品牌建设两点新台阶】 截至年底区委区政府用于品牌建设的资金累计投入已达 3000 余万元。品牌企业对顺义区经济收入的贡献达到了 80%以上。顺义区共计拥有驰名商标 16 件，北京市著名商标 43 件，2013 年新认定顺义知名商标 6 件，共有顺义知名商标 12 件，顺义区实施品牌战略示范镇（园区）2 个，顺义区实施品牌战略示范企业 2 家。

（孟庆永）

财 政

【概 况】 2013 年，全区属地收入累计完成 494.53 亿元，其中，公共财政预算收入累计完成 98.03 亿元；基金预算收入累计完成 65.51 亿元。全区公共财政预算支出累计完成 146.69 亿元；基金预算支出累计完成 82.28 亿元。在财源建设方面开展了加强税源和税收的管理、强化财源培植、发挥财政资金的引导作用等工作。在财政资金管理上开展了政府采购、政府投资评审、国库集中支付改革、预算管理、政府债务管理等工作。

单位名称：顺义区财政局
通讯地址：顺义区新顺南大街 17 号
邮政编码：101300
电　　话：69443287

（张 茉）

【财政收支】 2013 年，全区属地收入累计完成 494.53 亿元，同比增收 78.86 亿元，增长 19%，完成年初预算的 109.2%。其中，公共财政预算收入累计完成 98.03 亿元，同比增收 11.78 亿元，增长 13.7%，完成年初预算的 103.8%；基金预算收入累计完成 65.51 亿元，同比增收 21.74 亿元，增长 49.7%，完成年初预算的 327.6%。全区公共财政预算支出累计完成 146.69 亿元，同比增加 16.34 亿元，增长 12.5%，完成年初预算的 117%；基金预算支出累计完成 82.28 亿元，完成年初预算的 411.4%。

（张 茉）

【财源建设】 一是加强税源和收入管理，进一步夯实财力基础，全面贯彻落实我区“十二五”发展规划，做强二产，保障重点项目竣工投产，促进以现代制造业为主导的二产较快增长；优化三产，形成临空经济发展集群，保障高端服务业全面发展。二是强化财源培植，努力探索符合我区实际情况的助推经济发展模式，加快培育新的经济增长点，大力挖掘存量税源，形成多点支撑的经济模式。三是充分发挥财政资金的引导作用，支持重点功能区建设，扶持重点产业发展，加快产业结构优化升级。推进中关村顺义园建设，优化创新发展环境，为经济发展注入新的活力。发挥财政政策对产业结构调整的积极作用，落实税制改革相关工作，确保财政收入稳定增长。顺义区财政局严格落实我区有关招商引资文件规定，2013年共兑现招商引资政策资金1.97亿元，涉及60家企业，不仅提高了兑现政策企业的纳税积极性，也为我区招商引资、涵养税源提供了政策保障。

（张　茉）

【政府采购】顺义区财政局继续加大政府采购管理力度，提高财政性资金的使用效益，增加政府采购环节的透明度，规范政府采购当事人的采购行为。2013年全年完成政府采购538项次，较上年增加135项次，采购预算4.21亿元，采购合同金额3.90亿元，同比增长80.6%，资金节约率为7.4%。其中公开招标175项，较上年增加65项，采购合同金额2.88亿元，同比增长97.3%，占采购总额的74%。

（张　茉）

【财政投资评审】　顺义区财政投资评审中心不断完善对财政投资基建项目概、预、结、决算的审核，确保政府投资的规范、科学、合理，全年审核完成财政投资项目807项，审核资金94.77亿元，审减资金14.57亿元，平均审减率15.38%，切实节约了财政资金，提高了投资效益。

（张　茉）

【深化国库集中支付改革】　2013年纳入国库集中支付改革的单位范围进一步扩大。顺义区财政局完成剩余乡镇教育单位、新增幼儿园和重点工程办公室纳入集中支付改革工作，至此，全区集中支付改革单位达到287家，较上年增加32家。全年共集中支付各类财政性资金157.5亿元，占区本级财政支出的76%，比上年提高4个百分点。财政直接支付资金达144.3亿元，占集中支付总金额的92%，较上年提高3个百分点。

（张　茉）

【预算管理】　深入推进预算管理工作。一是实现全口径预算管理。自2013年起将国有资本经营预算纳入预算范围，至此公共财政预算、政府性基金预算、国有资本经营预算全部纳入预算范围，实行全口径的预算管理。在全区国资委监管的国有及国有控股、参股企业以及集体企业中选取19家一级企业试编国有资本经营预算，共实现国有资本经营预算收入3772万元。二是完善大额专项资金的管理。制定出台顺义区《区级大额专项资金管理办法》，设立科技创新、文化创意产业发展等八项大额专项资金，共计2.8亿元。同时引入绩效评价和资金监管机制，进一步发挥公共财政的职能作用。

（张　茉）

【政府债务管理】　加大对政府性债务监管力度。加强对政府性债务问题的精细化管理，建立健全政府间歇资金的管理使用制度，出台了《顺义区财政局暂付款管理暂行办法》，标志着我区财政间歇资金的管理走上了科学化、制度化、规范化的轨道。

（张　茉）

国家税务

【概　况】北京市顺义区国家税务局受北京市国家税务局垂直领导，主要负责顺义区行政区域内增值税、消费税、所得税、存款利息所得税和车辆购置税等五大税种的税收征收管理。2013年共管理纳税人35020户，其中：私营以上纳税人20577户、个体纳税人14443户。全年组织税收收入2967859万元，同比增加547546万元，增长22.6%，完成年度税收任务计划指标的109.3%。其中：增值税累计完成1219829万元，同比增收384266万元，增长46%；消费税累计完成

663186万元，同比增收219147万元，增长49.4%；企业所得税累计完成1004062万元，同比减收64441万元，下降6%；存款利息所得税累计完成41万元，同比减收29万元，下降41.4%；车辆购置税累计完成80741万元，同比增收8603万元，增长11.9%。

单位名称：顺义区国家税务局
地址：顺义区府前东街7号
电话：（010）69462203
邮编：101300
网址：shunyi.bjsat.gov.cn

（国税局）

【政策落实】 总结2012年"营改增"试点改革成功的经验做法，有序开展广播影视服务企业的宣传培训、税种认定及发票核定等相关工作，顺利实现"营改增"扩围。严格一般纳税人审批制度，对不同原因零税企业采取分类管理，切实提高小规模纳税人的有税收入率及有税率。完善消费税涉税信息采集，开展专项调查，加强数据分析。加强优惠政策管理，确保优惠政策执行到位。不断推进企业所得税科学化、专业化、精细化管理，加强对资产损失税前扣除的后续管理，加强汇总纳税政策变化对入库所得税的影响分析和重点行业管理，有序开展2012年度企业所得税汇算清缴、定征收企业年报审核和重新鉴定、收优惠政策评价等工作。进一步加强非居民股权转让的监管、非居民享受协定待遇的审核和复查等基础性工作，同时关注重点行业和企业，积极发现非居民税源，依法保障和维护国家税收权益。规范审核审批程序，积极落实税收政策和快捷服务举措，加速推广网上预审，加强征退税衔接，防范、打击骗取出口退税违法行为，出口退税工作效率及服务质量水平不断提升。

（郭德明）

【税源管理】 深化"规范一线"工作，进一步梳理依申请事项，增加办税服务厅受理、审批、转办的涉税工作项目，减少中间环节，加快内部流转速度，提高涉税事项办结效率。在税源管理上推进新的岗位工作模式，建立重点企业和重点行业管理机制，实现管户与管事环节的分离。同时采取措施规范办税服务厅与基层所的业务流转，做好纳税人资料衔接，加强后续核实跟进管理。组织开展捐赠支出专项评税、第三方信息核实、营改增初期税收风险验证等七项评估工作取得较好效果。不断规范一级稽查管理信息系统各环节操作，系统应用能力有效提升。建立"四关三审制"，对稽查案卷的文书和取证要求进行统一规范，稽查案卷质量明显提高，一级稽查管理效能得到进一步提升。继续强化信息管税理念，积极推进金税三期等信息化基础建设，加强网络线路及设备的监控管理。对纳税人集中推行网上认证和网上抄报税，全区纳税人在网上认证和网上抄报税的比例达到较高水平。

（国土资源局）

【依法行政】 推进执法督察考核常态化，强化内部监督制约，促进税收执法责任制建设。严格重大税务事项行政审批及重大税务案件的审理，加强税收规范性文件管理，实现税收执法依据的规范、统一。认真应对和参加税务行政复议，保障纳税人合法权益，维护税法遵从度。不断完善办税服务厅建设，对相关配套制度进行梳理、规范，组织开展第22个税收宣传月活动，有针对性地进行税法宣传。注重纳税人权益保护，完善纳税服务投诉快速处理机制，纳税服务质量持续增强。加强国地税合作，公平、公正的开展纳税人纳税信用等级评定，开辟"绿色通道"为信用等级A级纳税人提供更加快捷便利的办税服务。做好信息公开、信访防控和网络舆情监控，主动接受社会监督，政务环境、效能普遍提升。

（国土资源局）

地方税务

【概 况】 作为北京市地方税务局的派出机构，顺义区地方税务局承担着辖区内营业税、企业所得税、个人所得税等十余个地方税费的征收管理工作。截至 2013 年底，全局共有税务登记户 42839 户，其中国有企业 424 户，集体企业 832 户，私营企业 8731 户，个体工商户 19924 户，联营企业 6 户，股份有限公司 208 户、股份合作企业和有限责任公司 10349 户，外资企业 986 户，其他企业 1379 户。2013 年，共组织各项税费收入 135.92 亿元，同比增收 11.8 亿元，增长 9.5%。其中，地方公共财政预算收入完成 107.25 亿元，完成全年地方公共财政预算收入目标任务 95.5 亿元的 112.3%，同比增收 7.77 亿元，增长 7.8%；区级一般预算收入完成 54.52 亿元，同比增收 4.25 亿元，增长 8.4%。

单位名称：北京市顺义区地方税务局
地址：顺义区新顺南大街 35 号
电话：(010) 69426901
邮政编码：101300
网址：http：//shunyi.tax861.gov.cn/

（陈 阳）

【组收措施】 一是抓税收分析。提前分析重大项目、工程落地和重大政策调整对收入的影响，采取召开收入预测分析会、按月通报预测情况和利用表单进行数据采集等措施，有效提升收入预测准确率。二是抓征管质效。按事前、事中、事后三阶段对申报管理进行动态监控，坚持按月通报，保证征管指令性指标达到市局考核标准。对 400 户企业开展无税申报核查清理工作，对 1382 户漏征漏管户进行催办登记，采取有针对性的纠正措施，有效提升日常征管质效。三是抓税种管理。开展 2012 年度企业所得税汇算清缴申报数据的核实工作；对房地产业土地增值税进行细化管理；做好小微企业免征营业税和“营改增”财政扶持资金的审核工作；按照市局修订后的印花税核定征收管理办法，对 324 户纳税人进行了重新核定，进一步规范了印花税的征缴行为。

（陈 阳）

【试点改革】 在制定《征管改革试点工作实施方案》和认真梳理业务流程的基础上，机场分局认真开展试点工作。按照涉税事项不同环节对岗位进行设置，职责和工作内容相对单一，提高办事效率；取消管理员“一管到底”的模式，降低廉政风险；专岗专人的岗位设置，提升干部专业能力，一定程度上防范执法风险。在此基础上推进两个个体税务所的机构设置，为征管改革试点工作推进和《北京市地方税务局关于深化税收征管改革的意见》出台提供有益参考。

（陈 阳）

【评估、稽查】 评估工作方面，完善评估补税率考核的指标设定，以交叉互查方式开展 5 期专项评估工作；探索风险分析识别工作，结合风险预警指标开展建筑业、住宿和物业管理企业的专项评估。全年共完成纳税评估 4429 户，入库税款、滞纳金合计 4736 万元。稽查工作方面，研究设计《土地增值税清算检查工作底稿》，并在试行过程中不断进行完善，进一步提高底稿的实用性和有效性；完成税务稽查电子查账软件的试运行，对稽查局全员开展课件培训，为有效利用现代化稽查手段提高办案效率奠定了基础；强化案件审理，严格落实重大案件审理会制度，提高案件查办水平。全年共对 123 户纳税人进行税务检查，通过各种形式组织收入 5455 万元。

（陈　阳）

【依法行政】　一是全面梳理执法责任。对相关法律法规中涉及的税收执法行为和执法责任逐项梳理，编印《税收执法行为与执法责任》，内容包括税务登记、发票和税务行政处罚等10大事项、96项具体执法行为，明确不同执法行为对应的责任风险。二是深入开展执法督察。先后成立12个执法督察组，对非国标税控收款机注销及丢失报备、企业所得税征收方式鉴定、对外支付税务证明事项等14个项目进行执法督察，共检查217份案卷，发现其中69份存在问题，及时进行了通报和整改。三是进一步完善工作制度。围绕市局各项工作要求，结合顺义实际，起草和修订工作签报、工作调度会、业务问题请示答复以及人员考勤管理办法等六项制度，为规范工作程序、提高依法行政效能奠定基础。

（陈　阳）

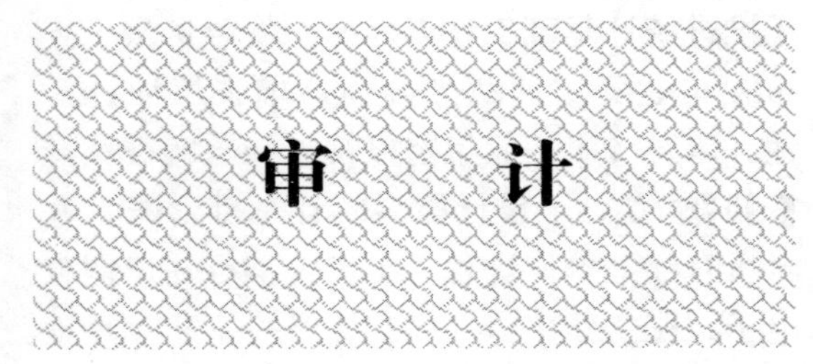

审　计

【概　况】　2013年，北京市顺义区审计局完成审计项目50个，查出主要问题金额443003万元，其中违规金额116万元、管理不规范金额442887万元；损益（收支）不实363753万元；审计处理处罚金额1005万元，其中应上缴财政116万元、应缴纳其他资金889万元；审计发现非金额计量问题11个；审计促进整改落实有关问题资金5697万元，其中增收节支7万元、已调账处理金额5690万元；提交审计报告和专项审计调查报告106篇；提出审计建议49条，提交审计信息54篇，被批示、采用20篇；向社会公告审计结果3篇。

单位名称：顺义区审计局
地址：顺义区新顺南大街17号
电话：（010）69444127
邮编：101300
网址：http：//www.shenji.bjshy.gov.cn

（肖　钢）

【预算执行审计】　组织开展2012年度本级预算执行和其他财政收支情况审计。先后对区财政局2012年度预算执行情况、18家单位部门预算、中小学校舍安全工程建设进行审计，审计资金量170多亿元。发现扩大项目资金使用范围、变更调整预算等问题16个；发现管理不规范金额373504万元。顺义区审计局代政府拟定的2012年度本级预算执行和其他财政收支情况的审计工作报告，于5月召开的区人大第九次常委会上讨论通过。

（肖　钢）

【经济责任审计】　2013年开展经济责任审计28项，重点审查领导干部任期内工作目标的实现程度以及遵守国家财经法规和有关廉政规定等情况，对领导干部任期内贯彻落实相关政策及资金使用、资产管理绩效情况以及决策、投资等经济活动的效果作出审计评价。审计查出违规金额116万元，管理不规范金额69212万元，审计发现欠缴税金、会计核算不实等11类问题。

（肖　钢）

【专项资金审计】　开展地方政府债务审计、中小河道治理工程专项审计调查、农业综合开发资金审计，配合北京市审计局开展平原造林工程资金绩效审计调查、全国地方性政府债务、保障房、市级预算执行等项目，发现管理不规范金额171万元。

（肖　钢）

【内部审计】　顺义区内审协会通过开展对全区148家行政及企事业单位内部审计情况

调查，召开经济开发区、房地产等行业工作经验交流会，组织内审人员岗位资格培训班等形式，进一步发挥对全区内部审计工作的指导和监督作用。10 月，顺义区内审协会经过社会组织和专家评估，认定为 4A 级社团组织。

（郑术本）

【其他工作】 配合北京市审计局开展平原造林工程资金绩效审计调查，抽调工作人员参与北京市审计局的全国地方性政府债务、保障房、市级预算执行等项目；以及配合区财政局开展 "四风" 专项整治重点检查工作。为贯彻落实密切联系群众、改进工作作风政策，落实我区 "1+X" 政策，顺义区审计局制定了《顺义区处级单位会议活动经费审计审查实施细则》，分别于 6 月、12 月对全区 108 家处级单位会议活动经费使用情况自查检查。

（肖　钢）

统　计

【概　况】 2013 年，顺义区统计局队按照区委区政府的总体工作部署，精心谋划、扎实工作，以 "选好切入点、找准突破口、打好主动仗" 为主题，创新工作方法，积极发挥统计职能优势，以奋发有为的精神状态，不断完善基础工作，不断推进统计事业的科学发展。

单位名称：顺义区统计局

地址：顺义区仓上街 2 号 AMB 大厦 A 座 12 层

电话：89445499

邮编：101300

（统计局）

【第三次全国经济普查工作】 完成普查区域划分、综合试点、单位核查、人员选聘、业务培训、普查宣传、物资发放等各项准备工作。2014 年 1 月至 3 月，全区 2000 名普查人员将完成全区 520 个普查区，约 7 万余家单位和个体户的登记工作。

（统计局）

【统计业务制度】 制定《顺义区部门统计制度》、《顺义区统计业务工作流程》、《顺义区数据质量全过程控制办法》和《顺义区企业 "一套表" 联网直报调查单位名录库核查工作方案》。

（统计局）

【统计信息化建设】 完成核心业务系统向国家联网直报系统的转换工作，更新网络防火墙硬件，更新各科室、统计所计算机设备 40 余台，改进了统计所接入报表平台的方式。

（统计局）

【推进统计基础工作创新】 将年定报工作布置与业务培训适当分离，增强培训针对性。印发《服务业年定报常见问题解答及易错问题汇总》。设计能源统计基础台帐，并对所有线上单位进行了推广。推行住户调查电子记账工作。建立固定资产投资和重点项目督促检查、跟踪调度制度，与相关委办局建立新开工项目管理联动机制。自创房地产价格统计跨表计算公式，建立了居民消费品价格工作微信群组。

（统计局）

质量技术监督

【概　况】 2013 年，质量技术监督局以党的群众路线教育实践活动为抓手，紧紧围绕“三个阶段性特征、四个转型升级”的发展目标，发挥好质量监管职能、服务于社会和群众需求，助力地区经济发展方式转型升级，为推进质量首善之区建设贡献力量。

单位名称：北京市顺义区质量技术监督局
地址：顺义区府前东街19号
联系电话：69441320
邮编：101300

（质监局）

【主要职能】 对本区行政区域内贯彻执行《中华人民共和国标准化法》、《中华人民共和国计量法》、《中华人民共和国产品质量法》、《锅炉压力容器安全监察暂行条例》的情况进行监督，负责行政区域内经济生活中有关标准化、计量、产品质量、特种设备安全等技术行为的监督管理和行政执法，领导所属事业单位为质量技术监督工作提供技术保证和技术服务，保护国家、集体和人民群众的合法权益，维护正常的市场经济秩序。

（质监局）

【党建工作】 作为基层质监部门，质监局群众路线教育实践活动一方面我们按照要求和程序，以党组班子成员为重点、中心组成员全参与、全体职工受教育为基本思路，高标准完成群众路线教育实践活动的各项规定内容，另一方面我们把握住群众需求，进一步丰富活动内容、拓展活动载体，让教育实践活动不再是党员干部的“独角戏”，更要实现“全员受教育、与职能工作相促进、整体形象全提升”的三大成效。

（质监局）

【工业产品质量监督】 立足《质量发展纲要》的落实，构建质量工作机制。一是依靠政府，制定并以区政府名义红头转发《顺义区贯彻落实质量发展纲要实施意见》以及2013年工作实施方案，搭建由区长任组长，发改委、经信委、工商等相关部门参与的质量建设组织机构。二是协调部门，借助开展联合检查等契机，分别与区发改委、区经信委、区工业促进局等部门进行沟通协调，对乡镇政府主管镇长、经贸科长实行定期走访，在责任划分、联动检查、信息共享等方面，建立起粗框架的机制，推动形成了由政府牵头、多部门协调配合的工作机制。

（质监局）

【标准化管理】 立足标准化战略的推进，提升地区标准化水平。一是国家级物流标准化试点项目正式启动并顺利通过中期评估，园区服务标准体系、部分服务提供和服务保障标准已建立。二是北京嘉博文生物技术有限公司承担有机废弃物循环利用示范基地的建设圆满完成目标任务并通过验收。三是工业标准化工作持续推进，广泛动员企业在标准制修订以及采标工作中的参与度，完成1家标准补助资金申报，2家企业9个产品的采标工作。

（质监局）

【计量监督】 一是继续开展计量惠民生、诚信促和谐工程，在农贸市场、医疗卫生等领域开展计量监督检查活动。二是3.15期间开展计量惠民进社区活动，为裕龙六区居民解答计量咨询、检测修理电子计价秤、血压计等，增加相关生活知识的积累；三是520期间，以生活计量走进加油站为主题，现场对加油机的检测进行演示及说明，解答消费者提出的问题。四是质量月期间对辖区的黄金珠宝店在用计量器具进行专项检查及现场抽测，对9家单位在用计量器具精度过低、未按周期进行检定情况进行了处理。

（质监局）

【特种设备监察】 一是对群众举报及日常监察过程中发现的安全隐患，特别是和群众生活最密切相关的电梯举报，责令相关使用单位立即整改，对超期未改的，进行严厉处罚。二是配合相关单位完成沼气服务站、学校用锅炉、餐饮企业等单位的安全检查，同时加大社会突发事件的应急处理，组织开展液氨设备、压力管道的隐患专项排查，切实消除安全隐患。三是以“风险管理中危险辨识”加强日常管理，针对曾经、当时和可能出现的人的不安全行为、物的不安全状态以及管理上的缺陷，进行有针对性的日常监察，实现预防为主的动态管理。

（质监局）

【行政审批】 一是抓宣传引导，以全局各种宣传活动为载体，开展搭车宣传，提高行政许可工作的社会知晓率。二是抓责任落实，建立分工明确的责任体系，使各个工作环节实现无缝衔接。三是抓程序履行，严格按照规章制度办事，重点对材料的完整性、证件的合法性、证件的有效期、证件的一致性、复印件的清晰性进行认真审查，严把数据录入关和电子档案扫描质量关。2012 年，共受理各类行政许可审批事项 58931 件，发放各类证书 9986 件，完成咨询服务近万次，没有发生投诉事件，企业、群众满意率达到 99.8%。

（质监局）

投资服务中心

【概　况】 2013 年，区投资服务中心在区委、区政府的正确领导和大力支持下，认真落实各项工作部署，以“便民、高效、廉洁、规范”为服务准则，强化干部职工理论学习和公仆意识教育，紧紧围绕年初制定的各项目标任务，努力打造法制型、服务型、效能型、责任型机关新形象。在审批服务、全程办事代理、政务公开等方面，取得了良好业绩。全年共接待咨询 87209 件，与去年同期相比增长 16.2%；受理、核准 24157 件，同比增长 7%；核发证书或批复 15663 件、备案 8494 件，同比分别增长 7%；核发营业执照 756 件，注册资本总额 19.7 亿元，同比分别增长 15%和 234%。所有受理事项时限内办结率、群众满意率均达到 100%。

单位名称：北京市顺义区投资服务中心
单位地址：北京市顺义区府前西街 6 号
联系电话：（010）81496070、（010）81492202
邮编：101300

（刘艳华）

【全程办事代理】 根据首都机场核心区以及国门商务区内企业实际，开展预约服务、延时服务，实现政务服务与企业办事之间零距离。2013 年，首都机场服务科为企业提供全程代办服务 141 件，完成相关审批 564 件，办理营业执照 417 件，注册资本总额 14 亿元。与去年同期相比，分别增长-30%、-0.5%、42%、250%。

（刘艳华）

【创新政务服务】 一方面，推行“三个一”服务模式。即：一张审批流程图，帮助企业理清项目申办流程、事项及审批部门；一套表格样本，包括所有审批事项需要填写或盖章的表格材料；一条龙代办服务，对重点项目，以及残疾人员等特殊群体、港澳台及外籍人士办理审批事项，实行绿色通道审批机制，统筹安排事项审批环节、时间节点，有效提升审批效能。另一方面，不断优化窗口服务，方便企业、群众办事。质监局窗口安装身份证阅读器，只要两秒钟，法人基本信息就准确无误地录入到工作人员的电脑，极大提高办事效率；国税、地税窗口实行联合办证，打破原来各自受理税务登记业务的方式，按照“一证、一号、两章、一窗口受理”原则，为纳税人办理新办税务登记手续；工商分局窗口对新办企业免征注册登记费、质监局窗口对小微企业减免代码证书部分工本费，切实减轻企业负担。

（刘艳华）

【政务服务透明度】 一是将各项办公制度、审批项目名称、办事流程、文件依据等通过中心网站、一次性告知单向社会公开，扩大社会监督，实行阳光审批。二是利用网站，公开相关政策、法规，并对进驻的 21 个部门及 111 项审批事项进行公示。即时公布各部门咨询、受理情况、办结事项。三是积极做好全区各单位信息公开上报、留存、备案工作，对各单位移送文件进行分类管理，进一步规范各单位的行政行为。

（刘艳华）

【完善管理措施】 一是实行百分考核制度。修订完善《百分考核办法》，将考核内容分为 7 类 59 项进行管理，对窗口工作人员进行日常巡查和抽查，发现违反工作纪律的现象及时纠正，每月定期将各部门工作和纪律情况反馈到各派驻单位，形成双向监管机制。月末，汇总、通报日常考核结果，评选红旗窗口。年终，评选优秀部门和优秀工作人员。二是实时监督事项办理过程。利用全程办事代理效能监控系统，逐日检查、定期通报各部门事项办理情况，形成效能监察长效机制。2013 年，共受理各类事项 24157 件，所有事项时限内办结率 100%。三是强化办事大厅现场管理。安排三个监督服务岗，及时发现并纠正存在的问题。在大厅公开 96160 举报电话。通过视频监察系统，实时监督窗口人员工作状况；同时，录像资料有效保护工作人员自身权益；发生办事者丢失、遗忘物品、资料时，通过录像可及时查询。

（刘艳华）

经济开发区

北京天竺空港经济开发区

【概　况】 北京天竺空港经济开发区于1994年1月经北京市政府批准成立，位于首都机场西侧1公里，总体规划面积6.6平方公里，是首都临空经济高端产业功能区的重要组成部分。北京天竺空港经济开发区管理委员会代表政府对开发区实行统一领导和管理。成立20年来，空港开发区走出了一条具有临空特色的“率先发展、全面发展、带动发展”之路，成为“空港国际化、全区空港化、发展融合化”的先行区和示范区。并已形成了航空物流、现代服务、电子信息、文化创意四大产业集群，总部经济发展势头良好，知名企业集聚，吸引来自20个国家和地区的490家企业入区发展，投资总额达540亿元，其中跨国公司90家，世界500强企业有21家在开发区设立了36个项目。空港开发区充分发挥空港品牌辐射带动作用，先后与赵全营镇合作开发空港C区、与木林镇合作共建“木林高端制造业基地”，与龙湾屯合作开发“龙翔产业园”，与北小营镇合作开发“北小营宏大二三产业基地”，为地区经济社会建设做出积极贡献。2013年，空港开发区实现税收36.64亿元，地方财政留成9.78亿元。企业总产值和利润都较去年同期有较大增长，实现工业总产值459.25亿元，同比增长17.1%；实现总收入884.98亿元，同比增长1.7%；出口供货额346.64亿元，同比增长24.5%。顺义区委区政府高度重视全面深化改革，大力推进经济功能区改革调整，遵循“整合功能、优势互补、提升竞争力”的原则，2013年11月上旬区委常委会通过了临空经济核心区组建方案，以空港开发区和空港物流基地、国门商务区为基础，组建总规划面积170平方公里的北京临空经济核心区，推动临空经济区向国际航空中心核心区转型升级。

单位名称：北京天竺空港经济开发区

地址：北京天竺空港经济开发区A区天柱路28号蓝天大厦

电话：（010）80489567

邮编：101300

（空港开发区）

【招商引资】 2013年，空港开发区核心区（A、B两区）共引进北京矿信财富股权投资中心、中和澳亚（北京）股份有限公司、亚洲连锁酒店集团项目等37个，协议投资总额15亿元，达产后预计年产值19亿元，年税收总额可达1.5亿元。合作共建区共引和仁科技有限公司、北京华创瑞风科技有限公司等23个，投资总额合计19.58亿元，项目全部达产后年税收可达16亿元。

（裴盈盈）

【合作开发】 7月31日，空港股份与北小营镇签署合作开发镇域功能区框架协议，将对北小营镇规划范围内的产业用地进行整体开发，引入优质项目。

（裴盈盈）

【项目建设】 截止到2013年底，区内已开工企业4家，开工面积24.3万平方米；复工企业5家，复工面积44.7万平米；竣工企业4家，竣工面积约16.5万平米。

（裴盈盈）

【基础设施建设和维护】 年内，空港开发区广泛收集项目建设单位对基础设施配套方面的需求，协调供水、供电、燃气、移动、电信等公用部门，为企业全力解决施工临时接水、接电和办公等难题；同时加大基础设施维护的投入力度，对开发区A、B区道路路面进行维修，清掏雨污水市政管道。顺利完成开发区平原造林工程，完成景观林100亩。

（裴盈盈）

【安全维稳】 2013年，空港开发区加大属地监管力度，全年未发生安全生产责任事故，辖区安全生产形势稳定。年初，与130余家企业签订安全生产责任书，强化企业主体责任；全年共召开安全生产宣传培训专题会议17次，开展专项整治活动24次，检查企业498家次，下达执法文书592份，排查安全隐患311处；圆满完成属地防汛任务和“打基础、除隐患、创平安”、“铁拳”等消防安全行动。

（裴盈盈）

【公司治理】 2013年以空港工业开发公司为总领的管理团队积极拓展经营项目，增添园区发展新动能。空港股份控股子公司空港天瑞置业与北京天竺综合保税区开发中心合资设立天保恒瑞置业投资有限公司，首期合作建设综保区主卡口停车场综合服务楼项目。物业集团综合服务品质持续提升，被顺义区住房和城乡建设住房委员会授予“顺义区2012年度优秀物业服务企业”称号。

（裴盈盈）

【总部经济集聚区】 空港经济开发区已入驻总部企业86家，2013年在中国（北京）国际服务贸易交易会“北京主题日”上获得授牌，成为北京市首批总部经济聚集区。享受总部型企业优惠政策，利用“空港企业园独栋写字楼聚集区”为总部型企业提供优质平台，打造以总部经济为主导的产业发展格局。

（裴盈盈）

【顺义区实施品牌战略示范园区】 在6月召开的顺义区2013年品牌经济年会上，空港开发区被评为“顺义区品牌战略示范园区”。

（裴盈盈）

【博士后创新实践基地工作站】 年内，空港开发区新增安泰科技、莱茵服装、百迈克客生物3家博士后（青年英才）创新实践基地工作站。截止2013年年底共有5家创新实践基地挂牌成立。

（裴盈盈）

【创建小企业创业基地】 年内，开发区完成B区标厂“小企业创业基地“认定工作，获得奖励资金200万元。B区标厂将获得市、区政府对小企业创业基地的政策支持，营造中小企业发展的良好环境。

（裴盈盈）

北京林河经济开发区

【概　况】 北京林河经济开发区位于首都

机场东侧，是北京市级开发区，是临空经济区的重要组成部分。开发区成立于1992年，总体规划面积4.16平方公里，2006年3月通过国家发展和改革委员会对省级开发区的审核公告，正式更名为“北京林河经济开发区”。建区以来，开发区光机电一体化、汽车零部件、微电子及生物新医药为主导的四大产业体系不断完善，产城融合发展进一步深化。2013年，北京林河经济开发区实现总收入150亿元，与去年基本持平；上缴税金6.34亿元；实现地方财政收入1.44亿元。

单位名称：北京林河经济开发区

地址：北京市顺义区双河大街18号

电话：（010）89492488

邮编：101300

网址：http：//www.linhe.bjshy.gov.cn/

（北京林河经济开发区）

【招商引资】　2013年，北京林河经济开发区新引进项目18个，其中：实体项目5个、注册项目10个、房地产及配套项目2个；实现注册资本2.35亿元；扣除房地产及产业配套项目，协议投资总额29亿元，预计项目正常运营后，年可上缴税收4.9亿元。其中重点项目有北京煤科天玛自动化科技有限公司煤矿综采自动化产业基地项目、远大住宅工业（北京）有限公司科研项目、北京东泽房地产投资有限公司双限房项目、中铁房地产集团北京浩达置业有限公司综合配套项目等。

（北京林河经济开发区）

【市政项目建设】　北京林河经济开发区四、五期征地范围内的市政建设项目于2010年4月动工，总投资预算额为2.1亿元。2013年底，已全部完成电信工程、雨污水管线工程、热力管线工程、歌华有线管线工程、给水工程、燃气管线工程、电力工程、道路工程等项目，并达到九通一平的市政环境条件。

（北京林河经济开发区）

【土地入市】　2013年，林河经济开发区共完成3块土地入市交易，共出让土地269亩，共回收土地开发成本13亿元。其中，工业项目方面，主要引进北京煤科天玛自动化科技有限公司煤矿综采自动化产业基地项目，建设用地面积56亩，地块出让总收入6935万元。综合用地项目总面积213亩，地块出让总收入20.42亿元。

（北京林河经济开发区）

中关村临空国际高新技术产业基地

【概　况】　中关村临空国际高新技术产业基地（以下简称“园区”），成立于2005年6月，位于顺义区高丽营镇，总规划面积10平方公里，一期规划面积5.2平方公里。属于“电子城——空港——临空国际”中关村东线临空信息产业带上的重要节点，是中关村国家自主创新示范区“两城两带”规划建设项目的组成要素，是临空经济功能区高新技术产业核心板块，是顺义区发展高科技产业的朝阳地带。园区依托顺义临空经济区位优势和中关村创新资源，承接中关村科技园区技术溢出和产业辐射，吸引创新型企业到园区做大做强，实现高新技术产业集聚发展，建成支撑中关村顺义园建设的高端产业平台。

单位名称：中关村临空国际高新技术产业基地

地址：北京市顺义区白马路临空国际路口

邮编：101302

电话：（010）69492122　69491001

网址：http：//www.zgc-a-park.com.cn

（袁永章）

【招商引资】 9月26日，园区与被认定为中关村高新技术企业的航天科技应用产业园项目正式签约。该项目由中国航天科技集团五O二所投资22亿元，占地230亩，其中研发用地70亩，主要用于高端装备制造（智能工业机器人）、工业控制产品、嵌入式系统及软件产品研发、生产和销售，产后预计可实现产值100亿元，税收3.9亿元。年内，已完成北京轩宇信息技术有限公司的注册手续。

（袁永章）

【项目推进】 雷士照明华北运营总部基地项目。在园区注册雷士（北京）光电工程技术有限公司，年内，完成土地挂牌上市交易前全部手续。该项目由惠州雷士光电科技有限公司投资3亿元，占地42亩，主要建设植物工厂灯光照明系统的研发、城市照明系统管理、LED技术研发及应用、展览展示和总部结算等产业项目；数码视讯数字电视前端产业园项目。由北京数码视讯科技股份有限公司投资5.6亿元，占地80亩，主要从事数字电视前端软硬件、数字电视增值业务以及视频通讯相关产品的研发生产。年内，完成项目研发楼、测试楼及配套设施工程施工建设。2013年，在园区实现税收1831万元。

（袁永章）

【项目注册】 2013年，园区共引进北京德厚朴化工技术有限公司、北京益德发商贸有限公司等优质总部结算类企业53家，注册资本4.9亿元。其中北京德厚朴化工技术有限公司是一家高新技术企业，4月，由中关村丰台科技园迁转至园区，年内，实现税收402万元。截止年底，累计引进总部结算型企业291家，总注册资本36亿元。

（袁永章）

【经济指标】 2013年，园区实现属地财税收入10016.9万元（自园区成立以来，税收首次突破亿元大关），公共财政预算收入4882.3万元，同比分别增长74.1%和196.4%，超额完成年初制定的全年属地财税收入1亿元、公共财政预算收入3000万元的经济指标任务。

（袁永章）

【规划建设】 年内，完成1896亩项目用地的征地手续，1307亩建设用地具备了上市招拍挂条件；投资3000万元，日处理能力6000吨的污水处理厂已竣工；投资2800万，总长1346米的恒兴西路已竣工；取得2.1平方公里范围供电规划，110KV变电站工程纳入区发改委重点推进项目；395.6亩平原造林工程通过验收。

（袁永章）

创意天承产业基地

【概　况】 北京市板桥创意天承产业基地（规范简称“创意天承”）成立于2007年6月，是北京临空经济区的重要组成部分，顺义重点经济功能区之一。位于顺义新城西北部，总体规划面积5平方公里，首期规划面积2平方公里。京承高速公路从基地经过，并在基地西南和东北设有两处上、下行匝道（即昌金路出口和天北路出口），出入口距基地零距离。管委会所属投资发展中心现拥有“六部两室”（招商部、规划建设部、投资服务部、物业管理部、财务部、人力资源部、办公室和综合治理办公室）工作机构，全面负责基地的招商引资和管理服务工作。

单位全称：北京市板桥创意天承产业基地管理委员会

地址：顺义区赵全营镇牛板路板桥段43号

电话：60441196

邮编：101301
网址：http：//www.cytc.bjshy.gov.cn/ggl/01.asp

（创意天承）

【主要指标】 截止到12月底，园区共完成属地税收2097万元，公共预算收入997万元。完成固定资产投资7.18亿元，社会消费品零售额15.7亿元。

（创意天承）

【运通汽车广场项目】 项目包括4家中高端汽车4s店以及相应的配套服务设施。目前已经正式运营的汽车品牌有捷豹路虎店、宝马店、一汽奥迪和一汽大众店；相应的3家汽车保险代理公司也同步入住。项目全部建成后预计年实现销售额约150亿元，税收1亿元，解决就业3000人。

（创意天承）

【“尚峯国际”商务办公区项目】 项目规划建设27栋写字楼，总建筑面积达32.5万平方米，项目总投资40亿元，目前23栋已封顶，其余四栋正在进行主体结构施工。

（创意天承）

北京汽车生产基地

【概　况】 汽车生产基地成立于2003年10月，位于首都国际机场东侧，核心区面积6.3平方公里，基地自成立以来，广大干部员工勇于创新，与时俱进，使汽车生产基地不断发展壮大，综合实力已跃居全区前列。2013年，汽车基地的产值和营业收入双双突破1000亿元，这标志着汽车基地正式迈入千亿级开发区行列。从2003到2013年，汽车生产基地经过十年的艰苦奋斗，规划、拆迁、土地开发、招商、回迁、市政配套等已基本形成固定局面，完成了第一次创业。2013年汽车基地按照“全心全意谋发展，一心一意搞建设”的指导思想，立足区域功能定位，牢牢把握公司发展的阶段性特征，全力推进园区由现代制造业向创新、创造的转型，三新技术研究院和华顺天盛投资管理公司的成立为公司的转型发展探索出了一条道路，为今后的发展也指明了方向，2013年汽车基地保持了经济社会持续健康发展的良好态势，开始了二次创业。

单位名称：北京汽车生产基地管理委员会
北京汽车城投资管理有限公司
地址：北京市顺义区顺通路28号
电话：（010）89451311
邮编：101300
网址：www.fjapb.com

（陈立东）

【经济指标】 2013年完成生产总值1173.3亿元；同比增长36.8%；实现营业收入1246亿元；同比增长36.7%；实现属地税收167.1亿元；同比增长49.6%；公共财政预算收入23.2亿元；同比增长41.7%；吸纳就业人员26810人，其中顺义籍11588人，本地化率43.2%。

（陈立东）

【澜西园回迁完成】 2013年11月1日至2014年1月8日，汽车基地完成了吴家营、梅沟营、杜各庄村共1113户、4427人、2734套住房的回迁任务。至此，已全面完成回迁工作，实现了园区内五个拆迁村全部人口（共计7216人）的城镇化目标。

（陈立东）

【望泉寺公租房项目】 顺义新城望泉寺公租房项目是全市最大的公租房项目，该项目规划总建筑面积51.65万平方米，住宅7115套，总投资约34亿元。2013年年底望泉寺公租房南区14栋楼主体结构已经封顶，市政配套设施正在抓紧进行，预计2014年底将投入使用，其它各项工程也在有序施工。目前已有北汽集团、中航复材、宝泉钱币等7家入区企业达成整栋持有权转让协议。

（陈立东）

【园区转型发展】 2013汽车基地积极探索新的发展途径，相继搭建两个平台，一是成立北京新能源、新材料、新技术研究院，利用这个平台，培育战略性新兴产业，推动园区向创新创造转型，2013年已孵化环球华影激光电视和磁谷新能源汽车物理电池两个项目。二是成立华顺天盛（北京）投资管理有限公司，通过这个平台，进一步完善投资决策，参与金融机构专业化运作，为公司拓展新业务，增加收入渠道，提升经营效益，推动汽车城由服务型公司向投资型公司的转变，目前已取得初步成效。

（陈立东）

【招商引资】 大力推进战略新兴产业、文化创意产业和金融服务产业的招商力度，2013年共引进项目68个，注册资本34.5亿元，其中战略型企业3家，金融类企业1家，文化创意企业15家。

（陈立东）

北京北方印刷产业基地

【概　况】 北京北方印刷产业基地位于北京市顺义区东南部，地处首都国际机场正东侧10公里处，毗邻通州区和河北燕郊。印刷基地位于顺义区北务镇，规划面积108公顷。2013年，引进企业6家，实现税收10922.5万元，同比增长62.34%。北京北方印刷产业基地按照区委、区政府“承接临空经济区，打造京平发展带现代化制造业中心”的定位，高标准规划、高起点招商、高质量建设、高效益发展。2012年10月，北京北方新辉新兴产业基地经国务院批准正式被纳入中关村产业园顺义园。

单位名称：北京北方印刷产业基地管理委员会

地址：顺义区北务镇龙塘路南侧

电话：61424560

传真：61424540

邮编：101300

网址：http：//www.bfcyjd.bjshy.gov.cn

（印刷基地）

【项目建设】 经印刷基地多方协调，2013年有慧远电缆、安期生、金乔佳申、益彰商贸、朗依制药5家企业正式开工建设。

（印刷基地）

【企业服务】 为加快推进重点项目建设进度，强化对重点企业的服务指导，着力破解企业发展过程中存在的困难和问题，印刷基地开展了走访企业活动。工作人员深入企业，走访座谈，及时掌握企业的生产经营情况及新开工、竣工项目的进展情况。6月，协助园区企业上报的“西藏藏文典籍点子库”项目，获得顺义区文化创意产业重点项目专项资金补贴支持100万元。通过校企合作、招聘会等形式为企业提供用工服务，利用中关村科技园的优惠政策，积极引进高端人才到企业就业。不定期到企业进行用工指导，促进企业、园区和谐发展。

（印刷基地）

【环保工作】 严格落实大气和水污染物减排任务。将总量指标分解落实到园区各个企业，抓住污染减排关键环节，确保认识到位、责任到位、措施到位、投入到位“四个到位”，加强园区内环境执法，积极争取企业的理解和支持，共同推进污染减排工作开展。投入279万元用于绿化工程建设和养护，新增绿化面积2.58公顷；新增绿化供水系统管线2595米，砌井30眼，实现了所有绿地就地取水浇灌。完成了园区步道改造工程，更换中心路、横一路、青年路、横三路步道彩砖。从整体上优化了园区环境，单位被评为“首都绿化美化花园式单位”。

（印刷基地）

【安全管理工作】 构建园区“大安全”管理体系。开展宣传培训，推进安全生产标准化创建工作，落实企业主体责任，发挥综合监管职能；建立流动人口排查机制、企业约谈制度，建立公共安全评估长效机制，加大企业管理力度；完善大型活动保障，编制完成《大型活动保障方案》，完善应急制度。

（印刷基地）

北京国门商务区

【概　况】 国门商务区作为首都临空经济的重要组成部分，自2007年3月成立以来，始终坚持“三年打基础，五年出形象，十年成一流”的工作目标，加强基础设施建设，突出招大引强，全面优化发展环境，集聚发展能力明显增强，品牌知名度有效提升。商务区按照产业和空间布局，整体规划为5大功能组团：航空商务办公区、机场服务办公区、商业综合服务区、国际商务核心区、航空产业配套区。2013年是国门商务区发展建设全面提速之年，更是全力提升品牌竞争力之年。在区委区政府的指导下，商务区紧紧围绕顺义区“建设绿色国际港、打造航空中心核心区”的战略目标，按照年初制定的中心工作任务和目标要求，扎实稳步推进园区各项工作的有序开展。

单位名称：北京国门商务区
地址：北京市顺义区李桥镇机场东路2号
电话：（010）81465505
邮编：101300

（国门商务区）

【经济指标】 2013年新增注册型企业82家，累计注册资本金17.6亿元，入区企业累计达390家。全年实现税收共计3.77亿元，同比增长121%；实现一般预算收入1.87亿元，同比增长143%。其中，纳税千万元以上企业6家，纳税百万元以上企业21家，呈现良好发展态势。

（孙静媛）

【固定资产】 2013年，商务区固定资产投资总额20.95亿元。其中，国家地理信息科技产业园投资额为9.3亿元；翼之城项目为1.39亿元；李桥镇洼子村定向安置房项目为1.18亿元；商务区基础设施建设为9.08亿元。

（孙静媛）

【重点工作】 一是围绕重点项目，加快招商引资、推进核心区土地一级开发及基础设施建设，提高园区承载能力。国家地理信息科技产业园一期57栋办公研发楼宇中，47栋楼宇已全部封顶。土地一级开发工作进展顺利，取得顺义新城第29街区三至六期、四纬路工程和2908地块项目征地的批复、征地结案及建设用地批准书等批复文件；七期、八期和九期项目《用地预审》及《项目核准》的延期批复。完成洼子村剩余6户住宅拆迁工作。进行市政基础设施、道路管线、电力工程、公交场站建设。二是统筹协调，精心组织，全面加快在建和待建项目8个，为加快推动园区发展奠定了坚实的基础。

（孙静媛）

【招商引资】 按照“突出主导产业，依托重点项目，优化引资结构，提升服务效能”的招商工作要求，围绕服务国家地理信息科技产业园建设和打造首都产业金融中心的工作目标，将土地资源招商与楼宇招商相结合，不断加强招商引资力度，招商工作取得新进展。2013 年订购楼宇企业 25 家，订购楼宇 43 栋，订购面积约 77 万平方米，国家测绘地理局审批大厅、天地图有限公司和卫星测绘应用中心已正式入驻办公。

（孙静媛）

【产业金融中心核心区】 全年共引进以国开（北京）城市发展基金管理有限公司、北京中农融通股权投资基金（有限合伙）、社会养老产业投资基金管理有限公司、开元国瑞（北京）投资基金（有限合伙）为代表的金融类企业 19 家，累计引入金融类企业 61 家，投资领域涉及新能源、养老产业、基础设施、农产品流通等。

（孙静媛）

【总部经济集聚区】 6 月 1 日，国门商务区被授予“北京市总部经济集聚区”，未来将对入区企业位于集聚区内符合条件的总部企业、公共服务项目、主体楼宇等，优先享受资金补助、政策倾斜、信息服务等后续支持奠定良好的基础，加快商务区高端服务业、航空、金融总部的集聚，对促进商务区区域经济可持续发展起到重要的推动作用，提升园区影响力及辐射力。

（孙静媛）

北京国际鲜花港

【概　况】 北京国际鲜花港成立于 2007 年 7 月，规划总面积 4 平方公里，是北京市主办的 2009 年第七届中国花卉博览会的重要功能组团之一。园区建设以“生态、科技、节约、集约及可持续”为理念，将景观、生态、花卉巧妙结合，是具有花卉生产、研发、展示、交易、旅游休闲和文化创意等六大功能的专业花卉产业园区。现已举办北京市郁金香文化节、北京市菊花文化节及中国第十一届菊花博览会等共计十次大型国家级和市级花事盛会，吸引游客千万余人次，成为首都花卉产业发展的窗口。

单位名称：北京国际鲜花港
地址：北京市顺义区杨镇鲜花港南路 9 号
电话：（010）61417123
邮编：101309
网址：www.bjjfp.com

（北京国际鲜花港）

【北京顺义花卉与生活协会成立】 4 月 9 日，北京国际鲜花港成立北京顺义花卉与生活协会，加强花卉文化、知识传播，培养专业人才服务。

（北京国际鲜花港）

【北京郁金香文化节】 4 月 18 日，第四届北京郁金香文化节开幕。以“欢乐鲜花港，精彩嘉年华”为主题，室外展共种植近 100 个品种，400 余万株郁金香。室内展主题为浪漫欧洲，由荷兰女皇御用花艺师海伦女士亲自设计并参与作品制作，共使用 208 个品种，近 50 万株球根花卉打造景观。

（北京国际鲜花港）

【国际长走大会】 4 月 20 日，“2013 年北京顺义国际长走大会”在北京国际鲜花港举办。吸引近万名来自北京各区县的长走爱好者报名。为更好的传播市民关于长走运动的意义与快乐，北京国际鲜花港还特别邀请 2000 年悉尼奥运会竞走冠军王丽萍、2008 年世界小姐张梓琳、著名健康养生专家北京市长跑俱乐部副主席赵之心为前来参加活动的长走爱好者加油鼓劲。

（北京国际鲜花港）

【项目开发申报】 国家现代农业科技城、国家级农业科技园区等一批重大项目持续推进；成功争取农科城二期重大项目，于 5 月 10 日在北京国际鲜花港召开“球根花卉新品种选育及花卉产业链科技创新”启动会；联合中国农科院、中国农大、北京林大、北京农科院等科研机构，在郁金香二代球复壮等关键技术上进行有益的探索，促进花卉产业的科技成果转化和产业化发展。

（北京国际鲜花港）

【授牌北京市科普教育基地】 6月19日，北京市科委举办2013北京市科普基地授牌仪式，北京国际鲜花港被评为“北京市科普教育基地”。同年10月18日，鲜花港新建3000平方米的花卉主题科普展馆---“美丽王国”亮相农科城顺义园，进一步拓展科普新领域。

（北京国际鲜花港）

【菊花展览会】 9月26日，第十一届中国菊花展览会开幕。本届菊展邀请到全国70余个单位参展，其中城市38个，本市区县16个，菊花专业研究机构和企业20余个。参加室外展的城市22个，参加室内展的城市37个。本届菊展接待游客31.58万人。

（北京国际鲜花港）

【郁金香鲜切花生产线投产】 11月28日，鲜花港由荷兰引进的国内首条郁金香鲜切花生产线投产运行。该生产线是集种球种植、采收、球茎分离、扎束及保鲜于一体的全自动化设备，25天便可出花上市，流水线一小时可完成14400枝郁金香捆扎工作。在生产期上填补国内郁金香鲜切花空档期可进行周年生产。

（北京国际鲜花港）

大型国有企业和上市公司

北京首钢冷轧薄板有限公司

【概　况】 北京首钢冷轧薄板有限公司（以下简称“首钢冷轧公司”）由首钢总公司、北京首钢股份有限公司、北京汽车投资有限公司共同出资设立，注册资本26亿元，三家股东单位分别占注册资本的9.72%、70.28%、20%。首钢冷轧公司地处北京市顺义区李桥镇，厂区占地面积1100亩，毗邻首都国际机场，紧邻京承线，交通便利。首钢冷轧项目是2005年2月国务院批准的《首钢实施搬迁、结构调整和环境治理方案》的重要内容之一，是首钢落实科学发展观，进行战略性结构调整，做强钢铁主业，实现可持续发展的重要举措。首钢冷轧建设吸收国内外经验，选择先进、成熟、可靠的工艺技术，主要工序有1条酸洗连轧线、1条连续退火线、2条连续热镀锌线，1条罩式退火线，关键设备从国外引进，总体达到了世界先进水平。产品定位于中、高端冷轧和热镀锌产品，以汽车、家电用板为标志性产品，涵盖了普通用板、建筑板、家电板和汽车板的绝大部分规格和品种，主要品种包括CQ、DQ、DDQ、EDDQ、SEDDQ软钢和低合金高强钢以及340MPa、440MPa、590MPa、780MPa级别的高强钢，规格涵盖了厚度为0.2～2.5mm、宽度为800～1850mm范围的各种尺寸，生产规模为年产170万吨。

单位名称：北京首钢冷轧薄板有限公司

地址：顺义区李桥镇任李路200号

电话：（010）81477800

邮编：101304

（刘　更）

【产品产量】 2013年，完成产品产量202.5万吨。其中，连退板产量103.1万吨，镀锌板产量74.5万吨。

（刘　更）

【科技成果】 年内，共申报科技攻关项目80项，获奖78项。镀锌产品表面均匀化控制技术、高强捆带用钢冷轧工艺技术开发等5个项目被鉴定为首钢科技成果，其中一项被评为国际先进项目，两项被评为国内领先项目。共组织申请专利53项，其中发明专利32项，实用新型专利21项。

（乔建军　闻　达）

【工艺技术攻关】 酸轧机组拉矫机实现两弯一矫功能，提高了破鳞效率和板型改善能力。连退机组解决了连退线炉内划伤问题；实现了1800mm以上宽规格产品稳定通板，拓展了接单能力；镀锌机组大幅降低硌印、黑点等表面质量问题，为通过宝马汽车外板认证创造了条件。建立了合金化产品铁含量、镀层粉化监控制度，确保了供北京现代合金化产品的顺利供货。

（乔建军 闻 达）

【金杯奖产品】 年内，经专家评审，欧标系列冷轧低碳钢板及钢带 DC06、连续热镀锌/锌铁合金钢板及钢带 H300LAD+Z、H340LAD+Z，获得了由中国钢铁工业协会颁发的冶金产品实物质量“金杯奖”，标志着以上产品的实物质量达到了国际水平。

（史 静 于顺兵）

【6σ 管理】 年内，公司评审第二期共 15 个项目，涉及技术、质量、设备、生产、能环 5 个专业，其中 6 个成本项目、4 个效率类项目和 5 个质量类项目，项目目标达成率平均为 133.9%，取得经济效益 2127 万元。

（白 海 刘 璇）

【创新管理】 年内，公司申报的《汽车板生产过程质量控制精细化》、《供热系统综合管理节能降耗实践》分别获得首钢总公司管理成果三等奖。完成 2013 年冷轧公司申请立项四个，分别为：《首钢顺义冷轧专业技术人才量化评聘体系的构建与实施》申请一等奖；《以订单倒推机制指导经营生产的实践》申请二等奖；《冷轧高端专用板管理体系的创新实践》申请一等奖；《跨界管理理念在生产单位的实践》申请二等奖。其中《以订单倒推机制指导经营生产的实践》课题列为总公司 2013 年度重点课题。

（白 海 刘 璇）

【体系管理】 1 月，福特对公司进行首次二方审核；5 月，配合完成了福特技术中心的二方审核；7 月，组织 PSA、奔驰对公司的二方审核工作；8 月，配合大宇国际完成了马来西亚-浦项工厂及相关认证机构对公司的认证。

（刘 璇 李德军）

【6S 管理】 8 月，6S 项目启动，确定了 6S 管理项目组织架构及样板区域选定工作，在 5 个区域设立了 7 个样板点，包括主线、维检、公辅及行政办公室。在整理、整顿阶段，顾问师在 7 个样板点共发现 790 个问题点，各单位自查问题点 853 个，改善提案 158 件，作业完成率及改善亮点数逐月提高。

（白 海 刘 璇）

燕京啤酒集团公司

【概 况】 北京燕京啤酒集团公司认真贯彻中央经济工作会议和党的十八大会议精神，以科学发展观为统领，准确把握宏观经济增长的良好环境，客观对待中国啤酒行业发展速度放缓的事实，认真秉承“以情做人，以诚做事，以信经商”的经营理念，积极贯彻“六个创新”、“四个做强”的指导方针，紧紧围绕年初确立的总体经营战略，本着稳中求进的总原则，坚持全面预算管理，持续推进三大结构调整，不断优化管理流程，进一步完善激励机制，有力地确保了年度各项工作与任务有序进行。集团下辖 51 家企业，其中啤酒生产企业 41 家，分布于全国十八个省市自治区，全年完成啤酒销量 571 万千升，实现销售收入 1880696 万元，利润总额 97113 万元，实现税金 298054 万元，利税总额 395167 万元，有形资产 210 亿元，安排职工就业 4.6 万人。2013 年燕京啤酒股份有限公司入选“中国企业 500 强”位列 319 位，连续五年进入世界啤酒行业前八名，成功保持了燕京啤酒集团在行业中的优势地位，实现了企业新的历史时期的较大进步。

单位名称：北京燕京啤酒集团公司

地址：顺义区双河路 9 号

电话：(010) 89495588

邮编：101300

网址：http：//www.yanjing.com.cn

（燕京啤酒）

【结构调整】 北京、广西优势市场稳定高质发展，四川、新疆、云南、贵州市场加速前行，主要问题市场福建整改成效突出，经营面貌产生了根本性变化；“1+3”品牌战略持续推进，四大品牌占比达到90%，燕京品牌产品占比达到67%。经世界品牌实验室评估，“燕京”品牌价值达502.65亿元；产品结构实现优化升级，成功研制开发出12度原浆白啤和1.8升鲜啤酒，丰富了中高档酒的品类。

（燕京啤酒）

【产品品质稳步提升】 以生产中国最好的啤酒为指导思想，充分利用企业技术中心的科研优势，着力开展原辅料配比、麦芽香味、啤酒泡持性、溶解氧控制、啤酒香气、新鲜度管理的立项研究与实验攻关，全面推进食品安全体系建设，建立集团食品安全监管及原辅料、成品酒、酿造用水的质量监管流程，产品质量得到进一步稳固和提升，“A级绿色食品”续展申报工作顺利完成。

（燕京啤酒）

【精益管理上台阶】 创新集团采购模式，构建供应商评价体系，完善招投标管理体制，有效促进原辅材料的质量提升和成本降低；进一步理顺内控管理流程，优化生产物流和质量管理等流程，有序推进对标管理，提高管理效能；坚持全面预算管理，通过NC资金管控系统强化对外埠公司的资金统一管理、调度和使用，实现资金高效配置；将信息化手段全面导入企业经营中心工作，建立企业级数据库，管理精准度显著提高；坚持精益化生产，完善能源管理系统，大力开展小改小革，各项能源消耗指标得到有效降低。

（燕京啤酒）

【环境保护新举措】 为全力配合北京市实现“清洁空气”目标，燕京投资3000余万元对南厂燃煤锅炉实施烟气除尘脱硫氮氧化物治理一体化工程改造。改造后，烟气各项排放指标均达到《北京市锅炉大气污染物排放标准》。此外，投资650万元建设动力车间沉渣工程，提升废水利用效果和污水处理能力。

（燕京啤酒）

【资本运作】 继续发挥资本融资平台作用，全力实施资本市场再融资。经过近一年的准备，在二级市场大势不好和A股增持的背景下，以公开发行股票的方式成功从A股市场募集资金16.4亿元人民币。该项目获得广大投资者的高度认可，实现超额认购，吸引资金近28亿元，认购比例达3.66倍。

（燕京啤酒）

【创新能力获表彰】 12月国家工业信息化、国家财政部联合公布2013年国家技术创新示范企业名单。燕京啤酒集团跻身本批入选的三家北京市国家技术创新示范企业之一。该项奖项是经国家工信部和财政部联合认定的创新能力较强、创新业绩显著的行业龙头企业，每年认定和授牌一次，每三年进行一次评价复审。

（燕京啤酒）

【产能基础进一步夯实】 立足企业长期发展，全面推进新改扩建项目。燕京啤酒阿拉尔有限公司新建项目、燕京啤酒贵州有限公司新建项目、燕京啤酒（仙都）有限公司纯生改造工程顺利完成，并投入使用。燕京啤酒（金川）有限公司退城入园项目、燕京啤酒（丰镇）有限公司退城入园项目、燕京啤酒昆明有限公司30万吨扩建工程、燕京啤酒（中京）有限责任公司20万吨退城进园项目正在有条不紊地推进之中。

（燕京啤酒）

【共产党员献爱心】 为响应中共顺义区委

组织部、顺义区慈善协会通知精神，集团公司党委于6月底在全体党员中开展了“共产党员献爱心”捐款活动。64个基层党组织，1353名党员群众捐款共计111910元。

（燕京啤酒）

【燕京啤酒受邀参展台北国际老字号精品展】 “台北国际老字号精品展”暨“海峡两岸老字号精品展”于10月11日在台北市世贸一馆A区举行盛大典礼。燕京啤酒作为大陆知名企业应邀参加此次会展。会展历时3天，规模涵盖酒类、农特产品、食品等老字号及精品，总计超过200个商家参加了此次活动。

（燕京啤酒）

北京顺鑫农业发展集团有限公司

【概　况】 北京顺鑫农业发展集团有限公司在区委区政府的正确领导下，坚持以科学发展观为指导，紧紧围绕“三•五”战略和“六化”目标，充分发挥自身优势，积极应对经济形势和市场竞争，产业规模不断扩大，经济效益持续提升。全年实现销售收入119亿元，实现利润4.4亿元，实现税金13.3亿元，实现国内生产总值27.3亿元，各项工作取得了可喜的成绩。

单位名称：北京顺鑫农业发展集团有限公司
地址：北京市顺义区站前街1号院1号楼
邮编：101300
电话：（010）81483800
网址：http：//www.000860.com

（和法文）

【投资控股型发展思路】 在对宏观政策导向、领先企业发展模式研究和自身实际分析的基础上，集团提出“以投资控股型发展模式实现顺鑫集团转型升级”的发展思路，力求通过创新发展模式实现顺鑫集团的二次腾飞。按照这个思路，通过六、七年的发展，到2020年，公司的资产规模将达到300亿元，年销售收入将实现400亿元，综合市值将突破800亿元，最终发展成为投资控股型产业集团。

（和法文）

【项目带动作用】 总占地318亩的牛栏山酒厂改扩建工程进展顺利，集绿色高效、科教实践、旅游观光、文化传播于一体的中国二锅头生态园正逐渐由蓝图变为现实。鹏程食品分公司实施的4万吨华北地区最大单体冷库建设完工；熟食车间技术改造项目加快推进。集国际商业金融中心、5A级写字楼、高端住宅于一体的绿色商务中心区（GBD）二期工程已完成主体结构施工；下坡屯二期、海南顺鑫富海家园和包头望潮苑项目稳步推进。引河林场建设、顺科新园区建设等高标准推进。

（和法文）

【资本运作卓有成效】 融资工具不断创新，2013全年，从债券市场直接融资35亿元，获得银行授信总额175亿元，确保了重点项目建设和企业运营资金需求。17.4亿元的再融资工作稳步推进。积极推进土地资产的合理利用，引河林场和下坡屯剩余地块资产盘活工作已取得实质性进展。

（和法文）

【科研实力不断增强】 集团成为首家设立博士后科研工作站的区属国有企业。加大科技研发力度，牛栏山酒厂与中科院共建的“牛栏山一号清香型低温大曲”项目已进入实质性研究阶段，创新食品分公司承担市科委重大科研项目“首都切分菜安全供应保障”，企业自主创新能力进一步提高。牛栏山酒厂成功研发50度和53度500毫升百年牛栏山等 22 款新品。自主研发了入选军队和救灾采购目录的汤汁类产品。

（和法文）

【安全生产管理】 顺利通过安全生产标准化国家一级企业评审；对建筑工地进行专项检查，检查整改 24 项安全隐患，安全生产标准化工作深入实施；成功主办以“深入践行安全文化理念，全面夯实标准化管理”为主题的第八届安全生产书画摄影展。

（和法文）

【品牌文化建设】 公司连续十四年荣获“农业产业化国家重点龙头企业”，连续九年入选“中国制造业 500 强”。首次荣获“全国优秀施工企业”和荣登“最美中国榜”。“牛栏山”和“鹏程”品牌获评北京最具影响力十大品牌。鹏程食品分公司台湾烤肠荣获“中国国际农奖品交易会参展产品金奖”。牵手公司通过监测合格继续被认定为国家级龙头企业，鹏程食品分公司、创新食品分公司、顺鑫石门市场继续被认定为市级龙头企业。

（和法文）

【创先争优】 深入落实区委关于进一步改进工作作风、密切联系群众的工作部署，开展了在职党员进社区等系列活动。通过将廉政风险防控管理工作向基层企业延伸，扩大廉政风险防控覆盖面；开展集团报“廉政文化”专栏、“廉政主题桌面推广”和“廉政微小说”作品征集等系列活动，营造了具有顺鑫特色的廉政文化氛围。工会开展职工“经济技术创新工程”，推进企业民主管理，劳动关系更加和谐；共青团开展“青春与梦想”等主题研讨，凝聚大团员青年奉献青春、岗位建功的激情；妇联以家庭文化建设为切入点，推动创建“和谐家庭”、“绿色家庭”。

（和法文）

北京空港科技园区股份有限公司

【概 况】 2013 年，空港股份以提升公司盈利能力及内部管控能力为目标，深化落实发展战略，公司上下通力配合、开拓思路、狠抓落实，汇聚公司全体的智慧和力量，认真实施年初制定的《重点工作折子工程》，推动公司各项工作呈现稳定发展态势，全年实现营业收入 9.03 亿元，净利润 7660.82 万元，税收 6954.94 万元。

单位名称：北京空港科技园区股份有限公司
地址：北京空港经济开发区 B 区裕民大街甲 6 号
电话： （010）80489277
邮编：101318
网址：http：//www.600463.com.cn

（王 宇）

【《发展战略规划》】 公司以贯彻落实 2012 年编制的《空港股份 2012—2020 年发展战略规划》为主线，在公司系统内进行战略贯宣并指导各分子公司制定子战略及落实措施。公司战略编制小组制定《分子公司子战略的编制计划》，并按计划、有步骤的指导分子公司进行子战略编制。公司力争通过此项工作，在系统内形成共识，明确目标、提升眼界，引导公司上下将视角放在战略层面看待发展，共同开拓更大的成长空间。

（王 宇）

【兆丰产业基地工业用地开发】 1 月 28 日，公司控股子公司亿兆地产获取区政府授权，对赵全营镇兆丰产业基地北侧工业用地进行一级开发。该项目占地约 1300 亩，其中北汽越野车项目 800 亩。为确保北汽越野车项目如期投产，公司在获得授权后抽调力量、积极推进，全力做好拆迁及开发建设工作。

（王　宇）

【探索合作开发工业用地】 经过对北小营镇域范围内剩余工业用地土地一级开发项目进行调研及相关筹备工作，公司决定以项目合作的模式，即：由北京北小营宏大工业开发中心与亿兆地产共同合作对该地块进行一级开发。10 月 28 日，公司控股子公司亿兆地产获得区政府授权，对北小营镇宏大二三产业基地内剩余工业用地进行一级开发，进一步拓宽公司土地一级开发的发展空间。

（王　宇）

【储备开发项目】 为了培育新的利润增长点，并为再融资做好项目储备，公司一是积极落实《发展战略规划》，对顺义区内商业、办公项目进行调研，完成“MAX 空港创新园”项目开发方案的编制及选址，并对拟选址地块进行了经济效益分析。二是积极筹备“北京空港创意研发中心”项目，将项目选址为原空港经济开发区 A 区村田电子地块。公司对该地块进行二次规划，已完成初步设计方案，并在此方案基础上进行项目可行性分析及效益测算。

（王　宇）

【内控规范体系】 公司在 2013 年以内控成果实施为重心，严格按照内控规范制度及流程要求，对工作流程及工作方式进行梳理、优化，促进内控体系行之有效。公司制定《内控执行情况测试预案》，并深入公司各部门及各分子公司，对内控体系执行情况进行测试。通过测试，推动各单位、各环节在实施重大事项前决策、审批手续的办理，关联交易的管理，报批事项的审批效率等进一步提高，内控成果的实施，起到了指导工作、理顺关系、提高效率、防范风险的作用。

（王　宇）

北京市顺义大龙城乡建设开发总公司

【概　况】 北京市顺义大龙城乡建设开发总公司成立于 1987 年，隶属北京市顺义区人民政府，总资产近 50 亿元，公司注册资本 10000 万元，法定代表人李绍林。公司是一家实力雄厚、经验丰富的房地产开发企业，目前以房地产开发，商品房销售等为主营业务。具备房地产开发一级资质，房屋建筑工程施工总承包一级资质。大龙总公司所属及控股出资企业 78 家，其中二级企业 18 家，三级企业 24 家，四级企业 18 家，五级企业 9 家，在岗职工近 2000 名，拥有各类专业技术人员 500 余名。2005 年控股子公司北京市大龙伟业房地产开发股份有限公司在沪成功上市（简称“大龙地产”，股票代码“600159”）。大龙秉承“宜居品质、价值典范”的商业理念，怀着成为“专注于中国新型城市化建设的城市运营商典范”的伟大愿景，担负并践行“助力区域多元化，促进城市现代化，加速城乡一体化”的历史使命，持续推行“信赖、价值、尊重、合作”的核心价值观。以新型城市化建设为己任，推行大盘开发的“幸福模式”，构筑居民“宜居、宜业、宜休闲”的城市空间，成为地方政府最信赖的房地产开发企业。

单位名称：北京市顺义大龙城乡建设开发总公司

地址：顺义区府前东街甲 2 号

电话：（010）69440517

邮编：101300

网址：http：//www.dldc.com.cn

（大龙公司）

【裕龙君汇项目】 大龙公司珠三角首个项目中山裕龙君汇营销中心正式开放，项目占地6万多平方米，总建筑面积约27万平米，住宅总户数1713户，由17栋景观高层组成。截止2013年全年完成认购约700套、认购额3.5亿元，累计认购1000套以上、认购额5亿元。

（企业管理科）

【新城9号地保障性住房项目】 保障房项目于2010年10月开工，项目包括经济适用房、廉租房、公共租赁房，地点位于顺义马坡新城第10街区，建筑规模10.49万平方米，剪力墙结构，住宅楼28层，檐高79米。该工程总投资约为3.36亿元人民币，其中经济适用房1370套、公租房186套、廉租房102套。

（企业管理科）

【西辛北区续建项目】 该项目2011年2月开工建设，占地4858平方米，总建筑面积1.99万平方米，商品房总量156套，由2栋景观高层组成；2013年3月全部售罄，实现销售额近2亿元。

（企业管理科）

【区领导调研】 卢映川区长实地查看大龙供热中心城东热源厂，了解供热发展和检修情况，以及供热应急抢险措施，充分肯定大龙公司的供热工作，并听取大龙公司基本情况、发展战略及2013年重点工作汇报，区长强调：1.大龙公司作为本土企业，应为全区发展多做贡献。2.企业强身健体、打牢发展根基的同时，要抓好项目建设，深入研究企业经营管理，做大做强房地产开发主营业务。3.按照战略部署，集中精力、抓住机遇，为服务顺义经济发展贡献力量。

（企业管理科）

首安工业消防有限公司

【概　况】 首安工业消防有限公司（简称“首安”）是中国首家专业从事工业消防安全的高新技术企业，总部位于北京，在全国20多个省份及海外设有分支机构或子公司，主要技术与管理人员均拥有博士、硕士学位。首安自主创新的三大核心系统产品——工业火灾探测报警系统、消防安全网络化监控指挥系统、自动灭火系统，已获得多项核心国际发明专利和近百项国内发明专利。首安公司是国家企事业知识产权试点单位、北京市知识产权示范单位。首安以工程总承包为主要服务形式，为钢铁冶金、电力系统、石油化工、核能核电、航空航天、数据中心、物流仓储、交通、军工、烟草、酿酒等众多领域的工业企业及特种建筑与设施提供先进、可靠、适用的消防安全解决方案。首安以优质高效的总包服务、广泛应用的核心产品和持续增长的突出业绩，连续五届（2008-2012）蝉联“中国消防行业十大民族企业”首位。2011年11月，首安成功引入世界顶级的私募股权基金贝恩资本，以雄厚的资金和丰富的企业管理经验，协助首安规划未来战略蓝图。首安秉承“竞争促进发展，合作成就事业”的发展观，以“倡导安全为首，创建首强品牌”为核心理念，持续满足并不断超越客户需求，努力成为工业消防安全领域的世界领先企业。

单位名称：首安工业消防有限公司

地址：北京市国门商务区李天路22号

电话：（010）81463816

邮编：101304

网址：http：//www.sureland.com/

（首安工业消防有限公司）

【研发动态】　产品研发方面，研发完成并正式推出M6000系列火灾报警控制系统、火焰探测器系列产品、可燃气体探测报警系统、微水雾滴灭火设备、雨淋报警阀等多项新产品。高压细水雾灭火系统、核电专用水雾喷头等产品已完成研发工作，正在进行检验。全年共新增3C认证产品22个、型式认可产品4个、自愿性认证产品2个，公司产品体系得以进一步完善。生产制造方面，进一步加强质量控制、改进考核机制，制定并实施制造部劳动定额总量控制管理办法。标准规范方面，公司作为主编单位组织开展国家标准《钢铁冶金企业设计防火规范》的修订工作，已顺利报批；作为参编单位参加了《火力发电厂与变电站设计防火规范》、《火灾自动报警施工及验收规范》等7个国家标准、规范的制修订；并完成5个企业标准的编制。知识产权方面。全年新申请发明专利2件、实用新型专利4件，获国际专利授权1件。继续开展了核心专利维权工作，维护公司合法权益。

（首安工业消防有限公司）

【营销与工程】　国内市场方面：3月，签订包钢轨梁改造工程自动消防系统工程合同、河北钢铁集团燕山钢铁1780轧钢工程总承包合同；4月，签订太原站交通枢纽站前广场基础设施配套建设消防设备采购合同、中国石油唐山LNG项目接收站工程合同；5月，签订新疆金晖兆丰能源股份有限公司自备电厂工程合同；8月，签订新疆嘉润资源控股有限公司电厂2x350kwEPC总承包合同；9月，签订大连地铁火灾自动报警系统（FAS）与气体灭火系统总承包项目合同；12月，签订青岛钢铁环保搬迁工程合同、沈阳苏宁云商B2C自动分拨中心消防系统工程合同。国际市场方面：签订菲律宾CALACA2*150MW及SEMIRARA1*15MW CFB燃煤电站工程设备采购合同、NTPC Kudgi 3x800MW电厂消防总包合同、波黑斯坦纳瑞1-300MW燃煤电站合同及赞比亚马安巴2*150MW燃煤电站项目消防系统设备供货合同，合同总额已经超过2亿元。

（首安工业消防有限公司）

【“首安”商标被认定为北京市著名商标】2013年6月，北京市工商行政管理局会同有关部门共同对2012年参加复审和首次申请认定的商标进行认真审核，经广泛征求有关部门和行业协会与专家意见，认定“首安”等商标为2012年度北京市著名商标，并发布认定结果公告。

（首安工业消防有限公司）

江河创建集团股份有限公司

【概　况】　江河创建集团股份有限公司（简称“江河创建”，股票代码：601886）是一家在上海证券交易所A股主板上市的大型跨国企业，在全球设有50多家分支机构，是集产品研发、工程设计、精密制造、安装施工、咨询服务、成品出口于一体的建筑装饰系统整体解决方案提供商。总部设在北京顺义，注册资本11.2亿元人民币，是中国企业500强。目前旗下有江河幕墙、港源装饰、承达集团、梁志天设计四大行业领军品牌。

单位名称：江河创建集团股份有限公司

地址：北京市顺义区牛汇北五街5号

电话：010—60411166

邮编：101300

网址：http：//www.jangho.com

（江河创建集团）

【综合实力】 跻身“500强”开启新征程。2013年，江河创建以89.89亿元营业收入成功跻身中国民营企业500强和中国企业500强，企业综合实力获得了权威部门和机构的认可。此举充分彰显江河创建雄厚的综合竞争力及品牌影响力，以及领军行业的重要地位。

（江河创建集团）

【技术创新】 2013年，江河幕墙紧紧围绕“标准化、系统化、全球化”发展战略，在产品研发方面取得了重大突破，引领行业技术发展潮流，形成了以“S系列”和“U系列”为核心的幕墙标准系统。研发以集成系统为指导思想，以节能、性能优异为根本，以满足建筑的个性外观为出发点，从设计、采购、制造、安装、检测全方位进行考虑，给客户提供一个高品质的服务。

（江河创建集团）

【公益事业】 2013年11月8日，江河创建及员工爱心捐款110万元捐助四川雅安震区建设江河创建希望小学。

（江河创建集团）

商业·物流·旅游

商　　业

综　　述

2013 年全区商务系统广大干部职工紧紧围绕“建设绿色国际港、打造航空中心核心区”这一战略部署，紧紧围绕打造“城市商业消费圈”、“新国展商务消费圈”和“浅山白马路生态消费圈”的目标，以昂扬向上的精神状态，积极进取，攻坚克难，扎实工作，较好地完成了各项年度工作任务。全年实现社会消费品零售额 297.4 亿元，同比增长 17%；2013 年新国展共举办展会 23 场，展出面积 164 万平方米，接待各界人士 160 万人次。

一、消费增长速度全市领先。2013 年我区社会消费品零售额全市排名第六位，远郊区县排名第一位，增幅位居全市第一位。其中限额以上单位实现零售额 219.1 亿元，同比增长 19.9%，限额以下单位实现 27.6 亿元，同比增长 11.9%，各类商品交易市场实现 50.7 亿元，同比增长 8.5%。

二、重点工程进展顺利，一批大型商业项目消费潜能即将释放。完成了《舞彩浅山滨水国家登山步道规划》、浅山驿站授牌及路书设计制作工作，125 公里步道一期工程基本完工。6 个村级综合性商业中心开工建设，白马路绿色生态消费圈升级改造项目顺利完成，金街悦港城、国门一号商业项目即将陆续开业。

三、便民利民工作扎实推进。“燕京啤酒花园”满足居民消夏需求。社区菜市场建设获得商务部资金扶持。社区养老服务、家政服务进一步完善，接受商务部、市政府领导实地调研，并得到充分肯定。早餐网点建设进一步推进，新建 2 家便民早餐店。抓大关小，整顿再生资源回收企业，把清理整治工作纳入到属地绩效管理，完善体系建设。

四、新型商务行业发展势头良好。全区会展企业从 2008 年零发展至今 53 家，年营业收入达 7.2 亿元，会展业直接推动展馆周边广告、餐饮、住宿、物流业迅速发展。物流企业发展至 350 余家，年营业额 345 亿元，税收 12.7 亿元。物流企业累计获得市级资金 5893 万元。电子商务企业起步发展，全区开展电子商务的企业共有 18 家，截至目前实现销售额 1.5 亿元。

五、帮扶区内企业力度不断增大。对全区商业及外经贸发展重点项目进行精心包装、严格审核，截至目前共帮助区内 18 个项目争取市、区两级扶持资金 6500 余万元。

六、外资结构加速转型。现代化服务业项目外资占新批总量的 97%，特别是融资租赁项目呈现巨大活力，吸引外资占总量的 63%；总部经济发展势头良好，全市认定 8 家总部经济集聚区，我区占得 2 席，今后将成为全市总部经济发展的重要载体。

单位名称：北京市顺义区商务委员会
地址：顺义区站前街顺鑫国际商务中心 10 层
电话：(010) 69443513
邮编：101300

（王凌燕）

对外经贸

【概　况】 全年实现进出口总额 182 亿美元，同比增长 7%；吸引合同外资 12.3 亿美元，同比增长 166.3%。实际利用外资 3.6 亿美元。

单位名称：北京市顺义区商务委员会
地址：顺义区站前街顺鑫国际商务中心 10 层
电话：(010) 69443513
邮编：101300

（王凌燕）

【外资活动力度增大】 完成京交会北京馆和北京日筹备工作，重点推介国展产业园、汽车基地、天竺综保区、国门商务区；完成跨国公司地区总部企业政策兑现初审工作；完成总部集聚区认定初审工作，空港开发区、国门商务区列为全市首批总部经济集聚区，并在京交会上授牌；完成首例跨境人民币增资审批；组织各类政策宣讲培训活动，如进出口企业产业损害预警机制培训班、中小资金申报指导培训工作、区内企业政策宣讲会等；建立大项目追踪机制，成功促成北京汽车股份有限公司、誉高融资租赁有限公司等 11 个 500 万美元以上大项目落地。

（王凌燕）

顺义区供销合作社

【概　况】 2013 年，北京市顺义区供销合作社（以下简称：区供销社）以“产业发展、精细管理、人才兴社”三大战略为指导，进一步加快经济结构和经营战略调整，提升经济运行质量，强化管理措施，推进精细管理，不断增强企业核心竞争力，夯实了发展基础，实现了经济实力的稳步提升。全年实现销售总额 450323 万元，同比增长 10.4%；综合利润 15003 万元，同比增长 12.8%；上缴税金 7276 万元，同比增长 16.8%；地区生产总值 35366 万元，同比增长 10.3%；总收入 26207 万元，同比增长 8.2%。

企业名称：北京市顺义区供销合作联合社
地址：顺义区石门大街供销大厦
邮编：101300
电话：89423232-6683
传真：89423555
网址：www.sygxs.com

（马彦华）

【做好春耕备耕供应工作】 一是积极组织充实库存，从去年底就组织系统内 3 家农资经营公司、100 余家农资连锁店筹措资金约 3000 万元，深入厂家组织货源，保证源头进货，农资供应充足。春耕前储备各种化肥

17000吨，农、地膜220吨，大田种子170万斤，架竹6500捆，蔬菜、瓜果、花卉种子2.5万斤。二是结合区种植结构特点，按照测土配方测定结果，组织购进高钾、低磷、低氮、多种微量元素添加的绿色有机复合肥，满足特色有机农业发展的需要。三是充分利用网上农业植保视频技术，组织农资销售人员利用冬季农闲季节，对农业用肥、用药、科学种植技术进行视频培训，提升农资经营及种植农民的知识水平和技能。

（马彦华）

【多措并举保春节市场供应】 隆华购物中心结合节日消费特点，提早备齐备足各类节日热销商品，开展“新春联欢惠”大型促销活动。特别针对“破五”遇上情人节增设巧克力、玫瑰花专卖场，菜百黄金准备了贺岁题材、爱情题材等品类繁多的黄金珠宝饰品。2月9日-15日，实现销售额1950.9万元，同比增加499.6万元，增长34.4%。其中菜百黄金销售1228万元，增加457万元。

（马彦华）

【北京隆华购物中心改扩建工程】 5月17日上午11时，隆华购物中心扩建工程奠基仪式隆重举行。隆华扩建后营业面积预计可达5.2万平方米，将引入家乐福、大地影院等知名品牌入驻。

（马彦华）

【“三秋”农资市场供应工作】 自8月底，一是积极组织、充实库存确保农资供应充足。系统内三家农资主营企业及100余家农资连锁店，按照“三秋”农资供应工作的安排和部署，共组织供应各类化肥7000吨、农药120吨、农、地膜100吨、农机具价值80万元。在“三秋”农资储备期间，供销社各农资连锁网点还将针对农民所需个别缺口的品种，采取建立购销台帐、预约登记等办法，通过供销社农资经营网络调剂或组织购进等，调剂余缺，满足个别需求，保证“三秋”农资供应不缺货、不断档。二是所属北京顺万兴农业生产资料公司，先后投资200余万元，按照北京“首都农资”标准对全区70家农资连锁网点牌匾、柜台、货架等硬件设施进行改造升级，并配送化肥、农药等农资商品50余种。三是进一步强化农资质量监督管理，严把商品进货关，并向广大农民进行质量、价格、服务等方面的公开承诺，自觉接受农民群众的监督，确保农民利益不受损害。在此基础上，依托农资销售网络资源优势，积极开展送货下乡活动和电话预约销售服务，把农资商品送到农民家中，送到田间地头，延长营业时间，保证农民随到随购、购买方便，并发挥专业优势，指导农民科学施肥、合理用药。

（马彦华）

鑫海韵通

【概　况】 北京鑫海韵通百货有限公司现设有公司机关和一家独立核算法人单位北京鑫海韵通商业大楼，有百货、电器专营、大卖场三种业态，下辖顺义百货店、顺义电器店、顺义石园大卖场店、顺义双兴大卖场店和密云电器店、密云百货店以及平谷大卖场店七家分店。在区委、区政府的正确领导下，公司围绕“细化经营、强化管理、降低成本、增加效益”的工作思路，推动完善企业经营制度、流程，创新经营手段，强化布局和品牌调整，树立管理典型，推动管理交流，强化数据分析，提升平效，推动强化考核，改进用工，加大分配力度等工作。我公司先后被授予“守法经营先进单位”、“首都文明单位”、“首都百强企业”、“安康企业”等市级荣誉称号，连续多年被顺义区政府评为“十佳”、“区域经济百强企业”，在2009年被评为第一批“首都诚信经营示范店”，同时也是全国第一批国家级诚信商业企业。公司2012年实现销售24.32亿元，实现报表利润4000万元，累计上缴税金4627万元。

单位名称：北京鑫海韵通百货有限公司
地址：顺义区集汇大街28号
电话：(010)89448093
邮编：101300

（鑫海韵通）

【细化经营流程】 年内修改《关于补款、降扣的管理规定》、《关于推行平效产出分析的管理规定》，并制定《关于月经营指标计划的管理规定》、《关于供应商资源整合的管理规定》、《关于促销赠品使用的管理规定》、《促销赠品购置管理规定》、《卖场招商部工作流程》、《开闭店流程》，以上制度和流程的修改和建立进一步完善经营管理制度，细化职能，规范运营。

（鑫海韵通）

【促销活动】 一是积极在促销形式、内容和创新方面与主流客层目标群体相结合，开展丰富多彩、有文化内涵、有品味档次的差异化活动；二是围绕“规模宣传”和“效应促销”，在宣传方面重点落实下沉，在卖场成交方面重点体现力度，在维护老顾客方面重点体现回报。三是围绕民需商品加强时令、节庆、换季的炒作；四是深入推动农超、农社对接工作，加强多渠道源头进货，确保低价，提升客流。

（鑫海韵通）

【顾客市场维护】 一是大力推动下乡镇、大集、进驻企业和小区活动；二是加大团购顾客的维护与开发力度；三是开展会员专场、晚场等促销活动；四是开展免费办理会员卡、会员专享、免费班车等特色的顾客维护活动；五是加强顾客市场调研，提升顾客满意度。

（鑫海韵通）

【技能竞赛】 公司在加大员工培训工作力度的同时，努力营造学以致用、岗位创新的条件和氛围，积极开展岗位练兵、技能竞赛和评优激励活动：顺义百货店组织收款员“扫码、点钞技能竞赛”活动，强化收款员的业务技能；对电工班组的特殊技能开展突发事件下电工技能的演练，增强特殊工种应对突发事件的处理能力，提高特殊工种员工的技能。各店还开展各种以“提升服务、促进增长”为目标的“销售竞赛大比拼”、“班前会评比”、“卖场各项综合指标赛比”等竞赛和“三八服务明星”、“青年突击手”等评选活动、技能竞赛和典型激励。

（鑫海韵通）

【安全保障】 一是签订安全生产责任书，使安全生产工作落实到人；二是召开全系统的安全生产月工作例会；三是每月不定期对各店进行安全综合检查，发现隐患及时进行整改；四是采取网格化管理，对网格化死角、公共场所等重要部位都有专职人员管理，签订责任书；五是规范安全档案，完善规章制度22项；六是建立公司安全隐患排查机制，各店将安全隐患排查整改照片上墙公示，强化隐患整改效果；七是加强交通安全管理和安全教育培训工作。

（鑫海韵通）

北京国泰中百商业有限公司

【概　况】 北京国泰中百商业有限公司（简称国泰中百公司）是一家以发展连锁百

货和商业地产作为支柱产业，集购物、餐饮、娱乐、休闲为一体，多业态、多功能、多元化经营的现代化大型百货公司。国泰中百公司下设国泰商业大厦、国泰青春馆、国泰谊宾商城、国泰裕龙四区超市和国泰宏城生活购物广场五家分店。公司始终坚持品牌发展战略不动摇，实现了由传统百货向现代百货的蜕变，最终发展成为具有国泰品牌影响力的区域型百货公司。连续多年跻身全国连锁百强企业行列，并在 2013 年先后荣获“顺义区域经济百强企业”、“首都文明单位”等多项荣誉称号。2013 年实现销售收入 9.64 亿元，实现利润 2166 万元，上缴税金 11501.3 万元。

单位名称：北京国泰中百商业有限公司
地址：北京市顺义区新顺南大街 2 街
电话：69447410
邮编：101300
网址：www.guotaibaihuo.com

（张　洋）

【营销活动】 2013 年，根据季节和档期变化，积极开展各种别出心裁的营销活动，如：“踏青好时节”、“清凉消夏节”“国泰年中庆典”“20 周年庆典”等活动，通过诚意十足的让利、折扣，为商场聚集了人气，扩大了影响。11 月 28 日店庆当日，国泰店销售额达到 2500 万元。

（张　洋）

【招商调整】 国泰谊宾商城和国泰宏城购物广场的相继开业完善我公司在区内的商业网点布局。2013 年，公司对各商业网点的商品品类、商品布局进行调整，商品结构更加合理。根据各店实际分别筹建以儿童乐园为中心的主题卖场、以手机为主题的新型卖场、以反季羽绒服为主的特色卖场；同时引进多家特色餐饮店、休闲门店，形成差异化经营特色。公司所属位于中山南街 8 号房屋（原天赐庄园）整体出租给北京宝成顺天置业投资有限公司，用于办公和餐饮等经营。将位于国泰青春馆即原肯德基位置房屋出租给北京宝威裕达体育用品有限公司，用于经营鸿星尔克品牌。

（张　洋）

【培训工作】 2013 年初，制定《北京国泰中百商业有限公司 2013 年职工培训计划》。培训的主要对象是：导购、职工和各部门主管以上干部。主要目的是提升自身修养，加强职工自我认识，开阔自身眼界，增强工作自信心。同时我们积极组织职工参加商品营业员考试、取证。与顺义区人力社保局培训学校合作，组织 101 名职工报名参加“商品营业员高级”职业技能考证，邀请北京工贸技师学院老师到我公司为职工开展为期 2 个月的考证授课。今年共有 80 人获得“商品营业员高级”职称。为更好调动学习积极性，我们坚持素质教育工程与人才培养选拔相结合，对每批考取资格证书的学员，我们都纳入骨干人才和后备干部选拔使用范围。

（张　洋）

【职工福利】 把发展成果惠及职工，是我公司一直坚持的指导思想，2013 年，公司对职工工资进行调整，职工人均收入同比上年增长 20%。2013 年，公司为全体女职工缴纳职工住院医疗互助保险费 41400 元，为 200 多名女职工办理了特殊疾病互助保险；在“社区共建”活动中为困难户送去慰问金 6000 元；为“一助一”村及村 144 户家庭送去帮扶款及慰问金共计 20.4 万元；为公司 12 名女职工发放“困难职工关怀帮扶基金”7500 元。

（张　洋）

【安全管理】 层层签订安全生产责任书；严格执行安全保卫网格化管理制度，始终坚持“安全第一”的思想。加大检查处罚力度，坚持隐患排查制度，实现“全覆盖、零容忍、无隐患”，确保不出任何事故。持续开展消防演习和安全培训工作，不断增强员工的安全忧患意识。

（张 洋）

烟草专卖

【概 况】 顺义区烟草专卖局（公司）下设六科二室：办公室（安保科、企管办）、派驻办、专卖监督管理科、营销网建科、配送仓储科、法制科、人事劳资科（政工科）、财务科。

单位名称：顺义区烟草专卖局
地址：顺义区中山南街4号
电话：（010）69422745
邮编：101300

（周 晶）

【市场监管及案件查处】 年内，共出动执法人员5030余人次，检查零售户16040余户次，共查获违法案件211起，一般程序立案71起，简易程序立案140起，大要案18起（联合朝阳局破案3起），破获网络案件五起，其中部督案件2起，刑拘7人，判刑3人；查获各类违法卷烟744.72万支，罚没款合计22.52万元。

（麻晓琛）

【联合执法行动】 1月22日，烟草专卖局联合区公安、工商等部门对辖区重点地区、重点户开展节前市场联合整治专项行动。共出动执法人员60人次，出动执法车辆18台次，共检查零售户85户，取缔无证经营户3户，未发现存在销售“天价烟”行为。查获各类涉烟违法案件5起，查扣各类违法卷烟共计8.7万支。其中，经举报，在天竺地区货运路查获一起涉嫌无烟草专卖品准运证运输烟草专卖品案件，现场查获硬中华、软中华共计2个品种5万支，案值13.45万元。

（张昕怡）

【质量管理体系内审】 4月2日，顺义烟草组织开展2013年质量管理体系内审。此次内审共计审核8个部门，内审组根据内审程序要求，采取问答和查阅资料相结合的方式进行检查，对8个受审部门涉及的主要流程进行识别和控制，经过全天的检查和审核，各受审部门职责清晰，质量目标得到有效分解，文件执行有效落实，以往管理评审改进建议项及内审不符合项基本得到有效整改，体系运行管理得到积极改善。

（陈 昱）

【“三严禁”“四规范”“五用语”】 10月23日，顺义烟草实施“三严禁”、“四规范”、“五用语”强化配送文化建设。“三严禁”，即：严禁向客户吃拿卡要、严禁将不良情绪带到工作中、严禁不按照配送流程送货。“四规范”，即：规范库房出入库手续制度，做到入有凭、收有据，认真履行签字手续和抽检流程；规范和优化配送路线，配送及时，提高工作效率；规范客户收货服务流程，确保签字手续完备，签字率100%、货款回收的准确率100%；规范车辆驾驶，文明行车，安全行车，确保交通安全。“五用语”，即：配送员与零售客户交流中应使用文明用语。

（申 亮）

物　流

北京空港物流基地

【概　况】 北京空港物流基地于2002年6月6日经北京市政府批准设立，是北京市唯一的航空—公路国际货运枢纽型物流基地。位于首都国际机场正北侧，规划面积3694亩（其中空港物流基地东区开发面积939亩）。12年引入企业600余家，行业涉及物流、航空、金融、保险、商贸和文化创意等，保持了“超高速、跨越式、可持续”的发展态势，其中包括美国强生、日本索尼、中国中铁等世界500强企业14家。2003年成立的第一个完整年度，实现税收1243万元，至2013年，实现税收25亿元。十一年来，基地累计创造税收161.2亿元，公共财政收入54.8亿元，实际利用外资4.3亿美元。先后荣获“中国物流示范基地”、“全国物流行业先进集体”、“全国模范劳动关系和谐工业园区”等荣誉称号。

单位名称：北京空港物流基地开发中心

地址：北京顺义空港物流园六街10号物流服务区

电话：（010）69475656

邮编：101300

网址：www.airport56.com

（空港物流基地）

【招商引资】 年内，除新华社新媒体产业园（募集资金50亿元）外，基地新引进项目170个，注册资金9.7亿元，其中1000万元以上的企业24家，实际利用外资1295.2万美元，行业涉及物流、供应链管理、投资、担保、基金、保险经纪、电子商务、文化创意、科技、能源等。

（张婷婷）

【在建项目】 年内，基地在建项目1个——星光国际城项目。该项目占地92.7亩，总投资5.7亿元，建设约12.3万平米的高档商务办公楼，目前已全面竣工，正式进入运营阶段。

（张婷婷）

【土地开发利用】 一是积极推进基地内C、D地块开发建设工作，着力提升园区承载力。基地内C、D地块总占地面积347亩，其中建设用地188亩，现已取得项目核准批复。二是加快空港物流基地东区开发建设，带动二三产业基地早见成效。空港物流基地东区正在进行建设用地规划指标调整，与此同时进行土地一级开发项目立项手续。

（张婷婷）

【基础设施建设】 基地主体区域北侧市政工程项目（全长740米），现已完成具备条件段的全部管线及道路施工。

（张婷婷）

【机场北线北侧环境整治】 机场北线北侧环境整治区域东至顺航路，南至机场北线，西至京密路，北至顺于路，总占地面积约734亩。该区域共涉及企业26家，地上（下）物总建筑面积约15.3万平米，约需投入拆迁资金8.05亿元；待地上物拆迁完成后，将进行场地平整及绿化建设，约需投入资金1.46亿元（按照每平米300元的中等标准进行测算）。综上，拆迁及绿化共需投入资金9.51亿元。已与各家银行洽谈项目融资事宜。

（张婷婷）

【企业服务】 年内，先后邀请企业参加北

京市文化产业专家入库评选、“营改增”试点改革评估调研会 、中关村现代服务业试点政策辅导会，落实了第 33 届北京青少年科技创新大赛的广告宣传和顺义区首届文化消费月活动。同时，以“投资服务部、企业服务部、工会服务站、劳动争议调节中心”为载体，充分发挥“四位一体、多方联动”的服务体系，为入区企业发展保驾护航。

（张婷婷）

【自有企业发展】 1、北京空港物博物业管理有限公司是一家综合性的物业服务公司，下设保洁、保安、园林、广告、水暖电、人才、劳务派遣七个分公司，共承揽首都机场集团、机场检验检疫局、空港航空地面服务（BGS）、天竺综保区，以及 8 个镇等 70 余个服务项目，解决劳动力就业 3612 人，其中顺义区籍人员 2750 人。年内，公司实现收入 1.5 亿元，同比增长 28.95%；实现税收 908.4 万元，同比增长 30.6%；实现利润 788 万元，同比增长 26.5%。2、北京航济国际物流有限公司依托综保区，开展报关报检、保税物流、代理进出口、仓储运输等业务，成为综保区唯一一家享有区域通关功能的 A 类物流企业，业务量稳居综保区企业前 3 名。已与利氏兄弟拍卖、巴伐利亚国际货运代理、中航国际、Smc 北京、美国强生等 26 家中外知名企业开展业务合作。年内共操作进出口货物 10736 票，同比增长 8.6%；实现进出口货值 15.64 亿美元，同比增长 81.9%；关税代征税 1.64 亿元，同比增长 35.2%。

（张婷婷）

旅　　游

【概　况】 2013 年，顺义旅游委围绕全区“打造临空经济区，建设世界空港城”的目标，以提升现代服务业水平为主线，加快推进产品、服务、管理和人才国际化，不断提升旅游产业规模、素质与效益，着力完善行业功能，提升行业素质，塑造行业品牌，努力发挥旅游产业在加速我区城市化进程中的作用。全年旅游接待总人数 421 万人次，同比增长 2.8%；旅游综合收入 53.48 亿元（郊区县第二），同比增长 12.2%。

单位名称：顺义区旅游发展委员会
地址：顺义区光明南街 7 号
电话：（010）69429918
邮编：101300
网址：http：//www.lyw.bjshy.gov.cn

（吴春明）

【机构改革】 8 月 5 日 “中国共产党北京市顺义区外事旅游局党组”更名为“中国共产党北京市顺义区旅游发展委员会党组”。9 月 4 日 “顺义区外事旅游局”更名为“顺义区旅游发展委员会”。

（吴春明）

【旅游宣传】 2013 年共制作两期《顺义休闲一册通》。参加广州国际旅游展览会、中国国际旅游交易会、中国国内旅游交易会等重要展会。在“5.19”第三届中国旅游日，在区内开展旅游咨询、惠民活动。制作安装 2013 版顺义旅游导览图 20 块。利用媒体平台进行宣传，加强与北京日报、北京电视台、顺义电视台等媒体的合作，分别以专版和访谈形式进行宣传。

（张荣媛）

【企业培训】 组织京郊旅游“百千万”培训，以配合五彩浅山的开发开展为目的，做好区内民俗旅游镇、村干部和民俗户的培训工作。每期3天，惠及近千人。专家培训进企业活动：倾听企业需求，创新培训方式，面对面进行培训。

（张荣媛）

【行业标准化管理】 指导企业进行等级评定申报、前期整改、审核等工作，本年度新增市级民俗村1个。完成全区3A级旅游景区、二、三、四星级饭店的复核工作。全年完成四家企业的安全标准化创建三级申报评审。

（胡　晋）

【安全监管】 坚持安全管理不放松，进一步明确安全管理目标，强化安全责任，加强安全检查。结合季节和节日特点，对全区各旅游企业开展了春季防火、夏季用电、燃气隐患整治、节日接待、应急救援、预防煤气中毒和有限空间特种作业管理等专项检查。全年召开安全专题会议8次，旅游秩序整顿专题会议2次，组织安全专项检查70余次，共查出安全隐患40余项，整改率达100%。

（胡　晋）

【公共服务设施】 以白马路为主线，在区内主干道和主要道路的路口设置旅游交通指示牌，建成覆盖全区的道路旅游指示网。在区内A级旅游景区建设五种语言文字全景牌。在龙湾屯镇柳庄户村、赵全营镇北郎中村、阿做生态农业园三家单位进行四项提升改造民俗旅游村和新业态的旅游公共服务设施项目。

（胡　晋）

【组织参与竞赛】 组织参加北京市旅游行业安全与保险知识竞赛，获“北京市旅游行业安全与保险知识竞赛精神文明奖”。完成第十届“北京礼物”旅游商品大赛顺义分赛区筹备、组织、评审、推荐工作，获评“大赛优秀组织奖”，推荐的百年二锅头大师酒喜获大赛银奖。

（胡　晋　宁丽丽）

顺义宾馆

【概　况】 北京顺义宾馆（即顺义区人民政府招待所）座落于绿色国际港的核心区域府前中街3号，隶属于顺义区人民政府。是国家旅游三星级宾馆，金叶级绿色旅游饭店，北京地区党政机关会议定点场所、北京市党政机关、朝阳区政府采购会议定点单位，顺义区政府采购会议定点单位；2007年国际赛艇青年锦标赛接待总部和2008年奥林匹克运动会官方指定接待饭店。现已通过ISO9001、ISO14001质量环境管理体系认证。宾馆内环境优雅、空气清新，拥有美观典雅、温馨舒适的豪华单人大床房、标准间、套房、水床房等7种不同户型的客房340套。所有房间均设有百兆宽带接口。会议中心风格独特，庄重典雅，有大、中、小各类型会议厅室27个。其中大会议室可容纳500余人，中小型厅室容纳10---200人不等。配套设施齐全，采用高品质音响、光学矩阵投影幕、多媒体会议系统、视频会议系统等。康体娱乐中心拥有一流的游泳馆、沙壶球、台球、乒乓球、棋牌室、歌舞厅和其它娱乐康体设施。商务中心提供打字、刻字、复印、传真、机票、火车票等全方位服务。

单位名称：北京顺义宾馆
地址：顺义区府前中街3号
电话：（010）81496300
邮编：101300

网址：http：//www.shunyihotel.com

（徐海超）

【十八大精神专题报告会】 春节前夕，招待所160余名党员、团员、积极分子、班组长以上干部聆听顺义区党建研究会理事、顺义区委党校教授吕冬冬所做的学习贯彻党的十八大精神专题报告。

（徐海超）

【质量环境管理体系审核】 2013年3月11—12日，中国质量认证中心北京评审中心，对照ISO9001：2008版标准和ISO14001：2004版标准，对顺义宾馆进行为期2天的质量环境管理体系审核。

（徐海超）

【消防演习】 为不断提高本单位消防应急工作实操能力，加强消防“四个能力”建设，减少因火灾事故造成不必要的人员和财产损失。招待所于2013年6月26日下午在C座客房楼举办消防疏散应急演练，演练组织指挥由当日值班EOD值班领导担任，协调部门由人事部、办公室、安保部共同承担，义务消防队员、管理人员、重点岗位人员共计68人参加。

（徐海超）

【传达贯彻区委四届五次全会精神】 7月29日上午，招待所党委召开科级以上干部参加的扩大会议，由党委书记宋奇良同志传达并解析区四届五次全会会议精神。结合落实四届五次全会精神，宋奇良同志对我单位上半年工作进行了全面总结，并对下半年提出四点具体要求。

（徐海超）

汉石桥湿地

【概　况】 汉石桥湿地自然保护区位于顺义杨镇地区，距北京城区约35公里，总面积1900公顷，是北京市唯一现存的大型芦苇沼泽湿地以及多种珍稀水禽的栖息地，也是北京地区生物多样性指数最高的自然保护区之一。汉石桥湿地自然保护区于2005年4月4日经市政府批准为市级自然保护区，同年6月成立顺义区汉石桥湿地自然保护区管理办公室，为区政府直属正处级全额拨款事业单位，负责保护区的保护、管理与湿地资源的开发利用，组织开展科学研究、科普旅游等。自成立以来，湿地办通过开展水质改善工程、湿地恢复工程和植被恢复工程，湿地生态系统得到全面恢复，生态效益、社会效益日益显著。在生物多样性方面：保护区有野生植物292种，有鸟类153种，其中国家Ⅰ级重点保护野生动物2种，国家Ⅱ级重点保护野生动物17种，鱼类19种、哺乳动物12种、两栖类10种、昆虫近百种。在减排方面：日均处理污水5000立方米，全年可处理150万立方米，削减化学需氧量200吨，削减氨氮55吨，每年固碳11.43万吨，成为我区节能减排的重点单位。在科普旅游方面：已成为国家3A景区、全国科普教育基地、北京高校青年教师社会实践基地、清华大学“中法环境管理高级硕士项目”实践基地、北京市中小学生社会实践大课堂资源单位。

单位名称：北京市顺义区汉石桥湿地自然保护区

地址：北京市顺义区木燕路口向南3公里

电话：（010）61411200
邮编： 101309
网址：www.hsq.bjshy.gov.cn

（汉石桥湿地）

【湿地生态环境改善】 一是湿地面积不断增加。通过开展湿地恢复及绿化造林工作，湿地面积扩大到8000余亩，形成以3000亩芦苇荡为核心、南侧为湿地公园、西侧为潜在恢复区的景观格局。二是景观环境呈现新亮点。建设停车场、游船码头、科普展厅、文化广场、景观亭等服务设施，在材料选用上充分体现生态环保理念，与自然环境巧妙结合，既满足了游客需求，又使湿地面貌焕然一新。

（汉石桥湿地）

【生态系统定位观测研究站项目通过评审】 年内，北京汉石桥国家级湿地生态系统定位观测研究站通过国家林业局组织的专家评审会。与中国林业科学研究院湿地研究所合作建设北京汉石桥国家级湿地生态系统定位观测研究站，对湿地植物、动物及鸟类、土壤及微生物、水文水质、气象及通量、人为干扰六项因素进行观测及理论研究，揭示城郊湿地生态系统演替及生物多样性维持机制，为湿地保护、修复及可持续利用提供科学依据。

（汉石桥湿地）

【科普宣教】 一是开展《北京市湿地保护条例》宣传活动。湿地办分别于5月1日及9月15日开展宣传，通过展板对《北京市湿地保护条例》及湿地知识进行讲解，发放宣传资料、科普书籍1000余份，提高全社会湿地保护意识。二是开展中小学生科普教育，全年接待中小学生2万人。三是促成北京市园林绿化局和九三学社北京市委北京市湿地科普宣教建设示范工程签约并落户汉石桥湿地，将充分利用九三学社北京市委丰富的人力资源和成熟的技术优势，共同开展湿地科普宣教工作。

（汉石桥湿地）

农 业

综 述

2013年，顺义区完成农林牧渔业总产值68.3亿元，同比增长1.2%。其中农业产值25亿元，林业产值7.5亿元，牧业产值32.1亿元，渔业产值2亿元，服务业产值1.6亿元，实现农林牧渔业增加值25.6亿元，同比增长1.7%。

一、深化“四个大区”建设，促进三次产业融合

（一）积极推进绿色生态农业发展，打造“绿色农产品大区”。

一是稳步推进粮食生产规模化。“三夏”、“三秋”生产工作圆满完成，全区粮食收获面积43.8万亩，总产17.4万吨，单产398.52公斤，机械化收种率达98%；都市型现代农业万亩示范区工程进展顺利。二是积极推进“菜篮子”工程建设。加快“菜篮子”向规模化布局、园区化建设、标准化生产发展。实施设施农业新建、改造项目共17个，面积3000余亩，按照“本地农民使用、民主程序通过、整村连片实施、统一施工监理”的原则，重点支持老旧竹木大棚改造；新建市级蔬菜集约化育苗场4个；实施7个规模猪场标准化设施升级改造及13个畜禽场基础设施改造工程，购置现代化生产设备1624台（套）；建设高标准渔业生产基地340亩，在南彩镇马建辉水产养殖场实施工厂化生产扩建项目，养殖越南巴沙鱼；落实杨镇、大孙各庄镇等主产地区保鲜库建设3000平方米；顺鑫农业等龙头企业在河北、山东等地新建外埠蔬菜生产基地2.79万亩及畜禽养殖场；完成中禾清雅芽菜厂、鑫竺绿园等两个市级“菜篮子”重大项目建设。三是强化农产品质量安全监管。实施顺义区农产品质量安全综合质检站建站工作，开展镇级农产品质量安全管理站建设，为19个镇级管理站统一配备检测设备；全区标准化生产基地达到116家，43家获评市优级基地，无公害农产品认证单位达到252家，绿色食品认证单位4家，有机产品认证单位50家，其中无公害农产品认证数量列全市第2位，认证覆盖率列全市第1位；抽取各类农产品样本5万余个，合格率达到99.95%。四是做大做强农业休闲观光产业。积极争取市级沟域经济政策，顺义“舞彩浅山”纳入全市沟域经济发展指导和扶持范围，启动舞彩浅山首都慢生活区农业农村发展规划编制工作，拟围绕登山步道和木孙路两条主线，统筹农田、林业、水系、果园、村庄等五个要素，加大浅山区农业项目扶持力度，打造一批农业重点项目、景观节点；做大做强农业休闲观光产业。2013年观光园共接待94.8万人

次，比上年增长23%，观光园实现总收入1.38亿元。龙湾屯镇获评北京市休闲农业与乡村旅游示范镇，北务镇仓上村获评全国一村一品示范村，金旺果园获评全国休闲农业与乡村旅游三星级示范园，推荐樱桃幽谷、双河果园等5家园区参评中国美丽田园，推荐北郎中参评全国休闲农业与乡村旅游示范点，推荐安利隆、七彩蝶等28家园区参评北京市休闲农业星级园区，推荐闫家渠村、柳庄户村等4个村参评北京市特色产业村。

（二）发挥企业市场主体作用，打造“农产品加工大区”。

一是积极落实顺义区《关于扶持绿色农产品加工产业发展的指导意见》，鼓励龙头企业做大做强、提高自主创新能力。二是全年累计为我区农业企业办理农产品进京车辆通行证668张，有力地保证了我区生产的农产品按时、保质、保量地供应到北京市场。三是全区共有农产品加工企业83家，年销售收入1亿元以上的重点农产品加工企业突破20家，农产品加工企业销售收入突破185亿元，同比增长15.6%。目前我区共有市级以上龙头企业21家，其中国家级龙头企业7家，新增“八喜”中国驰名商标1件，顺鑫农业“我鲜吃”精品店正式投入运营。

（三）加快推进种业发展，打造“籽种产业大区”。

按照《关于加快推进北京种业发展方式转变的意见》和《北京种业发展规划（2010—2015年）》中提出的打造“种业之都”的目标，将发展种业作为农业发展的基础和先导，作为都市型现代农业的重要组成部分。一是实施种畜禽场设备提升工程，重点推进大孙各庄镇中地美加等3个种业项目建设；引进美国优质原种猪1500头；全年出售种猪19.2万头，收入40878.1万元，比上年增长10%。二是深化优质籽种更新工程，示范展示新品种200余个，示范新技术10余项，全区完成集约化育苗1000万株，应用面积达到3000余亩。三是苗木育苗面积3.9万亩，在圃苗木1.3万株。

（四）花卉产业快速发展，打造“花卉产业大区”。

一是成功举办第十一届中国菊花展览会。展览花卉60余个系列、200多个品种，总面积达20万平米，接待游客310万人次，开展13项评比活动，举办国际研讨会，是继第七届中国花卉博览会之后，顺义区举办的又一次全国性花事盛会，鲜花港功能得到进一步提升，同时也对区花卉产业和旅游产业的发展起到重要带动作用。二是在鲜花港举办北京郁金香文化节、2013北京国际鲜花港首届婚礼秀等，拓展会展农业的多功能性。三是继续深化鲜花港国家现代农业科技城项目、花卉服务产业科技促进工程、国家农业科技园区建设，在建和新建项目10个，申报北京国家现代农业科技城二期“球根花卉新品种选育及花卉产业链科技创新”项目。

（五）建立健全农业社会化服务体系，推动现代农业发展。

一是加强农业科技培训。全面推进村级全科农技员队伍建设，为从事农业生产、农户户数在50户以上、且由本村农户自主经营的337个行政村每村选聘1名全科农技员，加快实现全区村级全科农技员全覆盖；继续实施“百名农业专家兴顺工程”，聘请农业专家93人；加强基层农技推广体系条件建设，为各镇配备土壤养分速测仪、农药残留速测仪等设备500余台（件）；开展农村劳动力培训阳光工程，完成顺义区农村劳动力培训阳光工程1319人。二是积极开展政策性农业保险工作。举办北京市生猪价格指数保险启动暨签单仪式，签订全国生猪价格指数保险第一单，是我区农业保险由自然风险保障向市场风险保障的重大转变；制定下发《2013年顺义区政策性农业保险实施意见》，发放《政策性农业保险简明知识百问》等宣传材料，为参保农户办理政策性农业保险理赔一卡通。2013年保费收入1.27亿元，出险理赔额7271.1万元。保费收入、理赔支出连年排在全市首位。

二、新农村建设深入推进，农村生产生活条件不断改善

（一）新农村南北走廊精品工程稳步推进。“新农村南北走廊精品工程”是我区新型农村社区试点一期工程，涉及马坡镇7个村庄。新型农村社区建设规划实施方案初步完成，南陈路路面改造、污水管网铺设等前期调研工作已形成阶段性成果，自来水管网铺设、农宅单项改造和新建农宅样板间已完成建设。

（二）农宅抗震节能暖房工程稳步进行。出台了《2013年顺义区农宅抗震节能新建翻建实施细则草案》及设计农宅新建翻建农宅图纸，共完成农宅抗震节能建设2.2万户，并完成3个镇、9户农宅综合改造试点工作。

（三）减煤换煤、清洁空气工程正式启动。在11个镇进行试点建设，完成优质燃煤替代8500吨，燃煤炉具更换5000台，取暖煤改电423户，液化石油气下乡配送液化石油气1万瓶。完成马坡镇石家营村村内天然气管道铺设和室内设备安装工作。

（四）长效运行管护工作进展顺利。分批对街坊路、太阳能浴室、两气站和老旧管网等基础设施运行情况进行了全面检查和维护。

（五）“六型”社区建设工作扎实推进。编制2013年社区创建工作实施方案（草案），进一步细化考评指标。对马坡镇、南彩镇等各镇进行了调研工作，并对各镇村提出的建议进行了整理。筹备召开2013年社区创建工作总结及2014年工作部署会。

（六）落实一事一议财政奖补工作。从年度项目库中筛选了14个镇、38个村级一事一议财政奖补项目，项目总投资3000.65万元，2.3万农民从中受益。

三、结合“新三起来”工作，推动城乡一体化加速发展

（一）推进“土地流转起来”。完善土地流转政策，加强合同管理，研究提高土地流转奖励标准；按照市级工作安排，根据“试点先行，稳步推进”的原则，在南法信镇试点实施土地承包经营权确权登记工作。2013年流转土地9710.25亩。

（二）推进“资产经营起来”。我区农村集体经济产权制度改革已基本完成，通过培训提高产权制度改革后村级产业运作及领导干部工作水平，进一步深化了产权制度改革工作，加强农村“三资”管理，逐步规范福利分配。

（三）推进“农民组织起来”。区共有210家农民专业合作社，资产总值突破7亿元，入社社员1.9万户，占全区从事一产农户总数的85%。其中，国家级表彰示范社1家，农业部农机类示范社1家，市级示范社13家。一是在原有农民专业合作社领导小组的基础上，将组织部、社工委、财政局等相关部门吸收到农民专业合作社领导小组，形成联席会议制度。二是本着做大做强，提高带动能力，引导和帮助农民合作社抓好农业标准化、农产品质量安全、认证申报、品牌培育、产品营销、开拓国内外市场等工作，最终实现农民专业合作社发展壮大，农民增收致富。三是启动了“双百双促”结对共建试点活动，通过基础设施投入、发展产业带动、促进就业、订单采购和捐资捐赠等多种形式，实现农业龙头企业对口帮扶低收入村实现农民增收的目的。12家企业与16个低收入村达成共建意向。

单位名称：顺义区农村工作委员会

地址：顺义区站前西街3号顺心国际商务中心9层
电话：（010）69441365
邮编：101300
网址：www.agr.bjshy.gov.cn

（农村工作委员会）

农村经济管理

【概　况】 2013年，区经管站认真落实党在农村的各项基本政策，深入贯彻落实党的十八大精神、中央农村工作会议精神、市委全会精神和市农经办经管工作会议精神，按照“推动集体土地流转起来、集体资产经营起来和农民组织起来”的新要求，以深化农村集体产权制度改革、加强农村集体“三资”管理、创新农业生产经营体制、提高农经管理信息化水平为重点，不断加强完善农经管理队伍和机制建设，推动城乡统筹，壮大集体经济，促进农民增收，努力开创农经工作新局面。

单位名称：北京市顺义区农村合作经济经营管理站
地址：顺义区五里仓AMB大厦A座五层
电话：（010）89442503
邮编：101300

（经管站）

【农村集体“三资”管理】 深化落实《顺义区关于进一步加强村集体“三资”管理工作的意见》，全面加强村集体“三资”使用前的申报、使用时的审核、使用后的财务公开和审计监督管理，使村组集体“三资”得到全程监控管理。对土地补偿费、承包租赁收入、资产处置收入等大额资金实行专储账户管理制度，资金使用严格履行民主决策和审批程序。建立农村集体资产管理台账和资源登记簿制度。

（李　彦）

【农村集体经济合同清理】 从2013年4月开始在全区范围内开展农村集体经济合同清理工作，对全区镇村两级集体经济组织及其所属企事业单位的经济合同进行全面彻底清理，建立农村集体经济合同管理台账，搭建农村集体合同管理系统平台，建立农村集体经济合同的长效管理机制。

（李　彦）

【在线审计系统试运行】 全区19个镇推广和使用“农村经济在线审计系统”，目前，为19个镇安装电脑83台、交换机22个，插座40个、服务器20个、扫描仪47套。镇村财服务中心全部使用扫描仪对村级财务原始凭证采用电子扫描入账，在线审计系统软件操作开始进入试运行阶段。实现审计工作的业务信息化、数据标准化、操作流程化、管理规范化，解决了手工审计与会计电算化不匹配的问题，做到农村管理信息化的高度统一。

（李　彦）

【农村集体产权制度改革】 大力推进现代农村股份合作经济发展。2013年3月初，对全区农村新型集体经济组织监事长、村财服务中心会计分两期进行培训，培训人数500人。完善股东大会、理事会、监事会制度，逐步建立新型集体经济组织法人治理结构，规范其内部管理和财务管理制度，完善收益分配制度和分配机制。加强产权管理，逐步实现农村集体“三资”的所有权与经营权分离，有效控制农村集体“三资”经营管理风险，提高经营效益。按照“依法合规、政府主导、市场运作、农民受益”的原则，推进农村产权交易市场建设，促进城乡生产要素平等交换和优化配置。

（李　彦）

【稳定土地承包关系】　推进农村集体土地承包经营权登记试点工作，确保合同、证书发放到户，建立合同登记系统。开展《农村土地承包法》颁布实施十周年宣传活动。协助做好集体建设用地确权登记颁证工作。加强和规范农村土地纠纷调解仲裁体系建设，壮大镇、村调解员队伍，加大调解员培训力度。

（李　彦）

【土地承包经营权流转】　以推进土地流转网、产权交易网的应用为切入点，分级负责，强化流转监督管理。加强流转价格监测，扩大试点，确保数据真实有效。做好平原造林工程中的土地流转指导工作。加强流转土地的流向监控，探索工商企业租赁使用农户承包地的准入监管制度。对近年来全区流转规模较大的土地应用情况结合合同清理工作进行全面检查。

（李　彦）

【农民合作社建设】　深入开展农民合作社规范化建设，总结3家经营规模大、服务能力强、产品质量优、民主管理好的农民合作社。把实施会计电算化作为规范合作社会计核算的切入点，选择3家有基础、有意愿和享受财政项目扶持的合作社开展财务电算化。规范合作社成员入股、资产管理、收入管理、利益分配等行为，提高合作社的民主管理水平。

（李　彦）

【农村管理信息化升级改造】　按时完成信息系统功能升级和数据更新，并完成426个村的计算机设备更新项目。认真开展《农村基层组织信息系统》、《村级公益事业建设一事一议财政奖补信息系统》应用实施工作。推进农村管理信息化系统的跨部门应用升级改造，支持多部门的资源共享。

（李　彦）

种　植　业

【概　况】　2013年，顺义区共种植夏粮小麦17.75万亩，亩产352.4公斤，总产6258.6万公斤，总产值1.4亿元；秋粮玉米种植面积25.9万亩，亩产430.9公斤，总产1.1亿公斤，总产值2.4亿元；豆类1647亩，亩产280公斤，总产46.1万公斤，总产值230.6万元；白薯1296亩，亩产2000公斤，总产259.2万公斤，总产值518.4万元；花生1454.5亩，亩产310公斤，总产45.1万公斤，总产值270.5万元；紫花苜蓿2088.5亩，亩产干草1000公斤，总产208.9万公斤，总产值282.0万元。全年粮经类总产值3.9亿元，较去年的4.5亿元减少13.3%；2013年蔬菜播种面积17.5万亩，上市量75105万公斤，销售收入168728万元。

单位名称：顺义区种植业服务中心
地址：顺义区建新西街甲3号
电话：（010）69421276
邮编：101300

（杨学文　孙小青）

【粮食高产创建】　全年建立粮食高产示范方10万亩，其中冬小麦4.5万亩，夏玉米5.5万亩。推广精细播种、合理增密、农艺节水等实用技术10项，利用项目资金补贴肥料、药剂、籽种等。经市级专家测产，市、部级万亩方小麦亩产437.6公斤，玉米亩产590公斤；大孙各庄镇整建制小麦亩产403.1公斤，玉米亩产473.1公斤，全面超额完成项目指标。19户小麦种植户参加全市粮食高产竞赛获一等奖1名、二等奖3名、三等奖3名。

（杨学文）

【万亩示范区项目】 都市型现代农业示范区共涉及8个行政村。建设小麦示范区9419亩，平均亩产367.7公斤。共建设夏玉米示范区8240亩，平均亩产526.5公斤。

（杨学文）

【农业面源污染控制项目】 北运河流域减少农药用量项目在15个镇48个村1.3万亩菜田实施，对核心示范区开展技术培训240人次，全年减少农药用量9.9吨；北运河流域肥料面源污染防治项目在9个镇的核心示范区和2个示范基地开展减少化肥、增施有机肥试验示范，平均亩节肥3.1公斤，总节肥985.8吨；北运河流域农业废弃物循环利用项目已完成木林镇绿富农厌氧沼气工程、龙湾屯镇南坞固液分离、大孙各庄镇绿奥滴灌固液分离三个项目，有效遏制了农业废弃物乱排放破坏生态环境的问题，改善了农业环境。

（杨学文）

【农业执法工作】 对种子、农药、肥料生产企业和经营单位进行农资质量、标签标识、经营档案、禁限用高毒农药、植物检疫等专项检查，累计检查种子经营单位378个次，检查农药生产企业10个次、经营单位229个次，检查化肥企业和经营单位158个次，蔬菜生产基地34个次，集贸市场5个次，出动执法人员1000余人次；会同工商、公安等执法单位对农资经营企业和门店开展联合执法检查6次。对违法经营行为立案查处6起，当场行政处罚18起，没收违法所得和罚款合计8084元，全部上缴国库；全年共受理农民投诉18起，均得到圆满解决。

（杨学文）

【农村新能源建设与管理】 抓好“两气”气站长效管护工作，确保设施发挥最大效益，预防杜绝安全事故发生；做好太阳能浴室的管护工作，确保动态运行率97%以上；对全区4900盏太阳能路灯、1.5万盏节能灯总成进行维修维护；首次将设施栽培大棚与太阳能有机结合，在取暖期内有效节省电能和燃煤；实施户用太阳能取暖示范工程；配合“减煤换煤、清洁空气”工程，试验示范农宅煤改电项目，减煤6万吨；从田园、家园、水源三个环节入手，完成大崔各庄乡村清洁工程。

（杨学文）

动物卫生监督

【概　况】 2013年畜牧业生产稳定。累计出栏猪95.1万头，同比增长1.8%；肉鸡771万只，同比减少9.9%；肉鸭249万只，同比减少31.2%；肉牛4.2万头，同比减少1.9%；肉羊12.6万只，同比减少4.1%；鸡蛋产量1.44万吨，同比减少2.7%；牛奶产量5.6万吨，同比减少6.6%。肉类总产10.3万吨，同比持平。畜牧业总收入32.1万元，同比减少3.6%。

单位名称：北京市顺义区动物卫生监督管理局

地址：顺义区府前西街

电话：（010）69463316

邮编：101300

网址：http：//www.dwjd.bjshy.gov.cn/

（动监局）

【动物检疫监督执法】 2013年1-12月，共查处各类违法案件84起，罚没款共计24万余元，销毁不合格动物及动物产品7吨，没收饲料78公斤，没收兽药1.92万瓶/件。产地检疫生猪61.4万头，牛0.92万头，羊

0.56 万只，禽 2584.3 万只，马属动物 2929 匹，其他动物 906 头/只，检疫动物产品 15204 吨。屠宰检疫生猪 169.3 万头，禽 466.8 万只，检出病猪 2600 头，病禽 681 只。针对病死动物无害化处理场选址困难的瓶颈，首创“统一收集、统一运输、统一处理、统一登记”四位一体的处理机制，实现了病死畜禽无害化处理工作的重要突破。做到了处理最彻底、数据最准确、费用最小。共处理猪 98156 头、牛 31 头、羊 5 只、鸡 106334、鸭 137、鸽子 74475 只、犬 19 只、马 3 匹。

（动监局）

【《顺义区突发重大动物疫情应急预案》】 根据《突发重大动物疫病应急条例》和《中华人民共和国动物防疫法》、《北京市突发重大动物疫情应急预案》等法律法规、规范性文件，进一步充实完善《顺义区突发重大动物疫情应急预案》，并以区应急办红头文件（顺应急发[2013]3 号）进行下发。充实完善后的预案实用性、可操作性、针对性强。

（动监局）

【重大动物疫病的免疫】 2013 年，区动监局按照季节免疫和程序化免疫相结合的方式对辖区所有重点动物疫病全部实行强制免疫，累计完成禽流感、口蹄疫、高致病性猪蓝耳病等重点疫病免疫 5200 万头只；狂犬病疫苗免疫犬 13.13 万条等，畜禽重点疫病免疫密度全部达到 100%。

（动监局）

【H7N9 禽流感防控】 第一时间成立顺义区 H7N9 禽流感防控工作领导小组，部署疫情防控、值守应急与信息报送工作。严格实行零疫情报告制度和例会制度，每日汇总防控情况报告区领导。制订并下发《关于加强我区 H7N9 禽流感应急防范措施的通知》、《动物 H7N9 禽流感应急处置指南》以及《关于加强散养家禽封闭管理工作的通知》等文件通知。开展 H7N9 禽流感专项监测 1822 份均呈阴性。发放消毒药 70 余吨，全区消毒面积累计达到 3846.2 万平方米；强化防疫督察，共出动车辆 3276 车次，防检疫人员 7078 人次，巡查养殖场 1298 个次、散养户 5.3 万个次、屠宰厂 380 个次，与工商、城管等部门联合执法取缔现场宰杀活禽商贩 35 家，实施无害化处理禽类 1.65 万只。积极妥善解决群众举报电话 93 件。加强宣传、普及防控知识，顺义区电视台专访 2 次、编发禽流感防控专题简报 36 期，印制 H7N9 禽流感防控知识小册子 10000 本、发放《防控禽流感明白纸》、《致养殖场（户）的一封信》、《禽鸟养殖、销售人员预防人禽流感消毒指引》等宣传材料 11.26 万份，编发短信 3 万条，开展宣传活动 627 次。

（动监局）

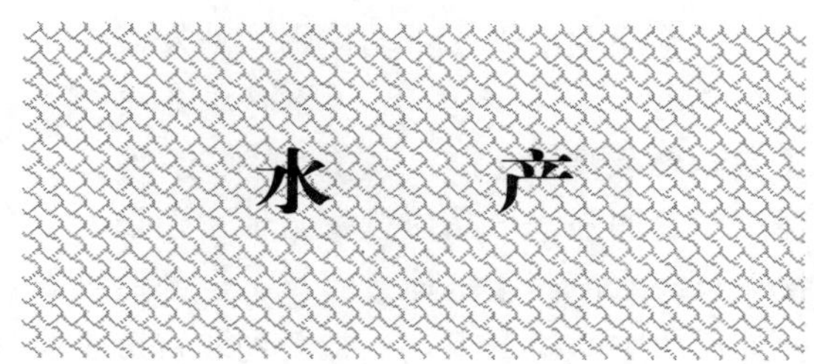

水　产

【概　况】 2013 年内顺义区池塘养殖利用面积 12634 亩，生产成鱼 1.2 万吨，同比增长 2.6%，渔业经济总产值 2.05 亿元，同比增长 2.3%。休闲垂钓渔业发展势头良好，全区垂钓量 341 万公斤，与去年基本持平。吸引游客 30 余万人次；垂钓收入 7450 万元，比去年增加 150 万元，同比增长 2.1%。

单位名称：顺义区水产服务中心

地址：顺义区站前东街 7 号

电话：（010）69445160

邮编：101300

网址：http//www.shuichan.bjshy.gov.cn

（水产服务中心）

【工厂化养殖】 年内完成北京市顺义区南彩淡水鱼养殖工厂化生产基地建设，工程建设面积15020平方米，其中繁育苗种车间一栋1020平方米；生产车间五栋14000平方米；附属设施400平方米。基础设施、环境改造等投资1960万元，年成鱼产能1800吨，苗种繁育能力3300万尾，符合三节两高特点。

（水产服务中心）

【渔业高产高效基地建设】 年内顺义区渔业高产高效生产基地建设项目共有生产企业6家参加，实施建设养殖面积294.5亩，工程已经全部完工，验收合格，市、区两级财政共扶持资金530.1万元，截止到2013年，顺义区共已进行渔业高产高效生产基地建设1216.3亩，经过标准化池塘改造，单产水平大幅提高，养殖风险大幅降低，养殖环境面貌得到了改善，同时可以扩大增量，整体提升设施渔业水平，带动休闲渔业发展。

（水产服务中心）

【安全食品建设】 一是加强领导 落实责任；二是加强水产品质量安全体系建设，申报无公害水产养殖基地15家，全部通过农业部质检中心检查审定，并受到北京市农业局奖励；三是加大生产环节中投入品的检查力度，完善“三个记录“制度，严厉打击使用有毒有害饲料和违禁渔药的行为；四是充分发挥中心水生动物疫病防治站的功能，科学、严格地进行水质和鱼产品的抽测检测。

（水产服务中心）

【推广名优新品种】 年内完成水产养殖科技项目5项，推广名优水产养殖品种松浦镜鲤、长丰鲢等3个，试验示范面积410亩。充分利用田间学校形式，对养殖农户进行科学技术培训，举办水产品健康养殖、水产品无公害培训、农产品质量安全培训班6期，培训300人次。

【维护保障养殖者权益】 年内开展专项整治活动，宣传贯彻《渔业法》、《水生野生动物保护法》。定期对全区的重点渔场和水产养殖标准化基地进行检查，重点检查生产记录和用药记录，加大对使用违禁药品和添加剂的处罚力度；对宾馆、饭店、市场等经营利用水生野生保护动物的行为进行检查，严厉查处违法行为，加强合法经营利用的保护力度。完善水产品及水产苗种药残检测。渔政站在各项执法工作中共出动执法380次，出动执法人员1920人次，出动车辆325台次，检查重点渔场、标准化水产养殖基地，无公害基地渔场，苗种生产企业共计510家次。对我区重点无公害基地渔场及水产苗种养殖场进行检测56次，检测品种包括鲤鱼、鲂鱼、草鱼等，检测样本1620尾，主要检测鱼体内是否有孔雀石绿、硝基呋喃等违禁药物残留。实现药残检测100%覆盖水产苗种养殖场，检测合格率均为100%。组织联合执法18次，发放整改通知3份，没收钓具120根，网具3000余米，地笼20个，发放各类宣传材料4800余份。

（水产服务中心）

林　业

【概　况】 顺义区园林绿化局（顺义区绿化委员会办公室）机构设置为7科1室1处，即办公室、政工科、监察科、绿化美化科、园林管理科、林政资源管理科、产业发展科、财务科、顺义区森林公安处；直属5个科级事业单位，即顺义区林业保护站、义务植树服务中心，顺义区园林绿化局北大沟林场、林业技术服务中心、林木绿地管护中心。顺义区森林公安处下设北大沟森林公安派出所。总人数192名，其中干部126名、工人66名；副高级职称9名、中级职称34名、初级职称 39 名。2013 年，全区林木绿化率 30.85%，森林覆盖率 25.28%，人均公园绿地面积 27.62 平方米。

单位名称：顺义区园林绿化局
地址：顺义区中山南街 11 号
电话：（010）69444535
邮编：101300
网址：www.syfp.bjshy.gov.cn

（黄　平）

【平原造林】　年内，完成平原造林工程 3225.68 公顷，其中平原造林面积 3020.97 公顷，东郊森林公园面积 204.71 公顷。植树 211 万株，苗木成活率达到 95%以上。

（黄　平）

【三北五期防护林工程】　年内，北京三北防护林五期工程顺利推进，人工造林 366.67 公顷，植树 30 万余株，封山育林 333.33 公顷，已完成绿化造林和年度管护管理，进入为期 5 年的封育期。

（黄　平）

【绿化美化创建】　年内，全区共创建首都绿化美化园林小城镇 1 个、花园式社区 4 个、花园式单位 12 个、首都绿色村庄 10 个、首都全民义务植树先进单位 4 个、首都绿化美化先进单位 3 个。

（黄　平）

【小城镇绿化】　年内，北石槽镇实施公共休闲绿地建设改造、居住区绿化美化景观提升、单位庭院绿化美化景观改造等 7 项工程，完成绿化 126.5 公顷，栽植乔木 9.7 万株，花灌木 16.8 万株，草坪 3.02 公顷。

（黄　平）

【公园管理】　年内，完成顺义区 16 个注册公园春节等节假日期间公园环境整治、安全保障、服务接待相关工作；以顺义公园为试点，全面开展顺义区公园精细化管理工作，完成仁和公园精品公园的申报、审批工作；16 个注册公园全年接待游客 540 万余人次，同比 2012 年增长 9.3%；组织公园业务主管、专业技术人员与骨干参加各类相关培训 6 次。

（黄　平）

【花卉产业】　年内，全区新发展花卉面积 42.47 公顷，花卉种植面积达到 1360 公顷，比上年增长 3%。全年实现产值 4.67 亿元，比上年增长 1%，生产鲜切花 270 万支，生产盆栽植物 6975 万盆，观赏苗木 466 万株，草坪 165 万平方米。北京鑫宗青农业发展有限公司牵头在木林镇成立顺义区首家食用玫瑰种植专业合作社，涉及 8 个村 17 个农户，种植面积 66.67 公顷。

（黄　平）

【果品产业】　年内，顺义区果树面积 5000 公顷，全年果品产量 7200 万千克，产值 2.7 亿元，引进优新品种 29 个，完成优化调整面积 146.67 公顷，建立优良品种繁育基地 10 公顷。推广应用有机栽培技术、高光效树形修剪、果园生草、起垄覆膜、架式栽培等科技成果 10 项以上。

（黄　平）

【林政资源管理】　年内，共办理林木采伐许可证 1428 件，采伐 428529 株，采伐蓄积 120445 立方米；林木移植许可证 36 件，移植林木 15208 株；树木移植许可证 5 件，树木砍伐许可证 23 件。组织开展 2012 年度全区 19 个镇保护发展森林资源目标责任制检查工作，获得市局检查组好评。

（黄　平）

【森林火灾防控】　年内，全区上下逐级签定森林防火责任书 1428 份，开展集中宣传活动 4 次，发放宣传材料、宣传品 20000 余份（个），出动宣传车 720 台次，入户宣传 1870 户，森林公安民警深入辖区镇、村、工厂、学校、承包户家中发放森林防火宣传告知书 1120 份。森林公安民警深入辖区片林、地块开展检查监督森林火灾隐患消除工作，发现并消除森林火灾隐患130处，填写检查登记62份，下达《森林火灾隐患限期整改通知书》8份，清理林下可燃物18000余公顷，开设防火隔离带1540公顷。连续13年无森林火灾。

（黄 平）

【野生动物保护】 年内，开展“天网行动”，打击破坏野生动物资源违法犯罪专项行动、打击非法破坏野生鸟类资源行动，巡护清查野生动物分布区等地142次，清理整治各类市场、饭店35家，排查本辖区内的物流公司3家，责令关闭违法经营鸟类店面5家，查扣非法猎捕工具40件，解救野生鸟类31只。查处非法运输收购珍贵濒危野生动物制品案1起，收缴野生动物制品4件，涉案价值2.02万元。

（黄 平）

【检疫执法】 年内，签发《产地检疫合格证》129份，检疫面积0.2万公顷次，签发省际间的《植物检疫证书》1609份，出具《检疫要求书》60份，《出省木材运输证》355份。

（黄 平）

【公安执法】 年内，共接报警221起，其中刑事立案12起、林业行政案件15起、查处115起、不予立案57起、其它22起。林业行政罚款1.7058万元，责令补种树木310株。森林公安处组织开展以“转作风、重规范、提效能、树形象”为主题的作风建设活动，提高了队伍整体素质和战斗力。“3·31”滥伐林木案专案组荣获集体三等功，2名民警记个人三等功，4名民警记个人嘉奖。

（黄 平）

水 务

【概 况】 2013年，顺义区进一步推进全国中小河流治理示范县、中央财政小型农田水利重点县建设，圆满完成了市政府下达的水务绩效考核任务。全区用水总量2.9亿立方米，其中，农业及农村生态用水17553万立方米，工业及建筑业用水4130万立方米，家庭居民生活用水3250万立方米，公共服务及园林绿化用水2625万立方米。万元GDP水耗下降到23.5立方米，同比降低11.7%。全区涉及日污水处理能力从40万立方米增加到42.4万立方米，处理污水5297万立方米，城区污水处理率达到了97.8%，利用再生水3176万立方米。水务基础设施建设提速，水资源管理不断深入。实施14项水务工程，涉及资金7.3亿元，完成工程立项18项，估算投资8.8亿元。

单位名称：顺义区水务局
地址：顺义区石园北区东侧民政局办公楼
电话：（010）69443687
邮编：101300
网址：www.shywater.bjshy.gov.cn

（肖 露）

【水务改革】 区政府出台《顺义区水利工程建设实施方案（2013—2015年）》，分四阶段实施水利工程建设。出台《顺义区污水治理行动方案》，明确到2020年，全区新、改、扩建污水处理厂22座，日污水处理能力达到70.1万立方米，城区污水处理率达到98.7%，镇村污水处理率达到60%。建设污水管线370公里，再生水回用管线540.9公里，年利用再生水1亿立方米。

（肖　露）

【治河工程】　完成蔡家河、方氏渠18公里河道生态治理工程疏浚任务和七分干渠生态治理工程。完成唐指山水库加固，龙湾屯水库和清洁小流域治理。完成小中河、金鸡河治理项目前期工作，金鸡河治理工程已获立项批复。完成潮白河、减河设施维护和生态修复工程，水质状况明显提升。改造危旧桥梁15座。

（肖　露）

【治污工作】　建成杨镇、赵全营再生水厂，南彩镇彩俸小区和箭杆河污水处理厂，开工建设新城马坡再生水厂。完成企业排污和河道排污口调查，确定了全区19条河道205处排污口，并结合治河、治污同步推进，制定了治理方案。

（肖　露）

【节水管理】　改造农业节水灌溉设施5万亩，完成高标准农田5万亩，建设农业综合开发水务配套设施5.3万亩，新增节水能力200万立方米。完成1100家新用水户节水分类分级管理的评级和分类，创建节水型单位36家。

（肖　露）

【安全度汛】　实施城区雨水循环再利用等水安全消隐工程32项。为550处排水检查井加装防坠网或承重井盖，新建储备库8000平米，储备防汛物资2000万元。开展暴雨应对应急演练44次，5000人次参加。全区发生局地强降雨8次，由于防范措施得力，城市运行平稳，实现平安度汛目标。

（肖　露）

【供水保障】　建设城南水厂，铺设管线24公里。完成2013年重点镇供水一体化前期工作。投资300万元，检测376个村的饮水水质。改造农村供水站30处，建设备用水源井70眼。区自来水公司和镇级水厂供水4782万方，农村地区自备井供水2877万方。发放农村管水员补贴600万元，农村居民供水补贴478万元。

（肖　露）

【水资源管理】　纳入计划用水管理的用水户由1350户增加至3072家，同比增长127.6%。核定取水指标450万方。组织了两次规范取用水“回头看”，为129眼井办理了取用水手续。推进智能水表工程，为大孙各庄镇和杨镇81个村的农业井安装智能水表。

（肖　露）

【水政执法】　依法受理审批事项700件，按期办结率100%，办理时间缩短10%。创新执法模式，组建8支执法队，以小区现场制售饮水机为突破口，每周三组织综合执法。全年执法100个轮次，检查用水户614家，发现违法案件310起，立案查处28起，约谈企业60家，封填机井15眼，申请法院强制执行6家，依法追缴水资源费218.4万元。推进“两法衔接”，依法查处了北京娃哈哈京城桶装水有限公司偷逃水费案，2名责任人被刑事拘留，将追究刑事责任。

（肖　露）

【水务普查】　全区共确定普查对象1.7万个，涉及河流、经济社会用水、水文化遗产等11个专项，获得、整理普查数据60万个，圆满完成了第一次水务普查任务。

（肖　露）

【水环境监测中心顺义分中心】　9月，北京市水环境监测中心顺义分中心顺利通过国家计量认证实验室资质认定评审。确认该中心地表水、地下水、饮用水、污废水及再生水、大气降水，共5类55个参数具备按相应国家、行业和地方方法标准向社会提供公证数据的能力。该中心可进一步加强地下水监测站网、防洪监测站网建设，完善应急监测体系，编制应对突发性水事件预案，增强机动巡测能力，便于及时全掌握区水量、水质动态变化，科学评价水环境与污染源情况，真正保障饮水安全和用水需求。

（肖　露）

【领导调研】　8 月 5 日，市委副书记、市长王安顺到顺义区新城生态调水中心调研，听取了我区新城温榆河水资源利用工程建设和运行、河道治理、污水处理及水环境建设情况的汇报，现场查看了新城温榆河水资源利用二期工程的工艺流程。

（肖　露）

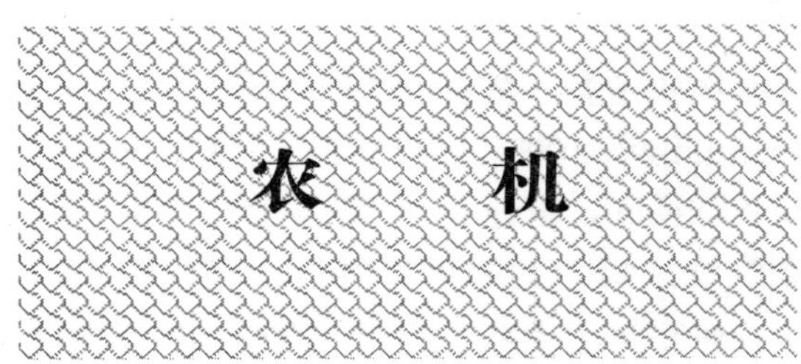

农　机

【概　况】　2013 年，顺义区农业机械化工作在区委、区政府“四个转型升级”战略引领下，继续优化农机装备结构，不断提升农机化水平，为全区都市型现代农业提供了全面服务，在新的领域实现了新突破，使农业机械化向着“全程、全面、高质、高效”的新阶段迈进。是年，全区农机总动力为 32 万千瓦，农机资产原值 5.5 亿元，拥有各业农机装备 3.78 万台（件）。

单位名称：顺义区农机服务中心
单位地址：顺义区府前西街 5 号
电话：（010）69442331
邮编：101300
网址：http：//www.nongji.bjshy.gov.cn

（闫文龙　刘秀芹）

【农业机械化总体水平】　全区农机总动力 32 万千瓦，农机资产原值 5.5 亿元，拥有种植、养殖、农产品初加工等各业农机装备 3.78 万台（件）。小麦、玉米等主要粮食作物从种到收机械化水平继续保持 100%，瓜果、蔬菜、林木、花卉、畜牧、水产等产业机械化水平达到了 40%左右。拥有各级各类农机服务组织及农机户 330 个，农机从业人员达 5200 人。

（闫文龙　刘秀芹）

【农机装备结构】　重点引进农机化生产薄弱环节、设施农业等产业所需的先进适用、高性能机械。其中包括大中型拖拉机 149 台、小麦收割机 82 台、玉米收获机 27 台、微耕机 1542 台、卷帘机 1300 台、开窗机 360 台和保鲜库 3000 平方米。总价值近 8700 万元，其中国家和北京市补贴 4150 万元，顺义区补贴 300 万元，农民自筹 3850 万元，近 500 农户享受到补贴政策。

（闫文龙　刘秀芹）

【加强国补农机管理与服务】　一是出台《关于 2013 年度农机购置补贴工作的指导意见》，明确了总体要求，对国补农机的补贴标准，补贴对象等进行规范。二是根据农业部和北京市农业局要求，在顺义网城开辟“国补农机”专栏，对国补农机政策和实施进度进行公开公示，接受社会监督，使这项工作更加公开透明。三是充分发挥主动性和创新精神，新引进落实畜牧机械及瓜菜保鲜库。四是统筹做好补贴机具的收款、上牌、喷号、保险等发放前的各项工作。五是组织生产厂家技术人员对机具的工作原理、使用方法、维护保养等进行详细讲解，提高了驾驶操作人员技能水平。六是利用农闲季节，对本年度的国补农机、工作程序和档案管理进行检查，同时了解农机使用情况。

（闫文龙　刘秀芹）

【重要农时季节农机作业】　春季完成机械化播种玉米、豆类、花生等作物 6.9 万亩，机械浇灌作业 19 万亩，机械植保作业 4.25 万亩。三夏共投入小麦收割机、玉米免耕播种机、大中型拖拉机等各种农机具 3332 台件，完成小麦收割 17.45 万亩，夏玉米播种 20.5 万亩，全部为保护性耕作，小麦秸秆全面禁烧。三秋收获玉米27.1万亩，其中机收玉米面积25.2万亩（包括机收青饲面积），机收率达到93%，播种冬小麦13.9万亩，其中保护性耕作达到90%。

（闫文龙　刘秀芹）

【万亩示范区农机配套工程】　北京市农业局在顺义区赵全营镇和北石槽镇建设万亩粮食生产示范区，选定坐落在赵全营镇的“北京兴农天力农机服务专业合作社”为示范区农机技术支持单位，工程从机械配套和机库棚建设方面给予支持。年内，利用国补农机政策，共为兴农天力合作社配备大中型农机具26台，总价值634万元，其中包括具有先进技术的激光整地机1台和精量播种机3台。占地2000平方米的机库棚主体已封顶，计划投资207万元。

（闫文龙　刘秀芹）

【农机科研推广】　一是完成温室蔬菜生产关键环节机械化技术示范推广项目，成功改制冷棚棚门结构，完成研制、示范旋耕起垄机。二是完成育苗穴盘清洗机图纸设计、部分零件加工以及机具的生产，通过试验达到设计要求，实现穴盘重复再利用。三是顺利完成“蔬菜产地预冷机械化技术研究与试验”、“玉米农机农艺融合配套技术的示范推广”等合作项目。

（闫文龙　刘秀芹）

【农机合作社参与“新三起来”建设】　按照北京市提出的“新三起来”工程，北京兴农天力农机服务专业合作社主动将周边农民的零散土地进行统一流转经营，实行统一购置种子、肥料等农用物资，统一开展农机作业，统一进行田间管理，统一销售农产品，提高农业机械化水平，促进土地集约高效利用，提高了农民收入，使土地在一定规模上流转起来。合作社还组织农民到合作社上班，享受“五险”保障，每月领到不低于3000元的工资。

（闫文龙　刘秀芹）

长青林场

【概　况】　北京市顺义区长青林场始建于1986年，属顺义区公益事业单位。内设机构为5科1室（生产科、人事科、财务科、审计科、政工科、办公室）6个分场和1个专业护林扑火队。林场现有林地面积8645亩，活立木蓄积57490.5立方米，主要分布在京密路（顺义段）两侧，南起温榆河大桥与朝阳区交界，北至顺义区龙王头村与怀柔接壤，南北长26.5公里；其它的分布在潮白河东岸断续地段。林场现有在职职工43人，大专以上学历24人，高级工8人。2013年长青林场按照区委四届五次全会和区四届人大二次会议的总体安排和确定的目标任务，围绕年初区政府各专业会议的部署和区政府折子工程、重点工程、重要实事、重大招商引资项目，认真总结本年度的各项工作，总结成绩和经验，以“生态园林、科技园林、人文园林”为目标，坚持资源保护、利用、发展统筹兼顾，通过加强林业资源管护，促进园林绿化城乡一体、全面均衡发展。

单位名称：北京市长青林场

地址：北京市顺义区新顺北大街1号

电话：（010）69442268

邮编：101300

（长青林场）

【森林资源培育和抚育管护】　一是林业生态建设成绩显著。2013年，林场加强森林培育，配合顺义新城滨河森林公园工程建设中标单位完成东大桥环岛东侧近900亩绿化造林工作，并于今年九月完成工程移交手续，正式开始对顺义新城滨河森林公园这一市级重点项目的运营管理。二是森林资源得到全面保护。其中包括对林场576.33公顷森林资源进行抚育管护和森林防火工作；加强森林病虫害防治工作。根据区严防办统一安排，分多次进行越冬代、第二代、第三代美国白蛾的普防和春尺蠖、白蜡窄吉丁等林木有害病虫的防治工作。共计出动防治队伍21支次、防控人员560人次、车辆112台次、投入药械 21 台、使用苦参碱等生物制剂900千克，防控面积5600亩。

（长青林场）

【环境综合整治】 一是清理垃圾渣土、清理乱堆乱放，清理小广告和白色污染共计2050立方米。二是对京密路两侧进行高标准美化，清理杂草、拉拉秧专项行动取得实效。包括：清理枯死树木752株；清理枯枝落叶，清除林下杂草和拉巴秧等有害生物共 1650立方米，分别于四月中旬和九月中旬二次进行树木粉刷，共计刷白树木2.1万株。三是配合市政管理部门完成对京密路两侧的户外广告牌匾进行了规范整治。

（长青林场）

【安全生产】 一是突出重点时段和重点部位。结合本场区域特点，加大对京密路两侧“花博会”主展馆、新国展周边、轨道交通M15号线等重点部位和汛期、2012-2013冬春季森林防火等重点时段的安全防范工作，坚决遏制重特大事故发生。其中按照顺义区轨道交通控制保护区隐患排查整治工作方案，共计修剪清理树木为 316 株，修枝 70株，砍伐1株。二是突出重点范围和内容。主要包括：建全交通安全管理、森林防火安全管理、汛期应急安全管理、突发公共事件安全管理等安全生产管理措施。进行了消防设施整治、消防器材更新、危房改造等基础设施整治，加强自然灾害防范措施。三是加强领导，层层落实责任制，逐级签定防火、防汛责任书。坚持发行森林防火工作简报，加强宣传安全生产政策法规、先进事迹，及时检查、督促、治理整顿安全隐患。至防火期结束，林场共计清理林下可燃物12000立方米，出动护林防火巡查人员1100人次，实现零火情火险。

（长青林场）

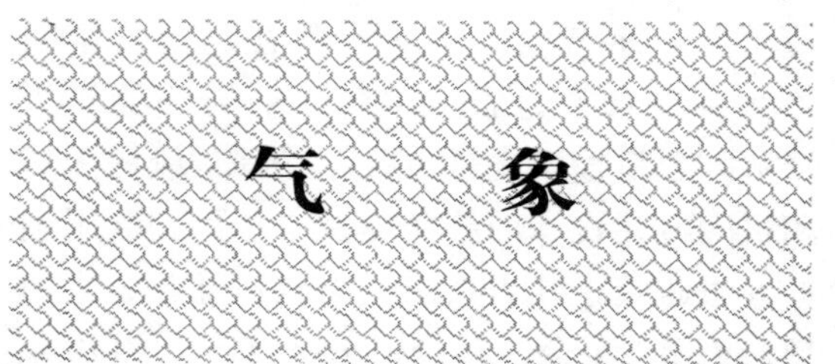

气　象

【概　况】 按照顺义区“三个阶段性特征”和“四个转型升级”的战略要求，以率先实现气象现代化为核心，以县级气象机构综合改革为抓手，创新工作思路，强化公共气象服务和社会管理职能：综合气象观测业务实现了自动站乡镇全覆盖；预报预警业务实现了区域内预警自主发布；在区投资服务中心行政办理大厅开设气象行政许可窗口；与区安监、消防、住建委联合开展防雷安全联合大检查行动；成立“中国共产党北京市顺义区气象局党组”和“中国共产党北京市顺义区气象局纪检组”；成立了“职工之家”（工会）；完成了机构设置，成立了三个管理科室和两个直属事业单位。

单位名称：顺义区气象局

地址：顺义区南法信大街8号院

电话：（010）69442608

邮编：101300

（韩晓峰　丁广明）

【气象服务】 2013年汛期，在强降水和大到暴雨天气过程服务工作中，顺义区气象局加强与主管区领导和应急防汛等部门的信息沟通，及时发布突发性气象灾害预警信号、重要天气报告、天气情况、降水实况信息。在“春耕、三夏、秋收”等重要农事活动季节，及时为农业主管部门提供预报预警服务产品，发布气象服务专报共 17 期。组织开展 2013 年北京市暴雨洪涝灾害风险普查工作，对顺义区的中小河流及地理状况进行了全面的调查。

（韩晓峰　丁广明）

【主要气候特征】 2013 年全年平均气温为 12.3℃，与历年平均值 12.3℃持平，其中冬季（2012 年 12 月—2013 年 2 月）平均气温为-4.1℃，比历年平均值-2.1℃偏低 2.0℃，春、夏、秋三季平均气温均接近常年。年降水量为 486.6 毫米，比历年降水量 571.6 毫米偏少 1.5 成，其中冬季降水比常年偏多近一倍，春季降水比常年偏少 6 成，秋季降水比常年偏少 4.5 成，夏季降水接近常年。年日照时数为 2394.0 小时，接近常年的 2490.5 小时，其中春、秋两季与常年持平，冬、夏两季偏少近 1.5 成。

（韩晓峰　丁广明）

【气候综合评价】 本年平均气温与常年持平；年总降水偏少，但时空分布不均匀，冬季降水明显偏多，春、秋季降水偏少；全年日照接近常年。全年气象条件总体对农作物生长较为有利。

（韩晓峰　丁广明）

【防雷检测服务】 2013 年常规检测单位 350 余家；跟踪检测项目 38 个。

（韩晓峰　丁广明）

【行政许可、执法】 做出防雷装置设计审核 54 份，面积 260 万平方米，防雷装置竣工验收 6 份，面积 13 万平方米。开展执法检查 47 次，施放气球审批 1 次，审批系留气球 6 个。

（韩晓峰　丁广明）

三高示范区

【概　况】 北京顺义三高科技农业试验示范区是 1995 年 1 月 20 日北京市人民政府第 48 次常务会正式批准建立的，示范区定位为生产领域的“高端”、经营领域的“高效”和带动周边地区的“高辐射”。主要目的是通过承接首都大专院所的农业科技成果，试验、示范、引进、推广农业新技术、新品种，通过高科技项目建设，展示国内外现代农业，更新农民种植观念，带动农民科技致富。示范区现已形成集现代农业展示、农业科技成果转化、高新技术企业孵化、青少年科普教育和农业旅游观光等多种功能于一身的综合性科技农业基地。为适应顺义区当前的“三个阶段性特征”和“四个转型升级”战略要求，三高示范区紧密结合国家和市区关于设施农业、休闲观光等都市型现代农业的方针政策，发展战略应由传统的农业科技示范推广、成果转化和技术辐射等方面转向高新农业科技创新和农业文化创意发展方面上来，发展方向要以大力发展都市型休闲观光、旅游度假和有文化创意的现代科技农业为突破口，加强科技创新、示范推广和招商引资的能力，将示范区建设成为农业科技创新、示范、推广和服务基地、都市型现代农业观光休闲基地、旅游度假基地和文化创意产业基地及高端农业经济总部基地。

单位名称：北京顺义三高科技农业试验示范区管理委员会

地址：顺义区奥林匹克水上公园东侧 200 米

电话：（010）60489550

邮编：101300

（朱子丹）

【重点工程建设】 1、示范区道路改造项目。该项目为北京市财政农发项目，总投资142万元，改造工程自2013年4月开工建设，5月结束。共改造园区道路10000m²。2、农业文化创意基地建设项目。该项目为顺义区文化创意产业项目，建设资金150.86万元。项目建设内容是以融科技农业景观与传统田园风光于一体的农业观光休闲景区。主要有（1）农耕文化教育展馆建设。展馆占地4000平米，可以同时接待1000位学生上课、实践。（2）主题文化公园建设。对现有小广场进行升级改造，增添趣味小品、创意园艺，营造浓厚的农业文化创意氛围。（3）完善旅游配套服务设施。3、温室园艺作物水培技术及水肥一体化精确控制研究与示范项目。该项目为北京市财政支农项目，总投资280.51万元。

（赵蕴明　朱子丹）

【招商引资】 2013年3月5日，示范区与爱家投资控股集团有限公司签署建设北京农业创意硅谷项目框架协议。项目规划在示范园区用地105亩，总建筑面积13万平米，协议总投资8.68亿元。

（朱子丹）

【休闲、采摘产业】 2013年，示范区相继组织了市民到园区开展草莓、西红柿、樱桃采摘活动和蝴蝶兰、凤梨、仙客来等高端花卉选购活动，销售花卉1387盆，收入53.6万元，销售草莓2901斤，收入11.6万元，番茄销售1559斤，收入3.12万元，特菜等销售154箱，收入1.85万元，总收入达70.17万元。2013年示范区全年共接待游客9.2万人，其中本市6.5万人，外省市游客1万人，外宾0.6万人，参观考察人员1.1万人，实现收益72万元。

（李孟超）

【中小学生社会大课堂】 三高农业示范区是被北京市教委确定为“中小学生社会大课堂”示范基地、首批43家社会资源单位的成员。2013年示范区为此制定了“热带水果的种植与管理”、“草莓的栽培与管理”、“蝴蝶兰的种植与肥水管理”、“景德镇陶艺文化与陶瓷制作”等多门课程。年内《共接待“中小学生社会大课堂”上课学生8.6万人次，其中“课改”学分制课堂学生2.1万人次，实现收益88万元。

（李孟超）

顺义区工业企业

综　述

2013年，全区325家规模以上工业企业完成工业总产值2810亿元，占全市总量的16.3%，同比增长21.3%，高于全市增速14.4个百分点，总量和增速位居全市第一。实现属地税收240.7亿元，占总数48.7%；实现地方财政收入35.6亿元，占总数36.3%；与同期相比，分别增长了43%和41%。一是六大产业不同程度增长。生物医药产业提速发展，其它五大产业产值超百亿，其中主导产业超千亿。汽车与交通设备、电子及都市三大产业产值占全市各产业比重分别达到了47%、17.1%和15.9%。其中，汽车与交通设备产业实现产值1644亿元，占全区总量达到了58.5%，占全市该产业总数47%。二是产业项目建设有序推进。全区投资亿元以上的产业项目90个，计划总投资834亿元。90个项目涉及11个产业，其中，已开工建设项目57个，已投产项目7个，主体已完工正在进行内部装修及市政施工项目16个。预计来年投产项目可实现产值108亿，税金12亿。三是经济功能区建设扎实深入。15家重点经济功能区实现规模工业总产值1713.4亿元，同比增长26.8%，占全区规模工业总数61%；完成属地财税收入256.3亿元，地方财政收入51.3亿元，同比分别增长16%和12%，占全区总量的51.8%和52.3%。8月2日、8月16日，成功组织召开2次经济功能区研讨会，就下一步经济功能区的建设发展进行了广泛深入研讨，并提出了具体措施。三是镇村经济持续快速增长。镇域规模工业在全区主导产业的拉动下，实现了较快增长，实现产值958.2亿元，同比增长16.7%，占全区规模工业总量的34.1%，实现属地财税收入128.96亿元，同比增长17%，占全区总数26.1%；实现公共财政预算收入32.6亿元，同比增长18%，占全区总数33.3%。四是信息化建设扎实推进。全区信息化基础设施建设投入4.55亿元；新建基站274个，其中2G基站125个，3G基站149个，累计1313个；新建管道66.02公里；敷设光缆1753公里；光缆已覆盖281个村，159个住宅楼及别墅，光覆盖住户已达29.32万户，光覆盖比例达到91.8%；新建WIFI（WLAN）覆盖热点228个。五是中关村顺义园稳步发展。完成《中关村科技园区顺义园发展战略规划（2014-2020）（暂行）》、《中关村顺义园新占用土地项目准入标准和审核办法（暂行）》、《中关村顺义园优惠政策摘要》的初稿工作。完成114家企业国高新和村高新的认定工作。引进6家企业落户，总投资42.2亿元。积极申报中关村各级各类扶持政策资金，空港创意产业园东区再生水厂项目扶持资金830万元。年内，园区内重大项目22个，占地面积316.15公顷，总投资382.25亿元，超过半数企业已完成主体施工，部分项目正在办理前期手续，预计明年初将陆续开工建设。六是清洁空气行动计划任务圆满完成。年内，淘汰落后产能企业任务32家，实际完成退出34家，申报获得奖励资金855万元。按时完成重污染日企业停产减排工作，其中东方雨虹、金刚化工、金隅顺发3家企业获得了停产奖励资金。6月关闭顺义区古城砖厂建筑渣土烧结砖生产线。七是中小企业扶持力度增强。全区中小企业发展专项资金共对39个项目进行了扶持，资金额度1980万元。申报北京市中小企业发展专项资金项目共4批次7个项目，获得专项资金1230万元。

单位名称：顺义区经济和信息化委员会
地址：顺义区建新西街3号
电话：（010）69441064
邮编：101300
网址：www.jxw.bjshy.gov.cn

（经信委）

顺义粮油总公司

【概　况】 2013年，顺义粮油总公司完成收入3.57亿元，实现利润2117万元，利润完成数同比增加250万元，同比增长13%，实现了较高基数上的稳步增长。在全体干部职工的共同努力下，顺义公司“储备粮、军粮供应板块保障有力、都市服务业板块支撑强劲、不动产经营板块发展空间可期”的良好局面得以保持和延续。

单位名称：北京市顺义粮油总公司
地址：顺义区府前西街12号
电话：（010）69444221
邮编：101300
网址：http：//www.shyly.cn

（侯凤东　张丽娜）

【仓储管理工作】 年内，围绕新技术应用、维修改造、费用控制、技能培训等方面加强仓储管理工作。一是注重科学保粮，在双低储藏、准低温储藏、密闭储藏的基础上，首次应用惰性粉、硅藻土拌粮的科保手段，提高免化学药剂科保储粮率；二是加大对仓储设备设施等维修改造的资金投入，进一步完善仓储管理硬件条件；三是按照储备粮规范化管理办法、粮油损耗管理办法全面加强了检查、管理、评比工作；四是加强仓储人员专业技术培训，提升职业技能。职工张恩义作为北京市粮食局代表队选手参加了第三届全国粮食行业技能大赛，取得了较好成绩；五是加强成品粮油监管工作。

（侯凤东　张丽娜）

【资产运营业务】 原顺义区粮食局集并改制时保留下来的不动产资源为顺义公司的发展预留提升空间，使出租收入成为公司较稳定的收入来源。年内，顺义公司房屋出租面积11.5万平方米，土地出租面积2.45万平方米，新签及续签租赁合同45份，年租金收入总计1075万元。

（侯凤东　张丽娜）

【便民餐饮业务】 年内，新建早餐亭18个，新增经销网点40个，现早餐直营网点102个，经销网点50个；完成新国展展会供餐23次，实现展会及区域大型活动供餐销售收入425万元；拓展企业订单业务，新签约建立6家内资、1家外资企业供餐合作关系；支持属地政府养老助残便民工程，积极开展养老助残代金券早餐销售业务。年内，所属北京龙盛众望早餐有限公司被农业部评为“全国主食加工业示范企业”、被全国老龄委授予全国“敬老文明号”称号，企业影响力和知名度不断扩大。

（侯凤东　张丽娜）

【机动车驾考培训业务】　在新旧部令交替、场地新建、系统测试、大客大货业务停招的经营形势下，多措并举，实现逆境新增长。一是提升硬件条件：完成考练同步的双场地改造工程并顺利投入使用，更新及购置考练车辆 51 辆，现考练车辆已达 297 辆，加装倒车入库 GPS 定位系统 17 套、场内障碍车载设备 18 套，增加了招生吸引力和行业竞争力；二是推出当天考试合格当天领证、考试不过关免费加训、为待考区加装遮阳避雨棚、严控教练员“吃、拿、卡、要”等多项服务措施；三是继续推行招生任务分解、教练员自招自带及阶梯型考核奖励等经验做法，充分调动招生积极性；四是加强修旧利废、阳光采购工作，成本费用管控工作显著加强。

（侯凤东　张丽娜）

【改革工作】　年内，精简独立核算单位 1 家，注销三级分支机构 2 家；成立北京市顺义粮食收储库，构建总分库改革整体框架，为从母子管理体制向总分库管理体制迈进奠定良好基础；完成“八部一室”的机关机构改革工作，落实干部任免、成员组成工作，明确职能分工；完成企业财务人员集中工作，实行集中管理、派驻监管的管理模式制订相应的财务集中管理办法，规范财务手续，对集中管控单位实行备用金管理制度；积极支持配合京粮集团的战略部署，将牛栏山粮食收储库划归古船米业托管。

（侯凤东　张丽娜）

地方工业公司

【概　况】　顺义区地方工业公司是区属大型企业，始建于 1958 年，其前身位是由顺义县手工业生产联合社及县政府工业科演变而来。随着改革不断深化，经营重点从二产向三产转变，先后成立了渔阳兴顺房地产开发公司、碧辉苑物业公司、竹海物业公司、市场经营、写字楼管理等。2013 年实现产值 3.89 亿元，完成年计划的 102.6%；销售收入 7.57 亿元，完成年计划的 116.5%；实现利润 1.57 亿元，完成年计划的 105%；实现税金 4953.6 万元，完成年计划的 104.5%。

单位名称：北京市顺义区地方工业公司

地址：顺义区仓上街 2 号 AMB 大厦 B 座 11 层

电话：89440100

邮编：101300

（刘建新）

【招商工作】　依托现有资源，打造招商品牌。AMB 大厦是以金融服务为特色的现代化综合商务办公楼，已入驻的有交通银行、友利银行、新华保险、招商证券等多家金融机构，年内公司对大厦中毛坯房部分进行装修，分割成不同大小的面积，进行散户出租，增强了租赁房屋的灵活性，满足了不同客户的需求，咨询、在谈项目明显增多，今年大厦三层、四层共有 1298 平米签订租赁合同。

（刘建新）

【加强内部管理】　一是加强合同管理。对重大合同签订、资产处置进行规范。年内公司备案 14 份合同，签订 98 份合同，其中新签合同 6 份，续签合同 96 份。二是加强财务审计监督。公司严抓企业内部审计工作，完善审计制度，强化监督职能，对直属企业做好资产审计、资金使用情况审计，做到及时发现问题、解决问题，提高企业风险防范水平。三是加强企业安全生产，强化“一岗双责”，努力做到“安全第一，预防为主”。加强安全生产检查活动，并实施企业安全自查周报制度，尤其是在重要节日、重大活动和敏感时期，深入重点企业进行拉网式联合安全大检查，发现并排查治理一批安全隐患。

（刘建新）

【下属企业】 鑫磊建筑公司发展第三产业，积极出租空闲房屋，全年收取租金 33 万元。碧辉苑物业公司通过内部挖潜，重点把控小区停车秩序，加强地下车库和地面停车收费的后期管理，使车位紧张的供需矛盾得到缓解。竹海物业公司严格推行节能降耗制度，确保大厦安全正常运转。渔阳公司按照“工程程序化、工作规范化、服务优质化、管理科学化”的要求，做好所辖小区各项管理及维修服务工作。中絮棉纺厂加强对入驻的 128 家商户的管理，强化服务，做好安全和维稳工作，租金收入稳步增长。金顺印刷厂努力做好下岗职工、退休职工的稳定工作，确保了公司在南法信地区企业的供暖安全以及对其他外围企业的有序管理。

（刘建新）

北京通达实业总公司

【概　况】 北京通达实业总公司（以下简称通达公司）是区属集体企业，位于顺义区府前西街7号，机关设8个部门，下辖北京市京顺机动车检测场、北京顺利通汽车修理厂、北京深顺出租汽车公司、北京金顺出租汽车公司、北京市顺交氧气站等18家独立核算企业。全系统年末从业人员1204人，离退休职工346人。主营机动车安全检测、性能检测、二级维护和修理，出租汽车运营，驾驶员培训，氧气供应等业务。2012年，北京通达实业总公司贯彻落实科学发展观，紧扣企业改革发展稳定的大局，深入开展创先争优活动，树立可持续发展理念，实施企业规范化管理。年内实现销售收入8928万元，占年度计划数的90%。上缴税金684万元，占年度计划数的105%。实现增加值7347万元，较上年同期增加24%。

单位名称：北京通达实业总公司
地　　址：顺义区府前西街7号
电　　话：（010）69469935
邮　　编：101300

（邢艳杰）

【服务顺义区重大活动】 年内，通达公司接受顺义区组委会委托，参与顺义区端午节、啤酒节两项重大活动，承担场馆周边地区静态停车服务保障工作，活动过程中赢得各方宾客的赞誉，实现零投诉、零事故的工作目标。

（张　波）

【京顺检测场新车大厅改扩建工程】 年内，京顺检测场为提高新车检验服务质量，加强硬件升级，向市民提供更加良好地检测环境和优质的服务，投入资金450万，于2013年年底完成对新车大厅的改扩建工程。

（陈文健）

【京顺检测场创新服务树品牌】 年内，京顺检测场投入资金350万元，修建外迁过户大厅及600平米配套停车场，通过市交管局的验收，9月份正式投入使用，业务大厅紧邻旧机动车交易市场，极大方便群众办理外迁、过户上牌业务。

（赵永涛）

【提升摩托车检测能力】 年内，京顺检测场投入资金100万元，对旧的摩托车检测线进行改造升级，新建180平米摩托车间于10月底正式投入使用，新设备同时兼具国产与进口摩托车检测能力，日检测能力大大提升。

（李冬丽）

煤炭总公司顺义区公司

【概　况】 北京市煤炭总公司顺义区公司成立于 1980 年 1 月，为区级企业，受区委、区政府的直接领导，同时区国资委协调指导。公司下设办公室、财审科、物业科三个科室，下属基层单位一个，即北京鑫顺京华煤炭经销中心，以生产销售烟煤、无烟煤和民用蜂窝煤为主。2013 年，公司在区委、区政府的正确领导下，在区国资委的协调指导下，坚持以党的十八大精神为指导，深入学习邓小平理论和“三个代表”重要思想，全面贯彻落实科学发展观，以发展为主题统领企业经济工作，抓好煤炭经营、销售供应工作，做好土地合作经营的后续工作，利用资源优势，搞好资产运营工作。2013 年销售收入完成 18004 万元，全年销售煤炭 18.69 万吨，利润完成 318.86 万元，上缴税金完成 331.46 万元，增加值完成 1030.57 万元。

单位名称：北京市煤炭总公司顺义区公司
地　　址：北京市顺义区火车站西侧
电　　话：（010）69443986
邮　　编：101300

（孔令超）

【职代会】 2013 年 1 月，由全体员工参加，组织召开了公司第四届第五次职工代表大会，公司经理做经济工作报告，并对 2013 年的整体工作进行了布署和安排。主管财务副经理做财务工作报告。

（孔令超）

【安全生产标准化二级】 2013 年初，北京鑫顺京华煤炭经销中心为创建北京市安全生产标准化二级企业，与国家安全生产监管总局研究中心签订达标咨询合同书，研究中心成立项目组对企业现场开展现场诊断，对企业设备设施进行全面检查，并对企业相关领导，各职能部门以及基层重点岗位人员进行了安全标准化知识宣贯，公司先后投入 100 多万元进行隐患整改，企业面貌发生很大变化，初步完成安全生产标准化二级达标前序工作。

（孔令超）

【安全工作紧抓不放】 2013 年，在顺义区安全委员会的领导下，公司根据区安全局和交通安全委员会的安排部署，重视做好安全工作，加强领导、分工负责、层层落实责任制，同时采取多种形式进行安全警示教育，使职工树立安全观念，加强日常安全检查，查找隐患及时整改。根据政府有关部门的要求，积极做好违建房屋的拆除工作，减少火灾隐患，确保一方平安。

（孔令超）

北京市恒锋市政工程公司

【概　况】 北京市恒锋市政工程公司始建于 1986 年，公司一贯坚持顾客至上的宗旨，通过现代化的经营管理，为顾客提供精益求精的技术和尽善尽美的服务，得到了客户的认可、市场的承认和社会的尊重。公司坚持走“以优质树信誉，以精品拓市场”的质量效益型发展道路，狠抓安全意识、危机意识、质量意识、品牌意识和成本意识，提高工程品质，确保施工安全，为社会奉献优质精品，造福一方百姓。公司被首都绿化委员会评为首都绿化美化花园式单位。公司现为国家市政公用工程总承包一级资质，于 2005 年通过质量/环境/职业健康安全管理体系认证。主要承建城市道路、桥梁、隧道、公共广场、城市供水、排水、污水处理等工程。2013 年公司实现产值 2.25 亿元，国有资产保值增值率为 110%。

单位名称：北京市恒锋市政工程公司
地址：顺义区南门外军营村东军杜路 6 号
电话：（010）69444938、（010）69424889
邮编：101300

（恒锋市政）

【厂务公开民主管理】 1 月 22 日，公司召开了厂务公开大会。代表认真审议并通过公司 2012 年工作报告、公司 2012 年财务工作报告、公司 2012 年工会工作报告、公司 2012 年党建工作报告等五个重要文件，充分尊重职工的知情权、监督权和决策参与权。

（恒锋市政）

【项目部改革】 公司改革在项目部初步展开，通过自主管理、独立核算、自负盈亏的运营模式，将大家工作投入的多少、工作效果的好坏，直接、明白地体现在各自的收入上。

（恒锋市政）

【三位一体监督审核】 5 月 4 日，公司顺利通过了质量、环境、职业健康三位一体国际管理体系的监督审核。此次审核对照 ISO9000、GB/T50430-2007 等行业标准，对公司日常运营和工程管理做出了全过程审核，确保公司的体系运行达到新标准、符合新要求。

（恒锋市政）

【北京市顺义区府前街道路改造工程】 工程西起东六环迎晨桥，东至东大桥环岛，延长至顺密路，全长约 6.0km，设计时速 40km，规划为城市主干路。全程铺油面积为 197674 平米，人行步道铺砌 33228 平米，路缘石安装 36000 米。

（恒锋市政）

【顺义区光明街道路改造工程】 光明街改造工程，北起减河桥，南至顺义公园，全长约 2.8km，设计时速 40km，规划为城市主干路。全程铺油面积为 91912 平米，人行步道铺砌 28269 平米，路缘石安装 12060 米。

（恒锋市政）

【顺义区新顺街道路改造工程】 新顺街道路改造工程，北起石幢环岛，南至仓上街，全长约 2.8km，设计时速 40km，规划为城市主干路。全程铺油面积为 91246 平米，人行步道铺砌 23357 平米，路缘石安装 13447 米。

（恒锋市政）

【顺义区新顺街道路改造附属工程（地下通道）】 该工程在新顺大街上共设两处人行过街通道，分别位于新顺大街金街购物中心处和怡园公园处。

（恒锋市政）

【顺义区光明街道路改造附属工程（地下通道和过街天桥）】 该工程在光明街上共设两处人行过街通道，分别位于站前街处和文化馆处。

（恒锋市政）

双峰建材集团

【概　况】 北京双峰建材集团（以下简称

双峰建材）系区属集体企业，成立于1995年5月，公司机关位于顺义区张镇，占地92.6亩，建筑面积1068平方米。双峰建材现有下属企业2家，职工240人。2013年5月，按照区政府专题会议精神，双峰建材由大龙公司实施整体托管经营，自2013年9月初顺利完成移交手续后已经正式进入托管经营阶段。

单位名称：北京双峰建材集团
地址：北京市顺义区张镇赵四路侯庄段6号
电话：（010）61493763/61493238
邮编：101309

（曹 伟）

【做好托管经营相关工作】 5月3日，区政府召开专题会议，审议通过双峰集团由大龙公司托管经营，自9月5日办理移交手续后，正式进入托管阶段。进入托管后，双峰建材配合大龙公司做了土地、房产、矿山摸底工作，做了年度费用支出预算，汇报了欠银行、财政等各项债务情况，对照全部出租合同，实地查看了出租的情况，在日兴水泥厂厂区图上详细标注了厂区地界、房产位置，以及租赁的具体部位、承租人经营项目等。

（曹 伟）

【顺发公司停产及职工安置工作】 为加快落实《北京市213-2017年清洁空气行动计划重点任务分解》关于“全市水泥产能进一步压缩”的重点任务，按照北京市政府部署，集团下属合资企业北京金隅顺发水泥公司旋转窑生产线于2013年9月16日停产，水泥磨于11月初停产，企业将不再生产水泥。调整转型涉及近200名一线人员安置、资产处置等一系列问题。目前，职工安置工作已经基本妥当，大部分基层职工因不愿去较远地方工作，愿意协商解除劳动合同。

（曹 伟）

【安全稳定】 2013年双峰建材经历了托管改制、转型停产两件大事，企业不稳定风险度大幅上升。为把风险等级降到最低点，公司坚持以人为本，坚持职工群众利益至上的理念，把职工群众是否支持拥护作为重大事项实施与否的基本标准，进而达到维护企业安全稳定的目的。在做好托管工作的同时，公司没有放松安全生产工作。2013年以来，双峰建材严格落实安全生产责任制，按月度分期分批组织了全员安全轮训。金隅顺发公司组织了“我的安全梦”征文比赛、安全生产知识竞赛、矿山应急演练、防汛应急演练等。日兴水泥厂坚持对庞山石灰石矿山巡检看护。安全综治工作促进了企业生产，目前企业已连续多年无损失工作日事故、无重大伤亡事故。

（曹 伟）

顺义区
建筑工程公司

【概 况】 北京市顺义建筑工程公司（以下简称工程公司）是建设部批准的房屋建筑施工总承包、装饰装潢双一级资质企业，成立于1974年，是一家具有土建施工、设备安装、房地产开发、装饰装潢、混凝土生产、新型建材生产、钢结构加工安装、市政工程等综合生产能力的经营体系。工程公司辖下属10个基层单位：其中6个分公司以建筑施工为主；市政工程处以承接市政工程为主。2个厂站分别以混凝土和钢结构加工安装为主；此外，公司还拥有一家一级资质的高辉汇能装饰公司和一家金瑞房地产开发公司。

单位名称：顺义区建筑工程公司
地址：顺义区府前东街2号

电话：（010）69425902
邮编：101300

（工程公司）

【各项指标完成情况】 2013年开复工面积达80万平米，同比2012年70万平米增长14%。其中，新开工项目18个，面积44万平米，复工项目15个，面积36万平米。完成总产值100819万元，完成销售收入50563万元，实现利润总额694万元，上缴税金2188万元。

（工程公司）

【实施职业技能证书补助】 公司对持有建造师证书、职称证书以及建筑行业“八大员”证书人员给予经济补助，充分调动广大干部职工通过岗位学习提升能力水平的积极性，也为企业资质保证和可持续发展打下了坚实的基础。

（工程公司）

【全面开拓市场】 2013年，公司在承接区内各项重点工程的同时，大力开拓外阜市场，先后进军山东济宁和江苏苏州。年底，公司又先后承建板桥回迁房、杨镇精神病院、木林幼儿园、民政局养老中心和林河开发区等项目，确保2014年全公司对施工任务的需求。

（工程公司）

【试行安全奖评办法】 公司在年初精心制定并实施《安全生产季度奖评发办法》。根据每月评分结果，发放安全生产奖励。年内，无重大安全事故、工伤率3‰以下，无重大伤亡和火灾事故。

（工程公司）

【公司荣获奖项】 被北京质协信用评价中心评为信用AAA级企业；被北京质协质量评价中心评为质量AAA级单位质量卓越单位；被企业评价协会核准为2013年团体会员单位；被顺义区委、区政府评为2013年度“一助一”工作先进单位；被顺义区学习型领导小组办公室评为顺义区学习型社会工作先进单位；承建的北京翔鸿伟业环保科技有限公司厂房工程被市优质工程评审委员会评为结构长城杯金质奖工程；承建的顺义区南彩学校校舍翻建项目被市优质工程评审委员会评为结构长城杯银质奖工程；承建的胡各庄居住区B-8、13、14、19号楼及车库工程被市优质工程评审委员会评为结构长城杯银质奖工程；承建的顺义区牛栏山一中改扩建综合楼、礼堂项目工程被市优质工程评审委员会评为结构长城杯银质奖工程；承建的顺义区职业教育中心一期现代实验楼等4项工程被市优质工程评审委员会评为结构长城杯银质奖工程。

（工程公司）

顺义区建筑工程总公司

【概　况】 北京市顺义区建筑工程总公司成立于1984年，1995年加称“北京鲁班建筑工程公司”。公司注册资金1亿元，拥有工业与民用建筑施工总承包二级资质，是一家集建筑施工、房地产开发、物业管理、机电设备安装、钢结构、装饰装潢和市政工程建设的经营实体。2013年，公司围绕“科学管理增效益”工作主题，实现产值2.9亿元，同比增长10%，收入2.6亿元，同比增长28%，利润117万元，同比增长8%，税金1136万元，同比增长12%。

单位名称：北京市顺义区建筑工程总公司（北京鲁班建筑工程公司）
地址：北京市顺义区府前东街9号鲁班大厦
电话：（010）69444802
邮编：101300

（建筑工程总公司）

【施工规模拓展】 顺义文化中心影剧院进行主体结构施工，文化馆、博物馆和图书馆陆续开工；完成普洛斯顺义项目、天津大港项目施工任务，并承建普洛斯在北辰、平谷马坊工程；完成牛山一中分校工程，并承建光明、空港等校舍节能改造工程；在新农村建设中获得好评，承建多个镇村农宅及幼儿园改造工程。年内，公司还承建了富民生态研究所、港荣食品、益民药厂厂房办公楼等工程，全年开复工面积 89 万平方米，同比增长 48%。

（建筑工程总公司）

【工程施工安全】 严格按照管理体系要求，为确保环境质量水平，工程项目部不断加大生产性资金投入，工程施工现场的围挡、实时监控和安全防护管理更加规范，为绿色施工奠定坚实基础。为加强施工管理，每月组织项目联检，并在工地召开现场会议，对施工中发现的问题监督整改，消除隐患，全年未发生质量、安全和环境等事故。

（建筑工程总公司）

【重点工程攻克技术难题】 区重点工程-文化中心影剧院成功克服了四大施工难题：一是深基础，地下基础深达 17 米；二是结构复杂，建筑物内各类标高百余项；三是大跨度，顶层钢结构桁架跨度 32 米、重达 43 吨；四是积极开展技术创新，在工程施工中引入 BIM 技术，形成了以三维数字技术为基础的工程数据模型，通过模拟的动画式建造方案，碰撞演示，提前检查出 200 多处设计缺陷，为科学施工奠定坚实基础。影剧院工程评为北京市绿色文明安全工地和结构长城杯金奖，向争创鲁班奖迈出了坚实步伐。

（建筑工程总公司）

【管理创新提升效率】 细致梳理企业经营管理、生产施工各项工作内容，依据有关法律法规和管理体系要求，制定科学规范的工作流程，进一步明确各项工作步骤、标准、时限，切实提升工作执行能力效率。财务、供应链管理系统在总公司、分公司和项目部全面建立运行，形成了以成本效益为中心，对工程项目成本事前、事中和事后的管理，实现了对各项成本费用的有效控制，工作效率和成本核算水平显著提升。

（建筑工程总公司）

北京市天竺房地产开发公司

【概　况】 北京市天竺房地产开发公司成立于 1993 年，为顺义区属国有企业，主要负责天竺房地产开发区及顺义国展产业园的开发建设，拥有天房绿茵园林绿化工程有限公司、北京顺祥玩具有限公司、北京市天房建筑工程公司等 15 家所属企业。2013 年是全面贯彻落实党的十八大精神的开局之年，是实施“十二五”规划承前启后的关键之年，公司在区委、区政府的坚强领导下，在区国资委的大力支持下，紧紧围绕“建设绿色国际港、打造航空中心核心区”的区域发展主题，紧紧围绕房地产全产业链的公司发展战略，统筹区域发展和公司发展，各项工作保持了平稳健康的良好发展态势。总公司实现销售收入 110701 万元，同比增长 34%；完成利润总额 11376 万元，同比增长 9%；属地上缴税金 42088 万元，同比增长 8%。其中，所属企业实现销售收入 86534 万元，同比增长 8.2%，税金 2238 万元，同比增长 14.8%，利润总额 3198 万元，同比增加 10.4%。

单位名称：北京市天竺房地产开发公司

单位地址：北京市天竺房地产开发区裕丰路

东侧
电话：010－64560154
邮编：101312

（吕艳丽）

【签署新国展二、三期《战略合作备忘录》】 3月12日，顺义区政府与中国贸促会签订了新国展二、三期《战略合作备忘录》。新国展二期主要建设8个室内展馆、15万平方米室内外展场及配套公建项目，三期主要建设会展配套服务设施，包括写字楼、酒店、商业服务设施、参展商公寓等。

（吕艳丽）

【军事化拓展训练】 为纪念"五四"运动94周年，公司团委与5月11日、12日组织公司青年职工及所属企业青年代表共51人，到顺义区龙湾屯镇民兵训练基地，开展以"自律自强 共创辉煌"为主题的训练活动。

（吕艳丽）

【燕王庄村定向回迁房销售】 7月4日，北京市天竺房地产开发公司会同后沙峪镇正式启动燕王庄村定向回迁房销售工作。此项工作分参观咨询期和销售期两个阶段进行，参观期从7月4日持续到7月8日共有190户村民前来审核购房资格、办理购房确认凭证。7月10日至12日630套定向回迁房在3天销售入住期内全部实现销售。

（吕艳丽）

【基础设施建设】 为做好防汛工作，避免圆形井盖因被盗、缺损坏形成的"马路黑洞"对行人造成伤害，自8月8日起，天房恒发设备安装有限公司负责，为辖区范围内主辅路、人行道上已有的1056个检查井加装防护网。此项工程8月16日全部完成。

（吕艳丽）

【薛大人庄转非安置】 薛大人庄转非安置工作于10月11日正式启动。安置工作共分三个阶段进行：超转人员安置阶段、劳动力人员安置阶段和其他问题阶段。本着为老百姓办实事、办好事的原则，天房管委会在薛大人庄村"两委"班子和广大村民的积极配合下，历时23天，顺利完成为超转人员和劳动力办理了安置手续，发放补助费，共安置人员1116人，其中超转人员363人，劳动力753人，转非安置工作取得阶段性胜利。

（吕艳丽）

【北京国际商品交易博览会】 10月24日至27日，由北京市顺义区人民政府、北京天竺房地产开发区管理委员会联合中国国际经济技术合作促进会等单位共同举办的2013年北京国际商品交易博览会在中国国际展览中心新馆成功举办。实现了我区企业自主举办大型展会零的突破。此次商博会以"美丽中国、智慧城市、智能生活"为主题，设立区域品牌、科技创新、健康产业等多个展区，展出面积达4万多平米。

（吕艳丽）

【回迁房项目建设情况】 该项目位于后沙峪镇燕王庄村，主要向后沙峪镇、天竺镇的4个拆迁村1.2万村民提供安置房6824套，总建筑面积30万平方米。燕王庄村项目：共4栋630套，4月底完成验收。天竺村项目：共25栋3794套，15栋楼已完成主体工程，5栋楼正在进行主体工程。2014年底前交付5栋。西田各庄村项目：共3栋591套，已完成主体验收，正在进行装修工作。西白辛庄村项目：年内开工建设。

（吕艳丽）

【所属企业发展】 天房绿茵全年中标35项工程，承接千万以上工程17个。恒信诚业创新思路，完成了ISO9001管理体系认证，在完成高丽营镇于庄村、后沙峪镇燕王庄村、牛山镇安乐村、仁和镇杜各庄村、仁和镇吴家营村五个村回迁安置房销售的基础上，又承接了我区2013年度经济适用房和限价商品房销售，全年共完成各类住房销售约10，000套。

（吕艳丽）

顺义区建筑企业集团公司

【概　况】 北京顺义建筑企业集团公司成立于1989年7月，以建筑施工为主业，集设备安装、装饰装潢、建材、设备租赁、市政工程于一体，具有综合生产能力的国家一级建筑施工企业。下辖17个建筑工程分公司及装饰装潢公司、机械设备租赁公司、水泥构件厂等21家实体企业。年内完成开复工面积31万平方米，完成产值2.9亿元，完成销售收入3.8亿元，上缴税金1028万元，实现利润72万元。

单位名称：北京顺义建筑企业集团公司
地址：顺义区五里仓小区商业服务楼2号
电话：（010）69442275
邮编：101300

（陈胜云）

【经营多元化】 公司坚持“立足北京，开拓外埠”和“经营多元化”的理念，企业的施工规模不断向外埠延伸。直属公司承接北京汽车制造厂有限公司在河北黄骅开发区投资筹建的涂装车间工程。承接农村安全饮水井房工程和河道治理工程。直属公司承建的绿友机械集团股份有限公司厂房扩产项目工程投资总额5300万元。

（陈胜云）

【技术管理创新】 年内公司竣工工程12项，建筑面积43414.73平方米，全部验收合格，其中厂房（非公路用机动车扩产项目及园林机械产品扩产项目），因其150mm厚外围护墙均为清水混凝土墙，施工难度大，施工技术含量高，所以推荐参评2013年度北京市结构长城杯工程。完成公司的质量目标：竣工工程合格率100%，争创优质工程，顾客满意度85%以上，符合工程合同确定的质量条款。厂房（非公路用机动车扩产项目及园林机械产品扩产项目）工程Ⅱ段ⅡA-4～ⅡA-9/ⅡA-A～ⅡA-F轴为高模板安装区。零部件间轴线尺寸：ⅡA-4～ⅡA-9轴21.90m，ⅡA-A～ⅡA-F轴，24.45m，层高6.6米（板顶标高），4根截面尺寸为500mm×1400mm的框架梁跨度超过18米，采用满堂红扣件式模板支撑架，立杆步距和纵距均为600mm，梁底2跟立杆，梁两侧各一道承重立杆，横线间距900mm，经过专家论证，安全有效。

（孟凡征）

【安全管理】 年内，公司安全生产未发生各类主要安全生产事故，职业健康安全及环境保护管理体系运行正常。在施工安全管理中重点抓了以下两项工作：一是创建北京市绿色施工文明安全工地。厂房（非公路用机动车扩产项目及园林机械产品扩产项目）工程，工程建设规模14610.82㎡，结构类型为框架剪力墙，建筑物层数7层。8月份，本工程顺利通过北京市绿色施工文明安全工地测评专家小组的检查。二是企业安全生产许可证有效期满延期申请工作。11月份，圆满完成安全生产许可证有效期满延期工作。

（许英伟）

金融·保险

金　　融

金融服务

【概　况】 2013年，在区委、区政府的坚强领导下，在北京市金融工作局和各职能部门的大力支持下，在驻区各金融机构的鼎力配合下，以推动投融资体制改革为动力，以深化金融机制建设为抓手，以健全金融组织体系为支撑，在服务先行、政策引导下，全面推进各项中心工作向纵深发展，金融产业呈现出稳中有为的发展态势。经过大家的共同努力，顺义区金融机构快速聚集，金融业态不断丰富，金融产品不断创新，金融功能不断健全，金融支持经济社会发展的能力不断提高。一个层级不断提升，生态环境不断改善，金融产业发展趋势向好的基础框架正在形成。截至2013年底，顺义区拥有金融机构170家，从业人员万余人；全区实现存款余额1476亿元，同比增长11.9%；贷款余额763亿元，同比增长11.8%；金融业属地财税收入22.95亿元，同比增长43.86%；金融业实现增加值59.3亿元，同比增长23.5%，金融产业发展提速提质。顺义区多层次资本市场建设全面推进，先后共有16家企业在主板、中小板、创业板、新三板、海外市场挂牌和上市，累计融资838.5亿元，其中，IPO融资290.3亿元。

单位名称：北京市顺义区金融服务办公室

地址：顺义区站前街3号顺鑫国际商务中心9层

电话：（010）61409858

邮编：101300

（金融办）

【顺义金融网正式上线】 顺义金融网经过半年的筹划、建设、修改，于2013年1月1日正式上线。顺义金融网为上市培育企业办理相关手续提供便利，加强金融办同金融机构间的有效联系。

（金融办）

【举办重点项目投融资座谈会】 2013年1月，金融办会同区发改委、经信委、文创办、国有资本管理中心组织召开2013年全区重点项目投融资专题座谈会，通过向驻区28家金融机构推介政府重点投资项目、重大产业项目、文创企业的融资需求，实现政府部门与金融机构资金供需信息的有效对接。

（金融办）

【召开拟上市企业董秘联席会】 3月5日，

顺义金融办会同经信委、发改委及区内 15 家拟上市企业召开拟上市企业董秘联席会，区委常委、常务副区长林向阳出席会议。会上，各家企业围绕当前形势下企业该如何登陆资本市场进行讨论，并对政府工作提出了相关建议。

（金融办）

【顺义区金融工作会召开】 4 月 19 日，区委区政府召开全区金融工作会。顺义区领导王刚、卢映川、林向阳、朱家亮、北京市金融工作局副局长张幼林出席。会上，3 家金融机构和 7 家拟上市企业获得了专项资金支持。卢映川代区长和张幼林副局长对顺义区金融发展提出要求。

（金融办）

【乡镇领导干部金融知识专题培训班】 7 月 5 日，市金融局、顺义区政府在中央财经大学举办北京市乡镇领导干部金融知识专题培训班顺义专场培训。金融办组织顺义区相关人员共计 60 余人参加此次培训班。通过深入浅出的讲解银行业支持“三农”的金融工具和服务、企业上市需要把握的问题和环节、利用 PE/VC 金融创新手段拓展融资渠道等金融知识，进一步加强乡镇干部对金融业在经济社会发展中重要作用的深刻认识，并推动金融工具在灵活运用。

（金融办）

【金融知识进万家活动】 8 月，金融办开展为期 30 天的金融知识进万家活动，在区内 23 家银行，100 余家金融网点开展金融知识宣传。活动期间共开展宣传活动 50 余场，发放宣传册 1.5 万册，有效地普及了金融知识。

（金融办）

【兑现奖励扶持资金】 9 月，金融办对 2012 年完成股份制改造、辅导完成的企业发放奖励扶持资金，发放总额为 2600 万元，其中北广科技、长久物流 2 家完成辅导企业 600 万元，莱伯泰科、德厚朴等 8 家完成改制企业 2000 万元。

（金融办）

【第九届金博会】 10 月 31 日-11 月 3 日，第九届国际金融博览会在北京展览馆隆重举行。顺义区以“首都航空中心核心区，北京新兴金融功能区”为主题成功参展。共有 30 余家金融机构初步洽谈，5 个项目深入洽谈，4 个项目成功落地，注册资本金 1.1 亿元，资金募集规模超过 20 亿元，多家著名基金机构、财富管理机构、小额贷款公司、互联网金融类公司有意到顺义选址落户。

（金融办）

中国银行股份有限公司北京顺义支行

【概　况】 中国银行股份有限公司北京顺义支行（简称中国银行北京顺义支行）正式成立于 1988 年 07 月 11 日，隶属于中国银行股份有限公司北京市分行。2013 年，支行内设“六部一室”（计划财会部、业务监督部、公司业务部一部、公司业务部二部、个人金融部、营业部、办公室），下辖 8 个经营性支行，共有员工 215 人。中小企业贷款中心由公司业务一部负责管理。

单位名称：中国银行股份有限公司北京顺义支行

地址：北京市顺义区府前西街 4 号

电话：（010）69447455

邮编：101300

（李达宏）

【经营项目】 办理人民币存款、贷款、结算业务；办理票据贴现；代理发行金融债券；代理发行、代理兑付、销售政府债券；代理收付款项。办理外汇存款；外汇汇款；外汇贷款；外币兑换；国际结算；结汇、售汇；代理国外信用卡付款；通过上级行办理代客外汇买卖及总行在中国银行业监督管理委员会批准的业务范围内授权的业务；保险兼业代理险种；保险法律法规和行政规章制度许可范围内的险种。

（李达宏）

【业务发展】 顺义支行存贷款业务发展态势良好，领导班子高度重视，制订班子成员联系网点措施，从源头项目抓起，关注区域经济变化，支持区内重大产业项目，特别是以航空、汽车、物流等重点项目企业，为其提供融资、境内外支付结算等一系列金融服务。依据现有区域资源，积极拓展中小企业负债和资产发展。在房地产方面，积极拓展商贷和公积金住房贷款，推广信用卡汽车分期与其他消费分期业务。

（李达宏）

【内控管理与安保工作】 支行内控工作有计划、有布置、有检查、有通报、有整改，逐级签订内控合规安全保卫责任书，制订《顺义支行绩效考核管理办法》，严格各项业务操作和内控管理规定，防范和控制风险，增强员工遵守和执行规章制度的自觉性，提高合规操作水平。支行全体干部员工按照总分行标准，加强新《双十禁》学习，为支行的业务发展保驾护航，有效杜绝各类案件的发生。针对电信诈骗案件频发手段不断更新的严峻形势，支行认真贯彻落实分行工作部署，及时采取应对措施，堵截电信诈骗，确保客户资金安全。2013 年，顺义支行成功堵截淘宝帐户、ATM 转账、柜台汇款等多起诈骗案件，金额达数十万元，受到客户表扬，并送来锦旗以表达感激之情。

（李达宏）

【员工队伍建设】 支行加强人力资源动态管理建设，重视网点基层干部员工理论学习与技能操作，实行重要岗位后备人才库管理，完成大堂经理、客户经理、理财经理三支专业技术岗位人员的队伍建设，加强各专业的人才储备。全体员工参加了拓展训练、加强技能培训，举行技能比赛，提高客户满意度，提升客户体验，深入推进“一分钟”工程，“让客户少一分钟等待，让员工早一分钟回家”。

（李达宏）

中国光大银行顺义支行

【概　况】 中国光大银行股份有限公司北京顺义支行（简称光大北京顺义支行）成立于 2010 年 1 月，隶属于中国光大银行股份有限公司北京分行。2014 年，支行内设 4 个部室，下辖一家社区银行，共有员工 39 人。支行自成立以来，始终坚持“以人为本”、“更有内涵的发展”的精神，以为客户提供全面、优质、专业、高效、贴心的金融服务为出发点，秉承着“让每一位客户都满意”的阳光服务理念，通过扎实有效的工作，业务发展迅速，客户规模持续扩大，经营规模不断迈上新台阶，为顺义区域的经济建设献出一份力量。

单位名称：中国光大银行股份有限公司北京顺义支行
地址：北京市顺义区站前西街 3 号
电话：个人业务（010）61409500
公司业务（010）60406136
邮编：101300

（中国光大银行顺义支行）

【品牌价值】 中国光大银行成立于 1992 年 8 月，总部设立在北京，是经国务院批复、经人民银行批准设立的金融企业。中国光大银行连续三年被评为“年度最具创新银行”。招牌业务“阳光理财”系列产品先后被评为“百姓最认可的理财品牌”“最受欢迎的理财产品”。投行业务、企业年金、资金结算等业务领域也创造了多项行业第一，此外还获得“卓越竞争力品牌建设银行”、“年度最佳服务奖”、“最佳社会责任奖”、“最佳投资服务奖”等多项荣誉。在全球最大的综合性品牌资讯公司Interbrand发布的“2013最佳中国品牌价值排行榜”上，中国光大银行排名第35位，品牌价值340.2亿元。

（中国光大银行顺义支行）

【金融服务】 进一步加大对区域内经济的支持力度，在土地储备、园区建设等方面给予资金支持，对于区域内重点企业、中小微企业、教育类等客户，提供专业化金融服务方案。在业务种类上大力支持，其中助业类贷款：房抵快贷、POS快贷、租金模式化产品、互助金模式化产品、链式快贷，受到中小微企业的广泛好评。与此同时，大力发展电子银行业务。公司客户可登陆对公网银或企业家网银实现查询、对账、汇划、代发等业务。个人电子银行业务可实现查询缴费、对外转账、购买基金理财、资金归集、结售汇、西联汇款等业务的自助办理，方便快捷。瑶瑶缴费、手机银行，实现快速缴费；“阳光e付”引领手机支付潮流；光大理财4A服务，7×24小时全天候提供方案将个人财富最大化；阳光理财•资产配置平台，满足客户全方位投资需求。

（中国光大银行顺义支行）

【风险管控】 贯彻“合规经营”原则，以全年经营无案件为目标，支行党委统一领导落实防控工作，坚持案件防控与业务发展同部署、同落实。高度关注市场风险、信用风险、操作风险和声誉风险，进一步强化信贷管理基础工作，探索贷后管理模式。持续加强对员工的教育和管理，采取会议、制度学习、刊物宣传、警示参观和案例分析等多种形式，提高员工防范意识。

（中国光大银行顺义支行）

【企业文化】 秉承支行领导班子提出的“将光大顺义支行打造成为顺义地区最具内涵的银行”这一理念，多次开展活动。在支行党支部的带领下，多次开展党员活动。在社会责任方面，除每年保持对“一助一”帮扶村的捐助之外，积极开展向西部捐衣、对太阳村儿童帮扶等活动。在文娱活动方面，积极参加区内“五月的鲜花”文化活动，组建支行足球队，定期训练并开展友谊赛。支行于2010-2013年间，多次被评为分行级优秀支行，优秀工会小组。

（中国光大银行顺义支行）

中国建设银行股份有限公司北京顺义支行

【概　况】 中国建设银行股份有限公司北京顺义支行（简称建行北京顺义支行）成立于1979年12月，隶属于中国建设银行股份有限公司北京市分行。2013年，支行内设5个部室，4个营业中心，8个个人金融中心，共有员工248人。2013年，支行认真履行总分行各项决策部署，以创建“一流银行”为目标，以提升能力为重点，牢固树立“以客户为中心”的理念，强化管理意识、市场意识、竞争意识、产品意识和安全意识，做到措施落地，生根开花，为顺义区经济建设增砖添瓦。

单位名称：中国建设银行股份有限公司北京顺义支行

地址：北京市顺义区府前中街7号
电话：（010）69443295
邮编：101300

（建行顺义支行）

【品牌价值】 中国建设银行股份有限公司是在中国市场处于领先地位的股份制商业银行，也是第一个实现上市的国有大型商业银行。截止到2013年6月末，建设银行市值为1767亿美元，居全球上市银行第五位。目前建设银行在中国内地设有分支机构14295家，覆盖了全国各个省市地区。2013年，建设银行位居美国《福布斯》杂志公布的"2014年度全球企业2000强排行榜"第二位，在中国社会科学院金融研究所与《第一财经日报》联合举办的"2013金融价值榜"榜单中，建设银行荣获最高奖项"年度银行"奖。

（建行顺义支行）

【业务发展】 2013年支行各项业务发展增势较强，大力加强公司类上下游客户的营销拓展，注重客户服务质量，把握负债业务的同时加强对融资业务和中间业务的不断拓展。关注区域内重大项目建设及重点板块发展态势，及时掌握资金需求，力求做到"雪中送炭"。继续加大个人住房类贷款的投放力度，稳固区域市场占比第一位置。积极拓展小微企业市场，实现业务的多样均衡发展。此外顺义支行不断创新融资方式，通过供应链产品营销，辐射企业上下游，通过资金池融资替代流动资金贷款，降低企业融资成本。

（建行顺义支行）

【金融服务】 进一步加大对区域内经济的支持力度，在土地储备、园区建设等方面给予资金支持，对于区域内重点国有企业、现代制造业、现代农业以及教育类等客户，提供专业化金融服务方案，做到"一户一策"。顺义支行围绕"综合性、多功能、集约化"的战略目标，大幅提升综合金融服务能力，同时持续推进网点"三综合"建设，旨在为客户提供一站式、全方位的综合金融服务。为拓宽客户服务半径，方便区域内客户享受金融服务，继续加大网点、自助银行建设，提升服务质量，保持较好的市场口碑。

（建行顺义支行）

【风险管控】 高度关注市场风险、信用风险和操作风险，进一步强化员工的教育和管理，在员工中构筑防案件、控风险的"思想长城"。贯彻"严守底线，合规经营"原则，关注声誉风险。进一步强化信贷管理基础工作，探索贷后管理模式，确保风险管控不走过场，不流于形式。支行成立专门的"内控合规管理委员会"，以全年经营无案件为目标，在支行党委统一领导下开展防控工作，坚持案件防控与业务发展同部署、同落实。定期召开案件防控联席会，采取会议、制度学习、刊物宣传、演讲、警示参观和案例分析等多种形式，提高员工防范意识。

（建行顺义支行）

【企业文化】 支行被列为首批分行级"企业文化示范点"，"困境思进、质量强行、营销创新、做大做强"的企业精神延续至今，支行党委高度重视企业文化建设，以科学发展观为指导，一把手亲自抓，分管行领导时时抓，党政工团齐心协力，全面推进，以支行内部刊物和企业网为平台加大文化理念的宣传力度，使企业文化更加深入人心。

（建行顺义支行）

保 险

中国人寿保险股份有限公司北京市顺义支公司

【概 况】 中国人寿保险股份有限公司北京市顺义支公司，是顺义地区最大的人寿保险公司，拥有由保险营销员、团险销售人员以及专业和兼业代理机构组成的最广泛的分销网络，提供个人人寿保险、团体人寿保险、意外险和健康险等产品与服务。本公司现有员工和销售人员518人，下设个险销售部、银行保险部、团体业务部、客户服务部和综合管理部。2013年，世界经济复苏艰难、国内经济下行压力加大，保险业特别是寿险业开始进入增速相对平缓的阶段。面对极为错综复杂的经营形势，本公司按着“标杆强管理整合聚资源创新谋突破以年度目标达成开启五年规划新篇章”的工作思路，全体员工紧紧围绕稳中求进的工作总基调，凝心聚力、攻坚克难，较好完成了全年发展的主要目标任务；大力实施创新驱动发展战略，各领域创新成效初显，公司发展活力不断增强；前瞻把握市场变化趋势，主动调整资产配置策略，优化资产配置结构，投资收益水平稳步上升；积极防范和化解各类风险，维护了公司发展大局的稳定，保持了业务平稳健康发展。

单位名称：中国人寿保险股份有限公司北京市顺义支公司

地址：北京市顺义区府前东街2号顺建大厦

电话：个险销售部（010—69421011）

团体业务部（010--69444976）

银行保险部（010—81482474）

客户服务部（010—69445892）

综合管理部（010—69445704）

邮编：101300

（高 宇）

【2013年经营情况】 2013年，本公司实现总保费收入3.49亿元。其中首年期交保费1.77亿元，短险保费收入1099万元；全年支出短险赔款817万元。

（高 宇）

【公司上市十周年】 2013年是本公司上市十周年。十年来，公司改革创新，建立现代企业制度；公司积极探索，扎实践行中国人寿特色寿险发展道路；公司奋力开拓，极大提升公司发展实力；公司以人为本，着力打造一支过硬的队伍；公司励精图治，全面升级运营管理体系；公司固本求新，整合构建现代信息体系；公司进取有为，大幅提升客户服务水平；公司强化管控，有效防范经营风险；公司勇于担当，持续扩大公司社会影响。新的十年，公司将牢牢把握战略机遇期，发扬二次创业精神，深化改革创新，推进转型升级，实现公司做强的目标，再创新的辉煌。

（高 宇）

【创新驱动发展战略】 2013年，本公司产品创新取得新进展，如瑞鑫（2013版）保险组合计划、金账户年金保险（万能型）保险组合计划；开展精准营销，推进十年期及以上首年期交业务的快速发展；探索柜面直销，支持业务发展。全面推进统一理赔平台，大幅改善理赔时效；积极拓展保单电子化服务，持续提升保单服务品质；优化保单借款服务，2014年即将启动综合柜员制。

（高 宇）

【保险服务进社区一刻钟服务圈】 自2013年5月以来，中国人寿北京市分公司已经有1500余名驻社区服务代表活跃在全市近400个社区，顺义地区已有160名驻社区代表活跃在全区 62 个社区，为广大居民提供身边服务。作为驻社区保险服务体系的终端，中国人寿驻社区服务代表已经逐渐融入到社区的日常工作中。

（高　宇）

【学平险与计生险业务发展稳定】 继2011年开展《计划生育家庭意外伤害保险》工作以来，2013年得到区计生委及各乡镇政府的大力支持。承保覆盖全区 19 个乡镇，计生家庭 6 万余户，总人数约 15 万人。保费收入 194 万元，赔款支出 101 万。学平险仍然是公司重要的短期意外险业务，2013年学平险保费收入 112 万元，赔款支出 84 万元。

（高　宇）

【银保渠道业务】 2013年，实现规模保费1.3884亿，完成全年规模预算的102.5%，期交保费实现 2373 万元。6、7 月鑫丰抢售，实现鑫丰保费 7900 万元。各合作渠道关系扎实巩固，通过TST训练营，我爱“三千三”等活动开拓渠道业务。紧跟北分公司步伐，实现期交保费 246 万元。

（高　宇）

中国人民财产保险股份有限公司北京市顺义支公司

【概　况】 中国人民保险集团公司系1949年成立，中国内地经营历史最悠久的保险企业中国人民保险公司变更而来。其分支机构中国人民财产保险股份有限公司北京市顺义支公司（简称：人保财险顺义支公司）作为顺义地区最大的财产保险公司，经营除长期人身保险以外的所有保险业务，包括企事业单位财产保险、建筑和安装工程保险、货物运输保险、机动车辆保险、家庭财产保险、责任保险、信用保证保险、人身意外保险、健康保险、农业保险等险种。公司设有综合部、出单中心、理赔分中心及七个业务管理部全方位为客户服务，并拥有五十多家保监局批准的保险代理机构，方便客户就近投保。

单位全称：中国人民财产保险股份有限公司北京市顺义支公司

地址：顺义区新顺南大街1号

邮编：101300

电话：69441191

网址：http：//www.picc.com.cn

http：//www.e-picc.com.cn

（中国人民财产保险）

【经营理念】 中国人民财产保险股份有限公司以“人民保险，服务人民”为使命，秉承“以人为本、诚信服务、价值至上、永续经营”的经营理念，奉行“求实、诚信、拼搏、创新”的企业精神，坚持以市场为导向、以客户为中心，积极履行优秀企业公民责任，为促进改革、保障经济、稳定社会、造福人民提供了强大的保险保障。作为其分支机构人保财险顺义支公司一直全心全意服务好顺义区老百姓，“做人民满意的保险公司”。

（中国人民财产保险）

【保险业务】 多年以来，人保财险顺义支公司业务规模一直保持良好的增长态势，市场份额持续领先，为顺义区人民提供全方位保险保障服务。2013年保费3亿元人民币，其中顺义区民生保险保费660万元人民币。全年已决赔案支出2.34亿元人民币，其中民生保险赔款200余万元人民币；未决赔案赔款0.5亿元。纳税总额1373.4万元。

（中国人民财产保险）

城乡建设及管理

城乡建设

综　　述

住建委认真贯彻落实区委、区政府的各项工作部署，紧紧围绕全区总体发展战略和“四个转型升级”目标要求，攻坚克难，奋力拼搏，全力推进重点工程和保障性住房建设，积极做好建筑业市场监管工作，城市建设及各项管理工作取得扎实成效。

重点工程稳步推进

重点工程共计 9 项，全部为 2012 年续建工程，总建筑面积 284164 平方米，总批复投资 15.2 亿元。目前，行政中心等 8 项工程开工建设，区医院急诊病房综合楼已正式复工。年底前，职教中心一期、劳动力实训基地、劳动大厦、党校迁建工程、体育中心、电子政务中心、文化中心影剧院等工程将实现主体结构封顶，文化中心文化馆、图书馆、博物馆工程将完成基础施工，行政中心将完成主体结构 5 层施工。区医院急诊病房综合楼工程计于 2014 年 10 月 1 日交付使用。

保障性住房及回迁安置房建设成绩显著

保障性住房和回迁安置房开复工 525 万平方米、竣工 200 万平方米，分别完成年度计划的 103%和 88%。大营、于庄、燕王庄、火神营、东庄、安乐 6 个村顺利完成回迁，回迁安置村民约 8000 人。产业园区配套公租房建设加快推进，望泉寺公租房项目 5 万平方米主体封顶，国家地理信息产业园、北京现代三工厂、北汽自主品牌乘用车基地配套公租房主体封顶。正式印发《顺义区公共租赁住房管理办法》，即将启动公租房申请审核及现有保障房摇号配售工作，加快解决低收入家庭住房困难。

年底前，将确保按时完成保障性住房和回迁安置房建设指标任务，完成杜各庄、吴家营、梅沟营、洼子、小左各庄、胡各庄、刘家河、南法信等 8 个村，约 1 万人的回迁工作。

质量监管不断加强

监督房建工程 1438.23 万平方米，较去年同期增加 9.83%。其中新开工程 425.01 万平方米，较去年同期增加 0.73%；竣工工程 370.13 万平方米，较去年同期增加 128.95%。目前在监工程 1068.10 万平方米，较去年同期减少6.94%。累计对所监管的623个在施工程进行了质量监督巡查1400余次，组织专项检查4次。截至目前，全区建设工程质量抽查合格率100%；住宅工程分户验收合格率100%；竣工验收一次性合格率100%。

拆迁工作稳妥进行

为确保一级开发主体能够尽快回笼资金，加快土地入市步伐，住建委已对滞留的42户有证民宅中的29户进行了房屋拆迁纠纷裁决工作，其中12户已经进入司法强制腾退阶段。今年以来，住建委共向区法院申请司法强制腾退共38户，目前已经完成34户的腾退工作。积极做好仁和镇平各庄村和后沙峪镇马头庄村拆迁的前期准备工作，在条件成熟的情况下，及时上报市住建委进行拆迁许可证审批核发，保证我区村庄拆迁工作及时推进。

老旧小区综合整治顺利实施

63万平方米老旧小区房屋节能和外墙保温改造顺利实施。目前，外墙保温改造、热计量改造安装工程已全部完成，西辛南北区和五里仓小区绿化整治已经完成，正在进行小区道路铺设与修补。积极做好幸福西街搬迁工作，力争全部居民签订综合改造协议，顺利启动综合改造。

物业小区行政监管力度不断加强

全区建成并投入使用的住宅小区共150个，实现物业管理的小区数量已达到全部社区的87%。为使全区物业行业整体水平不断加强，使物业管理企业逐步向专业化、规范化方向转变，住建委不断加强行政监管力度，一是督促物业企业提供规范的服务，提升居民对物业服务的满意度；二是引导物业企业加强自身管理，提升我区物业企业竞争力；三是完善物业服务市场运作机制，建立质价相符的物业服务体系；四是依法公正、公开、公平维护物业企业和业主双方的合法权益，督促各方履行义务。

房屋交易市场平稳有序

受2013年2月国务院办公厅发布的“出售自有住房按转让所得20%计征个人所得税”政策影响，我区存量房市场活跃，存量房网签和房屋登记业务量大幅增加。住建委一是安排专人维持办事者排队秩序；二是增加业务员，做好政策解释，引导办事者领取业务办理号；三是协调地税工作人员在中介公司现场办公，分流缴税人员，在房屋登记大厅增设税务办理和网签窗口，提高办事效率。

安全生产得到有效保障

在开复工总量再创新高，建筑业、房地产业快速发展的背景下，住建委始终坚持“安全第一、预防为主、综合治理”的方针，通过联合执法和网格化监管，较好地完成了在建工地的安全生产工作，没有发生重大安全生产事故。截止目前共监管建筑起重机械1142台次，监管深基坑工程68个，高支模工程18个，高大脚手架工程3个。共监督检查工地1410个/次，下检查记录单1206份，下限期整改通知书81份，停工通知书93份，进行经济处罚41起，处罚金额34.8万元，对1家单位进行了动态监管。全年创建绿色文明安全工地44个，其中区内企业创建26个，区外企业创建18个。

单位名称：北京市顺义区住房和城乡建设委员会
地址：顺义区府前东街甲25号
电话：（010）69444996
邮编：101300
网址：www.jianwei.bjshy.gov.cn

（住建委）

规划管理

【概　况】 2013年，规划编制开展了新城总规评估、潮白河生态发展带规划、首都机场周边地区规划三项工作，提升了地区整体城市风貌和区域承载能力。还进行了服务区域经济发展、完善市政基础设施、规划监督检查等项工作。

单位名称：北京市规划委员会顺义分局
地址：顺义区府前西街11号
电话：（010）69444751
邮编：101300
网址：www.guihua.bjshy.gov.cn

（规划局）

【规划编制】 一是继续深化新城总规评估工作。根据国务院《关于加强城市基础设施建设的意见》（国发〔2013〕36号）的相关要求，重点围绕新城水、电、热、暖、道路等基础设施利用情况进行综合评估，分析存在问题，提出规划策略。二编制潮白河生态发展带规划。整合潮白河两岸各类建设用地，强化生态环境，提升新城功能品质及城市景观形象，为河东新区发展国际化产业创造良好生态环境。三编制首都机场周边地区规划。加强机场周边用地产业策划，改善机场周边农村环境，优化路网，提升地区整体城市风貌和区域承载能力。

（规划局）

【服务区域经济发展】 2013年共审批各类项目案卷199件，用地面积约156公顷，建筑面积约335万平方米。一是加快推进政策性住房建设。完成全区2.3万套（建筑面积236万平方米）政策性住房选址、设计方案和审查工作。二是加快推进地块控规编制，保障土地如期入市。完成地块控规26个；配合用地处办理入市项目规划条件19个，为项目顺利入市提供规划保障。三是切实抓好重点工程建设。保障北汽越野车基地、国家地理信息产业园等一批重点项目顺利开工建设。

（规划局）

【完善市政基础设施】 一是加快推进城乡路网建设。推进轨道交通建设，编制M15号线东延方案，力争与一期工程同步实施；快速完成昌金路、顺平南辅线、军营北街等道路规划审批手续，不断完善城市路网和道路微循环系统。二是加快推进重点工程建设。积极完善“五彩浅山”国际休闲度假产业带周边市政基础设施建设，开展木孙路方案设计工作，完成道路周边市政项目综合规划编制、审查工作；完成北石槽再生水厂、马坡220千伏变电站、汉石桥湿地引水工程等一批重大市政设施规划审批工作。三是加快完善公共服务设施建设。积极吸引优质资源，完成民政部国家养老示范基地、友谊医院、北师大实验中学等优质项目的选址论证工作；积极完善镇村公共服务设施，完成6处村级商业服务中心和3处老年活动站规划选址审批工作。

（规划局）

【规划监督检查】 一是加强建设项目的过程监督和“预验收”服务工作，1-10月共完成规划验收项目113件（约304万平方米），有效确保民生工程、重大项目的顺利建设和投入使用。二是积极参与打击违法建设专项行动，有效遏制辖区内违法建设蔓延。全年共下发责令停止建设通知书10件（约10.3万平方米），完成6次卫星查违工作，上报市规划委及区查违办24处(11.1万平方米)。三是扎实做好维护稳定、执法办案、服务群众等工作，有效化解群众信访26件，取得了良好的工作成效。

（规划局）

新城建设

【概　况】 2013年，新城管委会全力推动顺义新城（马坡组团）建设，顺利完成新城第11街区11-0807、0809地块共约187亩地的土地入市交易工作。民生银行总部基地顺利完工。金蝶软件园正式投入使用。市政基础设施建设顺利推进。启动顺生大街、丰乐路道路建设。完成大营回迁安置工作。

单位名称：顺义区新城建设管理委员

地址：顺义区顺泽大街65号

电话：（010）69448100

邮编：101300

网址：www.xincheng.bjshy.gov.cn

（任艳萍）

【拆迁遗留问题及维稳】 年内完成大营村拆迁遗留户的腾退工作，其中住宅4户、非住宅1户。累计拆除建筑面积约1298.88平方米。审核通过大营村拆迁补偿协议3件，累计发放拆迁补偿款2828605元。审核续发西马坡、东马坡、肖家坡、北上坡四村及大营村期房已签协议、未签协议租房补助费35140000元；处理因拆、回迁引发的信访事件20人次、因拆迁引发的诉讼5件。

（任艳萍）

【新城核心区回迁安置】 4月26日至6月8日，配合马坡政府完成大营村回迁安置工作，回迁总人数2359人，已选房1625套。回迁总面积为13.71万平方米。

（任艳萍）

【新城核心区市政基础设施建设】 年内，辖区内分别启动顺生大街（全路段）以及丰乐路南段（顺兴街至顺成大街）道路工程和管线工程的施工建设。

（任艳萍）

【新城核心区住宅建设】 年内辖区两大重点项目—北京金蝶软件园、中国民生银行总部基地已建设完成，并分别于5月及10月陆续投入使用；大龙公司承建的9号地保障房项目于2013年5月竣工。

（任艳萍）

【马坡组团防汛准备】 在马坡组团雨污水管网未完全形成的情况下，确保年内汛期特别是“7.24”大暴雨来袭时，防汛小组到一线进行巡查，辖区内建设单位无一例受水患影响，无一起防汛安全事故发生，实现各建设单位全部安全度汛的目标。

（任艳萍）

【新城核心区招商】 新引进项目三个，分别是中储国际能源有限公司总部、中储银行股份有限公司总部、京华基金管理有限公司总部项目，协议投资总额40亿元，总占地约339亩，总建设用地约226亩，总建筑规模约26.1万平方米。三个项目均于2013年9月25日完成签约。

（任艳萍）

新农村建设

【概　况】 2013年，区新农办全面推进“三起来”工程、清洁空气工程、农宅抗震节能建设和农村社区化创建等工作，取得丰硕成果，农村经济社区持续向好。顺义区共有19个镇，426个行政村，部分村庄已完成城市化改造。截至2012年底，全区共有农户 109948，266765 人。根据顺义区统计局2013 年农村常住户抽样调查资料显示：全年农民人均纯收入 17703 元，人均生活消费支出 11634 元，分别比上一年度增长 10.9%和7.4%。

单位名称：北京市顺义区新农村建设服务中心
地址：顺义区站前西街 3 号
电话：(010) 60406097
邮编：101300

（新农办）

【新型农村社区建设】 将新型农村社区建设和农宅抗震节能建设工作有机结合，按照“市区新型农村社区试点建设一批，农宅抗震节能建设试点改造一批，农宅整村单项改造提升一批”的原则，“新农村南北走廊精品工程”一期工程涉及马坡镇 7 个村庄，目前，南陈路道路、基础设施、两侧景观规划已由中铁设计院完成，村民选择的 6 套不同样式的样板房已建设完成，石家营村已完成抗震节能住宅 90 余套；另外，石家营村的天然气入户管道铺设已全面完工。

（新农办）

【农宅抗震节能建设工程】 按照“宜建则建、宜改则改”的原则，通全面推进农宅抗震节能建设工程，制定完成《2013 年农宅抗震节能实施方案》、《实施细则》和《2013 年农宅综合改造实施方案》，设计完成 30 套不同户型的标准化图集。全年累计完成农宅抗震节能建设项目共涉及 15 个镇、178 个村庄，完成 21953 户改造。改造后和新建翻建的农宅具备了保温或抗震保温能力，冬季农宅温度能提高 5 度左右，节约标煤 50%左右；夏季屋内凉爽，减少空调制冷的能源消耗。

（新农办）

【“减煤换煤，清洁空气”试点工程】 优质燃煤替代计划在 8 个镇试点实施，涉及 44 个村、1.9 万户；煤改电取暖 6 种方式，除在 5 个镇中每种方式各选一户进行试点建设外，另选择高丽营镇西马各庄村进行整村试点建设；液化石油气下乡在南彩镇 26 个村进行试点。全年配送优质燃煤 8530 吨，更换炉具 6792 台，取暖煤改电 467 户，液化石油配送 8919 瓶。另外，完成了马坡镇石家营村、庙卷村天然气入户工程的村内管道铺设和户内取暖壁挂炉的安装工作。

（新农办）

空港建设管理服务

【概　况】 2013 年，空港中心全面、正确判断形势，充分利用有利条件和积极因素，科学谋划空港中心在顺义与机场友好关系中的定位，围绕“打造临空经济区、建设世界空港城”的奋斗目标，增强机遇意识、忧患意识，创造和利用机遇，扎扎实实做好政府交派的各项工作，为推进顺义经济快速发展做出更大贡献。

单位名称：北京空港建设管理服务中心
地址：北京市顺义区首都机场四纬路 2 号绿港国际商务中心
电话：84169955
邮编：101300

（空港建设管理服务中心）

【樱花园小区飞机噪声治理】 依据 2012 年底抽样调查结果，参照搜集的各项信息、数据和相关政策、法规，《评估报告》于 2013 年 1 月中旬编制完成，同时初步形成产权置换草案。按照 2013 年 6 月 21 日召开的领导小组会议要求，项目部起草《樱花园小区房屋产权置换工作实施方案》。根据 2013 年 8 月 14 日，北京市张延昆副市长主持召开领导小组会议的分工与部署，空港中心、项目部、联席会议办公室等部门在工作小组的指导下积极开展驻场单位房屋认购意向调查和周边商品房市场房源、价格调查等工作。北京市李士祥常务副市长于2013年9月9日召开专题会议，按照会议要求，顺义区政府及时组织区规划分局、国土分局、空港中心、李桥镇等相关部门开展了樱花园小区房产置换安置用地的选址工作，初步形成选址方案并上报至北京市政府。

（空港建设管理服务中心）

【机场外围排水保障】 为做好2013年机场外围排水安全迎汛工作，空港中心制定和上报《2013年防汛应急预案》、隐患排查整改台帐等。成立空港中心防汛抢险小组，清理和补充防汛物资种类数量，并对所辖区域内机场外围排水情况进行清查，对发现的风险点给予逐一排除，以确保工作范围内不留死角。

（空港建设管理服务中心）

【积极做好机场净空】 上半年，空港中心、首都机场股份公司、天竺镇和后沙峪镇等净空领导小组成员单位分别组织开展“保护首都机场净空环境，确保民众生命财产安全”专项宣传活动，发放宣传品1000余套；配合市口岸办、机场股份公司，与区住建委共同开展主题为“遵守建筑高度　共建净空安全”净空宣传活动；机场西跑道西侧20米范围内超高树木伐移工作涉及5家，现已完成2户个体户树木的伐移工作。

（空港建设管理服务中心）

【信访维稳】 全年共接访11次，来信4件次，电话接访64次，解决部分樱花园隔音降噪、沙坨村噪音等问题。为维护樱花园地区稳定，定期召开联席会，通报产权置换工作进度，掌握居民动态，反映居民诉求，传达领导关切之意，并以“简报”形式上报市、区领导及相关部门，共撰写联席会议简报48期；同时，通过加强网络舆情监测以及樱花园小区巡查小组机制，时时关注小区居民动向，做到发现问题及时排查，保证了两会期间机场地区的稳定。

（空港建设管理服务中心）

城管监察

【概　况】 2013年，顺义区城管执法监察局通过综合执法，共规范违规问题4.7万余个，立案查处4435起；通过综合监管，口头、电话告知属地政府、行业权属部门、作业单位532次，派发《监管通知单》24份，解决问题555个；拆除违法建设1130宗，拆除建筑面积113.61万平方米，腾退土地6375.18亩。通过综合执法、综合监管、拆除违法建设，共消除环境卫生、违法经营、交通秩序等问题1.15万余个。本年度各项城管执法监察工作取得新成效，被评为北京市城管执法系统先进集体。

单位名称：顺义区城市管理综合行政执法监察局

地址：顺义区府前东街6号

电话（010）81490007

邮编：101300

网址：http：//shy.bjcg.gov.cn

（城管监察大队）

【拆违情况】 全年共组织违建拉练检查8次，召开重大违建拆除协调会3次，开展大型拆违联合执法24次，拆违1130宗、113.61万平方米。

（城管监察大队）

【治砂情况】 区城管执法监察局协调国土分局、公安分局、水务分局等相关部门，配合属地政府开展联合执法 15 次，依法取缔北小营、木林、李桥等地区 53 个非法砂石料场。

（城管监察大队）

【重大活动保障】 2013 年，除完成元旦、春节、清明、五一等节假日环境保障工作外，还完成全国“两会”、国际菊花展览会、绅宝工厂及产品鉴赏会、啤酒节、端午文化节等 67 次重大活动保障。

（城管监察大队）

【出台文件】 2013 年，区城管执法监察局起草 4 个城市管理相关文件，并以区委、区政府或区委办、区政府办的文件形式下发，即：《关于治理非法盗采加工运输经营砂石土方行为的实施意见》（京顺发〔2013〕5 号）、《关于城乡环境建设与管理工作意见》（京顺发〔2013〕12 号）、《顺义区治理非法盗采加工运输经营砂石土方行为工作实施方案》（京顺办发〔2013〕4 号）、《顺义区网格化社会服务管理指挥中心先行启动城市管理模块运行方案》（京顺办发〔2013〕13 号）。

（城管监察大队）

【工作创新】 区城管执法监察局建立“过磅对单”制度，从源头遏制乱倒垃圾行为；开展“体验执法”活动，赢得商户的理解和支持；推行“以车代站”废品回收管理模式，从源头解决废品影响市容环境等问题。

（城管监察大队）

【人事调整】 5 月 27 日，区委决定：张东民同志任顺义区城市管理监察大队党委书记（顺组干字〔2013〕18 号）。6 月 9 日，区委组织部到我单位宣布决定。同日，张东民同志正式报道。6 月 14 日，区政府 2013 年第 10 次常务会议决定：张东民同志任顺义区城市管理监察大队大队长，顺义区市政市容管理委员会副主任（顺政发〔2013〕23 号）。

（城管监察大队）

【专项整治】 6 月 19 日，区城管执法监察局协调公安、交通等部门，在全区易产生道路遗撒的 29 个点位，开展为期 10 天集中夜查行动。此后为巩固整治成果，每周坚持开展 3 次联合执法。截至 12 月底，共开展联合执法 58 次，查处各类违法行为 406 起。

（城管监察大队）

【揭牌仪式】 9 月 22 日上午，顺义区城市管理综合行政执法监察局举行揭牌仪式。区委书记王刚、区政府代区长卢映川，市城市管理综合行政执法局常务副局长马惠民、副局长周霆钧出席仪式并共同揭牌。

（城管监察大队）

【网格化指挥中心】 10 月 4 日，顺义区网格化社会服务管理指挥中心城市管理模块在石园街道试运行。截至 12 月底，区城管执法监察局通过视频监控，主动发现并处理城市管理类问题 230 件，向市政市容委、石园街道、交通局、环卫中心等 10 个部门派发单据 257 件。

（城管监察大队）

市政管理

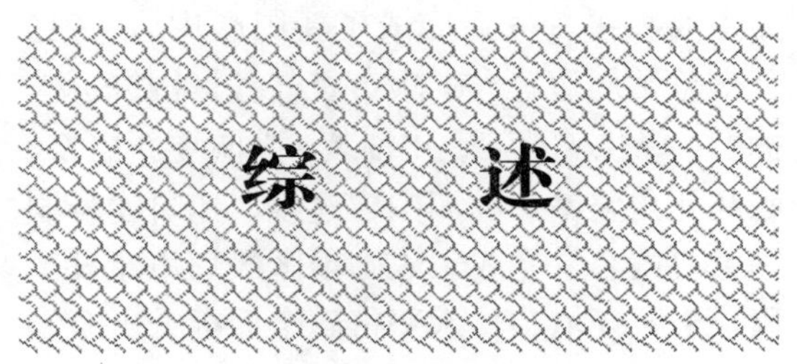

综　述

2013 年，区市政市容委承担区政府总工程项目 76 项，其中市政重点工程 58 项（结转及新建项目 30 项，手续办理 11 项，重点储备 17 项）、折子工程 5 项、实事工程 5 项、便民工程8项，其中，2013年市政市容委计划实施的市政重点工程有30项，已完工2项，已开（复）工18项，其他项目正在加紧办理前期手续，争取早日开工建设。全年累计完成固定资产投资约16亿元。2013年，市政市容委全年新、改建道路总长约23公里，新建各类市政管网总长约80公里，新安装路灯960盏，绿化面积约8万平方米，铺装面积约14万平方米，共上报前期手续125项，取得批复115项，组织招投标共33次，41项工程报财政评审。城市管理精细化、规范化水平不断提高。完成有效停车场备案82个，涉及停车位20228个，经营企业33家；完成开路口协调工作，共办理占用、挖掘、开设路口事项6项；区属401处区属红绿灯实现有效管护；完成新增政府产权路灯设施移交接管工作，区政府产权路灯16893盏运行正常；完成我区223处景观照明运行维护工作；完成2013年北京国际服装展、第二十二届燕京啤酒节、2013年春季北京顺义国际长走大会、第十一届中国菊花展四项大型活动外围交通保障工作；完成了2013年供热老旧管网改造及春节亮化工作，全区燃气、供热运行稳定。

一、环境建设：2013年全区环境建设主要工作体现在以下六个方面。一是各项整治建设任务全面完成。以市区级环境建设任务为主要抓手，先后完成了新国展周边、915公交总站周边等50项市级任务，围绕拆破拆旧、绿化美化、硬化铺装、牌匾更新更换、脏乱死角整治、围墙围栏建设、建筑物粉刷等主要内容，完成了621项区级环境建设工程，全区环境整体水平得到全面提升。全年累计拆除破旧建筑12.88万平米，补植、补栽以及新增绿化美化面积67.2万平米，更新广告牌匾8.5万平米，粉饰外立面262.8万平米，新建景观墙26.51万平米，硬化道路57.4万平米，清除垃圾渣土乱倒点257处，清除生活垃圾和建筑渣土1.97万吨，清除道路遗撒680余吨，清理各种乱堆乱放35316处，修复路面、街面、人行步道6.8万平米，更换维修各种公共服务设施1610件套，清理杂草拉拉秧157吨，整修道路边沟230公里。二是专项整治行动效果明显。以各专项整治任务为重点，逐一解决重点难点以及突出的环境问题，与环境建设的全面工作有力结合，形成以点带面、点面结合的环境建设工作格局。2013年共开展秩序环境、设施环境、市容环境等三大类11项环境专项整治行动。重点开展的有：三大秩序整治，共开展66批次三大秩序集中整治行动，对主要路口、重点大街和秩序乱点，围绕黑车、酒驾、占路摆摊、无照经营等九大类36项突出违法违规行为进行集中整治，累计出动执法力量7680人次，查处九大类36项突出违法行为10573起。各种突出问题得到有效遏制，各项日常监管措施更加有效。三是重点区域整治实现新突破。围绕市区确定的环境整治重点区域，先后开展了22条主要交通干线、5个校园周边、5条背街小巷、10条主要大街、110个村庄以及高速路出入口、新国展、鲜花港、地铁沿线、各镇中心区环境整治工作，进一步提升环境品质、设施水平和管理水平。四是体制机制建设日益完善高效。继续坚持实施每半月环境脏乱点曝光、每月召开环境建设联席会、每季度开展群众满意度调查、不定期组织拉练检查、每月环境工作效能监察等各项监督管理制度，进一步强化属地、职能部门、作业部门的职责。参照首环办模式，对19个镇、6个街道办实行了环境卫生“月检查、月排名、月通报”制度。各属地共组织各种拉练检查、各类联合执法380余次，解决各种问题6700余个。各项措施的建立与完善，进一步促进了环境整治与建设工作有序推进，城乡环境面貌的持续改观。五是以推进垃圾规范化管理为基础，促进市容环境改善。一是继续实施垃圾分类工作，2013年组织完成18个居住小区（2万户）、19个党政机关、10所学校分类收集、运输设施配置，建立生活垃圾分类指导员队伍，加强日常运行管理，全区居住小区垃圾分类覆盖率达到60%。18个小区全部设施已配置到位，各社区垃圾分类指导员已上岗，进行垃圾分类宣传指导。二是组织落实餐厨废弃油脂规范化管理工作，对各废弃油脂收运处置单位进行了调研，初步选定北京奔冀废油脂处理厂为我区餐厨废弃油脂特许经营单位，目前运转正常，待市市政市容委验收。三是做好建筑垃圾规范化管理工作，截至目前共办理渣土行政审批185批次，渣土消纳许可48批次，检查工地284批次，现场勘查109次，消纳渣土39.94万吨，专项治理90次，检查运输车辆297次，夜查60次。加强建筑垃圾运输检查工作，从2013年3月开始，每周3天在全区渣土车途经路段进行巡回检查，同时积极响应市级要求，于9月份开展建筑垃圾专项整治月，每周联合检查4天，主要检查建筑工地和运输车辆是否符合要求，对我区建筑施工工地进行建筑垃圾消纳许可证件的摸底排查工作，对未办理建筑垃圾消纳许可证件的工地先给予告知及时补办证件。环境卫生数字化监管系统正进行设备安装、系统调试。六是户外广告管理切实加强。加强日常管理，提高登记比率，确保户外广告、牌匾标识和临时标语宣传品的设置符合法规、规范要求。全年共办理登记、许可手续385件，较去年同期增长约12%；开展摸底调查，建立整治台账，对高速路口、楼顶等区域户外广告、牌匾标识进行摸底调查，建立整治台账；落实环境任务，加强治理整顿，共下发治理整顿告知书16次，整治拆除违规户外广告和牌匾标识514块、面积约6680平方米，清理临时性宣传展板、标语840块次，面积约930平方米。

二、重点工程：2013年市政市容委计划实施的市政重点工程30项，已开（复）工18项，其中新老城区供电联络工程、顺平南线道路改造工程已完工，光明街、新顺街、顺安路、高白路主体工程已完工，站前北街及延长线、中山东西街等其他工程正在施工中。市政市容委配合其他单位共同完成工程11项。其中西马22万站、董各庄11万站工程涉及拆迁已完工，左堤路、昌金路、木燕路、白马路东延正在施工中。

在折子工程、实事工程和便民工程方面，其中折子主要包括进出口顺义路口景观提升工程、浅山区市政基础设施配套、顺安路、白马路东延、通怀路、减河北路东延、生活垃圾焚烧二期工程和餐厨垃圾处理厂建设、城区老旧供热管网改造等；实事工程主要包括城区老旧管网改造工程、公厕新改建工程、实施城区垃圾分类工程、道路亮化工程、2013年交通安全设施配套及改造工程；便民工程主要包括2013年顺义区老旧供热管网消隐工程、燃气管网安全隐患消除工程、微循环道路畅通、10个非物业小区积水、塌陷沥青路面改造、基础设施管理系统及地下管线隐患排查管理系统（二期）建设工程、南法信集中供热工程、顺平路南法信段北侧防洪排水消隐工程、区医院市政配套工程、机场东路公交港湾改造及道路景观提升工程。

三、供气：全区从事燃气供应的企业有47家。天然气销售15631万立方米，日高峰供气量47万立方米，管线长度1225.62公里，调压站84座，调压箱208个，用气户数14.5446万户，其中公服户数635户。液化石油气销售6709吨。用气户数约5万户；压缩天然气销售754万立方米，用气户数约1万户。

四、供热：全区纳入行业管理的集中供

热单位有33家，供热锅炉房49个。2013-2014供暖季全区供热总面积达到2133万平方米，其中居民供热面积1670万平方米，居民总户数16.4万户。

单位：北京市顺义区市政市容管理委员会
地址：北京市顺义区府前西街9号
邮编：101300
联系电话：81492856

（周　锋）

国土资源管理

【概　况】 顺义位于北京市东北郊，城区距市中心30公里，地处北纬40°00′-40°18′，东经116°28′-116°58′东邻平谷，北连怀柔、密云，西接昌平、朝阳区，南界通州区、河北三河市。区境东西长45公里，南北宽30公里，总面积1020平方公里。地处燕山南麓，华北平原北端，属潮白河冲积扇下段。平原面积占95.7%。地势北高南低，坡度为6/10000，北部山地最高点海拔637米，平原海拔25-45米，平均海拔35米。

单位名称：北京市国土资源局顺义分局
地址：顺义区仓上街11号
电话：（010）69445125
邮编：101300

（国土资源局）

【建设项目预审】 2013年，完成建设项目预审110项，涉及用地总面积约1134.98公顷（17024.7亩）。

（国土资源局）

【征地及农用地转用】 共办理征地手续29宗，用地面积约651.43公顷（9771.45亩），其中农转用170.11公顷（2551.65亩），补充耕地78.27公顷（1174.05亩）。

（国土资源局）

【土地储备开发】 2013年，顺义区累计完成一级开发投资55.09亿元，其中分中心为主体项目完成投资33.18亿元，占投资总量的60%，累计完成一级开发面积284.34公顷（4265.1亩）。

（国土资源局）

【保障房供地】 2013年，市政府向顺义区下达的保障房供地指标共计99公顷（1485亩）。全年完成保障性安居工程用地供应10宗，总用地面积98.23公顷（1473.45亩），占全年任务指标的99%。其中公租房用地3宗，总用地面积22.61公顷（339.15亩）；定向安置房用地5宗，总用地面积59.58公顷（893.7亩）；限价房用地2宗，总用地面积15.77公顷（236.55亩）。

（国土资源局）

【土地入市交易】 共完成入市交易土地18宗，总用地面积129.67公顷（1945.05亩），总成交价108.9亿元，实现政府土地收益56.21亿元。与去年同期相比，总用地面积增涨7%（121.34公顷，1820.1亩），总成交价增涨4倍（26.27亿元），政府土地收益增涨近12倍（5亿元）。其中：经营性用地入市10宗，总用地面积87.27公顷（1309.05亩），总成交价101.89亿元；工业用地招拍挂8宗，总用地面积42.4公顷（636亩）。

（国土资源局）

【农村集体土地确权登记颁证】 完成农村土地确权登记发证各项工作。集体土地所有权确权登记应发宗地数1730宗，面积79001.17公顷（118.5万亩）；已发证宗地数1599宗，面积75814.02公顷（113.72万亩），其中村集体所有权宗地1506宗，面积75442.37公顷（113.16万亩）；镇集体所有权宗地93宗，面积371.65公顷（0.56万亩）。发证率按面积算为96.19%，按宗地计算为

95.52%。此外，顺义区农村集体土地建设用地使用权外业调查工作已经完成，共计5800宗地。

（国土资源局）

【土地权属登记】 土地抵押权初始登记350宗，抵押总面积831.97公顷(1.25万亩)，贷款总金额386.9亿元。办理国有土地使用权抵押权注销登记322宗，抵押注销总面积859.42公顷（1.29万亩），抵押注销贷款总金额270.96亿元。国有土地使用权登记453宗，登记总面积493.1公顷（7396.5亩）。其中，国有土地使用权初始登记65宗，共159.33公顷（2389.95亩）；国有土地使用权变更登记388宗，共333.77公顷（5006.55亩）。宅基地使用权登记375宗，其中，初始登记25宗，变更登记16宗，挂失补办168宗，宅基地更名166宗，登记总面积13.36公顷（200.4亩）。

（国土资源局）

交通运输

【概　况】 年内，顺义区交通运输从业人员3.19万人，运输经营者8766户，运营车辆21417辆。公交线路95条，轨道交通线路1条。完成客运量2.35亿人次、货运量2635.05万吨，同比分别增长10.68%、10.65%；实现交通运营收入37.87亿元、区内生产总值9.47亿元、上缴税金7121.94万元，交通运输保障能力进一步增强。

单位名称：顺义区交通局
地址：顺义区府前西街7号
电话：（010）69444637
邮编：101300
网址：www.jiaotj.bjshy.gov.cn

（白海鹏）

【新增液化天然气公交车】 1月，顺义区交通局新增15台大型环保液化天然气（LNG）公交车辆，新车全部以液化天然气为动力来源，减少PM2.5以及氮氧化合物等有害气体排放。15部新车已全部投放至顺2路运营。

（白海鹏）

【春节黄金周运输服务保障】 春节期间，顺义区内公交客运企业共投放运营车辆524部，发车36406班次，完成客运量203.56万人次，同比分别增长10.08%、1.97%、3.45%。共出动执法人员630人次、执法车辆118辆次，劝返不符合进京条件车辆18辆，查扣非法运输烟花爆竹车辆3辆，查获假冒伪劣烟花爆竹23箱共446公斤。

（白海鹏）

【偏远乡镇开通就业班车线路】 3月，顺义区交通局在满足城乡居民日常出行的基础上优化、调整公交线网结构，组织空港开远客运公司开通“山里辛庄（龙湾屯镇）至T3航站楼”、“李家史山（北石槽镇）至T3航站楼”就业班车线路。

（白海鹏）

【安全生产标准化培训】 5月16日，顺义区交通局联合区安监局、区安全生产协会组织辖区内110家货运、机动车维修企业的安全生产负责人及安全员开展安全生产标准化培训和考试，共220人参加培训。培训的内容包括安全生产标准化三级评审标准、评审申报程序及评审工作要求等。

（白海鹏）

【换发出租汽车营运证件】 6月3日至9日，顺义区交通局对辖区内6家出租车公司、702辆出租车、1274名驾驶员开展为期一周的年度审验换证工作。

（白海鹏）

【GPS 使用情况专项检查】 6月20日至7月20日，顺义区交通局对辖区内18家危险货物运输企业519辆化危车、2家旅游客运企业665辆旅游大巴的GPS系统使用情况进行专项检查。

（白海鹏）

【优化调整公交线路】 8月，顺义区交通局围绕新建居住区、保障性住房小区，优化调整顺3路、顺31路、顺37路等三条公交线路，强化公共交通的服务属性。调整后站点设置更方便马坡、天竺等多个小区居民的日常出行。

（白海鹏）

【公交智能指挥调度中心新增网络查询】 9月1日起，市民可通过手机或电脑登录北京顺义公交网（www.bjsygj.cn），根据自身需求按照“线路”、“站点”、“换乘”三种方式实时查询有关公交出行信息。

（白海鹏）

【区域电动出租车示范运营】 年内，为进一步提升城市运行服务保障能力，满足辖区市民出行需求，顺义区全面启动实施电动出租车辖区内示范运营工作。顺义区交通局起草《顺义区电动出租车示范运营工作方案》并提请区政府会议审议通过。

（白海鹏）

【公交基础设施】 年内，顺义区交通局新建天竺、后沙峪、等14座农村首末站，新建100座、更新57座候车亭，建设完成顺密路便民公交换乘站（一期）工程。

（白海鹏）

公路建设

【概　况】 2013年完成公路建设、养护项目24项，完成投资9.56亿元。其中，新改建工程完成投资4.08亿元，提级改造工程完成投资654万元，大修工程完成投资2.66亿元，中小修等养护工程完成投资1.10亿元，乡村公路建设养护工程完成投资1.50亿元，“7.21”水毁修复工程完成投资261万元，路网外场设施建设维护工程完成投资1262万元。全年修建公路167公里，新增公路里程29公里。全区公路总里程达到2833.087公里。

单位名称：北京市交通委员会路政局顺义公路分局

地址：顺义区府前东街8号

电话：（010）69423587

网址：http：//www.sygl.net.index.aspx

（顺义公路分局）

【首都平原造林工程】 2013年是首都平原造林工作的第二年，分局承担路政局百万平米造林8%的工作任务，涉及顺平路、桔柳树环岛、罗马环岛3个项目，合计绿化里程9.45公里，新增各类绿化苗木9.9万株，新增绿化面积10余万平米，总投资570万元。

（邓小刚）

【李天路大修工程】 9月1日，李天路大修工程完工。该工程东起通顺路，西止机场东路，道路长2.237公里。技术等级为二级公路，设计时速60公里/小时。横断面为“一块板”形式，路面宽12米，路基宽14米。2013年7月2日开工建设。由北京市交通委员会路政局投资，投资总额838万元。

（杨 霞）

【北韩路大修工程】 10月8日，北韩路大修工程完工。该工程南起顺密路路口，北至奥特茂林构件厂门前，道路长3.68公里，技术等级为三级公路，设计时速40公里/小时。2013年6月27日开工建设。由北京市交通委员会路政局投资，投资总额1276万元。

（薛 萌）

【龙塘路大修工程】 10月21日，龙塘路大修工程完工。该工程西起中干渠路，东止顺平南线，道路长8.78公里。技术等级为二级公路，路面宽15米，路基宽18米。2013年7月22日开工建设。由北京市交通委员会路政局投资，投资总额5061万元。

（曹 松）

【顺平南线大修工程】 10月25日，顺平南线大修工程完工。该工程西起机场东路，东止通顺路，道路长2.7公里。城市主干路，横断面为三幅路形式，其中主路宽15.6米，两侧机非分隔带各宽2-3.8米，两侧非机动车道各宽6米，两侧人行步道各宽4米。2013年7月25日开工建设。由北京市交通委员会路政局投资，投资总额3186万元。

（郝 毅）

【顺密路溢洪道桥旧桥加固工程】 11月20日，顺密路溢洪道桥旧桥加固工程完工。该桥位于顺密路，跨越唐指山水库的溢洪道，桥梁全长30.04米，全宽15米。桥梁荷载标准为公路Ⅰ级。2013年8月1日开工建设。由北京市交通委员会路政局投资，投资总额142.6万元。

（周秋立）

【实施公路检查井安全隐患治理】 为保障车辆、行人的出行安全，分局对区内管养公路上的检查井井盖丢失、井周沉陷破损等安全隐患进行治理，治理措施为：加固检查井上部结构、增设安全防坠网、修复检查井周边路面等。共涉及白马路、右堤路、天北路、顺白路、顺平路5条道路210座检查井。

（杜 勇）

【路基整修确保汛期排水顺畅】 集中力量对区内管养道路路基进行大规模标准化路肩边沟整修、积水点整治工作，确保汛期排水畅通。完成边沟开挖与整修520公里/48条、清掏涵洞600座、清运垃圾9600立方、边涵重建16处、治理积水点20处，使用人工36000工日、挖掘机1200台班、运输车辆1200台班。

（杜 勇）

【获年度全国市政金杯示范工程】 机场东路南环立交新建工程获我国市政行业在工程质量方面的最高荣誉“全国市政金杯示范工程”奖。工程紧邻首都机场，是机场东路与南环路相交处一座互通式立交桥。桥梁全长587.92米，宽30-34米。2009年7月5日开工，2010年11月5日完工。工程总投资1.28亿元。工程的竣工实现机场东路的全线贯通，沟通李天路、顺沙路、南环路及六环路，形成首都机场周边一条物流运输的快速通道，为促进顺义区经济发展做出了重要贡献。

（王 淼）

【路政管理】 依法行政，全年办理行政许可202件，收取补偿费348万元；实施行政处罚114件，收取罚款47万元，处理各类赔偿案件126件，收取赔偿费48万元。严厉打击擅自设置非公标、开设道口、埋设管线等严重违法行为，集中行使行政强制权9次，强制拆除擅自设置非公标200余块，拆除擅自埋设管线3.75公里。协同顺义区治超办开展多次联合治超行动，累计检测车辆12万次，卸载2.1万吨。

（刘宝华）

【路网管理系统外场设施建设】 路网信息化外场设施新增14处，其中独立建设12处，随路建设2处。涉及通顺路、顺平路、木燕路、白马路、顺平南线等8条县级以上公路，共增设4种23套外场设备，投资1262万元。现已建成公路路网信息化点位91处，包括视频监控、交通运行状态检测、轴载检测、交通量调查、可变情报板和水位雨量监测设备。

（佟慧超）

环卫服务

【概　况】 2013年，全区新增道路清扫面积17364平方米，环卫中心负责的道路清扫保洁面积达到340.5万平方米。其中，机械清扫面积118万平方米，车行道机扫率为85.5%。全年共清运垃圾180580吨，其中城区51896吨，农村128684吨，清掏粪便9725余吨。

单位名称：顺义区城镇环境卫生服务中心

地址：顺义区新顺南街5号

电话：（010）69444468

网址：http：//www.bjshyhw.com

（王晶晶）

【应对雾霾天气】 一是出动10辆道路清扫新工艺车辆，对城区56条340.5万平方米道路实施全天候密闭式干吸作业，防止道路扬尘；二是出动6辆喷雾降尘车辆，对城区道路实施全天候喷雾降尘作业，水中加入适量融雪剂，避免因天气寒冷形成结冰；三是加强全区垃圾清运工作，及时清运垃圾，实行密闭式运输，避免运输过程中造成二次污染；四是城区道路环卫作业加大捡拾力度，禁止使用扫把作业造成扬尘污染；五是停止部分公务用车的使用，减少环境污染。

（王晶晶）

【首辆护栏清洗车投入使用】 2月20日，区首辆护栏清洗车投入使用，对城区府前街、光明街、新顺街等主要街道的护栏进行集中清洗工作。本次清洗工作共出动人员4名，护栏清洗车1辆，历时3个小时，完成了全长6500米的护栏清洗。

（王晶晶）

【快速保洁】 年内，投入使用6辆电动快速保洁车，用于替代传统人力三轮车，实施不间断快速巡回保洁。目前，电动保洁车主要用于城区府前街、光明街、新顺街等主要街道的保洁工作。

（王晶晶）

【GPS卫星监控车载设备】 年内，为加强环卫作业车辆的科学管理，环卫中心对250辆作业车辆安装GPS卫星监控车载设备，使机械化作业向智能化、科学化管理方式迈进。届时将通过中心的监控平台，主要实现作业车辆定位跟踪、油耗监管、超速预警、故障诊断以及人员车辆的调度。

（王晶晶）

【农村生活垃圾清运】 年内，环卫中心召开全区农村生活垃圾清运工作会议。会议通报自2013年4月份开始，首都环境办联合11个相关部门，采取暗查和现场评价相结合的方式，对我区环境建设进行专项检查的情况。一是挖掘现有清运潜力。充分利用现有资源条件，优化配置作业力量，19个乡镇转运站作业车辆设备统筹调动，实行跨区域作业，确保现有人员资源设备发挥最大效率；二是提升运力。针对垃圾量增长幅度较大的乡镇，环卫中心积极与各镇政府沟通协调，增加车辆设备，提升清运能力；三是扩大清运覆盖面。与各镇政府沟通协调，将各镇域内企事业单位生活垃圾纳入现有清运体系，努力做到各镇镇域内生活垃圾清运全面覆盖；四是推行绩效工资改革。以高丽营转运站为试点，采取推进以工作量为考核目标的工资制度改革，充分调动职工工作动力和活力；五是提升作业质量。加大监管力度，重点整治车容车貌、渗滤液遗撒、垃圾外挂、桶箱根不净等现象，加强车辆维修保养工作，严格落实作业车辆清洗制度，规范操作流程，提升作业质量；六是深入作业包片机制。机关干部下基层、处级领导干部包片制度常态化，切实解决清运问题，提升环卫服务质量。

（王晶晶）

【举办“环卫工作体验日”活动】 10月25日，成功举办第三届“环卫工作体验日”暨“蓝天行动”志愿服务活动。本届“环卫工作体验日”活动共征集来自企事业单位的50余名志愿者体验道路保洁、垃圾清运、果皮箱清掏等工作。通过开展此次活动，志愿者感受到全区环境建设成果的来之不易，表示要用实际行动影响并带动全社会关心环卫工作、尊重环卫工人、增强环境意识，共同营造干净整洁、靓丽文明的城市环境。

（王晶晶）

环境保护

【概　况】 2013年，以改善环境质量为根本，以污染减排为抓手，以执法监察为保障，全面推进环境保护工作，服务经济转型升级，主要污染物排放量继续下降，全区生态环境质量进一步改善。

单位名称：顺义区环境保护局

地址：顺义区府前西街铁路桥西

电话：（010）69428152

邮编：101300

网址：http：//www.syhbj.bjshy.gov.cn

（李新颖）

【大气污染防治】 以降低PM2.5（细颗粒物）浓度为重点，制定实施《顺义区2013—2017年清洁空气行动计划》，明确9大减排工程和53项治理任务，区域空气质量呈总体改善趋势。2013年顺义区二氧化硫、二氧化氮、可吸入颗粒物三项污染物浓度同比平均下降3.1%，降幅在全市排名第5。一是机动车污染防治不断加强。二是扬尘污染得到有效遏制。三是重点污染源治理进一步加强。四是重污染日应急机制初步建立。

（李新颖）

【主要污染物减排】 年内，二氧化硫排放总量比2012年下降67吨，氮氧化物下降315吨，削减率分别为1.06%和3.35%，均超额完成1%的目标值；水污染物化学需氧量排放总量比2012年下降380吨、氨氮下降46吨，削减率分别为2.05%和2.02%，均超额完成2%的目标值；挥发性有机物削减843吨，超额完成10%的任务目标值。

（李新颖）

【环境监察】 一是制定并实施《顺义区环境保护监察网格化管理工作方案》，将全区368家重点排污企业，261个环境要素监管点按照五级管理，分解至一线监察执法人员，逐步构建一个覆盖全区、责任到人、监管到位的环境监管网络，全面提升环境监察规范化、精细化水平。二是制定并实施《顺义区2013年整治违法排污企业保障群众健康环保专项行动工作方案》，继续深入开展针对重点规模化畜禽养殖场和涉重金属、危险化学品、餐饮、医药等企业的环保专项行动，严厉打击违法排污企业。三是全面调查温榆河、潮白河等5条主要河流205个排污口，制定排污口台账及达标治理工作方案；严格落实“河长”制和网格化监察管理，确保水环境监管横向到边，纵向到底，不留“真空”；加大对全区42个重点河流断面的巡查力度，每月对断面水质进行监测。四是以日常管理和应急演练相结合，切实保障辖区环境安全。把好行政许可关，定期检查涉源单位和放射源、放射线装置单位。抓好环境安全隐患排查，定期排查危险化学品、危险废物、涉氨等风险单位，切实消除安全隐患。加大应急演练频次和力度，不断提高应急队伍与相关部门联动能力，增强应急实战经验。

（李新颖）

【生态创建】 年内，顺义区 8 个行政村荣获“北京郊区生态村” 称号。截至到 2013 年底，顺义区共创建国家级生态镇（原全国环境优美乡镇）15 个；国家级生态村 1 个；北京郊区环境优美镇 17 个，占全区乡镇总数的 89.5%；北京郊区生态村（原北京郊区生态文明村）322 个，占全区行政村总数的 84.5%。

（李新颖）

【标准化建设】 全面推进标准化建设工作，不断提升环境管理能力。一是环境监测标准化建设切实加强。购置离子发射光谱等 66 台监测仪器，新增重金属、挥发性有机物等 98 个项目监测能力。二是环境监察队伍素质不断提高。加强执法队伍建设，将学历高、专业匹配、经验丰富的人员充实到执法一线。三是环评审批助推产业结构调整。主动介入重大项目，及时掌握项目进展情况，减少“小、散、低、劣”企业投资。

（李新颖）

【环保宣教】 一是拓展环保宣教平台。开通“环保顺义”官方微博，向民众通报生态文明建设、节能减排、环境执法、环境质量等重大事项。二是突出宣传重点主题。以顺义区清洁空气行动计划为重点，制定主题宣传日方案，开展“关注 PM2.5 携手污染减排”社区巡展等一系列宣传活动，积极向公众宣传空气质量改善措施和进展，引导公众、企业、社会自觉践行减少污染排放的文明行为。三是积极加强媒体合作。主动联系北京市环境保护局宣教部门、区委宣传部、区电视台、电台、顺义时讯等新闻媒体，建立长效联系机制，开展环保重大事项跟踪宣传。

（李新颖）

园林绿化

【概　况】 顺义区园林服务中心为顺义区城市园林绿化业务主管部门，正处级差额拨款事业单位，其主要职责任务是承担园林、绿化等事务性、服务性工作，职责范围包括顺义城区、顺义新城、各中心镇、市区级开发区以及区政府指定绿地，归口顺义区市政管理委员会。园林服务中心机关内设职能科室 5 个，有下属单位 9 个。截至年底，实有职工总数为 317 人，其中，专业技术人员 79 人，含中级职称 19 人，初级职称 38 人，技术员 22 人。直接管理园林绿地共计 114 处、588.05 万平方米，其中 2013 年实施重要节点园林景观提升工程新增加绿地面积 6.43 万平方米。所辖绿地特级 32 块，333.59 万平方米，一级 17 块，112.36 万平方米。区属注册公园 8 个，面积 105.52 公顷，其中，顺义公园为北京市重点公园，顺义公园、卧龙公园、减河五彩园、光明文化广场、仁和公园等 5 个公园为北京市精品公园。

单位名称：北京市顺义区园林服务中心

地址：北京市顺义区石园西路 AMB 大厦 A 座 9 层

电话：（010）89443205/89443753

邮编：101300

网址：http：//www.yl.bjshy.gov.cn

（园林中心）

【顺义区重要节点景观提升工程】 顺义区重要节点景观提升工程是顺义区2013年重点工程项目第59项，该工程以三横（京平高速、白马路、顺平路）六纵（京承高速、顺安路、右堤路、左堤路、规划一路、木燕路）路网绿化为构架，选择其中重要区域节点，按照城市园林的设计手法进行园林设计，通过园林绿化，提升整体景观。建成后，初步形成顺义“三横、六纵、二园、十二点”的景观格局。十四个重要节点总绿化面积近13万余平方米，其中新建节点4处，升级改造节点10处。

（园林中心）

【国庆花卉布置工程】 分别在光明文化广场、顺义公园西门摆放“祖国万岁”、“携手共祝中国梦”两座主题花坛，此外，调整城区主干道两侧，包括府前街、新顺街、光明街等原有花箱、花篮、花塔内花卉品种，同时在城区各公园营造不同氛围的花境，营造欢乐祥和节日氛围。本次节日花卉布置工程共计摆放鸡冠花，黄小菊等各色时令花卉40余万盆。

（园林中心）

【城区公园文化活动】 2月1日至20日，第十届水仙花展共展出500余件共计2000余株风格各异的水仙盆景作品。花展还设置猜灯谜等互动型文化活动，通过设置展板、发放宣传资料等方式向市民介绍水仙花养护等园林科普知识。4月26日至5月5日，减河公园第六届郁金香花展在减河河畔设置象舞春潮、蝶恋百花、园内牧歌三个景点以及数个夜景区，展出近20个品种的各色郁金香以及牵牛、南非万寿菊、三色堇、孔雀草等时令花卉20余万株。6月25日，顺义区第十一届荷花展在万余平方米的荷塘内展出万寿红、芙蓉、白衣战士、八一莲、楚天祥云等七十余个品种的各色荷花，此外，还在园路两侧布置了盆景荷花千余盆，睡莲、香蒲、花叶芦竹、扶桑等水生、时令花卉五千余盆。

（园林中心）

【顺义区第五家精品公园】 12月，2011年建成开园的顺义区仁和公园被北京市园林绿化局评定为精品公园，成为顺义区第五家精品公园。

（园林中心）

【新增一级绿地】 12月，顺义区仁和公园在北京市园林绿化局组织的2013年绿地等级评定工作中，经植物配置、植物生长状况、管理措施、设施维护等多方面考评，最终获评一级绿地等级。至此，区园林服务中心养护管理的特级、一级绿地已达49块，总面积近470万平方米，占中心养护管理绿地总面积的近80%。

（园林中心）

自来水公司

【概　况】 2013年供水4755万吨，日最高供17.2水万吨，漏失率控制在8%以下；铺设直径75毫米以上管线81.6公里，新增用水单位63个，新增供水面积2平方公里，砌筑节门井、水表井、消防栓井2261座，更新IC卡水表6万余块。

单位名称：北京市顺义区自来水公司

地址：顺义区府前东街10号

电话：（010）69444463

邮编：101300

网址：http：//zilshgs@bjshy.gov.cn

（自来水公司）

【保障供水】 为保障正常供水，各供水部门对供水设备进行全面检修保养，水厂、水源地维修水泵30余次。维修水表井、阀门井406座，维修更换节门953个。为孤寡老人无偿解决实际用水困难21次，应急抢修76次，查处违法用水4处。

（自来水公司）

【确保全区安全供水】 在用水高峰期前，完成对全区9座水厂和4个水源地的设备维修和保养、并且加强对输配水管线及设施的巡查维护。各水厂还完成水池清洗工作，以保证供水水质。公司管网与潮白河管理处管网联接，潮白河管理处水源可作为备用应急水源，为供水高峰期供水提供了保障。

（自来水公司）

【强化企业管理】 2013年，自来水公司，经过近一年的积极准备、筹措，自查和整改，顺利通过一系列的严格验收、评审，一次性通过了安全生产标准化验收，成为全市自来水行业第一家通过安全生产标准化二级的企业。为公司24辆车安装GPS全球定位系统，为车辆管理提供可靠数据的同时也为应急抢险调度车辆提供重要信息。

（自来水公司）

【水厂建设】 在高丽营水厂装配两台160KW的机泵及配套设施，置换了2台90KW的机泵；在杨镇水厂装配两台110KW的机泵及配套设施。六水厂完成对新机房1、2号电机、水泵、液压蝶阀的安装调试工作。配合供电局完成六水厂供电增容工作。由原来80KVA增容至400KVA，提高了电源设备的保障能力。三水厂输水管线工程全部竣工。对第五水厂53井实施了改造，使单井每小时由原来的80吨提高到160吨，为避峰就谷，节能降耗创造了条件。

（自来水公司）

【水源地建设】 三水源地出线电路工程现已全部完成。工程包括配电室内5面高压配电柜，16座箱变，8公里电缆。三水源地新开凿水源井3眼；二水源地新开凿水源井1眼；东府水源地、龙王头村和富各庄村各新开凿一眼；忻州营开凿3眼；和谐广场开凿3眼。东府水源地对47#水源井进行了电机水泵的维修工作。二水源地、三水源地全年修井22次，加泵管27米，保障水源井出水量。

（自来水公司）

【管线铺设】 配合市政管委，政府投资，完成新顺街、顺安路、三水厂输水管线、一水厂输水管线等，共铺设直径150毫米至1000毫米给水管线14.5公里。功能区供水管线，完成顺义新城、板桥创意天承产业基地等给水工程，共铺设直径200毫米至800毫米给水管线10公里。其它管网，完成宝泉钱币生产基地迁建、北京国际会展港等项目给水工程，共铺设直径100毫米至400毫米给水管线24.1公里。完成天竺新新家园、望泉家园等小区给水工程，共铺设直径80毫米至300毫米给水管线33公里。

（自来水公司）

【关注民生，提升服务水平】 新增光大银行售水点，并在公司设置1台自助售水机的基础上又增加石园街道办事处一楼、万科城市花园俱乐部一层、顺义银座村镇银行、鑫海运通大卖场双兴店共四处自助售水服务点。按规定在公司网站上定期公开水质信息，将检测结果向社会公布，使群众及时掌握水质信息。

（自来水公司）

【加强干部职工培训】 全年对初高级运转工、供水营销员培训23人，特种作业培训、复审45人。组织23人参加了一、二级建筑师考试及培训，13人报考了经济类中级职称评审。

（自来水公司）

【荣获市级表彰】 自来水公司被评为2013

年度北京市卫生红旗单位；“首都文明行业”称号；市级交通安全先进单位；安保科赵晶玮获得市级交通安全优秀管理干部称号。

（自来水公司）

供电公司

【概　况】　顺义供电公司负责顺义地区范围内的电网规划建设、运行管理、电力销售和供电服务工作。2013年，共负责110千伏变电站21座，主变45台，容量1986.5兆伏安；35千伏变电站11座，主变22台，容量223.2兆伏安；110千伏线路44条，长度284.438公里；35千伏线路33条，长度206.276公里；10千伏架空线路205条，长度2566.106公里；10千伏电缆线路363条，长度1167.737公里。实现全年安全生产无事故目标。全年完成售电量58.19亿千瓦时，同比增长8.8%；完成线损率3.43%；完成业扩报装接电容量56.52万千伏安；电费回收率100%。

单位名称：北京市电力公司顺义供电公司

地址：北京市顺义区顺达路6号

电话：010－81483347

邮编：101300

（供电公司）

【电网规划与建设】　开展“网格化”配网规划、配网优化研究和高压配电网规划工作，先后完成南法信、后沙峪、天竺地区配电网优化方案编制、《顺义地区“网格化”配电网规划报告》（与政府对接版）评审和顺义区高压配电网规划报告内审工作。与顺义区政府签署四座变电站的投资划分协议，完成110千伏层面电网工程立项核准4项，取得规划意见书2项。开展项目储备，完成110千伏层面电网工程可研编制5项，其中有3项已取得国网批复，同时启动220千伏东府站、110千伏北河站项目可研工作。大力推进重点工程建设，西马220千伏变电站110千伏线路切改、防汛重点项目双兴开闭站异地改造工程按期竣工投产。积极推进首都机场充换电站、顺义电动出租车充电站等项目建设。认真履行国网公司分布式光伏发电并网承诺，成功完成5个光伏发电并网项目。全年共投产变电容量10万千伏安、新开工变电容量10万千伏安。

（供电公司）

【经营管理】　建立“四会合一”管理新模式，将公司经济活动分析、同业对标、业绩考核和经营诊断分析四项工作内容合并为一，切实提高管理效益效率。认真落实内部控制建设要求，积极开展业务流程差异分析、穿行测试和自验收工作，为公司内控建设成果有效落地奠定基础。规范劳务用工管理，完成整体业务委托方案制定工作。

（供电公司）

【安全生产】　全面落实“安全管理提升”活动总体部署，扎实开展安全生产大检查、“安全生产月”活动。公司全年未发生安全考核事件，安全指标完成情况总体良好。加强应急预案体系建设，修订专项预案16个、现场处置方案35个。完成迎峰度夏、“两会”供电保障、恶劣天气等多项综合和专项应急演练。组织参加应急抢险技能大赛，加强公司应急处置能力。

（供电公司）

【营销与优质服务】　截至2013年底，顺义公司共管理营业客户361497户。其中抄表收费客户38084户，卡表客户24482户；110千伏客户6户、10千伏客户5359户、低压客户356122户。全区共有重要客户19户。

（供电公司）

【农电工作】 在公司营销部下设立农电管理中心，完成“一镇一所”农电管理模式调整。农电管理中心积极开拓创新工作思路，狠抓安全生产、优质服务、市场开拓、后勤管理、人力资源等重点工作，顺利完成年度工作任务目标。

（供电公司）

【科技与信息化】 申报专利9项，完成2项群众创新项目的验收工作。撰写科技论文27篇，其中6篇科技论文参与北京市电力公司优秀科技论文评比。

（供电公司）

北京顺义燃气控股有限责任公司

【概 况】 2013年，供销天然气22304万立方米，同比增长12.7%；销售液化气1243吨，其中送气下乡49225瓶；实现营业收入69679万元，增长9.5%；上缴税金3890万元，增加23.6%。完成工业总产值72146万元，增长1.8%；实现企业增加值15751万元，增长24.1%；实现净利润4924万元，增长30.8%。截止到年底，区内燃气管网总长1400多公里，调压站、箱312座，居民用户15.3万，公服用户723家。

单位名称：北京顺义燃气控股有限责任公司
地址：北京市顺义区仁和镇燕京街36号
电话：（010）89498078
邮编：101300

（燃气公司）

【安全运行与便民服务】 加大安全运行投入，增加人员和设备投入，19名巡线人员，7辆巡线车分片巡护全区天然气管网运行情况，确保问题及时发现，隐患及时消除。应急保障水平保持稳定，妥善处置“9.2”光明北街燃气泄漏、金宝花园燃气泄漏、双裕西区停气等3起事故，未发生次生灾害。延伸安检“一条龙”服务范围，增加免费更换软管项目。2013年安排民用户安检68204户，实际入户55298户，发现并维修漏气2258处，免费更换软管3107根。加强安检遗留户管理，力争不留死角、不存隐患，组建专门班组常态化查找，全年共补查遗留户3849户。加强公服用户安检力度，设专人负责，全年共检查552户次，发现并维修漏气65处。完成燃气管道改移，灶具、燃气表维修10032件。增设东方太阳城工商行、后沙峪工商行等售气网点两处，并实现系统联网，燃气运行调度中心用户服务大厅夜间售气延长至21：00，方便用户购气。完成10175户天然气自采暖用户补贴首次入户抄表工作，力争每户都享受到补贴。按时为19个新建住宅小区20881户居民接通天然气。

（燃气公司）

【消除老旧小区燃气安全隐患】 接管改造压缩天然气小区，完成蓝岸丽舍243户，东方太阳城4736户室内外燃气设施改造。城区23464户机械表换卡表工程完成23030户。完成燕京街—通顺路燃气管道消隐改造工程，新建管道2155米，调压箱3座，消除了安全隐患。完成胜利小区、法医医院房屋多年违章占压燃气管线的整改工作。结合“减煤换煤、清洁空气”行动计划，成功在南彩镇试点实施“液化气下乡”工程，销售优质液化气8919瓶，更换隐患钢瓶8919只。

（燃气公司）

【公司制改造】 依照区委区政府加快区域国有企业改制进程、推动经营性国有资产市场化运作的精神，年内，公司及下属企业实施公司制改造。依据现代化企业管理制度建立现代化企业框架，成立北京顺义燃气控股有限责任公司为母公司，下属5家子公司，为企业实现做大做强奠定了体制基础。同时，编写“2013—2017顺义燃气战略发展报告。

（燃气公司）

【战略合作项目】 与中石油昆仑燃气成立合资公司，建设顺义天然气母站项目，生产CNG、LNG；目前项目已通过区政府常务会批准，并签署了合作协议，成立了项目前期筹备组。

（燃气公司）

【燃气发展进程】 完成战略性工程李堡路次高压市政燃气管线敷设，提前为北石槽镇接通天然气，谋划浅山各镇燃气发展规划，加快实现天然气管网全覆盖。落实“清洁空气行动计划”，完成林河供热中心煤改气及杨镇工业区等38家企业锅炉煤改气工程；推进马坡镇天然气进村入户工程，完成石家营村室外主管道3000米，62户室内设施安装，完成庙卷村室外主管道600米，9户室内燃气设施安装。

（燃气公司）

【建设LNG、CNG汽车加气站】 与北京市燃气集团合作成立“北京绿源达顺清洁能源发展有限公司”，开发CNG、LNG汽车加气项目，目前顺燃CNG加气站、骏马LNG加气站已投入使用，九龙和机场东路加气站已基本建成，公司61辆公务用车油改气后燃料成本降低，经济效益与示范效应显著。

（燃气公司）

联通顺义分公司

【概　况】 联通顺义分公司前身是顺义电信局，是顺义本地主导通信运营企业，拥有技术最成熟、应用最广泛、覆盖最全面的通信网络。依托现已在顺义地区建成的语音网、第二代移动通信网、第三代移动通信网、第四代移动通信网、传输网、宽带接入网、IP核心骨干网等电信级专业通信网络，为顺义地区广大用户提供全方位、高品质的信息通信服务，包括固定电话、宽带接入、2G移动通信、3G移动通信、数据传输、互联网等多种电信业务、以及与上述业务相关的视频监控、系统集成、信息咨询等多种服务。随着信息技术的不断发展，公司逐年提升网络的服务与支撑能力，继续为顺义区域内用户提供最优质的服务。

单位名称：中国联合网络通信有限公司北京市顺义区分公司

地址：顺义区石园南大街16号

电话：（010）69441001

邮编：101300

网址：http：//www.liantong.bjshy.gov.cn

（马　迪）

【市场经营】 2013年公司坚持以融合业务为根本的经营理念，发挥企业优势，全面推进“三网融合”、“智慧顺义”建设进度以及社会信息化进程。2013年重点进行业务宣传推广，在各营业厅前、繁华地带推介光纤入户改造“宽带升速不提价”和融合业务，让更多的客户了解联通的优惠政策。为推动家庭信息化水平的提高，采用公众宽带网格化模式，将顺义区划分成18个网格，在每个网格建设沃家厅、专营店及便民服务点。工作人员进驻居民小区、农村600余场次，进行现场解疑，现场受理，现场安装，让百姓们不出社区就能享受到优质的产品、满意的服务。同时公司践行国家提出的“三网融合”目标，着力推广IPTV业务，实现了以光纤为基础的电话、电视、互联网三项业务的真正融合。2013年宽带非计时用户增长

6794 户；IPTV 增加 4045 户；3G 用户净增长 6.05 万户；2G 用户净增长 4.27 万户。针对企业客户，发挥在信息化资源和应用上的优势，针对汽车及机械制造、物流航空、药品快消品等不同行业积极组织客户交流会，并为客户提供多种行业应用增值产品，为有需求的客户量身定制通信方案。目前，行业应用新增数量同比 2012 年增长了 82.94%。

（马　迪）

【网络维护】　为加快宽带北京提速计划，全力开展新建小区的光覆盖和宽带升速的改造工作，共完成宽带升速 28233 户，并完成多次网络优化工作。修订《2013 年顺义分公司防汛工作预案》，成立防汛工作领导小组。并按照北京公司部署和顺义区防汛办要求，在林河局进行“北京联通 2013 防汛演练”。全年按照顺义区政府和北京公司相关要求，完成网络日常维护、优化、通信重点保障等工作，做到“有计划、有落实、有提升”，有效保证网络安全运行。在此同时，公司还出色的完成了“1303”会议、国资委视频会议、中国第十一届菊花展等多项通信保障工作。

（马　迪）

【网络建设】　2013 年顺义联通总体投资 6483.95 万元，其中：固网项目 3470.18 万元，移动项目 3013.77 万元。固网建设规模：覆盖 34 个小区、杨镇一街等 4 个村庄，FTTH 分光器折合端口数为 16068 线，覆盖用户 27017 户；完成 35253 户的光改，光纤覆盖 80%以上，测速合格在 98%以上；移动网建设规模：共安装 3G 主设备 25 套；安装 2G 主设备 5 套；完成了 21 个室外基站的开通入网，完成了 30 个室分基站开通入网，5 个 WLAN 建设。

（马　迪）

【安全生产】　始终坚持“安全第一，预防为主，综合治理”的方针，深入地开展创无违章企业的活动，认真贯彻落实安全生产工作规定和上级文件精神，严格执行各项规章制度。广泛开展通信设施保护宣传，增强全员消防意识。坚持做好安全生产教育培训工作，张贴标语宣传、悬挂条幅 6 幅，发放安全知识答卷 200 余份，使员工教育率达到 100%。坚持每月进行安全卫生监督检查，对查出的问题向各部门提出了改进意见和建议。组织各类培训共 91 个班次，586 人次；组织开展登山比赛、参观“永远的雷锋”主题展览、“健步长走、摄影采风”等活动。2013 年单位被评为“区级消防先进单位”和“市级交通安全先进单位”。

（马　迪）

邮　政

【概　况】　邮政局位于顺义新顺南大街 7 号，服务总面积 1021 平方公里，服务人口 91.5 万。下辖 5 部 1 室、5 个专业局（公司）、5 个邮政支局、27 个邮政支行。截至 2013 年末，邮政局全部从业人员共计 524 人（合同用工 210 人，劳务用工 314 人）。其中：储蓄 173 人（支行长 27 人、理财经理 27 人、储蓄柜员 119 人）；营业 76 人；投递 158 人；营销 38 人；管理 48 人；内部处理及分拣作业 31 人。

单位名称：北京市顺义区邮政局

地址：北京市顺义区新顺南大街 7 号

电话：（010）69444642

邮编：101300

网址：www.youzhj.bjshy.gov.cn

（田秀丽）

【主要指标】　全年业务收入累计实现

16261.62 万元，完成年计划的 115.96%，同比增长 33.67%；利润总额全年实现 5224.6 万元，完成年计划的 103.01%，同比增长 23.9%。资金、欠费、集邮周转率等各项财务管控指标均控达到考核要求。

（田秀丽）

【发展金融业务】 2013 年，邮政局代理金融业务完成 7251.28 万元，完成预算的 96.04%，增收 651.42 万元，增幅 9.87%。截止年底，余额规模达 48.52 亿元，活期余额达 12.66 亿元，活期占比达到 26.11%，同比增长 2.74 个百分点。商易通业务总保有量 119 户，户均余额 5.32 万元，户均余额在全市排名第三位。累计代收保费 1.66 亿元，完成全年指标的 168.99%，同比增长 272.30%；期交保费占比 6.57%，高于市公司平均水平 2.89 个百分点。

（田秀丽）

【创新发展函件业务】 邮政局加大国际小包业务发展力度，积极大型企业集团以及餐饮行业、培训行业、金融行业等专项市场，累计实现收入 4511.23 万元，完成指标的 229.11%用。

（田秀丽）

【战略发展集邮业务】 集邮专业在加大“花融天下，美丽中国”、“长走大会”、“龙舟大赛”等定制型业务开发的同时，通过开展珍藏邮品鉴赏会等方式实现了较快增长，累计完成业务收入 2579 万元，完成全年计划任务的 101.54%，比去年同期增长 33.86%。

（田秀丽）

【发展报刊、代理速物和增值业务】 一是着力开发万元邮路、商务期刊、数据库广告和校园市场，促进报刊专业稳步发展。累计完成报刊收订流转额 2587.54 万元。业务收入累计完成 737.59 万元，完成全年计划指标的 100.35 %，比去年同期增长 7.15%；二是稳固发展窗口快递，努力提升代理速物专业全资费业务收入规模。2013 年，累计实现全资费业务收入 926 万元，完成计划任务的 114.34%；三是整合自身资源，加快增值业务发展。增值业务围绕短信、机票、自邮一族等重点业务开展工作，全年累计实现收入 395.79 万元，完成计划任务的 102.27%，超计划任务 8.79 万元。其中机票协议客户开发取得突破，全年累计签订机票协议户 17 户。

（田秀丽）

防震减灾

【概　况】 2013 年，大力加强科技投入，做好监测设备的数字化升级改造，强化监测手段，加密震情会商，提高震情预报的准确性，修订完善应急预案，督促指导各单位各部门开展疏散演练，开展多种形式的防灾宣传活动，完成了地震安全保障工作。

单位名称：北京市顺义区地震局
地址：顺义区府前中街 5 号
电话：（010）69443890
邮编：101300
邮箱：dizhb@bjshy.gov.cn

（潘国榕）

【组织地震监测预报】 负责顺义区地震监测预报工作体系建设，组织开展地震次生灾害及其它人工诱发地震的监测和研究工作，负责全区宏微观地震监测、地震分析预报，观测点规划建设与管理、地震会商、地震信息交流、宏微观异常落实，制定顺义区地震监测预报方案并组织实施，负责对强震动观测设备的管理和维护，负责震情和灾情速报网的管理，对擅自向社会散布地震观测意见提出处罚建议，通过撰文及时澄清地震发生后种种谣传，负责震情跟踪的管理。2013年度获得了北京市监测预报工作先进单位。

（柳茂林）

【区内地震监测台网】 2013年全区地震监测台点共有23个。其中，前兆台点2个；测震台点2个；强震台点12个；流动测震点5个；宏观观测点2个。以上台点同时兼职为顺义区地震速报台网。台点全部实现数字化，提高了地震前兆观测资料水平。

（柳茂林）

【地震目录】 2013年，区地域内共发生大小地震18次，其中上半年5次，下半年4次，分别是：3月6日，Ml1.2；3月25日，Ml1.4；3月26日，Ml0.6；4月24日，Ml1.0；4月24日，Ml0.4；7月27日，Ml1.0；8月22日，ml0.8；9月7日，ml0.6；9月21日，ml0.7。

（柳茂林）

【震害防御】 会同有关部门建立震灾预防工作体系，对地震小区划工作进行技术指导和监督；管理建筑工程的地震安全性评价工作；管理以地震动参数和烈度表述的抗震设防标准；组织项目建设区域的地震烈度复核工作，监督生命线工程、重大工程、大型企业、重要城镇的抗震设防工作，破坏性地震发生后，根据灾情重新组织审定抗震设防要求，管理顺义区地震灾害预测工作，参与制定地震灾区重建规划；负责全区的工程建设场地地震安全性评价监督管理；负责全区建设工程抗震设防要求的监督管理；负责防震减灾法律法规和地震知识宣传。

（潘国榕）

【应急救援】 2013年，根据北京市地震安全保障的要求，完成区地震应急预案的制定和修订并报区政府批准。指导各镇（办事处）完成了地震应急预案编制工作，构成顺义区政府地震应急预案体系，并与北京市成功联网。加强应急物资储备；协调应急避难场所建设；统筹地震应急救援队伍建设；指导学校、企业、社区等组织开展地震应急疏散演练。推进应急避难场所建设工作。与区园林中心协作，按照GB 21734-2008以及DB11/224-2004相关标准完成了顺义公园、光明广场应急避难场所标识牌的设立工作。并购置了越野应急监测车，地震应急专业队员的应急服装、应急手电等常规的应急用品。

（鲍志国）

【防震减灾科普】 全年共开展进社区、进村庄宣传35次，参与区内组织的大型宣传活动5次，发放材料八万余份。

（柳茂林）

【档案管理保密工作】 建立健全地震档案管理规章制度，规范技术资料收集整理和归档秩序，明确保密人员职责，完善保密工作措施。对历年地震档案资料进行整理分类，确定保密级别，按照档案管理规定进行分类管理。

（潘国榕）

科技·教育

科　　技

科技工作

【概　况】 2013年，围绕区委、区政府中心工作和市科委工作部署，依据“十二五”科技发展规划确立的工作路线，以实施创新驱动战略为目标，以构建科技创新体系为主线，以提高科技支撑能力为抓手，扎实推进各项重点科技工作。

单位名称：顺义区科学技术委员会
地址：顺义区光明南街24号
电话：(010)69443483
邮编：101300

（闫兆东）

【科技进步考核科技进步先进县】 顺义区获评2013年全国县（市）科技进步考核科技进步先进县，燕瑛、姜惠琴、朱光楠、闫兆东等四位同志获评2013年全国县（市）科技进步考核先进个人。

（闫兆东）

【北京青少年科技创新大赛】 2013年3月21日-24日，第33届北京汽车北京青少年科技创新大赛在顺义举办。这是顺义区首次承办此项赛事。区科委、区科协、区知识产权局会同教委、公安、市政等相关部门完成各项筹备工作，确保大赛圆满举行。顺义区竞赛项目，获得一等奖5项，二等奖11项，三等奖22项。

（闫兆东）

【顺义区首届科技创新大会召开】 7月31日，顺义区首届科技创新大会在顺义宾馆召开。各委办局、中心公司、经济功能区等主要领导共计350人参加会议。

（闫兆东）

【科技项目运作】 年内，围绕科技部、市科委科技资金支持重点，紧密结合顺义区情，深入研究航空、汽车、装备制造等主导产业、临空经济高端产业功能区建设、新城建设、五彩浅山建设等方面的科技需求，积极整合区域科技资源，筹划运作科技项目，1～12月，完成创新基金、绿色通道等各类科技项目申报49项，获得上级科技资金5511万元。

（闫兆东）

【百家创新型科技企业培育计划】 按照“百家创新型科技企业培育计划”实施进度要求，继续深入开展国家级高新技术企业认定工作，不断壮大区域自主创新主体规模。

通过集中培训和深入企业一对一辅导，提高服务质量和水平，年内，顺义区获得科技部认定的国家级高新技术企业达到139家。

（闫兆东）

【扎实开展农民实用技术培训】 年内，顺义区科委充分发挥基层科技组织、农民专业合作社、农村科技协调员的作用，通过集中授课、播放课件、邀请农业专家深入田间地头实地指导等多种形式，扎实开展农民实用技术培训。1～12月底，完成农民培训11000人次。

（闫兆东）

【科研机构建设取得新突破】 年内，组织区内科技企业积极向市科委申报市级研发机构，获批3家，累计发展23家；累计发展北京市工程技术研究中心5家，北京市重点实验室2家。

（闫兆东）

知识产权工作

【概　况】 2013年针对顺义区知识产权工作的特点，紧密围绕“十二五”规划和首都知识产权战略的实施，制定并出台了《顺义区专利资助及奖励暂行办法》，广泛深入开展了知识产权运用保护。

单位名称：顺义区知识产权局

地址：顺义区光明南街24号

电话：（010）69443483

邮编：101300

（袁　博　闫兆东）

【知识产权宣传工作】 年内，召开“知识产权进企业”专题研讨会。邀请市局领导和有关专家对区重点专利试点、示范企业进行培训。4·26知识产权宣传周活动丰富，效果明显。4月23日，采取联合走访的形式，同区文委、区工商局、区科委、区法院等单位一起共同走访北京雅昌彩色印刷有限公司和北京恩布拉科雪花压缩机有限公司；4月25日，区法院知识产权庭开展集中宣判日活动，营造良好的知识产权法制环境。4月26日，在区大公园西门，联合各职能部门，搭建宣传咨询台，摆放展板，悬挂横幅，发放宣传材料5000余份。发挥空港12330工作站的作用，联系工业区重点企业，提供知识产权有关举报投诉案件的办理。年内，空港12330工作站再次被市局评为先进工作单位。

（袁　博　闫兆东）

【推动知识产权工作】 年内，顺义区深入开展专利试点示范工作。新发展专利试点企业2家，专利示范企业1家，全区累计发展专利试点企业65家，示范企业6家。加强企业知识产权申报工作的服务和管理，全区申请专利2318件，授权专利1212件，均创历史新高。

（袁　博　闫兆东）

【区专利资助及奖励暂行办法】 2013年7月31日，区召开首届科技创新大会。会上出台“1+3”系列科技政策。其中包括《顺义区专利资助及奖励暂行办法》，每年区财政设立资助奖励资金1000万元。旨在鼓励企事业单位和个人发明创造，提高专利申请、授权的数量和质量，促进专利产业化，从而增强顺义区自主创新能力。

（袁　博　闫兆东）

教　育

综　述

坚持以科学发展观为指导，以文化建设为引领，以深化改革为动力，以提高质量为核心，以队伍建设为抓手，脚踏实地、求真务实，顺义教育城市化发展进程进一步加快，促进了顺义教育全面、协调、优质、均衡、可持续发展，教育服务区域经济社会发展的贡献力得到有效提升。

一、教育改革有序推进

城乡联动改革进一步深化。项目管理得到加强，坚持季报制度，开展职责落实情况总结与交流。开展走进特色建设示范校暨优质校成果展示活动。以3所示范高中校为龙头，分别围绕不同主题，组织成果交流展示活动，25所学校参与。顺利完成“探索城乡教育一体化发展有效途径机制研究”“高中特色发展”“课程教材改革”等三个国家级教改项目的终期结题验收，城乡中小学一体化建设得到有效推进。组建西辛小学、石园小学等新的教育集团。

课程改革稳步推进。所有中小学都制定《学校课程建设规划》和年度课程实施方案，整体设计得到了强化，地方课程逐步建立。高中自主排课实验稳步推进，开展中小学三级课程建设情况调研。举办“民族传统节日文化校本课程建设”系列现场会。组织参加市课程建设先进单位、课程建设优秀成果评选活动。组织区第一届中小学校本课程优质录像课评选活动，10项优秀成果获市级一二三等奖，8项校本课程优质课获区级一等奖，优质课程上传到顺义教育信息网视频课程栏目，实现全区共享。

教学改革进一步深化。出台《顺义区落实<市教委切实减轻中小学生过重课业负担>的实施方案》，所有义务教育学校都签订了责任书，并总结交流减负增效的做法与经验，两所小学减负经验在全市减负现场会上进行了交流。教育教学研究6项成果获第四届北京市基础教育教学成果奖，9项成果获北京市第六届教育科研优秀成果奖。举办全国第四届“牛栏山杯”高效课堂教学展示交流活动和北京市优秀成果宣传推广（顺义分会场）活动。

教育合作与交流进一步加强。举办中美基础教育校长论坛，探索全球化、信息化背景下的基础教育改革、自我教育与拔尖创新人才培养等问题。选派19名骨干教师出国参加国际创新理论增强班培训。加强对外艺术交流，舞蹈、音乐等走出国门参加演出并获奖。少年宫被授予“中国文化夏令营基地”称号。加强与高校的合作，2所初中校分别与首都师范大学、北京师范大学联合办学。

二、两支队伍建设取得实效

师德建设切实加强。落实教育部《中小学教师职业道德规范（2008年修订）》和顺义区教委《严禁在职公办教师有偿家教和违规办班补课的意见》，促进行风建设。评选出顺义区首届“十大师德楷模”、师德楷模提名10人，评选出师德群体60个、师德标兵159个。1所学校的英语组荣获“全国五一巾帼标兵岗”荣誉称号，1名教师获首都“五一”劳动奖章，并被评为全国师德标兵。

干部培养有力推进。全面实施《顺义区

“十二五”教育系统干部培训规划》，开设干训班15个，其中第三期后备干部两个班77人分别赴华东师大和东北师大进行浸润式理论提升培训。组织15位干部教师参加东城、西城“名校·深度”岗位培训。完成52名城区、镇中小学、幼儿园及教委机关干部交流。公开招聘副园长6名。组织新任园长和村办园负责人参加管理实务培训。

教师专业水平进一步提升。教师继续教育工作稳步推进，全年开办培训班263个，共培训教师24958人次。组建第三期名师工作室20个。

三、终身教育体系进一步完善

学前教育品质不断提升。落实市、区学前教育三年行动计划，新建和改扩建4所公办园，接收4所小区配套园，建设18所村办园，共增加学位5570个。9所幼儿园完成扩班工程，落实17所幼儿园办园条件达标工程，建设农村托幼服务站11个。2所幼儿园被评为北京市示范园。

职成教育服务社会能力不断攀升。现代学院开设汽车电子技术、电气自动化和报关与国际货代3个新专业；与北京科技大学、北京航空航天大学等高校搭建“高起专、专升本、本读硕”一体化学历教育模式，开设工商管理、汽车服务工程、电气工程与自动化、机械设计与制造、行政管理等专业，合计招生245人。现代学院首次招收“五年一贯制”学生94人，实现“统招、自主招生、五年一贯制”多途径招生。中职院校27个专业招生1339人，就业工作圆满完成，中高职毕业生1367人，一次性就业率达到100%。面向区内外企事业单位员工和社会人员开展车工、铣工、维修电工、汽车维修工等中高级职业技能资格培训及鉴定544人次。高校联合办学深入推进，成人中专、大专、本科、研究生等各层次学历教育在校生共计11662人。领导干部创新管理、蔬菜园艺工、诗词楹联等各级各类非学历培训5万人次。品牌化培训模式得到拓展，“慧企讲堂”“创意大讲堂”共培训1500人次，“文化驻乡工程”和“阳光工程”共培训1700人次。

社区教育工作成果显著。组织召开全国学习型社区推进会，全国各地专家、社区教育工作代表近300人参加。印发《关于推进社区教育资源开放共享的意见》，首批18个学校的室外运动场地定时向社会开放。完成了第一套区域性特色社区教育教材——《绿色国际港》（历史篇、地理篇、文化篇、民生篇）。启动社区公益早教项目，每周为35000多名0-6岁儿童家长免费发送成长教育彩信。建设艺术、西点制作体验学习室，“学习超市”运行步入正轨。

学习型顺义建设不断深化。启动争创北京市建设学习型城市示范区工作。继续开展“绿港书香”全民读书活动和全民读书宣传日活动，营造全员读书的良好氛围。

特殊教育进一步加强。完善随班就读学生档案管理，加强教学研究与特殊教育师资培训，举办第八届特教专职教师评优课活动、第五届随班就读课堂教学活动暨教学设计大赛。在北京市特教案例征集活动中，143篇案例获奖。

民办教育进一步规范。把握好区域内民办教育整体布局，严格坚持标准，依法行政审批。定期换发民办学校办学许可证。组织学校参加市区社会组织评估活动，5所被认定为5A级单位，19所被认定为4A级单位，31所被认定为3A级单位。

四、教育环境持续优化

教育系统（基础）建设稳步推进。校安工程7所学校改扩建完工并投入使用，7所学校续建工程正在进行。学前教育三年行动计划工程进程过半，4所幼儿园建成投入使用，3所幼儿园正在建设中。中小学建设三年行动计划工程高质量推进，2 所改扩建学校工程完工并投入使用，3 所学校改扩建工程正在建设中。顺义区职业教育中心项目一期工程 13 个单体建筑主体结构施工已完成，二期工程 2 两个实训楼正在建设中。接收 2 所小区配套小学。完成各类校园修缮项目近 400 个。

装备设施进一步完善。共为各级各类学校配备设备 237732 件（套），新建理化生科学实验室 25 个、心理咨询室 3 个、数码显微互动显微镜教室 5 个、录播教室 20 个、视听阅览室 8 个，新配备图形计算器 12 套。为 15 所新建、改扩建学校（幼儿园）配备综合设备。为 22 所村办园配备幼儿玩具、生活家具等设备。

现代化、信息化水平进一步提升。12 所新建、改建校光纤接入，顺义区电子巡查系统网络得到优化改造。64 所学校完成了数字校园建设规划与方案设计，6 所学校被认定为北京市数字校园建设实验校。

考试工作不断规范。精心制定考试工作实施方案和应急预案，针对关键环节、关键岗位、关键人员，加强精细管理与重点培训，实现全方位全时段无缝化视频监控，保障考试安全有序规范进行。中高考成绩再创佳绩，高考全区 600 分以上 540 人，位居全市第五；39 人考入清华、北大，位居全市第四；本科以上录取人数为 3106 人，录取率为 69.4%，比 2012 年提升 1.6 个百分点。中考 500 分以上 1270 人（不含借考生），同比去年，在考生人数减少 66 人的情况下，500 分以上人数增加 306 人。在中考五科 15 个指标中，13 个指标超市平均指标。

督导工作稳步推进。对 19 个镇政府和 6 个街道办事处进行“落实教育法规，履行教育职责”联合督导；完成 42 所幼儿园全面实施素质教育情况的综合督导；聘请市、区专家参与督导，探索普通高中借力式诊断性督导模式；对特殊教育学校、少年宫进行调研式督导。以督学责任区形式，对全区所有义务教育学校开展专项督导，对部分中小学校贯彻落实市区减轻学生过重课业负担情况进行专项督导。

单位名称：北京顺义区教育委员会
地址：顺义区建新西街 1 号
电话：（010）69444324
邮编：101300
网址：www.shyedu.gov.cn

（周君姝）

学前教育

【概　况】 2013 年，顺义区幼儿园 78 所（不含附设幼儿园数），其中教育部门办园 46 所、集体办园 17 所、民办园 13 所、部队办园 2 所。离园幼儿 4656 人、在园幼儿 16962 人；教职工 2188 人。教育部门办园的专任教师学历合格率 100%，市级学科带头人 1 人，市级骨干教师 4 人，区级学科带头人 5 人，区级骨干教师 112 人，区级园丁新星 15 人，高级专业技术职务教师 3 人。全区一级一类幼儿园 33 所，其中北京市示范园 7 所，市级早教基地 24 所，均为教育部门办园。学前三年教育普及率 100%，0 至 3 岁幼儿受教育率 90%以上。幼儿园图书馆藏书 30.95 万册，校舍总占地面积 339818 平方米，总建筑面积 167037 平方米。教育部门办园固定资产总值 13291 万元。教育系统公办幼儿园全年教育经费投入（40246.8）万元，其中国家拨款（40249.6）万元，事业收入及其他收入（27.2）万元全部为国家拨款。

（周君姝）

【教师培训】 4月下旬，顺义区幼儿园常抓教师培训不放松。1.港馨幼儿园邀请市早教专家对《早起的人》《生活中的标志》《小球出洞》三节课做现场指导。2.双兴幼儿园开展“青年教师每月一技”汇报展示活动。3.天竺中心幼儿园、宏城幼儿园分别举行半日评优活动。4.港馨东区幼儿园开展“我的身体会唱歌”系列音乐培训。5.石园北区幼儿园邀请中国协和医科大学协和启迪心理咨询中心杨霞医生作《生命的意义与责任》讲座。6.义宾幼儿园开展“我是骄傲的幼儿教师”主题师德培训活动。

（李士文 徐振阳）

【市级示范园教学观摩活动】 6月25日，顺义区组织200余名新任教师走进市级示范园。与会教师走进宏城、幸福、建南、石北、仁和5所市级示范幼儿园，观摩五大领域特色教学活动，区教研室教研员针对幼儿五大领域发展特点、领域教学的核心价值进行现场讲解，并与新教师进行现场互动交流。

（单小红）

【15所村办幼儿园顺利开园】 9月1日，顺义区15所村办幼儿园顺利开园。共招收1042名适龄儿童入园，有效扩大公办性质学前教育资源覆盖面，确保农村幼儿能够就近享受安全优质的学前教育。

（陈民强）

【园所升级升类】 年内，顺义区深入推进园所升级升类工作。一是狠抓级类管理。学前教育科协同学前教研室深入幼儿园，结合园所管理和保教工作现状进行“一对一”指导。二是加强示范园验收工作。5月20至21日，市级示范性幼儿园验收专家组对怡馨、港馨2所幼儿园进行评估验收。

（单小红）

【顺义区全年新增幼儿园学位5570个】 2013年，顺义区共计新增学位5570个。分别是改扩建公办园4所，新接收小区配套公办园4所，新建村办园15所，新增部门办园和民办园2所。

（教 委）

【接收6所配套小学幼儿园】 年内，顺义区接收6所配套学校及幼儿园。配套小学2所，顺义一中附小、牛山第二小学，装修改造面积27130平方米，新增班数54个。配套幼儿园4所，牛山第二幼儿园、高丽营第三幼儿园、澜西园二区幼儿园及顺和花园幼儿园），装修改造面积13874平方米，新增班数48个。

（韩晓景）

中小学教育

【概 况】 2013年，顺义区小学42所（全部为公办）；另外有7所一贯制学校小学部，4所为公办一贯制学校小学部，3所为民办一贯制学校小学部。教学班1110个；毕业5324人，招生7487人，在校生38146人；教职工2991人。顺义区中学38所，其中公办33所（初中23所、完中2所、高中4所、一贯制4所），民办5所（完中1所、高中1所、一贯制学校3所），教学班787个；毕业9787人，初中5325、高中4462人；招生9786人，初中5789人、高中3997人；在校学生28484人，初中16656人、高中11828人。公办学校初中入学率100%，巩固率100%，毕业率100%，及格率100%；高中入学率86.2%，毕业合格率84.70%，应届毕业生高考录取率93.88%。学校教职工4329人。北京市特级教师14人，高级专业技术职务教师1168人。校舍总占地面积3335609

平方米，总建筑面积1141856平方米。图书馆藏书246.77万册，电子图书1721片；固定资产总值202014万元；教育系统公办中小学全年教育经费投入193419.2万元，其中，国家拨款192656.6万元，事业收入及其他收入762.6万元。

（周君姝）

【3项措施确保开学工作安全顺利】 2月，顺义区3项措施确保开学工作安全顺利。1.开展安全检查。采取学校自查与教委领导包片、各职能科室包校检查的方式，检查区内所有公办、民办学校及教育培训机构的校舍、水电、交通、消防、饮食卫生等各类安全情况。2.了解师生状态。填写师生返校情况统计表，做好缺勤情况说明；进班查看师生课堂情况，观察师生精神状态。3.做好常规工作。根据年度工作计划检查各校常规工作开展情况，加强学生习惯养成教育，确保师生及时进入工作学习状态。目前，全区教师共计9000余名，学生8万余人；全区145所各级各类学校全部安全有序开学。

（徐振阳）

【综合素质提升工程】 4至10月，顺义区在小学全面实施素质提升工程。依据《北京市中小学生综合素质提升工程项目管理办法》，在充分调研的基础上，顺义区确定区级统筹管理、学校自主运作的社会大课堂工作模式。区教委统一招标运营公司、统一确定必去、选去资源单位，经费全部下拨到学校，学校为责任主体。顺利完成一至六年级全部3万余名学生参加的社会大课堂活动。

（张晓宪　蔡　杰）

【高考成绩】 6月底，顺义区2013年高考成绩出炉。全区实际参加考试人数4442人。全区700分以上6人；600分以上540人，比去年增加405人，总人数全市排名第五。牛栏山一中文科考生曲奕臣高考总分（含加分）名列北京市第一。截至六月底，全区本科上线总人数2984人，比去年多294人，上线率为67.18%，比去年提高2.19%。

（徐振阳）

【中考成绩】 7月上旬，顺义区2013年中考成绩出炉。全区报考学生总数4487人。其中，有录取资格的考生4038人，借考生449人。500分以上考生1270人（不含借考生），占录取考生31.5%，比去年增加8个百分点。在考生人数减少66人情况下，500分以上人数增加306人。在中考五科15个指标中，有13个指标超市平均值。

（徐振阳）

【十大师德楷模】 9月6日，顺义区举行教师节庆祝暨首届十大师德表彰大会。顺义区教育研究考试中心董晨、顺义区特殊教育学校王颖等十人获得十大师德楷称号并受区委、区政府表彰，董晨代表十大楷模作事迹介绍。

（黄　杰）

【18所学校操场向市民免费开放】 11月起，顺义区光明小学、顺义五中等18所中小学校操场向广大市民免费开放。开放时间为双休日和节假日的6:00-11:00，14:00-20:00。

（徐振阳）

【义务教育均衡发展】 年内，顺义区义务教育均衡发展成果进一步凸显。1.硬件配置合理。每个镇至少保留1所中心小学和1所初中；在城区周边及重点镇高标准建设6所寄宿制中小学；90%以上公办中小学校舍得到更新。2.资源全员共享。成立3个城乡教育联盟，参与联盟各类活动的干部教师达数万人次。引进北京八中、史家胡同小学等名校办分校；新建成的俸伯中学和北小营中学分别与北师大和首师大合作办学。3.优质师资交流常态化。完成70余所中小学一把手岗位轮换，400多名教师的城乡交流。组建了两期 34 个名师工作室，每所学校均有骨干教师。边远农村学校教师年度考核优秀名额分配比例为 20%，高出城区学校 8 个百分点。

（徐振阳）

【维修校舍情况】 年内，顺义区全面完成校舍维修任务。完成 19 所学校防水改造、37 所学校供电改造、21 所学校供暖改造、6 所学校进行燃气改造、3 所学校消防改造、2 所学校给排水改造、64 所学校操场改造、20 所学校室外工程、27 所学校围墙改造、3 所学校外墙粉刷、6 所学校太阳能改造、42 所学校装修改造、4 所学校外墙保温改造、1 所学校食堂改造、4 所学校节水改造、4 所学校护坡施工、13 所学校绿化美化改造、5 所学校房屋维修、1 所学校倒迁，合同总额 3.9 亿余元。

（韩晓景）

职业与成人教育

【概　况】 2013 年，顺义区中等职业学校 7 所，其中 2 所为附设中职班；教育部门公办 2 所，民办 4 所，其他部门公办学 1 所。毕业 542 人，招生 746 人，在校生 1915 人。中等职业学校总占地面积 115183 平方米，总建筑面积 47096 平方米，固定资产总值 6799 万元。教育系统公办中职学校全年教育经费投入 8325.2 万元，其中，国家拨款 7997.2 万元，事业收入及其他收入 328 万元。成人学校 485 所。其中，成人学历教育学校 3 所，各层次学历教育累计招生 4000 余人，在校生 12300 余人；教职工 96 人，其中，专任教师 19 人。社区学校 6 所，无专职教师教职工均为临时外聘。农村成人教育学校（乡校及村校）445 所，无专职教师教职工均为临时外聘。民办成人培训学校 31 所，无专职教师教职工均为临时外聘。

（周君姝）

【顺义电大 2013 年春季招生】 3 月，顺义电大 2013 年开放教育春季招生结束。开放教育专科共设物业管理、建筑施工、网络编程等 7 个专业，招生 451 人；本科开设会计、工商管理、法学等 6 个专业，招生 310 人。专本科合计注册招收新生 761 人。

（徐振阳）

【农广校开展送教进军营活动】 5 月 16 日，顺义农广校农广校开展送教进军营活动。在张喜庄某部队开办计算机专业部队中专班，培训士兵学员 362 人。

（教　委）

【“社区义工服务志愿者管理培训”】 6 月 18 日至 21 日，顺义电大与顺义区民政局共同开展“顺义区社区义工服务志愿者管理培训”。培训对象为顺义区各镇、街道办社区工作人员，共 185 名人员参加。顺义电大与顺义区民政局聘请北京惠泽人咨询服务中心承担全部培训，培训模式采用参与式实战演练模式。

（张　静）

【职教中心建设项目情况】 职教中心建设项目（一期）列为 2013 年市政府重点民生工程。项目占地面积 331 亩，建设规模 11.4 万平方米，总投资 5.8 亿元，市区两级已到位资金 4.5 亿元，截至年末除综合楼外其余 13 个建筑单体已基本竣工。

（韩晓景）

民办教育

【概　况】 2013年，顺义区共有各级各类民办学校和教育机构94所，民办幼儿园13所，民办小学2所，民办普通中学6所，民办职业高中4所；培训机构69所，主要培训内容为文化补习、外语、计算机、文体、艺术、汽车驾驶等。2013-2014学年度共培训各级各类人员58756人。固定资产83万元，教学实习仪器设备资产值达到79万元，教学用计算机570台，多媒体教室座位数1641个，占地面积15.4万平方米，教学行政用房建筑面积4.4万平方米，体育场（馆）1200平方米，图书藏量127005册。

（杨广田）

【78所学校年审工作】 2至4月，顺义区开展民办教育机构年检工作。年审合格的各级各类学校有共78所，其中，中小学6所、职业学校4所、幼儿园13所、各类培训机构55所；学历教育在校生8156人，幼儿教育在园儿童1300人，培训学校在校学生18908人，毕（结）学生59928人；学历教育和幼儿园专兼职教师1340人，培训学校专兼教师1202人。

（杨广田）

【15所民办幼儿园年度考核】 11月19至25日，顺义区教委、区妇幼保健院、区民政局等部门组成考核小组，对全区15所民办幼儿园进行年度考核。对民办幼儿园的年度考核是促进民办教育走向正规化、科学化的重要举措，也是民办幼儿园评优、评先的重要参数。

（陈艳清　杨广田）

【鼓励支持民办学校发展】 年内，顺义区采取措施鼓励支持民办学校发展。一是1月13日，为民办学校配备党建学习资料。二是1月14日，投资9万余元为15所民办幼儿园配备儿童读物3375册，各类适合儿童发展特点的儿童玩具135套。三是支持指导民办学校做好卫生防疫及“H7N9”防控的工作，教委体卫科及中小学卫生保健所的专业人员奔赴各民办学校进行业务指导，投资2万余元为各校配备“84”消毒液2000瓶及体温计4000支。

（杨广田）

特殊教育

【概　况】 2013年，顺义区有特殊教育学校2所，开设班25个，结业20人、招生21人，在校生249人；教职工129，专任教师75人；残疾儿童入学率100 %、巩固率100 %。其中公办的北京市顺义区特殊教育学校占地面积4836平方米、建筑面积5924.68平方米，体育场（馆）面积1003平方米，图书馆(室)藏书1.4万册。固定资产总值675.38万元。全年教育经费投入1015.28万元，全部为国家投入。

（胡金侠）

【特殊教育工作调研式督导】 3月22日，顺义区政府教育督导对殊教育学校特进行调研式督导。督导的主要内容是学校硬件建设与使用、经费投入与使用、干部教师队伍、学校管理、档案资料、工作绩效与特色等。

（王跃文）

【走进“农业嘉年华”】 4月8日，顺义区特殊教育学校走进北京首届农业嘉年华活动现场，开展参观体验活动。该校师生、家长共计220多人参加。

（武红静）

【庆六一活动】 5月31日，顺义区特殊教育学校举办“童心飞扬，欢庆六一”活动。与会人员观看专题片《中国梦 我的梦想》和各班表演歌曲、朗诵、舞蹈等节目；品尝节日蛋糕。

（武红静）

【召开新学期工作会】 9月5日，顺义区特教学校召开新学期工作会。副校长王向辉提出新学期更高标准：1.坚持职业的本能，全身心投入工作；2.从满足学生的个性发展付出真情真爱；3.让制度成为学校文化，团队和谐，高品位享受工作生活。

（武红静）

【设立爱心超市】 12月12日，顺义区特教学校与北京韩美药品有限公司共建友好大会在特教学校召开。“北京韩美”工会组织“自愿爱心队”和特教学校共建“妈咪爱超市”，该超市为北京韩美公司捐资筹办的小型模拟超市，目的是训练特教学校职业部学生的社会实践技能，同时使学龄部住宿学生在封闭的校园里，能体验社会生活，提高学生认知能力、数学能力、交往能力、表达能力等。

（吴 靖）

【邀请特教专家来校讲座】 12月21日，顺义区特殊教育学校邀请资深特教专家、重庆师范大学脑瘫康复培训中心胡涵来校讲座。一方面进行理论培训，以“特教人员应有的物理治疗知能”为题，向与会同行介绍特殊儿童知觉与动作产生问题的根源、“动作”与“感官知觉”发展形成顺序及平衡的疗育观念。另一方面进行实操培训，胡涵该校不同残疾类型学生作现场评估，并给出康复建议，并对家长及教师进行现场指导。该校40余人来到学校参加。

（武红静）

教育督导

【概 况】 2013年，顺义区人民政府教育督导室坚持督导队伍专业化，学习型团队基本形成；督学工作规范化，实效性不断增强；督政工作制度化，有效提高依法履职的能力和水平；督导工作科研化，提高工作的针对性；宣传工作信息化，增强督导工作的影响力。2013年，对19个镇政府和6个街道办事处进行“落实教育法规，履行教育职责”联合督导；完成42所幼儿园全面实施素质教育情况的综合督导；聘请市、区专家参与督导，探索普通高中借力式诊断性督导模式；对特殊教育学校、少年宫进行调研式督导。以督学责任区形式，对全区所有义务教育学校开展专项督导，对部分中小学校贯彻落实市区减轻学生过重课业负担情况进行专项督导；高水平接受市督导室对我区教育督导工作专项督导。进行的督导调研与科研项目有《中小学督导评价网络平台建设与应用的研究》、《构建校外教育督导机制，促进青少年健康成长的研究》、《城区小学关于学生习惯养成评价的实践研究》等15个。

（王跃文）

【全面实施素质教育自评】 4月8日，顺义区政府教育督导室组织中小学、幼儿园、职业学校开展全面实施素质教育自评工作。各单位对照《评价方案》指标体系开展自评，撰写自评报告

（王跃文）

【42所幼儿园全面实施素质教育综合督导】 5月9日，顺义区召开幼儿园全面实施素质

教育综合督导总结会。各组专兼职督学分别就负责项目进行总结，肯定各园工作亮点和特色，查摆部分幼儿园存在的小学化倾向、规划与计划不紧密、干部教师培训针对性不强等问题。

（王跃文）

【校外教育调研式督导】 7月20日，顺义区政府教育督导室组织专兼职督学对顺义区少年宫校外教育工作进行调研式督导。督导组全体成员听取少年宫主任围绕近三年来校外教育工作举措、成绩与特色等工作汇报，随机查看教育活动4节，实地考察教学设备、设施及环境，访谈干部2名、教师6人，查阅相关档案资料。

（王跃文）

【义务教育均衡发展专项督导工作】 10月8日至11月6日，顺义区开展义务教育均衡发展专项督导工作。专兼职督学分赴6个督学责任区，依照“义务教育均衡发展专项督导方案”，通过听取校长汇报，查看课程开设情况、减负情况等资料，实地查看专室、体育器材等配备及管理使用情况，开展学生问卷调查等途径，对全区所有义务教育学校开展专项督导。

（王跃文）

【落实“减负”工作】 年内，顺义区全面落实“减负”工作。一是2月27日，召开教育系统领导干部工作会传达部署落实“减负”工作。会议传达市教委、市教育督导室《关于切实减轻中小学生过重课业负担的通知》精神。二是5月23日，开展减轻中小学生过重课业负担专项督导检查活动。以督学责任区为单元，分成六个督导检查组，对北小营中学、西辛小学等12所中小学校贯彻落实两个文件精神情况进行了专项督导，检查的主要内容包括减轻学生过重课业负担实施方案及落实情况；落实体育一小时情况；开展实验教学情况。

（王跃文）

牛栏山一中

【概　况】 2013年，北京市顺义牛栏山第一中学占地面积181652.31平方米、建筑面积80536方米，体育场（馆）面积31771平方米。图书馆（室）藏书7.94万册，电子图书500（G）册，订阅杂志、报刊364种。固定资产总值10732万元。全年教育经费投入21726万元，其中，国家拨款21726万元、自筹经费0万元。全年学校信息化经费投入1192万元，拥有计算机994台，多媒体教室座位2780个，校园网出口总带宽100Mbps，数字资源量3000GB，“信息技术”课程2课时/周（指周平均课时数）。普通教室69个、专用教室26个、实验室13个。教职工492人，其中，高级职称159人、中级职称147人。专任教师366人，包括特级教师4人、北京市骨干教师13人、北京市学科教学带头人2人；本科以上学历438人。开设高中教学班50个。毕业736人、招生600人、在校生1998人（包括寄宿生1947人）。高中录取分数线516分（本区），应届高考本科上线率93%。

单位名称：北京市顺义牛栏山第一中学
地址：北京市顺义区牛栏山镇育才大街1号
电话：（010）69411142
邮编：101301
网址：http://www.nlsyz.com.cn/niulanshan/。

（许　坤）

【高三英语组获全国五一巾帼标兵称号】 3月，牛栏山一中高三英语组荣获中华全国总工会授予的“全国五一巾帼标兵”称号。

（许　坤）

【校图书馆建成】　5月6日，牛栏山一中图书馆全面投入使用。该图书馆位于综合楼第四、第五层，建筑面积3808平方米，使用面积3070平方米。馆内设有图书借阅区、期刊阅览区、电子阅览区、工具书区、休闲区、自习区、阅读课教室、视听室等功能区，读者坐席750个。目前藏书7.8万册，可容纳762名师生同时阅读。并配备了现代化图书馆集成数字服务系统，所有图书均配置电子标签芯片，可实现基于多本书同时高速扫描的手动自动借还、图书自动化点检、防盗定位、自助打复印等功能。

（许　坤）

【获评民族示范校】　5月15日，牛栏山一中被北京市民族教育学会确立为“北京市民族团结教育示范学校”。牛栏山一中现有289名少数民族师生，占师生人数的8%。包括满、回、蒙、朝鲜、畲、壮、土家、白族等十一个民族。

（许　坤）

【人事任免】　10月，依据顺义区委常委会和顺义区政府常务会会议决定：张华礼同志任顺义牛栏山第一中学党委书记、校长，免去其顺义区委教工委委员职务。刘克祥同志任顺义区教工委副书记、顺义区教委主任，免去其顺义牛栏山第一中学党委书记、校长职务。

（许　坤）

【博学馆建成】　年内，牛栏山一中博学馆建成。博学馆位于教育楼二层至五层，分为“生命馆、青春馆、历史馆、宇宙馆”，总占地面积1200余平米。博学馆的建设具有辅助教学作用，博学馆涵盖等多个学科领域，在内容上注重不同学科间的知识整合、科学发展史的脉络呈现及前沿科技领域的发展。

（许　坤）

【三级课程】　三级课程指的是国家课程、地方课程和校本课程。年内，牛栏山一中进一步加强三级课程建设，在保证完成国家规定的必修课程的基础上，充分整合地方资源，开发校本课程，使国家课程校本化，地方资源课程化，初步实现了三级课程的扁平化设计、一体化管理。已开设了96门选修课，包括中科院课程、天文观测等一批特色鲜明的校本课程。地方课程包括《中小学生毒品预防》《中小学生预防艾滋病》和《践行志愿者》等方面的内容。

（许　坤）

【获评未成年人生态道德教育示范校】　12月19日，牛栏山一中被评为“未成年人生态道德教育示范学校”。来自全国29个省市61所学校获评，北京市仅有四所学校获此殊荣。

（许　坤）

顺义一中

【概　况】　2013年，北京市顺义区第一中学占地面积66000平方米、建筑面积54396平方米，体育场（馆）面积23898平方米。图书馆（室）藏书9.8万册，电子图书400册，订阅杂志、报刊374种。固定资产总值9738.38万元。全年教育经费投入5984.75万元，其中，国家拨款5984.75万元、自筹经费0万元。全年学校信息化经费投入596万元，拥有计算机545台，多媒体教室座位4096个，校园网出口总带宽140Mbps，数字资源量2000GB。教职工288人，其中，高级职称100人、中级职称85人。专任教师219人，包括特级教师4人、北京市骨干教师15

人、北京市学科教学带头人 2 人；本科以上学历 277 人。开设高中教学班 43 个，毕业 725 人，招生 555 人，在校生 1666 人。高中录取分数线 505 分（本区），应届高考本科上线率 92%。

单位名称：顺义区第一中学
地址：
邮编：101300
电话：
网址：http：//www.syyz.bjedu.cn/。

（张　巍）

【闫佳琪被评为第 26 届北京市中小学生银帆奖】　1 月，顺义一中学生闫佳琪被评为第 26 届北京市中小学生银帆奖。

（西会霞）

【青年教师培训考核工作会】　2 月 27 日，顺义一中召开 2012—2013 学年度第二学期青年教师培训考核工作会：总结上学期青年教师的培训考核工作，公布考核结果。13 位教师参加上学期的考核，经过评委和学生打分，5 位教师考核课获得优秀、8 位教师课后反思获得优秀。

（栗　娜）

【2013 年青少年机器人世界杯】　6 月 24 日至 7 月 2 日，2013 年 RoboCup 青少年世界杯在荷兰埃因霍温举行。顺义一中高二（8）班范思奇、高一（2）班张一舟、郝冉 3 名学生与其他学校的高手组成中国队，参加机器人足球项目比赛，经过答辩、场地赛等各个环节考验，最终获得冠军。

（张洪茹）

【参加全国中学生田径锦标赛喜获佳绩】　8 月 6 至 12 日，全国中学生比赛在山西平遥中学举行，顺义一中选派 10 名运动员参赛并获得全国中学生田径锦标赛团体总分第 26 名的好成绩。其中我校运动员孟一飞获得男子甲组 200 米第三名，男子甲组 400 米第三名，安博燃获得男子甲组铅球第四名。

（西会霞）

【投资 70 万元完成门口绿化硬化】　8 月，顺义区人民政府投资 70 余万元进行的顺义一中校门口地面绿化硬化工程竣工。该工程彻底改变校门口脏乱臭的状况。路面硬化建成近 70 个停车位，缓解家长接送学生停车难问题。

（王保利）

【新建宿舍楼工程竣工】　10 月，顺义一中新建宿舍楼工程竣工。该项目建筑面 5898 平方米，地上共六层，为框架剪力墙结构。投资方式为教委自筹资金约 2200 万元。新楼的建成将解决近 500 名师生住宿问题和学生无活动教室问题。

（王保利）

【与宾夕法尼亚州大约翰城高中签署姊妹校协议】　12 月 16 日，顺义一中与美国宾夕法尼亚州大约翰城高中正式签署姊妹校合作协议。顺义一中与大约翰城高中将在学术交流、师生互访等多方面展开交流合作。

（刘艳梅）

【推进数字化建设】　年内，顺义一中推进数字化建设。购进 30 台读报机，每个楼层放 2 台供师生读报纸和杂志、查询图书信息。购进电子工具书 400 种，电子期刊 2000 种。建成一个高清录课教室、高清演播室，学校 vod 视频点播系统开通运行。成包括实验室、艺术教室等专用教室 28 套多媒体的配备，教室多媒体 7 套。建成高清校园监控系统，学校报告厅 LED 全彩大屏幕投入使用。学校被北京市教委认定为第二批数字校园建设单位。

（张　巍）

杨镇一中

【概　况】　北京顺义区杨镇第一中学占地面积253080平方米、建筑面积10192平方米，体育场（馆）面积9418平方米。图书馆（室）藏书11万册。固定资产总值14147万元。全年教育经费投入8640万元全部为国家投入。教职工431人，其中，高级职称129人、中级职称125人。专任教师310人，包括特级教师2人、北京市骨干教师9人、北京市学科教学带头人3人。开设高中教学班73个，毕业947人，招生769人，在校生2797人，包括寄宿生2536人。高中录取分数线492分（本区），应届高考本科上线率92.8%。

单位名称：顺义区杨镇第一中学

地址：顺义区杨镇

电话：（010）61451520

邮编：101309

网址：www.bjyzyz.net

（李洪峰）

【区教委领导除夕夜慰问新疆班师生】　2月9日，顺义区教委主任冯义国到杨镇一中，慰问在除夕之夜坚守工作岗位干部教师及新疆内高班800多名学生。校长孙孟远汇报新疆班学生的寒假安排，介绍值班教师基本情况。

（杨文功　白文亮）

【新疆和田地区领导到杨镇一中调研】　5月7日，新疆和田地区地委副书记、行使专员艾则孜·木沙等一行18位领导，来到杨镇一中调研。会议由顺义区副区长燕瑛同志主持，调研组听取顺义区委副书记、代区长卢映川作情况介绍；听取杨镇一中校长孙孟远作学校承办内地新疆班情况汇报，尤其是和田班情况；听取和田班同学代表向来校领导简要汇报在杨镇一中的学习生活情况和成长经历；观看介绍杨镇一中整体办学情况专题片《跑廊翔龙》。

（牟昌运）

【世界中学生锦标赛男子团体冠军】　6月20日至30日，在捷克首都布拉格举行的世界中学生锦标赛上，杨镇一中张帅、岳雪松两位同学代表中国队参赛，获世界男子团体冠军。

（陈连路）

【全国评优课一等奖】　10月23至25日，全国教师教育学会综合实践活动学科委员会第七届学术年会暨综合实践活动课程区域推进理论与实践研讨会在山东肥城市举行。来自全国各地500余名专家、学者及骨干教师参加。该校教师孙海静为北京市推荐的唯一现场作科选手，孙老师经过精心的准备和自然的现场发挥，赢得评委和100多位听课教师肯定，荣获一等奖。

（王新生）

【校园文化建设示范校】　12月1日，市区级领导专家对杨镇一中进行校园文化建设示范校验收。市区级领导专家听取校长孙孟远关于校园文化建设整体报告，深入校园实地参观考察，组织召开教师学生座谈会，反馈检查总结。学校顺利通过验收。

（金　英）

北京现代职业技术学院

【概　况】　2013年，北京现代职业技术学院占地面积 13.0289 万平方米，产权校舍建筑面积 7.276 万平方米。全年教育经费投入 4014.51 万元，其中国家拨款 2775.09 万元、自筹经费 1239.42 万元。固定资产总值 1.7 亿元，其中教学、科研仪器设备总值 4295.02 万元。图书馆建筑面积 6636 平方米，纸质图书 16.67 万册、电子图书 1000GB。拥有计算机 1103 台，多媒体教室座位 4809 个。学校信息化设备资产 270 万元，网络信息点 1020 个，校园网出口总带宽 100 Mbps，数字资源量 1000GB，管理信息系统数据总量 90GB。设有汽车工程系、机电工程系、经济管理系和基础部“三系一部”，开设汽车制造与装配技术、数控技术、民航商务、社区管理与服务等 14 个专业，拥有 43 个实验实训室。教职工 225 人，其中专任教师 133 人，教授 2 人、副教授 11 人，博士 7 人、硕士 47 人。毕业生 562 人。毕业生一次就业率 91%。招生 715 人（含首次招收五年一贯制学生 92 人）。高考北京地区提档线文科 150 分、理科 160 分。在校生 1794 人。

单位名称：北京现代职业技术学院
地址：北京市顺义区裕龙花园三街
电话：（010）69449311
邮编：101300
网址：www.moderncollege.com.cn。

（李跃谦）

【五年一贯制招生】 7 月份，现代职院完成首次五年一贯制招生工作。招生面向全市初三应届毕业生，5 月份填报志愿，7 月份由市招办录取。计划招生 105 人，录取 105 人，实际报到 92 人。

（李跃谦）

【与北科大联合开展工程硕士研究生培养】 年初，现代职院与北京科技大学研究生院签订协议，在现代职院开设工程硕士研究生班，联合开展学制两年半的工程硕士专业学位研究生培养。学位论文答辩通过者，由北科大审核授予工程硕士专业学位。首批招生专业包括控制工程、仪器仪表工程、计算机技术、软件工程。

（李跃谦）

【“校园道德之星”评选】 4 月至 11 月，现代职院面向全体在校学生，开展首届“校园道德之星”评选活动，评选并表彰“热爱祖国，拥护中国共产党领导，模范遵守公民道德规范，遵守校规校纪，在日常学习、生活和人际交往中品德良好、表现突出、得到广泛认可”的优秀学生。最终评定自强自立之星 3 人、孝老爱亲之星 3 人、助人为乐之星 1 人。

（李跃谦）

【成人高等教育教学点检查评估】 6 月 21 日，市教委专家组对现代职院成人高等教育教学点工作进行检查评估。该教学点为现代职院与北京航空航天大学继续教育学院联合举办。专家组对教学点工作给予了高度评价和充分肯定。

（李跃谦）

【应用微信平台开展学生工作管理】 9 月份，现代职院经济管理系学生会建立开通了“经管系学生会”微信，开展学生工作管理。通过微信平台，及时将系部动态、重要通知、活动宣传等与同学们学习、生活密切相关的信息发布出去，有效地为同学们提供便利。同时，通过快捷的意见反馈，及时改进相关工作，为同学们提供更优质的服务。

（李跃谦）

【顺义区文化创意产业人才培养基地】 11 月 19 日，现代职院被顺义区政府确定为顺义区文化创意产业人才培养基地。会展策划与管理、计算机应用技术（视觉传达设计方向）、模具设计与制造、社区管理与服务、民航商务等五个相关专业，形成专业群，大力培养文化创意产业人才。不断加强文化创意产业专业建设，目前已累计投入 800 余万元建成会展、计算机、模具、社区、民航专业校内实训基地。五个相关专业共有专业教师53人，截止7月份，已有毕业生988人。

（李跃谦）

顺义区社区教育中心

【概　况】 2013年，社区教育中心系统学历教育全年招生4154人，毕业3743人。组织实施“惠企讲堂”、“文化创意大讲堂”和“兴农讲堂”，打造培训品牌，开展农村劳动力培训“阳光工程”和“文化驻乡工程”，探索农民培训新领域。继续充实顺义学习网学习资源，满足市民多样化学习发展需求。举办了“绿港书香”全民读书活动，表彰了全区20个读书先进单位，225个书香科室、校园、村街，200名读书先进个人，进一步营造了“全民学习，终身学习”氛围。顺利完成全区共29537人的中高考及会考等组考工作。完成全国高等教育自学考试、计算机等级考试等27个考试项目，累计93460科次。

单位名称：顺义区社区教育中心
地址：顺义区府前西街铁路西
电话：（010）69443449
邮编：101300
网址：www.sheqjy.bjshy.gov.cn

（社教中心）

【顺义学习网点击量突破140万】 网站涵盖视频资源7000多集、电子书80万册、电子期刊1000种，知识图文分为顺义文化、旅行路上、史料档案等11个分类。截至目前，网站注册用户达3万多人，累计点击量突破140万，4000余人加入各类学习俱乐部。

（贾变变）

【2013年高考报名工作】 2013年普通高校招生考试报名总数为5260人。其中，统考报名人数为4861人（含新疆班考生172人）、单考单招考生113人（含退役士兵3人）。统考考生中应届生4250人、往届生611人；文史类考生952人、理工类考生3909人。

（贾变变）

【电大春季招生】 2013年电大开放教育专科开设7个专业招生451人，本科开设6个专业招生310人，合计注册新生761人。

（贾变变）

【“读书改变生活”征文活动】 区学习办于1月20日至3月31日期间开展“读书改变生活”有奖征文活动。顺义学习网在线投稿量达669篇。区学习办将对征文稿件进行评选，并于“绿港书香”全民读书日当天对获奖作品进行通报表彰，进一步鼓励市民的读书学习热情。

（贾变变）

【“顺义区社区义工服务志愿者管理培训”】 6月18至21日，电大与区民政局共同开展“顺义区社区义工服务志愿者管理培训”。培训对象为我区各镇、街道办社区工作人员，共185人参加。

（贾变变）

【顺义学习网移动版】 市民用智能手机、ipad等移动设备登录m.shyxye.com即可在线浏览1000种电子期刊，也可在相关栏目上传图片、文字材料或发表日志，查看自己的学习档案，并进行个性化设置。

（贾变变）

顺义区教育研究考试中心

【概　况】 2013年，教育研究考试中心紧密围绕区域教育重点工作，以“教育十二化”为导向；以促进教师专业发展为主题；以提高教育教学质量为主线；以和谐团队建设、重点工作有效落实为主要内容，很好地完成了工作目标，取得了可喜成绩：指导高考教学工作，本科上线率达到67.18%，比去年提高了二点二个百分点。文科的各学科均超北京市平均分5分以上；指导教师、学生参加各级各类评比、竞赛活动成果丰硕。据不完全统计，教师获国家级一等奖16项、二等奖17项、三等奖13项；获市级一等奖49项、二等奖75项、三等奖28项；学生竞赛获市级一等奖151项、二等奖265项、三等奖397项。

中心先后获得北京市敬老文明模范学校，顺义区信访工作先进单位、顺义区“一助一”工作先进单位、顺义区教育系统先进集体、老干部活动优秀组织奖、区教育系统先进基层党组织、女工工作先进单位和文体活动先进单位等荣誉称号。

单位全称：北京市顺义区教育研究考试中心
地址：顺义区中山西街31号
邮编：101300
电话：010-69443837

（教研中心）

【基础教育课程建设工作总结暨表彰大会】 1月15日，区基础教育课程建设工作总结暨表彰大会在教研中心报告厅召开。大会对荣获“市基础教育课程建设先进单位”称号的3所学校、市基础教育课程建设优秀成果一等奖的7位教师，市基础教育优秀课堂教学设计一等奖的15位教师及荣获区首届校本课程优质录像课一等奖的8位教师进行了表彰。

（王沛慧　王继霞）

【暑假英语教师培训班】 7月8日，顺义暑假英语教师培训班开班典礼在教研中心举行。该培训项目是由中国教育国际交流协会和美国英语协会联合主办，顺义区教育研究考试中心师训科协办，负责培训班的组班和日常管理的组织实施。美国英语协会派遣五位外教负责英语口语、教法以及西方文化等内容的教学活动，为期二十八天。

（方树东）

【多途径提升教职工素养】 国庆之际，教研中心多渠道开展学习道德、师德楷模活动。1、公开全国道德模范事迹媒介，倡导教职工通过报纸、电视等公众媒介了解全国道德模范典型事迹。2、召开专题学习会，9月29日下午组织教职工集体收看2013年9月10日中央电视台播出的“最美乡村教师”动人事迹视频。3、展板宣传。在楼道醒目位置，制作“顺义区首届十大师德楷模”事迹展板。4、撰写观后感。通过学习各阶层楷模，结合本职工作，撰写观后感。

（许冬梅）

【市优秀教育教学科研成果宣传推广会】 11月25日市优秀教育教学科研成果宣传推广会（顺义分会场）举行。会上，石北幼儿园、天竺中小、顺义一中教育集团李桥中学三个获奖单位代表作课题成果专题报告，市教科院、首师大、市基教所三位专家分别点评。区教研中心《依托学案实现个性化阅读的研究》、杨镇一中《改变管理机制构建和谐学校的研究》等9项成果负责人接受现场采访。

（陈惠明）

文化·卫生·体育

文　化

综　述

2013年，按照区委办、区政府办联合下发的《关于进一步加快文化体育事业发展丰富群众文体活动的意见》的要求，围绕中心、服务大局，面向基层、服务群众。全区各项文化事业保持了蓬勃发展的良好势头，完成了预期目标，主要做了七项工作。

积极完善公共文化服务体系建设

一是区级文化中心建设进展顺利。根据区委和区政府的要求，2013年底前影剧院将完成主体工程建设，按照区发改委下达的工程进度指标，影剧院工程完成封顶工作。三馆（文化馆、图书馆、博物馆）建设要完成总量的20%。目前，文化中心工程年底前影剧院工程主体建设已完工并完成粗装修工作，文化馆工程已完成3/4主体建设，博物馆、图书馆工程已完成1/2主体建设。

二是基层文化设施建设不断完善。首先，全区基层文化设施建有率达100%，达标率70%（镇、街综合文化站；村、社区文化活动室）。其次，根据市政府折子工程要求，积极推动我区四个重点镇文化活动中心建设，高丽营镇、李遂镇、赵全营镇、杨镇文化体育中心建设项目均已得到市发改委的批复，陆续计划于2014年底前开工建设。

三是文化惠民演出和电影公益放映工作稳步推进。认真贯彻市文化局、市广电局的文化惠民政策，积极开展农村“星火工程”演出活动，完成全年850场演出任务；切实抓好农村电影公益放映工程，全区共420个农村数字电影放映厅和23辆流动放映车，1至12月全区固定影厅放映16835场，流动放映1250场，已超额完成任务，周末场全年完成演出60场。

文化委基层单位各项工作扎实推进

一是区图书馆截止到12月底，图书馆共接待到馆读者351727人次，借阅图书313661册次；新办读者证3884个；累计书证53415个。入藏新书5004种，40584册，订购报刊801种。举办各种读书活动97余次，4.5万余人参加；编辑出版《决策参考》、《顺图信息》、《科技信息》、《保健常识》共14期，印发放3000余册；送书下乡70次，送书16833册。

同时申请市级资金579.99万元，完成149家公共电子阅览室试点建设工作包括区图书馆1家，镇级25家，村级123家，总计投入电脑 1200 余台、网络设备 100 余套以及丰富的数字资源。此批公共电子阅览室已全部建成、开放，向当地百姓免费提供互联网信息浏览与查询服务。

二是区影剧院全面落实执行《周末场演出计划》和《星火工程》演出等惠民政策，以学生、老人、农村群众等为重点观众，以观众的需求为中心，根据不同的观众安排不同的节目。在春节期间就安排 10 场《中国评剧院》的评剧，得到了市文化局领导的表扬。

三是区文化馆积极配合全区“二月新春”和“五月的鲜花”等系列活动，文化志愿者以艺术讲座和培训班的形式，为城区居民免费提供合唱、舞蹈、美术、书法等内容，1-12 月，分别在旺泉街道、光明街道、双丰街道等 6 个街道 15 个社区及村共开展 23 个培训班，出动文化志愿者 560 人次，被服务人数达 13300 人次。与此同时，利用场馆资源，让群众享受免费开放服务。目前文化馆共开设成人美术培训、儿童画培训、成人散文、诗歌、曲艺作品创作培训 17 门课程，辅导学员 2100 人，授课 710 课时。

广泛开展多种形式的群众文化活动

一是举办“二月新春”群众文化活动。以“宣传贯彻十八大、歌颂美丽新顺义”为主题，1-2 月，全区各单位广泛开展了“二月新春”群众文化系列活动，通过举办群众性歌舞比赛、戏曲演唱、文艺演出、元宵灯会、文化庙会、贴春联、挂灯笼、民间花会、电影放映等丰富多彩的文化活动，活跃了春节期间的节日气氛，丰富了群众的文化生活。据统计，“二月新春”期间共举办 60 项大型文化活动，共有 22 万余人次参与。

二是举办“五月的鲜花”及主题文化活动。以“贯彻十八大、唱响中国梦”为主题，5-6 月底，举办顺义区 2013 年“五月的鲜花”群众文化活动启动仪式、燕京啤酒节文艺演出、端午文化节非遗展演、顺义区百名艺术家“走基层 送文化”活动启动仪式、“彩色的梦”儿童音乐会、【贯彻十八大、唱响中国梦】顺义区庆祝建党九十二周年群众文艺汇演、群众卡拉 OK 大赛、职工艺术节、35 场基层综合性汇报演出等为主要形式的 60 余项群众文化系列活动。据统计，今年“五月的鲜花”活动期间，全区共组织文艺比赛和演出 480 场，演出文艺节目 5200 个，新创作品 160 个；参与活动人数达到 8 万人次，吸引观众 30 万人次。

三是举办“十月金秋”群众书法、美术、摄影活动”。活动时间为 9 月至 11 月底。在此期间，全区举办了 33 个基层书法、美术、摄影作品展览；本次活动共收到艺术作品 3000 余件，上报区组委会优秀艺术作品为 201 件，参观群众约为 9 万人次。与此同时，主办单位还举办了北京顺义第二十届“菊展杯”“十月金秋”书法、美术、摄影优秀作品展开幕式和网络展等一系列群众文化活动。

积极推动文化艺术精品创作

文化委与中国评剧院共同排演大型新编历史评剧《大汉名臣》。9 月 17-18 日，在顺义区影剧院进行公演。《大汉名臣》讲述了东汉初期渔阳太守张堪不畏权贵，与邪恶势力视死抗争，将罪犯绳之以法、并率部击败匈奴、勤政与廉政爱民的故事。担任演出的是我区北京凌空评剧团。为此区委专门发文，组织全区处级干部和区委、区人大、区政府、区政协、综保区领导一起观看，受到一致好评。同时，由我区盛世梨园艺术团编排的魔术剧《永恒》被北京市文化局评选为优秀剧目，以上两个剧目参加全市优秀剧目展演，居全市各区县之首。

非物质文化遗产保护工作成效显著

围绕春节、清明、中秋、非遗日、端午五个传统节日和顺义区第 22 届燕京啤酒节、北京市第五届端午文化节等重大节日，组织开展非物质文化遗产展演展示庆祝活动 20 项。编辑出版《北京民歌·顺义卷》上册，共记录和整理顺义民歌 900 余首，约 240 万字。

文化市场管理井然有序

一是加强行业法规与政策宣传。共召开文化娱乐行业会议 4 次，通过每季度例会和专题会议，明确了企业和政府监管部门的责任，提高了企业负责人守法经营的意识。制定了《推进安全生产标准化建设工作实施方案》，对 81 家企业进行安全生产标准化的评定。

二是“扫黄打非”常抓不懈。1 月至 12 月底，我区各镇、街道办以及成员单位共出动执法人员 5000 余人次，执法车辆 1700 余台次，检查场所 2400 余家次；共办理行政处罚案件 36 件，罚款人民币 17.71 万元；公安机关刑事拘留侵犯著作权案件嫌疑人 47 名；依法取缔“黑网吧”“黑电游”“黑歌厅”23 家，收缴电脑、电视、游艺机等设备 293 套；取缔无证照摊点 11 个，收缴盗版音像制品（图书）2000 余张（册）。

全面推动五彩浅山文化发展

一是举办顺义五彩浅山国际休闲度假产业发展带文化资源大型图片展宣传启动仪式。5 月 9 日，区委常委、宣传部部长肖承继等领导及浅山区五镇有关代表在国际鲜花港展馆一楼大厅等 100 人参加了启动仪式。本次展览具体内容包括属地五镇的名山河流、历史文物、旅游景点、远景规划等 8 个部分。本次展览还在顺义区第 22 届燕京啤酒节、北京市第五届端午文化节期间和顺义网城进行了巡回展和网上专题展览，据统计，有 30 万人次参观了本次展览。

二是印制出版《顺义区五彩浅山文化系列丛书》。具体包括《顺义五彩浅山民间歌曲选》、《顺义五彩浅山书画作品集》、《顺义五彩浅山摄影作品集》、《顺义五彩浅山民间故事选》四本书。通过以上举措，进一步推进浅山区文化建设，全面展示浅山区（五镇）文化资源风貌。

单位名称：顺义区文学艺术界联合会

地址：顺义区拥军路 3 号

邮编：101300

电话：69443669

（关东明）

广播电视

【概　况】 北京市顺义区广播电视中心是顺义区属重要的宣传机构，成立于 2002 年，为全额拨款事业单位。前身是顺义县广播站、顺义县人民政府广播科、顺义区广播电视局，目前拥有广播、电视、报纸、视频网站、户外大屏五种媒体。2013 年，在区委、区政府的正确领导下，广电中心秉承“创造价值，奉献美好”的核心理念，坚持“节目立台，人才兴台，科技强台，经营富台”的宗旨，深化改革，服务大局，为区域经济社会发展营造了良好的舆论氛围。

单位名称：顺义广电中心

地址：顺义区拥军路 4 号

电话：（010）69466677

邮编：101300

网址：http：//www.bjsytv.com

（广电中心）

【重大活动宣传报道】 2013 年，完成顺义区团拜会、第五届北京端午文化节开幕式、第十一届中国菊展开幕式等大型活动的策划和筹备；制作《顺义脊梁——“中国梦，顺义梦”党建工作实践掠影》全面总结我区一年来党建工作取得的成果，该片在顺义区纪念建党 92 周年大会中播放；制作完成顺义区教育 30 年成就总结片，在全区教师节大会上播放。同时制作《妇联总结片》、《农委总结片》、《劳动局庭审纪实片》等十余部优质专题片。郭金龙书记视察纪实片在只有 14 分钟素材的基础上编辑出了 8 分钟成片，一夜出稿、一遍过审。在我区举办的长走大会、郁金香文化节、啤酒节、环京赛等大型活动中，分别推出系列报道和专版。

（广电中心）

【区委、区政府重点工作宣传】 电视台《顺义新闻》、电台《顺义新闻》、时讯报社围绕“四个转型升级”进行深入全面的报道，共播出相关新闻 700 余条；三家媒体分别开设《建设绿色国际港 打造航空中心核心区》和《实干托举顺义梦》专栏，栏目以记者“走基层”的形式，客观反映顺义各个部门和各条战线上的干部职工推进顺义各项事业发展；围绕环境建设，三家媒体分别开设了《共建美丽顺义》专栏，既理性分析现状，又谈各部门的举措与行动；《从春天出发》全面反映各单位进行经济社会建设的状态；异地采访后推出的《他山之路》生动报道浙江宁海等地的浅山经济，为我区五彩浅山开发凝神聚力；《放飞首都的金丝雀》全面反映我区金融产业发展现状，为区人大常委会视察顺义金融产业提供了重要参考。

（广电中心）

【节目推出】 2013 年，电台部分节目进行改版，由原来的五档直播节目改为六档，全新开办互动点歌交友节目《全城都在点》、民生互助节目《大家帮助大家》两档直播节目。其中，《大家帮助大家》栏目到 2013 年底短信平台互动 1000 余条，爱心帮忙团成员近 500 人，接听听众电话 150 余人，解决听众反映的各类问题近 400 个。《顺义时空》、《情动绿港》等栏目细化从选题到拍摄再到制作的具体要求，包括采访长度，画面应用等都有了明确指标。《国学动漫城》、《师说日》等教育类栏目更加注重内容的把握与挖掘内涵。《师说日》栏目开办的“紫荆杯优秀教师讲座系列节目”更成为广大学生学校以外的课堂，全年共播出 8 期，29 名教师走上荧屏。

（广电中心）

【深入推进“走转改”】 中心继续深入推进“走转改”活动，挖掘出 160 余个选题，1200 余条新闻。2013 年中心取得丰硕成果，获得荣誉及奖励共 44 件，其中优秀新闻、专题作品：市级优秀作品 15 个、区级 1 个。

（广电中心）

【转变经营方式】 中心经过多次沟通最终取得包括国泰-西单、怡馨家园等 5 条地下通道媒体资源的产权。相继开发了北京银行、嘉寓集团等广告客户，为进一步开发大客户积累了经验。

（广电中心）

文化创意产业

【概　况】 2013 年，在市文资办、市文促中心的指导下，以及在区委、区政府的领导和区文化委的管理下，区文化创意办积极落实年度工作计划，统筹推进了一系列重点工作，取得显著成效。截止年底，顺义区共有文化创意企业近 3000 家，从业人员 3 万余人，文化创意产业规模以上法人单位 133 家，资产总计 130.6 亿元；实现营业收入 94 亿元；实现税金总额 5 亿元；实现利润总额 7.3 亿元。

单位名称：北京市顺义区文化创意产业促进办公室

地址：北京市顺义区拥军路
电话：（010）69445143
邮编：101300

（文化创意产业促进办）

【文创产业专项资金项目】 一是做好2013年区级项目征集、考察、评审、支持工作。共征集项目55个，经专项资金管理各个环节，最终拟支持项目20个，包括13个补贴项目、2个贴息项目、5个融资补助项目。二是做好市级文化创意产业专项资金项目征集管理工作。对项目征集进行广泛宣传，最大限度的挖掘、包装；组织专门力量负责项目的辅导、审核工作，全年共受理项目36个，确定20个拟向北京市重点推荐的项目，进行重点指导和把关，有针对性改进提高。最终，12个项目进入实地勘察阶段，将得到市级资金支持。

（文化创意产业促进办）

【文化创意产业政策体系】 鉴于《顺义区促进文化创意产业发展的若干意见（试行）》（顺政发〔2010〕44号）已过试行，在广泛调查研究的基础上，修订完善促进政策，经过区政府常务会、区委常委会审定，最终以区政府名义印发（顺政发〔2013〕13号）。同时，新出台了《顺义区文化创意产业融资补助办法》、《顺义区文化创意产业集聚区评选办法》、《顺义区文化创意产业人才培养基地评选办法》等一系列配套政策。

（文化创意产业促进办）

【政策创新】 年内对区级文创专项资金使用结构进行调整，创新性地设立区级人才培养基地建设和区级文化创意产业集聚区建设奖励资金。同时增加了对融资担保机构进行奖励的措施，对企业进行融资补助效果明显。截至目前，已初评出区级文化创意产业集聚区3家、区级文化创意产业人才培养基地3家，对5家企业给予融资担保补助。

（文化创意产业促进办）

【平台创新】 在健全完善"顺义文化创意网"的基础上，先后开通了区文创官方微博、微信，编发送《手机报》。截至目前，共编发《顺义文化创意产业工作简报13期，《手机报》17期，《文创参阅》9期，"顺义文化创意网"刊登信息300条。

（文化创意产业促进办）

【活动创新】 组织开展顺义区首届文化消费月活动，以"畅游文化海洋·引领消费时尚"为主题，组织26家文化企业开展特色促销活动，编制《顺义文化消费指南》，发放2万份，每本内附20元文化消费代金券。活动区的圆满成功，整个消费月期间，全区参与消费近万人次，回收代金卷1.2万张，累计拉动消费近200万元。

（文化创意产业促进办）

卫　生

【概　况】 顺义区有医疗机构542个。有卫生技术人员7646人，其中执业（助理）医师共计2591人，执业（助理）医师2.72人/千人口；注册护士2220人，注册护士2.33人/千人口。实有床位3270张，床位3.43张/千人口。全年门诊673.69万人次，急诊58.58万人次，留观9.52万人次，入院5.51万人次，出院5.52万人次，病床使用率66.39%。
单位名称：北京市顺义区卫生局
地址：顺义区顺康路1号
邮编：101300
联系电话：89453176　　89453150

（高士伟　王凤忠）

【医政工作】 年内，共受理医疗机构设置审批43件次、登记注册审批28件次，完成271家医疗机构的年度校验工作。为深入推进优质护理服务工作，全区（二级医院）已开设试点病房 38 个，区医院优质护理服务覆盖 70%以上的病房，其余二级医院覆盖 50%以上病房。38 个试点病房患者满意度全部达到 98%以上，护工陪住率由 100%降到了 10%以下。

（高士伟　王凤忠）

【对口支援】　一是市级医院对顺义区开展的对口支援。区医院、区妇幼保健院继续与北京中日友好医院建立对口支援关系，区中医院与北京东直门中医院建立对口支援关系。年内，市级三级医院支援顺义区管理人员 27 人，支援 23.5 天，副主任及以上职称支援 67 人支援 658 天，主治及以下职称支援 29 人支援 486.5 天。诊疗人次达 11512 人次，急诊 23 人次。接收进修 4 人次 545 天。完成手术 122 例，手术示范教学 42 例，疑难病会诊 111 例，教学查房 555 次，健康查体 195 人次，新技术新业务 9 次，学术讲座 22 次，业务培训 1072 人次，义诊 205 人次。二是区内对口支援工作的开展情况。区中医院与顺义区第三医院继续保持对口支援关系，康复科实地到第三医院康复会诊指导 6 次，B 超室专家共出诊 32 人次，诊疗患者 413 人次。中医院选派三名名老中医到区三院出诊 143 次，诊疗 3381 人次，并与第三医院的三名中医骨干建立了师徒关系。区医院与区二院建立了绿色转诊通道，实现了双向转诊。区医院选派主治以上职称的医师人员到区二院出门诊带教半天，同时根据各科的专业特点和受援医院的实际情况负责教学查房、门诊坐诊、会诊、病历讨论、专题讲座、技术培训、健康教育等形式多样的诊疗服务，2013 年共派出医师 57 人次，门诊诊疗达 174 人次。大型讲课 2 次，带教查房 5 次，示范手术 2 例。接收医师进修 2 人。

（高士伟　王凤忠）

【采供血】　全年共采集血液 12162 单位，其中街头自愿无偿献血 9942 单位，占总采血量的确 81.76%，团体无偿献血 2220 单位，占总采血量的确 18.24%。各医疗机构共使用悬浮红细胞 6302 单位、使用血浆 3205 单位，使用血小板 488 个治疗量，达到了采供血平衡。

（高士伟　王凤忠）

【新型农村合作医疗】　2013 年，顺义区对新型农村合作医疗（以下简称新农合）实施细则进行了部分调整：一是将人均筹资标准提高到 680 元。二是取消 7 日报销限制。三是增加北京市红十字急诊抢救中心和北京市顺义区社区服务总中心（老年公寓）医务室为顺义区新农合定点医疗机构。全区参合人数 27.96 万人，参合率 99.9%，当年筹资总额 1.90 亿元。医药费报销支出合计 2.43 亿元，其中，住院及特殊病门诊支出 1.63 亿元，普通门诊支出 8011.71 万元。参合人员获得补偿受益 41.51 万人次，其中，住院及特殊病门诊 2.32 万人次，普通门诊 39.19 万人次。全区领取报销金额万元以上 3957 人，较去年同期增加 832 人。截至 12 月底，全区十五类重大疾病累计补偿 6929 人次，发生医药费用达 9646.29 万元，新农合支付补偿资金 5872.63 万元，政策范围内住院费用补偿比例达到 75%。

（高士伟　王凤忠）

卫生监督

【食品卫生监督】　有餐饮服务单位 4847 户，有效监督 7095 户次，监督覆盖率 92.51%，合格 6946 户次，合格率 97.90%。从餐饮服务单位抽检食品、餐具 660 件，合格 660 件，合格率 100%。实施食品卫生行政处罚 183 起，警告 140 起，罚款 43 起，罚款金额 14.2 万元。年内未发生食物中毒。动态量化评定餐饮服务单位 2924 户，其中优秀等级 383 户、良好等级 2303 户、一般等级 238 户，良好和优秀等级比例达 91.86%。

（高士伟　王凤忠）

【公共场所卫生监督】　有公共场所 1685 户，监督 2266 户次，监督覆盖率 98.40%，合格率 99.60%。公共场所抽检 418 件，合格 380 件，合格率 90.91%。发放公共场所卫生许可证 471 个。公共场所行政处罚 36 起，警告 4 起，罚款 32 起，罚款金额共计 1.95 万元。

（高士伟　王凤忠）

【生活饮用水卫生监督】　有生活饮用水供水单位 450 户，监督 348 户 533 户次。生活饮用水抽检 92 件，合格 91 件，合格率 98.9%。发放生活饮用水卫生许可证 254 个。实施生活饮用水卫生行政处罚 40 起，警告 38 起，罚款 2 起，罚款金额 1 万元。未发生生活饮用水污染事故。

（高士伟　王凤忠）

【放射卫生】　全区有开展放射诊疗活动并取得《放射诊疗许可证》的医疗机构 24 户，放射工作人员 233 人（含非医用放射卫生工作人员），在册机器 69 台，进行检测设备 69 台，全年共实施简易行政处罚 6 户次。审批办理辖区内医用放射工作单位《放射诊疗许可证》的新办申请 3 份，变更申请 6 份，注销申请 2 份，校验申请 17 份，卫生审查申请 9 份，竣工验收申请 12 份，新发放《放射工作人员证》26 份。

（高士伟　王凤忠）

疾病预防控制

【传染病防治】　顺义区全年未发生鼠疫、霍乱、脊髓灰质炎等传染病。通过“中国疾病监测信息报告管理系统”共报告乙丙类法定传染病 19 种，无甲类传染病，总报告发病数 5478 例，总报告死亡数 4 人，总报告发病率为 593.27/10 万，总报告死亡率为 0.43/10 万。与 2012 年相比，总报告发病率、总报告死亡率分别下降了 15.78%、67.50%。

（高士伟　王凤忠）

【学校卫生】　全区有中小学生 63505 人，实际体检 60820 人，体检覆盖率为 95.77%。视力不良检出率为 61.84%，肥胖检出率为 15.95%（中国学生超重肥胖 BMI 筛查标准），营养不良检出率为 5.86%（中国学生超重肥胖 BMI 筛查标准），缺铁性贫血检出率为 8.22%，学生恒牙患龋率为 10.93%，恒牙龋均为 0.17，恒牙龋齿填充率为 37.34%，沙眼检出率为 0.005%。

（高士伟　王凤忠）

【慢性非传染性疾病防治与管理】　累计开展高血压和糖尿病自我管理小组 153 组，覆盖 30%社区（村）。举办针对高血压、糖尿病的社区规范化管理业务培训 4 场次、400 余人，覆盖全区 25 家社区卫生服务中心。共建立电子健康档案 682050 份，占总人口数的 71.57%；随访慢病患者 697595 人次；掌握高血压患者 112596 人，规范管理率 81%，血压控制人数 55041 人，血压控制率 68%；掌握糖尿病患者 41880 人，规范管理率 82%，血糖控制人数 21216 人，控制率 71%。

（高士伟　王凤忠）

【计划免疫】　共接种 484364 人次。对外来务工人员的麻疹、流脑疫苗接种工作顺利完成，全区共调查集中用工单位 534 家，麻疹疫苗接种率为 86.72%；流脑疫苗接种率为 86.24%。全区流感疫苗共接种 94765 人次，其中自费疫苗 5884 人次；60 岁以上老人接种 43384 人次，接种率为 61.98%；学生接种 45497 人次，接种率为 75.83%。

（高士伟　王凤忠）

【职业病防治】　全年共完成哨点企业车间检测 54 家，体检 1096 人，完成调查问卷 1096 份。5 家重金属企业均开展有害因素检测和职业健康体检，参与职业卫生健康体检的人数共计 122 人（女工 14 人），涉及重金属有害因素砷和铬共设置 22 点，采集砷 12 件，铬 10 件，结果均在正常范围。对 71 家用人单位进行检测，其中 23 家均存在不同程度的超标现象，样品合格率为 95.8%。职业健康检查：接受 138 家用人单位委托进行体检，共体检 4117 人。全年共接报职业病及农药中毒 26 例，其中农药中毒 19 例，职业接触异氰酸酯类所致轻度哮喘 1 例（港花公司），煤工尘肺 1 例（宏利钢管），职业性噪声聋 5 例（北起多田野）。

（高士伟　王凤忠）

【精神卫生】　在档重性精神病人 3901 人，其中，精神分裂症 1809 人，精神发育迟滞（中度以上）1530 人，癫痫所致精神障碍 93 人，双相情感障碍 157 人，分裂情感障碍 17 人，持久性妄想障碍 12 人，精神发育迟滞伴发精神障碍 50 人，其他精神障碍 233 人。全年累计开展心理健康大课堂讲座 12 次，共 529 人参加；免费咨询 15 人，免费测查 19 人；发放宣传资料 3130 余份。全区免费服药人数为 569 人。

（高士伟　王凤忠）

妇幼保健

【妇女保健】　产妇总数为 6520 人，活产 6575 人，孕产妇系统管理率为 95.20%；产妇建册 6515 人，建册率 99.92%，产后访视率 95.74%，住院分娩率 100%；本地围产儿 6591 人，死亡 21 人，本地围产儿死亡率 3.19‰，本辖区孕产妇死亡 0；共监测高危孕产妇 3080 人，高危孕产妇发生率为 47.24%，高危妊娠管理率为 100%；全区助产单位共接产 8924 人（围产儿数），剖宫产率为 48.66%；发生围产儿死亡 26 例，产科围产儿死亡率 2.91‰；全区围产儿出生缺陷 135 例，出生缺陷发生率为 15.13‰，其中本地围产儿出生缺陷 70 例，本地缺陷发生率为 12.79‰。

（高士伟　王凤忠）

【儿童保健】　新生儿应访视 6575 人，实访视 6356 人，访视率 96.67%；出生低体重儿发生率 3.67%，0～6 个月母乳喂养率 89.58%；上报高危儿 605 人，合格管理 591 人，合格管理率 97.69%。新生儿听力筛查 8951 例，筛查覆盖率 100.57%；初筛未通过 289 人，未通过率 3.23%；42 天复筛 286 人，复筛率 98.96%，未通过 83 人，未通过率 29.02%；拒绝筛查 0 例，拒绝筛查率 0%。新生儿疾病筛查应筛 8900 例，实筛 8959 例，筛查率 100.66%，异常追踪 76 例，确诊 11 例。5 岁以下儿童死亡 20 例，死亡率 3.04‰；新生儿死亡 8 例，死亡率 1.22‰；婴儿死亡 12 例，死亡率 1.83‰。早期新生儿死亡 5 例，早期新生儿死亡率 0.76‰。0～6 岁儿童 31048 人，保健覆盖率 98.04%；0～2 岁儿童

17575 人，系统管理率 87.93%。4 岁以上视力检查率 99.92%，3 岁以上口腔检查率 99.93%，龋齿矫治率 60.09%。

（高士伟　王凤忠）

【计划生育技术管理】　全年节育手术 12754 例，其中本地 6338 例，外地 6416 例，节育手术并发症 0 例。计划生育手术管理率 100%。

（高士伟　王凤忠）

【女工保健】　适龄妇女宫颈癌筛查 55422 人，宫颈细胞学阳性 1230 人，阳性检出率 2.30%。阴道镜检查 1102 人，病理检查 603 人，检出 CINⅠ146 例，CINⅡ49 例，CINⅢ43 例；检出宫颈癌 5 例，其中浸润癌 3 例，微小浸润癌 2 例；检出原位癌 2 例；宫颈癌检出率 9.02/10 万，宫颈癌前病变检出率 169.61/10 万。乳腺癌筛查 58471 人，钼钯检查 2167 人，检出乳腺癌 29 例以及乳腺癌前病变 5 例，乳腺癌检出率 49.60/10 万，乳腺癌前病变检出率 8.55/10 万。

（高士伟　王凤忠）

爱国卫生

【健康促进示范村（社区）】　19 个村和 2 个社区通过了市爱卫会的检查验收，获得“北京市健康促进示范村”和“健康社区”称号。

（高士伟　王凤忠）

【爱国卫生月】　3 月份共出动人员 15000 余人，出动车辆 200 余次，清理卫生死角 1000 余处，清乱倒垃圾 130 余吨，捡拾白色污染物 750 余公斤，清除非法小广告 2500 余处，清理绿地 40 余万平方米，发放价值 18 万元的灭鼠药械。

（高士伟　王凤忠）

【病媒生物防治】　共开展统一病媒生物防制工作 4 次。其中春季灭鼠共下发鼠药 5 吨，粘鼠板 200 箱；冬季灭鼠下发鼠药 6 吨，粘鼠板 200 箱；夏季灭蚊蝇下发菊酯杀虫剂 2.25 吨，杀孓颗粒 50 箱。

（高士伟　王凤忠）

【农村改水】　完成水处理工程项目 13 个，涉及 4 个镇 12 个村，受益人口 45000 人；对单村水厂、站存在的风险点进行更新改造；在建设联村水厂的同时，对不能使用联村水厂的村的设备、管网、建筑进行改造，改造项目 1 个，涉及 1 个镇的 1 个村，受益人口 700 人；完成改造消毒项目 50 个，受益人口 105450 人；全年共完成改水项目 64 个，涉及 13 个镇、55 个村、受益人口 151150 人。

（高士伟　王凤忠）

顺义区医院

【概　况】　顺义区医院（以下简称区医院）始建于 1947 年 3 月，是集医疗、教学、科研、预防保健为一体的辖区最大医疗中心，12 月 30 日，晋升为北京市三级综合医院。医院拥有 4 个北京市住院医师规范化培训基地（内科、外科、神经内科和全科医师培训基地）。占地面积 4.99 万平方米，总建筑面积 45966 平方米，其中医疗业务用房建筑面积 34591 平方米。4.8 万平方米急诊病房综合楼正在建设中。百万元以上设备 48 台件。职工 1860 人，其中副高级以上职称 155 人，博士 15 人，硕士 177 人。设有临床、医技、行政、后勤74个科室。

（高士伟　王凤忠）

【科室调整】 为了适应医院业务发展，在部分科室专业调整的基础上，将原肝胆外科更名为普外一科；胃肠外科更名为普外二科；肛肠外科更名为普外三科；脊柱、创伤外科更名为骨外一科；关节、创伤外科更名为骨外二科；手、足显微外科更名为骨外三科；感染性疾病科更名为综合内一科；血液肿瘤科更名为综合内二科。

（高士伟　王凤忠）

【与三甲医院合作】 区医院为进一步提升专业技术水平，先后与北京大学第三医院合作成立骨科疾病诊疗合作中心；与首都医科大学附属北京口腔医院合作成立口腔疾病诊疗合作中心；与北京各三甲医院知名教授合作成立神经科疑难病会诊中心；神经内外科与首都医科大学天坛医院为对口单位；风湿科是中华医学会“骨质疏松症诊疗技术协作基地”，与协和医科大学北京协和医院、301医院合作成立风湿疑难病会诊中心。其它科室也与北京大学第一医院、人民医院、积水潭医院，阜外心血管病医院，首都医科大学朝阳医院、安贞医院，卫生部中日友好医院等密切合作。

（高士伟　王凤忠）

【医疗状况】 区医院开放床位800张。全年门急诊180余万人次，出院25166人次，床位使用率84.79%，平均住院日8.95天。全年手术9210例。

（高士伟　王凤忠）

北京中医医院顺义医院

【概　况】 北京市顺义区中医医院始建于1985年11月，是顺义区唯一一所公立综合性二级甲等中医医院，承担着顺义中医医疗、教学、科研、预防和基层指导任务。1995年被北京市中医管理局评为“二级甲等中医医院”，1996年被国家中医药管理局评为“全国示范中医医院”，是北京市医保定点医院。年内7月26日，北京市“公立医院托管”改革试点启动，区中医医院成为首批托管合作试点，由北京中医医院托管，顺义区中医医院增加名称为“北京中医医院顺义医院”。北京市顺义区人民政府与首都医科大学附属北京中医医院合作共建北京中医医院顺义医院框架协议正式签订。11月11日，北京中医医院顺义医院正式挂牌，标志着两院进入深入合作阶段。

（高士伟　王凤忠）

【科室建设】 有国家级名老中医1人，市级名老中医4人。经过多年的专业发展和专科建设，医院现为市级首批基层中医药学科团队基地建设单位，针灸理疗康复特色专科获批为国家农村中医重点专科建设项目，中风专病获批为国家农村中医特色专病建设项目，中风专科获批为北京市第一批重点中医专科，心内科获批为北京市第三批重点中医专科，康复科获批为市级“十二五”重点中医专科建设项目。

（高士伟　王凤忠）

【医疗情况】 全年门诊655427人次，急诊141608人次，急诊危重症抢救2870人次，抢救成功率92%。区中医院实有床位数297张，全年入院8919人次，出院8919人次，床位周转次数29.53，床位使用率90.85%，平均住院日11.21，死亡率1.06%。全年住院手术例数1392人次。孕产妇住院人数1696人次，剖宫产率43.3%，孕产妇死亡数/率0（/万）；新生儿死亡数/率0（‰）；本年度围产儿死亡数0人，死亡率0‰。开展的中医诊疗项目有 52 种，采用非药物中医治疗方法占门诊总人数的比例为 20.61%。

（高士伟　王凤忠）

体　　育

【概　况】　2013年体育事业围绕建设体育强区的目标，推进基本公共体育服务体系建设，推动群众体育、竞技体育和体育产业全面发展，基本实现“十二五”体育发展规划“时间过半、任务过半”的阶段性目标。

单位名称：顺义区体育局
地址：顺义区光明南街2号
电话：（010）69443432
邮编：101300
网址：www.tyj.bjshy.gov.cn

（堵　月）

【群众体育公共体育服务体系】　加大体育设施的建设力度，创建了2个市级体育健身俱乐部、20个市级体育生活化社区和3个体育特色村，基本完成了165套健身器材的建设更新工作。统筹城乡体育发展，投入资金450余万元，实施了体育生活化社区提档升级工程和百村万户助农健身工程，促进公共体育服务均等化。积极传播科学的健身方法，举办了风筝、空竹、健身操舞等五期社会体育指导员培训班，培训体育骨干800余名，新发展社会体育指导员265人。全民健身活动广泛开展，以第八届全民健身体育节为龙头，20项区级传统赛事和百余项基层体育活动，吸引了15万人次参与，形成了关注健康、科学健身、共创和谐的良好体育氛围。

（堵　月）

【竞技体育全力备战市运会】　坚持以赛促练，以练促进，顺义区运动员在澳大利亚青年奥林匹克运动会上取得1枚金牌，在国内市级以上比赛中获得金牌80余枚，竞技体育成绩继续保持全市前列。举办了全区中小学生暑期篮球、乒乓球、足球、羽毛球比赛，球类项目进一步发展普及。累计获批8个青少年体育俱乐部，发展19家体育项目传统校，青少年在训人数超过800人，为顺义竞技体育未来发展奠定了坚实的基础。

（堵　月）

【项目建设和体育产业发展】　贯彻落实区委、区政府关于浅山开发的决策部署，投入资金500万元支持登山健身步道建设，配建标识系统和救援设施，完善步道周边健身休闲设施。加快重点工程进度，城南体育中心前期手续办理完成，项目主体结构基本完工；区体育局承担的便民工程项目和国民体质测试中心改造顺利实施，主体工程于年底前竣工。体育彩票销售再创新高，年销售额突破8000万元，累计发展彩票网点77家。

（堵　月）

【大型赛事活动筹办工作圆满完成】　相继承办了春季万人鲜花港长走大会、北京端午文化节龙舟大赛、首届舞彩浅山国际登山大会、2013年环北京职业公路自行车赛顺义赛段比赛等市、区重大赛事活动。

（堵　月）

奥运水上运动中心

【概　况】　立足水上公园赛后开发利用总体定位，始终坚持按照“以项目促开发，以开发带项目”、“解放思想，引项目，促发展”的招商思路，加强跟踪，在积极推进在谈项目的基础上不断扩大招商资源。

单位名称：北京市奥运场馆管理委员会
地址：顺义区白马路19号
电话：（010）69405821
邮编：101300

【招商引资】 通过各种招商渠道，2013年，与国内外10家涉及旅游度假、文化创意、会议论坛等行业著名企业建立联系，并就相关合作内容进行多轮洽谈。目前，正在积极推进中信产业基金将水上公园及周边地区打造成一个动静分离、高端休闲、运动体育形式的旅游目的地的项目。

（奥管委）

【制定发展规划】 委托中国城市规划设计研究院编制场馆及周边区域发展规划，目前第一版方案已经编制完成。规划根据区域发展战略和水上公园功能定位，合理布局场馆内现有设施和未来内外发展配套设施；统筹土地开发与经济发展之间的关系，合理布局场馆周边产业发展；统筹场馆开发与河东新区建设的关系，合理处理先期启动区与后续发展区之间的关系。

（奥管委）

【公益活动】 配合市、区有关部门，筹办北京市公安局全市民警自行车骑行及家庭日活动、“后沙峪杯”春季长跑、顺义区风筝节、二十二届燕京啤酒节以及2013年环北京职业公路自行车赛等公益活动20多项；配合国家体育总局水上运动中心，为四川、福建、贵州、湖北等相关省运动队备战全运会以及国家滑水队备战世界运动会提供训练场地；配合区委宣传部、区体育局等部门，完成北京市第五届端午文化节龙舟赛的筹办工作。

（奥管委）

【商业活动增经济效益】 2013年，对龙舟活动内容、方案进行细化和完善，共有北京首都国际机场股份有限公司、国泰金安等十五家企业集团开展龙舟拓展活动；另一方面共开展万科集团自行车赛、大众（中国）公司2013家庭日、葵展、北京市中小学生模型比赛、举办草坪婚礼和水上婚礼等非龙舟类项目十余场，经济效益显著提升。

（奥管委）

【强化场馆项目宣传推介】 2013年，与北京电视台合作，研发特色水上拓展栏目——“最佳团队”。通过节目的设计、制作和播出，对奥林匹克水上公园龙舟竞渡、索道滑水等项目进行充分的展示和宣传，进一步提高了奥林匹克水上公园新型团队水上拓展活动的知晓率。同时，通过举办2013索道尾波滑水世界杯等大型活动，吸引CCTV-4、BTV等40多家境内外媒体参与宣传，特别是微博中对奥林匹克水上公园相关图片的转发，使场馆奥运品牌以及顺义绿色国际港形象继北京奥运会后再一次得到集中、积极的宣传。

（奥管委）

社会生活

流动人口管理

【概　况】 顺义区流动人口管理服务中心负责全区流动人口管理服务工作。顺义区 19 个镇、6 个街道、9 个经济功能区均成立流动人口和出租房屋管理委员会，下设办公室。天竺镇、仁和镇、南法信镇、后沙峪镇、高丽营镇、李桥镇、杨镇、北小营镇设单独办公室，独立办公。其他镇、街道与综治办合署办公。

单位名称：顺义区流动人口管理服务中心
地址：顺义区光明南街 16 号
电话：（010）69426412
邮编：101300

（吴彩云）

【流动人口管理的八项职责】 一是围绕“以产引人、以业控人、以房管人”。在实践中大胆创新，积极探索对流动人口、出租房屋和用工单位的管理办法和措施；二是接受行政主管部门的委托，负责辖区内房屋租赁登记备案、流动人口登记、办理《暂住证》以及出租房屋税收代征代缴工作；三是贯彻执行国家和北京市有关流动人口、出租房屋管理的法律、法规、规章和政策；四是建立本地区出租房屋、流动人口、用工单位、重点人员、出租房屋安全隐患、出租大院、矛盾纠纷隐患、重点场所和五小门店管理档案，实行一户一档、一人一表，对本地区流动人口实行周查月报制度；五是落实属地管理责任，协调公安、司法、民政、工商、劳动、房管、计生、教育等有关部门，对流动人口、出租房屋及用工单位综合管理；六是依法维护流动人口的合法权益；七是对各村（居）委会、用工单位流动人口服务站的工作进行日常管理和考核；八是加强流动人口和出租房屋管理员队伍建设。各村、居委会成立来京人员出租房屋服务站，挂牌的 383 个，专兼职管理员 1731 人。

（吴彩云）

【规模调控措施精细化】 一是找准症结，坚持源头调控。科学制定人口调控指标，严格落实项目准入制度，继续优化低端产业重组，商业服务业格局进一步规范。二是联合行动，发挥部门合力。联合工商、卫生、城管、住建委、发改委、经信委、人口计生委等部门定期开展流动人口重点地区清理整治和打非拆违行动，研究人口合理引入政策。联合区商务委、区供销合作联合社、顺鑫农业公司以及相关镇，对 38 个区域内大型市场流动人口情况进行摸底调查，动态掌握流动人口聚集情况。完善与计生委、民宗办、教委、人力社保局、公安分局等部门相关信息的沟通比对机制，确保信息资源准确、共享。加大对服务站建设情况、普法宣传情况、地下空间整治情况、大型市场整治情况以及禽流感防控等情况的联合检查力度，累计开展专项检查 26 次。三是引导自治，发挥主体责任。积极引导基层组织和单位实行自治管理，给基层更广阔的发挥空间，鼓励其依据本地区实际情况，充分运用自治等手段，制定可行有效的调控办法，控制本地区流动人口总量，优化本地区流动人口结构。四是总结经验，发挥典型作用。通过多种渠道和形式，充分借鉴其他地区在流动人口服务管理过程中形成的好的经验做法，进一步开拓流管工作思路。

（吴彩云）

【基层服务职能规范化】 一是基层工作制度不断完善。继续深化落实周查月报、信息采集、“一核查两发现”、信息报送、督导检查等工作机制，确保基础信息准确完整。联合公安分局出台了《关于流管平台与派综系统对接整合后流动人口登记办证工作方案》，完善了基层流管办、派出所信息沟通等工作机制，实行了“一采双录”的工作措施。二是管理员队伍素质不断提高。增印并下发了《管理员工作规范手册》、《流管平台与派综系统对接整合后流动人口登记办证工作流程》等规范性文件，将管理员培训情况纳入年终考核内容进行重点考核。三是服务站规范化建设不断深入。狠抓“一站式”服务站职能落实，将服务站规范化建设及职能落实情况纳入季度考核内容，对不达标的服务站当场给出整改意见，并在下一次季度考核时对整改情况进行考核。

（吴彩云）

【维稳防控工作长效化】 一是做好重点流动人口的稳控工作。对流动人口中的重点人员落实了出租房屋主、管片民警、用工单位、流动人口管理员四位一体的管控措施。二是规范出租房屋管理。开展出租房屋安全大检查行动。严格落实“一核查两发现”工作机制建设，结合全区安全生产月活动，开展全区范围的出租房屋安全大检查。继续深化居住服务管理工作。继续深化公寓式、四集中、村企联管居住模式。对三种模式之外散居的流动人口实行网格化管理，确保全区出租房屋管理全覆盖。继续做好出租大院管理工作，严格落实“四必备”的工作要求，确保了出租大院内未发生重特大有影响事件。三是实行重点地区挂账督办制度。

（吴彩云）

【权益保障工作依法化】 一是坚持宣传教育常抓不懈。各镇、街道办事处依托“六五”普法平台，通过开展集中宣传、入户宣传、组织流动人口观看法治教育片、法律咨询等途径广泛宣传《北京市房屋租赁管理若干规定》等法律法规。二是不断完善各类公共服务。不断推进稳定就业和劳动权益、流动人口子女义务教育、流动人口医疗卫生服务以及流动人口计划生育服务等各项保障政策的落实。

（吴彩云）

民政工作

【概　况】 2013 年，民政事业资金收入 84，888.2 万元，比上年增长 47.95%，民政事业资金支出 86，594.6 万元，比上年增长 49.62%，主要用于抚恤事业费支出 7，642.9 万元；退役安置支出 3，153.8 万元；社会福利支出 7，563.0 万元；社会救助 4，871.2 万元；民政管理事务 3，246.8 万元；行政事业单位离退休 953.3 万元；其他款项用于民政支出 54，247.3 万元。

单位名称：顺义区民政局

地址：顺义区石园北区东侧

电话：（010）69441631
邮编：101300
网址：www.minzj.bjshy.gov.cn

（民政局）

【长效机制建设】 一是创新工作体制，提高履职效能。充分发挥民政部门在保障和改善民生中的大统筹、大协调作用，通过整合政府社会资源，建立社会救助、和谐社区、社会福利、社会组织“四大平台”，实现市、区、镇上下联动，委办局横向对接，资源共享。为有效解决低保、优抚、超转等民政对象医疗报销周期长的问题，减少资金流通环节，在全市率先推出“民政一卡通”，并积极拓展金融功能，1.8 万民政对象享受到高效便捷服务。二是创新管理方式，提高履职能力。建立了目标量化双百考核、效能考核、折子督办等科学合理的管理制度，确保职责高效落实。对科室、单位、基层民政科的工作职责进行量化分解，采取周考核，月评比；主管副职每周必须参加科室会，监察科、办公室全程参与，掌握基层实际情况。将科室及个人创先创优情况纳入效能考核，作为年底评优的重要依据。三是将民政职责落实分解成 292 项折子工程，将责任落实到具体人，指定专人进行督办，确保按时完成工作。

【民政法制】 全年共举办各类培训班 12 期，92 学时，参加人数达到 480 余人次。局长与 14 个执法科室负责人签订了执法责任书。全年未出现行政诉讼和行政复议案件，执法合格率达到 100%。

（民政局）

社会救助

【概　况】 截止 2013 年底，全区共有城市低保对象 512 户 687 人，占全区城市户籍人口的 0.21%，全年累计新增 60 户 71 人，撤销 117 户 161 人，发放城市保障金 490.53 万元；农村低保对象 2997 户 5152 人，占全区农业户籍人口的 1.93%，全年累计新增 217 户 403 人，撤销 416 户 912 人，发放农村保障金 2789.77 万元。在市远郊区县率先实现城乡低保标准同为 580 元。

（民政局）

【超转工作】 2013 年，顺义区共接收超转人员 897 人。全年累计发放超转人员生活补助费 2 亿元。目前，顺义区共管理各类超转人员 12648 名，其中市民政局接收管理的有 185 名，区民政局接收管理的 11904 名，各企事业单位自管的 559 名。超转人员生活补助待遇自 2013 年 1 月 1 日起由月人均 1210 元提高到 1330 元，月增 120 元，调整幅度为 10%。

185 名市管超转和 11904 名区管超转人员全部纳入社保系统，2013 年 1 月 1 日起全部实现持卡就医。

（民政局）

【城乡医疗救助】 2013 年全区共救助农村低保对象 3480 人次，发放救助金 274.36 万元；救助城市低保对象 495 人次，发放救助金 50.63 万元；救助低收入对象 232 人次，发放救助资金 31.86 万元；提高城乡特困人员重大疾病医疗救助比例，对患有九类病种的特困人员，救助比例由 60%提高到 70%，全年累计救助总额不超过 8 万元。2013 年全区共救助患重大疾病的农村低保对象 61 人次，发放救助金 27.88 万元；城市低保对象 18 人次，发放救助金 11.67 万元；低收入对象 57 人次，发放救助资金 23.98 万元。

（民政局）

【大病救助】 深入开展城乡大病医疗救助，对经“一老一小”大病医疗保险、新农村合作医疗等医疗保障政策报销后，个人费用负担仍有困难且影响家庭基本生活的患大病人员，给予大病医疗救助，最高救助标准由12万提高到14万元。2013年共发放大病救助款213.78万元，救助家庭困难的大病人员365人次；在全市率先建立低收入家庭重症精神病人救助制度，设立专项救助经费增长机制。按照区、镇7：3比例给予救助。全年累计救助526人次，拨付救助资金217.16万元。

（民政局）

【教育救助】 拓展教育救助范围、提高救助标准。目前教育救助覆盖全区低收入家庭的大一至大四学生。对低保、低收入家庭子女，当年考入大学的新生（三类本除外），给予当年全额学费救助，三类本学生给予6000元救助，对于新生同时给予一次性2000元的生活救助；对大二、大三、大四学生分别给予3600元、2400元、1800元的学费救助，并将教育救助工作纳入区政府为民办实事项目，督促开展资金落实、及时审批等各工作环节的顺利开展。全年共救助373名困难家庭学生，发放教育救助资金128.13万元，为保障低收入家庭学生顺利完成学业发挥实效。

（民政局）

【五保供养】 调整农村“五保”供养标准。2013年分散供养标准提高至年人均8004元，集中供养标准提高至年人均9205.56元。全区共有农村五保对象195户202人，其中集中供养107户112人，分散供养88户90人，全年累计救助五保老人2661人次，发放救助资金187.82万元。

（民政局）

【社救建房】 在全市率先尝试“以政府购买社会服务”方式建立专业机构危房鉴定机制，为我区农村社救建房工作提供科学理论支持。全年为259户符合救助条件家庭进行房屋翻建维修（221户翻建、38户维修），发放救助资金951.98万元。

（民政局）

【临时救助】 提高困难人员临时救助标准，对一般救助对象给予500至1000元临时救助；对重点救助对象给予1000至5000元临时救助；对特殊救助对象给予5000至10000元临时救助。2013年发放临时救助资金16.7万元，累计救助529人。

（民政局）

【民政社保卡】 2013年在全区范围内推广“民政社保卡”的实时结算功能，不断完善使用系统。全年为农村低保对象实时结算74.81万元，救助893人次。

（民政局）

社区建设

【概　况】 一是顺利完成19个“六型社区”创建工作。在全市率先建立“六型社区”创建工作专项经费，区财政每年为街道辖区内的每个社区拨付10万元，用于完善社区基础设施、开展社区服务、组织社区活动等。委托社会组织对19个申报社区进行自查，对照标准查找问题，制定整改措施，明确整改任务、完成时限和责任部门。科室成员分片包社区，定期到社区实地指导“六型社区”创建工作，指导整理工作档案、实地查看硬件设施。以打造干净、规范、服务、安全、健康、文化、智慧社区为目标，起草社区服务管理工作意见，凝练核心指标，创新工作机制，完善保障措施，提升社区整体水平。二是采取政府购买服务方式加强社区文化建设。采取政府购买服务的方式，委托街道社会组织联合会开展社区主题文化活动。三是开展农村社区典型示范社区创建工作。成功争创 10 个北京市“农村社区建设典型示范社区”。通过开展创建工作，进一步规范农村社区服务站建设，完善农村社区服务站管理制度，拓展服务项目，普遍开展代理代办失业、求职、独生子女、低保证等证件，代开居住、流动、残疾等证明、组织文体活动和志愿互助服务等 100 多项服务，方便农村社区居民生活。

（民政局）

【社区服务总中心】 截至 2013 年底，顺义区社区服务总中心有休养员 240 人，孤残儿童 115 人，工作人员 150 人。中心不断拓展服务职能，整合资源，发挥 96156 社区公共服务平台作用，深入开展居家养老服务工作。2013 被北京市妇女联合会评为“北京农村妇女双学双比活动”示范基地；被北京市社区中心评为“文化节汇演”和“才艺大赛”优秀组织奖；有 10 名养老护理员在孝星评比活动中被命名为“孝星”。加强软硬件建设，提升服务功能。软件方面：一是强化服务意识，严格按照服务流程操作，梳理合同文本，根据老人身体状况进行分类细化，签订补充协议，全部输入电脑。实行微机化管理；二是加强队伍建设，严格执行规章制度；三是加大培训力度，认真执行十个务必，规避风险，提高职工整体素质和业务水平；四是每季度召开休养员座谈会、伙委会，听取休养老人对服务、管理、伙食等方面的意见和建议。硬件方面：一是投资约 106 万元对休养房间床头柜、大衣柜、电视、空调及儿童室内衣柜进行更换，改善生活条件；二是投资约 2 万元对室外健身器材进行更换，更适合老人娱乐健身；三是积极配合完成养老院改扩建工程项目，并做好开工前准备工作，确保不出问题。同时积极争取市福彩资金 80 余万元用于设备改造。拓展服务项目，提升居家养老服务水平。一是进一步完善居家养老工作制度和规范流程，与居家养老商签订服务管理协议书；二是积极参与政府购买社会组织公益服务项目申报和社会组织公益展示活动，发放宣传资料 10000 余份；三是积极参与养老助残服务工作，提供生活照料、家政服务、管道维修等，共提供上门服务 572 次；四是免费向社区老年人开放棋牌室、手工室、健身娱乐室、图书阅览室，每周放映 2 场电影。做好养育工作，提升孤残儿童健康质量。一是创造温馨、健康、安全的居住环境。生活上做到无微不至的关心，更换了衣柜等；二是加大医疗救助，建立健康档案，定期体检，做好预防治疗。针对孩子们的实际情况，积极开展脑瘫孩子的保健、康复、治疗工作，提高自理能力。通过康复治疗，12 名脑瘫患儿各方面能力都有提高；四是积极解决适龄儿童入托、入学问题。14 名儿童上小学，3 名儿童到幼儿园接受学前教育。强化安全责任，确保不出问题。一是开展安全教育活动，利用例会、宣传栏、知识竞赛、演练等形式做好安全教育，提高职工安全意识；二是落实责任人，加大检查力度，做好安全记录；三是结合二期工程项目，制定安全应急预案，明确责任人，责任倒查制度，确保不出问题。

（民政局）

【96156 服务】 一是进一步规范 96156 加盟服务商管理与考核，完善服务商准入和考核机制。目前全区有各类加盟服务商 21 家，截止目前接单量 12150 张，其中服务单 1311 张，咨询单 10839 张，电话回访率达到 100%；二是整合资源，积极开展 96156 社区大课堂普惠活动。截止到目前共开课 2005 节次，普惠居民 7 万余人；三是“两节”期间组织开展了以“和谐家园，幸福社区”为主题的系列活动。发放 928 张“96156 亲情服务卡”，为 60 岁以上失能老人和 80 岁以上特

困空巢老人提供小时工、理发、清洗油烟机、上门理发三项服务，两节期间共提供为特需家庭提供便利服务 3151 次。

（民政局）

【社区义工】 2013 年，开展争创全国志愿服务记录试点区建设工作，顺利被市民政局认定为 4 级社会组织。截止到 12 月底，全区共发展注册社区义工 32237 人，全区现有义工分会 25 个，工作站 168 个，主题服务队伍 872 支，受益群众 30 万人。我区 7 个义工组织、11 名义工代表获得市级表彰。一是农村义工组织建设有序推进，制定出台《顺义区关于建设农村社区义工组织的意见》，完成 19 个镇和 73 个村级义工工作站建设工作，注册义工数量同比增长 43%，围绕“乐农行动”开展帮困助残、文化助农、法律援助、环境整治等义工活动。二是六大主题服务项目建设，做好“春雨，春蕾，绿色，蓝盾，霞光，乐农”和“学雷锋”月、为灾区劝募、感恩母亲、中秋敬老、情满重阳等主题服务活动；三是专业队伍建设，对全区城乡义工组织 300 余名义工负责人和义工代表开展服务理念、业务知识和素质拓展培训，提高专业化水平。

基层政权建设

【概　况】 顺义区村委会建设工作以深化基层民主政治建设为根本，以贯彻落实新修订的《村委会组织法》为重点，以健全村务监督制度为抓手，不断完善制度，规范管理，创新形式，推广典型，全面推进我区农村基层民主政治建设。

（民政局）

【第九届村委会选举】 全区完成推选村民选举委员会、参加选举村民的登记、提名候选人、正式投票选举、工作交接、推选村民代表和村务监督委员会等重要环节，圆满完成了第九届村委会选举工作。424 个参选村共选举产生 1485 名新一届村委会成员，选举结果实现“五高一保持一降低”。书记主任“一肩挑”比例为 87.7%，比上届提高 2.7 个百分点。“两委”交叉任职比例为 76.4%，比上届提高 1.4 个百分点。455 名妇女成员当选，比例达到 30.6%，实现了每个村至少有一名妇女成员。400 个村一次选举成功，一次选举成功率为 94.3%，比上届提高 4.8 个百分点。1248 名村委会成员是党员，占 84%，17 名大学生村官当选为村委，大专以上学历的 562 人，占 37.8%，比上届提高 4.8 个百分点，其中有 8 名研究生。连续三届保持没有“白点村”。村委会主任不是党员的村减少 2 个。

（民政局）

优抚安置

【概　况】 2013 年共接收退役士兵 238 人，其中城镇退伍义务兵 121 人，农村退伍义务兵 100 人，转业士官 16 人，复原士官 1 人。2012 年度应安置城乡退役士兵及转业士官共计 237 人，通过深入的讲解政策，25 人选择政府安置工作，全部安置到区属企事业单位，212 人选择自主就业，发放自主就业补助费 1104.21 万元，待安置期间生活补助费 8.58 万元，总计支出 1112.79 万元，安置率保持 100%。加大宣传力度，鼓励退役士兵参加市、区两级学历教育，提高就业技能，

2013 年共有 3 人参加市级指定专科院校学习，45 人参加区级指定院校学习。春节慰问 18 名生活困难退役士兵，每人发放 600 元慰问金。

（民政局）

【双拥工作】 2013 年，春节和“八一”期间，区委书记王刚、区长卢映川亲自带队走访慰问驻顺部队，把总价值 80 余万元的猪肉、饮料、油等食物和洗衣机送进了军营，表达了区委、区政府和顺义人民对驻顺官兵的关爱。参加“爱我航母·心系海防”拥军活动，慰问“辽宁舰”上全体海军官兵，并送去 30 万元慰问金。“八一”建军节前夕，区委、人大、政府、政协等“四大门”38 位区领导、区国防动员委员会 32 名成员单位领导、14 支驻顺部队领导来到特警学院参加“军事日”活动，观摩特警队员反恐演练，观摩搏击训练，参观部队装备陈列馆，接受国防教育。坚持“入伍即入学、退伍即毕业”的宗旨，继续协调北京农业广播学院顺义分校，结合士兵的需求，有针对性地为 400 名现役士兵开办乡镇企业管理、会计等专业学历班。继续刊印《绿港双拥》杂志，宣传我区双拥工作取得的突出成绩和典型事迹，2013 年共编印 6 期。联合顺义电视台拍摄《情动绿港》专题片《风采》宣传我区双拥工作。召开军地座谈会，共同商讨双拥大计。加强双拥文化建设，春节和八一期间送 6 场文艺演出进军营，丰富驻顺官兵文化生活。依托清明节、八一建军节、征兵等重点时段，广泛开展宣传教育活动。

（民政局）

【优待抚恤】 做好元旦、春节期间走访慰问活动，为全区 4838 名优抚对象发放慰问金 387.04 万元、发放慰问品价值 154.8 万元。全年共为优抚对象发放定期抚恤补助资金 3738.4 万元，为 427 名义务兵发放优待金 1312.6 万余元，为 62 名农村籍烈属发放优待金 9.3 万元。新认定参战、参试人员 7 人，使其享受相关优抚待遇。继续开展优抚对象危旧房屋翻建工程，共投入资金 151.2 万元，为 28 户农村籍优抚对象翻建房屋。按照顺义区优抚对象医疗减免办法，全年共办理 3180 人次优抚医疗减免手续，减免金额达 513.4 万元。开展民政“一卡通”即时结算工作，共为全区优抚对象即时结算医药费 441 人次，报销药费 63.4 万元。

（民政局）

【见义勇为】 2013 年，顺义区评定了 6 名见义勇为人员，颁发证书及 6 万元奖励金。为 8 名见义勇为家庭申请生活困难补助 2.6 万元。全年共为因见义勇为死亡人员遗属发放定期抚恤金 1.87 万元。为全区 78 名见义勇为人员发放康复保健卡，提高见义勇为人员健康意识。为全区见义勇为人员投保见义勇为救助责任险，切实为见义勇为人员解决了后顾之忧。元旦春节期间，对全区 78 名见义勇为人员进行走访慰问，送去慰问品、慰问金 16.4 万元。

（民政局）

【光荣院】 优抚政策落实到位。按标准发放伤残军人抚恤金；按月发放休养员零用钱；生活日常用品等应季应需配发；推行营养量化配餐；医疗护理保障有力，病情及早发现及时救治，医疗费用年内支出 77 万余元。服务水平有效提升。年内，组织系统培训班 6 期，组织开展研讨、交流、实践活动 9 次。服务管理更加规范。文化建设扎实推进。双拥共建、爱国主义教育、光荣传统教育活动广泛开展，年内接待中小学生、社会青年及驻区部队官兵等 1100 余人次。

（民政局）

【军队离退休干部管理】 截止到 2013 年底，顺义区现有军队系统离退休人员 204 人，其中军休干部 124 人，无军籍退休职工 74 人，军休干部遗属 43 人。2013 年接收了 8

名军休职工和16名军休干部（其中含12名病退军休干部、1名因公一等伤残军休干部）。全年按时足额落实军休干部和军休职工各项待遇共计1735.91万元。根据市房改会议精神，启动军休干部第五批房改工作，为符合政策要求的2000年后以成本价购房的5名军休干部申报了住房补贴，涉及金额5.3406万元；完成军休干部学龄补贴申报工作，涉及金额0.41万元；完成由成本价购房改经济适用住房的军休干部住房补贴申报金额8.7438万元。落实我区第三批、四批军休干部房补经费465.6万元。开展军休文化建设。组织军休干部积极参与社会公益活动：75名军休干部"向雅安地震灾区献爱心"捐款18400元。多名军休干部积极参与社区义务活动，成为社区义务治安巡逻员、校外辅导员等。开展包楼包户工作：工作人员到自己所负责的军休干部家中进行过家访，通过谈心掌握军休干部的身体健康情况，了解生活、家庭的实际困难，征求大家对办（所）工作的意见和建议，及时将问题和矛盾化解在萌芽状态，融洽工休关系。军工服务管理工作。认真落实无军籍退休职工各项待遇，其中发放工资314.4万元；春节前夕，八一、两节期间走访慰问无军籍职工150余人；同时每月对镇、街道民政科军工服务管理工作进行考核，确保军休职工各项待遇得到全面落实。做好安全保障工作。

（民政局）

老龄工作

【概　况】　由区老龄办牵头，会同区委宣传部、区文明办共同组织，完成了506名"孝星"、500名"寿星"和100家为老服务示范单位的评选工作；审批养老服务券15545人次，发放服务券1554.5万元，结算养老券资金1405.46万元，销毁养老券1419.13万元。建设30家托老所，全部建成投入使用，经市里验收全部合格；组织108名养老（助残）员参加市老龄组织的培训，全面提升养老（助残）员整体素质；通过补贴或者政府采购免费赠送老人等方式，下发"小帮手"电子服务器2697部；依托区精神卫生防治所及96156社区呼叫服务中心，开通1条心理咨询热线，由专业工作人员24小时值班接听，在城区设置了8个心理咨询服务站，每周免费组织两次精神卫生和心理咨询活动。

（民政局）

【养老机构】　截至2013年底，顺义区养老服务机构达17家、共有养老机构床位数3708张，每百名老人拥有床位数3.5张。鼓励支持养老机构建设，在市级补贴资金的基础上，安排120万元区级养老机构专项经费，用于龙湾屯、赵全营、北务3家镇办敬老院改扩建补贴，2家社会办机构床位补贴，对南彩等5所镇办敬老院的8个项目实施改造、扩建及购置设备，争取市级资金132.6万元；3名低保家庭生活不能完全自理老年人入住定点社会福利机构，享受每人每月1100元的养老服务补贴；在全区13家农村五保供养服务机构中开展等级评定工作，其中获一星标准的2家，二星标准的8家，三星标准的3家；15家养老机构申报参评养老服务机构星级评定，均通过一星级评定，获得以奖代补资金共计30万元；养老服务机构综合责任保险覆盖率达100%，投保床位数为771张，申请财政补贴98688元。

（民政局）

【老年社会福利】　扩大高龄津贴发放范围，降低老年人补助医疗门槛。将享受高龄津贴人群范围，由户籍 90 周岁及以上老年人，扩大至 80 周岁及以上老年人，标准为 80-89 周岁每人每月 50 元。为新扩面的 80-89 周岁高龄老年人发放高龄津贴 697.51 万元，发放 90 周岁老年人高龄津贴 135.68 万元。将享受高龄老人医疗补助范围由 95 周岁及以上扩大到 90 周岁及以上，对 90-94 周岁顺义区户籍老年人在定点医疗机构门诊及住院发生的符合医疗报销规定的医疗费用中个人按比例负担部分，由区财政给予补助，扩面后共报销 90-94 周岁医疗补助 175 人次 32.94 万元，报销 95 周岁以上医疗补助 125 人次 19.14 万元。

（民政局）

民间组织管理

【概　况】 2013 年，顺义区社会组织质量不断提高，结构更趋合理，作用日益突出，呈现出良好的发展态势。顺义区三农研究会、北京京顺医院被北京市民政局确定为北京市社会组织示范基地。完成行政许可事项 50 项，其中社会组织成立登记 30 家，变更登记 17 家，注销登记 3 家，换发登记证书 50 家。全区社会组织登记总数达 274 家，备案社区社会组织 1182 家。

（民政局）

【登记体制】 制定《顺义区社会组织直接登记管理办法》，对行业协会商会、科技、公益慈善、城乡社区服务等四类社会组织实行直接登记，完成直接登记 7 家。

（民政局）

【政府购买社会组织服务】 2013 年政府购买社会组织服务工作列入区政府为民办实事项目，项目总投资 273.61 万元，购买社会组织公益服务项目 20 个。

（民政局）

【社会组织第三方评估】 建立第三方评估机制，结合顺义区实际制定评估指标体系；召开了社会组织评估动员会，并委托 4 家市级评估中心对参评社会组织进行培训、视导。2013 年共完成 159 家社会组织评估，应评已评率达 95.2%，在全市处于领先地位，并取得了 20 个 5A，56 个 4A 和 82 个 3A 的优异成绩。

（民政局）

【社会组织人才专场招聘会】 举办“顺义区第五届社会组织人才专场招聘会”。共有 44 家社会组织踊跃参加、提供 240 余个岗位，招聘会当天共吸引约 2200 人踊跃应聘。专场招聘会连续 5 年累计提供工作岗位 1840 余个。

（民政局）

社会福利

【概　况】 截至 12 月 31 日，全区有福利企业 78 家，职工 3063 人，其中残疾人职工 1142 人。福利企业销售收入 6.05 亿元，利税总额 2790.61 万元。发放福利企业补贴 1175.09 万元。包括：2012-2013 年度社会保险补贴 584.18 万元；2012-2013 年度超比例安置残疾人就业奖励 98.7 万元；2013 年度岗位补贴 442.8 万元；2013 年度安置精神残疾人职工就业岗位补贴 49.41 万元。开展两项社会组织服务民生项目。一是投入 18 万元，为 900 名残疾人职工开展免费上门体检服务；二是投入 6 万元，为全区 78 家福利企业提供免费法律顾问服务。开展三项为残疾人办实事活动。一是投入慈善公益金47万元，为1174名残疾人职工每人发放400元超市“爱心卡”；二是投入慈善公益金0.9万元，为6名夫妻双方均为福利企业残疾人职工的未成年子女发放助学补贴；三是投入4万元，春节期间慰问困难残疾人职工100名。

（民政局）

【福利彩票】 全年共发行福利彩票24255.34万元，其中电脑型彩票16486.62万元、即开型彩票7768.72万元，为国家和地方筹集公益金7324万元。

（民政局）

殡葬管理

【概　况】 2013年，顺义区殡葬改革继续向纵深发展，殡葬管理体制机制更加健全，殡葬惠民服务体系初步建成，全区殡葬服务管理向“公益、绿色、惠民”迈进，取得良好社会效益。

（民政局）

【殡葬管理体制】 一是建立三级殡葬改革管理组织。各镇、街道办成立了以民政科、综治办、司法所、信访科、土地科、党政办公室等部门为成员的殡葬改革组织；各村、居委会纷纷建立红白理事会。二是严格殡葬管理制度。全区统一了《火化介绍信》格式，开展了基层殡葬工作者的业务法规培训，提高其依法行政能力和责任意识，确保工作层层有人抓、有人管，各项工作落实到位。三是进一步规范了我区农村公益性林葬公墓建设备案手续。从公墓建设范围、建设标准、补贴金额、验收办法、完成时限五方面予以规范。完善各镇村申报材料，增加了公示一周、镇政府出具审核意见的要求。制定了《顺义区城乡公益性骨灰安置设施管理办法》，进一步规范管理，与镇、村签定《公益性公墓监管责任书》，明确区、镇、村三级日常监管职责，确保不出现安全事故、不出现违规操作。

（民政局）

【殡葬监管执法】 一是建立殡葬环境监管长效机制。先后制定了《散埋乱葬专项治理方案》和《散埋乱葬挂帐治理工作方案》，迁移平掉坟墓2278座，遮挡坟墓6000余座，规范管理320座，区投入补助资金113.9万元，同比散埋乱葬治理率提高355%。二是落实死亡火化三级核对机制。截止12月底，全区共死亡3863人，其中少数民族政策允许土葬20人。配合计生委、统计局和局优抚、社救、低保、老龄完成死亡人口数据共享工作。三是建立殡葬执法联运机制。殡葬管理所建立与公安、工商、城管等职能部门联合执法长态机制，开展清明节专项执法治理，清明群众祭扫活动安全有序。自3月23日至4月6日，全区共接待祭扫群众24.9万人次，疏导机动车3.6万辆，服务人员1.7万人次。

（民政局）

【殡葬惠民服务体系】 一是公益殡葬设施体系稳步发展。在张镇殡仪馆新址建成城市公益性骨灰堂，可提供公益格位1万份；新建成农村公益性公墓15家，全区公墓总量达65家，建成墓穴1.95万座。二是公益殡葬政策体系成效显著。落实“零百千万”工程，提供2款百元以内的骨灰盒和2套“千元殡仪温情服务”，提供13种万元骨灰安置选择，全年共提供服务1291次；核发丧葬补贴申请2656例，发放补贴款1328万元，实现群众治丧政府买单。三是公益殡葬服务体系不断扩展。

（民政局）

婚姻登记

【概　况】 2013年，共办理结婚登记8241对，离婚登记2234对，补办结婚登记110对，补领结婚登记2319对，补发离婚证49件，为当事人和相关单位出具各种婚姻状况证明2887人次，查询档案990人次，办理收养登记6件。

（民政局）

【调解工作室】 成立婚姻登记处调解工作室。区律师协会派驻资深律师担任调解员，将当事人双方签订的离婚协议提前进行司法确认，实现离婚纠纷的“一站式”解决，全年成功调解离婚当事人68对。

（民政局）

【免费颁证服务】 自2013年10月以来，积极开展结婚登记颁证服务，免费为前来办理结婚登记的884对新人举行了颁证仪式。2013年12月成立顺义区婚姻家庭建设协会。

（民政局）

行政区划

【概　况】 2013年，顺义区行政区划工作在抓好界线管理工作的同时，注重开展平安边界创建工作和区级“国家地名和区划数据库”建设。

（民政局）

【界线管理】 定期开展界线巡查工作，采取界线定期巡查和界桩的日常管护相融合措施，保证了界线管理工作到位。

（民政局）

【区级“国家地名和区划数据库”】 投资5.2万元，购买台式电脑、笔记本、扫描仪等相关设备，及时安装、导入区划相关基础数据，为行政区划管理工作提供详实的基础依据。

（民政局）

民族宗教侨务

【概　况】 2013年，努力维护民族团结、宗教和睦、侨界和谐的社会氛围，按照“围绕中心，服务大局，促进和谐，确保稳定”的指导思想和目标，全面推进和提升民族宗教侨务社会服务管理工作，完成了年初制定的各项工作任务。

单位名称：顺义区民族宗教侨务办公室
地址：顺义区石园北区东侧
电话：（010）69461734
邮编：101300
网址：http：//www.minzqb.bjshy.gov.cn

（民宗侨办）

【开展清真食品市场监督检查】 为尊重和保护少数民族群众的清真饮食习惯，确保清真食品市场安全，“春节”期间，区民宗侨办开展了清真食品市场监督检查。对少数民族群众相对集中的清真饮副食网点、农贸市场、大型超市、首都机场T2、T3航站楼清真餐厅等30余家单位进行走访。

（民宗侨办）

【少数民族乡村经济发展工作】 5月14日，2013年北京市少数民族乡村经济工作会议在密云县古北口镇古北口村召开。会议总结2012年全市少数民族乡村经济发展情况，安排部署2013年工作，并对2012年度少数民族乡村经济发展工作的获奖单位进行了表彰。顺义区荣获四个奖项，即：顺义区获得“区县主体作用发挥优秀奖”、后沙峪镇政府获得“乡镇主体作用发挥优秀奖”、后沙峪镇回民营村获得“民族村经济发展示范奖”、牛栏山镇安乐村获得“民族村经济发展进步奖”。共获奖励资金285万元。

（民宗侨办）

【朝觐服务保障】 2013年的朝觐工作于9月开始，至11月结束，期间从首都机场T3航站楼前往沙特阿拉伯朝觐的穆斯林群众共1062人，来自全国18个省市。为确保朝觐工作顺利完成，区民宗侨办及时通报相关朝觐信息，实地检查清真餐饮企业，建立沟通联系机制。

（民宗侨办）

【新疆地区干部到回民营村】 11月9日，在国家宗教局培训的90名新疆地区处以上干部到后沙峪镇回民营村参观学习。参观团一行听取了回民营村经济文化发展、民族团结进步等情况汇报，实地参观了回民营村清岚小区、清真农贸市场、村文化娱乐室、健身房、清真食品一条街及回民营清真寺。

（民宗侨办）

【开展送温暖慰问活动】 春节前夕，区民宗侨办走访慰问了服务对象30余人次。其中包括5户归侨侨眷，10户少数民族困难家庭，4所清真寺的阿訇和管委会主任，及时了解并帮助他们解决实际困难。

（民宗侨办）

【“和谐清真寺”创建标准】 4月11日，北京市宗教局召开和谐寺观教堂“安全年”活动总结交流会，区民宗侨办在会上做了典型发言，牛栏山清真寺和杨镇清真寺被评为“2012年创建和谐寺观教堂‘安全年’活动达标场所”。至此，顺义区四所清真寺全部达到市级创建标准。

（民宗侨办）

【积极深入开展侨情调研工作】 3月4日，区民宗侨办在全区范围开展侨情调查。顺义区现有侨界人士共计728人，其中老归侨5人，华侨9人，侨眷61人，港澳同胞350人，外籍华人303人。现有侨资企业62家。

（民宗侨办）

【2013侨商北京洽谈会】 月29日，由国务院侨办经科司、北京市商务委等7家单位共同主办，北京市商务委行政事务服务中心、北京侨商会共同承办的“2013侨商北京洽谈会”在国家游泳中心召开。我办携“M15号线顺义段沿线综合开发”和“五彩浅山国际休闲度假产业带”两个项目参展。

（民宗侨办）

【开展“12.4”法制宣传周活动】区民宗侨办联合涉侨的光明、胜利、空港等街道办共同开展了“12.4”法制宣传周活动。开展以“学习宣传保护法 侨心共筑中国梦”为主题的法制宣传教育活动。通过文艺演出、公益律师咨询服务台、张贴宣传标语、发放宣传彩页等形式，共发放涉侨宣传册8000余份，接待咨询100余人次，展出作品10余份，参与市民1万余人。

（民宗侨办）

人力资源和社会保障

【概　述】 2013年，顺义城乡劳动力二三产业就业率 95%以上，高校毕业生就业率99.8%，充分就业社区（村）比例达到 98%，充分就业街道（镇）比例达到 100%。新促进 2903 人实现绿色就业。深化“一产员工化”模式，新促成 4 家农村合作社转变为法人单位，促进 3849 名一产劳动力实现正规就业。继续实施“银发工程”，促进 5000 余名退休人员实现再次就业。实现城镇新增就业 36839 人、安置城乡劳动力 19257 人、帮扶实现自主创业 592 人、带动就业 2708 人；城镇登记失业人员就业率 72.37%；城镇登记失业率 1.11%，控制在 1.5%以内。全年共培训城乡劳动力 13302 人，完成指标的 110.85%，全区技术工人总量达到 16.8 万人，其中持证人员 15.25 万人，持证率 90.8%，区技工学校被认定为北京市职业培训公共实训示范基地。

单位名称：顺义区人力资源和社会保障局
地址：顺义区仓上街 16 号
电话：（010）89443642
邮编：101300
网址：http：//www.shyld.gov.cn

（人力社保局）

【一企一卡】 与 745 家企业签订《一企一卡预约服务协议书》，占全区规模以上企业的 65%，实现全区 62 个新续建项目专员管理全覆盖，共采集岗位 7.8 万个。全区公共职业介绍机构累计采集空岗信息 48598 个，完成指标的 108.00%；开展各种类型职业指导 34247 人次，完成指标的 139.78%。

（人力社保局）

【社会保障】 职工五项保险平均参保人数达 44.68 万人；累计收缴基金 61.30 亿元；累计支出基金 28.46 亿元。城乡居民养老保险参保人数、城镇居民基本医疗保险参保人数分别达到 10.76 万人、7.97 万人。完成征地转非 3241 人，就业转非 1777 人。按照全市统一部署，对社会保障相关待遇标准进行上调，顺义区企业退休人员月人均领取退休费 2398 元，城乡居民基础养老金和无保障老年人福利养老金分别达到 450 元、370 元。

（人力社保局）

【社保基金监管】 全面落实《社会保险工作人员纪律规定》和《就业专项资金管理纪律规定》，优化内控流程，加强岗位监管。加强对定点医疗机构的监管，全区 86 家医疗机构纳入到总额控制管理范围，定期开展就诊实名制检查、约谈、巡查与数据会商工作。加大审核力度，加强异常数据筛查。严格审核外埠城镇人员补缴，做好领取社会保险长期待遇人员资格认证工作。共审核 286.13 万人次，拒付 86.15 万元，开展实名制检查 269 家次，对 47 家定点医疗机构分批进行约谈，外审病历 1706 家，有效遏制不合理费用的增长。

（人力社保局）

【社保经办】 全力推广社会保险业务网上申报系统，7590 家参保单位开通网上申报业务，开通率达 95.16%。顺利开展增扩与自选基本养老金代发银行工作，代发银行从 4 家增加到 14 家。全面推行社会保险银行缴费业务，促进 1356 家参保单位选取该缴费方式。社保业务档案库设备设施配置齐全，实现了档案的计算机检索和电子化管理。

（人力社保局）

【人事人才工作】 共引进教育、卫生、高新技术企业高级人才 48 人，引进海外留学人员 11 人，引进夫妻两地分居的专业技术人才 37 人，引进优秀高校毕业生 276 人，选聘大学生村官 266 名，办理《北京市工作居住证》1315 人。人才载体建设不断加强，博士后（青年英才）创新实践基地达到 2 家，博士后科研工作站达到 7 家，在站博士后、青年英才达 20 多人，成为郊区县建站规模最大的地区。加强出国培训工作力度，向市外国专家局申报《第三批战略后备人才境外培训》、《优秀教师国际创新理论增强班》等5个出国培训项目。进一步拓展引智覆盖面，共申报引智项目5个，比去年申报单位数量增加25%。

（人力社保局）

【人事制度改革】 按照凡进必考、公平公正的原则，新录用公务员112人，其中本科以上学历达到97%，具有基层工作经历者达到67%，公务员学历结构进一步优化，考录工作的基层导向初步确立。稳步推进事业单位公开招聘工作，50家单位公开招聘773人。继续推行科级领导干部竞争上岗制度，全区机关事业单位248人通过竞争上岗走上科级领导岗位。加大科级干部的培养锻炼力度，出台《顺义区科级干部职位轮岗实施办法》（顺人社字[2013]68号），对于在同一职位任职5年以上的科级干部进行职位轮岗。

（人力社保局）

【事业单位绩效工资改革】 在逐步完善事业单位执行绩效工资工作的基础上，研究制定《关于进一步调控其他事业单位收入水平工作的请示》（顺人社字[2013]3号）文件，对事业单位绩效工资总量、工资项目、分配办法进行规范和改革。部署指导全区303家事业单位的5600名工作人员执行绩效工资工作，对各单位绩效工资分配方案、人员经费清理规范情况、年度工资总额核定明细等进行审查和备案，确保了其他事业单位绩效工资改革工作稳步推行。

（人力社保局）

【劳动合同制度】 全区各类监控企业劳动合同签订率达到98.12%以上，劳动合同续订率达到90.72%以上。扩大集体合同覆盖范围，共签订集体合同292份，涉及职工8.29万人。加强协调劳动关系三方机制建设，强化三方机制的协调、指导作用。严格执行《劳动合同法》对劳务派遣作出的新规定，为19家劳务派遣企业办理了行政许可。

（人力社保局）

【劳动关系调处】 推进劳动保障监察“两网化”管理及“劳动用工规范一条街工程”活动，共检查全区各类单位4028家，受理举报、投诉案件408起。全面推行建筑领域劳动用工实名制管理，做好“无拖欠工资”工作，共排查建筑工地164个，妥善处置集体讨薪突发事件46起，涉及农民工3060人，追讨工资4070.4万元。加大劳动人事争议预防调解工作力度，全区共受理各类争议案件7429件，结案率100%，调解率71.48%，均超过全市规定的90%和35%的指标要求。积极推进基层调解组织建设，新建立基层劳动争议调解组织21家，总数达到51家，共调解案件2206起，成功率100%。

（人力社保局）

人民生活

农村居民收入支出情况

【概　况】 据顺义区2013年农村住户抽样调查资料显示：农民人均纯收入为17703元，比上年增加1743元，增长10.9%；农民人均生活消费支出为11634元，比上年增加804元，增长7.4%。

单位名称：顺义区统计局

地址：顺义区顺通路AMB大厦A座11-13层

电话：（010）89445498
邮编：101300
网址：www.sy.bjstats.gov.cn

（丰艳婷）

【城市化推进农民就业增收】 第一，工资性收入保持平稳增长，是农民增收的主要来源。人均工资性收入为12120元，同比增长12.5%，占纯收入的68.5%。第二，家庭经营纯收入呈负增长。人均家庭经营纯收入为533元，同比下降58.2%。第三，财产性纯收入增速较快。人均财产性纯收入为1763元，同比增长27.8%，占纯收入的10.0%。第四，转移性纯收入稳步增长。人均转移性纯收入为3288元，同比增长29.7%，占纯收入的18.6%。

（丰艳婷）

【农民消费不断升级】 顺义区农村居民八大类生活消费中，除人均医疗支出有所下降，其余七类均有不同幅度的提升，体现出我区农村居民生活质量和谐改善。其中食品消费支出3858元，增长6.8%，占生活消费支出的比重（恩格尔系数）为33.2%；衣着消费支出907元，增长26.8%；居住消费支出2173元，增长5.9%；家庭设备、用品及服务消费支出725元，增长0.6%；交通和通讯消费支出1520元，增长0.3%；文教娱乐用品及服务消费支出911元，增长19.5%；医疗保健消费支出1206元，下降2.3%；购买其他商品及服务消费支出333元，增长52.3%。

（丰艳婷）

城镇居民收入支出情况

【概　况】 根据顺义区2013年城镇居民家庭抽样调查资料显示：城镇居民人均可支配收入33329元，同比增长9.5%；城镇居民家庭人均消费性支出为18895元，同比增长8.2%。

【城镇居民收入持续增长】 第一，增资政策全方位出台，引领工资性收入增长。年内顺义区城镇居民工资性收入25717元，同比增长21.0%。第二，政府持续关注民生，不断加大财政转移支付力度。年内人均转移性收入8652元，同比增长8.5%。第三，投资环境进一步优化，经营净收入成为居民收入增长的新动力。人均经营净收入3090元，同比增长26.1%。

【城镇居民消费】 顺义区城镇居民八大类生活消费中，除人均医疗保健支出和人均居住支出略有下降以外，其余六类消费均呈现不同幅度的提升态势，显示出顺义区城镇居民生活水平的不断提高。其中，食品类消费6310元，同比增长4.5%；衣着类消费2432元，同比增长15.0%；居住类消费1462元，同比下降3.6%；家庭设备用品及服务类消费1861元，同比增长35.0%；医疗保健类消费1318元，同比下降2.2%；交通和通信类消费2941元，同比增长10.9%；教育文化娱乐服务类消费1921元，同比增长4.1%；其他商品和服务类消费651元，同比增长14.1%。

街道·镇

街　　道

光明街道

【概　况】　北京市顺义区光明街道办事处成立于 1998 年 7 月（其前身为城关街道办事处），是区政府的派出机构，在辖区内行使政府管理职能。对辖区内的地区性、社会性、群众性工作全面负责；对辖区内城市管理、社区建设、社会治安综合治理、精神文明建设等方面的工作行使组织领导、综合协调、监督检查的行政管理职能。办公地点位于府前东街，光明文化广场北侧。管辖地域范围东至滨河南路，南至顺平快速路，西至光明南北大街，北至减河，占地面积 4.12 平方公里。下设 15 个居委会，总户数 28893 户，常住人口 65402 人，户籍人口 24116 人，流动人口 8488 人。

单位名称：北京市顺义区光明街道办事处

地址：北京市顺义区府前东街 17 号

电话：（010）69442246

邮编：101300

网址：http：//www.guangm.bjshy.gov.cn

（光明街道）

【党建工作】　一是扎实推进学习型党组织建设。根据街居干部党员、离退休党员、个体劳动者等其他类型党员的不同特点分类施教。二是扎实推进服务型党组织建设。认真组织好“党群 1+1”、“在职党员干部回社区”等活动。裕龙六区老干部党支部被评为“北京市老干部工作先进单位”，调研报告《发挥离退休党员在街道工作中作用的实践与思考》被《顺义调研》采用。三是扎实推进“廉洁型”党组织建设。以“学党纪条规 促廉洁自律”街居干部知识竞赛、观看廉政警示片等多种主题教育实践活动为抓手，使廉政教育进一步深化；全面梳理街道行政涉权事项 40 项、内部管理涉权事项 6 项，排查重点环节风险点 87 个，制定防控措施 261 项，使廉政风险内控内管机制进一步完善；积极引入科级干部轮岗及竞争上岗机制，择优上岗的 3 名正科级干部也均实绩突出、群众认可。轮岗交流的 3 名干部各司其职，工作出色。

（光明街道）

【环境整治】　对照年初建立的环境建设任务台账中的 18 个整治项目，开展专项整治工作。共平整绿化用地 2000 平方米；通过反复做思想工作，居民自行拆除裕龙三区、东兴二区违法建设；对裕龙四区、裕龙花园、幸福东区等社区内长期不用的废旧自行车、摩托车进行清理，共清理300余辆；对裕龙六区长期侵占公共绿地进行私搭乱建和占用公用车棚堆放废品的两户钉子户进行成功清理。

（光明街道）

【社区建设】 一是以“七型”社区创建为契机，进一步强化基础设施建设，对裕龙五区、东兴二区等7个社区近4000平方米的活动用房进行装修改造，现已投入使用，为社区居民提供了图书室、棋牌室等活动场地。双拥、金汉绿港、裕龙花园、裕龙六区4个社区通过评估。年内，光明街道已经有8个社区成功创建“七型社区”。二是研究制定了《文明科室评比方案》，年终评选出5个文明科室；研究制定了《社区工作者考核办法》，年终评选出6个先进社区、30名优秀社区工作者。

（光明街道）

【社区服务】 一是构建社区公共服务体系。依托街道一站式服务大厅、“96156”便民服务热线、15个社区服务站三大服务平台，为居民提供13大类60余项优质高效的公共服务事项。二是构建社区市场服务体系。根据15个社区实际情况，打造“9个一刻钟”便民服务商圈。编制完成《一刻钟便民服务手册》。三是构建社区社会组织服务体系。按照“1+15+10+10”模式发展六大类社区社会组织。已形成社区服务、社会事务、志愿服务、文化体育、慈善救助、维权调解6大领域17个类型151个社区社会组织，登记、备案、建档率实现100%，全年提供各类服务8万余人次。

（光明街道）

【社会管理】 一是积极稳妥开展指标体系试点工作。年内征集共性问题16项、个性问题32项，共制定指标28项。二是网格化管理模式初步形成。共划分为15个基础网格，46个防控网格。

（光明街道）

【社区文化】 一是精神文明建设深入开展。积极举办“做文明有礼的北京人”等系列主题活动；积极开展青年工作，成功创建4家北京市级社区青年汇，团工委被评为顺义区“优秀基层团组织”；积极开展科普工作，创建2个“北京市优秀科普社区”。二是文体活动遍地开花。举办“五月的鲜花”、“十月金秋”等较大规模文化活动10余次，创建5个“北京市体育生活化示范社区”。15个社区牵头组织青少年星光自护教育、传统节日庆祝、文艺演出、体育比赛、市民大讲堂等各类活动600余次，参与居民达5万多人次，真正营造出了“天天有活动，月月有演出，节庆有亮点”的良好社区文化活动氛围。

（光明街道）

胜利街道

【概　况】 胜利街道成立于1998年7月，位于顺义城区中心地带，辖区范围东起光明街，西达京承铁路，南到顺平路，北至减河，辖区总面积3平方公里。辖区内有居住小区12个，设18个社区居委会。顺义区委、区政府就坐落在辖区内，还有区教委、区检察院、区财政局、仁和地区办事处等一批重要的行政事业单位。胜利街道辖区内商业、服务业、企业发达，云集了顺义鑫海韵通商场、国泰广场、顺义隆华商场、新世界百货商场等大型商场和市场，以及金百万、权金城、金兆福等大型餐饮业，同时还聚集着中国工商银行、中国建设银行、中国农业银行、太平洋保险公司等几十家大中型企业。胜利街道辖区内有东风小学西校区、建南幼儿园、义宾幼儿园、幸福幼儿园等一批重点学校。顺义区医院、顺义区中医院在辖区内。辖区内交通有“三竖”：光明大街、新顺大街、站前北街；“三横”：站前街、府前街、中山街纵贯东西南北。

单位名称：顺义区胜利街道办事处

地址：顺义新顺南大街27号

电话：(010) 81484259

邮编：101300

（胜利街道）

【表彰社会组织联合会】 1月25日，胜利街道举办2012年平安志愿者工作表彰暨社区社会组织联合会汇报演出，对社区志愿者协会的73名五星级志愿者、154名四星级志愿者、291名三星级志愿者进行表彰，并播放了《胜利街道社区社会组织联合会宣传片》，介绍了胜利街道社区社会组织的发展历程。区委常委、副区长于庆丰，区政法委副书记、区综治办主任王金广，区委社工委书记、区社会办主任巩维国等领导出席了活动。

（胜利街道）

【全民健康生活方式示范社区】 5月11日，市疾控中心、区卫生局对胜利街道义宾南社区创建工作进行验收，听取义宾南社区居委会主任的总结汇报，并查看社区宣传橱窗、健身广场、活动室，健身室等健康宣传场地，向居民了解开展健康生活方式教育、居民知晓率及居民参与等方面情况。

（胜利街道）

【绿色便民车行】 5月16日，胜利街道怡馨二社区绿色便民车行揭牌。社区对楼道闲置自行车统一维修和管理，居民持有效证件办理智能门卡后，便可免费使用自行车。此举意在方便居民出行，鼓励居民选择节能减排出行方式。

（胜利街道）

【区级“妇女之家”示范点创建验收】 6月5日，区妇联对胜利街道怡馨一社区申请创建区级“妇女之家”示范点工作进行审核验收。社区“妇女之家”负责人详细汇报特色服务、品牌活动以及慰老服务、文艺演出、政策宣传、巾帼行动等方面开展活动所取得的成果。

（胜利街道）

【食品安全宣传活动】 针对夏季食品安全问题，6月，胜利街道在东风小学启动食品安全进校园宣传周活动；7月，开展食品安全进社区系列宣传活动；邀请区食品办、工商分局的专家以多场讲座现场讲解居民关心的食品安全问题，宣传法律法规，增强社会公众的食品安全知识和自我防护能力。

（胜利街道）

【全国科普示范社区】 8月，胜利街道怡馨二社区作为顺义区唯一的社区入选“全国科普示范社区”，获得全国基层科普行动计划表彰。怡馨二社区的开通社区“三微”平台和科普服务邮箱、成立“绿色便民车行”、开展青少年假期科普讲堂、开展社区“阳台菜园”等系列活动成效显著。

（胜利街道）

【文化作品展】 胜利街道各社区举办以“贯彻十八大、畅享中国梦”为主题的“十月金秋”书画摄影作品展，同时在精神文明宣传栏内开设青少年作品展专区，共展出作品150余件，其中青少年作者60人，共接待居民群众1000余人次。

（胜利街道）

【智慧型社区建设】 为建设和谐宜居的居住环境，胜利街道各社区加大投入，多渠道拓展辖区服务资源，打造智慧型社区。一是为老人配备“小帮手”智能手机，搭建独居老人救助平台；二是与联通公司合作建设党员活动信息平台，提供社区党员活动资讯；三是配备有线电视、数字教育资源，建设电子图书室和数字电影放映室；四是购置平板电脑，加强无线网络设施建设。

（胜利街道）

【养老助残精神关怀服务站】 胜利街道社区服务中心联合寸草春晖老年服务中心成立“养老助残精神关怀服务站”。由具有职业资格的专业人员每周2天为社区老年人提供多种形式的精神关怀服务。

（胜利街道）

石园街道

【概　况】 石园街道办事处成立于2005年3月，位于顺义城区南侧，距顺义中心区2.5公里，辖区总面积9.6平方公里。辖区东至燕京啤酒集团东侧，南至林河工业开发区南路，西至京承铁路，北至顺平快速路。石园街道办事处为顺义区政府派出机构，设13个社区居委会，其中直管社区11个，协管社区2个，辖区内总户数2.23万余户，常住人口6.3万余人，流动人口1万余人；辖区共有党总支9个，社区党支部22个，非公企业党支部机关党支部1个，共有党员1735人，是一个集党政办公、工业基地、为老服务、生活休闲于一体的综合区域，辖区有顺义区民政局、药品监督管理分局、老干部局、劳动社会保障局等单位；有燕京啤酒集团、现代汽车生产基地等企业；有老年公寓及分布于各个社区的老年活动站；有餐饮娱乐、银行、邮局、社区卫生服务中心、教育机构、大型购物中心等配套服务机构。

单位名称：顺义区石园街道办事处

地址：顺义区五中路北

邮编：101300

电话：

网址：www.shiyuan.shy.gov.cn

（石园街道）

【就业再就业工作先进街（镇）】 石园街道获评区“2012年度就业再就业工作先进街（镇）”称号。石园街道以提供良好的就业服务为基本出发点，深入开展就业培训、就业指导、职业介绍等服务。

（石园街道）

【“五月的鲜花”】 6月20日，石园街道“五月的鲜花”文艺汇演在顺义区老干部局多功能厅举行。顺义区文化委员会和街道等相关领导及300余名社区居民观看了演出。此次演出以“贯彻十八大唱响中国梦”为主题，汇聚了街道辖区13个社区精心挑选的十余个节目，涵盖了歌曲、舞蹈、快板、戏曲、大合唱等多种艺术形式。

（石园街道）

【购买社会组织服务项目】 7月，石园街道申报的“顺义区石园街道老年人心理健康调查、干预与服务项目”获得北京市社会建设工作领导小组办公室正式批复。本项目是石园街道获得的第一个市级购买社会组织服务项目。

（石园街道）

【“幸福石园”项目签约】 10月25日，石园街道-北京理工大学“幸福石园”项目签约仪式顺利召开，石园街道领导班子、各科室负责人、居委会主任与北京理工大学项目团队到场参加。街道工委书记赵金明与北京理工大学人文与社会科学院院长李健教授共同签署了《幸福石园项目建设委托合同书》。

（石园街道）

【计生新政策宣传活动】 11月29日，石园街道在石园东西区广场举办了以“幸福家庭 和谐人口”为主题的宣传活动。通过横幅、展板、咨询台等方式宣传生育政策。接受 100 余例单独二孩问题咨询，发放展页 1000 余份，避孕药具 400 盒。

（石园街道）

【市教育督导室检查】 12 月 5 日，北京市政府教育督导室专家组莅临石园街道，检查教育法律法规在街道一级的推进落实以及素质教育开展工作。检查分领导汇报、座谈、查看资料、走访社区四项内容。此次检查的目的在于了解和检验区督导室近年来督政工作开展情况，总结经验，发现亮点，查找问题，便于促进顺义区教育督政工作更加规范和完善。

（石园街道）

【全程办系统】 石园街道从三个方面推进全程办系统工作。一是集中培训，加强业务学习；二是全面梳理，加强事项公开；三是加强应用，提高工作效率。

（石园街道）

【环境综合整治】 石园街道四项措施加大社区环境综合整治力度，彻底整治辖区环境：一是健全环境整治长效机制，二是开展每月两次环境拉练检查，三是加大宣传力度引导居民进行垃圾分类，四是全方位进行环境综合治理。

（石园街道）

旺泉街道

【概　况】 顺义区旺泉街道工委、办事处成立于 2007 年 10 月 13 日，目前管辖 8 个社区居委会（西辛社区、西辛第一社区、西辛北区社区、铁十六局社区、宏城花园社区、前进花园社区、牡丹苑社区、望泉家园社区），常住户数 12725 户，常住人口 28677 人。旺泉街道位于顺义城区西部，区域面积 12.81 平方公里。东至京承铁路与胜利街道办事处、石园街道办事处和仁和地区办事处接壤；南至顺义区西南二环路，与仁和地区办事处接壤；西至六环路和小中河，与仁和地区办事处、南法信地区办事处接壤；北至城北减河，与双丰街道办事处接壤。街道辖区交通便利，东有京承铁路；西有六环高速路、机场北线高速路；南有顺义南二环路；北有奥运大道直通京承高速。

单位名称：顺义区旺泉街道办事处
地　　址：顺义区顺西路 22 号
邮　　编：101300
电　　话：61409508
网　　址：wangqjdb@bjshy.gov.cn

（旺泉街道）

【就业帮扶】 1 月 11 日，旺泉街道开展以“就业帮扶，真情相助”为主题的宣传活动，现场向居民发放《北京市就业援助指导手册》、《自谋职业（自主创业）社会保险补贴政策问答》等各类宣传资料 500 余册，政策咨询解答 50 余人，社区文艺队伍现场演出。我街道三管齐下抓好就业与再就业工作：一是夯实基础，强抓就业服务平台建设。二是重点抓好两个群体就业。三是突出抓好培训促就业。

（旺泉街道）

【学雷锋主题活动】 3 月 4 日旺泉街道义工分会举办“扬雷锋精神，展义工风采，建和谐旺泉”学雷锋主题服务月启动仪式，活动现场开展 13 项义务服务活动，共计服务人数 200 多人；同时，组织辖区内 90 多名义工上门为 30 多户独居、空巢和不能自理的老人提供理发、读报、送餐、打扫卫生等服务活动。

（旺泉街道）

【“中国梦 我的梦”宣讲】 5 月 17 日，

旺泉街道开展“中国梦 我的梦”百姓宣讲活动。来自社区的7名普通社区工作者分别上台，结合自身实际工作，为现场居民们讲述感人故事，以及自己对中国梦的理解。通过开展此次活动，使百姓宣讲真正走进社区，贴近群众，让他们的梦想与中国梦联系起来，进一步激发广大居民建设和谐社区的热情。

（旺泉街道）

【垃圾分类活动】 5月22日在宏城花园社区举行“放错位置的资源”垃圾分类主题宣传活动，暨旺泉街道科技周启动仪式。此次活动共吸引了近150余名群众参与，向现场居民发放科普宣传资料近500余份，以引导群众学习食品安全、健康养生、低碳环保、应急避险等生活中的科普小常识。

（旺泉街道）

【照亮百姓回家路】 11月18日，旺泉街道前进花园社区党支部与顺义区电力公司党员服务队在前进花园社区广场隆重举行“温暖冬日送光明照亮百姓回家路”楼道灯送光明民心工程启动仪式。近百名党员、社区居民和志愿者参加。前进花园社区共有居民1084户，83个楼门，由于物业缺失，社区近一半的楼道灯已经损坏。社区党员志愿者配合共产党员服务队的维修人员逐楼逐门逐层检查楼道破损灯并进行维修。

（旺泉街道）

【安全拉练检查】 11月22日下午，由街道工委书记王俊忠、主任黄学英带队联合检查组对居然之家、中石化油库等9家人员密集场所、易燃易爆场所、商市场等重点单位开展安全生产、消防安全和公共安全拉练检查行动。在检查中发现隐患6处，现场清除隐患5处，一处责令专人盯防，限期整改。

（旺泉街道）

【“两节四个一”活动】 春节临近，旺泉街道开展“两节四个一”活动，即搞一次慰问，送去一句问候，做一次家人，献一门手艺。本次慰问活动街道共出资8.8余万元，对优抚对象、低保家庭等共计132户家庭进行慰问，并送上米、面、油、蛋、奶等慰问品和慰问金。

（旺泉街道）

双丰街道

【概　况】 双丰街道办事处位于顺义新城马坡组团核心区，成立于2007年10月。街道办事处现有人员47人，下设6个行政科室和4个事业科室。辖区面积29.49平方公里，四至范围为：东至左堤路和潮白河，与北小营镇、南彩镇接壤；南至城北减河，与胜利街道办事处、光明街道办事处和旺泉街道办事处接壤；西至小中河，与马坡地区办事处、南法信地区办事处接壤；北至向前村、荆卷村、西丰乐村和奥运水上项目比赛场地北侧，与牛栏山地区办事处和北小营镇接壤。辖区现有3个普通社区（马坡一区、二区、泰和宜园）和8个别墅区（龙苑、金宝、华中园、恒丰、阳光、富力湾、枫桥、高尔夫），共有住户2834户，常住人口8871人，流动人口1592人，户籍人口1627人；辖区共有外籍人员86人，涉及19个国家和地区，主要集中在龙苑别墅区。

单位名称：北京市顺义区双丰街道办事处
地址：顺义区马坡镇向阳西街8号
电话：（010）69406262
邮编：101300
网址 http：//www.shuangfeng.bjshy.gov.cn/cn/index.asp

（栖怀远）

【重点工程】 区2013年重点工程双丰街道综合服务中心建设项目于2013年4月底完成购房，取得房屋产权证，房屋总面积3140平方米。截止2013年底，完成《装修设计任务书》、整体设计图纸、配套工程图纸、控制价预算清单，与设计公司、工程咨询公司及水、电、气、暖等专业单位签署协议。新建社区建设工作扎实推进。年初接管泰和宜园，及时成立泰和宜园第一社区居委会和泰和宜园第一社区党支部，购置办公设备，配齐工作人员并已完成对社区人、房、商铺、设施等各类信息的摸排建档工作，并根据相关规定已与两限房顺丰大街16号院、鲁能7号院等项目开发商进行多轮沟通，就社区用房标准、建居标准予以交涉。截至2013年底，两限房项目正在确定交接协议；鲁能7号院项目因开发商提供的用房不具备取暖设施，正在要求其整改。

（栖怀远）

【安全生产】 一是组织健全。二是底数清晰。截止到2013年底，街道辖区共有41家生产经营单位，其中物业公司9家，小门脸房32家。属地季报企业2家，行业季报企业9家，年报企业30家，其中24家为2013年新增企业。三是责任明确。四是执法严明。全年检查企业次数累计116次，出动检查人员300余人次，车辆60余车次，录入执法文书117份，现检102份，责令整改14份，现决1份，发现消除各类安全隐患300余处。完成辖区两家企业三级标准化创建工作，两家均已创建成功，圆满完成考核任务。五是宣传到位。针对辖区生产安全工作，街道组织召开安全工作会议8次；组织各类培训10次，涉及企业52家次，培训人数359人次；在重大节点、重要活动等时期，积极做好宣传动员工作，全年共配合发放各类宣传材料千余份，悬挂条幅22条。

（栖怀远）

【社保及就业再就业】 完成求职登记110人次；挖掘空岗信息352个；开展求职人员个体指导162人次；推荐城乡劳动力就业110人；完成论文1篇。公益性组织管理：申请协管员工资十三万余元，安置劳动力30人。城镇居民基本医疗保险：新生儿参保14人（现有城镇居民基本医疗保险参保人员221人），手工报销药费单据17张共计19451.94元；发放社保卡38张。城乡居民养老保险：续保37人，续保率100%。社会化退休人员管理和服务：申请36人社会化退休金；异地领取基本养老金认证5人；带领退休人员修养12人。社保卡服务：发放社保卡38张，二次申领、补办111人，定点医院修改5人。

（栖怀远）

【便民利民服务平台】 完成4个社区户外宣传栏和服务站标牌的实地选址、测量和安装工作；完成街道《一刻钟服务圈服务手册》的编辑撰写，并已转交广告公司印制1000册；完成《双丰街道社区服务公共信息网》系统录入，共录入各类信息1462条；开展市民大讲堂进社区活动，内容涉及健康、科普、心理、法律、理财、消防安全等各门各类，受益群众达400余人。

（栖怀远）

【环境建设】 完成马坡花园一区、泰和宜园第一社区参加区环境办“环境优美小区”评比工作；完成各社区没有环境脏乱点报送工作；完成区环境脏乱点挂账清理工作；完成重大节日前各社区环境整治工作；完成每月环境大扫除工作；完成区环境办对社区环境检查工作；完成辖区统一投放鼠药及灭蟑工作。开展环境集中清洁活动4次，出动160人次，清理洗刷垃圾桶297个，清扫楼宇单元144个，擦拭宣传栏、宣传橱窗200余块，清理小广告3000余处，捡拾白色垃圾30斤。做好绿化美化工作，植树800余株，补种草皮3000平方米，补种黄杨600

延米，安装草地宣教标志牌 16 块。完成土地硬化 369 平方米。

（栖怀远）

空港街道

【概 况】 空港街道成立于 2007 年 10 月，辖区面积 26.98 平方公里，东临首都国际机场，西临温榆河畔生态走廊，毗邻朝阳、昌平两区，M15 号线沿途穿过。辖区总户数 1.5 万户，总人口约 6.3 万人，其中外籍人士 8000 余人（高峰时期可达 9000 人，涉及 35 个国家和地区，主要居住在中央别墅区，多为使馆、跨国公司、商界、金融界高层管理人员及社会名流）。辖区有 16 个居委会，35 个自然小区。共有五大类社会单位，物业公司 28 家、中小型便民服务类企业 28 家、幼儿园和小学（包含双语幼儿园、外国语幼儿园）15 所、社会组织 103 个、共建单位 19 家。一直以来，空港街道作为顺义区街道管理体制改革和社会服务管理创新试点单位，致力于建设“打造活力空港，建设宜居之城”的品牌街道。

单位名称：顺义区空港街道办事处

地址：顺义区裕民大街 6 号

电话：（010）61468720

邮编：101318

网址：http：//www.kgjd.bjshy.gov.cn/index.jsp

（王 森）

【“1+1”助老服务】 1 月 10 日，吉祥花园社区推出“1+1”助老服务，一户空巢老人配备一名居委会专职工作人员作为助老牵头人，为空巢老人建立一系列网络助老模式。建立“六大”服务网络。同时推出为老服务系列套餐，与义工志愿服务和一刻钟社区服务圈工作相结合，加强居家养老工作。

（王 森）

【“亮身份，守承诺，受监督”】 1 月 20 日起，空港街道开展“亮身份，守承诺，受监督”行动。1.设立社区服务网格化管理示意图。2.绘制“亮身份，受监督”民情图。3.以楼幢为单位，建立《民情日记》。

（王 森）

【民情日记行动】 3 月 23 日，空港街道率先预热党的群众路线教育实践活动，在全街道范围内推广“空港人的足迹”民情日记活动。一是方法行动相结合。运用“五色管理法”摸清社区人、地、物、事、组织，全面准确地掌握群众的需求；二是实现“一岗双责”和“四个六”。机关、社区干部除完成自己本职工作外，要了解所包社区、楼区工作开展情况，记录下群众“想、盼、愁、忧、难”等生活琐事和服务需求，协调解决工作中出现的问题和困难。在工作中做到“六必清”、“六必到”、“六必访”，履行六项职责，做社区的“六大员”；三是搭建平台，夯实基础。建设“反映民情民意、记录工作成果、交流工作经验、监督工作进展、促成问题解决”的平台，实施精细化服务管理。

（王 森）

【“六民工作法”】 6 月 27 日空港街道推广“六民工作法”“便民联系卡”印有社区生活圈内的服务项目和联系电话等信息，方便随时提供服务。“社情民情图”亮出各方力量身份，以点带面激发全员服务意识。“民情档案”推进社区服务管理科学化、精细化。依托“走千户访千人”工程，建立 32 本“民情档案”。“民情日记”为社区工作者联系群众、解决问题。“民情热线”充分利用社区网站、博客、QQ 群、热线电话、短信等在“线上”与居民交流。“民情例会”通过定期组织支部党员、居民代表、楼门长等网格员，及时传达党和政府相关政策法规，就重大问题进行议事协商和分析研判，促进“网格化管理与服务”工作深入开展。

（王　森）

【五色管理法】　7月9日，空港街道创新“五色管理法”，即五种颜色代表五种家庭，将社区家庭分为空巢、独居、残疾、出租房屋、常态五类家庭，利用五种颜色加以区分，建立分类“管理网格”。

（王　森）

【三项措施加大社会组织培育发展力度】　10月10日，空港街道三项措施培育发展社会组织。一是完善组织架构。成立空港街道社区社会组织联合会，承担登记年审、整合资源、项目申报、指导发展等功能，统筹社区各类社会组织，促进规范化运行管理。二是健全培育引导机制。先后制定了《空港街道关于引导社区社会组织积极参与社区建设工作实施意见》、《社区社会组织备案管理工作细则》和《社区社会组织奖励考评细则》，从制度、资金、人才等方面对社会组织予以支持和扶持。三是激发社会组织活力。结合辖区中高档别墅区、普通商业小区和回迁小区的自身特点，着重发展不同类型、各具特色的社会组织，确保其在社区建设和管理中发挥积极作用。目前，空港街道已成立以各职能科室牵头的12个社区社会组织分会，社区社会组织103个，涵盖了社区服务、志愿服务、文体科教、慈善公益等四大类。

（王　森）

镇

仁　和　镇

【概　况】　仁和镇位于顺义城区中心，地处临空经济功能核心区、顺义新城核心区和现代制造业基地核心区，与首都国际机场零距离对接，101国道、六环路、地铁M15号线、京平高速和京承铁路穿境而过，镇域面积54平方公里，辖23个行政村、1个社区，户籍人口4.3万人，流动人口2.6万人。2013年，仁和镇完成地区生产总值67.2亿元，实现属地财税收入24.37亿元，同比增长28%；公共财政收入4.72亿元，同比增长25%；农民人均劳动所得达到16729元，同比增长10%。

单位名称：顺义区仁和镇人民政府

地址：顺义区顺平西路9号

电话：（010）69448391

邮编：101300

网址：www.renhe.bjshy.gov.cn

（仁和镇）

【招商引资】　2013年，全镇累计引进项目36个，协议引资额28亿元，全镇现有规模以上企业90家。

（仁和镇）

【优化产业结构】　2013年，第二产业支柱性作用明显，共完成税收17.93亿元，占全镇总税收的73.7%；第三产业迅速崛起，共完成税收6.4亿元，占全镇总税收的26.3%，商业业态不断丰富，权金城、新世界、美廉美、银座村镇银行等企业运行态势良好。

（仁和镇）

【城市建设】 全年腾退滞留户16户，其中主动搬迁11户，司法腾退5户，主动搬迁率为70%。胡各庄、杜各庄、吴家营、梅沟营4个村回迁选房工作顺利结束，共回迁1561户7284人，选房5078套。小左各庄、望泉寺回迁安置房建设扎实推进，太平村回迁方案已向村民公示。完成镇域内49宗、总面积21217.76亩集体土地所有权确权工作。完成“百万亩造林”用地补划方案。坚决打击违法建设行为，共拆除违法建设8宗、5765平方米。回迁房建设、港馨西区商住项目、玉兰苑商住项目、仁和便民服务中心等镇属重点工程扎实推进。全力配合做好区政务服务中心、顺安路改扩建、站前北街延长线、顺白路等区级重点工程建设工作。

（仁和镇）

【环境整治】 投资610万元修整河南村河南街、米各庄环路及沙坨路，共计25490平方米；投资63万元割除杂草、拉拉秧21万平方米；投资42.4万元更新垃圾桶995个；粉刷破损墙壁67000平方米，修建花墙2380延米，整治窑坡村1450延米污水管道，修建庄头村1400延米排水沟。投资150万元对河南村、临河村、复兴村的垃圾填埋场进行掩埋绿化。投资60余万元更新前进、太平、胡各庄、望泉寺等村拆迁工地15000平方米破旧围挡。完成平原造林498亩，种植各类树木19200棵、各类花灌木6300株。积极落实“清洁空气行动计划”，与镇域内所有施工单位签订治理扬尘责任书。联合派出所、工商、城管等相关单位开展18次联合执法。

（仁和镇）

【就业工作】 实施就业优先战略，提供就业岗位3125个，城乡劳动力二三产业就业率稳定在98%以上，连续5年实现充分就业镇成果。与镇域内重点企业实行“联姻”，出台《仁和镇关于困难家庭劳动力就业的奖励办法》，对聘用困难家庭劳动力的企业进行资金奖励。

（仁和镇）

【社会保障】 全镇新农合参合率达98%，全年报销医药费10035人次共611万元。扎实推行新农合二次报销政策，住院二次报销比例由50%提高到60%，累计报销554人次140万元，比2012年同期增长29万元。为超转人员发放社会保障卡3600张，政策优惠面进一步扩大。城乡低保标准统筹提高到每人每月580元，发放保障金1258人次47万元。圆满完成北兴村604人征地转非及安置工作，完成胡各庄村外迁户及复兴村1735人征地转非安置后续工作。大力推进文化惠民工程，全年投资600余万元用于加强基层文体设施建设。

（仁和镇）

【社会管理】 切实做好保障性住房工作，全年向市级提交185户保障性住房家庭申请，全部通过市级审核。从严规范食品药品监管工作，对全镇332家食品、用餐、涉药、化妆品报检单位全面开展检查。深入推进安全生产事故隐患自查自报和安全生产标准化创建达标工作，全年检查单位656家次，发现并整改隐患1683项。深化村庄社区化防控管理体系建设，健全流动人口管理模式，加强矛盾调处和信积案化解，全镇刑事案件、治安案件、矛盾纠纷同比下降58.7%、63.2%、67.4%。

（仁和镇）

马 坡 镇

【概　况】 马坡镇地处顺义新城核心区，毗邻奥运水上场馆，距北京市区 30 公里，距首都国际机场 8 公里。镇域面积 35.1 平方公里。下辖 21 个行政村（已拆迁 8 个村），全镇户籍人口 2.8 万。全年完成限额以上地区生产总值 12.9 亿元，属地财税收入 10.6 亿元，地方财政收入 3.4 亿元，农民人均劳动所得 17782 元，同比分别增长 11%、4%、2%和 10%。

单位名称：顺义区马坡镇人民政府

地址：顺成大街 15 号

电话：010--69403524

邮编：101300

网址：http：//www.bjshymp.gov.cn

（马坡镇）

【招商引资】 引进包括首开中晟置业、临空悟通投资在内的符合新城定位的高端、新兴、环保、低耗企业 50 余家，注册资金 4.75 亿元。其中投资 5000 万元以上企业 4 家，外资企业 3 家。新引进项目 4 个，其中朗姿总部已通过“招拍挂”取得项目用地，虎威新能源和庆东热能设备公司项目用地正在挂牌中，菜鸟智能骨干网核心节点项目正在办理土地入市前期手续。

（马坡镇）

【推进镇域企业向“高精尖”发展】 2013 年在建项目 7 个，总面积 26 万平米，总投资 14 亿元。协助朗姿公司申报中国驰名商标，中卓时代公司成功申报为北京市技术中心，国华科技、德华佳业以及科特兴业被评为北京市高新技术企业。目前，镇内共有高新技术企业 13 家，北京市技术中心 3 个。爱慕在线、凯菲克、朗姿和北卫药业获得市级奖励资金共 800 余万元。

（马坡镇）

【新城建设】 配合新城管委会、新城公司，完成大营回迁小区 1207 套房屋质量检查工作。大营回迁工程涉及宅基地 465 户 2539 人，共售优惠房 1600 余套 13.35 万平米。完成大营 5 户 1400 余平米的司法腾退和违建拆除工作。

（马坡镇）

【新农村建设】 石家营、庙卷两村 6 栋新民居样板房已经完工，地源热系统已正常运行，市政天然气管线已铺设完成。南陈路新农村观光走廊建设取得实效，已完成道路改造和景观风貌设计方案。

（马坡镇）

【生态环境整治】 7 月，马坡正式接手垃圾中转站，在实现平稳交接的同时重点抓好企业、小区垃圾的规范运输。目前，垃圾中转站运行情况良好，月均清运垃圾量 1000 余吨，与交接前相比月均增长 25%，真正实现垃圾“户分类、村收集、镇运输、区处理”目标。2013 年，马坡环境建设群众满意度测评始终位居全区前列。绿化面积 148 亩，林木覆盖率 29.8%，森林覆盖率 18.4 %。白各庄村被评为“2013 年度首都绿色村庄”，石家营村列入北京市 10 个全国“美丽乡村”创建试点村庄。

（马坡镇）

【就业质量】 坚持“技能培训、职业指导、就业推荐”一条龙服务，出台《关于加强职业培训提高城乡劳动力就业质量的奖励办法》，建立企业、各村书记、工作人员等多维度就业培训激励机制，做好“一企一卡”预约服务和新项目专员负责制，促进劳动力充分、稳定、高质量就业。现全镇劳动力 8503 人，就业人口 8359 人，就业率 98.3%。

（马坡镇）

【社会保障】 完成大营、西马坡等五个整建制拆迁村全部劳动力3587人的转非安置工作，其中劳动力2212人。2300余人参加城乡居民养老保险。全镇1.1万余人参加新农合，参合率100%。镇政府出资180万元，为参合人员进行二次报销，累计报销门诊住院8500人次。

（马坡镇）

南法信镇

【概　况】 南法信镇位于首都临空经济高端产业功能区的核心区，镇域总面积20.6平方公里，下辖16个行政村，其中整建制村9个，拆迁村7个（已经完成回迁）。全镇总人口31108人，其中户籍人口16490人，流动人口14618人。六环路、京密路、顺平路、机场北线、机场路、M15轨道交通线穿境而过，形成空中、地下、陆路的立体式交通网络。全年实现总产值171.1亿元，同比增长2.7%；总收入186.9亿元，同比增长3.6%；实现属地税收7.83亿元，同比增长24%；公共财政预算收入2.22亿元，同比增长33%；农村居民人均纯收入19303元，同比增长13%。

单位名称：顺义区南法信镇地区办事处、南法信镇人民政府
地址：顺义区南法信镇府前街47号
电话：（010）69472495
邮编：101300
网址：www.nanfx.cn

（胡彩霞）

【就业援助月专项活动动员会】 1月6日，会议对援助月的具体工作进行安排布署，就业援助月专项活动时间为1月6日至2月19日。在对就业困难人员进行实名登记的基础上，对援助对象开展“四帮扶一回访”，即：职业指导帮扶、就业政策帮扶、就业岗位帮扶、职业技能帮扶和就业援助效果回访。通过入户走访、主题宣传、组织培训、岗位推荐、举办招聘会等方式帮扶就业困难人员实现就业。

（石晓静）

【慰问优抚对象及低保家庭】 1月22日，南法信镇党委书记李衍陪同区政协主席杨宝华，区委常委、区纪委书记肖韵竹，区委常委、武装部政委于凤春，区人大副主任冯庆森，区政协副主席田建国等领导到本镇走访慰问了优抚对象及低保家庭，为他们送去了慰问金及慰问品，并祝他们新春快乐。

（庄亚楠）

【南京银行北京顺义支行开业】 1月23日，顺义区委办局领导、南法信镇领导班子成员、区知名企业领导，南京银行北京分行领导班子、各部室及支行负责人出席开业仪式。会上，南京银行北京支行与南法信镇人民政府、顺鑫农业发展集团有限公司签署了政银、银企合作协议。

（柏松浩）

【北京集安航空资产管理有限公司入驻南法信镇】 3月3日，北京集安航空资产管理有限公司由中国国际航空股份有限公司与美国集安特里斯有限责任公司共同出资成立，注册资金1000万美元，主要从事航空器、零部件的批发和进出口；飞机、飞机发动机租赁；航空咨询服务等，公司已于2013年3月5日开业，即将投产。

（郭媛媛）

【安全生产工作部署会】 3月20日，副镇长胡伟、各村及居委会安全员参加会议。会上，部署签订安全责任书，按照工作任务分

解表完成工作目标，建立特种设备、特种作业台账，排查整改隐患，加大日常检查力度等五项重点工作。

（刘 雪）

【信访工作】 5月10日，信访宣传活动现场设立法律咨询台，接受群众咨询50余人次，发放相关宣传材料2000余份，悬挂条幅4条，设立宣传展板20块，受教育群众600余人。

（周丹丹）

【卢映川慰问南法信中心幼儿园】 5月28日，代区长卢映川同志参观南法信镇中心幼儿园室的内外环境及设施，观看孩子和老师表演的节目，了解幼儿园的建设管理及师资配备情况，并向幼儿代表赠送节日礼物。同时，祝孩子们节日快乐，叮嘱他们别忘了感谢、问候自己的老师和父母，希望他们好好学习，长大做个对社会有用的人。希望幼儿园要注重孩子的身心发展，不断提高幼教水平，改善软硬件设施，为孩子创造健康快乐的成长环境。

（苏远方）

【建筑工地大检查行动】 8月14日，检查组实地察看工程进展进度和施工现场安全状况，听取工地负责人的工作汇报。副镇长胡伟要求施工单位加强现场巡检，深入开展隐患排查，发现一处，整改一处，确保无任何安全事故发生。镇长徐志国强调：一要加强管理，针对发现的问题迅速采取措施落实整改；二要配合各相关部门，做好安全生产和消防安全工作；三要建立安全生产长效机制，从细处着手及时排查隐患；四要切实完善应急救援预案，定期演练确保现场响应有效。

（刘 雪）

【市级生态村验收】 9月2日，市、区环保局专家组到南法信镇检查验收“市级生态村”创建工作，副镇长李东明陪同，环保专家组实地查看北法信村环境建设及街道硬化、改水、改厕等基础设施建设情况并听取相关情况汇报，并就创建工作中的问题提出相关意见和建议。

（仵爱国）

【为残疾人献爱心】 10月12日，南法信镇为本镇智力残疾人及精神残疾人进行免费健康体检，并为每名残疾人建立体检档案，此次活动共惠及镇域残疾人40名。

（郭春梅）

李 桥 镇

【概 况】 李桥镇位于顺义区南端，距北京市区20公里，东依潮白河，西邻首都国际机场，距T3航站楼1公里，北接顺义区仁和镇，南接通州区，镇域总面积75.18平方公里，户籍人口3.7万，下辖31个行政村和2个居委会。京平高速路、机场南线、六环路等多元化的交通路网汇集此地，京承铁路纵穿全镇，地理位置优越，交通极为便利。镇域内任李路、顺通路、机场东路上有多条公交线路。得天独厚的区位优势，使李桥镇日益成为“首都国际航空中心核心区”的重要聚集地。2013年全镇完成二三产业总收入172亿元，同比增长13%；完成属地财税收入13.3亿元，同比增长13%；公共财政预算收入1.72亿元，同比增长15%；实现社会生产经营性总资产103.1亿元，同比增长21%。获评“北京市农产品质量安全示范镇”称号。

单位名称：顺义区李桥镇人民政府

地址：顺义区李桥镇头二营村东

电话：（010）89426100

邮编：101304
网址：www.lq.bjshy.gov.cn

【新农村建设】 年内完成沿河、南河等16个村1999户农宅节能保温单项改造工程，完成6户煤改电工程和9户新建翻建工程，完成1193盏路灯管护工作及南半壁店、庄子营等7个村的安全饮水工程，街坊路维修10240平方米，太阳能节能路灯维修398盏。

（李桥镇）

【燃气工程建设】 完成李桥镇李堡路（顺通路—引河林场）市政燃气管线主体工程建设。主体工程6公里已经建设完工，总投资1910万元。通气后将为李桥镇工业园区、规划中心区提供生活用燃气，促进招商引资。

（李桥镇）

【乡村公路建设改造】 完成李天路、李堡路大修及龙塘路至吴庄村路口改造工程；完成树行路、李桥市场路、西大坨路、王家场中心路4条乡村公路建设，计6.37公里；与顺鑫农业科技有限公司合作，投资2600余万元完成6.3公里鑫盛路建设。

（李桥镇）

【镇域环境建设】 镇村两级累计投资1500余万元，环境综合整治初见成效。完成半壁店、吴庄两个村道路硬化4.2万平方米；完成李桥等8个村垃圾坑整治；完成垃圾转运站扩建，购置2辆垃圾车；完成半壁店村养殖区环境综合整治；并完成16项区级环境建设任务和22万平方米绿化美化工程

（李桥镇）

【生态环境建设】 完成1238亩平原造林工程，栽植碧桃、毛白杨、油松、桧柏等绿植10余种，栽植树木31881株、绿植5200平方米，并完成东郊森林公园前期基础设施建设和3.6万株树木栽植工作。

（李桥镇）

【劳动就业】 年内举办3次大型综合招聘会，安置城乡剩余劳动力就业831人，完成任务指标的121.1%，其中农村劳动力转移就业639人；农村劳动力培训811人，城乡劳动力二三产业就业率95.7%；完成就业转非88人，完成李家桥、庄子营两个村征地转非174人。

（李桥镇）

【社会保障】 年内投资68.5万元对敬老院和温馨家园进行装修改造；完成16户优抚社救对象危旧房维修翻建；为1000余名老年人发放高龄津贴64.8万元；发放低保金200.2万元；兑现计生家庭奖扶、特扶资金36万元；新农村合作医疗参合继续保持100%。发放镇级养老补贴890余万元。

（李桥镇）

【教育事业】 新建后桥、北河、王家场等3所村办幼儿园和南半壁店村1所民办小学；沿河中学原址重建工程完成试验楼建设；李桥中心幼儿园获评顺义区“书香校园”、顺义区教育系统先进集体；馨港幼儿园获评《3-6岁儿童学习与发展指南》基地园、北京市数字化图书馆实验园；李桥中小荣获“全国科技教育优秀组织校”、“北京市课程建设先进校”、“北京市科技、艺术教育先进校”、“北京市科技示范校”、“区特色建设优秀校”等多项荣誉称号。

（李桥镇）

【医疗卫生】 实现7个社区服务站与中心的网络连接，完成卫生信息平台一期工程；引进动态血压监测仪、中药煎药机等新设备，新开设了颈部血管超声检查等新项目；为镇内60岁以上老年人及在校学生6750人免费接种流感疫苗；完成镇内7492人全面健康体检和3464名适龄妇女两癌筛查工作。

（李桥镇）

【群众文化】 完成6个公共电子阅览室建设。涉及后桥、沙浮、南河、吴庄、苏庄、庄子营6个村。公共电子阅览室统一连接到电子政务外网，设有数据监控与内容过滤。

（李桥镇）

天竺镇

【概　况】　天竺镇位于顺义区西南端，南隔温榆河与朝阳区相望，东南与通州区相邻，距市区 15 公里，距顺义城区 10.6 公里，总面积 13.24 平方公里。首都国际机场、新国际展览中心坐落在境内，首都机场高速公路、首都机场南线高速公路、机场快速轨道、机场辅路穿境而过，西侧有 101 国道、地铁 M15 号线，天北路连接首都机场与 101 国道，东南部有李天路。现辖 8 个行政村，其中 4 个自然村，4 个拆迁村，另有 2 个社区居委会。常住人口 14312 人，其中农业人口 2411 人，非农业人口 11901 人，另有流动人口 14473 人。2013 年实现地区生产总值 33.9 亿元，同比增长 29.8%。完成属地税收 14.3 亿元，同比增长 10.8%。公共财政预算收入 4.4 亿元，同比增长 23.3%。农民人均劳动所得 16531 元，同比增长 10.2%。

单位名称：顺义区天竺镇人民政府

地址：顺义区天竺镇府右街 6 号

电话：（010）80462334

邮编：101312

网址：www.tzkgc.gov.cn

（杨春华）

【招商引资】　紧密围绕首都国际航空中心核心区建设，年内，中航材、欧法国际航空、国汇中投和誉高融资租赁等一批重点项目相继落户，全年累计引进各类企业 161 家，注册资金 46 亿元，同比增长 6.5 倍，其中注册资金 5000 万元以上项目 14 个。

（杨春华）

【领导调研】　3 月 12 日，中央政法委副秘书长、中央综治办主任陈训秋到天竺镇二十里堡村调研流动人口和出租房屋的管理服务工作。陈训秋一行观摩二十里堡村综合服务中心，查看了流动人口和出租房屋管理制度及信息登记台账，听取镇村流动人口管理服务工作汇报，同时指出流动人口管理是基层综治工作的重点之一，要努力探索基层综治工作的新路。区领导王刚、周颖博、李国营、朱家亮陪同调研。

（杨春华）

【村委会换届选举】　4 月 15 日，第九届村委会换届选举工作正式启动，历时一个半月，于 6 月 1 日顺利完成投票选举工作。8 个村共登记选举村民 11548 人，参加正式选举投票的村民 11131 人，参选率达到 96.39%。选举产生村委会主任 8 名，副主任 1 名，委员 24 名，其中妇女委员 8 名。两委交叉任职率为 80.77%，较上届有所提升。8 个村推选村民小组长 36 人，村民代表 294 人，其中，男性 218 人，女性 76 人。选举产生村务监督委员会主任 8 人，委员 16 人。

（杨春华）

【天竺村回迁楼建设】　20 栋回迁楼已完成主体施工，建筑面积 27 万平方米，占工程总量的 81%，内部装修及市政配套设施正加紧建设。

（杨春华）

【南竺园社区供暖系统改造】　总投资 1200 万元，改造管线 9800 延米，惠及居民 2025 户。

（杨春华）

【社会保障体系】　全年民生建设投入达 1800 余万元，19 项镇级惠民政策全部落实到位，教育、就业、计生、民政等方面的保障力度持续增强。劳动就业方面，累计采集空岗 3650 个，提供免费技能培训 400 人次，有就业需求劳动力就业率达 98%。关怀特殊群体方面，坚持为低保家庭、军人家庭等开展“送温暖”活动，为残疾人家庭提供安装义肢、家庭无障碍改造等服务。医疗服务方面，投资 496 万元建设 1500 平方米的卫生院公共卫生服务楼，提高了疾病预防、妇幼保健和健康宣教等专业服务水平。住房保障方面，帮助 18 户符合条件的居民申报顺义区保障性住房。

（杨春华）

【市容环境建设】 推行“管理模块化、运作市场化、队伍专业化、监察常态化”的“四化”举措，建立村庄、企业保洁和垃圾转运机制，全镇环境步入精细化管理轨道。投入资金 2000 余万元，新增垃圾转运车厢 3 个，更新垃圾桶和景观类果皮箱 720 个，更新府前街文化墙 4500 平米，补植苗木 1100 余株，粉刷树木 6 万余棵，清理河道、沟渠 17590 米，清运渣土 3.5 万方，绿化硬化裸露地面近万平方米，拆除违章建筑 4000 平方米，环境质量大幅提升。

（杨春华）

【平安维稳建设】 完成社区治安监控升级改造，为社区联防队伍增添对讲机、强光手电等防控装备。对 1157 名群防群治力量定人、定责、定岗，采取实名管理，实行《社区保安管理规范及考核办法》。落实信访首问责任制、领导包案、机关干部包村等便民服务机制，坚持运用法律、经济、行政、社会救助以及思想教育等综合手段化解矛盾，累计解决诉求类、纠纷类问题 113 个。开展“治理黑车”、“治理无证无照经营行为”等系列专项整治行动，累计联合执法 72 次，检查经营门店 800 余家次，取缔无证无照经营门店 93 户，查扣非法运营等各类车辆 23 辆，拆破拆旧 2000 余平方米，减少无正当职业流动人口 1000 余人，“打非治违”取得显著成果。组建天竺地区食品药品监督管理所，群众食品、药品安全保障进一步增强。

（杨春华）

后沙峪镇

【概　况】 后沙峪镇位于顺义区西南部，东临首都国际机场，西与昌平、南与朝阳交界，总面积 42.6 平方公里，户籍人口 2.5 万人，2013 年，完成属地财政收入 6.3 亿元，完成公共财政预算收入 2.1 亿元，实现人均劳动所得 17000 元。三次产业比重调整为 1：10：89，结构调整成效明显。

单位名称：北京市顺义区后沙峪镇人民政府

地址：顺义区后沙峪镇双裕大街 39 号

邮编：101300

电话：（010）80496875

网址：www.bjkgc.gov.cn

（后沙峪镇）

【经济发展】 立足建设具有高端产业特色、现代城市功能和国际化发展水平小城市的功能定位，后沙峪镇提出打造“北京国际空港后沙峪新城”的发展目标，临空经济发展势头迅猛，一批重大项目纷纷落户，形成了以临空会展服务业、文化创意产业、现代商贸服务业、旅游休闲产业为一体的多点支撑式产业格局，地区经济呈现出持续快速健康发展的良好态势。

（后沙峪镇）

【组织建设】 通过规范村级政务公开、村账托管和印章管理等各项制度，建立农村干部激励机制，深化“一定三有”制度，出台《村委会换届选举工作考核办法》、《关于村级两委成员离职后经济补贴办法》等，加强制度创新，推进基层组织建设。圆满完成村委会换届工作，两委交叉任职率为 85%，书记主任“一肩挑”比例达到93.75%，基层干部队伍建设得到有效加强。

（后沙峪镇）

【基础设施】 轨道交通M15号线、京承高速路、京密公路穿越镇区，机场北线三个出口分别连接天北路、火寺路、顺平路贯通镇域东西。镇域内主干路“八纵七横”，形成了内部循环便捷、外联主路畅通、过境分流通畅的交通网络体系；水、电、气等各种管线与道路工程一并实施到位。

（后沙峪镇）

【教育事业】 后沙峪镇现已形成“幼教—普教—成教—特教”四位一体的教育体系，不断深化北京四中顺义分校、北京实验二小顺义分校合作办学，办学条件、师资力量均有显著提高。镇中心幼儿园改扩建工程和董各庄村办园全面建成并投入使用，有效缓解了地区适龄儿童入园难的问题。2013年，共为114名考入大专以上院校的大学新生发放奖励金97万元。

（后沙峪镇）

【医疗卫生】 继续实施新农合补贴、再报销及重特大病救助等一系列惠民政策，惠及百姓1.8万人次，发放报销及救助资金695.9万元。空港医院血液净化中心竣工投入使用以来，受惠病人80余人，进一步优化百姓就医环境。

（后沙峪镇）

【社会保障】 制定出台《关于给予60周岁以上老年人发放生活补助金的实施意见》，进一步扩大了人员范围、提高了补助标准，为3000多位老年人发放生活补助金220万元。走访慰问低保、低收入、优抚、残疾人及大病救助对象136人，发放慰问金23万余元。投入14.3万元，为4751户独生子女家庭办理意外伤害保险。

（后沙峪镇）

【就业工作】 超额完成全年就业转非任务。与73家企业签订了“一企一卡”预约服务制合作协议，并开通了百姓短信平台业务。继续实施《后沙峪镇劳动力缴纳社会保险给予补贴办法》，完成1万余名劳动力兑现保险补贴856万元。

（后沙峪镇）

【社会治安】 进一步完善6个未拆迁村的村庄社区化管理工作，2013年可防性案件由124件下降到33件，下降73%。全面启动铁匠营村网格化管理模式，15个网格采取八大运行机制，治安环境明显改善，可防性案件发案率同比下降63%。

（后沙峪镇）

【生态环境】 由市政府和后沙峪镇共同投资建设的罗马湖湿地生态环境整治工程，以及龙道河生态环境治理工程已经完工。绿化美化水平逐年提升，先后被评为“全国绿化美化先进集体”、“首都环境优美镇”和“国家级生态镇”。

（后沙峪镇）

高丽营镇

【概　况】 高丽营镇是《北京城市总体规划》、《顺义新城规划》确定的重点镇，位于顺义西部，处于临空经济区和温榆河绿色生态走廊的延展区域。镇域面积61.1平方公里，下辖25个村和1个居委会，常住人口3.2万人，其中户籍人口2.7万人。2013年全镇实现社会经营性总资产118亿元，同比增长20%，人均劳动所得16278元，同比增长10%；实现属地税收50105万元，同比增长9%；地方财政收入15295万元亿元，同比增长27%。

单位名称：北京市顺义区高丽营镇人民政府
地址：
电话：69455951
邮编：101302
网址：www.gaoly.bjshy.gov.cn

（王曼羽）

【优化产业结构】 东部高端制造产业带：依托金马工业园，充分借助临空经济核心区的辐射带动作用，重点项目取得新进展。投资2亿元的雅昌文化项目，预计年产值2.5亿元，税收1500万元。投资5.85亿元的新疆有色项目，预计年产值2.6亿元，税收2000万元。投资1.5亿元的圆通速递总部及电子商务项目，预计年产值4亿元，税收2500万元。招商引资成效明显。淘汰低效、闲置产业项目7个，盘活闲置土地136亩，吸引投资4.35亿元，预期税收5530万元。新注册企业187家，累计注册资金3.4亿元。实际利用外资1756万美元。深入推进园区品牌化发展，依托金马工业园成功申报国家级农产品深加工示范基地、区级文化创意产业集聚区。西部商务休闲产业带：依托温榆河绿色生态走廊，高端服务产业项目取得突破性进展。于庄房地产开发项目一期8万平米商品住宅正抓紧建设，二期490亩土地完成上市交易，完成拆迁遗留户司法腾退工作。首旅华龙项目加快推进，地上物拆迁腾退工作已完成，力争2014年5月完成土地上市。北控物业项目进展顺利，正在抓紧办理土地一级开发授权。

（王曼羽）

【城镇建设】 公共设施不断完善。于庄回迁房项目通过竣工验收，并完成回迁；河津营公交场站项目已完工，并交付骏马客运公司；社区服务中心项目已完工并投入使用；张喜庄村幼儿园项目设计规模15个教学班，已建成并投入使用；供热中心项目正联系区发改委协调相关部门推进审批；滨河公园项目设计方案已通过区发改委初审，正抓紧完善开工手续。市政设施项目顺利推进。裕安路北延工程顺利推进；副中心区路网项目包括7条道路，涵盖通讯、电力、燃气、雨水、污水等“九通一平”管线布置，管线综合设计已通过市规委审核。新农村建设深入开展。完成4个村680户外墙保温、485户门窗改造工程；投资20万元完成了215盏太阳能路灯维护工程；投资20万元完成了北王路危桥改建工程；投资150万元完成了3眼饮水井和7眼农业井更新工程；完成了22个村水井房改建工程；张喜庄村和西马各庄村清洁能源试点工程全面完成，738户农民受益；投资499万元完成了4.9公里乡村公路新建及大修工程；投资790万元完成了农业综合开发项目8.9公里田间路硬化、绿化工程。

（王曼羽）

【环境建设】 全面落实区级环境治理任务台账，强化镇级环境台账管理，建立月查月通报机制，整治环境脏乱220处、清理街巷55条、清除小广告360处，清理垃圾渣土1.6万立方。“环境卫生创评”机制进一步完善。投资197万元完成了主要道路两侧硬化3300平米、建筑外立面粉刷31000平米、牌匾更换2000平米。投资178万元完成34000平米市场停车场地铺设和兽医站门前环境整治。硬件设施投入不断加大。投资160万元购置了垃圾压缩车2辆及转运箱3个、垃圾桶1100个。水环境治理成效显著。投资810万元完成了高丽营（四村）循环水、张喜庄和南郎中雨洪利用工程，完成了127家企业排污申报和方氏渠等主要纳污河道排污口清查工作。投资238万元完成4680米排水清淤工程。绿化造林深入推进。积极推进“平原造林”工程，1811亩造林任务全面完成，全镇绿化覆盖率达39%。

（王曼羽）

【民生保障】 实现城乡劳动力就业839人、

实现城镇新增就业 1356 人、采集空岗信息 2336 个、求职登记 410 人、劳动技能培训 552 人。累计处理劳资纠纷 41 起，追缴拖欠工资 270 万元。完成征地转非 355 人；完成就业转非 119 人。5756 人参加“城乡居民养老保险”。合作医疗参合率 100%，累计报销 526 万元，占筹资总额的 123%，镇级二次报销 174 万元，895 人次受益。115 个家庭成功申请政策住房，5 年累计 576 户。投资 160 万元新建养老管理服务中心已投入使用。发放各类民政资金 313 万元。完成危旧房屋翻建维修 11 户。制定镇级老年人生活补贴政策，累计发放补贴资金 78 万元，1457 人受益。

（王曼羽）

【高丽营镇于庄回迁安置工作】 自 6 月 2 日起，历时 15 日，高丽营镇于庄村 1090 户村民回迁房安置工作完成，共售出优惠商品房 1090 套、居住面积 8.71 万余平方米。

（王曼羽）

【西马各庄村“煤改电”工程完成】 一是生态效益。节约能源 1840 万吨标准煤，有效减少二氧化硫、烟尘和二氧化碳排放量，提高空气质量。二是经济效益。采取低谷用电优惠办法，降低取暖成本近 50%，460 余户居民受益。

（王曼羽）

杨　镇

【概　况】 杨镇位于北京市顺义区潮白河以东，顺义东部九镇中心，镇域面积 96 平方公里，是首批国家小城镇、北京市总体规划确定的 31 个重点镇之一、顺义新城规划的四个重点镇之一；杨镇耕地面积 7.3 万亩，下辖 42 个行政村，常驻人口 6 万人。2013 年，各项经济指标快速增长，北京现代杨镇工厂带动杨镇二三产业稳步发展，重大项目进展顺利，重点镇建设稳步推进，新农村建设不断深化，社会各项事业蓬勃发展。

单位名称：顺义区杨镇人民政府
地址：顺义区杨镇府前街 3 号
电话：（010）61451287
邮编：101309
网址：www.yangzhen.bjshy.gov.cn

（史雅宁）

【北京现代杨镇工厂生产“新胜达”】 1 月 23 日，北京现代杨镇工厂新胜达新车发布会在国家会议中心举行，售价 19.48 万元至 31.18 万元。新车在杨镇工厂生产并开始在中国销售。

（史雅宁）

【北京市青少年学生校外活动基地】 1 月，顺义区汉石桥湿地获评“北京青少年学生校外活动基地”称号。汉石桥湿地保护区成立以来，积极向青少年普及湿地科普知识，宣传生态建设成果，建成科普展厅、观鸟厅、湿地植物园等功能展区，每年组织 3 万余人次开展观鸟、环境教育游戏、湿地植物认知等科普活动，先后获得北京市优秀科普场馆、北京市优秀科普活动奖等多项荣誉称号。

（史雅宁）

【“药王节”庙会】 春节期间，为丰富人民群众的节日文化生活，杨镇举办第三届杨各庄“药王节”庙会，以“弘扬民族文化健康群众身心”为主题，通过非物质文化遗产项目民间花会展演、民间手工艺品展示销售等形式，为群众营造出了浓烈的“年”味。

（史雅宁）

【《杨镇周报》五岁生日】 4 月 1 日，《杨镇周报》迎来五岁生日。《杨镇周报》是杨镇宣传部创办的一份镇级刊物，内容涉及镇域内各项工作动态、百姓生活、新闻轶事、政策解读、科普知识等方方面面，每期内容都跟老百姓的生活息息相关。自 2008 年 4 月 1 日《杨镇周报》正式创刊，每周一期，每周一下发到各村、单位、企业手中，期间随重大事件、重点工作编写特刊。根据读者需求，2012 年开始增发至各村村民代表和人大代表手中，目前每期发刊 2000 份。日前，已发行《杨镇周报》231 期，特刊 24 期。

（史雅宁）

【俄罗斯展演特等奖】 6 月，杨镇中心小学龙狮舞艺术团应中国和俄罗斯中华文化促进会的邀请，赴俄罗斯符迪拉沃斯托克，参加《炫舞辉煌——2013 年中国 俄罗斯舞蹈及才艺展演》活动。少儿舞蹈《快乐的小狮子》荣获本次活动的最高奖——特等奖，同时还获得了优秀编导奖和优秀组织奖。

（史雅宁）

【全国菊花展】 9 月 26 日，第 11 届中国菊花展览会在国际鲜花港开幕。在为期 52 天的展期内，展示 38 个城市、200 多个花卉品种。

（史雅宁）

赵全营镇

【概　况】 2013 年，主要实现了三大突破：大项目引进实现突破，成功引进投资 10 亿元以上项目 2 个；属地财税收入实现突破，总量超过 3 亿元；重点镇城市化建设实现突破，板桥村拆迁地块成功挂牌出让，并启动回迁保障房建设。全年地区生产总值达到 17.2 亿元，同比增长 19.7%。实现属地财税收入 3.34 亿元、公共财政预算收入 8679 万元，分别同比增长 24%、31%。农民人均所得完成 15478 元，同比增长 10.8%。工业贡献率持续提升，全年实现增加值 9.56 亿元，同比增长 22.6%。第三产业实现增加值 5.16 亿元，同比增长 25%。

单位名称：顺义区赵全营镇人民政府
地址：顺义区牛板路 101 号
电话：（010）60432871
邮编：101301
网址：www.zhaoqy.gov.cn

（赵全营镇）

【空港 C 区产业集聚】 集聚重点产业项目 32 个，其中投资亿元以上项目 15 个，园区税收占全镇税收总量的 70%以上。围绕空港 C 区纳入中关村国家自主创新示范区顺义园区，推动新兴产业加速扩张和传统产业升级扩容，初步形成汽车现代制造、软件信息、新材料、文化创意四个产业集群雏形。2013 年 12 月，北京汽车自主品牌绅宝轿车第 10000 辆下线，北汽越野车北京 40（BJ40）正式上市，预计 2014 年产能达到 72000 辆。同时，两大整车项目聚集效应凸显，成功吸引配套项目 13 个，投资总额达 6 亿元。全部项目建成后，将达到年 50 万辆产能，约占顺义区整车产能的 1/3，直接拉动引进配套企业 100 余家，带动 1 万人就业。

（赵全营镇）

【板桥中心区改造工程】 拆迁地块（A、B 地块）成功获得市政府征地批复及建设用地批准书，土地入市挂牌。回迁保障房项目已启动基础建设。坚持规划先行，与王府井商业集团等商业服务业龙头企业洽谈入驻事宜，研究部署功能布局。

（赵全营镇）

【基础设施建设】 完成镇再生水厂及配套管网、区第六水厂改扩建、昌金路燃气工程等一批市政基础设施改造工程。空港C区旧区改造和北汽倒班宿舍两项工程进展顺利。

（赵全营镇）

【新农村建设】 1078户农宅抗震节能单项改造工程及9户新建翻建工程顺利完成。新修乡村公路9千米，修补破损路面4158平方米，完成1座危桥改建，完成2个河流在线监测点的正常运转及2座污水站的维修运营。都市型现代农业万亩示范区工程推进顺利，新建、改造设施农业318亩。全镇建设用地普查登记工作全部完成。

（赵全营镇）

【生态环境水平提升】 完成北汽产业基地周边环境综合整治、主要公路段环境整治等一批环境专项治理工程。西水泉村生物循环利用工程建设完成。完成区委、区政府环境专项督查及公众环境整改意见30余项。清理非法生产经营单位35家，拆除违章建筑4宗2480平方米，硬化路面6600平方米，恢复耕地15.7亩。高标准完成1493亩平原造林任务，全镇森林覆盖率达50%以上。

（赵全营镇）

【就业服务】 完善就业服务体系，全镇充分就业村覆盖率达100%，二三产业就业率达95.5%。全年完成城乡劳动力就业556人、培训463人。征地转非、就业转非指标均完成100%。实现绿色就业91人，完成全年指标的100%。通过“手机号码就业信息平台”完成推荐就业及培训人数占全年人数的60%以上。

（赵全营镇）

【社会保障】 新型农村合作医疗制度不断巩固，参合率达103.5%。与中慈西安汉城老年服务中心合作，成立全区首家公办民营敬老院，解决镇办敬老院入住率低、服务专业性不强等问题。社会救助力度逐年加大，累计为社会低保等民政对象发放补助683万元。为所有农户缴纳农房家财险9.58万元。为237户群众办理保障性住房审批手续。

（赵全营镇）

【公共服务】 以2个卫生院为中心、4个社区卫生服务站为基点、16个村卫生室为补充的城乡社区卫生服务体系进一步健全。深入落实计划生育政策，群众依法享有的各项人口和计划生育奖励优惠政策、资金兑现率达100%。校园环境明显改善，中学新建工程一期完工，二期正在筹建，小学新建工程已列入规划，村办园建设继续加快。全面加强文化队伍建设，全年组织各类文艺团体演出活动150余场。

（赵全营镇）

【村委会换届选举工作】 圆满完成第九届村委会换届选举，村支部书记、主任一肩挑比例达88%，村两委班子成员交叉任职比例达75.3%。

（赵全营镇）

牛山镇

【概　况】 牛栏山镇位于北京城东北部，东邻潮白河，北接怀柔区，距顺义城区9公里，距北京市区35公里，距首都机场15公里，是“京郊八大古镇”之一。所辖20个行政村，总面积31.4平方公里，年内完成属地财税收入11.26亿元，同比增长7%；完成公共财政预算收入3.13亿元，同比增长4%；实现地区总产值179亿元，同比增长28%；完成人均劳动所得15344元，同比增长11.5%。

单位名称：顺义区牛栏山镇人民政府
地址：牛栏山镇府前街9号
电话：（010）69411036

邮编：101301

（奚冬梅）

【十八大宣传报道团采访】 1月7日由北京电台、北京日报、北京电视台、北京青年报等10余家京内媒体组成的“十八大宣传报道团”对镇“产业带动就业”进行深入采访。牛栏山镇高度重视劳动力就业工作，大力发展二三产业，连续七年荣获顺义区就业再就业工作先进单位。

（牛栏山镇）

【产业转型升级】 镇工业区230亩土地成功上市，吸引北京国舜等三家公司摘牌，国药集团、顺特科技、康仁堂等重大项目相继竣工投产。实施“腾笼换鸟”战略，相继盘活闲置土地543亩、厂房6万多平方米、资产4.5亿元。同时，大力实施品牌战略。出台全区首个镇级《争创名牌产品发展地域经济实施意见》，鼓励企业科技创新、发展自主品牌。目前，全镇拥有规模以上工业企业24家，其中高新技术企业9家；拥有“国家级重点实验室”2个，“北京市企业技术中心”4个，均排名全区第1位。

（牛栏山镇）

【劳动力就业】 全面推行“一产员工化”绿色就业、“职工+居民”社会保障、“四单”技能提升等“三种就业”模式，促进城乡劳动力二三产业就业7905人，就业率达97.2%，实现了村村都是“充分就业村”。

（牛栏山镇）

【完善社保体系】 新农合参合率连续七年达100%，出资157万元，为1.04万名新农合参合人员进行缴费补贴，占总缴费金额60%。为低保、五保和优抚等各类人员发放救助款311万元，完成5户社救、优抚对象危房改造工程。全面落实“九养”政策，共办理老年人优待证176份、老年人优待卡323份；发放丧葬补贴96份共48万元。

（牛栏山镇）

【社会服务管理水平不断提升】 作为全区社会服务管理创新试点单位，深化“七种模式”提升社区服务管理水平，社会服务管理指标体系不断完善。推进平安社会建设，加强矛盾调处和信访积案化解，深化“网格化”治安防控体系建设，强化流动人口动态管控，深入推进安全生产标准化建设隐患排查治理，全年无重大安全事故发生。提高企业工资集体协商覆盖率，推行司法提前介入劳动争议案件调解模式，劳动关系和谐指数逐步提高。

（牛栏山镇）

【招商引资】 引入北京鹊山投资管理有限公司、北京广义祯投资管理有限公司、长盛资本管理有限公司等9家金融企业，注册资金合计4.3亿元。年内，牛栏山镇企业发展服务中心金融企业注册资金累计11.2亿元，占全镇注册企业注册资金45.16%。

（牛栏山镇）

【环境建设】 投资200余万元完成生活垃圾转运站改扩建工程，新建生产车间385平方米，附属用房67.2平方米，砌实体围墙200延长米，硬化铺装1151平方米；装修改造原有8间办公用房。在现有设备正常运转情况下使日转生活运垃圾达到70吨。同时，新增一台压缩机，配套2个压缩箱，1台钩臂车。

（牛栏山镇）

【劳动力技能培训】 4月9日，牛栏山镇53名城乡劳动力在接受为期25天的汽修技能培训后，参加汽修培训班结业考试，考试合格者由北京市人力资源和社会保障局颁发汽修职业资格证书。此次技能培训主要针对萨博公司招工要求，为其储备技术工人。

（牛栏山镇）

【换届选举完成】 6月1日，牛栏山镇20个村村委会换届选举一次成功，上站率达到92.3%，高于上届的91.9%。共选出委员66

名，平均年龄 49 岁，实现了三“提升”一“优化”。党员人数增加，达到 54 人。大专以上学历人数增多，达到 20 人。

（牛栏山镇）

【七一活动】 7月3日，牛栏山镇召开“铸就党之魂，护航‘中国梦’”庆“七·一”大会。村、企事业单位党支部共 200 余名党员参加。会议对工作在基层一线的优秀共产党员和先进基层党组织进行典型推广，以“中国梦”为主题开展了宣讲。

（牛栏山镇）

【区领导调研】 11 月 14 日，区委副书记、区长卢映川，副区长张晓峰等领导来到牛栏山镇北孙各庄村宏达液化石油气公司，调研农村地区减煤换煤清洁空气工程开展情况。卢区长一行首先查看燃气公司的基础设施、生产车间、设备仪器等情况。并就燃气成本、价格、补贴等进行详细询问。

（牛栏山镇）

南 彩 镇

【概 况】 作为顺义城区的东大门，南彩镇与城区仅潮白河一水相隔，居顺义区中心位置。镇域面积 57.6 平方公里，辖 26 个行政村和 1 个社区，总人口 3.7 万人。2013 年全镇完成固定资产投资 6.7 亿元，完成出口交货额 4235 万美元，实际利用外资 362 万美元。全年完成属地财税收入 8.97 亿元，增长 48%；地方财政收入 2.11 亿元，增长 67.7%。完成农村社会生产经营性总资产 52.5 亿元，增长 10%；农民人均劳动所得 14460 元，增长 10%。

单位名称：顺义区南彩镇人民政府
地址：顺义区府前东街延长路 47 号
电话：（010）89477031
邮编：101300

（刘海军）

【重点项目引进】 2013 年度共引进注册企业 61 家，总注册资金 2.4 亿元。其中注册资金 1000 万元以上企业 7 家，500 万元以上企业 9 家。在谈项目 3 个，其中包括：长久总部基地项目、联动 U 谷产业园项目，海尔集团展示中心项目。

（刘海军）

【重点工程建设】 曲美家具东区生产基地总投资 10.9 亿元，一期厂房已投入使用，可新增产值 15 亿元。瑞麟湾二期项目总投资 3 亿元，新增营业收入 2 亿元，已启动 8000 平米的运动中心建设。富荣商务大厦、日升昌盛制冷设备等项目进展顺利。

（刘海军）

【在建项目】 投入 1080 亿元完成 11 条镇级道路改造工程。10kv 北彩路、10kv 彩园一路四条架空高压线入地工程以及顺义-王四营 220kv 和西府线 110kv 两条线路新建工程进展顺利。稳步推进南彩小学及幼儿园新建工程进度，完成俸伯小学新建及周边道路翻建工程，完成南彩中学、彩丰小区燃气、自来水改造工程。

（刘海军）

【新农村建设】 为切实改善农村生产生活条件，投资 600 万元完成李魏路商业街临街景观改造建设项目。南彩村商业服务中心项目被列入区重点建设项目，总建设面积 3000 余平方米，大大改善周边居民的购物环境。完成农宅节能抗震改造工程，农村房屋质量和保温效果显著提升。

（刘海军）

【生态环境】 高标准实施平原造林 4215.8 亩，林木覆盖率达 31.4%。定期进行农田沟渠疏挖，重点整治疏挖了柳行、前俸伯等镇村排水沟8000余米，改建方涵28座。积极推进污水处理和再生水利用设施建设，镇域内5座镇级再生水厂投入运行，污水日处理能力达到1.12万立方米。完成杜刘庄、洼里村的文明生态村的申报工作，全镇生态村达到80%。

（刘海军）

【就业培训】 城镇新增就业1245人，城乡劳动力二三产业就业率达到98%。举办各类培训班23次，累计培训900余人次。按照“逢争必转、应转尽转、愿转能转”原则，平稳顺利完成就业转非152人及10个村的征地转非抓阄工作。

（刘海军）

【社会保障】 为镇域内365户办理限价房、经济适用房的申请手续。落实社会保险各项政策，2.2万人参加新农合，累计报销金额1438万元。社会救助体系、慈善事业更加完善，配套设施进一步改善。建立三级防控网格体系，实现“一升三降”的工作目标。加大生产、消防、食品、交通安全工作力度，整体液化石油气下乡试点工作如期完成。建立有效社会稳定风险评估机制，重大活动安保任务圆满完成。加强矛盾调处和信访积案化解，化解了达到90%。

（刘海军）

【镇级人大补选】 经请示区人大，按照选举法有关规定，经党委推荐、镇人大主席团研究决定，2013年7月22日在第5选区补选黄永志同志为镇人大代表。

（刘海军）

北小营镇

【概　况】 北小营镇位于顺义区东北10公里处，潮白河东岸，距北京城区35公里，距首都机场15公里，是北京市首批社会服务管理创新工作试点镇之一。全镇总面积55.8平方公里，下辖17个村，1个居委会，常住人口4万，其中户籍人口3.5万。全镇拥有北京汇源饮料食品集团、北京世钟汽车配件、中国出版集团新华出版发行公司等规模以上企业43家，涵盖都市工业、汽车零配件制造、文化创意、高端房地产、体育休闲娱乐、农业观光旅游六大行业。2013年全镇实现农村经济总收入62.24亿元，同比增长10%；完成属地财税收入5.5亿元，同比增长24.3%；完成公共财政预算收入1.16亿元，同比增长24.4%；人均劳动所得达到14765元，同比增长8%。

单位名称：顺义区北小营镇人民政府

地址：顺义区北小营镇府前街9号

电话：（010）60483190

邮编：101305

网址：http：//www.beixy.bjshy.gov.cn/

（张乃迪）

【重点项目建设】 年内，中国出版集团新华联合物流中心、中粮饲料生产基地、洪恩教育研发基地三大项目加快办理开工建设手续，2014年将陆续开工建设；北京万集科技2014年2月进行生产，并积极筹划二期项目；双健二期顺利完成主体建设，2014年底投产运营；科雅东地块完成土地一级开发前期手续，成功上市交易。

（张乃迪）

【环境建设】 年内，全面启动三年环境再提升工程。后礼务、北府等6个村按照完善型、巩固型、提升型分类标准，顺利完成整治任务；对榆林、大胡营非正规垃圾填埋场实施垃圾筛分治理，新增绿地2.4万平方米，栽植苗木3万余株；开展垃圾分类试点，建筑垃圾统一回填至垃圾填埋场，实现日产日清；高标准推进平原造林工程，造林面积近1900亩，栽植各种苗木约9万株；始终保持对非法经营、违法建设、砂石盗采等行为的高压态势，共查处无证无照经营13起，拆除违法建设6039平方米，处理砂石盗采10宗；2013年荣获国家级生态镇称号。

（张乃迪）

【基础设施建设】 西府110KV变电站完成站址土建工程；北小营再生水厂确定BOT建设模式；修建完成4条镇村公路，总里程3.65公里；对镇村破损路面进行修复，工程总量60万平方米；在西府、仇家店等四个村实施农业综合开发项目，铺设沥青路7000米、桥涵16座、疏挖排水4600米；完成市级水源地项目，铺设供水管线7000余米，更新农用机井17眼；实施顺密路边沟应急疏通、前后鲁排水改造、后鲁北桥重建等工程，确保汛期安全；开展村级公益事业建设一事一议财政奖补试点工作，为前鲁各庄、北府、西乌鸡、榆林四个村修建排水沟5560米。

（张乃迪）

【城市管理】 依托服务型政府建设，健全综合行政服务中心功能；完善“1+1+15”工作模式，筹备实行项目化管理；坚持联合执法常态化，组织校园安全、有限空间、特种作业等专项整治行动，整改率达100%；加强中心商贸市场日常监管，严厉查处非法经营、挤街占道等行为，维护正常市场秩序；强化2座气站、10座太阳能浴室的安全运营。

（张乃迪）

【社会保障】 年内，全镇新型农村合作医疗保险参保人员21700余人、城乡居民养老保险参保人员8700余人。新农合门诊报销19219人次，报销金额603万元，住院报销1602人次，报销金额1174万元；发放低保救助金143万元；发放各类养老助残补贴300万元；对东乌鸡为老服务站实施升级改造；依托慈善五大工程实施社会救助，低保家庭、临时困难家庭获得教育救助、生活救助等款项30余万元。

（张乃迪）

【社会事业】 本年，投入1700万元用于社会保障、医疗教育、社区事务等民生事业；全镇新增就业人员413人，就业培训969人，就业转非178人；完成花博会一路、规划二路、赵陈路、科雅二期工业用地的征地转非工作，涉及北小营、东府、西府、后鲁、仇家店5个村，共转非122人；完成1475户农宅单项改造和新建翻建工程；审核办理限价房、经济适用房260件；大胡营村办园完成主体施工；人口信息管理全覆盖，计划生育率达97.6%。

（张乃迪）

【村委会换届】 6月2日，完成第九届村民委员会换届选举工作，共选出新一届村委会成员69名，其中主任17名，副主任6名，委员46名。村支部书记与村主任“一肩挑”比例实现100%，“两委”交叉任职比例达89.3%。

（张乃迪）

李 遂 镇

【概 况】 李遂镇位于顺义中部偏南。形成于辽代，距顺义城区10公里，距北京市五环路25公里，距首都国际机场5公里，距天津塘沽港90公里。辖区总面积40.22平方公里，下辖16个行政村，总人口2万。2013年实现属地财税收入1.61亿元，同比增长49%；公共财政预算收入5076万元，同比增长47%；人均纯收入1.41万元，同比增长10%。

单位名称：顺义区李遂镇人民政府。
地址：顺义区李遂镇南孙路李遂段9号
电话：（010）89481680
邮编：101300
网址：http：//www.lisui.bjshy.gov.cn

（李遂镇）

【重大产业项目】 北京松鹤温泉新村即将投入使用，新华联温泉酒店、易郡三期项目建设进展顺利，军强天瑞物流、龙泽通物流等项目落地运营，中国高科集团、佰通泰和控股等一批优质项目完成注册。

（李遂镇）

【工业园区建设】 先后盘活勇创压力容器、中韩联合机械等企业闲置场地，园区全年新增投资4000万元，新增产值2.08亿元，完成属地财税收入2980万元，同比增长28%。同时，吸纳本地劳动力就业724人。

（李遂镇）

【现代农业】 北部后营地源遂航等设施农业项目规模不断扩大，101栋新建温室大棚竣工投产；南部陈庄210栋老旧设施农业大棚的改造顺利完成；中部牌楼、太平两家高产高效鱼池的改造试点成功转型，实现由单一生产型向休闲垂钓、餐饮住宿、观光采摘的多元化融合发展。

（李遂镇）

【基础设施建设】 再生水厂（一期）项目进展顺利，左提路柳各庄闸桥至龙塘路段建设完成，14条总长13.18公里的乡村公路竣工通车，太平辛庄村公交首末站建成交付使用。

（李遂镇）

【新农村建设】 完成李遂、沟北、前营、后营4个村农宅抗震节能改造工程，投资40余万元对陈庄沼气站进行升级改造，街坊路、太阳能路灯、老旧管网等长效管护运行逐步实现规范化。

（李遂镇）

【环境综合整治】 投资613.68万元，打造村级“精品街”16条；投资90余万元，新建新型公厕3座；投资30余万元，拆除更新各类牌匾灯箱400余块；加强非正规垃圾填埋场整治，无垃圾池村庄增加至3个；加大打非治违力度，累计拆除违法建设6宗8940平方米，违法建设行为得到有效遏制。

（李遂镇）

【生态环境】 完成3255亩平原造林任务，初步形成潮白河东岸左堤路两侧沿河林带、镇中心区周边生态隔离环状林带两大景观林系，我镇被评为“首都绿化美化园林小城镇”。2.66公里箭杆河后营段绿道建设与环境提升工程、中小河道生态治理工程加快推进。重点整治4家工业企业和2家养殖户，对4家大型养殖场的污水排放问题进行限期整改。

（李遂镇）

【实事工程】 总投资4970万元的中学教学楼建设进入主体施工阶段，投资570万元的小学操场硬化及围墙改造圆满完成。全区首家三甲医院—地坛医院顺义院区即将开诊，卫生院3A级免疫门诊揭牌启用。镇公共服务和城镇综合管控平台投入运行，文化体育活动中心项目完成前期各项工作，即将启动施工。

（李遂镇）

【社会保障】 实现新增就业359人，城乡劳动力二三产业就业率达到94%。转非工作平稳推进，顺利完成赵庄村京平高速公路征地转非18人，全年完成就业转非109人。城乡养老保险参保人数达到5318人，新农合参合人数达到12405人，参合率达到98%，报销医药费404.78万元。严格落实计划生育政策，兑现奖扶资金30余万元，计划生育符合率达到97.2%。

（李遂镇）

【公共安全保障】 开展安全生产大检查和专项整治，推进安全生产标准化创建，全镇安全生产形势总体平稳。严格落实食品药品安全监管责任，加强联合执法检查，先后查处取缔食品非法经营加工单位3家。投入90余万元，为全镇广大群众安装一氧化碳报警器4500个；投资近200万元，安装视频监控探头50个；投入200万元，组建镇村两级巡逻队，24小时轮流巡查。

（李遂镇）

【社会服务】 深入落实“开门办公，开门接访”机制，畅通干群联系“绿色通道”，落实首问负责制，有效化解全镇90%的历史积案，信访总量同比下降70%以上，全国“两会”、十八届三中全会期间未出现越级访，无安全事故和治安事件发生。发挥行政、司法、人民调解作用，合力解决信访案件20件。

（李遂镇）

木林镇

【概　况】 木林镇地处顺义区东北部，距离首都国际机场40公里、顺义城区25公里。下辖26个行政村，常住人口总数为3.45万人。2013年，全镇完成属地财税收入1.5亿元，同比增长58%；完成公共财政预算收入4300万元，同比增长43%；实现农民人均劳动所得11411元，同比增长10%。全年累计新引进注册企业167家，注册资金4.4亿元，其中千万级以上的7家，亿元级以上的1家。基地一期262亩征地工作已经完成，二期507亩进展顺利。

单位名称：顺义区木林镇人民政府
地址：顺义区顺焦路木林段71号
电话：（010）60456216
传真：（010）60457819
邮编：101314
网址：www.mul.bjshy.gov.cn

（蔡学萍）

【浅山开发建设】 发挥浅山区相对独特的自然资源优势，舞彩浅山国家滨水健身步道木林段一期45公里基本建成，休息驿站、城市家具、健身器材、垃圾桶、标识牌等配套设施逐步完善，休闲旅游氛围日渐形成。

（木林镇）

【重点工程】 高标准完成王泮庄村3300亩农业综合开发项目；完成陈各庄、蒋各庄水安全隐患村排水工程，东沿头、业兴庄、王泮庄坑塘雨洪利用工程、魏家店村供排水管网改造工程和污水处理站建设。完成西沿头等6个村饮水井消毒设备、泵房及井房的配备安装。

（木林镇）

【生态林建设】 完成5253亩平原造林工程，栽植乔木、花灌木等各类树木23万株。山区生态林管理工作切实加强，完成1500亩山林抚育，修挖树坑75000个，修枝割灌、清理防火隔离带2万米。

（木林镇）

【基础建设】 完成全长8.2公里的木韩路等6条路大修工程，各村联络线更加畅通。完成孝德1号桥等3座危桥改造工程，确保雨季桥涵安全。完成146米道路护栏安装，并安装道路安全标识标牌。

（木林镇）

【环境质量】 健全完善环境整治长效机制，镇域环境总体水平不断提升，在全区环境满意度调查中，测评成绩位居前列，涌现出前王各庄、魏家店等一批环境优美的优秀典型。“减煤换煤、清洁空气”工作有序开展，启动8个村848户的试点工作，有效降低能耗、改善环境质量。加强木林集贸市场管理，联合工商、城管等部门开展集中整治，保障市场及周边环境，满足群众生活需求。

（木林镇）

【惠民便民工程】 完成茶棚等 7 个村共 1700 户农宅抗震节能保温改造工程，包括 12 万平方米的外墙改造，6.8 万平方米的门窗改造；完成陀头庙等 24 个村共 353 户农宅抗震节能翻建工程；完成上园子 6 户农宅综合改造，群众生产生活条件进一步改善。完成长林庄和集贸市场 3 座公厕新建，便民服务设施得到完善。

（木林镇）

【民生保障】 新农村合作医疗全面覆盖，投入资金 612 万元，参合人数 24387 人。创建贾山村养老管理服务站。农村公益性公墓建设继续推进。坚持计划生育基本国策，全年政策符合率达标，全额兑现计划生育家庭奖励，奖扶特扶工作落实到位，组织计生家庭参加意外伤害保险。保障性住房工作有序推进，540 人参加摇号，450 人选房成功，住房需求得到有效保障。

（木林镇）

【公共服务】 木林中心小学建成为顺义区唯一一所半寄宿制小学，新建教学楼、宿舍楼、办公楼全部完工并投入使用，优质设施和书法特色促进教育水平提升。木林中心幼儿园及大韩庄、王泮庄等村办幼儿园改造，马坊、贾山村办幼儿园新建工程顺利实施，学前教育有效保障。公共卫生服务水平提升显著，顺义区规模最大的防保科标准化建设土建工程完工，H7N9 禽流感防控扎实有效。陈各庄、大韩庄等村体育生活化社区创建顺利完成。

（木林镇）

【安全监管】 狠抓生产安全、消防安全等重点领域隐患排查，加强交通安全、校园安全管理，全镇安全环境不断改善。加强应急值守和巡逻检查，减少火灾隐患，克服防火期干旱多风的不利自然条件，森林防火工作不断加强，连续多年保持无森林火灾事故。成立食品药品监督管理所，有序推进镇域食药市场监管，保障全镇群众饮食、用药安全。

（木林镇）

【制度保障】 研究制定一批制度规定，对重大工程项目、大额专项资金使用、招投标等重点领域强化制度监管。审计监督进一步强化，聘请专业机构对镇村财务进行审计，同时发挥村务监督委员会作用，加强财务制度规范。

（木林镇）

【民主法制】 推进依法行政，认真落实镇党委决策和部署，自觉接受人大代表和人民群众的监督。基层民主政治建设不断加强。圆满完成村委会换届选举，成功选出村委委员 91 名（含村主任），连选连任率 82%，“一肩挑”比例达 80%，“两委”交叉任职率达 67%。

（木林镇）

龙湾屯镇

【概　况】 龙湾屯镇地处顺义东北部，位于顺义、平谷、密云三区交界，距北京市区 60 公里，顺义城区 30 公里，首都国际机场 35 公里。镇域面积 56.6 平方公里，下辖 13 个自然村，户籍人口 1.6 万，其中山林荒坡面积 4.2 万亩，占全区山地总面积近三分之二，耕地面积 3.24 万亩。2013 年，全年完成属地财税收入 8600 万元，同比增长 24%；完成公共财政预算收入 3000 万元，同比增长 6%；社会经营性总资产完成 22.21 亿元，同比增长 20%；农民人均劳动所得完成 12073 元，同比增长 8%。

单位名称：顺义区龙湾屯镇人民政府
地址：顺义区龙湾屯镇府前街
电话：（010）60461634
邮编：101306
网址：http：//www.longwt.bjshy.gov.cn

（龙湾屯镇）

【招商引资】 共引进 50 家企业，注册资金 1.8 亿元。盘活顺天庄园，建设高端度假酒店，该项目总投资 3 亿元；东北郊粮食收储库项目总投资 1.2 亿元，现已投入使用。

（龙湾屯镇）

【旅游产业】 龙湾屯镇五彩浅山滨水国家登山步道 4 月 9 日开工，9 月底，完成 100 公里登山步道建设。设计山野步道、乡野步道两条主线，同时开发北大沟科普步道、龙湾山居养生步道、焦庄户红色步道、唐洞亲子步道、月明涧拓展步道、安利隆休闲步道 6 条精品环线和 3 个服务区：鞑子沟、焦庄户、安利隆服务区。按照硬件设施、服务质量等评选标准确定焦庄户地道战遗址、欧菲堡酒庄、安利隆山庄、民兵训练基地、民俗户等 16 处为登山步道授牌驿站。步道串联 3.8 万亩山林、53 平方公里水流域、沿山 9000 余亩果林资源，推动 400 多户果农致富。利用每年 60 万以上的客流量，在现有 30 余户民俗旅游接待户的基础上，再发展 100 户，打造成民俗旅游镇，实现农民增收就业。

（龙湾屯镇）

【现代农业】 高标准实施 2.4 万亩基本农田建设工程，涉及修路、打井、修建排水沟等任务，可新增耕地 1392 亩，新增耕地率 17.2%。投资 800 万元，完成小型农田水利主体工程建设，实施 5000 亩微灌技术，新打机井 14 眼。

（龙湾屯镇）

【文化教育】 2013 年 4 月份因布局调整，龙湾屯中学合并到北小营中学，在校的 150 名学生共得到了镇政府给予的每人 200 元的交通补贴。今后，镇政府将按每人 500 元/年标准给予每个在校的中学生交通补贴，方便学生上下学。龙湾屯镇政府自 2006 年开始对考取重点中学、大专及以上院校学生予以奖励。2013 年，99 名在中、高考中成绩优异的学生，获得了总计 9.3 万元的现金奖励。

（龙湾屯镇）

【旅游示范乡镇】 龙湾屯镇获评 2013 年北京市休闲农业与乡村旅游示范乡镇。经过基层申报、现场考察、专家评审、网上公示等环节评选，北京市共有 10 个乡镇被评为 2013 年北京市休闲农业与乡村旅游示范乡镇，龙湾屯镇是顺义区唯一获评的乡镇。

（龙湾屯镇）

【新农村建设】 2013 年农宅节能保温改造工程全部完工。对山里辛庄、张中坞、史中坞、唐洞 4 个村实施改造，其中，外墙保温改造 1014 户，改造面积 7.5 万平方米，门窗改造 540 户，改造面积 1.6 万平方米。2012 年至今，共完成 10 个村 2954 户农宅改造，改造普及率达到 70%。

（龙湾屯镇）

【就业培训】 龙湾屯镇四项措施做好就业工作。1、分析就业工作形势，明确今后工作重点，进一步强化村级“一把手”责任制，实施就业工作扶持办法，用人单位当年新招用本镇劳动力，政府给予单位法人一次性奖励，对镇域外上班的劳动力按月给予一定交通补贴。2、加强就业领导小组指导，建立镇政府与镇域内 18 家企业的用工联席会议制度，定期召开用工需求例会，定期了解用工需求，及时向企业推荐劳动力。3、对农村劳动力状况、技能培训需求情况进行摸底排查，组织开展汽车维修、叉车、电工等职业技能和订单式培训，组织开展“春风活动”，参加专场招聘会。4、逐级分解就业工作目标任务，并落实到村级就业服务站，形成目标责任和监督考核体系，由镇社保所统一签订目标责任书，实施考核。

（龙湾屯镇）

张　镇

【概　况】　张镇是顺义的东大门，处于平谷、天津、河北交汇的黄金地带。镇域南北长约 10.4 公里，东西宽约 6.1 公里，总面积 53.45 平方公里，辖 29 个行政村，常住人口 2.4 万。2013 年完成地区生产总值 13 亿元，同比增长 10%；完成属地财税收入 11400 万元，同比增长 69%；实现公共财政预算收入 3950 万元，同比增长 98% ；农民人均劳动所得 13742 元，同比增长 6%。全镇属地税收首次突破亿元大关。

单位名称：顺义区张镇人民政府
地址：顺义区张镇府前街 3 号
电话：（010）61480550
传真：（010）61480609
邮编：101307
网址：http：//www.zhangzhen.bjshy.gov.cn

（张　镇）

【招商引资】　年内，共计引进招商项目 55 个，其中实体项目 2 个，注册项目 53 个，协议引进注册资金 1.43 亿元。引进外商投资企业 2 家，实际利用外资 135 万美元。截至目前，全镇直接和间接出口企业累计完成出口供货额 4286 万元。

（张　镇）

【浅山开发】　根据顺义区浅山区发展规划，聘请设计公司，规划浅山步道及沿线旅游资源开发方案；完成步道路线前期勘察及建设方案设计；配套实施步道两侧安全、排水、清杂任务，为后续工作奠定基础；浅山开发招投标准备工作进展顺利；浅山酒店项目顺利完工。

（张　镇）

【优化发展环境】　整合闲置厂房资源，积极协助招商，引进医药、现代汽车配件制造等高新技术企业 3 家；分期分批清退低效企业；鼓励传统产业转产合作或进行标准化厂房改建，拓展招商空间；帮扶世纪龙扬、非凡卓越、展擎会展三家企业申请政策扶持资金 95 万元，助力企业发展壮大。

（张　镇）

【农业生产条件】　投资 2629 万元，完成赵各庄等 13 个村 9906 亩土地整理项目，新增机井 39 眼，铺设管道 36731 米，修建井房 39 座，修复田间路 3720 米、生产路 14202 米，安装变压器 25 台，新增耕地 944 亩；完成王庄、朱庄村设施农业配套工程；大故现村 4000 亩农业综合开发项目顺利竣工。

（张　镇）

【公共基础设施】　完成虫王庙等 14 个村抗震节能房单项改造工作。截至目前，共计完成外墙保温 2727 户、门窗改造 1408 户。完成厂门口等 21 个村 237 户抗震节能房新建翻建工程。

（张　镇）

【生态文明建设】　截至目前，共完成平原绿化任务 5629 亩，占全镇总耕地面积的 19%，进一步转变区域农业生产方式，实现地区农业年均增收 500 万元。全力推进“进顺第一印象——顺平路沿线景观提升”工程，目前，已完成沟渠疏通、清淤及乱堆乱放治理工作，为后续工程推进奠定基础；申请中央级环保资金，解决沿线小河道长年积存生活污水问题，现已完成项目申报；实施张各庄、良山村优质燃煤替代工程，惠及 981

户。建立环境治理长效机制，日常巡查与拉练检查相结合，难点、重点曝光促检查与限期整改相结合，加大村级环境综合整治力度，实现“一查多赢”，使一批村级环境脏乱点得到有效治理。

（张 镇）

【就业和社会保障】 全年新增就业1032人，职业技能培训506人，443人取得职业资格证书。为4家企业申报小额贷款220万元，带动就业100余人。城乡居民养老保险累计参保6130人，新增“一老一小”医疗保险112人；新农合参合15247人，参合比例达到99.9%；发放医疗救助、教育救助、优抚等各类救助款94万元，累计救助困难人员491人次。全年实现就业转非158人。

（张 镇）

【公共服务】 推进公共卫生事业发展，开展全民健康体检；投资69万元，实施卫生院硬件设施升级改造工程，新建210平米住院病房，新增床位33张；改建赵各庄社区卫生服务中心，进一步提高镇级接诊能力；镇村两级出资为全镇独生子女家庭缴纳意外伤害险，全年计生家庭共获得保险理赔金4.4万元。大力发展文化体育事业，占地2400平米的镇级文化活动中心建成并投入使用；投资50万元建设赵各庄村文体广场，能同时容纳600人健身、娱乐；投资30万元改造张各庄村文化活动室；全年开展二月新春、五月鲜花和十月金秋等系列文化活动30多场，丰富群众文化生活。

（张 镇）

【社会管理】 开展农村社区达标创建活动，截至目前，共8个村完成创建活动。联合执法机制切实落实。完善每周二联合执法检查机制，加大安全类、环境类问题联合执法检查力度，固化周二例查、滚动排查、巡回检查“三查”机制，进一步规范了生产、经营秩序。土地保护力度切实加大。全年共发现违章建筑6起共3500平米，已全部拆除，保持对新增违建的零容忍。

（张 镇）

大孙各庄镇

【概 况】 大孙各庄镇位于北京市顺义区东南部，西连北务镇，北靠张镇，东依平谷区马坊镇，南接河北省三河市高楼镇，镇总面积74.3平方公里，辖区东西长12公里，南北宽9.5公里，下辖39个行政村，户籍人口2.6万。2013年全年完成属地税收2亿元，其中公共财政预算收入5700万元；农民人均劳动所得1.3万元，同比增长7%。

单位名称：顺义区大孙各庄镇人民政府

地址：顺义区大孙各庄镇府前街11号

电话：（010）61432061

邮编：101308

网址：http：//www.dsgzh.bjshy.gov.cn

（大孙各庄镇）

【自然环境】 大孙各庄镇处于潮白河东部冲击平原二级阶地，镇域地形北高南低。辖区内拥有横亘东西的二十里长山，包括户耳山、椒园山等大小山峰十余座，属浅山区，山区占地5300亩，庞山山峰为最高峰，海拔213.2米，东、南、西部大部为平原，平均海拔30米，土壤为潮褐土和褐潮土。大孙各庄镇镇域河流属蓟河水系，境风水资源较为丰富，地表坑塘水遍布各村，地下水深4-10米，含水层平均厚度为20-50米，水质较好。

（大孙各庄镇）

【生态环境建设】 2013年，完成全镇18个村的4600余亩平原造林，并以京平高速、顺平南线、龙塘路等镇域内主要道路为重点，大力开展道路环境绿化美化。争取投资240万元，完成府前街、府前东街两侧空闲地绿化美化；争取投资300万元，启动顺平南线5公里绿化工程；规范顺平南线沿线37户葡萄种植地；修整顺平南线等主要道路边沟近万延米，粉刷树木15万株。

（大孙各庄镇）

【高标准基本农田】 为进一步改善农业基础设施条件，年内建成与现代农业生产和经营方式相适应的高标准基本农田。积极争取市级投资9600万元，实施全镇范围4.6万亩高标准农田建设，主要内容包括完善路、井、电设施。同时，实施完成大崔各庄等3个村4500亩农业综合开发工程及赵家峪等4个村2200亩农田节水工程，进一步改善农业生产基础条件。

（大孙各庄镇）

【新农村建设】 年内，累计投资3400余万元，实施完成顾家庄等11个村近1600户既有农宅单项综合改造工程，安装完成吴雄寺等26个村2500余盏有线节能灯，完成湘王庄、大洛泡等7个村街坊路硬化修补9000余平米。积极争取“减煤换煤，清洁空气”优惠政策，全镇13个村2400余农户享受到此项优惠。实施完成大崔各庄等3座沼气站保温工程，有效提升了沼气站冬季运行效率。

（大孙各庄镇）

【社会保障】 一是非农就业步伐加快。通过强化职业指导、技能培训等措施，实现城乡劳动力就业1700余人，培训农村劳动力140人。积极宣传农民就业转非政策，转变农民思想观念，扎实做好各项基础工作，成功完成就业转非173人。顺利完成杜尹路征地转非52人，其中劳动力32人，超转20人。二是惠民政策落实到位。新型农村合作医疗参合率保持100%，全年累计报销2万余人次，报销金额达1500万元；城乡居民养老保险参保6600余人；镇政府出资为3200余户独生子女家庭入意外伤害保险；完成社救建房、优抚建房37户，发放低保户医疗救助金、教育救助、残疾人、大病救助等救助资金200余万元，困难家庭生活状况得到改善。

（大孙各庄镇）

【机关干部述职】 8月29日，为改进工作方法，转变工作作风，全面提升机关干部综合能力，增强机关干部服务意识和履职意识，大孙各庄镇组织全体机关干部开展述职活动。130余位机关干部均结合工作实际进行重点述职。镇领导班子成员组成干部述职评议工作领导小组，根据述职人员汇报情况，逐一进行现场打分，并将评定结果作为镇党委对基层干部工作实绩考核评价和评先评优的重要依据。

（大孙各庄镇）

北石槽镇

【概　况】 北石槽镇位于顺义区西北部，居北京市行政区域中心地理位置，是顺义、怀柔与昌平三区的交界处，全镇面积32平方公里，呈东西长，南北窄的狭长状，北面临山，京密引水渠东西横贯全境9.2公里，全镇共有5912户，1.4万人。2013年，全镇共实现工业收入8.6亿元，同比增长6%；实现属地税收1.14亿元，同比增长24%；实现镇级财政收入3803万元，同比增长23%；农民人均劳动所得达到1.45万元，同比增长10.2%；社会经营性总资产达到28.07亿元，同比增长18.4%。

单位名称：顺义区北石槽镇人民政府
地址：顺义区北石槽镇府前街5号
电话：（010）60421658
邮编：101300
网址：http：//www.beishc.bjshy.gov.cn/

（北石槽镇）

【设计编制发展规划】 2013年，镇政府紧紧围绕区委“把握三个阶段性特征，推进四个转型升级”工作要求，深入落实“凤凰御园·金色小镇”的发展理念，注重发展的整体性与协同性，委托中国城市规划设计院编制了《北石槽镇产业发展规划》，起草并向市首都规划委上报了《镇中心区改造实施方案》，进一步深化了《西部四村新型农村社区规划》提高了镇发展质量和效益。

（北石槽镇）

【多项活动庆祝“三八”妇女节】 3月7日，镇妇联组织召开和谐家庭、特色家庭总结表彰座谈会，表彰2户和谐家庭标兵、8户和谐家庭、36户特色家庭。镇司法所开展“三八”维权周法制宣传活动，发放《妇女权益保障法》、《婚姻法》、计划生育等宣传材料2000余份，解答咨询5件。中学开展“卡片寄真情，三八送祝福”活动，号召学生为母亲送上温馨的祝福；组织女教职工以“临时妈妈”身份走进太阳村，为孩子们打扫爱心小屋、缝补衣服，用特殊的方式庆祝自己的节日。

（北石槽镇）

【春季造林】 1.签订协议，补偿到位。及时与造林需腾退土地的承包人签订地上物补偿协议，腾退出造林面积4276.8亩，达到施工队进场的场平、地平要求。2.因地制宜，完善设计。施工现场遇到高压电塔、国家重点项目天然气管线等特殊情况，在区园林绿化局督导组的组织协调下，设计单位多次更改设计方案，确保设计方案符合施工现场实际要求。3.多干快上，狠抓进度。5个中标施工单位均采用机械化作业手段，平均每天安排10台以上挖坑机、6至9个小组进场施工。

（北石槽镇）

【村委会换届选举】 6月1日，16个村通过选举共产生61名村委干部，其中妇女干部17名，占总数的27.9%；党员53名，占总数的86.9%；高中及以上学历的50名，占总数的82%；村委会干部连选连任的44名，占总数的72.1%。全镇村书记、主任“一肩挑”比例为81.3%，村两委交叉任职率为76.8%，每个村委会中均有至少1名妇女干部，实现了预期目标。

（北石槽镇）

【人大代表向选民述职活动】 9月4日，区人大代表述职评议会在良善庄村召开。会议由镇人大主席王耀红主持。会上，由区人大代表、良善庄村党支部书记兼村委会主任张建武同志进行述职，随后与会选民代表对区人大代表进行评议。来自西赵各庄、下西市等5个村的选民代表20多人参加述职会。

（北石槽镇）

【卫生院与北京中医医院签订帮扶协议】 10月29日，双方确立无障碍双向转诊关系，由北京中医医院每周派遣中级以上临床医生1～2人次，到北石槽镇义务出诊、带教、讲座，并随需要增加医生。此次帮扶活动由北京中医医院、北京中医管理局、区卫生局、北石槽镇政府联合发起，惠及全镇1.4万群众，患者在家门口即可享受市级专家看病服务。

（北石槽镇）

北务镇

【概　况】　北务镇位于北京市东北部，顺义区东南部，首都机场东侧。镇域面积 32 平方公里，耕地面积 2.8 万亩。下辖 15 个行政村，常住人口 12571 人。2013 年实现属地财税收入 5.34 亿元，同比增长 15%；公共财政预算收入 1.26 亿元，同比增长 13%；人均劳动所得 13129.3 元，同比增长 11.2%。

单位名称：顺义区北务镇人民政府
地址：顺义区北务镇府前街 1 号
电话：（010）61421439
传真：（010）61421450
邮编　：101300
网址：www.beiwu.cn

（北务镇）

【招商引资】　完成 2 家企业盘活工作，即京东方科技集团股份有限公司盘活北京龙渊虹光泡沫制品有限公司，北京智鑫安盾有限公司盘活北京鑫源海德商贸有限公司。途家网在我镇注册了 3 家企业，其中 1 家外资公司：途家网网络技术（北京）有限公司和 2 家内资公司：途家置业顾问有限公司、途家网科技（北京）有限公司；完成实际利用外资 1.9 亿元，其中北京现工汽车部件有限公司增资 341 万元，途家网网络技术（北京）有限公司增资 18360 万元。

（北务镇）

【新农村建设】　完成 15 个村 1148 户房屋节能保温单项改造工程，涉及面积 7.1 万余平方米，改造门窗 678 户，涉及面积 1.7 万余平方米。5 月至 10 月，启动农宅抗震节能新建翻建工程，完成北务、闫家渠、于地、南辛庄户等 12 个村 105 户农户的房屋翻建工作。

（北务镇）

【都市型现代农业】　完成测土配方施肥工程，在 10 个村完成定点土样检测 300 个，为作物优质高产和土壤资源的可持续利用提供前提。开办农民田间学校 13 间，组织农户代表外出到新品种、新技术园区观摩 12 次，开展实用种植技能集中培训 9 次，累计培训 4000 余人次，有效提高种植户生产技能；完成小麦收获面积 4300 亩，春、夏播作物 8000 亩，完成秋收 8000 亩、秋播 3000 亩；完成第三次都市型现代农业基础设施建设农田培肥工程。项目涉及北务、郭家务、陈辛庄等 10 个村 1.2 万亩土地，施用有机肥 5999.75 吨，配方肥 600 吨。

（北务镇）

【采摘节】　利用瓜菜、花卉等资源，成功举办 2013 年夏、秋两季“绿中名”采摘节，共接待游客 8.65 万人次，采摘瓜菜果类 56.9 万余公斤，垂钓鱼类 8.9 万余公斤，实现综合收入 920 万余元，同比增长 23.1%。2013 年全镇共有 49 户（含企业）种植花卉，总占地面积 1461 亩，其中花卉设施总占地面积 1174 亩、露天花卉总占地面积 287 亩；花卉种植面积 917 亩、其中鲜切花种植面积 55 亩、盆花 457 亩（其中草花 289 亩）、观赏苗木 160 亩、食用及药用花卉 245 亩。花卉总产值 2624.75 万元、总销售额 1734.4 万元。

（北务镇）

【生态环境建设】　在林上村造林 135 亩，陈辛庄村造林 200 亩。栽植大规格乔木 1.2 万株，品种有银杏、栾树和毛白杨等，栽植常绿树 2000 余株，品种有侧柏和油松等；配合农发项目开展道路两侧绿化，农发项目区位于郭家务村东，涉及东西两条路，道口村南道路一条，在道路两侧栽植国槐 600 株，白蜡 300 株，并及时浇水和涂白。

（北务镇）

【社会保障】　2013 年镇农业户口 7146 人，参加新农合 7494 人，参合率 100%。今年报销农合医疗 5031 人次，报销金额 307.66 万元。其中住院 203 人次，共 160.93 万元；门诊 4828 人次，共 146.73 万元；“一老一小”一次办结率达到 100%；城乡居民养老保险参保率达到适龄人群的100.4%；镇政府出资9.24万元为80、90、100岁以上老年人发放200元、500元、1000元慰问金，为90岁以上老人发放小帮手并入户慰问；为303名2013年年龄在80-89岁老年人（含已亡）办理50元新增老年补助；完成37户残疾人家庭无障碍改造工程，发放坐便椅60个，有效地改善了残疾人生活环境；为133名劳动年龄段内无业残疾人办理了城乡居民养老保险补贴手续。

（北务镇）

【劳动力就业】 举办“春风行动”大型招聘会及中、小专场招聘会共计5次，并利用推荐自主创业、灵活就业等丰富就业形式，较好完成了就业工作；举办家政服务、电汽焊、叉车司机等培训班6期，培训城乡劳动力194人，培训失业人员61人，231人取得职业证书。累计培训有创业愿望的劳动力30人，其中15名劳动力提交创业计划书，帮助6家小企业申请贷款66万元，带动镇内劳动力就业40人次。

（北务镇）

【住房保障】 年内，北务镇住保办共受理电话、现场咨询120余次，发放《审核表》126件，顺利完成本镇150户申请“保障房”家庭选房工作。

（北务镇）

人　　物

组织机构负责人名单

一、区委机关

（一）中国共产党北京市顺义区委员会

书　记 张延昆（2月免）
王　刚（2月任）
副书记 卢映川（3月任）
闫立刚
周颖博
常　委 肖韵竹（女）
车克欣（女）
李国营
林向阳
于庆丰
于凤春
祝卫东（8月免，结束挂职）
朱家亮
肖承继

（二）中国共产党北京市顺义区纪律检查委员会

书　记 肖韵竹（女）
副书记 闫连恒（11月免）
胡小兵（11月任）
王文荣（女）
贾崇彪
常　委 李会娟（女，9月免）
隗和春
王玉美（女）
袁日晨（满族）
徐立松（女，满族）
李　浩（9月任）

（三）区委工作部门

办公室主任 朱家亮
常务副主任（正处级） 柳亚辉（8月免）
王　颀（12月任）
组织部部长 车克欣（女）
常务副部长（正处级） 马　强（5月免）
刘庆顺（5月任）
宣传部部长 肖承继
常务副部长（正处级） 赵海波（9月免）
李　黎（9月任）
政法委书记 周颖博

统战部部长　周颖博
常务副部长（正处级）　王振林
研究室主任　张中茂（8月免）
柳亚辉（8月任）
精神文明建设委员会办公室主任　张守旺
社会管理综合治理委员会办公室主任（维护稳定工作领导小组办公室主任）　王金广
防范和处理邪教问题领导小组办公室主任（政府防范和处理邪教问题办公室主任）杨虎明
直属机关工作委员会书记　胡明才（9月免）
朱家亮（9月任）
常务副书记　胡明才（9月任）
台湾工作办公室主任（政府台湾事务办公室主任）　李树新（9月免）
皮志杰（女，9月任）
保密委员会办公室主任（保密局局长）
朱家亮
老干部局书记　王绍发
局长　赵光国
社会工作委员会书记（社会建设工作办公室主任）　巩维国（5月免）
张友生（5月任）
机构编制委员会办公室主任　李金贵
巡视组（临时机构）组长　计战桥（8月任）
组长　张金林（8月任）
组长　高　栓（8月任）
巡视工作办公室（临时机构）主任　袁日晨（8月任）

二、人大机关

北京市顺义区人大常委会

主　任　胡尚云
副主任　冯庆森
董占云
吴建国
李福成（不驻会）
白丽洁（女，不驻会）
办公室主任　龚玉友
研究室主任　罗振文（5月免）
王守明（5月任）
代表联络室主任　刘永凤
教科文卫工作委员会主任　王守明（5月免）
高学通（5月任）
农村工作委员主任　张志海
城乡建设环保工作委员会主任
高学通（5月免）
罗振文（5月任）
财政经济委员会主任　周振涛
内务司法工作委员会主任　李国庆
信访接待室主任　李赛楠（女）

三、政府机构

（一）顺义区人民政府

区　长　王　刚（3月免）
卢映川（12月任）
副区长　林向阳
于庆丰
祝卫东（9月免，结束挂职）
赵贵恒
燕　瑛（女）
张晓峰
盛德利

（二）区政府工作部门

办公室主任　秦拥军（满族，10月免）
吴耀新（10月任）
政务信息化办公室（在区政府办挂牌子）主任　秦拥军（满族，10月免）
吴耀新（10月任）

政府外事办公室主任 欧阳华洲（6月任）
政府对外联络办公室（副处级）主任
张忠伟（6月免）
欧阳华洲（6月任）
突发公共事件应急委员会办公室（副处级）主任（应急指挥中心主任） 郭崇峰
监察局局长 闫连恒（11月免）
胡小兵（11月任）
发展和改革委员会主任 董建华
临空经济办公室（在区发展和改革委员会挂牌子）主任 胡　杰
经济体制改革办公室主任
赵汉民（10月免）
物价局局长 单　林
教育工委书记 冯义国
教育委员会主任 冯义国（11月免）
刘克祥（11月任）
政府教育督导室（在区教委挂牌子）主任
姜华阳（10月免）
李卫国（10月任）
科学技术委员会书记 李国震
主任 李长勇
知识产权局（在区科学技术委员会挂牌子）局长 范玉岭
民政局局长 刘庆顺（7月免）
单成刚（7月任）
民族宗教侨务办公室主任
臧小华（女，11月免）
闫连恒（11月任）
政府法制办公室主任 沈凤江（7月免）
吕海燕（女，7月任）
财政局书记 虞艳娟（女）
局长 赵殿江
人力资源和社会保障局局长 张尚强
住房和城乡建设委员会主任 王　奎
政府住房保障和改革办公室（在区住建委挂牌子）主任 王　奎
市政市容管理委员会主任 李国新
城乡环境建设委员会办公室主任（在区市政市容委挂牌子） 孙立祥
交通局局长 李　成
农村工作委员会主任 刘振河
农业局局长 刘振河
动物卫生监督管理局书记
郭春才（3月退休）
局长 赵桂清（女）
商务委员会书记 计战桥（8月免）
局长 王福印（11月免）
秦拥军（满族，11月任）
粮食局（在区商务委员会挂牌子）局长
张末利（7月免）
王　超（10月任）
文化委员会主任 王　颖
文化创意产业促进办公室（副处级）主任
张建国
卫生工委书记 单德智（10任）
卫生局局长 单德智（1月免）
刘　峰（1月任）
人口和计划生育委员会主任 秦士友
审计局局长 刘福海
环境保护局书记 赵　川
局长 洪　全
统计局书记 张金林（8月免）
局长 解长春
水务局局长 李守义
经济和信息化委员会主任 郭振江
司法局局长书记 闻广平
局长 李国印
旅游发展委员会主任 商广清
体育局局长 吕志旺（11月免）
李　成（11月任）
园林绿化局局长 申荣文
绿化委员会办公室（在区园林绿化局挂牌子）主任 申荣文
安全生产监督管理局局长 高士虎（7月免）
孙书林（7月任）

信访办公室主任　陈红宇（女，7月免）
陈汉松（7月任）
民防局局长　张希德
政府国有资产监督管理委员会主任
丁文强
金融服务办公室主任　周继武
城市管理综合行政执法监察局
周霆钧（6月免）
张东民（6月任）
北京天竺出口加工区管理委员会主任（副局级）　李友生
顺义区推进浅山区建设发展领导小组办公室（临时机构）主任　马云虎（6月任）
顺义区政务服务中心筹备办公室（临时机构）主任　于长雷（6月任）

四、政协机关

政协北京市顺义区委员会

主　席　杨宝华
副主席　田建国
闫志广
孙桂祥
田家玉（不驻会）
李向英（女，不驻会）
刘　静（女，不驻会）
秘书长　李景林
办公室主任　张存忠
专委会工作一室主任　陈福全
专委会工作二室主任　刘炳武
专委会工作三室主任　沈凤田
专委会工作四室主任　李树江
专委会工作五室主任　高金龙
专委会工作六室主任　王海荣（女）
研究室主任　金向东

五、综保区机关

北京天竺综合保税区管理委员会

主　任　王　刚（2月免）
卢映川（3月任）
副主任　闫立刚
李友生
庄　杰
李燕凌（女）
霍光峰（2月任）
专职委员　杭金亮
兼职委员　宋建明
宋京雁
杨　杰
高世清
办公室主任　赵习文
政策法规处处长　任国峰
规划建设处处长　陈　红
经贸发展处处长　张其中
保障处处长　张廷军
信息处副处长　韩瑞军（主持工作）

六、群众团体

总工会主席　刘永发
常务副主席（正处级）　苏瑞峰
共青团顺义区委员会书记　李　健（5月免）
郑晓博（8月任）
妇女联合会主席　鲍晓芹（女）
残疾人联合会书记　李殿宗
理事长　王振军
工商业联合会主席　田家玉
书记　单晓梅（女）
红十字会会长　燕　瑛（女）
书记、常务副会长　皮志杰（女，9月免）

王新兵（女，9月任）
文学艺术界联合会主席 高　源（9月免）
张中茂（9月任）
科学技术协会主席 李长勇
慈善协会会长 于庆丰
常务副会长（正处级） 李玉峰

七、政法军事

北京市公安局顺义分局局长 李国营
政委 刘　泽
检察院检察长 张守良
法院院长 郭铁相
司法局书记 闻广平
局长 李国印
武装部部长 展　辉
政委 于凤春

八、镇、街道办事处

（一）街道办事处

光明街道办事处书记 郭树文
主任 高　栓（9月免）
胡小刚（10月任）
胜利街道办事处书记 王学武（9月免）
刘晨光（9月任）
主任 梁心愿
石园街道办事处书记 赵金明
主任 金泰希（女，朝鲜族，6月免）
于建波（女，6月任）
旺泉街道办事处书记 王俊忠
主任 黄学英（女）
双丰街道办事处书记 郭士才
主任 赵靖宇
空港街道办事处书记 袁树旺（11月免）
宋　鹏（11月任）
主任 申志红（女）

（二）镇（地区）

仁和镇（地区办事处）书记
吴耀新（9月免）
赵洪涛（9月任）
镇长（主任） 陈汉松（6月免）
刘　洋（6月任）
马坡镇（地区办事处）书记 贾文禹
镇长（主任） 董敬红　（女）
牛栏山镇（地区办事处）书记
单成刚（5月免）
马朝龙（5月任）
镇长（主任） 郝蔚泉
赵全营镇书记 胡小兵（9月免）
李在东（9月任）
镇长 赵志勇
高丽营镇书记 范学智
镇长 李　刚
北石槽镇书记 王　江
王鉴远
南法信镇（地区办事处）书记 李　衍
镇长（主任） 徐志国
后沙峪镇（地区办事处）书记
赵洪涛（9月免）
王学武（9月任）
镇长（主任） 王　辉（7月免）
金泰希（女，朝鲜族，7月任）
天竺镇（地区办事处）书记 宋　鹏
镇长（主任） 史卫东（6月免）
王　辉（6月任）
李桥镇书记 徐晓武（12月免）
马云虎（12月任）
镇长 王卫军
南彩镇书记 马朝龙（5月免）
黄永志（5月任）
镇长 闫　岩（女）

杨镇（地区办事处）书记　张友生（5月免）
姜　蒙（5月任）
镇长（主任）　刘晨光（11月免）
陈向东（11月任）
张镇书记　张香东
镇长　王新兵（女，10月免）
赵海波（10月任）
北小营镇书记　王　泽（5月免）
马　强（5月任）
镇长　卞云鹏（6月免）
朱新生（6月任）
木林镇书记　姜　蒙（5月免）
王海松（5月任）
镇长　王海松（6月免）
李　健（6月任）
龙湾屯镇书记　马云虎（5月免）
史卫东（5月任）
镇长　朱向国（6月免）
宋　森（6月任）
李遂镇书记　孙书林（5月免）
武　捷（5月任）
镇长　武　捷（6月免）
李子腾（6月任）
北务镇书记　宋学农
镇长　王　颀
大孙各庄镇书记　苏东海（5月免）
卞云鹏（5月任）
镇长　马卫国

九、事业单位

区委党校　校长　周颖博
书记　董大明
常务副校长　董大明（8月免）
赵金荣（女，8月任）
行政学校　校长　林向阳
常务副校长　董大明（9月免）
赵金荣（女，9月任）
农村合作经济经营管理站站长　焦庆海
地震局书记　张东生
局长　田福贵
水产服务中心书记　谢连海
主任　张　波（6月免）
朱向国（6月任）
经济发展服务中心主任　周福军
北京现代职业技术学院书记　丁久库
院长　丁久库（6月免）
杨凤辉（6月任）
汉石桥湿地自然保护区管理办公室主任
聂燕山
北京市板桥创意天承产业基地管理委员会主任　张克服
流动人口管理服务中心主任　王晓东
北京临空国际经济技术开发中心管理委员会主任　高春富
政府招待所所长　宋奇良
长青林场书记　张海泉
场长　李拥军
市场经营管理中心主任　贺有余（6月免）
苏东海（6月任）
书记　贺有余
北京天竺空港经济开发区管理委员会主任
杭金亮（10月免）
北京天竺保税区综合服务中心主任
郭旭东（女）
北京顺义三高科技农业试验示范区管理委员会主任　史长生
奥运场馆管理委员会主任　管学文
北京林河经济开发区管理委员会主任
刘进奎
北京国门商务区建设管理委员会主任
张爱冬
投资促进局局长　李向英（女）
书记　黄建民
北京顺义空港物流基地管理委员会主任
张东民（10月免）

北京天竺房地产开发区管理委员会主任
任建军
北京北方印刷产业基地管理委员会主任
牛玉江
北京汽车生产基地管理委员会主任
赵洪峰
新城建设管理委员会主任 赵振英
书记 杨家栋
北京空港建设管理服务中心主任 姚 颖
档案局局长（档案馆馆长、党史区志办公室主任） 梁 军
书记 霍保贵
政府驻海南办事处主任 于泉海
广播电视中心主任 黄海鹏
信息中心（副处级）主任 王永宝
园林服务中心主任 孙仲秀
种植业服务中心主任 李宏伟（女）
农机服务中心主任 李宏伟（女，6月免）
屈宝成（6月任）
书记 李福利
社区教育中心主任 陈成国
书记 李宝东
城镇环境卫生服务中心主任 单增友
书记 刘存祥（9月退休）
教育研究考试中心主任 张 海
牛栏山第一中学校长 刘克祥（10月免）
张华礼（10月任）
总部企业高管人员服务中心主任 张忠伟
北京花卉展览中心主任 李瑞军
卫生局卫生监督所（副处级）所长 于宝鑫
疾病预防控制中心（副处级）主任 李印东
区医院（副处级）书记 黄建江
院长 王 飞
中医院（副处级）书记 魏 青
院长 张树海（10月免）
妇幼保健院（副处级）书记 张久越
院长 张久越（10月免）
张树海（10月任）
人才服务中心（副处级）主任 郭有斌
劳动服务管理中心（副处级）主任 梁 勇
社会保险事业管理中心（副处级）主任
解锡海
物价检查所（副处级）所长 张枫华

十、企业单位

北京燕京啤酒集团公司书记 李福成
总经理 赵晓东
北京市顺义区地方工业公司经理
李德安（9月免）
石振东（9月任）
北京市顺义区自来水公司经理 康建龙
书记 马 成
北京顺义燃气控股有限责任公司董事长
杨文科
书记 张树广
北京市顺义区建筑工程总公司经理
罗中义
北京市顺义建筑工程公司书记 李瑞福
经理 张殿友
北京顺义建筑企业集团公司经理 杨祥方
北京通达实业总公司经理 孔祥普
北京市顺义区供销合作社主任 方建华
北京市煤炭总公司顺义区分公司经理
刘志新
北京国泰中百商业有限公司经理 刘树忠
书记 李会娟（女，9月任）
北京鑫海韵通百货有限公司经理 张福海
北京市顺义大龙城乡建设开发总公司经理
李绍林
北京顺鑫农业发展集团有限公司董事长
王 泽（5月任）
书记 李维昌（12月免）
王 泽（12月任）
北京京顺轧辊厂厂长 陈 明
北京天竺空港工业开发公司经理 杭金亮

（10月免）
北京林河工业开发总公司经理　刘进奎
北京临空国际经济技术开发中心经理
　　高春富
书记　赵　林
北京汽车城投资管理有限公司经理
　　赵洪峰
书记　徐海松
北京市天竺房地产开发公司经理　任建军
北京空港物流基地开发中心经理
　　张东民（10月免）
北京北方新辉印刷产业基地经理　牛玉江
北京国际鲜花港管理委员会主任　赵善陶
北京鲜花港投资发展中心经理
　　李在东（11月免）
北京顺义水上公园投资发展中心经理
　　杨凤辉（6月免）
北京市板桥创意天承投资发展中心经理
　　张克服
北京国门空港经济技术开发中心经理
　　张爱冬
北京市恒锋市政工程公司经理　刘宝春
顺义区国有资本经营管理中心经理
　　赵柏青
北京天竺保税区开发管理中心经理
　　张宏志
北京鑫浩投资中心经理　董文利

十一、双管单位

北京市国土资源局顺义分局局长　韩凤桐
北京市药品监督管理局顺义分局书记
　　李长荣（9月任）
局长　陈福刚（9月任）
北京市规划委员会顺义分局书记
　　董占云（5月免）
　　杨卫东（5月任）
局长　杨卫东
北京市路政局顺义公路分局局长
　　张玉霞（女）
北京市顺义区国家税务局局长
　　雷　彤（回族）
北京市顺义区地方税务局局长
　　张天生（5月免）
　　张　翅（5月任）
北京市顺义区质量技术监督局局长
　　陈长旺
北京市工商行政管理局顺义分局局长
　　陈福刚（8月免）
　　杨　鸣（8月任）
国家统计局顺义调查队队长　张自林
北京市顺义区烟草专卖局局长
　　孙立勇（3月免）
副经理　张秀武（3月任，主持工作）
北京市共青林场书记　张海泉
场长　李拥军
北京市顺义区气象局局长　韩晓峰
北京市顺义区邮政局副局长
　　李宏艳（主持工作）
北京农业生态工程试验基地书记　胡荣海
主任　张　涛

全国先进集体及先进个人

先进集体

全国平安建设先进区
顺义区
2013年全国县（市）科技进步先进县
顺义区
第十一届中国菊花展览会杰出贡献奖
顺义区

全国人力资源社会保障系统先进集体
顺义区人力社保局
十一五期间全国减排先进集体
顺义区环保局
全国休闲农业与乡村旅游星级示范园
双河果园
万科艺园
樱桃幽谷
福劳尔花卉基地
全国农民专业合作社示范社
大孙各庄镇镇绿奥蔬菜合作社
2013年中国食品百强企业第44名
牛栏山酒厂
中国最具影响力企业
牛栏山酒厂
2012年中国酒业年度最具投资价值品牌
牛栏山
2012年度全国市政金杯示范工程
机场东路南环立交新建工程
国家级生态乡镇
后沙峪镇
中国企业500强
江河幕墙
2013年度全国优秀物流园区
空港物流基地
全国群众体育先进村
顺义区仁和镇复兴村
第十一届中国菊花展览会突出贡献奖
北京国际鲜花港管委会
最美中国榜
顺鑫绿色度假村
全国中小学阳光体育运动优秀案例奖
大孙各庄中心小学花式跳绳
2013年全国青少年未来之星阳光体育大会文化交流展示活动优秀组织单位奖
大孙各庄中心小学
绿港小天使杯全国青少年民族民间艺术展演交流金奖
顺义区少年宫民间舞蹈《龙狮舞动中国梦》
顺义区少年宫笛子合奏《跑旱船》

先进个人

全国社会管理综合治理先进工作者
王金广
2013年全国“两会”网上舆论引导工作表彰个人
李秀文
2012中国酒业年度经济人物
李怀民
全国五一劳动奖章
全国维护职工权益杰出律师
曹智勇
2013年全国县（市）科技进步先进个人
姜惠琴　朱光楠　闫兆东

北京市先进集体及个人

先进集体

北京市卫生应急综合示范区
顺义区
2012年度首都社会管理综合治理先进区县
顺义区
北京市总部经济集聚区
空港经济开发区
国门商务区
市级小企业创业基地
北京空港科技园区股份有限公司（空港经济开发区）
北京市彩园顺达工业开发中心（南彩镇彩园工业区）

北京市科学技术二等奖

北京七星华创集成电路装备有限公司申报的“热式数字气体质量流量测控系统”

中铁十六局集团第一工程有限公司的“大断面海底隧道钻爆法施工关键技术”

乐普（北京）医疗器械有限公司申报的“无聚合物载体支架技术的研究与推广”

北京市“菜篮子”工程优级基地

北京绿奥蔬菜合作社

北京顺鑫农业茶棚原种猪场

北京梓婷佳苑垂钓园

北京绿兴特食用菌合作社

北京绿富农果蔬生产基地

社区志愿服务组织之星

南法信镇华英园社区义工工作站

北京市政市容第三届“有限空间”大比武第一名

顺义燃气公司

全市计生 DV 作品一等奖

顺义计生 DV 作品《因为爱情》

北京市民主法治示范社区

空港街道裕祥花园

光明街道裕龙三区

石园街道北一社区

旺泉街道宏城花园

首都市民学习品牌

区工商分局创建的绿港红盾

2009-2012 年度“首都社会管理综合治理先进集体”

顺义区城市管理监察大队

胜利街道办事处

天竺镇人民政府

北小营镇人民政府

北京市社区矫正工作先进集体

光明街道办事处

先进个人

首都劳动奖章

郭卫平　牛佳雯

首都环境建设突出贡献个人

邓欣

2009-2012 年度“首都社会管理综合治理先进工作者”

王金广　杜振房　胡海合　刘克勤　崔清丽　李志强　王猛　张明

北京市节能先进个人

王宝水

统 计 表

2013年顺义区国民经济和社会发展主要指标统计表

项　　目	计量单位	2013年	2012年	2013年为2012年%
一、基本情况				
土地面积	平方公里	1019.89	1019.89	100.0
街道办事处	个	6	6	100.0
建制镇	个	19	19	100.0
村民委员会	个	426	426	100.0
社区居委会	个	95	91	104.4
总户数	户	266911	264748	100.8
农业户	户	108534	109948	98.7
总人口	人	600734	594120	101.1
农业人口	人	261354	266765	98.0
非农业人口	人	339980	327355	103.9
常住人口	万人	98.3	95.3	103.1
地区生产总值	万元	12322274.0	11031980.0	111.7
第一产业	万元	255982.0	251651.0	101.7
第二产业	万元	5649791.0	4880163.0	115.8
第三产业	万元	6416501.0	5900166.0	108.8
地区生产总值构成	%	100	100	—
第一产业	%	2.1	2.3	—
第二产业	%	45.9	44.2	—
第三产业	%	52.1	53.5	—
二、农业				
农林牧渔业总产值（现价）	万元	683390.3	675548.2	101.2
主要农副产品产量				
粮食	万吨	17.4	20.9	83.3

项 目	计量单位	2013 年	2012 年	2013 年为 2012 年%
夏粮	万吨	6.3	7.7	81.8
秋粮	万吨	11.2	13.2	84.8
蔬菜	万吨	42.7	44.6	95.7
干鲜果	万吨	6.9	7.3	94.5
出栏生猪	万头	95.1	93.4	101.8
出栏肉牛	万头	4.2	4.3	97.7
出栏羊	万只	12.6	13.1	96.2
出栏鸡	万只	770.6	855.2	90.1
出栏鸭	万只	249.4	362.6	68.8
牛奶	吨	56141.6	60137.7	93.4
鲜蛋	吨	14391.7	14794.0	97.3
#鸡蛋	吨	14172	14476.5	97.9
鲜鱼	吨	11800.0	11704.0	100.8
三、工业(规模以上)				
工业总产值	万元	28606476.0	22978779.0	124.5
工业主营业务收入	万元	28961873.0	23258242.0	124.5
工业利润总额	万元	2514808.0	1919358.0	131.0
四、外经.外贸				
三资企业签约项目	个	42	49	85.7
合同外资额	万美元	105386	6768.2	1557.1
实际利用外资额	万美元	36000.7	42050.7	85.6
注册资本	万美元	136093.0	11684.8	1164.7
投资总额	万元	140546.6	19370.7	725.6
五、固定资产投资				
全社会固定资产投资	亿元	429.7	418.6	102.6
城镇固定资产投资	亿元	371.7	371.8	100.0
农村固定资产投资(含农户)	亿元	58.0	46.8	123.9
房地产开发投资	亿元	195.8	195.2	100.3
六、批发零售.住宿餐饮				
社会消费品零售额	万元	2973510.0	2541378.0	117.0
网点数	个	16865	16783	100.5
营业人员	人	95070	93643	101.5
七、财政.金融				
财政总收入	万元	4945326	4156704	119.0
地方财政收入	万元	1635361.0	1300134.0	125.8
#公共财政预算收入	万元	980256.0	862440.0	113.7
地方财政支出	万元	2289680.0	1968946.0	116.3

项　　目	计量单位	2013 年	2012 年	2013 年为 2012 年%
#公共财政预算支出	万元	1466880.0	1303469.0	112.5
各项税收	万元	4327073.1	3661578.0	118.2
地税	万元	1359214.1	1241265.0	109.5
国税	万元	2967859.0	2420313.0	122.6
各项存款余额	万元	14755667.0	13182862.0	111.9
#城乡居民储蓄余额	万元	6477483.0	5884464.0	110.1
各项贷款余额	万元	7656034.0	6825899.0	112.2
八、劳动工资				
年末职工人数	人	455047	448099	101.6
第一产业	人	4539	2256	201.2
第二产业	人	201858	204349	98.8
第三产业	人	248650	241494	103.0
全年工资总额	万元	3610320.0	3141086.0	114.9
第一产业	万元	20808.0	7362.0	282.6
第二产业	万元	1324173.0	1117931.0	118.4
第三产业	万元	2265339.0	2015793.0	112.4
九、教育				
学校数				
普通中学	个	38	38	100.0
职业中学	个	7	7	100.0
小学	个	42	39	107.7
在校学生数				
普通中学	人	28484	29065	98.0
职业中学	人	1915	2307	83.0
小学	人	38146	35858	106.4
毕业生数				
普通中学	人	9484	9310	101.9
职业中学	人	542	731	74.1
小学	人	5317	5224	101.8
十、文化体育				
文化馆.站	个	26	26	100.0
公共图书馆	个	1	1	100.0
公共图书馆藏书	万册	70	69	101.4
电影放映单位	个	3	—	—
农村放映单位	个	430	—	—
区级以上重点文物保护单位	个	9	9	100.0
体育场馆	个	5	—	—

项 目	计量单位	2013 年	2012 年	2013 年为 2012 年%
旅游人数	万人	421.0	409.3	102.9
旅游收入	万元	534808.0	476829.3	112.2
十一、卫生				
医疗卫生机构数	个	366	361	101.4
#医院及卫生院	个	169	168	100.6
医疗卫生机构实有床位数	张	3270	3202	102.1
#医院及卫生院实有床位数	张	2978	2910	102.3
卫生技术人员	人	6176	5863	105.3
#执业（助理）医师	人	2591	2481	104.4
每千人口拥有执业（助理）医师数	人	2.6	2.6	100.0
每千人口拥有医院及卫生院床位数	张	3	3.1	96.8
十二、人民生活（抽样调查资料）				
城镇居民人均可支配收入	元	33329.0	30437.0	109.5
城镇居民人均生活消费支出	元	18895.0	17463.0	108.2
农村居民人均纯收入	元	17703.0	15960.0	110.9
农村居民人均生活消费支出	元	11634.0	10830.0	107.4
十三、城市建设与环境				
全区公路总里程	公里	2833.1	2666.4	106.3
天然气管道供应	万户	15.4	12.9	119.2
天然气供应量	万立方米	22304.0	19789.0	112.7
林木绿化率	%	30.85	28.32	—
城区生活污水集中处理率	%	97.80	97.80	—
十四、能源消耗				
能源消费总量	万吨标煤	1016.2	955.2	106.4
全区用电总量	万千瓦时	586043.6	536258.0	109.3
第一产业	万千瓦时	27605.0	26439.8	104.4
第二产业	万千瓦时	283304.5	255139.4	111.0
工业	万千瓦时	266695.4	240706.7	110.8
建筑业	万千瓦时	16609.1	14432.7	115.1
第三产业	万千瓦时	182954.2	166599.2	109.8
城乡居民生活用电	万千瓦时	92179.8	88079.6	104.7

附　　录

中共北京市顺义区委文件

中共北京市顺义区委文件

京顺发〔2012〕1号　关于印发《区委四届四次全会工作报告》的通知
京顺发〔2012〕2号　关于贯彻落实中央市委文件精神进一步改进工作作风密切联系群众的实施意见
京顺发〔2012〕3号　关于印发顺义区镇（街道）绩效管理考核办法（试行）的通知
京顺发〔2012〕4号　关于调整区级领导联系镇、村、学校、企业的通知
京顺发〔2012〕5号　关于治理非法盗采加工运输经营砂石土方行为的实施意见
京顺发〔2012〕6号　关于顺义区2013年重点信访问题区级领导包案的通知
京顺发〔2012〕7号　关于印发《北京市顺义区争创“北京市建设学习型城市工作示范区”实施方案》的通知
京顺发〔2012〕8号　关于印发《顺义区深化廉政风险防控管理工作实施方案》的通知
京顺发〔2012〕9号　关于表彰2012年度“一助一”工作先进单位和个人的决定
京顺发〔2012〕10号　关于进一步加强区属国有企业领导干部管理的工作意见
京顺发〔2012〕11号　关于转发《市委市政府关于进一步加强首都环境建设工作的意见》的通知
京顺发〔2012〕12号　关于城乡环境建设与管理工作意见
京顺发〔2012〕13号　关于转发《郭金龙、赵凤桐等市领导来顺义调研时的讲话要点》的通知
京顺发〔2012〕14号　关于印发《中共北京市顺义区委巡视工作暂行办法》的通知
京顺发〔2012〕15号　关于加快区域科技创新体系建设实施创新驱动发展的意见
京顺发〔2012〕16号　关于认真学习宣传贯彻党的十八届三中全会精神的通知
京顺发〔2012〕17号　关于成立顺义区全面深化改革领导小组的决定

京顺发〔2012〕18 号　关于加快推进五彩浅山开发建设的实施意见
京顺发〔2012〕19 号　关于进一步加强调查研究工作的意见
京顺发〔2012〕20 号　关于印发空港街道管理体制改革试点方案的通知

中共北京市顺义区委办公室文件

京顺办发〔2012〕1 号　关于转发《中共中央办公厅印发习近平同志关于厉行勤俭节约反对铺张浪费重要批示的通知》的通知
京顺办发〔2012〕2 号　关于转发《中共北京市委办公厅北京市人民政府办公厅关于认真贯彻落实习近平总书记重要批示和中央办公厅相关要求的通知》的通知
京顺办发〔2012〕3 号　关于 2012 年贯彻落实党风廉政建设责任制推进惩治和预防腐败体系建设检查情况的通报
京顺办发〔2012〕4 号　关于印发《顺义区治理非法盗采加工运输经营砂石土方行为工作实施方案》的通知
京顺办发〔2012〕5 号　关于做好顺义区第九届村民委员会选举工作的意见
京顺办发〔2012〕6 号　关于进一步加快文化体育事业发展丰富群众文体活动的意见
京顺办发〔2012〕7 号　关于印发《顺义区关于进一步精简文件和简报的实施细则》的通知
京顺发〔2012〕8 号　关于印发《顺义区进一步精简会议活动实施细则》的通知
京顺办发〔2012〕9 号　关于印发《顺义区关于深入贯彻落实党的十八大精神全面提升全区信访工作水平的意见》的通知
京顺办发〔2012〕10 号　关于组建顺义区推进浅山区建设发展领导小组办公室的通知
京顺办发〔2012〕11 号　关于党政机关干部工作人员暑期休假安排的通知
京顺办发〔2012〕12 号　关于印发《顺义区改进工作作风密切联系群众督查检查工作实施细则》的通知
京顺办发〔2012〕13 号　关于印发顺义区网格化社会服务管理指挥中心先行启动城市管理模块运行方案的通知
京顺办发〔2012〕14 号　关于规范因公出国（境）证件管理的通知
京顺办发〔2012〕15 号　关于转发《中共北京市委办公厅北京市人民政府办公厅关于在正风肃纪专项整治中严明若干纪律规定的意见的通知》的通知
京顺办发〔2012〕16 号　关于调整第十一届中国菊花展览会执行委员会成员及机构设置的通知
京顺办发〔2012〕17 号　关于调整区级领导联系镇、村、学校、企业的通知
京顺办发〔2012〕18 号　关于做好 2013 年中秋、国庆期间有关工作的通知
京顺办发〔2012〕19 号　关于转发《中共北京市委办公厅北京市人民政府办公厅关于坚决刹住中秋节国庆节公款送月饼送节礼、公款吃喝和奢侈浪费等不正之风的通知》的通知

京顺办发〔2012〕20号　关于转发《中共北京市委办公厅北京市人民政府办公厅关于在全市开展会员卡专项清退活动的通知》的通知
京顺办发〔2012〕21号　关于印发《中共北京市顺义区委巡视工作领导小组工作规则（试行）》的通知
京顺办发〔2012〕22号　关于开展2013年全区党风廉政建设责任制专项检查的通知
京顺办发〔2012〕23号　关于做好2014年元旦春节期间有关工作的通知

北京市顺义区人民政府文件

北京市顺义区人民政府文件

顺政发〔2013〕1号　北京市顺义区人民政府关于朱家亮等同志任免职的通知
顺政发〔2013〕2号　北京市顺义区人民政府关于安建军等同志试用期满任职的通知
顺政发〔2013〕3号　北京市顺义区人民政府关于刘峰等同志任免职的通知
顺政发〔2013〕4号　北京市顺义区人民政府关于农村集体土地所有权登记发证中变更所有权主体代表的通知
顺政发〔2013〕5号　北京市顺义区人民政府关于印发2013年政府折子工程的通知
顺政发〔2013〕6号　北京市顺义区人民政府关于印发顺义区水利工程建设实施方案（2013—2015年）的通知
顺政发〔2013〕7号　北京市顺义区人民政府关于印发顺义区加强气象灾害监测预警及信息发布工作实施意见的通知
顺政发〔2013〕8号　北京市顺义区人民政府关于王振军刘兆宽同志任职的通知
顺政发〔2013〕9号　北京市顺义区人民政府关于印发顺义区2013年为群众拟办重要实事的通知
顺政发〔2013〕10号　北京市顺义区人民政府关于印发顺义区加快发展公共交通实施意见的通知
顺政发〔2013〕11号　北京市顺义区人民政府关于印发顺义区2013年度保障性安居工程用地供应计划的通知
顺政发〔2013〕12号　北京市顺义区人民政府关于印发顺义区清洁空气行动计划2013年实施方案的通知
顺政发〔2013〕13号　北京市顺义区人民政府关于印发顺义区促进文化创意产业发展若干意见的通知
顺政发〔2013〕14号　北京市顺义区人民政府关于开展第三次全国经济普查的通知
顺政发〔2013〕15号　北京市顺义区人民政府关于张志国等同志免职的通知
顺政发〔2013〕16号　北京市顺义区人民政府关于李博等同志试用期满任职的通知
顺政发〔2013〕17号　北京市顺义区人民政府关于印发顺义区市政设施移交管护暂行办法

的通知
顺政发〔2013〕18号　北京市顺义区人民政府关于印发顺义区空气重污染日应急方案（暂行）的通知
顺政发〔2013〕19号　北京市顺义区人民政府关于印发顺义区加强镇财政财务管理暂行规定的通知
顺政发〔2013〕20号　北京市顺义区人民政府关于印发顺义区镇财政财务管理考核实施办法的通知
顺政发〔2013〕21号　北京市顺义区人民政府关于成立顺义区推进浅山区建设发展领导小组办公室及马云虎同志任职的通知
顺政发〔2013〕22号　北京市顺义区人民政府关于成立顺义区政务服务中心筹备办公室及于长雷同志任职的通知
顺政发〔2013〕23号　北京市顺义区人民政府关于张东民等同志任免职的通知
顺政发〔2013〕24号　北京市顺义区人民政府关于印发顺义区2013年全面推进依法行政工作要点的通知
顺政发〔2013〕25号　北京市顺义区人民政府关于印发顺义区中小学建设三年行动计划（2012—2014年）的通知
顺政发〔2013〕26号　北京市顺义区人民政府关于2013年征兵的命令
顺政发〔2013〕27号　北京市顺义区人民政府关于刘川海等同志任免职的通知
顺政发〔2013〕28号　北京市顺义区人民政府关于印发顺义区科学技术奖励办法的通知
顺政发〔2013〕29号　北京市顺义区人民政府关于印发顺义区增强自主创新能力加快科技成果转化奖励办法的通知
顺政发〔2013〕30号　北京市顺义区人民政府关于印发顺义区专利资助及奖励暂行办法的通知
顺政发〔2013〕31号　北京市顺义区人民政府关于郑晓辉等同志试用期满任职的通知
顺政发〔2013〕32号　北京市顺义区人民政府关于张末利同志免职的通知
顺政发〔2013〕33号　北京市顺义区人民政府关于孙书林等同志任免职的通知
顺政发〔2013〕34号　北京市顺义区人民政府关于印发顺义区安全发展示范城市建设规划的通知
顺政发〔2013〕35号　北京市顺义区人民政府关于赵金荣等同志任免职的通知
顺政发〔2013〕36号　北京市顺义区人民政府关于顺义区外事旅游局更名及李辉等同志任免职的通知
顺政发〔2013〕37号　北京市顺义区人民政府关于顺义区城市管理监察大队更名及张东民等同志任免职的通知
顺政发〔2013〕38号　北京市顺义区人民政府关于印发顺义区公共租赁住房管理暂行办法的通知
顺政发〔2013〕39号　北京市顺义区人民政府关于印发顺义区区级大额专项资金管理办法的通知
顺政发〔2013〕40号　北京市顺义区人民政府关于商广清同志任免职的通知

顺政发〔2013〕41 号　北京市顺义区人民政府关于印发顺义区污水治理行动方案的通知
顺政发〔2013〕42 号　北京市顺义区人民政府关于印发顺义区进一步改进和加强政府投资项目管理意见的通知
顺政发〔2013〕43 号　北京市顺义区人民政府关于吴耀新等同志任免职的通知
顺政发〔2013〕44 号　北京市顺义区人民政府关于张树海等同志任免职的通知
顺政发〔2013〕45 号　北京市顺义区人民政府关于胡小兵等同志任免职的通知
顺政发〔2013〕46 号　北京市顺义区人民政府关于刘克祥等同志任免职的通知
顺政发〔2013〕47 号　北京市顺义区人民政府关于印发顺义区 2013—2017 年清洁空气行动计划的通知
顺政发〔2013〕48 号　北京市顺义区人民政府关于公布行政规范性文件清理结果的通知
顺政发〔2013〕49 号　北京市顺义区人民政府关于印发顺义区司法行政基层建设三年行动计划实施方案的通知
顺政发〔2013〕50 号　北京市顺义区人民政府关于印发顺义区空气重污染应急预案（试行）的通知

顺义区人民政府办公室文件

顺政办发〔2013〕1 号　北京市顺义区人民政府办公室关于成立顺义区南水北调工程建设领导小组的通知
顺政办发〔2013〕2 号　北京市顺义区人民政府办公室关于成立北京顺义国家农业科技园区建设领导小组的通知
顺政办发〔2013〕3 号　北京市顺义区人民政府办公室关于批准北京蓝盾创展门业有限公司“7·13”一般生产安全事故结案的通知
顺政办发〔2013〕4 号　北京市顺义区人民政府办公室关于批准北京顺鑫农业股份有限公司牛栏山酒厂自动化立体仓库项目“12·7”一般生产安全事故结案的通知
顺政办发〔2013〕5 号　北京市顺义区人民政府办公室关于印发顺义区“十二五”期间政府绩效管理工作实施意见的通知
顺政办发〔2013〕6 号　北京市顺义区人民政府办公室关于印发顺义区 2013 年学法计划的通知
顺政办发〔2013〕7 号　北京市顺义区人民政府办公室关于成立顺义区中央财政小型农田水利重点县建设项目领导小组的通知
顺政办发〔2013〕8 号　北京市顺义区人民政府办公室转发区发展改革委区经济信息化委区财政局关于顺义区 2013 年主要经济指标任务分解方案的通知
顺政办发〔2013〕9 号　北京市顺义区人民政府办公室转发区国资委关于顺义区国资委监管企业负责人基薪管理暂行办法的通知
顺政办发〔2013〕10 号　北京市顺义区人民政府办公室转发北京市人民政府办公厅关于进一步加强首都环境建设工作措施文件的通知

顺政办发〔2013〕11号　北京市顺义区人民政府办公室转发区教委关于顺义区2013年全国高校招生考试工作实施方案的通知

顺政办发〔2013〕12号　北京市顺义区人民政府办公室转发区政府法制办关于顺义区行政复议工作规范化建设实施方案的通知

顺政办发〔2013〕13号　北京市顺义区人民政府办公室关于顺义区政务服务中心筹备办公室主要职责内设机构和人员配备等事项的通知

顺政办发〔2013〕14号　北京市顺义区人民政府办公室关于成立顺义区村级公益事业建设一事一议财政奖补工作领导小组的通知

顺政办发〔2013〕15号　北京市顺义区人民政府办公室关于印发进一步加强应急能力建设重点工作分工方案的通知

顺政办发〔2013〕16号　北京市顺义区人民政府办公室关于批准北京华丰喷漆厂“5·22”一般生产安全事故结案的通知

顺政办发〔2013〕17号　北京市顺义区人民政府办公室关于批准北京长乐宝苑二期工地“6·13”一般生产安全事故结案的通知

顺政办发〔2013〕18号　北京市顺义区人民政府办公室关于成立顺义区新国展二、三期建设领导小组的通知

顺政办发〔2013〕19号　北京市顺义区人民政府办公室关于批准北京昊京汽车空调有限公司“6·26”一般生产安全事故结案的通知

顺政办发〔2013〕20号　北京市顺义区人民政府办公室关于开展本区行政规范性文件清理工作的通知

顺政办发〔2013〕21号　北京市顺义区人民政府办公室关于提早启动2014年有关重点任务前期工作的通知

顺政办发〔2013〕22号　北京市顺义区人民政府办公室关于印发顺义区安全发展示范城市创建实施方案的通知

顺政办发〔2013〕23号　北京市顺义区人民政府办公室关于调整顺义区外事管理体制的通知

顺政办发〔2013〕24号　北京市顺义区人民政府办公室关于印发顺义区争创全国社会组织建设创新示范区活动实施方案的通知

顺政办发〔2013〕25号　北京市顺义区人民政府办公室关于印发顺义区推进智慧社区建设实施方案的通知

顺政办发〔2013〕26号　北京市顺义区人民政府办公室关于印发顺义区2013年整治违法排污企业保障群众健康环保专项行动工作方案的通知

顺政办发〔2013〕27号　北京市顺义区人民政府办公室关于批准双兴北路与光明北街交叉路口东南侧地下燃气管线“9·2”燃气泄露事故结案的通知

顺政办发〔2013〕28号　北京市顺义区人民政府办公室关于印发顺义区垃圾处理设施建设与垃圾管理三年实施方案（2013—2015年）的通知

顺政办发〔2013〕29号　北京市顺义区人民政府办公室关于批准北京中韩联合起重机械有限公司“7·10”一般生产安全事故结案的通知

顺政办发〔2013〕30号	北京市顺义区人民政府办公室关于批准北京首成包装服务有限公司“6·10”一般生产安全事故结案的通知
顺政办发〔2013〕31号	北京市顺义区人民政府办公室关于印发顺义区农村地区减煤换煤清洁空气行动实施方案的通知
顺政办发〔2013〕32号	北京市顺义区人民政府办公室 关于印发顺义区食品药品监督管理体制改革实施意见的通知
顺政办发〔2013〕33号	北京市顺义区人民政府办公室关于将北京市顺义区食品安全委员会更名为北京市顺义区食品药品安全委员会有关事项的通知
顺政办发〔2013〕34号	北京市顺义区人民政府办公室关于印发顺义区企业人员申办APEC商务旅行卡管理办法实施细则的通知
顺政办发〔2013〕35号	北京市顺义区人民政府办公室关于印发区政府领导批示事项督查办理工作办法（试行）的通知
顺政办发〔2013〕36号	北京市顺义区人民政府办公室关于批准北京冶金工程技术联合开发研究中心办公楼工程项目“10·11”一般生产安全事故结案的通知
顺政办发〔2013〕37号	北京市顺义区人民政府办公室转发区园林绿化局关于顺义区第八次园林绿化资源普查工作方案的通知
顺政办发〔2013〕38号	北京市顺义区人民政府办公室关于印发顺义区2013—2017年清洁空气行动计划重点任务分解的通知
顺政办发〔2013〕39号	北京市顺义区人民政府办公室关于印发顺义区清洁空气行动计划2014年实施方案的通知
顺政办发〔2013〕40号	北京市顺义区人民政府办公室转发区质监局关于顺义区贯彻落实质量发展纲要（2011—2020年）工作方案的通知
顺政办发〔2013〕41号	北京市顺义区人民政府办公室关于成立顺义区打击侵犯知识产权和制售假冒伪劣商品工作领导小组的通知
顺政办发〔2013〕42号	北京市顺义区人民政府办公室关于批准现代花园住宅小区D区D-1-1#等8项工程工地“10·8”一般生产安全事故结案的通知
顺政办发〔2013〕43号	北京市顺义区人民政府办公室关于印发顺义区进一步加强车辆超限超载治理工作实施方案的通知

顺义区主要外事活动

顺义区主要外事活动

时间	内容
6月29日	韩国总统朴槿惠对北京现代汽车有限公司进行考察访问。

顺义区社区居委会

光明街道办事处

名称	电话	名称	电话
东兴第一社区居委会	69442119	裕龙五区社区居委会	89408057
东兴第二社区居委会	89403141	裕龙四区社区居委会	89409934
东兴第三社区居委会	81493785	裕龙三区社区居委会	69420105
幸福东区社区居委会	69448561	双拥社区居委会	66380279
双兴东区社区居委会	69421796	绿港家园社区居委会	81487795
金汉绿港社区居委会	89420696	滨河第一社区居委会	89493673
裕龙花园社区居委会	81485380	滨河第二社区居委会	69463926
裕龙六区社区居委会	89497679		

胜利街道办事处

名称	电话	名称	电话
建新北区第一社区居委会	69422437	幸福西街社区居委会	69424163
建新北区第二社区居委会	69424278	怡馨家园第一社区居委会	81490355
建新北区第三社区居委会	69447615	怡馨家园第二社区居委会	81490986
建新南区第一社区居委会	69441328	义宾南区社区居委会	81493064
建新南区第二社区居委会	69422257	义宾北区社区居委会	69422312
双兴南区社区居委会	69423702	义宾街社区居委会	69424515
胜利小区社区居委会	69422524	永欣嘉园社区居委会	81487224
前进社区居委会	69423441	龙府花园社区居委会	69438433
太平社区居委会	69421730	红杉一品社区居委会	61490786

石园街道办事处

名称	电话	名称	电话
石园东区社区居委会	89447283	石园东苑社区居委会	89442147
石园西区社区居委会	89441202	五里仓第一社区居委会	69447164
石园北区第一社区居委会	81496697	五里仓第二社区居委会	81493575
石园北区第二社区居委会	89443998	港馨家园南区居委会	89449310
石园北区第三社区居委会	89446819	港馨家园北区居委会	89453519
石园南区社区居委会	89443151	燕京社区居委会	89496860

轻汽集团社区居委会	89491242		

旺泉街道办事处

名称	电话	名称	电话
西辛社区居委会	69468141	铁十六局社区居委会	69440361
西辛第一社区居委会	81495731	前进花园社区居委会	89433560
西辛北社区居委会	81490017	宏城花园社区居委会	69439360
牡丹苑社区居委会	60416837	望泉家园社区居委会	60416903

双丰街道办事处

名称	电话	名称	电话
马坡花园一区居委会	69402335	马坡花园二区居委会	69405086
富力湾社区居委会	60419223		

空港街道办事处

名称	电话	名称	电话
天房第一社区居委会	84167119	蓝星花园社区居委会	80490152
天房第二社区居委会	84167117	莫奈花园社区居委会	80410282
万科花园社区居委会	80493677	莲竹花园社区居委会	52136032
裕祥花园社区居委会	80494639	三山新新家园居委会	80424127
吉祥花园居委会	80470340	双龙源社区居委会	暂无办公电话
天竺新新家园居委会	84165192	翠竹新村一居委会	84167572
翠竹新村二居委会	84167852		

各镇村民委员会名录

仁　和　镇

名称	电话	名称	电话
石门村委会	69448156	沙井村委会	69475516
望泉寺村委会	69448355	军营村委会	69448335
梅沟营村委会	69421966	沙坨村委会	69472947
复兴村委会	69422040	北兴村委会	69441925

前进村委会	69421887	太平村委会	69421610
庄头村委会	69443015	石各庄村委会	89446208
平各庄村委会	89498581	胡各庄村委会	89452430
杜各庄村委会	69448929	米各庄村委会	89407387
吴家营村委会	89496051	杨家营村委会	89401016
塔河村委会	60496172	河南村村委会	89498995
陶家坟村委会	89407014	窑坡村委会	89407062
临河村委会	89494682		

马 坡 镇

名称	电话	名称	电话
向阳村委会	69401989	东丰乐村委会	57903496
小孙各庄村委会	13051139039	西丰乐村委会	69401179
大营村委会	69403455	西马坡村委会	69401813
北上坡村委会	69405902	肖家坡村委会	69401931
秦武姚村委会	69409819	东马坡村委会	69401759
向前村委会	69409710	白各庄村委会	69409307
荆卷村委会	69409397	良正卷村委会	69409138
庙卷村委会	69409465	衙门村村委会	69409908
泥河村委会	69401072	石家营村委会	69409915
毛家营村委会	69409726	姚店村委会	69409722
马卷村委会	69409659		

南法信镇

名称	电话	名称	电话
南卷村村委会	69474545	三家店村委会	69473663
西海洪村委会	69472488	东海洪村委会	52130992
东杜兰村委会	69472534	西杜兰村委会	69473776
北法信村委会	69478657	大江洼村委会	69473300
焦各庄村委会	69473030	刘家河村委会	69473551
南法信村委会	69472483	马家营村委会	69472557
卸甲营村委会	69475128	哨马营村委会	89425329
冯家营村委会	69473605	十里堡村委会	89457293

李 桥 镇

名称	电话	名称	电话
李家桥村委会	81473143	后桥村委会	81472647
庄子营村委会	81473913	头二营村委会	89428868
三四营村委会	89428972	洼子村委会	81442124
南半壁店村委会	81463251	英各庄村委会	81478296
张辛村委会	89427188	临清村委会	89427969
西大坨村委会	69489427	西树行村委会	69481618
北河村委会	69485993	沙浮村委会	69489948
王家场村委会	69486015	沿河村委会	69486327
芦各庄村委会	69485978	史庄村委会	69481147
吴庄村委会	69488155	永青村委会	69486079
郭庄村委会	69486073	南河村委会	69485772
北桃园村委会	69486025	南桃园村委会	69486081
安里村委会	69486007	苏庄村委会	69486026
官庄村委会	69486010	堡子村委会	69485980
沮沟村委会	69486085	北庄头村委会	69486180
南庄头村委会	69486057		

天 竺 镇

名称	电话	名称	电话
天竺村委会	64567559	楼台村委会	64563498
小王辛庄村委会	64575547	二十里堡村委会	64567541
杨二营村委会	52133600	岗山村委会	80477708
龙山村委会	52151030	桃山村委会	80498222

后沙峪镇

名称	电话	名称	电话
西泗上村委会	69454089	古城村委会	80496381
罗各庄村委会	80496770	西田各庄村委会	80485440
燕王庄村委会	80496759	西白辛庄村委会	80493957
吉祥庄村委会	80482076	马头庄村委会	80496702
后沙峪村委会	80499974	前沙峪村委会	80496760
东庄村委会	80495108	火神营村委会	80496753

铁匠营村委会	80492567	回民营村委会	80496553
枯柳树村委会	80483888	董各庄村委会	80496704

高丽营镇

名称	电话	名称	电话
一村村委会	69455643	二村村委会	69455244
三村村委会	69455634	四村村委会	69455924
五村村委会	69455664	六村村委会	69454356
七村村委会	69455642	八村村委会	69455640
南王路村委会	69455734	北王路村委会	69455794
西王路村委会	69455843	唐自头村委会	69455884
于庄村委会	69455742	张喜庄村委会	69491445
东马各庄村委会	69493946	西马各庄村委会	69491477
水坡村委会	69491472	羊房村委会	69491478
前渠河村委会	69491435	后渠河村委会	69491476
闫家营村委会	69491475	夏县营村委会	69491473
河津营村委会	69491479	南郎中村委会	69491474
文化营村委会	69491193		

杨 镇

名称	电话	名称	电话
一街村委会	61451249	辛庄子村委会	61412910
二街村委会	61451367	高各庄村委会	61412842
三街村委会	61451377	王辛庄村委会	61412905
张家务村委会	61451641	沙子营村委会	61413758
齐家务村委会	61451634	松各庄村委会	61412854
杜庄村委会	61456101	李辛庄村委会	61412830
二郎庙村委会	61453358	沙岭村委会	61444026
东庄户村委会	61455731	于庄村委会	61444776
老庄户村委会	61450848	徐庄村委会	61442354
沟东村委会	61451437	西庞村委会	61442433
东町村委会	61451660	东庞村委会	61442454
红寺村委会	61451307	大三渠村委会	61442474
下坡村委会	61453996	良庄村委会	61444459
下营村委会	61451408	白塔村委会	61442216
汉石桥村委会	61452077	曾庄村委会	61442422

安乐庄村委会	61451915	周庄村委会	61442464
荆坨村委会	61412914	曹庄村委会	61443314
井上村委会	61412846	别庄村委会	61442404
侉子营村委会	61412901	破罗口村委会	61442518
田家营村委会	61412859	辛庄户村委会	61452455
小店村委会	61412904	焦各庄村委会	61441330

赵全营镇

名称	电话	名称	电话
西小营村委会	89422719	北郎中村委会	60432753
赵全营村委会	60432672	小高丽营村委会	60431159
去碑营村委会	60432662	豹房村委会	60431138
陈各庄村委会	60433500	小官庄村委会	60431592
大官庄村委会	60435396	马家堡村委会	60431941
白庙村委会	60432410	忻州营村委会	60431150
前桑园村委会	60432402	后桑园村委会	60432401
红铜营村委会	60435337	板桥村委会	60442124
西绛营村委会	60442125	东绛营村委会	60442175
稷山营村委会	89422783	东水泉村委会	60442178
西水泉村委会	60442132	联庄村委会	60442139
河庄村委会	60442181	解放村委会	60442103
燕华营村委会	60442129		

牛栏山镇

名称	电话	名称	电话
北孙各庄村委会	69411181	龙王头村委会	69414002
富各庄村委会	69411799	芦正卷村委会	69414074
北军营村委会	69412679	相各庄村委会	60416156
官志卷村委会	69418228	范各庄村委会	89411083
后晏子村委会	69418353	前晏子村委会	69417989
兰家营村委会	69411373	姚各庄村委会	69411708
半壁店村委会	69419010	张家庄村委会	89411601
下坡屯村委会	69414064	史家口村委会	69411752
禾丰村委会	69411194	先进村委会	69411444
安乐村委会	69411081	金牛村委会	60411220

南　彩　镇

名称	电话	名称	电话
南彩村委会	89469015	桥头村委会	89421069
九王庄村委会	89469044	前郝家疃村委会	89477243
前薛各庄村委会	89469246	后郝家疃村委会	89479330
后薛各庄村委会	89469273	望渠村委会	89469773
于辛庄村委会	89468572	东江头村委会	89469296
太平庄村委会	89469263	西江头村委会	89469294
大兴庄村委会	89469151	前俸伯村委会	89470255
水屯村委会	89469265	后俸伯村委会	89478412
坞里村委会	89469257	河北村村委会	89477690
双营村委会	89469293	杜刘庄村委会	89477236
小营村委会	89469065	北彩村委会	89421634
洼里村委会	89469297	柳桁村委会	89421651
道仙庄村委会	89469278	黄家场村委会	89421620

北小营镇

名称	电话	名称	电话
北小营村委会	60483651	上辇村委会	60483652
北府村委会	60483166	东乌鸡村委会	60483617
西乌鸡村委会	60483810	榆林村委会	60482547
后礼务村委会	60483735	前礼务村委会	60480596
马辛庄村委会	60485895	前鲁村委会	60483657
后鲁村委会	60483654	仇店村委会	60483667
西府村委会	60483659	东府村委会	60489700
大胡营村委会	69416975	小胡营村委会	69416973
牛富屯村委会	60480296		

李　遂　镇

名称	电话	名称	电话
宣庄户村委会	89481827	魏辛庄村委会	89481816
后营村委会	89481821	前营村委会	89481377
葛代子村委会	89481773	沟北村委会	89481370
柳各庄村委会	89481817	李遂村委会	89481088

西营村委会	89485058	东营村委会	89481813
李庄村委会	89481097	崇国庄村委会	89481373
陈庄村委会	69436839	赵庄村委会	69436820
太平辛庄村委会	89481815	牌楼村委会	89481823

木 林 镇

名称	电话	名称	电话
木林村委会	60456190	陈各庄村委会	60456377
蒋各庄村委会	60456121	魏家店村委会	60457189
东沿头村委会	60456253	西沿头村委会	60451099
长林庄村委会	60449256	孝德村委会	60458084
唐指山村委会	60456334	贾山村委会	60456139
茶棚村委会	60456123	安辛庄村委会	60456092
王泮庄村委会	60456013	大韩庄村委会	60448379
小韩庄村委会	60448350	马坊村委会	60448401
上园子村委会	60448153	大林村委会	60449190
陈家陀村委会	60492690	李各庄村委会	60492705
业兴庄村委会	60492696	陀头庙村委会	60492703
荣各庄村委会	60492706	前王各庄村委会	60492702
后王各庄村委会	60492691	潘家坟村委会	60492720

龙湾屯镇

名称	电话	名称	电话
龙湾屯村委会	60461278	丁甲庄村委会	60463453
大北坞村委会	60461277	山里辛庄村委会	60461392
焦庄户村委会	60461250	七连庄村委会	60461318
柳庄户村委会	60465999	南坞村委会	60463339
树行村委会	60465650	张中坞村委会	60462683
史中坞村委会	60461610	小北坞村委会	60461260
唐洞村委会	60461298		

张 镇

名称	电话	名称	电话
张各庄村委会	61480695	小曹庄村委会	61442038
柏树庄村委会	61443108	驻马庄村委会	61443689

白辛庄村委会	61491223	赵各庄村委会	61491319
侯庄村委会	61493183	行宫村委会	61493792
前王会村委会	61493897	后王会村委会	61491306
前苏桥村委会	61491327	后苏桥村委会	61491687
王庄村委会	61491181	朱庄村委会	61492518
聂庄村委会	61492788	良山村委会	61480697
小三渠村委会	61480705	麻林山村委会	61480706
李洼子村委会	61480707	贾洼子村委会	61480709
吕布屯村委会	61489814	港西村委会	61489045
雁户庄村委会	61481815	大故现村委会	61480715
刘辛庄村委会	61480719	厂门口村委会	61480701
虫王庙村委会	61483077	北营村委会	61480703
西营村委会	61482872		

大孙各庄镇

名称	电话	名称	电话
大孙各庄村委会	61432149	客家庄村委会	61432148
西辛庄村委会	61432141	户耳山村委会	61432143
宗家店村委会	61432142	柴家林村委会	61432149
顾家庄村委会	61432184	田各庄村委会	61432538
小故现村委会	61432174	吴雄寺村委会	61432074
小宋各庄村委会	61432104	小塘村委会	61430523
南聂庄村委会	61432084	王户庄村委会	61432124
龙庭侯村委会	61432114	老公庄村委会	61433054
大坝洼庄村委会	61432134	小坝洼庄村委会	61433211
大塘村委会	61432144	佟辛庄村委会	61433599
薛庄村委会	61432145	前岭上村委会	61432146
后岭上村委会	61432164	东华山村委会	61472820
西华山村委会	61472950	大段村委会	61472917
小段村委会	61472914	谢辛庄村委会	61472927
赵家峪村委会	61472932	湘王庄村委会	61472904
四福庄村委会	61472919	后陆马庄村委会	61472934
前陆马庄村委会	61472930	西尹家府村委会	61472925
东尹家府村委会	61471237	大崔各庄村委会	61472921
大石各庄村委会	61432876	大田庄村委会	61472849
大洛泡村委会	61472846		

北石槽镇

名称	电话	名称	电话
西赵各庄村委会	60422020	下西市村委会	60422531
西范各庄村委会	60422108	良善庄村委会	60422352
南石槽村委会	60422287	北石槽村委会	60425006
东石槽村委会	60422105	东辛庄村委会	60421596
寺上村委会	60422362	武各庄村委会	60422501
刘各庄村委会	60422507	中滩营村委会	60425240
大柳树村委会	60422392	二张营村委会	60422391
李家史山村委会	60422117	营尔村委会	60423328

北 务 镇

名称	电话	名称	电话
北务村委会	61421072	仓上村委会	61423007
陈辛庄村委会	61421248	道口村委会	61421262
东地村委会	61424066	郭家务村委会	61421967
林上村委会	61421224	马庄村委会	61421947
南辛庄户村委会	61421940	王各庄村委会	61421932
小珠宝村委会	61422234	闫家渠村委会	61421506
于地村委会	61422759	珠宝屯村委会	61423035
庄子村委会	61421261		

顺义区教育机构名录

幼儿园名录

名称	地址	电话
教育部门办		
北京市顺义区港馨东区幼儿园	北京市顺义区港馨东区 17 号楼	69422308
北京市顺义区澜西园四区幼儿园	北京市顺义区旺泉街道梅沟营村	69422308
北京市顺义区马坡第二幼儿园	北京市顺义区马坡镇马卷村西侧	69407480
北京市顺义区建南幼儿园	北京市顺义区建新南区 36 号楼	52945217
北京市顺义区裕龙幼儿园	北京市顺义区裕龙花园四区 13 号楼	89406136
北京市顺义区西辛幼儿园	北京市顺义区西辛南区	81493699
北京市顺义区馨港幼儿园	北京市顺义区李桥镇馨港庄园二区 2 号	81477269
北京市顺义区杨镇中心幼儿园	北京市顺义区杨镇政府街 4 号	61451973
北京市顺义区仁和中心幼儿园	北京市顺义区仁和地区石园南区 4 号楼后	89446064
北京市顺义区义宾幼儿园	北京市顺义区义宾南区甲 10 号	69422956
北京市顺义区港馨幼儿园	北京市顺义区港馨家园西区	89448913
北京市顺义区北小营中心幼儿园	北京市顺义区北小营镇永利小区路北	60483603
北京市顺义区金汉绿港幼儿园	北京市顺义区金汉绿港三区	60417288
北京市顺义区怡馨幼儿园	北京市顺义区怡馨家园 27 号楼	69421015
北京市顺义区南法信中心幼儿园	北京市顺义区南法信政府北顺余西路 3 号	69473313
北京市顺义区石园幼儿园	北京市顺义区石园西区 20 号楼	89444844
北京市顺义区滨河幼儿园	北京市顺义区滨河小区	69426048
北京市顺义区后沙峪中心幼儿园	北京市顺义区后沙峪镇政府东侧双裕街 31 号	80496148
北京市顺义区牛山中心幼儿园	北京市顺义区牛栏山镇府前街 24 号	69414003
北京市顺义区北务中心幼儿园	北京市顺义区北务镇政府街 4 号	61421717
北京市顺义区赵全营中心幼儿园	北京市顺义区赵全营镇赵全营村	60431157
北京市顺义区南彩第二幼儿园	北京市顺义区南彩镇政府东侧	89477876
北京市顺义区天竺中心幼儿园	北京市顺义区天竺地区府前一街 20 号	64568509
北京市顺义区幸福幼儿园	北京市顺义区幸福西街 6 号	69423143
北京市顺义区尹家府中心幼儿园	北京市顺义区大孙各庄镇四福通大街 82 号	61472812
北京市顺义区南彩第一幼儿园	北京市顺义区南彩镇南彩中大街 9 号	89469256
北京市顺义区马坡第一幼儿园	北京市顺义区马坡镇马坡花园西侧	69401653

名称	地址	电话
北京市顺义区木林中心幼儿园	北京市顺义区木林镇顺焦路木林段 83 号	60459100
北京市顺义区李桥中心幼儿园	北京市顺义区李桥镇沿河村任李路沿河段 17 号	69485882
北京市顺义区双兴幼儿园	北京市顺义区双兴南区 26 号楼东侧	81491161
北京市顺义区北石槽中心幼儿园	北京市顺义区北石槽镇府前西街 2 号	60422127
北京市顺义区龙湾屯中心幼儿园	北京市顺义区龙湾屯镇府南路 4 号	60461747
北京市顺义区张镇中心幼儿园	北京市顺义区张镇张各庄村建新二路	61483868
北京市顺义区李遂中心幼儿园	北京市顺义区李遂镇政府街南孙路李遂段	89481707
北京市顺义区宏城幼儿园	北京市顺义区前进花园石门苑 22 号	89423350
北京市顺义区高丽营第一幼儿园	北京市顺义区高丽营镇张喜庄拓新区 14 号	69491354
北京市顺义区高丽营第二幼儿园	北京市顺义区高丽营镇高泗路 13 号	69455943
北京市顺义区建北幼儿园	北京市顺义区建新北区 37 号	69442746
北京市顺义区石园北区幼儿园	北京市顺义区石园北区 20 号楼前	69443353
北京市顺义区吉祥幼儿园	北京市顺义区空港吉祥花园小区 13 号楼	60401940
北京市顺义区杨镇第三幼儿园	北京市顺义区杨镇双阳东区 13 号	61419380
北京市顺义区马坡第三幼儿园	北京市顺义区马坡镇佳和宜园 29 号楼	57620103
北京市顺义区顺和花园幼儿园	北京市顺义区仁和镇顺和花园一区 7 号楼	暂无办公电话
北京市顺义区牛栏山第二幼儿园	北京市顺义区牛栏山镇下坡屯家园三区甲 6 号	暂无办公电话
北京市顺义区高丽营第三幼儿园	北京市顺义区新于庄园小区 17 号楼	暂无办公电话
北京市顺义区澜西园二区幼儿园	北京市顺义区仁和镇澜西园二区	暂无办公电话
二、集体办		
北京市顺义区仁和镇平各庄村幼儿园	北京市顺义区仁和镇平各庄村	89491485
北京市顺义区龙湾屯镇丁甲庄村幼儿园	北京市顺义区龙湾屯镇丁甲庄村	暂无办公电话
北京市顺义区高丽营镇张喜庄村幼儿园	北京市顺义区高丽营镇张喜庄村	暂无办公电话
北京市顺义区河北村幼儿园	北京市顺义区南彩镇河北村幼儿园	暂无办公电话
北京市顺义区李桥镇王家场村幼儿园	北京市顺义区李桥镇王家场村	暂无办公电话
北京市顺义区李桥镇后桥村幼儿园	北京市顺义区李桥镇后桥村	暂无办公电话
北京市顺义区牛栏山镇龙王头村幼儿园	北京市顺义区牛栏山镇龙王头村	暂无办公电话

名称	地址	电话
北京市顺义区李桥镇北河村幼儿园	北京市顺义区李桥镇北河村	暂无办公电话
北京市顺义区杨镇三街村幼儿园	北京市顺义区杨镇三街村	暂无办公电话
北京市顺义区仁和镇庄头村幼儿园	北京市顺义区仁和镇庄头村	81493950
北京市顺义区木林镇大韩庄幼儿园	北京市顺义区木林镇大韩庄中路 29 号	60459100
北京市顺义区木林镇王泮庄幼儿园	北京市顺义区木林镇王泮庄中街 53 号	60459100
北京市顺义区牛栏山镇芦正卷村幼儿园	北京市顺义区牛栏山镇芦正卷村	暂无办公电话
北京市顺义区赵全营镇去碑营村幼儿园	北京市顺义区赵全营镇去碑营村	暂无办公电话
北京市顺义区龙湾屯镇山里辛庄村幼儿园	北京市顺义区龙湾屯镇山里辛庄村	暂无办公电话
北京市顺义区后沙峪镇董各庄村幼儿园	北京市顺义区后沙峪镇董各庄村	暂无办公电话
北京市顺义区赵全营镇西小营村幼儿园	北京市顺义区赵全营镇西小营村	暂无办公电话
北京市顺义区赵全营镇解放村幼儿园	北京市顺义区赵全营镇解放村	暂无办公电话
北京市顺义区龙湾屯镇丁甲庄村幼儿园	北京市顺义区龙湾屯镇丁甲庄村	暂无办公电话
北京市顺义区高丽营镇张喜庄村幼儿园	北京市顺义区高丽营镇张喜庄村	暂无办公电话
北京市顺义区河北村幼儿园	北京市顺义区南彩镇河北村	暂无办公电话
北京市顺义区李桥镇王家场村幼儿园	北京市顺义区李桥镇王家场村	暂无办公电话
北京市顺义区李桥镇后桥村幼儿园	北京市顺义区李桥镇后桥村	暂无办公电话
三、其它部门办		
中国人民解放军 66055 部队幼儿园	北京市顺义区拥军路 5 号	81492550
艾德双语幼儿园	顺义区天竺空了港工业 A 区天纬五街蓝庭苑 6 号楼	80427630

小学名录

单位名称	地址	电话
北京市顺义区东风小学	北京市顺义区光明街拥军路 9 号	69445326
北京市顺义区建新小学	北京市顺义区建新南区 38 号	69433973
北京市顺义区裕龙小学	北京市顺义区拥军路 1 号	69468268
北京市顺义区仓上小学	北京市顺义区胜利街道仓上小区	69441134
北京市顺义区石园小学	北京市顺义区石园北区	69425729-0
北京市顺义区港馨小学	北京市顺义区港馨家园小区（东区）	89449872
北京市顺义区光明小学	北京市顺义区光明北街路西	81492954
北京市顺义区双兴小学	北京市顺义区光明北街 22 号	81493907
北京市顺义区西辛小学	北京市顺义区西辛南区顺西路 12 号	69461147
北京市顺义区仁和中心小学	北京市顺义区仁和镇望泉寺村南	69447725
北京市顺义区河南村中心小学校	北京市顺义区仁和镇河南村幸福路 3 号	89494927
北京市顺义区俸伯中心小学校	北京市顺义区南彩镇俸伯中心小学	89477267
北京市顺义区杨镇中心小学校	北京市顺义区杨镇环镇东路 12 号	61451244
北京市顺义区小店中心小学校	北京市顺义区杨镇小店村小学路 4 号	61412824
北京市顺义区张镇中心小学校	北京市顺义区张镇张各庄村西侧张孙路 2 号	61480604
北京市顺义区李遂中心小学校	北京市顺义区李遂镇南孙路李遂段 17 号	89484220
北京市顺义区尹家府中心小学校	北京市顺义区大孙各庄镇四福通达街 90 号	61472814
北京市顺义区大孙各庄中心小学校	北京市顺义区大孙各庄镇府前东街 6 号	61432073
北京市顺义区龙湾屯中心小学校	北京市顺义区龙湾屯镇府前南街 8 号	60461289
北京市顺义区北务中心小学校	北京市顺义区北务镇商业街 5 号	61421934
北京市顺义区木林中心小学校	北京市顺义区木林镇木林村东	60456039
北京市顺义区明德小学	北京市顺义区木林镇马坊村中心街 5 号	60448505
北京市顺义区李各庄学校	北京市顺义区木林镇李各庄村北	60492697
北京市顺义区李桥中心小学校	北京市顺义区李桥镇馨港庄园 38 号	81478405
北京市顺义区沿河中心小学校	北京市顺义区李桥镇沿河村西	69489636
北京市顺义区马坡中心小学校	北京市顺义区马坡镇	69401651
北京市顺义区马坡第二小学	北京市顺义区马坡镇马卷村	69409805
北京市顺义区牛山中心小学校	北京市顺义区牛栏山镇府前街 26 号	69411083
北京市顺义区牛栏山第三小学	北京市顺义区牛栏山镇香醍漫步庄园 16 号楼	60428983
北京市顺义区天竺中心小学校	北京市顺义区天竺地区办事处西侧	64584338
北京市顺义区南法信中心小学校	北京市顺义区南法信镇顺余路 5 号	69473552

单位名称	地址	电话
北京市顺义区后沙峪中心小学校	北京市顺义区后沙峪镇政府北	80416056
北京市顺义区空港小学	北京市顺义区空港 B 区内	80477519
北京市顺义区高丽营第二小学	北京市顺义区高丽营镇张喜庄村拓新区 13 号	69491856
北京市顺义区北小营中心小学校	北京市顺义区北小营镇北小营村	60483734
北京市顺义区仇家店中心小学校	北京市顺义区北小营镇仇家店村	60483729
北京市顺义区北石槽中心小学校	北京市顺义区北石槽镇府前西街 11 号	60422512
北京市顺义区赵全营中心小学校	北京市顺义区赵全营镇牛板路赵全营段 92 号	60435426
北京市顺义区板桥中心小学校	北京市顺义区赵全营镇板桥村牛板路段 1 号	60442174
北京市顺义区裕达隆小学	北京市顺义区空港工业区天柱西路 28 号	81489121
北京市顺义区牛栏山第二小学	北京市顺义区牛栏山镇下坡屯家园三区甲 10 号	61427791-8204
北京市顺义区澜西园小学	北京市顺义区澜西园二区	60496230

中学名录

单位名称	地址	电话
一、完中		
北京市顺义区第二中学	北京市顺义区前进花园南侧	69421643
北京四中顺义分校	北京市顺义区后沙峪镇双裕街	80416138
二、高级中学		
北京市顺义牛栏山第一中学	北京市顺义区牛栏山镇育才大街 1 号	69411142
北京市顺义区杨镇第一中学	北京市顺义区杨镇三街	61451055
北京市顺义区第一中学	北京市顺义区站前东街 6 号	69444448
北京市顺义区第九中学	北京市顺义区仁和镇河南村北	89498802
三、初级中学		
北京市顺义区李桥中学	北京市顺义区李桥镇李桥村	81473876
北京市顺义区第三中学	北京市顺义区府前东街 27 号	69422509
北京市顺义区第四中学	北京市顺义区光明南街 2 号	69446143
北京市顺义区第五中学	北京市顺义区石园西区	89441490
北京市顺义区第八中学	北京市顺义区光明北街 18 号	69429480
北京市顺义区仁和中学	北京市顺义区双河大街 15 号	89492474
北京市顺义区第十一中学	北京市顺义区南彩镇政府东 200 米路南	89477257
北京市顺义区杨镇第二中学	北京市顺义区杨镇三街西	61451155
北京市顺义区张镇中学	北京市顺义区张镇张孙路张镇段 5 号	61480765

单位名称	地址	电话
北京市顺义区龙湾屯中学	北京市顺义区龙湾屯镇府南路 5 号	60461319
北京市顺义区木林中学	北京市顺义区木林镇顺焦路木林段 1 号	60457445
北京市顺义区北务中学	北京市顺义区北务镇北务村商业街 7 号	61421946
北京市顺义区李遂中学	北京市顺义区李遂镇南孙路沟北段 38 号	89481601
北京市顺义区大孙各庄中学	北京市顺义区大孙各庄镇府前东街 8 号	61434877
北京市顺义区沿河中学	北京市顺义区平沿路北河村南	69480315
北京市顺义区天竺中学	北京市顺义区天竺镇府前一街 29 号	80467213
北京市顺义区南法信中学	北京市顺义区西海洪村	69476574
北京市顺义区第十五中学	北京市顺义区马坡镇秦武姚村	69409776
北京市顺义区牛山第二中学	北京市顺义区京密路牛山段 3 号	69412537
北京市顺义区高丽营第二中学	北京市顺义区高丽营镇张喜庄村拓新区 12 号	69491828
北京市顺义区第十三中学	北京市顺义区北小营镇府西路 1 号	60483730
北京市顺义区北石槽中学	北京市顺义区北石槽镇府前西街 4 号	60422123
北京市顺义区赵全营中学	北京市顺义区赵全营镇牛板路 129 号	60431128
有机构建制但无学生单位		
北京市顺义区板桥中学	北京市顺义区赵全营镇板桥村中学街 39 号	60442108
北京市顺义区尹家府中学	北京市顺义区大孙各庄镇四福通大街 88 号	61472870
北京市顺义区牛山第三中	北京市顺义区牛山镇牛富路 2 号	69412537
北京市顺义区小店中学	北京市顺义区杨镇小店村	61412881
四、一贯制学校		
北京市顺义区南彩学校	北京市顺义区南彩镇南彩村东	89469286
北京市顺义区沙岭学校	北京市顺义区杨镇沙岭青年路 5 号	61442573
北京市顺义区赵各庄学校	北京市顺义区张镇赵各庄村	61491214
北京市顺义区高丽营学校	北京市顺义区高丽营镇四村南	69455654

民办学校及培训机构、职业学校、教育机构名录

民办学校及民办培训机构名录

学校名称	学校地址	电话
顺义区牛栏山一中实验学校	顺义区顺安路 99 号	81480932
北京市新英才学校	顺义区后沙峪镇安华街 9 号	80467115
北京市顺义区新京华实验学校	顺义区空港 B 区安富街 9 号（北京四中分校南侧）	80497460
顺义区水木年华艺术学校	顺义区大孙各庄镇杜石路西尹段 3 号	61471503
顺义区新大方职业学校	顺义区顺平路沙岭段 20 号	61441598

学校名称	学校地址	电话
北京市顺义区君诚学校	顺义区后沙峪镇火沙路古城段 15 号	80490302
北京市海嘉双语学校	顺义区后沙峪镇峪民大街 5 号	80410390
北京国际标准舞研修学院	顺义区后沙峪镇裕民大街甲 4 号	69453012
北京市音乐舞蹈学校	顺义区后沙峪镇枯柳树环岛 1 号	51679555
自强学校	张喜庄（北京第二福利院）	69491582
北京顺义区博华外国语学校	顺义区京顺路 99 号（北京世纪兴华教育发展有限公司）	13811060477
北京鼎石学校	顺义区后沙峪安富街 10 号（北京美联文华投资有限公司）	13311167870
幼儿园名称	**学校地址**	**电话**
北京市顺义区温莎双语幼儿园	北京市顺义区首都机场路 89 号	64560020
北京市顺义区采风幼儿园	北京市顺义区南彩镇前俸伯村附 4 路 9 号	89477510
北京市顺义区泛美幼儿园	北京市顺义区顺通路 29 号	89497758
北京市顺义区长颈鹿幼儿园	北京市顺义区裕龙花园二区 4 号楼	69443333
北京市顺义区万科城市花园幼儿园	北京市顺义区空港工业区 B 区万科城市花园	80482833
北京市顺义区伊顿幼儿园	北京市顺义区后沙峪镇阿凯笛亚庄园 43 号楼	80472983
北京市顺义区欢乐堡幼儿园	北京市顺义区高丽营镇张喜庄村南商业街东区 78 号	81746818
北京市顺义区景福幼儿园	北京市顺义区仁和镇顺福路 2 号御墅 42 号	89452591
北京市顺义区汇佳东方幼儿园	北京市顺义区东方太阳城万晴园 54 号	89431740
北京市顺义区丽思嘉洛德双语幼儿园	北京市顺义区天竺府前一街 58 号	58101708
北京市顺义区金翼德懿双语幼儿园	北京市顺义区天竺丽苑路 6 号美林别墅会所	64509712
北京市顺义区启明香醍漫步双语幼儿园	北京市顺义区牛栏山镇龙湖香醍漫步庄园三区 6 号楼	60428197
培训机构名称	**地址**	**联系电话**
顺义区育才文化培训学校	顺义区光明街路西	81499014 13611206421
顺义区巨人文化艺术培训学校	顺义社区教育中心院内	51608188 -8451 13910301789
顺义区精诚文化学校	顺义社区教育中心电大楼	69422385 60893669
顺义区益民培训学校	顺义府前街亿汇洋进出口公司	69421055
顺义区心语语言培训学校	顺义西辛北区乙 10-1-201、202	13621346179
顺义区启明星文化培训学校	顺义区石园北区 22 楼甲 2，甲 3	13716709668
顺义区博文鸿智文化艺术培训学校	顺义西辛南区 16 号楼 4 号	69460687
顺义区博识培训中心	顺义区府前东街人才中心院内	69442549-8070
顺义区海澄文化培训学校	顺义幸福东区丁 19 号 202 室	69426723 13671347118

学校名称	学校地址	电话
顺义区英才培训学校	北京首都机场京林大厦5层	64568963 13311398452
顺义区童馨诚文化培训学校	顺义区顺平路后沙峪段17号	13661012965
顺义区爱嘉励儿童双语培训学校	顺义区后沙峪嘉浩别墅3056号	80467082 13611334043
顺义区津桥培训中心	顺义区赵全营镇河庄村北	60441289 13910527630
顺义区兴华职业技术培训学校	顺义区南彩镇后俸伯村北	69422156 13801017792
顺义区杨名教育培训部	顺义区杨镇三街	13601228960
顺义区酬勤文化培训中心	顺义杨镇燕雄大厦	13371685988
顺义区圆梦文化培训中心	顺义区杨镇双阳小区14号楼10号	61455213 67461526
顺义区百华文化培训学校	顺义区杨镇双阳南区办公楼	13520169301
顺义区启航信息化培训学校	顺义区北小营镇永利小区商业楼	60488111 13522374073
顺义区成才育人英语培训学校	顺义区木林镇木林村	69442686 13611122710
顺义区东方英才培训学校	顺义区北小营前礼务村建业路37号	13801208740
顺义区育圣源培训学校	顺义区怡馨家园32号楼3层	69429628
顺义区方村培训学校	顺义区杨镇大街	86050653 13121016682
顺义区启智文化艺术中心	北京广播电视大学顺义分校院内	13911737182
顺义区科华培训学校		13801072063
顺义区绿港培训学校	顺义区站前街商业2号楼	69468518
顺义区求实外语培训学校	顺义区光明南街15号	81491180 69433605
顺义区九日外国语培训学校	顺义区南彩九王庄	89469904 130310530 319（许）
顺义区英美外语培训中心	顺义区文化馆内	86619550
顺义区育林外语培训学校	顺义区石园北区68号楼4门202	69446117 13501229330
顺义区朝阳英语培训学校	顺义区石园北区68号楼4门402	69463856 13466533366
顺义区神通外语培训中心		13701213619
顺义区勤力富昌外语培训学校	顺义区北务镇敬老院内	13701028762 13801317921
顺义区明星外语培训学校	顺义区李遂镇潮华路沟北段2号	89484999 13331063833
顺义区阳光外语培训学校		13511033575
顺义区顺发实用技术培训学校	顺义区电影院内	13161561431 69425003
顺义区现代电脑培训学校		69464245 86172664

学校名称	学校地址	电话
顺义区顺图计算机培训学校	顺义光明南街20号图书馆内	69447265 13691323894
顺义区金永大残疾人计算机培训学校	顺义区杨镇小店新街7号	61414522 13911579667
顺义区捷创网苑计算机学校	顺义区仁和镇沙坨工业区西街31号	69464500 13911623976
顺一汽车驾驶员培训学校	顺义区农机局院内	69444415
顺义区飞天驾驶学校	顺义区天竺镇府前西街粮库附近	80416379
顺义时星宇汽车驾驶学校	顺义区后沙峪镇泗上村	80416126
北京市安立汽车驾驶学校	顺义区后沙峪镇泗上村	69454563
顺义区维特汽车驾驶学校	顺义区后沙峪镇泗上村	13901009355
北京市京顺汽车驾驶学校	顺义区后沙峪镇泗上村	69454512
北京市京城汽车驾驶技工学校	顺义区后沙峪玉马教练场	80416739
北京恒通汽车摩托车驾驶培训学校	顺义区后沙峪镇泗上村	84328325 13911836177
顺义平安驾驶学校	顺义区南法信顺高路南侧	69472690
顺义区交通培训学校	顺义区南法信顺平路北侧	69478911
顺义区顺交通达汽车驾驶员培训中心	顺义区交通局运输队院内	69433970 13911605550
北京市五环汽车摩托车驾驶员培训学校	顺义区后沙峪镇泗上村	84913618 13901107598
顺义区农机汽车驾校	顺义区南彩镇后俸伯村	89477650
顺义区伟宁文化艺术培训中心	顺义区怡馨家园32号楼2层	69467266
顺义区春蕾文化艺术培训学校	顺义区石园东区居委会院内	89498534 13901191813
顺义区东方太阳城文体培训学校	顺义区东方太阳城中心会所	89431700
顺义区群星乒乓球培训学校	顺义区后沙峪镇铁杨路一号	80482538 13716257747
顺义区京奥国门乒乓球培训学校	顺义区车辆检测场东路2号	13311289621
顺义区威豪素质教育培训学校	顺义区武警十支队后院	13146795869
顺义区东方金子塔儿童潜能培训学校		81674163
顺义区精灵花雨文化艺术培训中心	顺义区幸福西区甲1—2号	69463345
顺义区蓝天空港职业文化培训学校	顺义区高丽营二中（四楼）院内	69497040； 13001016290
顺义区卓越文化培训学校	顺义区大孙各庄镇杜石路西尹段3号	86755630
顺义区恒通汽车驾驶培训学校	顺义区后沙峪地区西泗上村西侧裕民大街19号京顺考试场内	84328321
顺义区燕雄建筑职工教育培训学校	顺义区顺平路杨镇燕雄大厦	61458007
中建教育培训机构	北京市顺义区杨镇沙岭站	13701290952
顺义区养元牧业培训示范中心	顺义区北石槽镇	60424717

职业学校

学校名称	地址	联系电话
现代职业技术学院	顺义区裕龙花园三街	81497745
北京广播电视大学顺义分校	顺义区府前西街南侧	81484548
顺义区第一职业学校	北京市顺义区裕龙花园三街	69444559
顺义区汽车技术职业高中	顺义区仁和镇河南村西	89451090

教育单位

单位名称	地址	联系电话
顺义区少年宫	顺义区府前东街	69436835
顺义区教师之家	顺义区光明南街	69443059
顺义区中小学卫生保健所	顺义区幸福西街	81493237
顺义区教委教育技术装备部	顺义区仁和镇庄头村南	69433295
顺义区教育研究考试中心	顺义区石幢西	69443837
顺义区社区教育中心	顺义区贯通路	69443449
北京市顺义区特殊教育学校	顺义区仁和镇河南村西	69423095

驻顺高校

高校名称	学校地址	联系电话
北京国际标准舞研修学院	顺义区后沙峪裕民大街甲 4 号	69453012
北京美国英语语言学院	顺义区京顺路 99 号	69409588
北京工业大学耿丹学院	顺义区牛栏山镇牛富路牛山段 3 号	60411788
北京人文大学顺义校区	顺义区天竺镇空港开发区裕东路 3 号	80497320
中央美术学院城市设计学院	顺义区后沙峪裕民大街 1 号	80410801
首都医科大学燕京医学院	顺义大东路 4 号	69443147
北京现代职业技术学院	顺义区裕龙花园三街	81497745
北京国家会计学院	顺义天竺开发区	64570088

顺义爱国主义教育基地

序号	基地名称	隶属关系	地　址	邮　编	联系人	联系电话（传真）	命名时间
1	北京焦庄户地道战遗址纪念馆（国家级）	区文化委	龙湾屯镇焦庄户村	101306	马　增	60465088	2001年6月（国家级）
2	顺义区光荣院	区民政局	顺义区石园北区东侧	101300	李　静	69425224	2003年4月21日命名为顺义区青少年首批德育基地。
3	顺义区科技馆	区科委	顺义区光明南街24号	101300	刘全凤	69443483	2003年4月21日命名为顺义区青少年首批德育基地。
4	顺义区图书馆	区文化委	顺义区光明南街20号	101300	史红艳	81483527	2003年4月21日命名为顺义区青少年首批德育基地。
5	顺义区文物管理所	区文化委	顺义区拥军路2号	101300	李建林	69463542	2003年4月21日命名为顺义区青少年首批德育基地。
6	顺义区档案馆（2008年2月市级）	区档案局	顺义区光明北街4号	101300	刘胜利	69420362	1997年4月命名为顺义县爱国主义教育基地；2003年4月21日命名为顺义区青少年首批德育基地。2008年4月被评为市级爱国主义教育基地；
7	顺义区文化馆	区文化委	顺义区光明南街22号	101300	柴松林	69467503	2003年4月21日命名为顺义区青少年首批德育基地。
8	北京林河工业开发区	区直机关工委	顺义双河大街18号	101300	邢瑞红	89492488	2003年4月21日命名为顺义区青少年首批德育基地。
9	北京天竺空港经济开发区	自属	北京天竺空港经济开发区	101312	李媛	80489504	2003年4月21日命名为顺义区青少年首批德育基地。
10	北京汇源饮料食品集团有限公司	区工商联	顺义区北小营镇汇源路	101305	曾照虎	13321181069	2003年4月21日命名为顺义区青少年首批德育基地。

序号	基地名称	隶属关系	地　址	邮　编	联系人	联系电话（传真）	命名时间
11	北京燕京啤酒集团	区国资委	顺义双河大街9号	101300	郭立刚	89492241	2003年4月21日命名为顺义区青少年首批德育基地。
12	北京顺义三高科技农业试验示范区	区农委	北京顺义三高科技农业试验示范区	101300	张海莉	60489550	2003年4月21日命名为顺义区青少年首批德育基地。
13	北京顺沿特种蔬菜基地	李桥镇政府	李桥镇西树行村后	101300	田国相	69485876 13910398038	2003年4月21日命名为顺义区青少年首批德育基地。
14	北京顺鑫绿色度假村有限责任公司	顺鑫集团	北京市顺义区李遂镇西	101300	闫立新	89485191	2003年4月21日命名为顺义区青少年首批德育基地。
15	顺义区潮白烈士陵园（2008年2月市级）	区民政局	北京市顺义区潮白河永久桥东侧1000米	101300	王凤云	89470880-8008	1963年顺义县委、县政府定名为顺义县革命烈士墓地。2003年4月21日命名为顺义区青少年首批德育基地。2008年4月被评为市级爱国主义教育基地。
16	北京顺义西单商场	区国资委	顺义区府前西街	101300	李作昌	69429492或69441522	2003年4月21日命名为顺义区青少年首批德育基地。
17	北京市顺义国泰商业大厦	区国资委	顺义区府前西街	101300	岳庆亭	69447410	2003年4月21日命名为顺义区青少年首批德育基地。
18	神笛陶艺村（2008年2月市级）	顺义区三高管委会	北京顺义三高科技农业试验示范区内	101300	张　专	60489273	2006年底参评市委宣传部牵头组织的“市级爱国主义教育基地”2008年4月被评为市级爱国主义教育基地。
19	北京七彩蝶创意文化有限公司		北京顺义高丽营镇，白马路北侧	101300	周岩清	89422400	

境内和过境市属运营线路

线路	运营时间	首末站	途经站点
850	马坡花园 4：30-20：30 东直门 5：50-22：00	马坡花园-东直门	马坡花园 - 乡村赛马场 - 龙苑别墅 - 牛山一中分校 - 双兴桥 - 双兴小区 - 便民街东口 - 顺义医院 - 东风小学 - 仓上小区 - 石园北区 - 顺义老年公寓 - 石园市场 - 石园南区 - 平各庄 - 林河开发区 - 陶家坟 - 山子坟 - 窑坡 - 后桥 - 李桥 - 馨港车站 - 顺义半壁店 - 顺义半壁店大队 - 樱花园三区 - 岗山村南站 - 岗山村 - 岗山路 - 东平里 - 天竺供销社 - 天竺卫生院 - 天竺花园 - 顺义马连店 - 北甸 - 孙河 - 北皋-大山桥东 - 京顺路丽都饭店 - 三元桥（地铁） - 左家庄 - 东直门
850 快	马坡花园 5：00-19：00 东直门 6：30-20：30	马坡花园-东直门	马坡花园 - 乡村赛马场 - 龙苑别墅 - 牛山一中分校 - 双兴桥 - 双兴小区 - 便民街东口 - 顺义医院 - 东风小学 - 仓上小区 - 石园北区 - 顺义老年公寓 - 石园市场 - 石园南区 - 石园南大街 - 平各庄 - 林河开发区 - 陶家坟 - 山子坟 - 窑坡 - 后桥 - 李桥 - 馨港车站 - 顺义半壁店 - 顺义半壁店大队 - 樱花园三区 - 岗山村南站 - 岗山村 - 岗山路 - 东平里 - 左家庄 - 东直门
855	马坡花园 5：30-19：00 奶子房 6：00-19：30	马坡花园-奶子房	马坡花园 - 乡村赛马场 - 龙苑别墅 - 牛山一中分校 - 双兴桥 - 双兴小区 - 胜利小区 - 顺义党校 - 顺义西门 - 前进花园 - 顺义二中 - 东海洪 - 西海洪 - 东杜兰 - 杜兰庄 - 桑普科技园 - 地铁后沙峪站 - 火神营 - 华润超市 - 万科花园 - 莫奈花园小区 - 中央美院城市设计学院 - 西田各庄 - 龙湾别墅 - 古城东大街 - 顺义古城 - 泗上桥 - 泗上村 - 京顺车管所 - 沙子营汽车站 - 沙子营村西 - 沙子营村南 - 炼油厂 - 沈家村 - 奶西市场 - 奶西村口 - 奶子房信用社 - 奶子房
856（原 870）	顺义南彩汽车站 5：00-20：00-兴寿站 5：00-20：30	顺义南彩汽车站—兴寿站	顺义南彩汽车站 - 河北村 - 俸伯小学 - 俸伯 - 地铁俸伯站 - 东大桥环岛 - 顺义电视台 - 东风小学 - 顺义医院 - 便民街东口 - 双兴小区 - 双兴桥 - 牛山一中分校 - 龙苑别墅 - 乡村赛马场 - 向阳村 - 西丰乐 - 西丰乐北口 - 牛栏山小区 - 牛栏山东口 - 牛栏山 - 牛栏山道口 - 顺义陈各庄 - 陈各庄环岛东 - 赵全营东口 - 赵全营 - 北郎中 - 北郎中西口 - 电木厂 - 板桥 - 板桥西口 - 河庄 - 后营 - 下西市口 - 昌平半壁店村东口 - 秦家屯 - 上苑 - 西新城村 - 桃峪山庄 - 桃林村 - 兴寿 - 兴寿站

线路	运营时间	首末站	途经站点
867	红螺寺 5：00-17：00—东直门外 7：00-19：00	红螺寺—东直门外	红螺寺 - 卢庄村口 - 红螺寺村口 - 刘各长村西 - 红螺路中街 - 红螺路南口 - 乐红园小区 - 怀柔区小中富乐村 - 迎宾路北口 - 于家园 - 下园市场 - 怀柔招商局 - 怀柔汽车站 - 华北市场 - 南华园三区 - 南华园四区 - 丽湖馨居 - 怀柔石厂村 - 庙城北 - 庙城 - 庙城南 - 庙城东 - 焦村 - 赵各庄 - 龙王头 - 富各庄 - 牛栏山 - 牛栏山道口 - 晏子村 - 姚各庄 - 荆卷 - 马坡 - 衙门村 - 杜兰庄 - 桑普科技园 - 地铁后沙峪站 - 火神营 - 孙河 - 大山桥西 - 京顺路丽都饭店 - 三元桥（地铁） - 左家庄 - 东直门外
915	顺义南彩汽车站 4：20-20：30 东直门枢纽站 5：40-22：30	顺义南彩汽车站--东直门枢纽站	顺义南彩汽车站 - 河北村 - 俸伯小学 - 俸伯 - 地铁俸伯站 - 顺义东大桥环岛 - 顺义滨河小区 - 顺义彩虹桥 - 顺义滨河南口 - 顺义妇幼保健院 - 顺义老年公寓 - 东风小学 - 顺义医院 - 便民街东口 - 胜利小区 - 顺义党校 - 顺义西门 - 地铁石门站 - 梅沟营 - 南法信 - 空港物流开发区 - 枯柳树 - 地铁后沙峪站 - 火神营 - 顺义铁匠营 - 喇苏营 - 花梨坎 - 马连店加油站（地铁国展站） - 马连店道口 - 北甸 - 孙河 - 东郊农场 - 北皋 - 望京村 - 大山桥东 - 京顺路丽都饭店 - 三元桥（地铁） - 左家庄 - 东直门（枢纽站）
915 快	顺义南彩汽车站 5：30-19：00 东直门枢纽站 7：00-20：30	顺义南彩汽车站--东直门枢纽站	东直门（枢纽站） - 三元桥（地铁） - 空港物流开发区 - 南法信 - 梅沟营 - 地铁石门站 - 顺义西门 - 顺义党校 - 胜利小区 - 便民街东口 - 顺义医院 - 东风小学 - 顺义东大桥环岛 - 地铁俸伯站 - 俸伯 - 俸伯小学 - 河北村 - 顺义南彩汽车站
916	怀柔汽车站 4：55—19：00 东直门 6：00—21：00	怀柔汽车站—东直门	怀柔汽车站 - 怀柔车站路 - 后横街 - 滨湖南街 - 杨家园 - 怀柔北大街 - 青春路北口 - 湖光小区 - 兴怀大街 - 明珠广场 - 南华园三区 - 迎宾路 - 南华市场 - 庙城东 - 焦村 - 赵各庄 - 龙王头 - 富各庄 - 牛栏山北 - 牛栏山 - 牛栏山道口 - 晏子村 - 姚各庄 - 荆卷 - 马坡桥北 - 马坡 - 北京美国英语语言学院 - 衙门村 - 杜兰庄 - 桑普科技园 - 地铁后沙峪站 - 火神营 - 顺义铁匠营 - 花梨坎 - 顺义马连店 - 孙河 - 北皋 - 大山桥西 - 京顺路丽都饭店 - 三元桥（地铁） - 左家庄 - 东直门

线路	运营时间	首末站	途经站点
918	平谷汽车站 4：20-19：30 东直门枢纽站 5：40-21：00	平谷汽车站-东直门外	平谷汽车站 - 平谷消防队 - 平谷区政府 - 园田队 - 东寺渠 - 平谷滨河小区 - 南小区 - 北小区 - 平谷政府街西口 - 平谷世纪广场 - 平谷区医院 - 平谷迎宾环岛 - 平谷岳各庄 - 鲁各庄 - 大兴庄 - 吉卧道口 - 官庄道口 - 云峰寺 - 双营 - 张镇 - 良善庄 - 行宫 - 曾庄 - 沙岭 - 杜庄 - 杨镇 - 菜园子 - 于新庄 - 顺义南彩 - 河北村 - 俸伯小学 - 俸伯 -地铁俸伯站- 顺义东大桥环岛 - 滨河南口 - 顺义老年公寓 - 南法信 - 火神营 - 花梨坎 - 孙河 - 东郊农场 - 北皋 - 大山桥东 - 京顺路丽都饭店 - 三元桥（地铁） - 左家庄 - 东直门枢纽站
918 快	平谷汽车站 4：30-19：00 东直门枢纽站 5：40-20：00	平谷汽车站--东直门外	东直门（枢纽站） - 三元桥（地铁） - 南法信 - 顺义老年公寓 - 滨河南口 - 俸伯 - 河北村 - 顺义南彩 - 菜园子 - 杨镇 - 杜庄 - 沙岭 - 行宫 - 良善庄 - 张镇 - 双营 - 云峰寺 - 官庄道口 - 大兴庄 - 鲁各庄 - 平谷岳各庄 - 平谷区医院 - 平谷世纪广场 - 平谷政府街西口 - 北小区 - 南小区 - 平谷滨河小区 - 东寺渠 - 平谷区政府 - 平谷消防队 - 平谷汽车站
923	吴雄寺 4：40-18：20 东直门外 6：00-19：30	吴雄寺—东直门外	吴雄寺 - 小塘村 - 南聂庄 - 顺义顾家庄 - 柴家林 - 宗家店 - 西辛庄 - 大孙各庄北 - 大孙各庄 - 金兰服装场 - 大孙各庄北 - 大孙各庄 - 尹家府 - 郭家务 - 陈辛庄 - 北务道口 - 王各庄 - 闫家渠 - 李遂镇李各庄 - 李遂 - 李遂骨伤医院 - 沟北村 - 葛代子 - 魏辛庄 - 宣庄户 - 顺义南彩 - 河北村 - 俸伯 - 地铁俸伯站 - 顺义东大桥环岛 - 顺义公园 - 南法信 - 地铁后沙峪站 - 火神营 - 顺义铁匠营 - 花梨坎 - 马连店- 顺义马连店 - 孙河 - 北皋 - 大山桥东 - 京顺路丽都饭店 - 三元桥（地铁） - 左家庄 - 东直门外
924	顺义南彩汽车站 5：20-20：25 土桥村 4：40-19：30	顺义南彩汽车站-土桥	顺义南彩汽车站 - 顺义河北村 - 顺义俸伯小学 - 顺义俸伯 - 地铁俸伯站 - 顺义东大桥环岛 - 顺义电视台 - 顺义公园 - 顺义仓上 - 石园南大街 - 顺义平各庄 - 林河开发区 - 汇能集团 - 顺义山子坟 - 顺义后桥 - 顺义李桥乡政府 - 顺义李桥 - 顺义沿河路口 - 张辛 - 通州窑上 - 通州岗子路口 - 通州徐辛庄 - 通州双埠头道口 - 通州富豪 - 通州北马庄 - 西潞苑小区 - 北关桥 - 皇木厂 - 岳庄 - 通州新华联锦园 - 通州杨庄 - 通州新华联家园 - 格瑞雅居小区 - 龙鼎家园 - 天地美墅 - 云景里 - 通州小街桥东 - 通州小街村南口 - 土桥

线路	运营时间	首末站	途经站点
933	国展新馆公交场站 6：00-19：00 地铁天通苑北站 7：00-20：00	国展新馆公交场站--地铁天通苑北站	国展新馆公交场站 - 国展新馆 - 顺义马连店 - 马连店加油站（地铁国展站） - 花梨坎 - 喇苏营 - 顺义铁匠营 - 万科花园 - 东庄 - 莫奈花园小区 - 中央美院城市设计学院 - 西田各庄 - 龙湾别墅 - 古城东大街 - 顺义古城 - 泗上村 - 京顺车管所 - 沙子营汽车站 - 南七家路口 - 路新沥青厂 - 燕丹汽配城 - 天通北苑 - 白坊 - 天通苑北三区 - 天通苑北二区 - 天通北苑一区北门 - 地铁天通苑北站（东三旗）
935	东直门至半壁店 5：50-22：30 半壁店至沮沟 6：10-20：00 沮沟至半壁店 6：40-20：30 半壁店至东直门 5：00-21：20	东直门——沮沟村	东直门外 - 左家庄 - 三元桥 - 京顺路丽都饭店 - 大山桥东 - 望京村 - 东辛店 - 北皋 - 东郊农场 - 康营小区 - 后苇沟环岛 - 苇沟 - 楼台路口 - 岗山村 - 首安公司- 樱花园 - 樱花园北区 - 顺义半壁店 - 馨港车站 - 李桥 - 西大坨 - 北河道口 - 沿河 - 南河路口 - 南河 - 郭庄路口 - 富各庄 - 官庄路口 - 堡子 - 北庄头 - 南庄头 - 沮沟村
935 快	东直门外一沮沟村 19：30、19：50、20：20 东直门外一馨港 5：50一21：20	东直门外——沮沟村	东直门外 - 左家庄 - 三元桥 - 东苇路北口 - 楼台路口 - 岗山村 - 首安公司- 樱花园 - 樱花园北区 - 顺义半壁店 - 馨港车站 - 李桥 - 西大坨 - 北河道口 - 沿河 - 南河路口 - 南河 - 郭庄路口 - 富各庄 - 官庄路口 - 堡子 - 北庄头 - 南庄头 - 沮沟村
	沮沟村一东直门外 5：30、6：00、6：20 馨港一东直门外 5：00-20：30	沮沟村——东直门外	沮沟村- 南庄头 - 北庄头 - 堡子 - 官庄路口- 富各庄- 郭庄路口- 南河- 南河路口- 沿河- 北河道口 - 西大坨- 李桥- 馨港车站- 顺义半壁店 - 樱花园北区 - 樱花园- 首安公司- 岗山村 - 楼台路口 - 苇沟 - 后苇沟环岛 - 三元桥 - 东直门外
936	九谷口 4：50-17：00—东直门 6：50-19：00	九谷口——东直门外	九谷口（怀北滑雪场） - 青龙峡道口 - 怀北庄 - 雁西湖 - 怀北镇 - 北台下 - 雁西镇 - 中富乐 - 怀柔职介中心 - 于家园 - 下园市场 - 怀柔招商局 - 怀柔汽车站 - 华北市场 - 南华园三区 - 南华园四区 - 丽湖 - 怀柔石厂村 - 庙城北 - 庙城 - 庙城南 - 庙城东 - 焦村 - 赵各庄 - 龙王头东 - 富各庄 - 牛栏山道口 - 晏子村 - 姚各庄 - 荆卷 - 马坡 - 衙门村 - 杜兰庄 - 桑普科技园 - 后沙峪地铁站 - 火神营 - 孙河 - 大山桥东 - 京顺路丽都饭店 - 三元桥 - 左家庄 - 东直门外
942	茶坞火车站 5：00-18：20 东直门外 6：00-20：10	茶坞火车站--东直门外	茶坞火车站 - 山立庄 - 桥梓信用社 - 桥梓 - 桥梓铁路道口 - 李家史山 - 寺上 - 北石槽 - 南石槽 - 良善庄 - 范各庄 - 下西市 - 后营 - 河庄 - 西水泉 - 高丽营一村 - 高丽营北口 - 高丽营 - 西王路 - 南王路 - 顺义于庄 - 顺义古城村北 - 顺义古城 - 龙湾 - 龙湾别墅 - 裕园路 - 顺义国际学校 - 白辛庄 - 小桥 - 马连店 - 北甸 - 孙河 - 东郊农场 - 望京村 - 大山桥东 - 京顺路丽都饭店 - 三元桥（地铁） - 左家庄 - 东直门外

线路	运营时间	首末站	途经站点
942 快	茶坞火车站 5：30-17：50 东直门外 6：30-19：30	茶坞火车站--东直门外	茶坞火车站 - 山立庄 - 桥梓信用社 - 桥梓 - 桥梓铁路道口 - 李家史山 - 寺上 - 北石槽 - 南石槽 - 良善庄 - 范各庄 - 下西市 - 后营 - 河庄 - 西水泉 - 高丽营一村 - 高丽营北口 - 高丽营 - 西王路 - 南王路 - 顺义于庄 - 顺义古城村北 - 顺义古城 - 泗上村 - 太阳宫桥 - 西坝河 - 左家庄 - 东直门外
945	顺义南彩汽车站 4：40-19：00 沙河 5：30-20：00	顺义南彩汽车站←→沙河	顺义南彩汽车站 - 河北村 - 俸伯小学 - 俸伯 - 地铁俸伯站 - 顺义东大桥环岛 - 顺义电视台 - 东风小学 - 顺义医院 - 便民街东口 -胜利小区- 顺义党校 - 顺义西门 - 前进花园 - 海洪 - 杜兰庄 - 文化营 - 张喜庄东口 - 张喜庄 - 前渠河 - 闫家营 - 三毛路口 - 高丽营 - 赖马庄 - 大东流 - 赴任辛庄 - 葫芦河 - 大柳树 - 小汤山镇政府 - 小汤山街口 - 双兴苑 - 大汤山 - 阿苏卫 - 航空博物馆 - 百善 - 善缘小区 - 百善镇政府 - 东沙屯南 - 松兰堡 - 国兴电子 - 路庄 - 满井 - 沙河北大桥 - 沙河
946	望京西站 6：40-21：20 馨港庄园 5：30-20：00	望京西站---馨港庄园	馨港庄园 - 馨港车站 - 顺义半壁店路口 - 顺义半壁店 - 樱花园三区 - 岗山村南站 - 岗山村 - 岗山路 - 东平里 - 机场道口 - 天竺 - 苇沟 - 东苇路北口 - 和平农场 - 北皋（首都机场辅路） - 南皋（首都机场辅路） - 彩虹路 - 大山子路口南 - 王爷坟 - 陈各庄 - 将台路口北 - 酒仙桥 - 酒仙桥中心小学 - 酒仙桥商场 - 东风桥东 - 望京桥西 - 城铁望京西站（反向无此站） - 望京西站
955	东方太阳城 5：00-19：00 东直门 6：30-21：00	东方太阳城--东直门	东方太阳城 - 河南村路口 - 河南村 -林河村口-馨港家园- 石园市场 - 石园南区- 顺义劳动局 -五里仓 - 梅沟营 - 南法信 - 空港物流开发区 - 枯柳村 - 地铁后沙峪站 - 火神营 - 铁匠营 - 喇苏营 - 花梨坎 - 马连店加油站（地铁国展站） - 马连店道口 - 天竺花园 - 天竺卫生院 - 天竺供销社 - 天竺 - 苇沟 - 东苇路北口 - 和平农场 - 北皋 - 南皋 - 彩虹路 - 大山子路口南 - 王爷坟 - 陈各庄 - 将台路口北 - 酒仙桥 -酒仙桥中心小学 - 酒仙桥商场 - 东风桥东 - 安家楼 - 燕莎桥东 - 燕莎桥西 - 新源南路西口 - 东直门外
970	密云汽车站 5：00-18：30 东直门外 5：40-19：30	密云汽车站--东直门外	密云汽车站 - 密云新农村 - 东菜园小区 - 密云花园小区 - 密云电信大楼 - 密云利华 - 密云南门 - 密云南菜园 - 宁村 - 密云河南寨 - 密云河南寨镇政府 - 中庄 - 荆栗园 - 密云钓鱼台 - 贾山 - 唐指山 - 木林 - 沿头 - 魏家店 - 上辇 - 北小营 - 后鲁 - 前鲁 – 郝家疃 - 郝家疃前疃 - 俸伯 - 顺义东大桥环岛 - 顺义电视台 - 顺义公园 - 南法信 - 太阳宫桥 - 西坝河 - 三元桥西站 - 左家庄 - 东直门外

线路	运营时间	首末站	途经站点
975	东直门外 5：40-20：30 地铁后沙峪站 5：00-19：30	东直门外--地铁后沙峪站	东直门外 - 左家庄 - 三元桥 - 阜通西大街西口 - 大西洋新城南门 - 大西洋新城东门 - 侯庄路口南 - 望京花园西区 - 利泽中街西口 - 广顺桥南 - 来广营 - 刘各庄北 - 奶子房加油站 - 奶子房 - 奶子房信用社 - 奶西市场 - 李县坟 - 沈家村 - 炼油厂 - 沙子营 - 沙子营桥东 - 沙子营加油站 - 京顺车管所 - 泗上村 - 顺义古城 - 古城东大街 - 龙湾别墅 - 西田各庄 - 中央美院城市设计学院 - 莫奈花园小区 - 三山新新家园 - 后沙峪镇政府 - 玉马教练场 - 顺义十中 - 地铁后沙峪站
980	密云汽车站 4：40-19：00 东直门枢纽站 5：50-20：00	密云汽车站--东直门枢纽	密云汽车站 - 密云新农村 - 密云长城环岛 - 密云光阳小区 - 密云滨阳小区 - 密云沙河 - 密云沿湖小区 - 密云鼓楼 - 密云果园小区 - 密云西大桥 - 密云西大桥西站 - 兴云小区 - 燕落寨 - 河槽 - 程各庄 - 统军庄新路口 - 统军庄 - 驸马庄 - 北坊开发区 - 怀柔北坊 - 王化村 - 怀柔渔场 - 华北市场 - 庙城 - 赵各庄 - 龙王头 - 富各庄 - 牛栏山 - 姚各庄 - 荆卷 - 马坡 - 衙门村 - 杜兰庄 - 地铁后沙峪站 - 火神营 - 孙河 - 东郊农场 - 大山桥西 - 京顺路丽都饭店 - 三元桥（地铁） - 左家庄 - 东直门外
980 快	密云汽车站 4：30-18：30 东直门枢纽站 6：00-20：00	密云汽车站--东直门枢纽	密云汽车站 - 密云新农村 - 密云长城环岛 - 密云光阳小区 - 密云滨阳西里 - 密云滨阳小区 - 密云沙河 - 密云沿湖小区 - 密云滨河大桥 - 密云鼓楼 - 密云果园小区 - 密云西大桥 - 密云少年宫 - 密云太阳家园 - 太阳宫桥 - 西坝河 - 三元桥西站 - 左家庄 - 东直门外
989 路	马坡 5：00-19：00 四惠站 6：00-20：00	马坡--四惠站	马坡 - 乡村赛马场 - 龙苑别墅 - 牛山一中分校 - 双兴桥 - 双兴小区 - 便民街东口 - 顺义医院 - 东风小学 - 仓上小区 - 石园南大街 - 平各庄 - 林河 - 陶家坟 - 山子坟 - 窑坡 - 后桥 - 李桥 - 馨港庄园 - 顺义半壁店 - 牡丹花园 - 小葛渠 - 葛渠北口 - 葛渠 - 寨里 - 尹各庄东口 - 尹各庄西口 - 皮村 - 皮村西口 - 曹各庄 - 楼梓庄乡政府 - 楼梓庄路口西 - 东岗子 - 东坝 - 东坝南 - 东坝家园 - 高杨树 - 平房东口 - 平房 - 平房西口 - 姚家园西 - 豆各庄路口西 - 朝阳公园桥东 - 慈云寺桥 - 四惠站

顺义区主要旅游景区（点）名录

2013年顺义区旅游名录

类别	序号	名称	地址	电话	星级或质量等级
星级饭店	1	和园景逸大酒店	顺义区后沙峪镇裕民大街2号	69457777	五星级
	2	国都大酒店	首都机场小天竺路	64565588（总机）	四星级
	3	顺鑫绿色度假村	顺义区李隧镇西	89485588（总机）	四星级 AAA景区
	4	北京春晖园文化娱乐有限责任公司	顺义区高丽营镇于庄村西侧	69454433（总机）	四星级
	5	金宝花园酒店	顺义区马坡顺安北路	69406060	四星级
	6	嘉宾国际	顺义区仁和镇东方太阳城社区	89431700	四星级
	7	北京京林大厦	首都机场生活区南平东里乙1号	64572626（总机）	四星级
	8	北京丰荣君华酒店	首都机场国门商务区李天路27号	81463366（总机）	四星级
	9	北京临空皇冠假日酒店	顺义区天竺镇地区府前一街60号	58108888	五星待评
	10	瑞麟湾温泉度假酒店	顺义区南彩镇顺平铺路39号	89468899	五星待评
	11	怡生园国际会议中心	顺义区北小营镇后礼务	60485588（总机）	五星待评
	12	金潮玉玛国际酒店	顺义区马坡向阳东路10号	69406868	五星待评
	13	中家鑫园温泉酒店	顺义区后沙峪镇古城村委会东200米	80495555	五星待评
	14	乔波国际会议中心	顺义区顺安路	69419999	四星待评
	15	北京顺义宾馆	顺义城区府前中街3号	69444815	三星级
	16	北京空港蓝天大酒店	北京空港工业区天柱路28号	80489017	三星级
	17	东航商务酒店	天竺镇小天竺路1号	64575588（总机）	三星级
	18	望潮苑民俗度假村	北京市顺义区河南村村东	89491980	三星级
	19	安利隆生态农业旅游山庄	顺义区龙湾屯镇山里辛庄村东石门	60463603	三星级
	20	天龙宾馆	北京市顺义区桔柳树环岛东南	80494540	三星级
	21	东竹园宾馆	顺义区顺平东路3号	69448440（总机）	三星级

类别	序号	名称	地址	电话	星级或质量等级
星级饭店	22	北京豪雅商务宾馆	顺义区天竺镇府前二街1号	64533388	三星级
	23	金航线国际大酒店	顺义区四纬路8号	52139999	三星级
	24	花水湾磁化温泉度假村	高丽营镇水源九厂路	69456668	三星级
	25	北京国门商务酒店	顺义天竺地区天柱东路1号	64588866	三星待评
	26	财培中心	仁和镇河南村毓秀园别墅内	89498855	三星待评
	27	裕龙花园大酒店	顺义区裕龙花园2区甲9号	69445678	二星级
	28	北京市馨紫宸酒店有限公司	北京市顺义区天竺镇府前街24号	64570173	达标饭店
	29	北京裕龙花园大酒店（空港分店）	顺义区后沙峪地区府前街裕祥花园北侧	80488881	达标饭店
景区点	30	北京五洲大地度假村有限公司	北京市顺义区李遂镇柳各庄桥北300米	89489318	达标饭店
	31	北京奥林匹克水上公园	顺义区白马路19号	69405821	AAAA级
	32	焦庄户地道战遗址纪念馆	龙湾屯镇焦庄户村内	60461906	AAA级
	33	北京国际鲜花港	北京市顺义区杨镇红寺村北1000米	61417100	AAA级
	34	北京汉石桥湿地景区	北京市顺义区杨镇	61456099	AAA级
	35	北京乡村高尔夫俱乐部	马坡向阳闸潮白河西侧	69403368	AA级
	36	北京高尔夫俱乐部	顺义区南彩镇潮白河东岸	89470246/8	景区
	37	莲花山滑雪场	张镇良山村委会南500米	61483333	景区
	38	乔波室内滑雪馆	顺义区顺安路	69419999	景点
旅行社21	39	北京春畅旅行社	顺义区光明南街7号	69421682	旅行社
	40	北京阳光假日旅行社	顺义区站前东街商业2号楼316号	81498700	旅行社
	41	北京星空国际旅行社	顺义区李桥镇四纬路3号	64590022	旅行社
	42	春晖旅行社	仁和地区拥军路2号	69443107	旅行社
	43	北旅假日旅行社	顺义区光明南街4号（工人文化宫）	81498801	旅行社
	44	北京海阔旅行社	李桥镇庄子营村委会南300米	81471165	旅行社
	45	华信旅行社	新顺北大街10号中絮棉纺厂院内	81490506	旅行社
	46	鑫源旅行社	仁和地区双兴北区10楼8门101	69462040	旅行社
	47	华夏典藏旅行社	空港物流基地物流园八街1号	66034434	旅行社
	48	顺天鑫旅行社	顺鑫绿色度假村内27幢一层	89485679	旅行社

类别	序号	名　称	地　址	电　话	星级或质量等级
旅行社21	49	北京钰鑫假日国际旅行社	顺义区宏城花园6号1门502	60480269	旅行社
	50	北京中航信旅行社	顺义区后沙峪镇双裕街80号1幢301室	52863397	旅行社
	51	北京新洲旅行社	顺义区新顺北大街东侧（纺织厂）1-4	61400169	旅行社
	52	天马国际旅行社顺义分社	顺义区裕龙花园六区20-2-102	89497800	分　社
	53	中国铁道旅行社顺义分社	顺义区新顺南大街路西（顺义电信局）8号楼301	69439525	分　社
	54	中国旅行社门市部	顺义区仁和镇幸福东区9-6-101	57039258	门市部
	55	神舟国旅旅行社顺义门市部	顺义区旅游局三楼	69421682	门市部
	56	铁道旅行社顺义门市部	仁和地区双兴南区33楼3门101	69423030	门市部
	57	中广国际旅行社顺义门市部	顺义区新顺北大街3号	69462434	门市部
	58	源丰通旅行社顺义门市部	顺义区建新南区17-2-103	69421157	门市部
	59	大唐国际旅行社顺义营业部	顺义区南法信镇华英园9号5016室	69462462	门市部
民俗村5	60	焦庄户民俗村	顺义区龙湾屯镇	60461666	市级
	61	北郎中民俗村	顺义区赵全营镇	60434371	市级
	62	于地民俗村	顺义区北务镇	61422759	市级
	63	柳庄户民俗村	顺义区龙湾屯镇	60465999	市级
	64	田家营民俗村	顺义区杨镇	61412859	市级
工业旅游示范点6	65	燕京啤酒厂	顺义区双河路九号	89495588	国家级
	66	北京顺鑫鹏程食品分公司	顺义区南法信地区顺沙路南侧	69472617	国家级
	67	北京顺鑫牵手有限责任公司	顺义区牛栏山工业区	69410081	国家级
	68	北京顺鑫牛栏山酒厂	顺义区牛栏山镇	69412531	国家级
	69	北京汇源饮料食品集团有限公司	北京市顺义区北小营镇汇源路	60487888	国家级
	70	北京现代汽车有限公司	北京市顺义区顺通路18号	89490070	国家级

顺义区法律服务所联系方式

序号	名　称	地　址	联系电话
1	顺义区仁和镇法律服务所	仁和镇政府院内	69444402
2	顺义区李桥镇法律服务所	李桥镇政府院内	89426388
3	顺义区天竺镇法律服务所	天竺镇政府院内	80462351
4	顺义区南法信镇法律服务所	南法信镇政府院内	69472377
5	顺义区后沙峪镇法律服务所	后沙峪镇双峪街 39 号	80496820
6	顺义区高丽营镇法律服务所	高丽营镇政府院内	69455915
7	顺义区赵全营镇法律服务所	赵全营镇政府院内	60431112
8	顺义区北石槽镇镇法律服务所	北石槽镇政府院内	60422849
9	顺义区马坡镇法律服务所	马坡镇政府院内	69403545
10	顺义区南彩镇法律服务所	南彩镇政府院内	89460046
11	顺义区杨镇法律服务所	杨镇政府院内	61451594
12	顺义区杨镇第二法律服务所	杨镇法庭对面	13311289554
13	顺义区张镇法律服务所	张镇政府院内	61480553
14	顺义区李遂镇法律服务所	李遂镇政府院内	89489626
15	顺义区北务镇法律服务所	北务镇政府院内	61421712
16	顺义区大孙各庄镇法律服务所	大孙各庄镇府前街 10 号	61432767
17	顺义区北小营镇法律服务所	北小营镇政府院内	60483625
18	顺义区木林镇法律服务所	木林镇政府院内	60456247
19	顺义区龙湾屯镇法律服务所	龙湾屯镇政府院内	60465222
20	顺义区胜利街道法律服务所	顺义区建新南区甲 32 号楼	81495500
21	顺义区光明街道法律服务所	光明街道办事处院内	69421084

顺义区律师事务所名单

序号	名　称	地　址	联系电话	备注
1	北京市顺新律师事务所	顺义区光明南街武装部旁	69441913	合伙
2	北京市青天律师事务所	顺义区大东路南口	69449549	合伙
3	北京市扶正律师事务所	顺义区府前东街 9 号鲁班大厦 7 层 707-708 房间	69441887	合伙
4	北京市律港律师事务所	顺义区仁和地区裕龙花园六区 28 号楼 1 门 102 室	61408103	合伙
5	北京市狄克律师事务所	顺义区双兴南区 22 栋 11 单元 102 室	81492373	合伙
6	北京市玖典律师事务所	顺义区府前东街东兴路 9 号	52137927	合伙
7	北京市致知律师事务所	顺义区 仓上街 8 号(顺义区工商局院内)	89453862	合伙
8	北京曹智勇律师事务所	顺义区滨河小区律师楼	89492751	个人
9	北京扬智勇律师事务所	顺义区后沙峪双裕小区 8 号楼 2 门 301	18310633979	个人
10	北京卞志忠律师事务所	顺义区府前东街大东路北口路西大院 1 号	13910601028	个人
11	北京朗泰律师事务所	顺义区光明北街甲 1 号 403、404 室	69446092	个人
12	北京刘明哲律师事务所	顺义区胜利小区物美超市北	69462821	个人
13	北京道盛律师事务所	顺义区粮油总公司办公楼一层东侧	81495083	个人
14	北京盛堂律师事务所	顺义区石园南大街18号院3号楼3层302	89453888	个人
	北京顺东律师事务所	顺义区毓秀园南园 B—19 号	13901142701	个人
	北京冉午宁律师事务所	顺义区顺安路 33 号院 16 号楼 207 室	13910418143	个人

公　证　处

北京市龙诚公证处　　北京市顺义区光明南街 18 号　　69441820、69448486

区域卫生机构

名称	地址	电话
北京首儿李桥儿童医院	顺义区李桥镇李天路李桥段 5 号	81472688
北京顺欣阳光医院	顺义东方太阳城万晴园 104 楼	89432458\59

北京市顺义区结核病防治中心	北京市顺义区府前东街大东路	69443478
北京市顺义区中医医院	北京市顺义区站前东街 5 号	69442484
北京市顺义区空港医院（北京市顺义区医院二部、北京市顺义区后沙峪镇卫生院）		
北京市顺义区后沙峪镇		80496772
北京京顺医院	北京市顺义区府前西街铁路西	69449024
北京市顺义区传染病医院	北京市顺义区张镇侯庄村	61491609
北京市顺义区法医院	北京市顺义区法医街 3 号	69441489
北京市顺义区妇幼保健院	北京市顺义区顺康路 1 号	69462216
北京市顺义区第二医院	北京市顺义区杨镇	61451265
北京市顺义区赵全营镇板桥卫生院	北京市顺义区赵全营镇板桥村	60442196
北京市顺义区木林镇卫生院	北京市顺义区木林镇村西	60457195
北京市顺义区张镇卫生院	北京市顺义区张镇大街 5 号	61480647
北京市顺义区高丽营镇张喜庄卫生院	北京市顺义区高丽营镇张喜庄村南	69491442
北京市顺义区南彩镇卫生院	北京市顺义区南彩镇	89469280
北京市顺义区南法信镇卫生院	北京市顺义区南法信镇顺榆路 9 号	69473434
北京市顺义区龙湾屯镇卫生院	北京市顺义区龙湾屯镇	60462200
北京市顺义区天竺镇卫生院	北京市顺义区天竺镇府前街 27 号	64566232
北京市顺义区仁和镇卫生院	北京市顺义区石圆南区东侧	89443896
北京市顺义区南彩镇俸伯卫生院	顺义区南彩镇俸伯村东	89477261
北京市顺义区北石槽镇卫生院	北京市顺义区北石槽镇北石槽村	60422508
北京市顺义区第三医院	北京市顺义区牛栏山镇	69411353
北京市顺义区马坡镇卫生院	北京市顺义区马坡镇卫生院政府北侧	69404194
北京市顺义区杨镇沙岭卫生院	北京市顺义区杨镇沙岭	61441775
北京市顺义区北小营镇卫生院	北京市顺义区北小营镇	60483645
北京市顺义区赵全营镇卫生院	北京市顺义区赵全营镇政府对面	60431136
北京市顺义区李遂镇卫生院	北京市顺义区李遂镇	89481582
北京市顺义区高丽营镇卫生院	北京市顺义区高丽营镇	69455946
北京市顺义区大孙各庄卫生院	北京市顺义区大孙各庄府前东街 4 号	61432117
北京市顺义区杨镇小店卫生院	北京市顺义区杨镇小店村	61412835
北京市顺义区李桥镇卫生院	北京市顺义区李桥镇沿河村西	69485960
北京市顺义区北务镇卫生院	北京市顺义区北务镇政府东侧	61421715
北京市顺义区城区卫生服务中心	北京市顺义区胜利街办事处建新南街	81490490
李遂骨伤科医院	北京市顺义区李遂镇	89481144/2747
北京市顺义区精神病医院	北京市顺义区杨镇小学东	61455997
北京市顺义区国医医院	北京市顺义区后沙峪	80497556
北京市顺义区安康医院	北京市顺义区南彩镇滨河路俸伯段 4 号	89474100

区文物保护单位名录

北京市文物保护单位

名称	类别	时代	地址	公布时间
焦庄户地道战遗址纪念馆	革命	近代	顺义区龙湾屯镇焦庄户村	1979年
元圣宫	古建	元末明初	顺义牛栏山一中校内	1995年
无梁阁	古建	元末明初	顺义区大孙各庄镇顾家庄村东	2001年

顺义区文物保护单位

名称	类别	时代	地址	公布时间
烈士陵园	革命	近代	顺义区潮白河东	1984年
胡奴县遗址	遗址	西汉初年	顺义区北小营镇狐奴山下	1984年
古城遗址	遗址	元代	顺义区后沙峪镇古城村北	1984年
顺义城垣	古建	唐代末年	顺义区仁和镇太平村	1984年
孔庙元碑	古建	元代	顺义区文物管理所内	1984年
和硕亲王碑	石刻	清代	顺义区李桥镇王家坟村	1984年

区域文物名录

名称	类别	时代	地址	公布时间
庞山烈士墓	墓地	近代	顺义区大孙各庄镇	2000年
关帝庙	古建	清代	顺义区高丽营镇南郎中村	1984年
关帝庙	古建	清代	顺义区杨镇一中	1984年
关帝庙	古建	清代	顺义区北石槽镇武各庄村	1984年
开元寺	古建	清代	顺义区仁和镇复兴村	1984年
清真寺	古建	清代	顺义区高丽营镇高丽营村	1984年
清真寺	古建	清代	顺义区南法信镇回民营村	1984年

区域古树名木名录

序号	乡镇	地点	树种	级别
1	牛栏山	卢正卷	侧柏	1
2	牛栏山	相各庄	侧柏	1
3	牛栏山	相各庄	侧柏	2
4	牛栏山	北孙各庄	银杏	1
5	牛栏山	北孙各庄	银杏	1
6	牛栏山	龙王头	国槐	1
7	牛栏山	下坡屯	侧柏	2
8	牛栏山	牛山一中	国槐	1
9	牛栏山	牛山一中	国槐	1
10	牛栏山	牛山一中	侧柏	1
11	牛栏山	牛山一中	侧柏	1
12	牛栏山	牛山一中	侧柏	2
13	牛栏山	牛山一中	侧柏	2
14	牛栏山	牛山一中	侧柏	2
15	牛栏山	牛山一中	侧柏	2
16	牛栏山	牛山一中	侧柏	2
17	牛栏山	牛山一中	侧柏	2
18	牛栏山	牛山一中	侧柏	2
19	牛栏山	牛山一中	侧柏	2
20	牛栏山	牛山一中	侧柏	2
21	牛栏山	牛山一中	侧柏	2
22	牛栏山	牛山一中	侧柏	2
23	牛栏山	牛山一中	侧柏	2
24	牛栏山	牛山一中	侧柏	2
25	牛栏山	牛山一中	侧柏	2
26	牛栏山	牛山一中	侧柏	2
27	牛栏山	牛山一中	侧柏	2
28	牛栏山	牛山一中	侧柏	2
29	杨镇	白塔	国槐	2
30	杨镇	杜庄	国槐	1
31	杨镇	杨镇中学	银杏	1
32	杨镇	杨镇小学	侧柏	1

序号	乡镇	地点	树种	级别
33	杨 镇	杨 镇 小 学	侧 柏	1
34	杨 镇	东 疃	国 槐	1
35	杨 镇	田 营	侧 柏	1
36	仁 和	京汉房地产公司	国 槐	1
37	仁 和	京汉房地产公司	国 槐	2
38	仁 和	胜 利	国 槐	2
39	仁 和	军 营	枣	2
40	仁 和	赵 古 营	国 槐	2
41	仁 和	临 河	国 槐	1
42	马 坡	洼 子	国 槐	1
43	马 坡	良 正 卷	国 槐	1
44	马 坡	衙 门 村	国 槐	1
45	马 坡	马 卷	国 槐	2
46	北 石 槽	寺 上 小 学	国 槐	1
47	北 石 槽	寺 上 小 学	国 槐	2
48	李 遂	葛 代 子	国 槐	2
49	龙 湾 屯	丁 甲 庄	侧 柏	2
50	龙 湾 屯	山 里 辛 庄	国 槐	2
51	龙 湾 屯	山 里 辛 庄	国 槐	2
52	北 务	王 各 庄	侧 柏	2
53	南 彩	九 王 庄	国 槐	2
54	李 桥	沿 河 村	国 槐	2
55	北 石 槽	良 善 庄	国 槐	1
56	李 桥	南 半 壁 店	枣 树	2

顺义区纳税前 100 名企业

国税纳税前 100 名企业

纳税人名称	经营地址	电话号码
北京现代汽车有限公司	北京市顺义区林河工业开发区顺通路18号	89490151
北京现代摩比斯汽车零部件有限公司	北京市顺义区双河路 59 号	89448860
北京顺鑫农业股份有限公司牛栏山酒厂	北京市顺义区牛栏山镇（牛山地区办事处东侧）	69411219

纳税人名称	经营地址	电话号码
北京首都国际机场股份有限公司	北京市顺义区北京空港物流园区绿生路 2 号	64545627
北京燕京啤酒股份有限公司	北京市顺义区双河路 9 号	89492136
华夏基金管理有限公司	北京市顺义区天竺空港工业区 A 区	88066688
北京现代摩比斯汽车配件有限公司	北京市顺义区顺通路 21 号 3 幢 1 层 101	84539111-8701\8703
北京索爱普天移动通信有限公司	北京市顺义区天竺空港工业区 A 区天柱西路	80481188-203
中国民生银行股份有限公司信用卡中心	北京市顺义区马坡地区顺安路 68 号	63628661
中国民用航空华北地区空中交通管理局	北京市朝阳区首都机场航安路	64595386
中国航空油料有限责任公司北京分公司	北京市顺义区北京首都国际机场中国航空油料华北公司办公楼（首都机场内）	64567830
中国航空油料有限责任公司	北京市顺义区天竺空港工业区 A 区天柱路 28 号蓝天大厦 6 层	59890382
伟世通汽车空调（北京）有限公司	北京市顺义区南彩镇彩园工业区彩祥西路 6 号	13701154582
北京康捷空国际货运代理有限公司	北京市顺义区顺平路南法信段 9 号院 2 幢	64579779-257
联邦快递（中国）有限公司	北京市顺义区首都机场航空货运基地快件中心 1 号库 27 至 37 轴及 27 至 37 轴夹层	64685599-3026
北京龙湖置业有限公司	北京市顺义区牛栏山镇张庄村南	84661720
日上免税行（中国）有限公司	北京市首都国际机场航安路机场商贸公司四楼	64542889
中国新华航空集团有限公司	北京市顺义区天竺镇府前一街 16 号	57818083
北京韩美药品有限公司	北京市顺义区天竺空港工业区 A 区天柱西路 10 号	80429898-171
北京市邮政速递物流有限公司	北京市顺义区顺平路 578 号天竺综合保税区 FTZ-2-023	84179033
北京燕京啤酒股份有限公司一分公司	北京市顺义区向阳西街 6 号	69402745
北京飞机维修工程有限公司	北京市顺义区首都国际机场	64561122-5030
北京市顺义烟草公司	北京市顺义区中山南大街路东	69438820
北京康仁堂药业有限公司	北京市顺义区牛栏山镇牛汇街 5 号	69418585
北京现代海斯克钢材有限公司	北京市顺义区仁和镇顺平西路 9 号（顺通路西侧）	89401540-122
北京牛栏山鑫鑫贸易有限公司	北京市顺义区牛山地区下坡村西	69411204
中国国际航空股份有限公司	北京市顺义区空港工业区天柱路 28 号蓝天大厦	61462186

纳税人名称	经营地址	电话号码
北京龙湖庆华置业有限公司	北京市顺义区牛栏山顺安北路 8 号	84661720
金刚化工（北京）有限公司	北京市顺义区顺通路 51 号	89498181
北京顺丰速运有限公司	北京市顺义区南法信地区物流园六街 10 号 1 幢等 6 幢	69470503
北京广厦富城置业有限公司	北京市顺义区天竺镇府前一街 32 号楼	66518008
北京航空食品有限公司	北京市顺义区南法信府前街 47 号	64562383
北京三立车灯有限公司	北京市顺义区林河大街 32 号	89448511
北京汇源食品饮料有限公司	北京市顺义区北小营镇	60483388
凯菲克汽车系统（北京）有限公司	北京市顺义区马坡镇聚源工业区奥运大道 2 号 B 区	64606505
北京市大龙房地产开发有限公司	北京市顺义区府前东街甲 2 号 416 室	69440513
威乐（中国）水泵系统有限公司	北京市顺义区空港工业区 C 区兆丰一街	18601185137
北京中顺德房地产开发有限公司	北京市顺义区李桥镇头二营村东侧	13901191744
北京首都机场商贸有限公司	北京市顺义区北京空港物流园区	64556081
北京北汽大世汽车系统有限公司	北京市顺义区北方印刷产业基地中心路 16 号	61423111
北京世钟汽车配件有限公司	北京市顺义区北小营镇	60487756-810
北京李尔岱摩斯汽车系统有限公司	北京市顺义区仁和镇河南村村委会南 500 米	89491121 -6107\6100
中铁物总能源有限公司	北京市顺义区北京空港物流基地物流园八街 1 号	51895391
北京东方雨虹防水技术股份有限公司	北京市顺义区顺平路沙岭段甲 2 号	59031861
北京首都机场动力能源有限公司	北京市首都机场航安路	64593654
北京首都机场广告有限公司	北京市顺义区北京空港物流园区	64597660
北京韩一汽车饰件有限公司	北京市顺义区仁和镇林河南大街 15 号	89495755-207
北京汽车股份有限公司北京分公司	北京市顺义区赵全营镇兆丰产业基地东盈路 19 号	13811194427
北京朗姿服饰有限公司	北京市顺义区马坡镇向阳西路北侧 6 号	80493041-8031
中恒国际租赁有限公司	北京市经济技术开发区景园北街 2 号 BDA 国际企业大道 2 期 53 幢	67519143
北京英迈特矿山机械有限公司	北京市顺义区马坡聚源工业区	69407788
国航进出口有限公司	北京市顺义区首都机场国航基地四号	61465467
北京艾莱发喜食品有限公司	北京市顺义区金马工业区	69497500
北京恩布拉科雪花压缩机有限公司	北京市顺义区北京天竺空港工业区 B 区裕华路 29 号	80485375
北京国泰平安百货有限公司	北京市顺义区天竺镇南平街南侧（天竺苗圃办公楼 1-2 层）	89496077

纳税人名称	经营地址	电话号码
首都机场集团财务有限公司	北京市顺义区首都机场四纬路9号B区三层66室	64564271
北京平和精工汽车部件有限公司	北京市顺义区南彩镇二三产业基地1号	89475002
北京利祥制药有限公司	北京市顺义区林河工业开发区顺康路6 4号	51280819
北京顺义新城建设开发有限公司	北京市顺义区马坡镇向阳西街6号	69460198-6021
约翰内斯·海德汉博士（中国）有限公司	北京市顺义区天竺空港工业区A区	80420093
北京株龙山汽车配件有限公司	北京市顺义区北小营镇北小营村	60489558-609
北京江森汽车部件有限公司	北京市顺义区林河工业开发区林河南大街路南	89407755 --8103
北京ABB四方电力系统有限公司	北京市顺义区天竺空港工业区B区安祥大街甲3号	80475588
北京安泰和祥投资管理有限公司	北京市顺义区北小营镇府前街14号	69448599
延锋伟世通（北京）汽车饰件系统有限公司	北京市顺义区林河工业开发区顺通路55号	89407766 --7326
北京大昌庆镇汽车部件有限公司	北京市顺义区杨镇人民政府东侧600米	61450991-220
曲美家具集团股份有限公司	北京市顺义区南彩镇彩祥东路11号	89478002
中石油燃料油有限责任公司华北销售分公司	北京市顺义区林河工业开发区顺仁路54号2幢3层310	56525973
中国南方航空股份有限公司北京分公司	北京市顺义区空港工业区 B 区裕华路27号2号楼	64546140
中石油昆仑燃气有限公司	北京市顺义区仁和地区杜各庄村东	84836072
SMC（北京）制造有限公司	北京市顺义区竺园一街7号（天竺综合保税区）	67885566 -16628
英瑞杰汽车系统制造（北京）有限责任公司	北京市顺义区杨镇地区纵二路7-1号	61418070
安泰科技股份有限公司北京空港新材分公司	北京市顺义区空港开发区 B 区裕华路东侧	80482720
迈恩德（北京）电子有限公司	北京市顺义区天竺空港工业区A区	80420210
北京曲美馨家商业有限公司	北京市顺义区南彩镇彩园工业小区	84937626 -8861. 8862
首安工业消防有限公司	北京市顺义区李桥镇南半壁店工业区	81463816
北京京城国际融资租赁有限公司	北京市朝阳区建国门外大街光华东里8号中海广场中楼2803	59772383
北京北一机床股份有限公司	北京市顺义区林河工业开发区	89451789
北京菲斯曼供热技术有限公司	北京市顺义区北京天竺空港工业区B区	80490888 -8222
北京鑫龙信达物流有限公司	北京市顺义区牛栏山镇府前街9号	69416011

纳税人名称	经营地址	电话号码
易兰德（北京）印务有限公司	北京市顺义区天竺空港工业区 B 区裕华路 30 号	80483300-56
默克雪兰诺有限公司	北京市顺义区保汇一街 7 幢（天竺综合保税区 F06 库 04-06 号）	59072688
北京澳金园置业发展有限公司	北京市顺义区天竺镇府右街 4 号	84400881
北京现工汽车部件有限公司	北京市顺义区北务镇杨燕路仓上段 9 号	61450377
可附特汽车零部件制造（北京）有限公司	北京市顺义区南彩镇彩园工业区	89470429
中国航空传媒有限责任公司	北京市顺义区南法信镇顺畅大道 1 号 B-0311 室	64720562
北京乔波冰雪家园置业有限公司	北京市顺义区顺安北路路东	64827829
中石油燃料油有限责任公司北京销售分公司	北京市顺义区林河开发区双河大街 18 号（1 幢 404 室）	58630066-0605
北京首都机场航空安保有限公司	北京市顺义区北京空港物流基地物流园八街 1 号	64595240
北京奕长丰商业有限公司	北京市顺义区首都机场国际隔离区（新航站楼）	64542892
莱姆电子（中国）有限公司	北京市顺义区林河工业开发区林河大街 28 号	13701157515
北京雅昌彩色印刷有限公司	北京市顺义区天竺空港工业区 A 区天纬四街 7 号	80486788--807
北京中都格罗唯视物流有限公司	北京市顺义区李遂镇龙太路 1-118 号	56767666
中石油昆仑燃气有限公司液化气分公司	北京市顺义区仁和地区杜各庄村东	57605873
北京首都机场物业管理有限公司	北京市顺义区北京空港物流基地物流园八街 1 号	64598876
北京京磁强磁材料有限公司	北京市顺义区仁和镇顺通路３１号	89491707
海福乐五金（中国）有限公司	北京市顺义区天竺空港工业区 B 区	80482686
北京莱茵服装有限公司	北京市顺义区北京天竺空港工业区 B 区裕东路 5 号	82282888
北京中瑞荣国际机械有限公司	北京市顺义区仁和镇顺西南路西侧	89401250-202
北京市顺义国泰商业大厦	北京市顺义区府前东街南	69447430

地税纳税前100名企业

序号	纳税人名称	注册地址	注册地址联系电话
1	北京现代汽车有限公司	北京市顺义区林河工业开发区顺通路1 8号	89490151
2	中国民生银行股份有限公司信用卡中心	北京市顺义区马坡地区顺安路68号	66526688
3	中国国际航空股份有限公司	北京市顺义区天竺空港工业区A区天柱路30号	80489503
4	华夏基金管理有限公司	北京市顺义区天竺空港工业区A区	88066688
5	北京首都国际机场股份有限公司	北京市顺义区北京空港物流园区绿生路2号	64507352
6	北京富饶房地产开发有限公司	北京市顺义区南彩镇彩园工业小区内	64858873
7	北京顺义新城建设开发有限公司	北京市顺义区马坡镇向阳西街6号	61403110
8	北京燕京啤酒股份有限公司	北京市顺义区双河路9号	89492136
9	北京路桥瑞通养护中心有限公司	北京市顺义区北务工业区	88465555-8018
10	北京通瑞万华置业有限公司	北京市顺义区牛栏山镇顺安路8号	84661726
11	北京广厦富城置业有限公司	北京市顺义区天竺镇府前一街32楼	64568955
12	北京万科企业有限公司	天竺空港工业开发区B区北京万科城市花园梅花园4号楼	85873666
13	北京建升房地产开发有限公司	北京市顺义区仁和地区石门村东侧	69462855
14	中粮地产投资（北京）有限公司	北京市顺义区天竺空港工业区 A 区天柱路 28号蓝天大厦4层南侧	85005980
15	北京合景房地产开发有限公司	北京市顺义区马坡镇聚源西路7号	59037111
16	北京牛栏山鑫鑫贸易有限公司	北京市顺义区牛山地区下坡村西	69411204
17	首都机场集团公司	北京市顺义区天竺空港工业区 A 区天柱路 28号楼	64535535
18	北京国门金桥置业有限公司	北京市顺义区国门商务区机场东路2号	13641020026
19	北京现代摩比斯汽车零部件有限公司	北京市顺义区双河路59号	89448860
20	北京宝苑房地产开发有限公司	北京东城区东方广场w3-307	85185108-1607
21	江河创建集团股份有限公司	北京市顺义区牛汇北五街5号	010-60411166
22	北京龙湖兴顺置业有限公司	北京市顺义区牛栏山镇府前街9号	84661735

序号	纳税人名称	注册地址	注册地址联系电话
23	中国新华航空集团有限公司	北京市顺义区天竺镇府前一街16号	64591932
24	北京飞机维修工程有限公司	北京市顺义区首都国际机场	64594860
25	北京中投创展置业有限公司	北京市顺义区天竺镇裕翔路8 8号2幢3层	56765119
26	北京首都航空有限公司	北京市顺义区后沙峪镇吉祥工业区5-1号	69615087
27	北京市邮政速递物流有限公司	北京市顺义区金航中路1号院2号楼101室(天竺综合保税区)	84179037
28	国开创新资本投资有限责任公司	北京市顺义区国门商务区机场东路 6 号一层106室	58878619
29	北京中铁润丰房地产开发有限公司	北京市顺义区马坡镇聚源西路7号	51313755
30	北京顺丰速运有限公司	北京市顺义区南法信地区物流园六街10号1幢等6幢	69470503
31	北京春晖园投资有限责任公司	北京市顺义区天竺空港经济开发区B区裕民大街9号	69454433-6012
32	北京顺鑫农业股份有限公司牛栏山酒厂	北京市顺义区牛栏山镇（牛山地区办事处东侧）	69411219
33	北京旭辉顺欣置业有限公司	北京市顺义区南法信镇南法信大街 118 号天博中心C座8层3804-1室	60230909
34	北京英才房地产开发有限公司	北京市顺义区空港工业B区融慧园9-B	80485585-8876
35	北京智地顺达房地产开发有限公司	北京市顺义区国门商务区机场东路2号	89410160
36	北京市大龙房地产开发有限公司	北京市顺义区府前东街甲2号416室	69440513
37	北京城建兴华地产有限公司	顺义区马坡	13651258811
38	北京宏远航城房地产开发有限公司	北京市顺义区金航中路1号院2号楼401室(天竺综合保税区-016)	64573388
39	北京顺义新城地产开发有限公司	北京市顺义区马坡镇顺安路8 8号	81481628
40	中国工商银行股份有限公司北京顺义支行	北京市顺义区顺通路西侧（石园西路）	69466598
41	北京丽来房地产开发有限公司	北京市顺义区天竺镇	67081182
42	中国国际货运航空有限公司	北京市顺义区天竺空港工业区A区	84480067
43	北京长乐房地产开发有限公司	北京东城区东方广场w3-307	8518666-1606
44	北京汽车股份有限公司	北京市顺义区顺通路25号5幢	87664009
45	北京仁和燕都房地产开发有限公司	北京市顺义区仁和镇顺通路25号5幢	85275061

序号	纳税人名称	注册地址	注册地址联系电话
46	默克雪兰诺有限公司	北京市顺义区保汇一街 7 幢（天竺综合保税区 F06 库 04-06 号）	59072688
47	中国民用航空华北地区空中交通管理局	北京市朝阳区首都机场航安路	64595386
48	中国农业银行股份有限公司北京顺义支行	北京市顺义区府前西街	69444843
49	空中客车（中国）企业管理服务有限公司	北京市顺义区天竺空港工业园区 5 号华欧航空支援中心１００３－１００８房间	80486161
50	中国南方航空股份有限公司北京分公司	北京市顺义区空港工业Ｂ区裕华路２７号	64546140
51	北京银行股份有限公司顺义支行	北京市顺义区站前街粮食局商办楼	81483210
52	北京慧眼置业有限公司顺义分公司	北京市顺义区仁和镇顺通路２５号５幢	13810858817
53	北京仁和日升房地产有限公司	北京市顺义区仁和地区燕京街 9 号	89491507
54	北京市公路桥梁建设集团有限公司	北京市顺义区北务镇府前街 6 号	63952221-402
55	北京顺鑫佳宇房地产开发有限公司牛栏山项目部	北京市顺义区牛栏山镇府前街 9 号	89471581
56	北京市天竺房地产开发公司	北京市顺义区天竺镇政府街	64568379
57	北京索爱普天移动通信有限公司	北京市顺义区天竺空港工业区 A 区天柱西路	80481188-203
58	北京顺义国际学校	北京市顺义区安华街 10 号	81492345-2040
59	北京东方雨虹防水技术股份有限公司	北京市顺义区顺平路沙岭段甲 2 号	13691181102
60	航港发展有限公司	北京市顺义区顺平路 566 号 9 层	69478166
61	北京空港科技园区股份有限公司	北京市顺义区天竺空港工业区 A 区	80489277
62	北京龙湖庆华置业有限公司	北京市顺义区牛栏山镇顺安北路 8 号	84663176
63	北京中展投资发展有限公司	北京市顺义区裕翔路 88 号综合楼 407 室	80468617
64	北京东亚信安国际会展中心有限公司第一分公司	北京市顺义区后沙峪镇安富街 6 号	80487788-4048
65	北京城建北方建设有限责任公司	北京市顺义区牛栏山镇牛板路 2 号	82080516
66	北京汉唐建设发展有限公司	北京市顺义区后沙峪镇裕民大街 38 号	85276990
67	北京顺鑫佳宇房地产开发有限公司	北京市顺义区杨镇府前街北侧 100 米	89471581
68	北京首都机场商贸有限公司	北京市顺义区北京空港物流园区	64556081

序号	纳税人名称	注册地址	注册地址联系电话
69	北京丽高房地产开发有限公司	北京市顺义区丽高花园	67088989
70	北京临空国际经济技术开发中心	北京市顺义区高丽营镇文化营村北	69491010
71	北京东君房地产开发有限公司	北京市顺义区高丽营镇中心区南侧高丽营小区1栋	84407008
72	曲美家具集团股份有限公司	北京市顺义区南彩镇彩祥东路11号	89478380
73	北京韩美药品有限公司	北京市顺义区天竺空港工业区A区天柱西路10号	80429898
74	北京华商电力管道有限公司顺义分公司	北京市顺义区马坡镇聚源西路7号	63123320
75	中国航空油料有限责任公司北京分公司	北京市顺义区北京首都国际机场中国航空油料华北公司办公楼（首都机场内）	64567830
76	北京东方太阳城房地产开发有限责任公司	北京市顺义区仁和镇东方太阳城社区中心	88096688
77	北京顺桥房地产开发有限公司	北京市顺义区石门街6号	64795506
78	北京建工路桥工程建设有限责任公司	北京市顺义区国门商务区机场东路2号2层121号	53500590
79	北京恒宇建筑工程有限公司	北京市顺义区顺通路28号312室	69427791
80	北京景旭房地产开发有限公司顺义分公司	北京市顺义区后沙峪镇政府西南200米	13120009379
81	北京首钢冷轧薄板有限公司	北京市顺义区李桥镇任李路200号	81477822
82	中国航油集团财务有限公司	北京市顺义区后沙峪镇安富街6号	80476289
83	交通银行股份有限公司北京顺义支行	北京市顺义区仓上街2号AMB大厦B区一层	89448373
84	北京德威英国国际学校	北京市顺义区首都机场路89号	64549101
85	北京天洋志普房地产开发有限公司	北京市顺义区双裕东区丁1号楼	80492629
86	北京首都机场餐饮发展有限公司	北京市顺义区首都机场机场西路14号（首都机场内）	64598537
87	北京天正华特房地产开发有限公司	北京市顺义区张镇大街21号	61480782
88	北京甄氏房地产开发集团有限公司	北京市顺义区李桥镇南半壁店村西	81478872
89	北京市顺义城关预应力构件厂	北京市顺义区李桥镇庄子营村村委会北2000米	81471687
90	北京邦达房地产开发有限公司	顺义新城第7街区	15810787707
91	北京顺鑫天宇建设工程有限公司	北京市顺义区大孙各庄镇大段村西7号楼	89476115-1071

序号	纳税人名称	注册地址	注册地址联系电话
92	联邦快递（中国）有限公司	北京市顺义区首都机场航空货运基地快件中心1号库27至37轴及27至37轴夹层	64685599-3033
93	北京金源时代房地产开发有限公司	北京市顺义区高丽营镇顺沙路13号	69463925
94	中国建设银行股份有限公司北京顺义支行	北京市顺义区府前中街	69443295
95	中国航空油料集团公司	北京市顺义区天竺空港工业区A区天柱路2 8号	59890048
96	北京航空食品有限公司	北京市顺义区南法信府前街47号	56936889
97	北京春晖园文化娱乐有限责任公司	北京市顺义区高丽营镇于庄	69454433
98	北京金汉房地产开发有限公司	北京市顺义区大孙各庄镇大段村西	81494225
99	北京泰达立行置业投资有限公司	北京市顺义区竺园路12号院（天竺综合保税区泰达融科园1号楼1层）	57065588
100	北京乔波冰雪家园置业有限公司	北京市顺义区顺安北路路东	64827829

顺义区人力资源和社会保障局

5月23日，人社部副部长杨士秋到顺义调研人力资源和社会保障工作

9月3日，由广东、陕西两省人力社保厅调解仲裁处处长带队组成的人力社保部劳动人事效能建设督查调研组到顺义区仲裁院展开督查调研

12月23日，顺义区召开第三批战略后备人才动员会

3月7日，区社会保障和就业工作领导小组办公室主任张尚强与大孙各庄镇镇长马卫国签订保持充分就业状态责任书

10月24日，顺鑫农业、北广科技、世桥生物3家单位获批博士后科研工作站

8月26日-9月6日，区人力社保局组织工作人员到部队开展军事拓展训练活动

3月19日，顺义区在张镇举办“2013年春风行动大型招聘洽谈会”

7月13日，顺义区举办第五届社会组织人才专场招聘会

顺义区农村工作委员会

农业部部长韩长赋到顺义都市型现代农业万亩示范区调研“三夏”生产情况

北京市首次生猪价格指数保险理赔兑现会在顺义召开

2013年，顺义区完成农林牧渔业总产值68.3亿元，农村居民人均纯收入17703元，同比分别增长1.2%和10.9%。以农业“四个大区”为抓手，都市型现代农业取得成效。

1、绿色农产品大区。建设了北京市都市型现代农业万亩示范区，粮田面积1.5万亩，在节本、增产、装备提升、生态景观改善等方面成效显著。“菜篮子”工程应急保障功能逐步提升。2013年全区瓜菜总产量75万吨，肉类总产量10万吨；标准化生产基地达到116家，三品认证单位306家，认证覆盖率列全市第1位；各类农产品区级抽检合格率达99%以上。休闲观光农业蓬勃发展。探索沟域经济发展模式，推动浅山五镇经济发展。

2、农产品加工大区。全区共有农产品加工企业83家，2013年销售收入突破185亿元。规模大，年销售收入亿元以上的企业已突破20家。档次高，全区共有市级以上龙头企业21家，其中国家级龙头企业7家，北京市级龙头企业19家。有品牌，中国驰名商标7件，中国名牌3件、北京市著名商标19件、北京名牌6件。

3、籽种产业大区。2013年实现种业收入5.3亿元，其中销往外埠收入3.7亿元，占总收入的69.4%。全年出售种猪19.2万头。全区粮食、蔬菜育种育苗实现了科研、生产、销售一条龙。

4、花卉产业大区。每年五月、十月分别举办郁金香和菊花展，年接待游客500万人次以上；同时，深化国家现代农业科技城项目、国家农业科技园区建设。

新农村建设深入推进，农村生产生活条件不断改善。完成农宅抗震节能建设21951户，完成优质燃煤替代8530吨，燃煤炉具更换5000台，取暖煤改电467户，液化石油气下乡配送液化石油气8479瓶。

第十一届中国菊展

都市型现代农业万亩示范区

三秋工作会

菜篮子工程建设

农产品精深加工

绿富农合作社

新农村改造后新貌

节能路灯

龙林沟域建设

舞彩浅山登山步道

顺义区民政局

民政部副部长宫蒲光、纪检组长曲淑辉调研顺义区民政局党的群众路线教育实践活动

北京市民政局党委书记、局长李万钧调研顺义区农村公益性公墓建设情况

顺义区民政局党组召开党的群众路线民主生活会

民政局党组书记、局长单成刚为全局党员干部上党课

顺义区救灾物资储备库建成并投入使用

顺义区民政局举办5·12防灾减灾日宣传活动

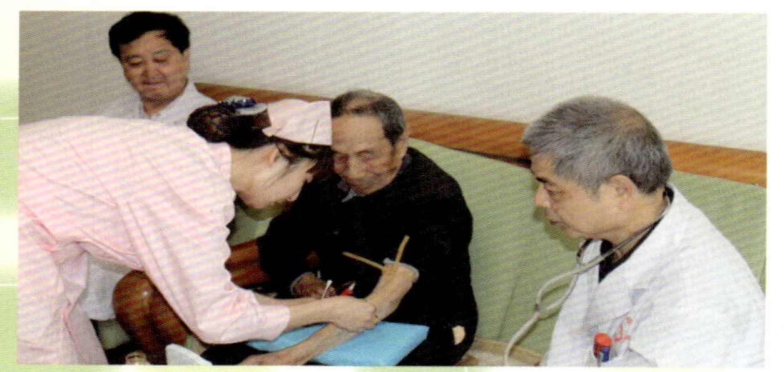

顺义区民政局购买社会组织服务，为全区90周岁以上老人上门提供免费体检、家政、心理慰藉等服务

顺义区婚姻登记科创新服务项目

顺义区民政局

顺义区召开2014年民政工作会

顺义区民政局与北京农商银行合作开发凤凰民政社保卡，实现医疗救助即时结算、资金发放、刷卡消费等功能

民政局党组书记、局长单成刚主持召开听取基层意见座谈会

民政局党组书记、局长单成刚、副局长李永生慰问社区服务总中心休养老人

民政局党组书记、局长单成刚带队检查清明节祭扫服务工作

顺义区为福利企业残疾人职工发放超市爱心卡

顺义区首次面向军属定向招聘社区工作者

顺义区举办第六届社会组织人才专场招聘会

顺义区教育委员会

区委书记王刚到双兴幼儿园慰问

区长卢映川到西辛教育集团慰问

党以重教为先、政以兴教为本、企以助教为责、民以尊教为荣、师以从教为乐。经过多年的辛勤耕耘，顺义教育硕果累累。2013年是“十二五”攻坚之年，顺义教育向着全面、协调、优质、均衡、可持续方向发展，为区域经济社会发展贡献力量。

教育改革有序推进。依托城乡联动改革、课程改革、教学改革、人事制度改革促进基础教育均衡发展。组建西辛小学、石园小学等新的教育集团；组织中小学校本课程优质录像课评选活动；举办中美基础教育校长论坛、全国高效课堂教学展示交流活动和北京市优秀成果宣传推广活动。2所学校作全市经验交流，15项教学成果获市级奖励。

队伍建设取得实效。以师德建设为核心，狠抓两支队伍建设。干部队伍重德行显梯度，教师队伍铸师魂显师能。组建第三期名师工作室；举办全国中小学班主任风采展示活动；继续开展后备干部浸润式培训、“名校·深度”岗位培训等；顺利完成干部交流和副园长公开招聘。获“全国五一巾帼标兵岗”集体荣誉一项，全国师德标兵及首都“五一”劳动奖章个人荣誉各一项。

学生素质整体提升。道德素养与人文素养得到夯实、身体素质有所增强、艺术素养和科技素养得到提升。参加多项国际、国家级比赛成绩显著；中高考成绩再创佳绩；开展“彩虹假日炫”、中学生社团文化节和社会大课堂等活动，共计16万人次参与。

终身教育体系进一步完善。学前教育品质不断提升，职成教育服务社会能力不断攀升，社区教育工作成果显著，学习型顺义建设不断深化。增加学位5570个，建设农村托幼服务站11个；现代学院首次招收“五年一贯制”学生；中高职毕业生一次性就业率达到100%；“慧企讲堂”“创意大讲堂”品牌化培训模式得到拓展。

教育环境持续优化。依托党建工作、教育宣传等平台提升教育软实力。4000余名党员到社区报到参与建设；开办“绿港e站”电视教育栏目等。提升教育基础建设、装备设施、信息化水平，夯实教育硬实力。新建、改建学校41所，完成校园修缮项目近400个；新增设备237732件（套）。

教育成果显著。获得市级以上集体荣誉近10项；迎接国家及市级检查多次并获好评；师生参加国际、全国比赛千余人次获奖，其中11人次获国际奖；体育成绩连续23年蝉联郊区组团体总分第一名；高考成绩位居全市第五，39人考入清华、北大位居全市第四。

顺义教育正走在“十二化”征程上，即：学前教育个性化，义务教育均衡化，高中教育优质化，高等教育精品化，成人教育网络化，特殊教育人文化，职业教育市场化，民办教育规范化，社区教育大众化，民族教育融合化，国际教育多元化，全民教育终身化。顺义教育人以“绘‘十二化’蓝图，办人民满意教育”为己任，奋勇前行。

时任市教工委副书记、市教育督导室主任线联平到顺义区调研

市教委副主任罗洁出席北京市中小学生模拟法庭展示“走进顺义”活动

顺义教育正走在"十二化"征程

区人大主任胡尚云到顺义二中慰问

区政协主席杨宝华率政协委员到校视察指导

迎接北京市义务教育均衡督导检查

区教委领导慰问"一助一"单位

两所学校分别举行与北京师范大学、首都师范大学合作办学揭牌仪式

举办中美基础教育校长论坛

举办全国第三届班主任高峰论坛

举办"贯彻十八大·唱响中国梦"暨北京幼儿教师之歌合唱比赛

参加在加拿大举行的第47届国际儿童运动会获1500米金牌

学校舞狮队赴俄罗斯参加"2013中国·俄罗斯舞蹈及才艺展演"活动

举办"中国梦·民族情"全国青少年宫民族民间艺术展演交流活动

顺义区卫生局

2013年12月30日　顺义区医院晋升“三级综合医院”仪式

2013年11月11日 顺义区中医医院更名为北京中医医院顺义医院在顺义宾馆举行揭牌仪式

2013年，在区委、区政府的正确领导下，区卫生局围绕深化改革谋发展、服务群众促健康，坚持卫生公益性原则，以医药卫生体制改革破解“看病难、看病贵”问题，医疗服务水平进一步提高，公共卫生保障进一步加强，卫生事业取得了新的阶段性成果。

及时启动应急响应机制，成功应对全市首例人感染H7N9禽流感疫情的蔓延。健全卫生应急管理组织机构，完善应急预案和管理制度，先后荣获北京市和国家卫生应急综合示范区称号。加强常规预防接种和流动人口强化免疫，在全市率先实现疫苗全程冷链运输与监控，建立起可靠的公共卫生免疫屏障。全年无甲类传染病报告，共报告法定乙类传染病13种918例，同比下降15.17%。适龄妇女两癌筛查工作顺利完成，农村孕产妇住院补偿规范落实。有力打击非法行医行为，加强公共场所监督管理，做好职责调整前食品卫生监督执法工作，有效营造了卫生安全环境。

北京市中医医院顺义医院挂牌成立。创建了4个北京中医药薪火传承老中医工作室、1个北京名医师承教育基地。区医院晋升为三级医院。区域影像中心如期启动，10家基层卫生院与区医院实现了影像诊断资料相互传输与共享。空港医院血液透析中心建成并投入使用。全年诊疗人次733.23万人次，同比增长5.12%，住院手术1.57万人次。

完成农村居民健康体检17.8万人次，规范管理高血压、糖尿病患者8.9万人次，规范管理率达到81%。家庭医生式服务覆盖率100%，签约率58.2%。培养家庭保健员1600名。创建了1所国家级、2所市级示范社区卫生服务中心。完成10个中医药特色社区卫生服务站、16个标准化中药房和2个中草药自采自种基地建设。

新农合人均筹资达到每人680元，住院政策范围内费用补偿比达70%，其中15类重大疾病补偿比达75%以上，门诊补偿比达到40%。全区受益41.52万人次，其中领取住院报销金万元以上的人数达4396人。

完成春、秋两季统一灭鼠、灭蚊蝇等病媒生物防制工作。成功创建2个北京市健康社区和19个北京市健康促进示范村，完成全国第二十五个爱国卫生月活动，完成64个农村改水项目。

顺义区2013年新农合参合工作启动会

2013年顺义区传染病防控工作会

区卫生局书记单德智为获得护理大赛一等奖单位领导颁奖

区卫生局局长刘峰为基层护理人员岗位培训技能大赛获奖人员颁奖

副区长燕瑛到区医院120急救中心调研

区疾控中心接受国家级卫生应急示范区验收

区农工委委员到南彩卫生院中药基地参观调研

区卫生监督所在街头宣传饮用水安全知识

南法信卫生院召开社会监督员座谈会

顺义区高校“青春红丝带”社团防艾联盟启动仪式

顺义区市政市容管理委员会

党组扩大会议

理论中心组学习会议

反腐倡廉大讲堂

李国新主任到生活垃圾综合处理厂调研

顺义区举办“垃圾减量、垃圾分类”图板展览

燃气安全使用宣传

建筑垃圾运输车辆专项联合执法检查

非正规垃圾填埋场治理工程

顺义区城镇环境卫生服务中心

区长卢映川春节期间慰问一线环卫工人

中心领导带队环境卫生拉练检查

春节期间清扫、清运烟花爆竹皮

“环卫体验日”志愿者体验环卫工作

大型环境保障工作，安装擦拭移动公厕

全区栏杆清洗作业

机械车除雪作业

机械车洒水除尘作业

顺义区安全生产监督管理局

局长孙书林在顺鑫农业第八届员工安全生产书画摄影展上致辞

开展“安全生产月”活动

2013年，顺义区安全生产监督管理局以隐患排查治理为主线，持续推进隐患自查自报和标准化创建工作，全年累计消除上报隐患75611件，企业自查自报率达到95.29%；重新修订7708条、47类三级标准化评定标准，并将设备设施考评表增至503套；现场评审844家三级创建企业，累计评审排查各类隐患8915项。持续开展打非治违专项行动，完成包括春节期间烟花爆竹执法检查、节后开复工检查、人员密集场所执法检查等24次专项执法检查，全年累计检查生产经营单位2859家次，下达执法文书1005份。重视安全生产宣传教育培训，增强企业主体责任意识，编辑安全生产工作简报、“两会”安全保障行动专报共29期；围绕安全生产标准化创建工作，全年累计培训25期共7226名企业负责人和安全管理人员。通过不断夯实基层工作基础，固化长效监管机制，有效消除安全隐患，实现全区安全生产形势持续稳定好转，被北京市总工会授予“首都劳动奖状”，并连续四年为顺义区赢得北京市安全生产工作“特别贡献奖”。

召开2013年安全生产大会

组织开展标准化三级企业培训

开展基层安全生产检查人员大培训活动

组织20家液氨使用单位参观液氨泄漏应急救援综合演练

组织非煤矿山企业应急救援演练

开展汽车基地安全生产专项检查

北京市交通委员会路政局
顺义公路分局

区领导调研顺义公路建设情况

党员参观“复兴之路”展览

爱心捐助活动

分局职工参加“五月鲜花”文艺汇演

宣传公路法规

路政执法人员使用路政模块系统现场办公

畅洁绿美的公路环境

北韩路大修工程完工

绿化景观

北京北方印刷产业基地管理委员会

基地成立十年暨2013年总结会——主任牛玉江致词

基地领导陪同区领导到园区企业调研指导工作

园区企业奠基

北京北方新辉印刷产业基地2004年经顺义区人民政府批准成立。基地规划面积108公顷，建设用地90公顷，多功能用地11.2公顷。现分三期对工业用地进行土地一级开发。基地位于北京市顺义区东南部，地处首都国际机场正东侧10公里处，毗邻通州区和河北燕郊。截至目前，基地引进入区企业92家，协议投资总额50亿元。2012年10月，北京北方新辉新兴产业基地经国务院批准正式被纳入中关村产业园顺义园。

基地以“承接临空经济区，打造京平发展带现代化制造业中心”为定位，以承接航空、汽车配件等大型现代制造企业配套的研发及生产企业为导向，着力引进节能环保产业、新型能源环保产业为主，文化创意产业为辅的具有行业领先水平，处在产业链条高端，能够拉动上下游的企业。基地规划科学，基础设施完善，组织机构合理，服务体系完备，正在按照“高标准规划、高起点招商、高质量建设、高效益发展”的宗旨稳步发展。

基地领导到园区企业指导工作

组织员工参观“永远的雷锋”主题展览

组织员工开展登山活动

组织员工拓展训练

石园街道

和谐为根　遵律求新
攻坚克难　发展石园

街道领导班子认真学习十八大报告

石园街道庆祝建党92周年表彰会

街道工委书记赵金明、办事处主任于建波带队进行环境卫生拉练检查

街道工委书记赵金明走访慰问社区居民

石园街道-北京理工大学“幸福石园”项目签约仪式

举办十月金秋书画展

举办“中国梦·我的梦”老干部书法才艺展示活动

举办“贯彻十八大唱响中国梦”卡拉ok比赛

顺义区空港街道办事处

共驻共建单位消防队送锦旗

中秋佳节慰问社区老党员

庆七一，唱响中国梦文艺演出暨空港街道第六届消夏晚会

空港街道“五月的鲜花”活动

万科社区老年团为芦山赈灾义演募捐

空港街道别墅区迷你马拉松比赛

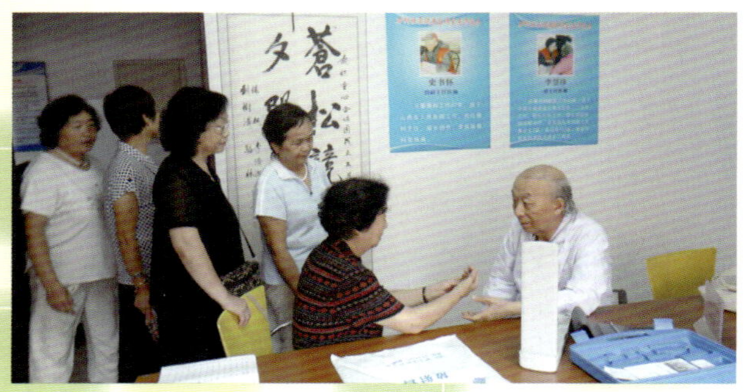

空港街道万科便民诊室

空港街道开展老年人娱乐活动

顺义区空港街道办事处

空港人的足迹启动仪式

空港街道“我的梦，中国梦”百姓宣讲报告会

空港街道“关爱妇女，献礼母亲”插花活动

莫奈花园社区科学种养队成果展

空港街道低碳生活我先行---跳骚市场活动

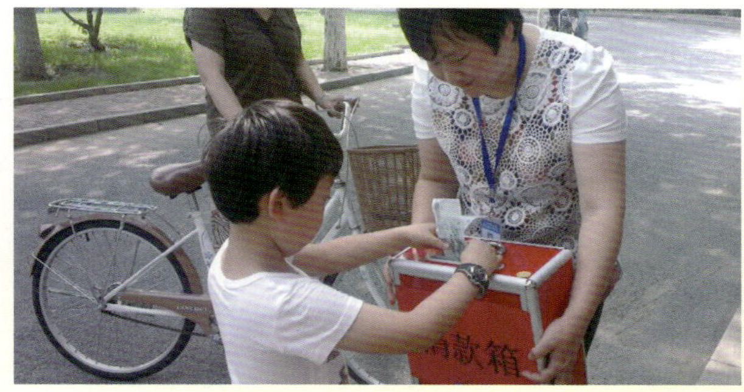

空港街道传承中华美德，娃娃献爱心

外籍人在空港街道双语幼儿园任教

裕祥花园社区同品百家宴，共续邻里情主题活动

马坡镇

国家民政部领导到马坡镇调研社会救济工作

财政部2013年财政改革与发展专题研究班学员到马坡镇石家营村参观考察

区长卢映川调研爱慕制衣有限公司

马坡镇西马坡村政策性住房（中晟新城）项目开工奠基仪式

马坡镇减煤换煤清洁空气行动

石家营村天然气管线敷设施工现场

马坡镇域内的金蝶软件园

马坡镇域内的中国民生银行总部

顺义·新城·马坡

区长卢映川参观马坡镇庙卷村样板房

区政协主席杨宝华到顺义十五中（原马坡中学）慰问全体教师

马坡镇企业参展第十五届国际消防设备技术交流展览会

马坡镇关爱老人温暖村居慰问演出

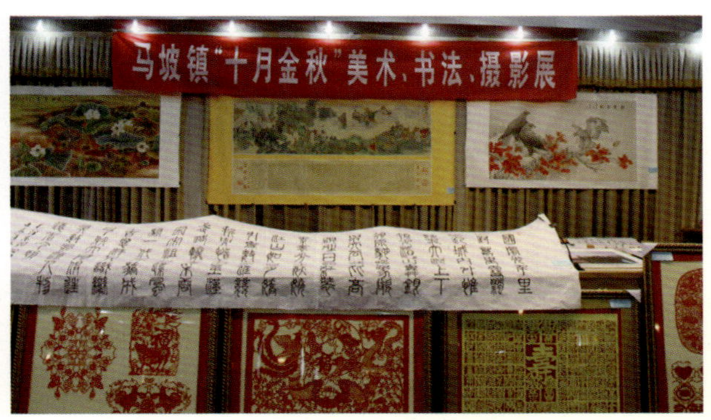

马坡镇---艺术之乡

石家营村史馆（鸟瞰图）

马坡镇回迁村民生活园区

马坡镇新村风貌

李桥镇

公安部消防局领导到首安工业消防公司调研

区长卢映川到首钢冷轧公司调研

镇领导调研镇域卫生工作

南半壁店村养殖地综合环境整治

五月的鲜花群众文艺汇演

“李桥杯”器乐大赛

镇级拔河比赛

沿河中学开展志愿服务活动

李桥绿色国际港　靓丽码头

中共李桥镇第十三届代表大会第二次会议领导合影

富余劳动力专场招聘会

机关干部参加义务植树

头二营小车会走会（每年正月）

十月金秋书法美术摄影作品展

宜居生态小区——东方太阳城

环境优美的生活社区

天竺镇

中央综治办主任陈训秋到二十里堡村调研

区委书记王刚到天竺镇调研

镇村干部接受反腐倡廉教育

消防安全联合检查

顺义区“我的梦中国梦”巡回宣讲天竺镇报告会

“五月的鲜花”文艺汇演

“十月金秋”书画摄影展

青年篮球友谊赛

天竺·国门第一镇

第九届村民委员会换届选举动员培训会

镇长王辉走访企业

家庭创建工作动员会

在天竺中学开展的流动法庭进校园活动

新春送春联活动

天竺卫生院学雷锋义诊

位于新国展对面的澳金园国际中心（效果图）

后沙峪镇

北京市副市长张延昆到后沙峪镇视察指导古城砖厂环境整治工作

后沙峪镇城镇管理运营中心揭牌仪式

后沙峪镇城镇管理运营中心揭牌仪式

后沙峪镇罗马湖青年汇志愿服务活动

后沙峪镇庆“七·一”暨“五月的鲜花”文艺汇演

后沙峪镇实施亮化美化工程后的府前街

后沙峪镇东庄、火神营村村民顺利回迁

后沙峪镇

镇党委书记王学武到后沙峪镇马头庄村现场指导拆违工作

镇长金泰希到后沙峪镇建筑工地检查安全生产工作

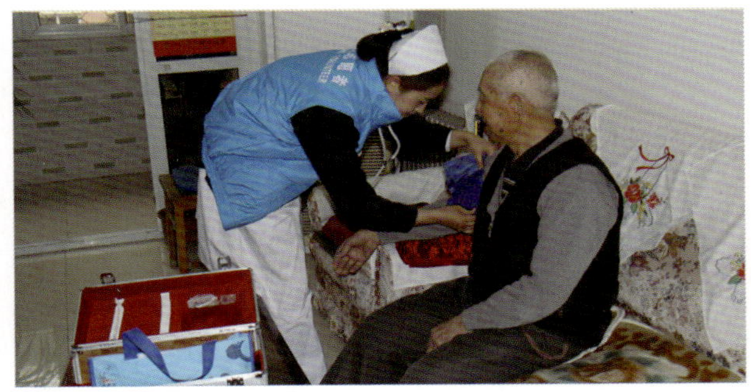
后沙峪镇空港医院医务人员上门为老人服务

后沙峪镇老党员与小学生同乐共话童年时光

后沙峪镇拆迁指挥部进驻马头庄村

东亚信安项目在后沙峪镇顺利落成

新建成的董各庄村幼儿园

整治一新的回民营村花园式小区

高丽营镇

北京市副市长林克庆来七彩蝶园调研

区委常委、区长卢映川到镇调研

召开2013工作总结会

机关党员过政治生日

“五月的鲜花”群众文化活动成功举办

开展庆“六一”活动

镇党委书记范学智带队拉练镇村环境

镇长李刚带队开展安全生产大检查

区委常委、副区长于庆丰开展七一慰问活动

镇领导检查高丽营学校疫情防控情况

经普办开展经济普查宣传活动

于庄回迁现场

杨镇

区委书记王刚到杨镇钱江弹簧企业调研

7·18民主日

杨镇位于北京市顺义区潮白河以东，顺义东部九镇中心，镇域面积96平方公里，是首批国家小城镇、北京市总体规划确定的31个重点镇之一、顺义新城规划的四个重点镇之一；顺平路、白马路、木燕路纵贯杨镇区域，是华北地区重要的交通枢纽。驱车20分钟可到首都国际机场，15分钟可达六环路、M15号地铁线、顺义火车站及顺义城区，10分钟可达水上奥运场馆；杨镇耕地面积7.3万亩，下辖42个行政村，常驻人口6万人。2013年，杨镇上下共同努力，扎实推进“一园、两区、三组团”建设，各项工作任务圆满完成，经济指标快速增长，北京现代杨镇工厂带动杨镇二三产业稳步发展，重大项目进展顺利，重点镇建设稳步推进，新农村建设不断深化，社会各项事业蓬勃发展。

杨镇第三届药王节庙会

杨镇小学“龙狮舞”获全国青少年民族民间才艺大赛金奖

第11届菊花展

慰问敬老院老人节目表演

区领导到飞翔双语幼儿园慰问

北京现代——新胜达发布会

杨镇开展法制宣传活动

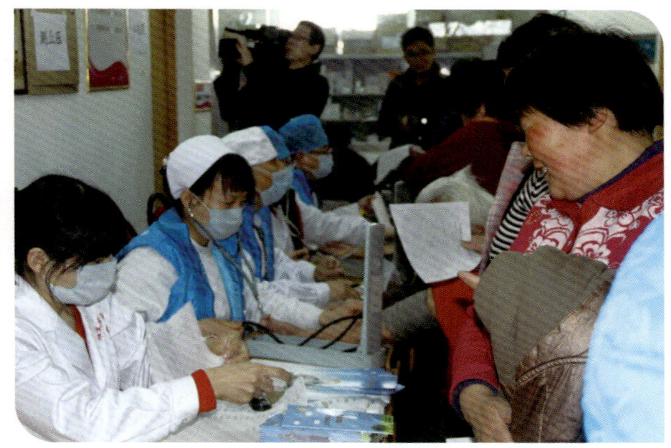

顺义二院对杨镇群众进行义诊

湿地美景

赵全营镇

区领导到赵全营敬老院调研

区领导到赵全营调研

召开建党92周年庆祝大会

举办生态文明家庭表彰会

举办"中国梦"宣讲报告

和仁科技落户赵全营签约仪式

举办土地宣传活动

举办招聘会

赵全营镇

镇党委书记李在东到北汽调研

镇领导慰问北汽职工

召开迎汛抗旱工作会

召开安全生产工作会

区领导参加“赵全营杯”拔河比赛

邀请《寻路》作者讲党课

举办五月的鲜花文艺演出

牛栏山镇

牛栏山镇位于北京城东北部，东邻潮白河，北接怀柔区，距顺义城区9公里，距北京市区35公里，距首都机场15公里，是“京郊八大古镇”之一。101国道、昌金路和京承铁路贯穿全境，顺安北路、富北路、牛富路交织成网，交通便利。所辖20个行政村，总面积31.4平方公里，年内完成属地财税收入11.26亿元，同比增长7%；完成公共财政预算收入3.13亿元，同比增长4%；实现地区总产值179亿元，同比增长28%；完成人均劳动所得15344元，同比增长11.5%。先后荣获北京市中小企业创业基地、北京市新型工业化产业示范基地、首都绿化美化先进单位、第三届北京市红十字人道捐赠贡献奖、顺义区就业再就业工作先进单位、药品安全社会管理综合奖、顺义区“双星”为老服务示范单位、顺义区信访工作三无镇单位、顺义区应急绩效管理工作优秀单位、顺义区残疾人工作先进单位等荣誉称号。

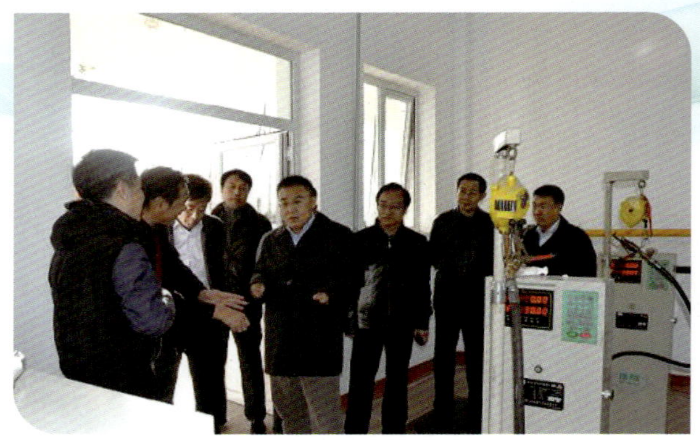

区长卢映川到镇调研减煤换煤清洁空气工程开展情况

区委常委、副区长于庆丰，政协副主席闫志广到镇温馨家园调研

牛栏山镇召开四届三次党代会

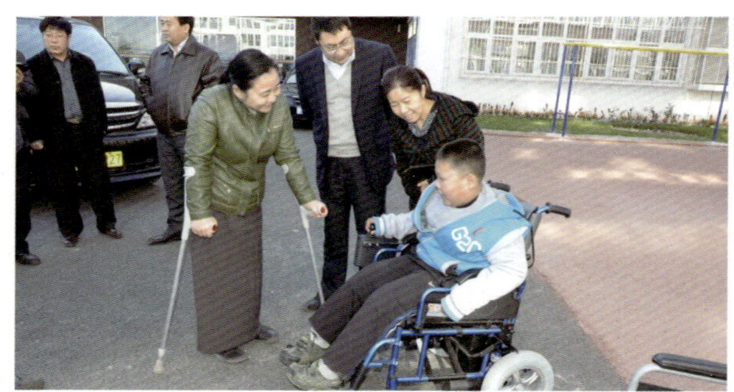

市残联副巡视员欧玲到牛栏山镇为贫困残疾人送温暖

整顿规范食品药品市场秩序 保障公众饮食用药安全

危房改造工程后

加快新城建设 推进城乡一体化

市民政局副局长霍军到牛栏山镇调研

天津市宝坻区委副书记李国田来牛栏山镇考察调研

国家食药监管总局副局长滕佳材一行到牛栏山镇调研

北京市“十八大宣传报道团”聚焦牛栏山“产业带动就业”

牛栏山镇召开“铸就党之魂，护航‘中国梦’”庆“七·一”大会

镇举办健身秧歌大赛

投资200余万元完成生活垃圾转运站改扩建工程，日转运生活垃圾达到70吨

投资2200万元，新建成3所村办幼儿园并投入使用（图为相各庄村的牛栏山第一幼儿园）

南彩镇

区委书记王刚、区长卢映川到南彩植树

镇党委书记黄永志、镇长闫岩到南彩消防中队慰问消防官兵

南彩镇地处风景秀丽的潮白河畔，与顺义城区一水相隔，居全区中心位置，为咽喉枢纽之地。南去通州至天津，北达怀柔和密云，东涉两镇到平谷，西经城区至京都。据北京30公里，首都机场10公里，有京平快速路、顺平、顺密与顺燕等市级公路纵横交错，交通便捷。镇域面积57.6平方公里，辖26个行政村，1个社区，总人口3.7万人。

今天的南彩，已初步形成集休闲、娱乐、投资、置业于一体的多功能新型产业聚集地；未来的南彩，将直面挑战、抢抓机遇，紧紧围绕“建设绿色国际港，打造航空中心核心区”的总体要求，大力推进31、32街区联动开发，充分挖掘潮白河、箭杆河景观资源，加快构建以M15—顺平路功能拓展轴，“潮白河水岸生态发展带”和“箭杆河时尚休闲发展带”以及以31街区为核心的综合服务功能区、以32街区为核心的产业功能集聚区和依托奥运会水上场馆和潮白河生态环境优势的体育文化休闲区为主要内容的“一轴两带三区”空间布局，使之成为顺义东部对外交往及高端服务核心区。

区书法家协会送春联

五彩缤纷的文化生活

荷花盛开的瑞麟湾

碧水蓝天的环村长廊

建设河东新区，服务世界空港，争创一流业绩，创造美好生活

镇党委书记黄永志七一慰问老党员

镇长闫岩环境拉链检查

曲美家具生产车间

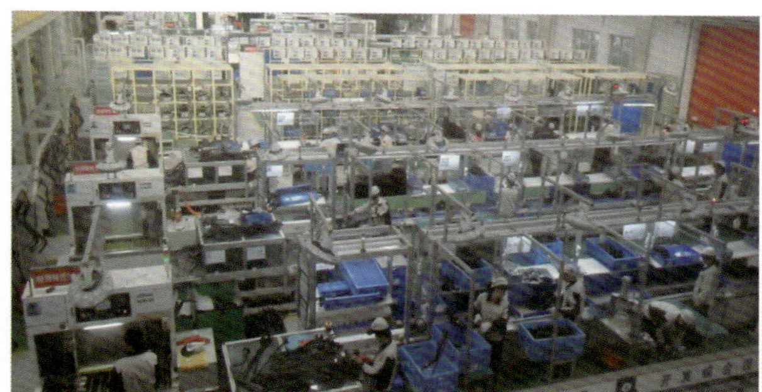

彩园产业园内可附特

环境优美的茂华工业园区

潮白河上的彩虹桥

俸伯十字路口

北小营镇

区委书记王刚到北小营镇检查环境综合整治情况

区长卢映川到北小营镇调研“1+1+15”工作模式

北小营镇位于顺义区东北10公里处，潮白河东岸，距北京城区35公里，距首都机场15公里，顺密路、昌金路贯穿镇域，白马路与京承高速相接，直通镇中心，是顺义新城河东新区的重要组成部分，是北京市首批社会服务管理创新工作试点镇之一。全镇总面积55.8平方公里，下辖17个村，1个居委会，常住人口4万，其中户籍人口3.5万。全镇拥有北京汇源饮料食品集团、北京世钟汽车配件、中国出版集团新华出版发行公司等规模以上企业43家，涵盖都市工业、汽车零配件制造、文化创意、高端房地产、体育休闲娱乐、农业观光旅游六大行业。2013年全镇实现农村经济总收入62.24亿元，同比增长10%；完成属地财税收入5.5亿元，同比增长24.3%；完成公共财政预算收入1.16亿元，同比增长24.4%；人均劳动所得达到14765元，同比增长8%。

北小营镇村党支部书记开展履行党建工作责任制报告会

北小营镇与天竺空港经济开发区签订“合作开发北小营功能区框架协议”

北小营镇大胡营村高跷展演

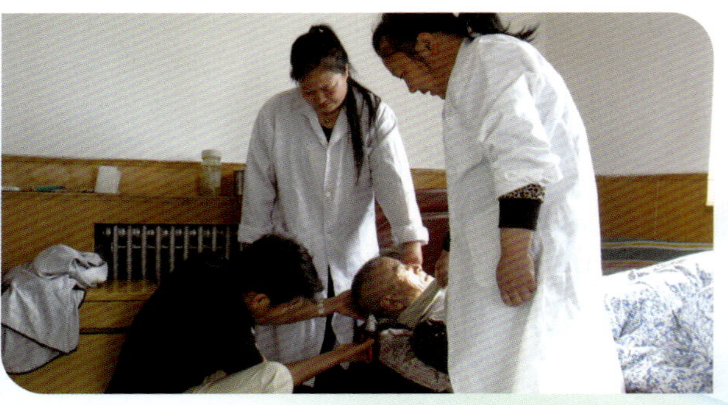

“永坤造诣”理发店的理发师每月义务为北小营镇敬老院院民理发

区委副书记、政法委书记周颖博慰问北小营镇见义勇为教师王力新

市委社会工委委员、市社会办副主任王丽竹到北小营镇调研社会服务管理创新工作

市妇联领导到北小营镇视察“妇女之家”工作

北小营镇人大代表视察第十三中学校园建设工作

为保证村民汛期安全，北小营镇对前鲁各庄村排水沟进行改造

北小营镇榆林村湿地公园

仁和镇

现代服务业核心区

仁和地区第四届代表大会第二次会议

仁和镇综合工作会

镇党委书记赵洪涛与党员代表亲切座谈

镇长刘洋现场指挥望泉寺村司法腾退工作

机关干部参观预防农村职务犯罪警示教育基地

仁和镇就业招聘会现场

仁和“青年梦之队”志愿服务启动仪式

仁和镇第三届文化品牌团队擂台赛——北兴村舞蹈中国美

南法信镇

区委副书记、代区长卢映川到我镇调研经济社会发展情况。副区长张晓锋、区长助理冉红、区政府办主任秦拥军及我镇党委书记李衍、镇长徐志国陪同

区人大常委会主任胡尚云、区人大各委室主任、各镇人大主席到南法信镇观看了新城26街区城市规划沙盘模型和宣传片，书记李衍、镇长徐志国陪同

顺义区副区长燕瑛到我镇小学、卫生院继进行工作调研。顺义区教委主任刘克祥、南法信地区党委书记李衍、镇长徐志国、副镇长王文杰等陪同

区武装部政委于凤春到南法信镇南卷村慰问老党员，镇党委书记李衍、组织部长李孟伟、村书记曹长平陪同

镇党代会在广电中心召开，镇领导班子及村、企事业单位党代表参加

在北法信村礼堂举办五月鲜花文艺汇演

李遂镇 滨水·温泉·森林·宜居

区委副书记、区长卢映川慰问李遂镇老党员

2013年8月1日召开履行党建工作责任制情况“双向述职评议”会议，镇党委、政府领导班子成员以及各村党支部书记全部参加

李遂镇位于顺义中部偏南。形成于辽代，距顺义城区10公里，距北京市五环路25公里，距首都国际机场5公里，距天津塘沽港90公里。南与河北省三河县交界，东邻北务镇，西面紧临潮白河，南北长约10公里，东西最宽处约6公里，辖区总面积40.22平方公里，下辖16个行政村，总人口2万，是具有千年文明史、集天地之灵秀的古镇。

李遂镇作为北京市42个重点镇之一，在北京建设世界城市、顺义区打造临空经济区、建设世界空港城的大背景下，坚持“空港国际化、全区空港化、发展融合化”的理念，积极发展会议休闲、医疗康体等特色高端产业，以城市化和城乡一体化为引领，以改善民生为重点，为建设城市基础设施完善、地区文化特色彰显、经济实力较强的现代化新李遂打下坚实的基础。

2013年实现属地财税收入1.61亿元，同比增长49%；公共财政预算收入5076万元，同比增长47%；人均纯收入1.41万元，同比增长10%。2013年李遂镇荣获“首都绿化美化园林小城镇”，“首都全民义务植树先进单位”、“第十一届中国菊花展览会最佳保障奖”、“开展‘劳动用工规范一条街工程’工作先进单位”、“顺义区创建学习型组织先进单位”、“一助一工作先进单位”、“顺义区信访工作突出贡献单位”、“公共就业服务工作先进镇”、“支持社会主义新农村建设模范单位”等多项荣誉称号。

李遂镇卫生院AAA级免疫预防规范门诊揭牌

李遂镇“五月的鲜花”群众文艺汇演

李遂镇定期开展消防安全演练

李遂镇实施六一教育，培养阳光少年

木林镇

“五月的鲜花”文艺汇演

欢度重阳 敬老和谐

十月金秋书法展

木林镇地处顺义区东北部，距离首都国际机场40公里，顺义城区25公里，交通便利。下辖26个行政村，常住人口总数为3.45万人。2013年，全镇预计完成属地税收1.5亿元，同比增长56%；预计完成公共财政预算收入4000万元，同比增长33%。实现农民人均劳动所得11411元，同比增长10%。全年累计新引进注册企业167家，注册资金4.4亿元，其中千万级以上的7家，亿元级以上的1家，发展活力有效提升。产业基地建设深入推进，基地一期262亩征地工作已经完成，二期507亩进展顺利，基地发展承载能力切实增强，为招商引资奠定了坚实基础，为镇域经济增强了发展后劲。

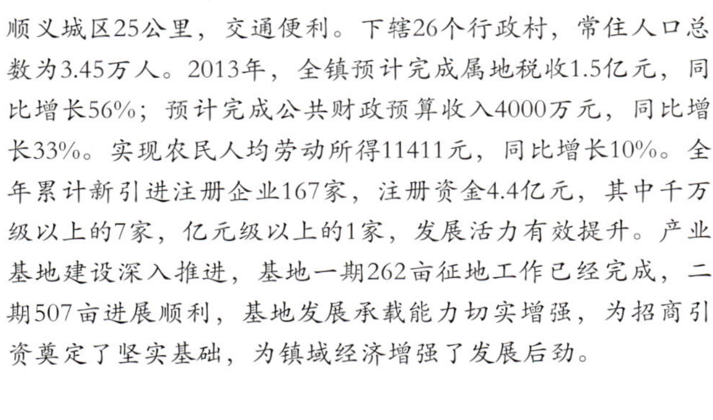

浅山开发建设

全民健康宣传

唐指山水库学生写生

步道游人

大孙各庄镇

镇党委书记卞云鹏带领镇领导班子“建军节”慰问驻地部队

镇长马卫国检查企业安全生产工作

镇人大代表检查高标准农田建设工程进度

机关干部“重阳节”敬老院慰问老年人

镇“中国梦”百姓宣讲员讲述我的中国梦

二月新春镇域百姓齐汇演

平原造林工程顺利推进

二十里长山风貌

顺义区北石槽镇

十五届人大第五次会议

十八大安保维稳工作会

镇党委书记王江带领机关干部参观学习反腐倡廉

镇长王鉴远带领机关干部到北京市二中院参观学习

机关干部和各村书记参观学习石家营村环境

五月的鲜花文艺汇演

北务镇

庆祝建党92周年表彰大会

顺义区“走群众路线，促城乡共建”主题实践活动签约仪式在北务镇举行

北京城建亚泰集团落户北务签约仪式

“创建六好工会争做文明职工”知识竞赛

“五月鲜花”群众文化汇报演出

科学教子好家长暨优秀学子表彰会

街景

巨玫瑰

木鱼石小镇垂钓

顺义区第五中学

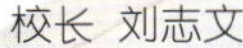
校长 刘志文

学校领导班子会

市基本功大赛获奖

顺义五中把“为发展而教育，做发展的五中人”作为办学理念，把创建优质校、办人民满意的教育作为办学目标。一年来，我们行走在追求优质的路上，体验着教育给我们带来的幸福和快乐，见证了学生全面发展、健康成长，学校的各项工作有了新的提升与发展，

学校促进教师、学生发展的整体思路是：以教师、学生自主发展为主线，以骨干教师培养为切入点，以推动课题研究为突破口，通过多种形式的教研活动，提高全体教师的研究意识，促进教师专业发展。遵循课程方案的自主选择原则，开设24门校本课程，为师生个性化、多元化、全面发展提供时间和空间。我校连续多年被评为顺义区教育系统先进集体；党支部被评为顺义区教育系统先进基层党组织；2013年在区教学基本功大赛中，我校教师的及格率达到100%，优秀率为61%；6名教师参加市级教学基本功大赛，3人获得市一等奖。

学校本着相信学生成长是自我完善过程的思路。把读书的权力、思考的权力、表达的权力、探究的权力归还给学生。依托学生会，学生们自主管理各项活动，校园成为彰显活力的舞台。“阳光小伙伴”获北京市中小学生绑腿跑比赛第一名，今年暑假代表北京市到上海参加全国比赛；在北京市第十七届学生艺术节比赛中，校合唱队获得展演二等奖。

师生们在平等宽松、优美和谐的环境中，提高了自主意识，获得了发展。

在教研活动中提升

教师舞蹈的激情演出

艺术节的风采

师生比拼的篮球赛

阳光伙伴获北京市中学生绑腿跑第一名

运动会——学生的节日

北京市顺义区

杨镇二中是一所初中“寄宿制”学校，于1987年2月成立。现有45个教学班，2020名学生，186名教职工。其中高级教师37人，一级教师77人，拥有市、区级学科带头人、骨干教师、园丁新星、优秀班主任等70余人。

现任校长王玉辉，中学英语高级教师，于2010年上任。学校组织机构严密、科室齐备、分工明确。校级班子成员有：教学校长刘曙光、党支部副书记梁艳、德育校长董振河。学校设有党支部、工会、德育处、教学处、校办室、总务处、团总支等职能部门。现有中层干部9人，年龄结构形成梯次，学科搭配科学合理，形成了团结、和谐、向上的领导集体。

学校环境优美、大气，是师生工作学习的理想家园。校内如诗如画的600米文化长廊，碧波荡漾荷花飘香的梦池，万圣至尊的孔子雕像，孕育激情的“人和亭”，传承文明的古石碑林，三百多年的古银杏树，底蕴深长的关帝庙等……到处都彰显着学校厚重的文化内涵。

学校以“三品”办学目标（师生重品德、管理有品位、办学创品牌）为引领，确立了“和谐发展、全面育人”的办学思想，“在自我超越中成就美好人生”的校训，形成了“至诚明理、励志笃行”的校风、“乐学、勤学、善学、博学”的学风、“敬业、精业、乐业、立业”的教风和“勤政廉洁、公正民主、务实高效、科学创新”的领导工作作风。

校长 王玉辉

学校领导班子成员

教师节庆祝大会

校庆活动

学生管乐队展示

学生社会实践活动

杨镇第二中学

校级干部左起：董振河、梁艳、王玉辉、刘曙光

学校成绩卓著，被评为全国书法实验校，国家级体育传统校，联合国教科文组织中国可持续发展教育（ESD）项目示范学校，全国节能减排与可持续发展学校—社会行动项目示范学校。学校连续多年被评为顺义区教育工作先进单位，多次承办市区级教育教学现场会，获得全国素质教育优秀学校，全国现代教育理论与实践先进学校，教育奠基中国全国名优学校等多项荣誉称号。学校的办学经验多次刊登在《中国教育报》《中国教师报》《现代教育报》《北京教育》《中小学管理》等多种报刊中。首都师范大学出版社出版、反映学校“三品”办学之路的《“品”出优质》一书于2013年9月全国发行。

学校涌现出一大批优秀学生，如雒梦妍同学获得全国宋庆龄基金会奖金，并获2010年顺义区十大道德模范人物，荣登“中国好人榜”；张瑶同学在2010年度“留住一桶水，一起去世博！”全国社区水资源优化使用活动中获最佳中学生奖，并作为北京市唯一的中学生代表到上海世博会领奖。学校的金帆乐团、管乐队、舞蹈队、航模小组、机器人小组多次获奖，合唱队走进了维也纳大厅。2012年3月，在马耳他举办的世界中学生女子越野赛中获得团体金牌。特别是田径队、乒乓球队、篮球队多次冲出亚洲，走向世界，为北京市和我国中学生赢得多项荣誉。

初三学生活动

庆元旦演出活动

多彩的校本课程

校园龙井

校园梦湖

北京市顺义区

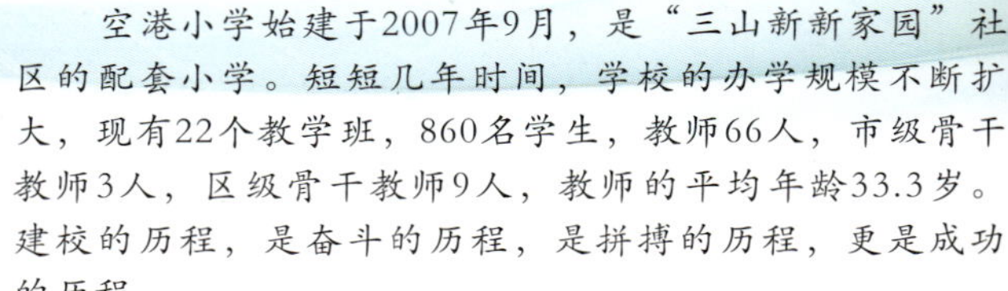

校长　李文明

空港小学始建于2007年9月，是“三山新新家园”社区的配套小学。短短几年时间，学校的办学规模不断扩大，现有22个教学班，860名学生，教师66人，市级骨干教师3人，区级骨干教师9人，教师的平均年龄33.3岁。建校的历程，是奋斗的历程，是拼搏的历程，更是成功的历程。

在上级主管部门的关怀下，在李文明校长的正确指导下，在干部教师的共同努力下，不断践行“体验式成功教育思想”，秉承“尚德、启智、健康、成功”的校训，坚持“以教师成功促进学生成功、学校成功”的办学理念，以“让每个孩子都体验到成功的愉悦”为发展目标，积淀文化，创造品牌，努力提高办学质量，实现办人民满意学校的追求。学校先后开展了“空港十佳少年”的评选、“阳光体育节”、“校园吉尼斯”的认定与挑战、“北京市级骨干、学科带头人小学数学专题研修现场展示”、“顺义区数学学科名师大讲堂”、“数学校本教研活动的展示”“杜永全副校长教学风格研讨会”等市区级活动，使我校声名鹊起。现我校已经发展为农村地区的区域名校，尤其在2013年区级教学质量监控中，二、四、六年级全部进入区级表彰行列，而总体成绩位居全区第七位。学校分别于2009年、2013年获得顺义区教育系统先进单位称号。

特级教师、北京市基教研中心小学数学教研室主任吴正宪老师来空港小学参加数学校本教研活动

学校承担的市骨干教师、学科带头人小学数学专题研修展示活动

“变教为学”现场会

空港小学“彩虹假日炫，炫出我风采”大型社团展示中表演铜管乐

学生在“久久杯”全国柔力球邀请赛中取得优异成绩

阳光体育节开幕式

空港小学

教委领导冯义国、高山视察空港小学

学校领导班子是学校发展的中转站

校长李文明与国际学校校长共议两校合作项目

新西兰教育专家走进空港小学

教学副校长杜永全在“语文教学风格研讨会”做示范课

“儿童数学错例研究故事”展示交流

空港小学是一座现代化的学校

牛栏山第一小学

——行走在追梦的道路上

校长 杨文智

团结向上的校领导班子

与耿丹大学共建

牛栏山第一小学秉持"精彩童年成就精彩人生"的办学理念，打造一所让儿童享受童年的学校。学校一切行为宗旨都紧紧围绕"尊重儿童"，不光尊重儿童的身心发展规律，更加尊重儿童的自身价值与创造价值，形成"眼里有儿童"的独特的校园文化。

学校致力于"三个精致课堂"的打造，不断提升育人质量：一是将游戏教学法引入课堂，打造生动有趣的常态课堂，激发学生兴趣，提高课堂效益；二是依托周边高校资源、部队资源，打造多姿多彩的校园课堂。为学生开设街舞、合唱、军体拳、校园剧等6大门类24个科目的社团，全校500多个孩子，每个孩子均有自己喜欢的社团。丰富的社团活动，使学生得到陶养、历练和成长；三是打造独具特色的健身课堂。除了严格落实两操一课和阳光体育运动，更编了几套学生喜闻乐见的健美操，融舞蹈、情节、趣味于其中，形成多彩健身特色。

如今，学校师心凝聚，蓬勃向上，健康发展，信心百倍的行走在追逐梦想的道路上！

校长与"全国班主任基本功大赛特等奖获得者合影

喜闻乐见的游园活动

让每个孩子都获得成功的体验

街舞少年精彩表演

全国声乐大赛一等奖小歌手在演唱

少年军校旗语表演

顺义区马坡第二小学

校长 王晓翠

马坡第二小学始建于1992年，前身是马坡中小的一所完小，2008年7月正式分立，现任校长王晓翠，2012年10月任职。学校地处马坡镇西部，是顺义新城核心地带，服务马坡镇域内12个自然村。18个教学班，9个专用教室，目前在校学生601人，教师51名。

马坡二小分立后提出“若水教育”的办学思想，“让我们成为最好的自己”是办学目标，“悦纳自我、包容他人、和谐共进”是校训。“灵动儒雅、快乐自信”是若水儿童成长的标志，“厚德尚学、润泽生命”是若水教师工作的写照。

几年来，学校挖掘校内外资源开设丰富多彩的校本课程，深化“法定节日教育”体系，引领教学研究。多次承办区级德育活动展示；竞技体育在全区小学荣登榜首；龙舞课程多次参加全国、市区级展演，并被立项为校园非物质文化遗产国家级科研课题；在市区级学生艺术节中有多个项目获奖；少先大队获得市级多项荣誉称号；荣获区级教育教学管理先进单位、安全管理先进单位、优秀工会之家等称号。

尽力做适合孩子们的教育，努力办孩子们喜欢的学校，是马坡第二小学发展定位，学校将努力践行“若水教育”，使孩子们从小能“动中扬个性、静中秀风采”，为他们未来成长奠基。

校领导班子读书交流

开展“重视过程，体现数学理解”的研究活动

承办顺义区家校协同现场会

举行“致即将毕业的自己”六年级毕业誓师主题活动

孩子们在学校读书长廊下看书

开设“棋智园”校园文化角，孩子们在下棋

“舞龙”社团在鲜花港展示

顺义区南法信中心小学校

校长 张建柏

团结奋进的校领导班子

南法信小学始建于1948年，其前身历经北法信中小、十里堡中小、刘家河中小，直至1993年，随着教学楼的建成才正式更名为南法信中心小学，至今已有66年历史。南法信中心小学是一所普通的公办农村小学，学校于2014年9月1日迁入新址，建筑面积8595平方米，现有19个教学班，660名学生，58位教职工。

在张建柏校长的带领下，学校确立“质信教育”的办学理念，提出“四质四信”基本思路。“四质”即修身品质、外在气质、内在才智、生命雅致；“四信”即—诚信，树人为本；自信，立身之基；相信，为人之道；互信，沟通之桥。有效实现师生健康和谐快乐发展。

学校办学目标是教师专业化、教学优质化、学生素质化、特色个性化，“团结 勤奋 文明 进取”是学校的校训。学校校风是厚德 、博学 、和谐 、质信。学校校徽把质信作为校徽的核心，象征着学生们在自由地探索知识，展翅翱翔。背景上的绿色是南法信（又名‘南草坡’）的象征，展示着南法信中小朝气蓬勃，充满希望的未来；金色的阳光，寓意孩子们在七彩阳光下快乐成长，奔向美好的明天。

学校各项工作稳步发展，喜获佳绩，成功承担北京市小学生综合素质现场会分会场工作；学校综合素质评价工作经验作大会典型发言；先后荣获了顺义区教育教学管理先进单位、顺义区青年教师基本功竞赛先进单位、北京市优秀教工之家、北京市科研先进单位、教育系统先进单位等多个集体奖项。学校成为北京市教科院基础教育研究所实验学校、成为国家教育部教师专业成长研究基地。160余人次教师在市区各项活动中获奖，320余人次学生在市、区举办的各项展示活动中获奖。

学校成为北京市教科院研究所实验学校

举办北京市小学生综合质量评价研究现场会

举行“师徒结对”启动仪式

合唱社团大展示

庆六一舞蹈社团展风采

运动会开幕式

顺义区李桥中心小学校

校长 胡翠荣

团结奋进的校领导班子

顺义区李桥中心小学校始建于1933年，2005年11月迁入顺义区李桥镇馨港庄园三区38号教学楼新址，是一所历史悠久、特色鲜明、成绩优异的现代化农村小学。占地面积19142平方米，建筑面积8066平方米，现有95名教师，其中全国“语文百佳教师”1人，市级骨干教师3人，区学科带头人2人，区园丁新星2人。学校现有33个教学班，1327名学生。

学校坚持“为每一位学生终身发展服务”的办学理念，基于对现代教育本质的准确把握、对学生健康成长的深邃思考、对学校深厚积淀的历史性总结、对学校未来发展的前瞻谋划，提出了做“建桥教育”的教育思想，为学生搭建成长之桥，为教师搭建立业之桥，为家长搭建协同之桥，为社会筑就人才之桥。

学校借助于各种发展机遇，不断挖掘学校潜能，提升学校核心竞争力，形成了“一主（学生发展）、两翼（课程建设和队伍建设）、三支撑”（制度文化、科技教育、自主环境）的办学文化。走出了独具特色的科技育人学校发展之路。

学校先后被评为全国现代教育技术实验校、全国尝试教学实验校、吴正宪儿童数学教育思想基地校、北京市教育科研先进学校，北京市电化教育优类校、北京市课程建设先进学校、北京市科技教育示范校。

学校科技馆

学校科技英语社团参加北京市科技英语创意大赛

学生在动手制作仿生动物模型

学生参加动手栽培实践活动

学生参加全国青少年航海模型竞赛取得佳绩

学生海模社团小团员制作小纸船

学生表演啦啦操

石园北区幼儿园

团结奋进的园领导班子

我们一起来采摘

北京市顺义区石园北区幼儿园始建于2004年9月，占地面积 6300平方米，建筑面积 3243平方米，开设11个教学班，是北京市一级一类幼儿园和北京市示范园。

幼儿园以“健康第一、快乐生活”为办园理念，以“创建健康教育特色”为目标,以“学习立园、科研强园、人才兴园、文化铸园”为办园思路。在探索中建构了用“阳光理念”统领的阳光健康教育特色，形成“以尊重保障特色、以阳光体育深化特色、以小课题研究拓展特色、以主题月落实特色、以班级建设彰显特色、以四个走进推动特色”的实践思路。在阳光理念的引领下，营造“坦诚相待、公开透明”的人情味氛围，形成“超越自我、成长个体，团结协作、成就集体，永不放弃、勇往直前”的园风，以及“精心、精细、精品”的工作准则和“想干事、能干事、干成事”的工作机制。

幼儿园开展运动节、艺术节、衔接月等主题活动，将健康教育融入园本课程。让每个孩子成为活动的主角，成为每个教师追求的目标。全面推进素质教育，打造一个儿童为本、主动发展；家园协同，携手共进；集体合作、分享提升；注重内涵、持续发展的具有阳光文化底蕴的高质量示范性幼儿园。

学校地址：北京市顺义区石园北区第三社区　　邮编：101300
E-mail：sby69443353@126.com
电话：010-69443353
传真：010-69443799

英姿飒爽的小升旗手

跆拳道表演

气势磅礴的中国龙

舞蹈——红色娘子军

童话剧——眼镜公主

快乐的童心园

尹家府中心幼儿园

顺义区人大主任胡尚云等领导来园调研

园长高国华与幼儿交流

尹家府中心幼儿园位于顺义区东南边陲是一所农村园，2006年12月通过了北京市一级一类幼儿园验收。包含中心园和大孙各庄分园。始建于1984年，一园两址占地面积13450平方米，服务本镇辖区39个自然村。现有教学班12个。在园幼儿400余名,教职工79人，正式在编教师53人。其中，幼儿园中级职称21人，初级职称28人，具有大专以上学历的教师占97%。

“十二五”以来,我园以生态体验教育为切入口，以特色发展为目标，以提高办园质量为核心，以科学高效的管理、队伍建设和环境优化为重点，以教科研为统领，认真探索符合幼儿园年龄特点和需要的教育途径，努力促进幼儿富有个性的成长，以课程研究促教师成长。近3年来，培养了一名园长、两名副园长、一名保教主任、7名区级骨干教师，为顺义幼教事业贡献着自己的力量。2013年12月课题《农村幼儿园生态式体验教育研究与实践》获顺义区“十二五”阶段性成果二等奖。

我园遵循“**快乐体验，健康成长**”的办园理念。创设了18个生态体验活动区。按照其功能划分为三大类，即：**生活体验区**（豆丁小帮厨、豆丁整理区等）、**创想体验区**（豆丁花坊、豆丁编结坊等）、**角色体验区**（豆丁水吧、豆丁影院等）。孩子们在各种体验活动中模拟体验，大胆想象、创作、交往合作，表达表现，培养做事专注性、持久性。从中获得真实的情感体验。

作为一所农村幼儿园，我们将为实现“**构建和谐校园，培育成功教师，留住快乐童真**”的办园目标努力，竭尽全力办出人民满意的学前教育。

积极向上的教师队伍

欢庆六一

体验活动----我是小医生

体验活动---编织的乐趣

运动会，我们是文明的啦啦队

教学楼

团结向上的园领导班子

著名学前教育专家楚江亭莅临指导

怡馨幼儿园

顺义区怡馨幼儿园成立于2006年9月，隶属顺义区教委，占地面积3213平方米，开设10个日托班。幼儿园有专任教师37人，大专及以上学历占97%。是一所北京市示范幼儿园。

幼儿园以“尊重儿童、守护童真 、培养人格 、奠基一生”为办园理念，以“环境怡人、活动怡情、教育怡心”的儿童乐园为办园目标，以“健康第一，快乐发展” 为特色发展方向。幼儿园充分挖掘利用现有空间，开辟幼儿户外拓展活动区和泥巴乐园，创建美术室、音体室、图书室、家长阅览等候区。配置电脑、电视、正投等多种现代化多媒体教学设备，安全技防设施先进完备，环境建设优美怡人。

“十二五”期间 ，立项了市级课题“家园共育，培养幼儿生活卫生习惯的研究”，教师从健康教育目标、内容入手展开研究。中期成果汇编成《怡馨幼儿园幼儿大、中、小班一日生活养成教育细则》。

幼儿园先后被评为首都精神明文单位、北京市节约型示范单位，顺义区青年文明号、顺义区教育系统先进集体、教育系统先进党支部、“十一五”先进教科室、信息宣传工作先进单位、工会文体活动先进单位等。

和老师一起快乐游戏

我们去郊游

小天使广播电台正在广播

师幼同台童话剧《奇怪的电话》

舞蹈队参加六一汇演

大班武术队表演

“幼儿教师之歌”合唱比赛

园长郭立娜指导教师环境创设

宏城幼儿园

办园理念——重尊重、重鼓励、重体验

北京市顺义区宏城幼儿园始建于2006年9月，隶属于顺义区教育委员会，是北京市示范幼儿园、北京市社区儿童早教示范基地。占地面积4726平方米，现有12个教学班，入托幼儿484名，设有美术活动室、创意坊、舞蹈厅、书吧等专用活动室。

幼儿园认真贯彻《幼儿园工作规程》、《幼儿园教育指导纲要》及《3—6岁儿童学习与发展指南》精神，始终围绕“夯实规范基础，提升保教质量，积淀园所底蕴，促进内涵发展”为指导思想，依法办园，民主管理，以科学发展观指导全园各项工作。秉承“三重”办园理念，结合“美育”特色，在不断积淀园所底蕴中形成了“弘美育人”园所文化。文化建设使幼儿园环境育人功能得到了有效发挥，实现了干群、师幼、家园的和谐，教师队伍整体素养明显提高，园本研究和园本课程取得了突破性的成果。

宏城幼儿园先后代表顺义区公立园接待全国人大常委会委员、全国政协委员代表的调研，圆满完成北京市阳光体育视导、全市示范园开放、代表顺义区迎接北京市督导检查及其它省市参观团观摩展示等活动。先后获得北京市辛勤育苗先进单位、北京市示范园与农村乡村园手拉手特别贡献奖、北京市妇女儿童工作先进单位、顺义区文明单位、顺义区先进党支部、顺义区教育系统先进集体等多项荣誉。领导的支持，教师的努力，年轻的“宏幼”朝气蓬勃，逐步实现“弘美”文化与“美育”特色建设的同步发展。

与北京一幼干部教师一起教研

弘美文化：弘育人环境之美、弘和谐管理之美、弘尚德素养之美、弘教育生活之美

同课异构教学研究——民族艺术欣赏《阿福》

幼儿创意空间

我爱创作

我爱阳光体育活动

我爱舞蹈 我爱表现

杨镇中心幼儿园

团结奋进的园领导班子

园长王红岩为家长赠送图书

杨镇中心幼儿园1989年7月建园，　2004年被评为北京市一级一类幼儿园、北京市早期教育示范基地。连续多年被评为顺义区教育系统先进集体。

杨镇中心幼儿园以“遵循教育的天道，认知孩子的天性，履行教师的天职，营造幸福的家园”为办园宗旨，以“尊重儿童，解放天性”为办园理念，以　“儿童泥塑为突破口，开展丰富多彩的艺术研究”为办园特色。该园从2002年开始加入“十五”国家级重点课题‘生态式艺术教育’课题组，开展生态式塑形活动等内容的研究，在市、区乃至全国都产生了一定的影响力。开设有240平方米的艺术区“泥巴乐园”，艺术区内设有泥塑工作台，垃坯机。为幼儿的艺术发展创造了优越的条件。2011年确立的课题《在泥塑活动中支持幼儿个性化表达的策略的研究》被北京市学前教育研究会批准为‘十二五’重点课题。

杨镇中心幼儿园本着稳中求发展的原则，从帮助教师进一步树立“尊重儿童”的教育理念入手，营造了尊重、理解、接纳、引领、发展的民主、和谐的校园文化，始终倡导“让每一位教师有所为；让每一位幼儿都成长”。

小小升旗手

童话剧

泥塑的快乐

同伴游戏

欣赏自制图书

六一挂祝福

龙湾屯中心幼儿园

园长 王利利

“六一”前夕副区长于庆丰等领导来我园慰问

园领导班子探讨“尚美”环境创设

龙湾屯中心幼儿园1985年建园,1986年正式开园，2003年由镇办镇管改为教委所属，2005年区政府、区教委、镇政府投资、社会集资，共投入404万元，新建了教学楼，工程占地面积5044.55平方米，建筑面积2240平方米，绿化面积914平方米，为北京市二级二类园所。配有音体室和美工室等专业教室，设有幼儿图书区、图书资料室和教师阅读区，配有计算机、摄录像机、液晶电视等现代化教学设备，室外设有大、中、小型活动器械24种。拥有图书6955册、玩教具46种。现有6个教学班，其中，大班2个、中班2个，小班2个。在园幼儿总数193名，分布于13个自然村。教职员工36名，在编在岗教师27人，大学本科学历21人，大专学历4人，中专学历2人，其中学前教育专业14人，非学前教育13人，非在编教师8人，北京市优秀教师1名，区级骨干教师2名。其中非专业教师比例为70%，青年教师比例为75%，专科以上教师89%。通过“规范中求质量、完善中显特色”的工作思路，以“以美育人，和谐发展”为办园理念，以“推行优效管理，锻造优秀师资，创设优美环境，培育优秀人才”为办园目标，逐步打造“尚美”的办园特色。

开展“走进田园”特色课程活动

美术活动《帆船出海》

一起庆祝生日

幼儿运动会

腰鼓表演《开门红》

舞蹈《彩云之南》

中国建设银行股份有限公司北京顺义支行

顺义支行行长 张广洲

开展党的群众路线活动

中国建设银行股份有限公司北京顺义支行（简称建设银行顺义支行）筹建于1979年9月，1980年正式对外营业。截至2013年末，共有中长期劳动合同人员248人，平均年龄38岁，其中本科及以上学历人员121人，党员81人，劳务人员11人。支行下设5个部室，4个营业中心，8个个人金融中心。

多年来，建设银行顺义支行党委始终坚持以人为本、立行兴业的方针，外树形象、内抓管理，打造服务品牌。坚持以客户为中心、以市场为导向，以服务为抓手，全力支持地方经济发展。

为进一步加大对区域内经济的支持力度，建设银行顺义支行在土地储备、园区建设等方面给与资金支持，对于区域内重点国有企业、现代制造业、现代农业以及教育类等客户，提供专业化金融服务方案，做到“一户一策”。支行围绕“综合性、多功能、集约化”的战略目标，大幅提升综合金融服务能力，同时持续推进网点“三综合”建设，旨在为客户提供一站式、全方位的综合金融服务。为拓宽客户服务半径，方便区域内客户享受金融服务，支行继续加大网点、自助银行建设，提升服务质量，保持较好的市场口碑。

在今后的工作中，建行顺义支行将认真履行总分行各项决策部署，以创建“一流银行”为目标，以提升能力为重点，牢固树立“以客户为中心”的理念，强化管理意识、市场意识、竞争意识、产品意识和安全意识，做到措施落地，生根开花，为顺义区经济建设增砖添瓦。

建行空港支行开业仪式

参加建行系统职工运动会

组织金融知识进万家活动

支行慰问太阳村活动

参加顺义区五月鲜花歌咏比赛

中国光大银行北京顺义支行

支行成立四周年全体员工合影

支行公司部合影

与合作单位开展业务研讨会

马坡佳和宜园社区银行开业

履行社会责任，向“一助一”对子大韩庄村捐赠五万元物资

开展反假货币宣传

支行员工成功阻截电信诈骗后客户送来感谢信

马坡佳和宜园社区银行内景

马坡佳和宜园社区银行内景

顺义区市场经营管理中心

9月5日区委副书记、区长卢映川到市场中心所属建北市场调研

6月7日“全国城市农贸中心联合会农产品流通专家委员会第五次会议暨区农贸市场交流现场会”在区市场经营管理中心召开

顺义区市场经营管理中心是一家专业化管理农贸市场的自收自支型事业单位。2013年，在区委、区政府的坚强领导下，按照“下农村、进社区、服务千家万户，扩总量、增效益、实现跨越发展”的总体思路，坚持以科学发展为主题，以市场建设为主线，以经营管理、环境秩序、安全稳定为重点，深入调整市场结构，完善市场服务功能，多措并举促进发展，全力以赴保持稳定。通过扩大市场规模、优化产业结构、拓展效益空间、壮大特色产业、提高了中心实力；通过转变发展方式、盘活闲置资产、提高经营水平、促进了效益增收；通过无偿为上市人员服务、减免特殊群体商户摊位费、启动“惠民菜”活动、突出了公益性经营性质；通过加强教育培训、丰富文体生活、扎实推进党团建设、激发了干部员工的工作积极性，促进了中心年度经济指标的超额完成。截至2013年底，市场中心共接管市场29个，合作办市场14个，收购市场3个，参与建设、管理的市场达46个，占全区市场总数的74%。市场产业结构日趋优化，产业体系更加完善，从社区菜市场到产地批发市场，从经营农产品到经营汽车、花卉、古玩等，市场业态不断丰富，以农产品市场为基础，多产业支撑的市场发展格局进一步形成。

1月31日区委常委、常务副区长林向阳在东兴市场视察和调研

1月9日区委常委、副区长于庆丰调研市场中心社区菜市场

6月7日商务部市场体系建设司副司长孔令羽在裕龙菜市场视察和调研

9月15日西辛南区市场升级改造完成，设施更加整洁宽敞明亮

顺义粮油总公司

京粮集团领导为玉马教练场职工送清凉

区级储备粮竞价交易现场

组织团员去舞彩浅山开展登山活动

公司办公楼

粮食入仓

所属企业北京玉马机动车教练场

所属企业京城驾校考练车辆

所属企业玉马教练场法培教室

所属企业龙盛众望早餐公司

国网北京顺义供电公司

团结、奋进的公司领导班子

公司经理岳国荣进行现场安全把关

开展电力安全宣传咨询日活动

组织“和谐之春”猜灯谜活动

供电公司开展“师带徒”活动

开展电力设备春季检修

应急发电车现场保障供电

营业大厅

中国联通北京市顺义区分公司

中国联合网络通信有限公司北京市顺义区分公司主体楼

联通顺义分公司组织物流行业客户交流会

机房内OLT--光线路终端设备

中国联合网络通信有限公司北京市顺义区分公司是顺义地区最主要的电信网络运营企业，拥有丰富的基础设施资源及强有力的服务支撑和通信保障队伍，是顺义地区一家能够提供综合通信服务的运营商。

联通顺义分公司现可提供固话业务；2G、3G移动业务及3/4G一体化自由组合套餐业务；沃家庭固移融合套餐业务；数据传输业务；互联网专线及中小企业光纤宽带业务；IPTV等基础业务，以及400企业热线、统一通信短信平台、视频监控、车辆定位等增值业务，并可提供系统集成、工程设计施工等全方位的综合通信服务。分公司在不断扩大业务范围、提升服务质量、完善管理制度的同时，充分发挥党政工团在广大职工中的作用，举办了知识竞赛、健步走、摄影采风等丰富多彩的文娱活动。顺义联通在政府领导及各相关单位的大力支持下，一直以实现智慧顺义、社会信息化发展为己任，继续加快光纤入户、3G无线网络覆盖建设速度，为广大客户提供更加方便、全面、高品质的信息化通信服务。

顺义联通机房，品质与稳定的保证

5月17日电信日宣传活动

“乒乓在沃”中国联通第四届乒乓球挑战赛北京赛区顺义分赛区晋级赛

“世界主流沃4G 引领智慧新生活”演出宣传现场

营业厅窗口U+服务

歌华有线顺义分公司

组织党员团员积极分子参加义务植树

组织员工到五彩浅山开展户外文体活动

高清交互双向网改造验收现场

歌华有线顺义分公司是北京歌华有线电视网络股份有限公司（简称“歌华有线”）分支机构，于2002年3月正式注册成立，负责顺义地区有线广播电视网络建设、开发、经营和管理及有线电视节目的传输。公司下设办公室、财务部、网建部、技术部、维护部、用户部、数据业务部7个部门，一个营业厅；共有员工53名。顺义区于1996年开始发展有线电视业务，自歌华有线顺义分公司成立，实行专业化管理以来，全区有线电视业务迅速发展，目前，已建成了覆盖全区的有线电视光缆网络，到2013年12月底，已发展高清交互数字电视用户136672万户。歌华有线顺义分公司在开展有线电视业务的同时，还充分利用网络优势，积极开发广播电视网络增值业务，包括：全区各委办局、公司、乡镇政府、村委会电子政务专网及全区金财网、公安网、有线广播、图书、计生、劳动等专网建设及传输工作。公司始终以“用户满意”为宗旨，秉承“用户至上”的服务理念，全面树立“团结、进取、求真、务实、高效、创新”的企业精神，不断改进和提高用户服务水平，为满足顺义区广大人民群众的信息文化需求，为各界用户提供多方位、专业化的服务做出不懈的努力。

机顶盒发放现场

机顶盒开机画面

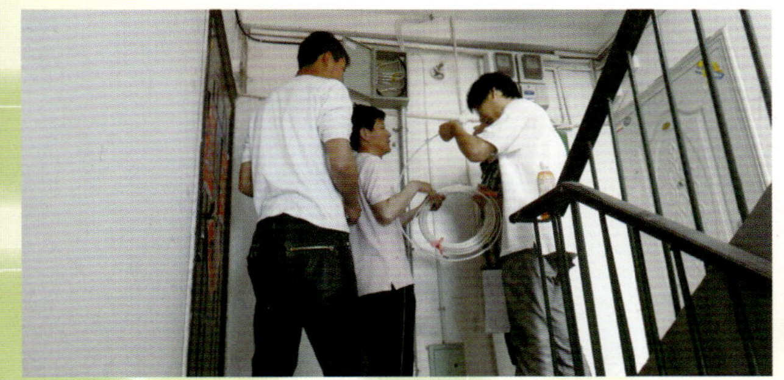

日常维护现场

日常维护现场

北京顺义燃气控股有限责任公司

开展战略发展报告培训

举办新春联欢会

施工现场互相帮助

开展“送气下乡”惠民工程

举办职工运动会

参加义务植树活动

北京大龙供热中心

区委书记王刚亲切慰问中心职工

区长卢映川等领导来我中心视察供暖情况

召开中高层管理干部大会

供热中心经理线杰峰陪同市政管委领导视察煤改气工地情况

召开总结表彰大会

职工参加天竺杯合唱比赛荣获金奖

青年职工参加五四青年节义务植树

指挥调度中心

有限空间作业人员进行抢险演练

收费大厅现场

江河创建集团股份有限公司

江河创建集团股份有限公司(简称"江河创建",股票代码:601886)是一家在上海证券交易所A股主板上市的大型跨国企业,在全球设有50多家分支机构。江河创建总部设在北京顺义,注册资本11.2亿人民币,是中国企业500强和中国民营企业500强。目前旗下有江河幕墙、港源装饰、承达集团、梁志天设计四大行业领军品牌。江河创建以"系统创造、集成建设"为经营理念,坚持以"标准化、系统化、全球化"发展战略,构建以创意设计为驱动,标准化制造为依托,实现现场傻瓜式安装的新型绿色建筑体系。

在未来,江河创建将积极变革,持续创新,内外兼修,大力推进"标准化、系统化、全球化"发展战略,践行"系统创造、集成建设"的经营理念,以全面构建节能减碳为核心的绿色建筑体系为已任,积极引领全球建筑装饰行业的创新发展,不断实践"为了人类的生存环境"之企业追求,努力为客户、为股东、为员工创造价值,缔造成功。

江河创建最高楼项目展示

江河创建工程展示

2013年11月8日，江河创建及员工爱心捐款110万元捐助四川雅安震区建设江河创建希望小学。此举是公司积极履行社会责任的有力体现。江河创建希望通过一对一援建，努力改善全校师生的办公、学习环境，为所有在此学习的孩子们构建一座安全、放心、舒适的教学楼，让孩子们安心学习并在未来成为“传递爱心，以优异成绩回报社会”的栋梁之才。

成功收购香港承达集团、港源装饰后，江河创建集团成功收购世界顶尖设计公司梁志天设计师有限公司，进一步拓展内外兼修、强强联合的发展策略，通过合作多赢，加速内外装业务协同发展。江河创建旗下江河幕墙、港源装饰、承达集团、梁志天设计四大品牌并肩驰行、强强联合，致力于通过科技创新建立标准化和系统化的全球新型绿色建。

江河创建企业综合实力稳步快进

2013年，江河创建以89.89亿元营业收入成功跻身中国民营企业500强和中国企业500强，企业综合实力获得了权威部门和机构的认可。此举充分彰显江河创建雄厚的综合竞争力及品牌影响力，以及领军行业的重要地位。江河创建再次成功跻身“中国企业500强排行榜”375位，较2013年排名晋升50位。

江河创建引领行业技术发展潮流

2013年，江河幕墙紧紧围绕“标准化、系统化、全球化”发展战略，在产品研发方面取得了重大突破，引领行业技术发展潮流，形成了以“S系列”和“U系列”为核心的幕墙标准系统。研发以集成系统为指导思想，以节能、性能优异为根本，以满足建筑的个性外观为出发点，从设计、采购、制造、安装、检测全方位进行考虑，给客户提供一个高品质的服务。

江河创建不负众望一举夺标高达1007米的世界第一高楼沙特王国塔幕墙设计，在江河发展史上建立新的傲人丰碑和业绩。江河创建由此成为世界上第一家、也是唯一一家中标1000米以上建筑的幕墙企业，实现了公司幕墙业务国际化以技术输出为先导，对于公司海外幕墙业务模式变革具有极为重要的意义。

北京现代汽车有限公司

BEIJING HYUNDAI MOTOR CO.,LTD.

北京现代技术中心二期建设工程竣工并投入使用，为北京现代百万产销体系下的全价值链运营提供了强有力的技术保障

北京现代汽车有限公司成立于2002年10月18日，是中国加入WTO后被批准的第一个汽车生产领域的中外合资项目，被确定为振兴北京现代制造业、发展首都经济的龙头项目和示范工程。公司由北京汽车投资有限公司和韩国现代自动车株式会社共同出资设立，注册资本121,906.8万美元，总投资310,191万美元，投资比例为中韩双方各占50%，合资期限30年。

北京现代坐落于顺义区北京汽车生产基地，成立十一年来，北京现代已拥有三座整车生产工厂、三座发动机生产工厂，一座承担自主研发的技术中心，以及遍布全国的800多家经销商和服务商网络，现有员工近15,000名。现在，北京现代已形成百万辆级别的年产销体系，拥有了名图、第八代索纳塔、全新胜达、朗动、瑞纳等涵盖A0，A，B和SUV级别的13款热销车型。截至到上半年，北京现代累计产销突破570万辆，累计实现销售收入5,610亿元，累计纳税729亿元，稳居中国乘用车市场第一阵营。

目前，北京现代已经发展成为北京市最大的单一制造企业，对北京汽车工业和北京市整体的经济发展起到了极大的推动作用，成为北京乃至全国经济增长的亮点。与此同时，北京现代业已成为中韩经贸合作的典范，为促进中韩经贸关系的发展做出了卓越贡献。未来，北京现代全体员工将继续秉承着“靠完美的汽车开辟美好的生活让顾客满意；用精细的管理创造最好的回报让股东满意；以舒适的现场提供最好的环境让员工们满意”的企业理念，坚决贯彻“传品牌内涵，促体系完善，谋实力提升，求持续发展”的年度经营方针，抓住机遇，迎接挑战，不断谱写新的篇章，把北京现代打造成为中国消费者最喜爱的品牌，为中国人民的幸福生活开创一片美好的蓝天。

□ 冲压车间-全封闭压力机生产线

□ 车身车间-100%焊接自动化率

□ 涂装车间-清洁水溶性漆工艺

□ 总装车间-多车种混装柔性化生产线

目前，北京现代已拥有涵盖A0、A、B和SUV等多个细分市场的13款车型

北京骏马

董事长 门俊

1999年，顺义区政府为解决群众出行问题，通过招商引资的方式引进骏马公司，承担顺义区内百姓出行的重任。在区委、区政府及各主管部门的支持和帮助下，骏马公司历经15年的发展，从最开始的8条线路、60台公交车，发展到现在的54条线路、487台公交车，实现了顺义区内公交全覆盖，村村通公交，基本满足了顺义区百姓的乘车需求。

骏马公司十五年的发展历程

区领导乘坐骏马客运公交车

公司获得荣誉

1、保障顺义百姓安全、有序的乘车环境，满足人民出行需要：

十五年来，公司累计运营里程超过4.5亿公里，累计客运量接近9亿人次。2013年，公司年运营总里程达到4836万公里，年客运总量达到1.17亿人次；2007年，顺义区率先在10个远郊区县实现“村村通公交工程”；所有线路的发车间隔都控制在15分钟之内，大多数控制在10分钟之内，环线发车间隔在5-8分钟。

2、协助政府完成重大活动交通保障工作，获得社会肯定：

2008年，公司先后荣获北京奥运会运输保障杰出贡献奖、奥运

公司更换115辆LNG天然气公交车

董事长门俊举起象征电动出租车正式运营的银钥匙

2008年北京奥运会期间，骏马公司圆满完成交通安全保障工作，荣获“奥运杰出奖”、“奥运交通保障先进集体”、“服务奥运先进集体”

区领导在裕龙公交场站与骏马公司员工合影留念

董事长门俊陪同北京市交通委员会主任刘晓明、顺义区政府副区长赵贵恒等领导同志检查2009年第七届花博会交通安全保障工作

客运有限公司

会残奥会交通保障工作先进集体、首都非公经济参与奥运服务奥运先进集体；2009年，公司圆满完成第七届花博会期间的场馆摆渡线路和客运专用线路的运输重任，得到组委会的好评；2011-2012年度，公司获得由北京市交通委、北京市人力资源和社会保障局颁发的“北京市交通工作先进集体”荣誉；公司连续四届服务北京车展、服务历届燕京啤酒节，开通相应的参展专线，方便首都人民绿色出行。

3、抗击自然灾害，发挥强有力的保障作用：

2012年“7·21”北京遭遇特大暴雨灾害，骏马公司启动紧急预案和车辆调度指挥中心，在每个桥梁、危险路口都有专人指挥，没让一辆运营车辆在暴雨遇险、没让一名乘车因暴雨受伤、受困。

4、倡导绿色出行，在节能减排方面走在郊区县前列：

2011年公司参加区里举办的“公交出行月”主题宣传活动，2012年组织开展“红五月”交通安全宣传活动，2013年开展“全心全意服务顺义、骏马公司与您同行”的主题宣传活动，倡导绿色出行；2012年、2013年公司自筹资金5500余万元，购入LNG天然气空调公交车130辆，投入到6条线路中运营，2014年成立骏马区域电动出租车公司，为顺义区的蓝天行动计划做出努力和贡献。

5、树正气、树新风，为百姓创建和谐安全的出行环境：

2013年，公司涌现出一大批拾金不昧的司乘人员和管理人员，共收到表扬信45封、锦旗87面，拾到手机23部、电脑4台、银行卡36张、一卡通交通卡39张、现金合计6000余元，其他物品120余件，均及时归还了失主，树立了良好的社会风气，彰显了骏马公司服务社会、服务百姓的企业文化精神。

总经理 门博涞

区领导来骏马公司指导工作

董事长门俊出席第七届中国花卉博览会赞助签约仪式

乘客杨女士向公司12路司机张志伟送来锦旗

公司200辆电动出租车及115辆LNG公交车整装待发

公司管理人员组织车辆进出站

公司为第二十三届啤酒节提供运营保障服务

北京鑫海韵通百货有限公司

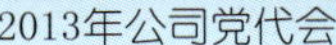
2013年公司党代会

召开半年工作总结会

开展"温暖衣冬"献爱心活动

公司平谷大卖场举办少儿模特大赛

北京鑫海韵通百货有限公司现设有公司机关和一家独立核算法人单位北京鑫海韵通商业大楼，有百货、电器专营、大卖场三种业态，下辖顺义百货店、顺义电器店、顺义石园大卖场店、顺义双兴大卖场店和密云电器店、密云百货店以及平谷大卖场店七家分店。在区委、区政府的正确领导下，公司围绕"细化经营、强化管理、降低成本、增加效益"的工作思路，推动完善企业经营制度、流程，创新经营手段，强化布局和品牌调整，树立管理典型，推动管理交流，强化数据分析，提升平效，推动强化考核，改进用工，加大分配力度等工作。我公司先后被授予"守法经营先进单位"、"首都文明单位"、"首都百强企业"、"安康企业"等市级荣誉称号，连续多年被顺义区政府评为"十佳"、"区域经济百强企业"，在2009年被评为第一批"首都诚信经营示范店"，同时也是全国第一批国家级诚信商业企业。

大卖场一角

丰富多彩的员工文化生活

组织员工开展消防大演练

鑫海韵通全景

北京牛栏山酒厂

酒文化广场喷泉

北京顺鑫农业股份有限公司牛栏山酒厂于1952年10月26日在公利号、富顺成号、义信号和魁盛号四家老烧锅的基础上国营生产，位于北京市顺义区牛栏山镇，傍依风景宜人的潮白河畔，是上市公司---北京顺鑫农业股份有限公司的分公司。

企业现有干部职工2000余人。主要生产清香型“牛栏山”牌二锅头和浓香型“百年牛栏山”为代表的系列产品，共计700余种。多年来，企业恪守传统的酿造工艺，始终坚持“质量是市场、质量是效益、质量是生命”的质量方针，充分保证了牛栏山酒的绝佳品质。

古镇牛栏山的饮酒文化，有据可考的历史可追溯到距今三千余年前的西周时期。1982年，在牛栏山酒厂附近出土的一批青铜酒具，据专家考证为周代燕国贵族使用过的饮酒器皿。牛栏山镇的老烧锅鼎盛时期约始于清康熙年间。据《顺义县志》记载：“造酒工：做是工者约百余人（受雇于治内十一家烧锅）。所酿之酒甘洌异常，为平北特产，销售邻县或平市，颇脍炙人口，而尤以牛栏山酒为最著。”历经数百年的发展，牛栏山二锅头传统酿制技艺已经成为了国家级非物质文化遗产，牛栏山二锅头已成为中国白酒清香型（二锅头工艺）代表，深受消费者青睐。“千年的饮酒文化、百年的酿酒历史”，孕育出牛栏山浓厚的酒文化品位和牛栏山酒的独特风格。

如今，牛栏山酒厂已经发展成为了北京地区白酒行业：保持自主酿造规模最大的白酒生产企业；最早拥有“中华老字号”、“中国酿酒大师”的白酒企业、最早获准使用“纯粮固态发酵白酒标志”的白酒企业；唯一一家“利用太空开展清香型酒曲实验”、唯一一家获得“原产地标记保护产品”认定、唯一一家获得“全国工业旅游示范点”、唯一一家通过“国家级实验室”认可、唯一一家将“二锅头工艺标准”纳入国家标准的白酒企业。

展望未来，牛栏山酒厂将以全力打造中国二锅头第一品牌为己任，演绎二锅头经久不衰的生命价值和市场价值，开启牛栏山酒厂发展的崭新时代，去引领中国二锅头产业的不断发展。

牛栏山酒厂陈年酒酒库

牛栏山酒厂新厂区鸟瞰图

北京燕京啤酒集团公司

BEIJING YANJING BEER GROUP CORPORATION

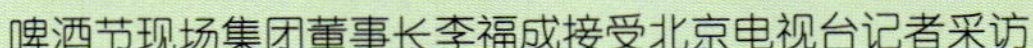

啤酒节现场集团董事长李福成接受北京电视台记者采访

顺义区领导来燕京集团视察工作

燕京啤酒于1980年建厂，1993年组建集团。旗下41家啤酒酿造基地、2家原料基地和8家相关附属企业，遍布全国18个省市，是目前中国大型啤酒企业集团中唯一没有外资背景的民族企业，拥有有形资产210亿元，安排职工就业4.6万人。30年间，燕京完成了由小型啤酒厂到中型啤酒厂、大型啤酒厂、大型啤酒集团四个阶段的跨越，企业进入了高速、健康、稳定的发展阶段。自1997年燕京实现香港红筹股和内地A股两地上市以来，公司从资本市场成功募集资金累计70.6亿元。公司连年入选“中国企业500强”，成为2008年第29届北京奥运会啤酒赞助商和中国探月工程合作伙伴，并被国家环保总局授予“国家环境友好型企业”称号。燕京啤酒不仅赢得了广大消费者的青睐，也得到了专家评委们的肯定，在国际国内多项评比中屡获殊荣，被指定为国际航空公司配餐用酒、国家绿色食品A级产

集团董事长李福成应邀参加央视财经频道推广活动

燕京助威团在神州十号发射场组装车间外合影

北京市民共庆第22届燕京啤酒节

第22届燕京啤酒节晚会现场

品。2013年公司积极致力于“打造中国最好的啤酒”，充分发挥集团科研创新优势，全面提升产品品质；深化产品、市场和品牌三大结构调整，做强品牌和市场、提高经济效益；加强内控制度建设，促进集团管理效应进一步提升。全年完成啤酒销量571万千升，实现销售收入1880696万元，利润总额97113万元，实现税金298054万元，利税总额395167万元，连续五年进入世界啤酒行业前八名，成功保持了燕京啤酒集团在行业中的优势地位，实现了企业新的历史时期的较大进步。

地址：顺义区双河路9号
电话：（010）89495588
邮编：101300
网址：http://www.yanjing.com.cn

燕京啤酒
YANJING BEER

燕京啤酒
清爽怡人
10°P清爽型燕京啤酒
燕京啤酒
Yanjing Beer
10°P清爽型啤酒

燕京鲜啤
领鲜世界
燕京鲜啤
YANJING FRESH BEER

中国探月
CLEP
燕京啤酒
YANJING BEER
中国探月工程官方合作伙伴
更纯更爽
更新鲜
燕京啤酒
YANJING BEER
纯生

燕京啤酒
YANJING BEER
原浆白啤
Original Weissbier
经典白啤酒
源自德国巴伐利亚